エレクトリック・マイルス

ポール・ティンゲン

MILES Beyond

Paul Tingen

translated by Takao Bakuya

エレクトリック・マイルス

The Electric Explorations of Miles Davis, 1967-1991

麦谷尊雄訳

水声社

目次

謝辞

はじめに、本書の調査と執筆を通じて常にそばにいてくれた三人の方々に感謝したいと思います。彼らの存在なしには本書を完成させられなかった、あるいは全く違ったものとなったでしょう。

まず一人目は、日常的な支援、インタビューの大半の文字への書き起こし、そして定期的にフィードバックやインスピレーションを与えてくれ、さらにはケン・ウィルバーに関するアイディアも紹介してくれた、エリザベス・トンスベルグ。二人目のエンリコ・メルランは、私を家に泊めてくれ、膨大なマイルス・デイヴィス関連のプライベート音源コレクションをはじめ、マイルスに関する記事やビデオ・ライブラリをくまなく探索させてくれました。エンリコの数十年にわたるマイルスに関する音楽研究の成果は、私のエレクトリック・ミュージックの理解にたいへん役立ちました。三人目は、本書のための丸二年におよぶ調査と執筆を通じて、丁寧に指導してくれたビルボード誌の編集者ボブ・ニーキンド。彼が粘り強く対応してくれたことに深く感謝しており、そのおかげで、自分に書ける最高の本を世に出すことができました。

本書は、インタビューに応じてくれた方々の貢献なしには存在し得ません。次の皆さまに感謝いたします――ボブ・ベルデン、ボブ・バーグ、ポール・バックマスター、レオン・「ンドゥグ」・チャンクラー、ミノ・シネル、チック・コリア、ピート・コージー、エリン・デイヴィス、ジャックとリディア・ディジョネット、ジョージ・デューク、マルグリット・エスクリッジ、ビル・エヴァンス、ソニー・フォーチュン、ロバート・フリップ、ジョー・ゲルバード、スティーヴ・グロスマン、ハービー・ハンコック、マイケル・ヘンダーソン、デイヴ・ホランド、アダム・ホルツマン、カール・ハイド、ロバート・アーヴィング三世、マーク・アイシャム、ダリル・ジョーンズ、ヘンリー・カイザー、ビル・ラズウェル、デイヴ・リーブマン、レジー・ルーカス、テオ・マセロ、マリリン・メーザー、パレ・ミッケルボルグ、ジェイソン・マイルズ、マーカス・ミラー、ジェームズ・エムトゥーメ、ベニー・リエットベルド、マーク・ロスバウム、バーダル・ロイ、ウェイン・ショーター、ジム・ローズ、ジョン・スコフィールド、ワダダ・レオ・スミス、マイク・スターン、ピーター・シューカット、ドロシー・ウェバー、リッキー・ウェルマン、レニー・ホワイト、ヴィンス・ウィルバーン・ジュニア、マーク・ワイルダー、ジャー・ウォブル。

このうちの何人かは別の形でも協力してくれました。インタビューに応じてくれた方々を何人も紹介してくれたヴィンス・ウィルバーン・ジュニア。ジャックとリディア・ディジョネット、マルグリット・エスクリッジ、ジョー・ゲルバード、マーク・ロスバウム、ポール・バックマスター、ジェームズ・エムトゥーメ、ピート・コージー、ピーター・シューカット、ビル・ラズウェル、アダム・ホルツマン、ロバート・アーヴィング三世は、未完成の原稿の一部を査読し、助言や修正、追加の情報を与えてくれました。

また、ロバート・ダワーシャックは、私をボブ・ニーキンドに引き合わせてくれました。ビルボード・ブックスのアリソン・ハッジは、最終原稿の編集と手直しをしてくれ、彼と一緒に仕事をできたことは喜びでした。マイルス・デイヴィスの熱心なイギリス人のファン、マーティン・ブースは、原稿を最初から最後まで通して読んでくれ、多くの有益なコメントをくれました。彼の娘のジーニーからも、とても貴重な言葉をもらいました。テープを提供してくれたスティーヴ・ウィルソン。電子メールでの問い合わせに答えてくれたヤン・ローマンとピーター・ロージン——特にロージンのウェブサイト *Miles Ahead* は重要なデータの情報源となっています。インタビューに応じてくれた数名と私をつないでくれたゴードン・メルツァー。息子のピートを紹介してくれたカラナン・コージー。役に立つ資料を電子メールで送ってくれたブライアン・ジェイコブス。本書の執筆に使用したASUSの素晴らしいラップトップPCを提供してくれたロンドンのハイグレード社、その技術サポートは右に出るものはいません。第六章について貴重なフィードバックをくれたオーレ・ライ・ニールセン。第一章についてコメントをくれたマーク・リーバ。有益な情報を提供してくれたビル・マーフィーとビル・ラズウェル。原稿の一部を査読し、オーネット・コールマンに関する知識を提供してくれたルシア・ヴィオラ。多くの情報とCDを提供してくれたニューヨークのソニー／レガシーのトム・コーディングとロンドンのソニー・ミュージックのシャロン・ケリーの二人は、とても協力的でした。音楽資料を送ってくれたソニー／レガシーのセス・ロースティーン。すべての入手可能なワーナー・ブラザーズのCD

を提供してくれた、ロンドンのワーナー・ブラザーズのフローレンス・ハルフォン。《オーラ》のメイキングの録画ビデオを貸してくれたパレ・ミッケルボルグ。インタビューのテープの書き起こしを手伝ってくれたジャクリーン・パーマーとジャニス・エディ。いくつかの誤りを訂正してくれたジョン・スウェッド。マイルスの様々な側面について、本書の結末を左右する話を聞かせてくれたエクトル・ザズー、ホルガー・シューカイ、ポール・シュッツェ、ピーター・ハミル、マーク・リボー、ルパート・ハイン、ブレア・ジャクソン、ジョン・ハッセル。私の二人の兄弟で、実務的支援をしてくれたバートと、ビデオをいくつか提供してくれたロブ。また、両親からも実質的な支援をもらいました。第十一章においてかけがえのない役割を果たした、ブードゥー教とロックンロールに関するマイケル・ヴェンチュラの記事を提供してくれたリッチ・ケニー。そして継続的に聞き取りを支援し、励ましてくれたイェルク・トロマーとレナーテ・ベレッツ。また、本書の調査と執筆のために訪れた十一カ所において、自宅や地域社会に私を親切に迎え入れてくれた方々の名前もいくつかあげておきたいと思います。カリフォルニア州コロナのグレン・アイビー地域の皆さま。カリフォルニア州ワーナー・スプリングスのマンザニータ・ヴィレッジのカトリーナ・リードとミシェル・ベンザミン＝マスダ。デンマークのモース島のベネディクト、ミカラとセシリー・トンスベルグ。デンマークのブロヴストのスーザン・アンドレとオーレ・ライ・ニールセン。イギリスのヨークのウェンディとフィン・スターム。ニューヨークのロバータ・ウォール。ニュージャージー州モリスタウンのシド・ケンプ。スコットランドのフォレスのジェレミー・ジェイコブセン。スコットランドのフィンドホーン周辺のフィンドホーン財団コミュニティの皆さま。

そして最後に、インスピレーションと驚嘆、そして困惑の源泉であり続けてくれたマイルスに感謝の意を表したい。

以上の皆さま、もしかしたら名前を出し忘れてしまった方々、そして本書の制作に目に見える、または目に見えない力を貸してくださった方々に心から感謝いたします。

――ポール・ティンゲン

*

セッション目録の完成に手を貸してくださった、以下のすべての方々に感謝申し上げます。ボブ・ハイデン、ジョン・コットレル、ローレント・キュニー、フランコ・ダンドリア、アダム・ホルツマン、ヘンリー・カイザー、デイヴ・リーブマン、ヤン・ローマン、ピーター・ロージン、テオ・マセロ、アルバート・マクマヒル、ゴードン・メルツァー、ベニーロ・リツァルディ、ジョン・スコフィールド、マーク・ホワイト。

そして、セッション目録の修正と改善、検討のために多くの時間を割いてくれたポール・ティンゲンには、特に深く感謝いたします。

――エンリコ・メルラン

イントロダクション

マイルス・デイヴィスの音楽を最初に聴いたとき、あなたはどこで何をしていたか？　そして、彼の死を知ったとき、あなたはどこで何をしていたか？　この本を読んでいるあなたなら、両方の質問に対する答えを持っているのではないだろうか。

　個人的なものであろうと、歴史的なものであろうと、人生で起きた重要なできごとの記憶は私たちの中に残り続け、一見何の関係もないように思えるささいなこと——その時に嗅いだ匂い、聴いていた音楽、どんな天気だったか、など——とともに心に刻み込まれる。これは「JFK効果」とも呼ばれるもので、次のおなじみの質問を引き合いに説明される——「ジョン・F・ケネディが射殺されたと聞いたとき、あなたはどこで何をしていましたか？」。こうした記憶は、歴史が私たち個人に触れたきわめて重要な瞬間を記録し、消すことのできない傷跡として残る。

　マイルス・デイヴィスは、ジョン・F・ケネディのように家庭内で共有できるほどの名声は得ていない。しかし、驚くほど多くの人々が、彼の音楽を最初に聴いたとき、そして彼の死を知ったときのことを覚えており、マイルス・デイヴィスの影響の大きさを物語っている。

「一九五四年のある暖かい夏の日に、ミズーリ州セントルイスの魚市場の店先にあったジュークボックスから流れてきた彼の音楽をはじめて聴いた」と作家であり詩人のクインシー・トゥループは回想している[1]。四十五年前のできごとにしては、これは驚くほど鮮明な記憶であり、いかにトゥループに深く影響を与えていたかがうかがい知れる。作家のジョエル・ルイスもまた、一九七〇年の初めにFMラジオでマイルスの音楽を最初に聴いたときのことを詳細に覚えている。その曲はアルバム《ビッチェズ・ブリュー》の収録曲〈スパニッシュ・キー〉で、それをかけたＤＪ（ロスコ）やそれに続く「ソフトドリンクのコマーシャル」、そして「翌日になったらこのアルバムを探すようにノートにメモした」ことを覚えている。(2)

マイルスの死も人々の感情を非常に大きく揺さぶった。当然ながら、彼のことを個人的によく知る人ほど、そのショックは大きいものだった。マイルスの仕事仲間であり、一九七三年から一九八三年までマネージャーを務めたマーク・ロスバウムは、次のように詳述している。「あれは九月下旬の日曜日の午後、買い物帰りの車の中だった。強い太陽の光が木の葉を通してチラチラと注ぎこみ、まるで催眠術をかけられたようになることがあるだろう？　そんな光にうっとりしながら、田舎道を運転していたときだった。午後五時のラジオのニュース番組の時間となり、いつもなら番組のテーマ曲ではじまるはずが、最初に流れたのがマイルスの曲だった。すぐに涙がこぼれ落ちた……最初の音《ノート》を聞いた瞬間に、彼がこの世を去ったとわかったんだ。車を道路脇に止めて、気が狂ったように泣いてしまった。彼が死にかけているところを何度も見てきたが、本当に死んでしまうなんて思っていなかった。彼のことだからきっと持ち直すだろうと、いつもそう思っていた。これまでの人生で抑えてきた涙が一気に溢れ出たようだった。自分は男だからと、いつもがまんをしてきて、泣いたことなど一度もなかった。でも、このときばかりは、むせび泣いてしまった。とても自分自身をコントロールできる状態ではなかった」。

彼に一度も会ったことがない人々でさえも大きく心を揺り動かされた。伝記 ***Garcia: An American Life*** の著者であり、ミックス・マガジン誌の編集長のブレア・ジャクソンは、次のように記憶している。「ちょうどニューヨークを訪れていて、夜遅くにレストランを探してファースト・アヴェニューを歩いていると、ニューススタンドに並んだ新聞のヘッドラインが目に飛び込んできた――『マイルス・デイヴィス死去』。私は深いショックを受けた」。そして、この話題に関しては、詩的で感動的な話がある。仏教の瞑想指導者カトリーナ・リードは、マイルスが死亡した前後にマイルスの夢を見たと語っている。「彼の新しいアルバムが完成したのですが、その中身は全くの沈黙でした……」。

＊

上の二つの質問に対する私自身の答えは、この本を執筆した理由にもなっている。最初にマイルスの音楽を聴いたのは、私がまだ十代だった一九七〇年代の終わり、実家でのことだった。ある夏の晴れた日の午後、オランダのラジオ局で、絶叫するエレクトリック・ギターを前面に打ち出した、少し進んでは止まるストップ・スタート手法を用いた、なんとも奇妙なロック・ミュージックがかかっていたのを聴いた。当時、キング・クリムゾンやヘンリー・カウといった実験的で前衛《アバンギャルド》的なロック・ミュージックにのめり込んでいて、絶叫するエレクトリック・ギターが大好きだった私は、その曲に魅了され、熱心に聴き入った。そして、曲の終わりに告げられたアーティスト名を頭の中にメモしながら、「マイルス・デイヴィスって、ジャズのアーティストじゃないの？」という疑問を持ったのだった。一週間ほど経ってから、近所の音楽図書館に行き、膨大なマイルス・デイヴィスのジャズ音源の中から、いかにもラジオで聴いた曲が入っていそうなジャケットの二枚組のアルバムを見つけた。夜の大都会を水槽のようなものを通してのぞき見ている、赤と金色のサイケデリックなデザインのものだった。それを持ち帰り、レコードプレーヤーに乗せ、針を落とした。私はあっけにとられて、ぽかんとしてしまった。これまでに聴いたことのない、奇抜で、ド派手なファンクだった。聴きはじめた時点では、神経がいら立つほどの濃密さと一見単調な音楽にうんざりしてしまった。これはラジオで聴いた、興味をそそる、ストップ・スタート手法を用いた、オープンな曲とは似ても似つかないものだった。しかし、家に持ち帰ったのはこの《アガルタ》だけで、ジャケットが実にクールだったこともあり、もう少し忍耐強く聴き続けてみることにした。両親には申し訳なかったが、ジャケットに書かれていた、最大のボリュームで聴くようにという反逆的な指示も励みになった。

すると、まもなく驚くべき瞬間がやってきた。サイド1の十四分四十三秒、バンドの音が止み、ピート・コージーのギター・ソロが過熱する。自分自身もギタリストだったので、クレイジーなエレクトリック・ギターの演奏についてはある程度、通じているつもりだったが、さすがにこれは理解を超えていた。サイド1のこの部分からサイド4の途中まで、音楽は絶えず興味を引き、挑発的であり、信じがたいほどに、とてもエキサイティングなものだった。私はすっかり心を奪われてしまった。それからの数カ月間、《アガルタ》がレコードプレーヤーから外されることはほとんどなかった。

この音楽、そしてソロ演奏がどのように構成されているのか、あるいはどこから着想を得たものなのか、理解の糸口さえつかめないことに私は困惑した。大部分が即興演奏《インプロヴィゼーション》によるものなのは明白だが、完全な即興にしては、音楽がきっちりと構成されていて、メロディが美しすぎる。しかも、ミュージシャン間のインタープレイが完璧だ。この濃密で異様な音楽に私は戸惑った。基準として参考になるものがなかったからだ。私が知っている音楽で、ほんのわずかでもこれに近いものはなかった。後に発見し、好んで聴くようになったマイルス・デイヴィスの他のエレクトリック・アルバム、《ゲット・アップ・ウィズ・イット》や《ビッチェズ・ブリュー》でさえもだ。（それから十五年後にようやく、オランダのラジオ局ではじめて聴いた曲の正体がわかった。《ライヴ・イヴル》に収録された〈ジェミニ／ダブル・イメージ〉だった。これだけの年月が経ってからも認識できたということは、この曲がいかに強い印象を私に与えたかを示す証拠だろう）

私がマイルスの死を知ったのは、一九九一年十月下旬の午後七時半頃だった。九月から十月までのほとんどの期間、私は新聞やテレビを簡単に見られない場所にいた。そして、ちょうどロンドンを離れ、カンタベリーにほど近い、のどかな田舎町へと移り住んだところだった。新しいカーペットの下に敷く古い新聞紙を床の上に敷き詰めていたとき、九月三十日付のインデペンデント紙に掲載された記事が目に入った。作家でありトランペット奏者のイアン・カーによる、一ページに及ぶマイルスの死亡記事だった。私は唖然とし、声を失った。そして何度も記事を読み返した。何かの悪い冗談であってほしいと願いながら。マイルスは永遠に存在し続けるように思っていた。それが、そうではないことに気づかされた。私は深い喪失感を覚え、もはやカーペットのことなど手につくはずもなかった。その晩は彼のレコードをかけながら、彼の死に向き合おうと努めたのだった。

*

　マイルス・デイヴィスは、多くの人々の心の奥底にある大切な何かに触れ、人々の魂に永遠に残り続ける傷跡を残した。私たちが普段、完全には意識していない、原型的な意味を持つ何か、他とは比べようのない何かを彼は象徴している。マイルスは世界中の人々に深い影響を与えた。彼はものごとに対する見方を変え、音楽の新しい方向性を確立し、新しいサウンドを生み出した。自分自身や音楽に対するミュージシャンの考え方を変え、私たちの社会における黒人の地位、そして多くの黒人が自分自身についてどう考えるかに変化をもたらした。本書では、マイルスが私たちに与えた影響について明らかにし、説明することを目的のひとつとしている。

　そして、これを自ら課したひとつの重要な制限の下で試みている。この制限は、マイルスの音楽との最初の出会いからして、必然的とも言えるものだ。主にロック・ミュージックを聴き、演奏しながら育った私は、ロックに影響を受けた音楽に最も心を動かされてきた。したがって、本書ではマイルスのエレクトリック期に焦点を絞ることにした。マイルスのこの時期の音楽について、その方向性におけるあらゆる探求の共通項として、少なくともひとつの電気《エレクトリック》楽器が使われていることから、簡潔に「エレクトリック」という用語を用いている。（より一般的な用語として、「ジャズ・ロック」や「フュージョン」があるが、いずれもマイルスのエレクトリック・ミュージックをうまく言い表わせない。マイルスは、アフリカ、インド、ラテン、クラシック音楽などからの影響も取り入れており、前者では範囲が狭すぎる。一方、後者は、一九八〇年代から一九九〇年代に華々しく取り上げられたスムーズジャズやジャズライトといった不毛でおぞましいジャンルとの関連性を想起させてしまう）

　マイルスが明確にロックの方向性を探求しはじめたのは、ウェイン・ショーター、ハービー・ハンコック、ロン・カーター、トニー・ウィリアムスが参加した第二期グレート・クインテットを率いていた時期、具体的には、エレクトリック・ギタリストのジョー・ベックがセッションに参加した一九六七年十二月四日からである。ただし、クインテットの音楽の歴史は途切れなく続いているため、これよりも少し前に遡り、第二期クインテットの最初のメンバーがマイルスのバンドに参加した一九六三年から詳細に述べることにする。このクインテットについて説明した後、一九六〇年代末期から一九七〇年代前半にかけて、マイルスがいかにエレクトリックの領域に深く入り込んでいったかについて説明する。そして、マイルスが、薬物、絶望、暗黒の谷に落ちていた「沈黙」期（一九七五年から一九八〇年）について触れた後、一九八〇年代から一九九〇年代初めにかけて、彼が亡くなる一九九一年九月二十八日までの音楽的な冒険について詳述する。

このように、マイルス・デイヴィスのエレクトリック・ミュージックに制限したことこそが、本書の一番の存在理由となっている。マイルス・デイヴィスの伝記は、すでに数多く存在している。その質はさておき、すべてに共通していることがある——音楽的および文化的観点として、ジャズに重点を置く者によって書かれているという点だ。そして、遠回しに指摘するのは難しいので、はっきりと書かせてもらうが、概して、これらの著者はエレクトリック・ミュージックを「わかって」いない。ひいき目に見ても、描写や説明に深みがなく、内容が乏しい。ひどいものになると、紳士気取りの偏狭に満ち溢れ、ロック・ミュージックはジャズに劣るという偏見が見て取れる。

幸いにも、良い音楽とそうでない音楽という二つの分類にしか関心のない人々が増えてきている。しかし、驚いたことに、特定の音楽のジャンル全体を低く見る、厚かましい俗物的な考えも依然として存在する。(3) これに関して、ベーシストのマーカス・ミラーが興味深いコメントを残している。様々なスタイルの音楽を演奏してきた彼は、適任でないとの批判を多く受けてきた。それに対して彼が示した答えが、音楽ジャンルと、それぞれが独自の語彙、文法、内部論理を持つ言語との対比である。彼にとって、ロック、ソウル、あるいはジャズを演奏することについて人を批判するのは、その人がフランス語、スペイン語、あるいは日本語を話すのを批判するのと同じことだ。

ミラーの例えをさらに一歩推し進めると、フランス語で書かれた文章の長所や欠点を評価するためにはフランス語の理解が欠かせないように、評論家として適任かどうかは特定の音楽ジャンルの内部論理や語彙をわかっているかどうかによる。もちろん、いまや多くの人々がロックという「言語」から、例えば、ワールド・ミュージックやジャズやクラシック音楽といった「言語」へ移行することが盛んになっていることを考えると、音楽の区分もそれほど極端ではなくなってきている。(4)

ただし、こうした移行が必ずしも容易であるとは限らない。例えば、マイルス・デイヴィスは、ロックの「言語」を学ぶのは困難な挑戦だったと自伝の中で認めている。「……新しいリズムで演奏しはじめた時には、とにかくそれに慣れる必要があった。バードやコルトレーンとやっていたような古いスタイルに慣れていたから、最初は全くフィーリングが掴めなかった。少しずつ変化していく過程を通して、初めて新しい演奏ができるようになるものなんだ。それまでやっていた演奏をパタッとやめてしまうわけにはいかない。初めは、サウンドが頭に浮かんでこないから、どうしても時間がかかる」[5]。結果的にマイルスは「それに慣れ」、この「新しい演奏」で偉大なことをやってのけた。

上の議論は決して、音楽的な亀裂を拡大させたり、新たな対立を生むことを意図したものではない。ジャズとロックの間に境界など存在しないと考え、二つの音楽の「言語」間の共通項に関心を向ける人は数多く存在する。筆者自身も本能的にそちらの方向を向いている。ここで指摘したいのは、単に自分自身の限界を知る必要があるということだ。もしも音楽の語法を理解していないのなら、もしくはその「言語」を話さないのなら、その話題に関しては、敬意を表して、黙っているべきである。

私は特定の種類のジャズを好んで聴いているが、ジャズの「言語」全般には馴染みが薄い。したがって、本書では、自らの限界に留意して、マイルスの濃密なジャズ期については簡単に概要を述べるだけに留め、純粋に彼のエレクトリック・ミュージックへの展開を主題として扱っている。ジャズが私の「母国語」でないことを認め、批評を試みることはあえてしない。この判断は、偉大な芸術形式への敬意に基づくものだ。

＊

本書ではまず、エレクトリック期（一九六七～一九九一年）全般の音楽について、ロックの「言語を話す」者の視点から概観する。ここでの筆者の見解や意見は絶対的なものではなく、またマイルス・デイヴィスを評するジャズ評論家に対して論争をしかけるつもりもないことを強調しておきたい。双方が異なる「言語」を話すという前提を受け入れさえすれば、長々とした比較や議論は不要となるだろう。ただし、重点、解釈、もしくは言語の違いを示すため、あるいは広く信じられている誤解を解くために、折に触れて、マイルスのエレクトリック・ミュージックに対する評論家たちの評価や批判について取り上げている。本書の対象領域について概説するとともに、本書の必要性を示すべく、いくつか例をあげてみたい。

『マイルス・デイヴィス自伝』がジャズ期に偏っていることは、一九四四年九月（マイルスがニューヨークに到着したとき）から一九六七年十二月四日（ロック、ファンク、フォーク・ミュージックの要素が最初に導入されたとき）までの二十四年間について、［原書で］二三九ページもの紙幅を費やしていることからも明らかである。後者の日付以降、この本が出版される一九八九年までの二十二年間については、その半分以下の一〇三ページしか割かれていない。もうひとつの例として、一九七〇年から一九七五年にかけて中心的役割を果たしてきたベーシストのマイケル・ヘンダーソンの名前が三回しか出てこない。これに対して、一九六三年から一九六八年までマイルスと一緒だったベーシストのロン・カーターについては、二十一回も触れられている。これは、マイルス本人の性向を示しているというよりは、ジャズに精通した代作者クインシー・トゥループの好みを反映している可能性が高い。彼は、一九九〇年に放送された八編からなるラジオ番組、『マイルス・デイヴィス・ラジオ・プロジェクト』の編集チームの一員でもあり、この番組では、多くの代表的な音楽やマイルスのサイドマンのインタビューが紹介されているが、一九七二年から一九七五年の音楽については全く触れられていない。

　イアン・カーの*Miles Davis: The Definitive Biography*とジャック・チェンバースの*Milestones: The Music and Times of Miles Davis*は、どちらも一九九八年に再出版されている。どちらにも、マイルスの最後の十年間に関する情報が追加されているが、それぞれ異なる理由で、エレクトリック期のマイルスの扱いに深刻な不備がある。イアン・カーは、八〇年代のエレクトリック期について、まるでファン雑誌であるかのように、一貫して肯定的にとらえている。しかし、一九七三年から一九七五年までの期間については、実質的に無視されている。また、六〇〇ページにおよぶこの本の中で、きわめて重要なギタリストであるピート・コージーの名前が二回しか出てこない。一九八四年までのマイルスのエレクトリック・ミュージックの扱いについては、*Miles Davis*よりも二部作の*Milestones*の方が、バランスが取れている。ただし、マイルスの最も影響力の大きい作品のひとつである《オン・ザ・コーナー》に関して何を言うべきかを、チェンバースは明らかに理解していない。自らの意見を述べる代わりに、サックス奏者スタン・ゲッツの「実につまらない音楽だ(6)」という言葉を単に引用しているだけだ。

　また、チェンバースの新しい導入《イントロダクション》部は、不正確な記述や人を見下すようなたわ言が織り混ざった恨み節に終始している。例えば、次のようなものである。「彼の音楽のレパートリーは、三音《スリー》コードのリフの曲に支配されていた(7)」。「コンサートの最後にやってくる、わざとらしいお決まりの行為として、デイヴィスはメンバーの名前が書かれた大きなボードを掲げ、ファンクに満足しきった観客からの拍手喝采を浴びていた。(ヴィンス・)ウィルバーン(・ジュニア)のところまでくると、ボードを片手に持ち替え、もう片方の手では鼻をつまんでいた〔うんざりしながら、しぶしぶ受け入れているという意味〕」。実際には、マイルスの一九八〇年代以降の音楽は複雑なメロディとコードで構成されており、彼がウィルバーンと一緒にバンドで演奏していた時期(一九八五年から一九八七年まで)は、まだ名前が書かれたボードを掲げる行為は行っていなかった。チェンバースは、彼の二部構成の著書の多くの部分がマイルスの自伝において丸写し、または表現を変えて用いられていると主張しているが、そのことで傷つき、怒りを爆発させているのではないかと勘ぐってしまう。

　現在、市販されているマイルス・デイヴィスの伝記で、マイルスのエレクトリック期について深く掘り下げたもの、あるいは十分に理解しているものはひとつもない。エリック・ニセンソンの *'Round about Midnight* が最も偏見なく、よく書かれているが、エレクトリック期がこの本の最大の関心事というわけではない。エッセーや記事を集めた編集本 *Miles Davis: The Miles Davis Companion* と *A Miles Davis Reader* も存在する。これら二冊には、エレクトリック期に関する興味深い新しい情報が含まれているが、やはり内容が希薄である。この問題について、*A Miles Davis Reader* の編集者ビル・カーチナーは、導入部《イントロダクション》で次のようにコメントしている。「……六〇年代、七〇年代、そして八〇年代の彼の音楽を本格的に扱った著作は決して多くない。デイヴィスの活動歴のすべての期間、とりわけ後期の活動の進展については、分析がやり残されたままである」[8]。これこそが本書の目的とするところである。

本書の第二の存在理由、それは、マイルスと一緒に演奏したことがあり、マイルスのことをよく知る者の見解と体験について、一冊の本の形で体系的にまとめたものが、これまで存在していないという事実である。本書において、筆者は可能な限り多くのミュージシャン、そしてマイルスの人生における仲間たちから話を聞くことを目指した。幸運にも、五十人近い人々にインタビューすることができ、その中には、マイルスのバンドの中で取り上げられる機会が少なく、理解が進んでいない七三～七五年のバンドのメンバー六名が含まれている。ここで語られる内容のほとんどは二十五年から三十年前に起きたことであり、人々の記憶は薄れ、やがて本人も亡くなってしまう。したがって、これは急を要する問題であり、手遅れになる前に、すぐにでも彼らにインタビューする必要があった。実際に、インタビューに応じてくれた人々がどの程度まで詳細に覚えているかは、特定の事象が起きてから経過した時間の長さに比例していた。六〇年代、七〇年代、そして八〇年代のことでさえも曖昧な記憶しかないことが多く、しかも、ところどころに矛盾点が見られた。

これらのインタビューをまとめていく過程で、マイルスの作業手順の全体像を包括的に掴めただけでなく、世間に見せている顔の裏に隠された彼の本性がこれまで以上に見えてきた。本書は、音楽に重きを置いているが、人間の本性とその人の音楽とは切り離すことができないものであることから、彼の人間的な側面についても取り上げている。多くの人々が、マイルス・デイヴィスが外の世界に対して被っていた仮面、すなわち、ものごとに動じないタフな男のイメージに取りつかれており、彼を全くの謎めいた人物として見ている。この仮面の奥をちらっとでものぞき見ることによって、彼の強さも弱さもすべて含めて、一人の人間として彼を理解することがきわめて重要であると筆者は考えている。これは彼の偉大な人物像を損なうことにつながりかねないと感じる人もいるだろう。しかし、むしろ、彼のことをより人間らしく感じられるようになり、それによって彼の業績もこれまで以上に生き生きと感じられるなど、私たちにとって意味のあることではないだろうか。

驚くべき成果を成し遂げたと同時に、人間としては欠点だらけだったというところにマイルス・デイヴィスの偉大さがある。彼の人間味ある側面を具体的に示すことで、彼が残した遺産の深みと意味が増すだろう。したがって、邪悪《ダーク》な部分を含め、彼の人格の様々な側面について、本書では率直に取り上げることにする。なんといっても、容赦のない正直さこそ、マイルスが用いてきた手法の一部なのだから。盗用の有無にかかわらず、彼の自伝において、彼の生の声を聞くことができる本質的要因となっているのが、こうした正直さだ。であるならば、ここで正直に書かない理由はない。

　遠慮したり、過度に敬意を表したり、あるいは彼の人間らしさを否定したりすることは、マイルス・デイヴィスを文化の象徴へと祭り上げようとする最近の風潮に貢献することにしかならない。そこには、現状維持という安全な殻に閉じこもり、挑戦と変化を続ける能力を失った、アメリカのピンナップ写真の中の多くの品行方正な去勢された人物の一人として、彼を平滑化してしまう危険性がある。マイルス・デイヴィスは変革者である。ブレア・ジャクソンの言葉を借りれば「音楽の煽動者」であり、人に過度な快適さを与えて創造力を妨げる確実性に彼は常に立ち向かった。変革者であれ、ある程度の現状維持の脅威とリスクを避けられない。マイルス・デイヴィスの遺産が賞賛される最大の理由は、それでもなお、こうした変革者としての側面を保ち続け、生き生きとした作品を作り続けてきたところにある。

　最後に、個人的なことをもう少しだけ、書かせてもらいたい。まず、本書のいたるところで、マイルスの存在感や作業手順について、禅師との類似性をあげている。この点に関しては、ある種の偏りの可能性があることを宣言しておく。筆者自身は自らを仏教徒とは思っていないが、一九九〇年以降、ベトナム人の詩人、学者、作家、そして平和活動家のティク・ナット・ハン（マーティン・ルーサー・キング・ジュニア博士の推薦により、一九六七年度のノーベル平和賞の候補にもなっている）とともに、禅僧の教えを実践している。一九九七年には、ナット・ハンのインタービーイング教団の平信者となっている。また、禅の実践を通じてアコースティック・ギターの曲を作っていることもあり、ロンドンの情報誌『タイムアウト』では、筆者は「禅ギタリスト」に分類されている。

　人は自分が求めている通りにものごとを見てしまう傾向があり、筆者のこうした経歴から、本末を転倒しているのではないか（すなわち、自分の考えに合うようにマイルスの一側面を解釈しているのではないか）、という疑いを持たれるかもしれない。そこで、このプロジェクトに着手した時点では、マイルスと禅を結びつけるという考えはなかったことを強調しておきたい。インタビューを行っていく過程で、思いがけないことに、禅との類似性を指摘した人が何人もいたことから、この方向への関心がかき立てられたのである。また、禅の側面について触れているライターがいることも発見した。例えば、ジーン・サントーロは、「リーダーとしてのマイルス・デイヴィスは禅の権化と言える[9]」と書いている。当然のごとく、筆者は好奇心をそそられ、この類似性について掘り下げてみることにした。これが何らかの意味を持つとしたら、少なくとも自分は、それを説明するのに適任だと考えたのである。

二点目は、美的および便宜的な論点に関してである。本書で説明しているあらゆる音楽について、筆者は批評的な評価を行っている。これにより、いくつかの問題が生じてくる。インタビューに応じてくれた方々の中からは、音楽について評価する必要などあるのかという疑問の声も出ていた。ミュージシャンとしての立場からは、自分もこうした疑念を共有できる。ミュージシャン仲間の間では音楽評論家の評判が悪く、そしてそこから生まれる連帯感から、ほとんどのミュージシャンは同業者の作品に対して否定的な意見を表だって言うことを避けようとする。ミュージシャンであると同時にライターである筆者は、ジャーナリストとしての仕事においては、これまで、自分が好まない音楽について言及することを避け、尊敬するミュージシャンのみを取り上げるという選択をしてきた。

記者としてこのような立場を取ることは、十分に理解を得られることであろう。しかし、本を書くとなると事情は違ってくる。純粋にただ説明的な本はつまらないものとなりがちという点はさておき、著作家の仕事は、情報を提供するだけでなく、読者を啓発し、刺激し、引き込み、新しい視点や洞察を与える必要もある。必ずしも読者の賛同は得られないかもしれないが、これらの新たな視点は、主題に対する読者の理解を深めるものとなるだろう。単に客観的かつ中立的な立場を取り続け、意見を述べることを避けてしまっていては、このような目的を達成できない。

「中立性」も「客観性」もここでは役に立たない。本を執筆するという行為には、主題との深い関わりが求められる。この種の関わりこそが、読者であるあなたが今、この本を手にしている理由ではないだろうか。強い感情と意見を避けて通ることはできない。実際問題として、「客観性」を保つということは、こうした感情や意見を覆い隠すことにつながる。それは必然的に、語り口調、特定の音楽や曲について割かれる量、インタビューで尋ねる質問の内容、そしてそれに対する答えの取捨選択といったところに表れてくる。示唆や暗示を与えるような書き方をするのではなく、意見や見方を明確かつ率直に伝え、読者に判断を委ねることこそ、著作者が取るべき良心的立場だと筆者は考えている。

これは音楽批評の本質にもつながってくる。美（あるいは質）は見る人の目（この文脈においては、聴く人の耳）の中にある、という美的立場を支持する側に筆者はついている。人に普遍的かつ定量的な影響を与え得る特定のバランス、色彩、ハーモニー、リズムが存在するという意見も確かに魅力的であり、そこには奥深い真実が秘められているのかもしれない。このような考えを否定するつもりはない。筆者が「美は聴く人の耳の中にある」という格言に従う立場を取るのは、便宜的な理由からだ。この考えは、非暴力コミュニケーションと呼ばれる革新的な言語アプローチの先駆者である、アメリカ人心理学者マーシャル・ローゼンバーグの著作物から生じたものだ。

私たちが学ぶ言語や思考は、外部の人々や状況が私たちの感情に影響を与えるという前提に基づいている、とローゼンバーグは論じている。その結果、過剰な善悪判断が生じているという。誰かが自分に対して怒鳴ったり、気に入らない音楽を作ったりしたことで、気分が害されたとき、その人やその音楽を「間違っている」と捉え、罰を受けるに値するとして糾弾する。非難したり、名誉を傷つけたり、無理強いしたりすることで、自らの価値観を押し付けようとする傾向が私たちにはある。これは暴力のひとつの形態であり、この地球をむしばんでいるあらゆる人間による暴力の根源にあるものだ、という説得力ある主張をローゼンバーグは展開している[10]。

非暴力コミュニケーションで提示されているこれとは別の方法は、ものの見方のパラダイムシフトを伴う。自分の感情を、外部のできごとではなく、自らの欲求、価値観、願望と結び付けるというものだ。例えば、人々が自分に向かって怒鳴ったとき、恐怖や怒りを感じる。自分が望んでいる敬意や安全が得られないためである。彼らのしていることが自分には全く気に入らないことだとしても、彼らがそのような行動を取ることを間違っていると考えたり、自らの感情を非難したりすべきでない。彼らに自分の望んでいることをさせようと強要する代わりに、自分の感情や欲求を示すことによって、好き嫌いを表現するのだ。心の言語とも呼ばれる非暴力コミュニケーションは、この一見簡単そうに思える考え方から生まれたものである。

これについて、さらに詳細に述べることは本書の範囲を超えてしまう。ここで言いたいことは、自分が目にしている行動や聴いている音楽が本質的に正しいとか、間違っているという考えを推し進めたいとは考えていないということだ。したがって、特定の音楽に対する感情的または心理的な反応は、音楽に対するものではなく、自らの欲求や大切にしている価値観から生じるものであるという立場を一貫して筆者は取っている。歴史の流れの中で、音楽をめぐる騒動が何度となく繰り返されており、作曲家や演奏者が肉体的あるいは言葉による暴力を受けてきた。評論家の絶対主義の判断こそが、ミュージシャンの間で彼らが嫌われている理由に他ならない。マイルスと彼のエレクトリック・ミュージックに対する攻撃もまた、アーティストやその作品は本質的に「間違っている」ことがあり、その場合には制裁を加える必要がある、という考えが表出した直近の例に過ぎない。

自らの感情的な反応とその原因となっている価値観をはっきりと伝えることで、これと同じような道筋を辿るのを避けられるだけでなく、マイルスの音楽や彼の性格の好ましくない側面を評価するにあたっての筆者の考えを明確にできると考えた。しかしながら、必ずしも非暴力コミュニケーションで推奨されている方法で自分の意見を表明しているわけでもない。理由は単純である。言語および思考のアプローチである非暴力コミュニケーションはまだ一般的ではなく、例えば、「この曲を気に入っているのは、私の美的欲求を満たしてくれるからだ」

といった煩わしい言い回しで読者を混乱させたくないからである。それよりも、「素晴らしい」や「つまらない」といった聞きなれた言葉で、音楽を言い表しているところもある。これは常に、その曲を聴いて満足感を得られた、あるいは退屈に感じたという意味であり、それは、特定の美学、楽器の色彩感、ハーモニー、メロディ、リズムの多様性、構造論理、一貫性、雰囲気など、筆者が音楽において価値を見出している数々の要素と一致している、または食い違っているという理由からである。

音楽や曲、発言、行動、または人物について、本質的あるいは客観的に正しいまたは間違っているなどとは決して言っていないことを読者の皆さまに強調しておきたい。筆者の反応はすべて、自らの欲求と価値観に基づくものである。

　これらの個人的、美的、便宜的な論点が読者の理解を深めるとともに、本書が、娯楽、情報、そして感動に対する読者の欲求を満たすものとなることを願っている。

第一章　リッスン

俺は、音楽を解釈し演奏するために生きている。……実際いろんなことに手を出すかもしれない。だが俺にとって一番大事なもの、何よりもまず、それこそ息をすることよりも先にくるのが音楽なんだ。

――マイルス・デイヴィス(1)

「まあ聞いてくれ《リッスン》」――『マイルス・デイヴィス自伝』は、いきなりこの核心をつく言葉ではじまる。マイルス・デイヴィスの心《しん》にまっすぐ通じている言葉だ。

息をするよりも先に、まず、聴く。マイルスは人とは違ったやり方で、ものごとを聴いていた。音楽。サウンド。人の話。時代のリズム。時間と間《スペース》。マイルスを理解するには、彼が自身の音楽、言葉、ライフスタイル、人生の選択において、どのように自己表現してきたのかに耳を傾ける必要がある。そこでは、聴くことが中心的な位置を占めている。彼はそれを一緒に演奏してきたミュージシャンに、そしてファンに説いてきた。

ベーシストのゲイリー・ピーコックは、マイルスについて、「僕が音楽のグループで経験した中で最も素晴らしい聴き手だった」と評している(2)。彼の仲間のデイヴ・ホランドによると、マイルスは、「一緒にプレイしたことのある他の誰よりも、時間、間《スペース》、動きについて理解していた」。キーボード奏者のアダム・ホルツマンは、「ミュージシャンの自分がこんなことを言うのはおかしいかもしれないが、僕はマイルスから聴き方を教わったんだ」と述べている。パーカッショニストのバーダル・ロイは、マイルスから学んだ最も重要なことは、「心の底から演奏すること、そしてよく聴くこと」だったと語っている。

マイルスは、よく彼のミュージシャンにこう語っていた。「音楽を演奏するときは、そこにあるアイディアを演奏するんじゃない。その次のアイディアを演奏しろ。待つんだ。一ビート、もしくは二ビート待ってみろ。そうすれば、もっとフレッシュな何かが生まれてくることがある。頭で考えて演奏するな。もっとよく聴いて、深く演奏してみろ(3)」。また、次のようなアドバイスもしている。「すでにあるものは弾くな。ないものを弾け」[4]。きっと、このように言うこともあっただろう。「すでにあるものは聴くな。ないものを聴け」。

一九八〇年代後半を除いて、マイルスはバンドのリハーサルをほとんどしなかった。むしろ、彼のミュージシャンには、ステージの上で練習するように口うるさく言っていた。誰かが自宅やホテルの部屋で練習をしていると、マイルスは「事前に未来のリハーサルなどできるわけがない」と怒っていた[5]。彼は、今この瞬間の音楽の存在を意識し、耳を傾けてほしかったのだ。「メンバーの中で、誰よりも外で起きていることに敏感だったのがマイルスだった。彼はその瞬間に感じ取ったあらゆることを、すぐさま演奏に反映していた」とあるメンバーは語っている[6]。

マイルスは、サイドマンに、禅でいう「初心のこころ」で音楽と向き合うことを、すなわち自動操縦的な演奏にならないよう、単に習慣的に繰り返すのではなく、常に予想外のできごと、今ここに注意をはらい、対応できるように備えることを期待していた。「マイルスは、僕をリハーサルに行かせたくなかったようだ」とギタリストのピート・コージーは回想している。「彼はフレッシュな感覚を大切にしていた。何を演奏し、何を演奏すべきでないかを理解することもその中に入っている。周りで何が起きているのかを聴き取れなければ、それは無理だ。あらゆる場面においてできる最善のこと、それが聴くことだ。みんなそうやって学んでいくんだ」。

聴くという行為には、意識することと、注意をはらうことが求められる。マイルスはそれを身をもって示していた。彼と一緒に演奏したミュージシャンの多くが「集中」という言葉を口にする。デイヴ・ホランドは言う。「彼が放つすさまじいまでの集中力に、皆が影響を受けていた。まるで渦の中に巻き込まれるようだった。一度その影響圏に入ってしまうと、ある種、魔法のようなことが起きるのさ」。ドラマーのジャック・ディジョネットは語る。「マイルスと一緒にプレイするということは、集中するということ、そして音楽が向かおうとしている方向に対してオープンでいるということだ。彼のサウンドが、僕らの注意を彼と音楽に向かわせるんだ。そうして自分たちが音楽をリードさせられることもあれば、後を追うこともあった。彼はそんな魔法と力を持っていた。誰にもまねのできない能力さ」。

このマイルスの特異な聴く意識は、周りのミュージシャンにも伝染していった。バンドの意識と演奏が、彼の存在によって、予期せぬ新たな次元へと高められていくことが多々あった。そうやって彼らは、マイルスの次の言葉を体現していたのだった。「自分が知っていることを演奏しろ、そして、それ以上のこともやれ」[7]。ギタリストのソニー・シャーロックは、マイルスとは一九七〇年に一日だけ一緒に演奏したことがあったが、自身のギターに対するアプローチを変えるにはそれで十分だった。音楽を演奏するということは、「マイルスがやるように真剣に耳を傾け、曲を最初の音《ノート》から最後まで聴き通し、曲の中で間《スペース》がどうなるかを理解すること」だと彼は認識した。[8] ギタリストのジョン・マクラフリンは次のようにコメントしている。「マイルスには、ミュージシャン自身が驚くような何かを彼らから引き出す能力が備わっていた。彼は多くの人にとって導師《グル》のような存在だったのさ。間違いなく僕の音楽の師匠の一人だね」[9]。

音楽を聴くときは「常に何を取り除けるかを聴いている」と、マイルスは述べている。[10] 彼は、そこにはないもの、すなわち音《ノート》に隠れている間《スペース》――音楽がそこからはじまり、音楽を組み立てている沈黙――を聴くことで、間《スペース》とそれを与える音《ノート》の最適なバランスを見つけ出そうとしていたのである。マイルスの最大の発見のひとつは、最適なバランスは少ない音《ノート》で実現でき、多くの音《ノート》は必要ないということだった。こうして生まれた彼の節約奏法と間《スペース》の使い方は伝説となった。マイルスは常に、必要最小限の素材を使い、行間を読んだ演奏を行い、音《ノート》を表現し、ムードを醸し出した。こうして、「少ないほど豊か」という概念を最大限に実践し、さらに新たなレベルへと押し上げたのである。

アルバム《オーラ》を制作していた一九八五年初頭、マイルスはデンマーク人のインタビュアーに次のように語っている。「どんなにちっぽけでソフトなフレーズでも無駄にはできない。フレーズからリズムが生まれるからな。リズムだって無駄にしないさ。リズムはメロディを混乱させて迷わせることがある。だから、フレーズの意味、ノートが意味するところを理解する必要があるんだ。それがわかっていないミュージシャンが多すぎる！　連中はノートを演奏していても、その意味がわかっちゃいない。単に『これは#9、これは……』としか理解していない。その意味を教えてやったら、連中はさぼれなくなるだろうよ。とても重要なことだ」[11]。

ギタリストのジョン・スコフィールドは言う。「彼は多くの音《ノート》を使わずに、技巧的な表現をやってのけた。彼には、不要なものをそぎ落として、深みのあるものに作り変える才能があった。ひとつの音《ノート》だけを演奏したところで、普通はたいしておもしろくはならないだろう。でも、彼はどの音《ノート》を演奏すればよいのかわかっていた。他人には真似できないことだ。彼は唯一無二の存在だったね。僕らにとって、彼は先生のような存在さ」。キース・ジャレット、ゲイリー・ピーコック、ジャック・ディジョネットは次のように書いている。「マイルスは『本物』のミニマリストだった（そこには、とても少ない音しかなかったが、とても多くのものが含まれていた）。たとえいかに多くの『雑音《ノイズ》』が彼のまわりをとりまいていたとしても、マイルスはいつも沈黙から生まれてきた」[12]。プロデューサー兼編曲家のクインシー・ジョーンズもそれに同調し、「最も予想外かつ最適な音《ノート》をマイルスは演奏した」と述べている。[13]

対照的に、多くのミュージシャンは必要以上に演奏しがちである。これについて、マイルスは、「連中はくそみたいなノートを演奏しすぎる」から「ノート中毒を治しに行かないと駄目だ」と冗談めかして言っている。[14] 彼は人生の多くの時間を割いて、ミュージシャンに間《スペース》、沈黙、フレージング、待つこと、音《ノート》とアイディアの簡素化、そして何よりも集中することと聴くことの重要性について説いてきた。マイルスはパーカッショニストのアイアート・モレイラについて、次のように語っている。「初めて彼がやって来たときは、ただ大きな音を出しているだけで、まわりのサウンドを、全く聴いちゃいなかった。そんなに叩いたり、馬鹿でかい音を出すな、もっとバンド全体のサウンドをちゃんと聴けと彼に言ったんだ[15]」。モレイラによると、マイルスは、「ドスンドスンたたくな、ただ演奏しろ[16]」と指示しただけで、その意味については自分で考えさせた。モレイラは次のように理解した。「彼は、まず音楽をよく聴き、それからいくつかのサウンドを演奏するように僕に教えたかったんだ[17]」。

　マイルスは、音楽の中だけでなく、日常の中にも、常に聴く意識を持ち合わせていた。それを示すように、「リズムは常に俺たちの周りにある、つまずいて転んだときにだってな」と彼は語っている[18]。一九八〇年代後半のマリブ時代のエピソードもまた、これを例証するものだ。ある日、スピード違反で警察官に止められたマイルスは、「俺はスピードを出しすぎてなんかいない。どっちにしろ、俺の車のスピードメーターは壊れているんだ」と主張した。「だったら、どれだけスピードを出していたのか、どうしてわかるんだい?」と警官が尋ねると、「俺は音を聴けばわかるんだ」とマイルスは答えた。

　そう、聴くんだ。そこにはないものを聴くんだ。行間を、マイルスの言葉を、音楽を聴くんだ。

*

「まあ、聞いてくれ。俺の人生で最高の瞬間は、セックスのときを別にして、一九四四年にミズーリ州のセントルイスでディズ〔トランペット奏者ディジー・ガレスピーの愛称〕とバードが演奏しているのを初めて聴いたときだった。……あの音が俺の身体の中に入ってしまった。俺はあの音が聴きたかったんだ。……そこには俺が聴きたいものが全部あった。俺が演奏している音楽を通じて、いつもその中に探し求めていたものだ[19]」。

　人生を通じて、音楽の意味について模索すること、ミュージシャンとしての最高の体験だった一九四四年のあの瞬間の感覚を探求することが、マイルスの関心の中心となっていた。ギタリストのロバート・フリップは、これを「今この瞬間に敏感であり、音楽的衝動に全神経を向けている」状態にあることだと説明している。マイルスは、ひたむきに、エゴを捨てて、この目的を追求した。彼は言った。「エゴを捨てるんだ[20]」。「男には、とてつもないエゴがあるんだ!……誰だって聴くだろうよ。だが、聴くとしても一回きりだ。そのあと、エゴがまた顔を出すのさ。男のエゴはどえらいもんだ[21]」。

　マイルスが八〇年代に絵画をはじめたときの協力者であり、一九八六年にこの世を去ったときのパートナーでもあった芸術家ジョー・ゲルバードは、次のようにコメントしている。「彼が音楽にエゴを持ち込むことはありませんでした。彼が観客に背中を向けて演奏していたのも、それが理由です。バンドの演奏をよく聴き、指示を出すためでした。決して、『俺はマイルス・デイヴィスだ。後ろに誰がいようが知ったことか』ということではありません。自分自身や自分のトランペットのことばかり考えていたわけではないのです。彼は常に一緒に演奏しているグループの一員としてプレイしていました」。

ジャック・ディジョネットの妻、リディアもマイルスのことをよく理解していた。「彼の音楽の中に、エゴの傲慢さは一切ありませんでした」と彼女は語っている。「ステージで演奏するのは、自分自身のためではなく、あらゆるものから音楽的インスピレーションを得ることが目的でした。そのようなインスピレーションを感じることに、彼は満足していました。ときどき、彼がジャックに向かって『わかるだろう？』と言うと、ジャックは『ああ、わかるさ』と答えていました。二人は音楽の分野における共通の洞察力を持っていて、マイルスはそれを通じて他のプレイヤーとの結びつきを感じていました」。

ジャック・ディジョネットは、次のように付け加えている。「自分自身の貢献度やエゴのことばかり気にしている人たちが多いが、マイルスはチームのこととして考えていた。そして、どんな状況でも、彼のトランペットのサウンドがあらゆることに刺激を与えることをわかっていた。マイルスには完成した曲が聴こえていた」。キーボード奏者のハービー・ハンコックも同様の指摘をしている。「マイルスは素晴らしいチーム・プレイヤーさ。彼は他のメンバーの演奏を聴き、それに自分の演奏を足すことで、サウンドをより良いものにした」[22]。

マイルスの集中力と、バンド・メンバーの意識のレベルを高める能力は、人々の理解を超えるものだった。マイルスと演奏したことのある数え切れないほどのミュージシャンが、人生が変わるほどの影響をマイルスから受けたと、こと細かに語っており、その多くがほとんど超自然的な用語を用いて彼について話している。ジャレット、ピーコック、ディジョネットによると、マイルスは「一個のメディア（媒体）であり、トランスフォーマー（変換器）であり、タッチストーン（試金石）であり、マグネティック・フィールド（磁場）であった」[23]。この本でインタビューに応えてくれた方々も、「霊能者」、「導師《グル》」、「魔術師」、「シャーマン」、「教師」、「魔法使い」、「予見者《ビジョナリー》」、「禅師」といった言葉を用いている。

「マイルスは僕に僕自身を授けてくれたんだ」とベーシストのマイケル・ヘンダーソンは語る。「彼は僕自身に備わっていたものを授けてくれた。彼と一緒にプレイするようになって、『自分』になることができた。彼の周りにいた他の人たちと同じようにね。僕たちはみんな、自分自身を見つけた。自分がいったい何者なのか、音楽の世界そして人生において何をすべきかを見つけることができたんだ」。

ヘンダーソンと同じくベーシストのマーカス・ミラーもこれに同調し、「マイルスとのプレイを通じて、音楽における自分らしさを見つけることができた」と述べている。「一九八〇年に初めて彼とプレイしたとき、僕はひどくおじけづいていた。

〈アイーダ〉という曲のレコーディングだった。彼は僕にFシャープとGを演奏して見せて、「これだけだ」と言ったんだ。僕が「えっ、これだけ？」と聞いたら、「そうだ」って。そうしてFシャープとGだけを演奏していたら、マイルスはバンドを止めて、言った。『おまえ、何をしているんだ。演奏するのは二つのノートだけか。それしか演奏しないつもりか』。だから、次にいろいろな変奏《バリエーション》を試してみたんだ。そうしたら、マイルスはまたバンドを止めて、『おまえ、何でそんなにいろいろ演奏するんだ。FシャープとGだけを演奏して、あとは黙っていろ』と言われた。そこで僕は考えた。『そうか、彼は僕を試しているんだ。これはテストなんだ』ってね。彼に気を取られずに、演奏に集中しなければならないことに気づいたんだ。その通りにしてみたら、今度はそのまま演奏が続いた。ミュージシャンの能力を最大限に引き出すという意味で、マイルスは人を使う技術に長けていた。言葉に多くを出さなかったことが良かったんだろうね。僕らは自分自身で答えを見つけなければならなかったから。ちょうど武道の師範が方向性だけを示し、不可解な話を言って聞かせて、あとは自分の頭で考えさせるように。あるいは、師弟関係にある弟子が意味もわからないままに塀のペンキ塗りをさせられて、あとになって『ああそうか、そういうことか……』と気づくように。マイルスの場合も、それと同じだった」。

ミラーの話に出てくる塀のペンキ塗りの比喩は、映画『ベストキッド』から取られたものだ。この映画では、アジア人の空手の師匠が、指導の一環として弟子に塀のペンキ塗りをさせる。ジョン・マクラフリンもまた、禅との類似性について触れている。「マイルスは、スタジオでは細かく指示を出していた。ただし、あいまいな言い回しでね。彼はまるで禅師のようだった。彼は理解に苦しむ奇妙な指示を出すんだ。とてもわかりにくかった。でも、それが彼の目的だったんだと思う。禅師がそうするようにね。指示の意味を理性のレベルで理解しようとしても、なかなか理解できない。すると、僕らは無意識的に行動するようになる。それがベストな方法なんだ。指摘された本人たちでさえ気づかないうちに、人々から最高のものを引き出す、素晴らしい能力を彼は持っていた」[24]。

《オーラ》でマイルスと一緒に仕事をしたデンマーク人トランペッターで作曲家のパレ・ミッケルボルグは、「私にとってマイルスは、スピリチュアルな領域における禅師のような存在だった」とライナーノーツに書いている[25]。ミッケルボルグは詳しく語る。「日本に行って禅を学んだ人を私はたくさん知っている。彼らが言うには、禅の世界では理解できないことを言われることが多いが、それが正しいことは、なんとなくわかるらしい。マイルスも同じだった。彼も時々、謎めいたことを言うが、それには深い意味があった。一九八四年十二月、《オーラ》の演奏に向けた最初のリハーサルで、彼はドラマーについて私にこう言った。『あいつにはタップダンサーを相手にプレイするように演奏してもらおう』。アルバム最後の〈ヴァイオレット〉という、とてもゆったりとした曲を手掛けていたときだった。私がドラマーにマイルスが言ったことを伝えると、『どういう意味だろう?』と質問されたので、『さあ、私にもわからないよ』と答えた。私たちはその言葉について考えた。そして、マイルスが望んでいたのは、エネルギーを抑えて、その分、内に秘めたより活発なエネルギーを心の中で意識しながらプレイすることだと推測するに至った。これが私たちの意識に変化をもたらし、ゆったりとしたリズムを押し上げる結果となった。そのときにミュージシャンが置かれている状況から、最高のものを引き出す方法が、まさにこれだったのだ。自分が望む方向にものごとを持っていくにはどうすれば良いか、直感的に学んだ感覚なのだと思う。彼は私にこうも言った。『オーケストラを指揮するときは、臭いをよく嗅げ』。当時は、『いったいぜんたい彼は何を言っているんだ?』と思ったが、後になって、それが、常に『オンの状態』でいろ、という意味だとわかった。『臭いをよく嗅げ』というのは、『注意を向けろ』、意識しろ、という意味だ。彼はいつだって『オンの状態』にあった」。

「常に『オンの状態』でいる」という言葉に、マイルスが音楽に向き合うときの無類の献身と集中が示されている。彼の姿勢には、深い敬意と尊敬の念が込められている。彼にとって、音楽が神聖なものであるかのように、完全に、エゴをなくし、今ここに存在することを課しているのだ。これに感銘を受けたピアニストのチック・コリアは、次のように語っている。「マイルスは音楽を創ることをいかに愛しているか、身をもって示していた。音楽制作こそが彼の使命だった。こうした姿勢が、周りの人たち全員を引き込む雰囲気を作り出していた。僕らも皆、そんな濃密なやり方で音楽を作りたかったんだ」。ギタリストのロベン・フォードは回想する。「彼の存在が研ぎ澄まされた雰囲気を作り出していた。ただそこにいるだけで、これほど多くのことを人々に求める人物を僕は知らない[26]」。

マイルスと演奏を二十五年間ともにしたサックス奏者ソニー・フォーチュンは、当時の話をするとき、自然と声がささやくように小さくなっていた。「彼と一緒にプレイしていた頃は、彼の魔法にずっと畏敬の念を抱いていたよ。彼と演奏した経験は決して忘れることができない。うまく説明できないんだが。そんな魔法のおかげで、彼は多くを語る必要はなかったし、実際、あまりものを言わなかった。僕が出会った中で、どうでもよいことは何ひとつ言わない人物の一人だったよ。そもそも彼はあまり話をしなかった。世間話すらね。周りに影響されることもほとんどなかったように思う。一言、二言、声を発するだけの猫のような存在だった。ところが、その一言、二言が僕らのやろうとしていることを見事に集約しているんだ。彼は、音楽に関して、目で見たり、言葉で説明できないことであっても、それを意識したり、感じ取れる洞察力を持っていた」。

彼らのこうした言葉はすべて、本質的に同じこと、同じ姿勢について、異なる視点から語っているにすぎない。ミラー、マクラフリン、ミッケルボルグによる禅の比喩がその良い例である。このように多くの観察者の視点を集約することで、マイルスを音楽界における偉大な教師かつ革新者たらしめている特徴の多くを理解するために必要な、包括的枠組みの構築が可能となる。最小限主義《ミニマリズム》、今ここに存在すること、覚醒状態、気づき、習気《ハビット・エナジー》の超越、より大きな目的のためのエゴのない奉仕、模範による教え――これらはすべて、禅の心に通じるものである。マイルスのボクシング好きも、禅の武道に通ずる面と対応づけられる。そして、マイルスと同じように、禅師もまた決まって口数の少ない人たちであり、マイルスが謎めいた短い言葉を好んで用いる傾向が強いところにも禅の公案との関連性を見ることができる。

ものを聴く感覚、特に内なるものを聴く感覚もまた、禅、そして一般的には宗教的な気づきと関連づけられることが多い。「静まって、私こそ神であることを知れ」という、キリスト教の中心となる言葉がある。『チベットの死者の書』の原題には、聞くという言葉が含まれており〔原題『バルド・トドゥル』の「バルド」は中間の状態を表し、「トドゥル」は耳で聞いて解脱するという意味を持つ〕、最も頻繁に唱えられる祈りの言葉は「よく聞きなさい、高貴な生まれのものよ」というものだ。[27] ドイツ人作家でジャズ評論家のヨアヒム・エルンスト・ベーレントは、著書 *The World Is Sound*〔「世界は音」という意味〕の有名な章「The Temple in the Ear」〔「耳の中の神殿」という意味〕（ドイツ語詩人ライナー・マリア・リルケの句から取られた言葉）で、聴覚に関する数多くの側面について詳しく述べている。ベーレントは、現代のテレビに取りつかれた文化は過度の視覚偏重をもたらし、耳を「補助的な器官」へと貶めたと主張している。[28] 彼は、女性の方が聴覚が優れているという科学的根拠を引き合いに、聴くという行為が感受性や意識性といった女性的な特徴を反映しているのに対して、視覚・空間感覚の認識や投影は男性的な特性であると論じている。ベーレントによると、均衡の取れていない私たちの文化を正しいバランスに戻し、治癒するには、聴覚の再評価が必要であるという。彼は、「覚醒状態」と「沈黙に耳を傾ける」ことを目的とする禅の実践こそ、これを実現する方法のひとつと考えている。[29] つまり、聴覚に集中することを通じて、マイルスはバランスを取り戻すことに貢献していたことになる。

*

霊的な視点や禅との類似性を持ち出したのは、マイルスのスピリチュアルな面をあがめ奉ることが目的ではない。賞賛すべきことに、マイルスは、周りの人たちが彼を導師《グル》に祭り上げようとする動きに一切乗ることはなかった。リディア・ディジョネットの記憶によると、「日本に行ったとき、実際にマイルスの足にキスをしてくる人がいたんです。そのとき、ちょうど私は彼の隣に立っていたのですが、マイルスは『おい、やめないか！』とすぐに追い払いました。マイルスは、自分が他の人たちとは違うレベルにいることをわかっていました。彼は音楽のヴァイブレーション、夫のジャックが音楽の『本質』と呼んでいるものですが、それを理解していました。彼自身が望んでいたら、きっと導師《グル》にもなれたでしょうね。六〇年代、七〇年代は導師《グル》の宝庫でしたから。でも、彼は、導師《グル》になりたがってはいませんでした。彼がとる、ある種不快な態度は、そういうところからも来ているのだと思います」。

導師《グル》の時代は終わったかもしれない。しかし、マイルスの本質のスピリチュアルあるいは超自然的な側面をほのめかす場面が、無視できないほど頻繁に見られる。マイルスの自伝にも超自然的な逸話が数多く紹介されている。例えば、彼は「神秘と超自然現象」、「迷信」、「数占い」を信じており、さらには「未来を予測」できるという話まである。マイルスは、「スピリチュアルであることと霊の存在は信じている。……音楽の本質は、そうした霊でありスピリチュアルなことであり、フィーリングでもある」[30]と語っており、自身の予知能力者的側面についても繰り返し言及している。

マイルスは、電話に出る前から相手が誰だかわかることがよくあり、一ブロック先からでも誰かが彼の家に向かって歩いてくるのを感じ取ることができた、とエリック・ニセンソンは述べている。「まさに『トワイライト・ゾーン』〔アメリカで一九五九年から一九六四年まで放映されたSFテレビドラマシリーズ、日本では『ミステリー・ゾーン』のタイトルで放映された〕の世界だ」[31]とニセンソンはコメントしている。クインシー・トゥループは『マイルス・アンド・ミー』の中で、マイルスから「スピリチュアル、霊的」な影響を受けたと語っており、ギル・エヴァンス、ジョン・コルトレーン、チャーリー・パーカーの死後、マイルスが彼らと話を交わしていたことについても言及している。「彼は独自の見方や捉えかたをした。対象を常に感じ取り、超自然的に認識する」とトゥループは書いている[32]。

マイルスは常に、言葉で明確に言い表すよりも多くのことを理解していたようだ。そして、彼ならではの短い言い回しが魅力的に感じられるのは、ソニー・フォーチュンやリディア・ディジョネットが直観的な「洞察力」と呼ぶ、より重要な、隠れた意識が暗示されていたからである。マイルスの甥でドラマーのヴィンス・ウィルバーン・ジュニアは、「才能に恵まれた人たちが生まれながらにして持つ『洞察力』だよ。マイルスにいたっては予知能力のようなものだった」と述べている。一九六九年から一九七一年までの間、マイルスと交際関係にあったマルグリット・エスクリッジは、言葉で表現するよりも多くのことを知っている印象を彼は常に与えていたと想起している。彼女はこう付け加えた。「それは、彼が適当な言葉を見つけ出そうとしていたからなのか、それともその話をしたくなかったからなのか、あるいは『そんなことは誰だってわかっているだろう？』と思っていたからなのか、正直なところ、私にはわかりません」。

スピリチュアルであることと宗教的な活動とは必ずしも結びつくものではなく、マイルスもそうした活動に時間を割くことはなかった。ジョー・ゲルバードはこうコメントしている。「彼は信仰深い人間ではありませんでした。けれども、これまでにやってきたコンサートや創ってきたサウンドはすべて存在し続けていて、どこかをさまよっていると信じていました。例えば、一九五六年十一月のコンサートがどこか異次元の空間に残っていて、いつの日か誰かがそれを再生できる機械を発明するだろうって。そんなアイディアを彼はとても気に入っていました！」。音楽が無限の時をさまようという考えは、「天球の音楽」の概念を想起させるとともに、「アカシックレコード」（過去に起きたことすべてを記録しているとされる巨大な宇宙のデータベース。ニューエイジ界でよく知られている概念）の考え方とも驚くほど酷似している。

*

マイルスと同じように謎めいた言い回しを好むロバート・フリップもまた、魅惑的な表現を用いて、「理解しているミュージシャン」と「洞察力のあるミュージシャン」との違いについて書いている。「洞察するとは私たちの知覚の外側において経験を秩序化することであり、理解するとは知覚の内側において経験を秩序化することである[33]」。

その意味では、マイルスは「洞察力のあるミュージシャン」だった。音楽の本質を聴くことに関して、マイルスは他の人たちには捕らえにくいものを聴く能力をもっていた。彼は、他のミュージシャンが聴き逃していた「意味」を音《ノート》の中に聴いていた。

先見の明ならぬ先聴の明を持っていた。マイルスが偉大な教師、偉大なミュージシャンたりえたのは、こうした理由からだ。それが、潜在的に素晴らしい能力を持つミュージシャンを見つけ出す能力を彼に与え、音楽やミュージシャンが「音楽的衝動」からずれていることを容赦なく指摘する、さながら、裸の王様の物語の子供のような役回りをも演じることを可能とした。しかしながら、彼の長所は、音楽的な着想とはまた違ったところにあった。彼が先導してきた音楽的革新の多くは、彼自身が思いついたものではない。彼は、同年代のミュージシャンがやっていたことの中に独自の創造的可能性を見出し、それを自分のものにすると、実に想像力に富んだ方法で発展させ、その発見を世界中の人々に伝えていった。

マイルスが果たした役割は、イギリスの作家、ジョン・オーブリーが果たしたものと重なるところがある。一六四八年のある日、オーブリーはエイヴベリー村〔イングランド南西部の村〕の近郊にある丘を歩いて上り、ふと下を見ると、誰も見たことのないものが目に入った。エイヴベリーには古くから、神秘に満ちた環状土塁と巨石群が存在していた。その日、オーブリーは突然、石と土塁の意味を理解した。それは、先史時代の遺跡を構成するものであり、ストーンヘンジをさらに大きくしたものだった。それを見に丘に上った当時の人々は皆、その存在を認識すると同時に、それまで誰も気づかなかったことに驚きを隠せなかった。

ものの見方がこのように変わること、すなわち、突然、ものごとを「認識する」ことを、「アハ」〔「なるほど、そうか」の意味〕体験あるいは「エウレカ」〔「わかった」の意味。アルキメデスが王冠の金の純度を測る方法を発見したときの叫び声〕体験などと呼ぶことがある。また、新たなものの見方が村人たち、さらには世界中の人々の認識を変えたという意味では、「パラダイムシフト」と呼ぶこともできる。パラダイムシフトは科学者トマス・クーンによって広められた概念であり、パラダイムは、世界の特定の見識の基礎をなす根本的な仮定および概念の集合と定義される。ほとんどの場合、人間の知識は、一般的に認められている前提を集合的に積み上げていくことで深められていく。しかし、周期的に新たなパラダイムが発生する。例えば、地球は宇宙の中心であるという前提に基づき、太陽と惑星の動きを複雑に説明しようとしていた時期があったが、その後、地球は太陽の周りを回っているという新たな科学的パラダイムが受け入れられた。これが単に特定の問題に対する見方を変えただけにとどまらず、パラダイムシフトとなり得たのは、人類、そして宇宙における人類の位置づけについての見方に対する派生的影響の大きさゆえである。もうひとつのわかりやすい例としては、ルネッサンス初期の遠近法の発見がある。それ以前の間違った遠近感の絵画が突然、救いようもなく未熟なものに見えるようになってしまったのである。人類は、この種のパラダイムシフトを通じて進化してきた。この用語は、世界、芸術、音楽における新しい見方に当てはまるのと同様に、小さい規模では私たちの村や私生活における新しい見方にも当てはまる。仮に、自分の父親が実は別の人物だとわかったら、それは個人にとってのパラダイムシフトとなり得る。

　パラダイムシフトに先立ち、古いパラダイムが合わなくなってきたことを示す合図として、長期にわたる個人的、政治的、または文化的な混乱が生じているのが一般的である。私たちは、パラダイムシフトが起きるきっかけとなる、これらのより広範な文化的背景については忘れがちであり、個々の先駆者のことばかり覚えている。そうした人たちの名前はよく知られている。アルバート・アインシュタインは、人々が自然科学の分野で新たな問題に対する答えを見つけようと躍起になっていた時期に、宇宙についての考え方にパラダイムシフトをもたらした。一九六〇年代における政治意識の高まりの中、マーティン・ルーサー・キング・ジュニアは、人種問題に関するアメリカ人の考え方の転換を促した。チャールズ・ダーウィンは、発見された数多くの化石から得られたデータの理解に取り組んでいた社会において、人類の起源に関する考え方を一変させた。六〇年代の歴史的なできごとのひとつとして記憶されるビートルズは、この時代の音楽と文化にパラダイムシフトをもたらした。

　マイルス・デイヴィスもまた、一九四五年から一九七五年にかけて、音楽や政治の分野で次々と発展が遂げられる中、いくつかのパラダイムシフトを起こした、二十世紀の選ばれしミュージシャンの一人である。時代精神を捉え、変換することができる非凡な才能を彼は持っていた。人々の理解の準備が整ったころを見計らい、ストーンサークルを指さすのだ。彼はこうして、音楽歴史家だけが覚えているような無名の予見者《ビジョナリー》ではなく、二十世紀の偉大なアーティストの一人となり得た。

　クール・ジャズ、ハード・バップ、モード・ジャズにおけるマイルスの実験的試みは、そのいずれもがジャズ界の音楽性を変えてきた。ジャズ・ライターのレナード・フェザーは、「これは、彼が二十五年のあいだに三度も、四度も、ひとつの芸術形式の道筋そのものを明らかに変えたことを意味する。そしてそれは、彼ならではの偉業である」と称えている。[34] マイルスのジャズ・ロックやアンビエント・ジャズへの探究は、ジャズ界にとどまらず、それを超える影響をもたらしたパラダイムシフトだった。視覚指向の文化の文脈においては、彼の聴く意識についてもパラダイムという用語を使って説明できるだろう。

さらに、音楽ジャンル、文化、国の垣根を絶えず超えてきた初めての黒人ジャズ・ミュージシャンであるマイルスは、音楽的、文化的、人種的な隔離といったパラダイムをも超越した。彼は、あらゆる分類や境界を越えることに成功した、最初の真の全世界的《ユニバーサル》ミュージシャンの一人である。彼の音楽的、そして個人的な遍歴の影響は、二十世紀の音楽と文化全体に波及し、今日でも私たちの中に残っている。

そして、ついには、自らの楽器にもパラダイムシフトを起こした。マイルス以前のジャズ・トランペットでは、ビブラート豊かな、鮮明でかん高いサウンドを演奏するのが普通だった。ところが、マイルスの演奏スタイルの進化を経て、今日ではジャズ・トランペットの奏法が大きく様変わりしている。より繊細でソウルフル、まるで心からの叫びのようなサウンドになったのだ。トランペット奏者オル・ダラは次のように述べている。「彼はトランペットを吹くというよりも、歌っているようだった。まるで人間の声のように操っていたよ。彼は楽器の機械的な側面を変換して、息をするような音に変えていた」[35]。サックス奏者ウェイン・ショーターはこう回想する。「彼は、トランペットで奇妙なサウンドを出す奴と呼ばれていたよ」[36]。

ビブラートをかけない演奏がマイルスのスタイルの最大の特徴であり、その結果、簡素で内向的なサウンドとなり、ときに音《ノート》の出だしのかすれた音と相まって、繊細な印象を与えていた。マイルスは、穏やかで朗々としたサウンドを中音域から低音域で演奏することが多かった。彼にはトランペットの高い音《ノート》が「聴こえなかった」からだ。一九五四年、マイルスは、ステムを取り外したハーマンミュートのトランペットのサウンドを世に広めた。ノン・ビブラート奏法との組み合わせ、さらにはマイクのすぐそばで演奏することによって、ムードのある優しいサウンド、しかし同時に実に表現力豊かなサウンドを創り出した。

マイルスがこのようなアプローチを思いついたのは、トランペットの演奏技術に長けていなかったためと誤解されていることが多いが、そうではない。彼は四〇年代のレコーディングですでに素晴らしいテクニックを披露している[37]。むしろ、彼の洞察力に富んだ聴く意識によって音の意味が認識され、そこから革新的な奏法が生まれたと考えるべきだろう。

「サウンドは、ミュージシャンがモノにできる一番の宝だ。自分のサウンドがなかったら何もできやしない」とマイルスは語っている。「ミュージシャンが自分のサウンドに関心をもっている場合、演奏は期待できる」[38]。

六〇年代後半に技術的なピークを迎えるまで、マイルスはトランペット奏者として進化し続けた。この頃は、高音域を含む、外向きで技巧的なパワー・トランペットのスタイルで演奏していた。また、七〇年代には、ワウワウ〔エフェクターの一種。フィルターのピークを動かすことで音色を変化させる〕に着想を得た、実に個性的なエレクトリック・トランペットのスタイルを確立させた。パワー・トランペットとエレクトリック・トランペットのいずれのスタイルにおいても、彼の特徴的な、かすれた、声のような、ビブラートをかけないサウンドの要素が失われずに残っているのを聴くことができる。ただし、演奏全体に影響を及ぼすほどのものではなかった。八〇年代になると、マイルスは以前の演奏スタイルに立ち戻る。しかし、彼の技術がかつての高みにまで達することはごくまれにしかなく、これまで以上にかすれた繊細なサウンドを奏でることが多かった。

　最も普遍的な共鳴音を奏で、人間の経験というパレットに新たな一色を加えるもの、それがマイルスのトランペットによる「奇妙な」心からの叫びである。仮に彼が音楽的革新の先導者でなかったとしても、このようなトランペットのサウンドを取り入れたという事実だけで、後生における彼の評価は確立されていただろう。これこそが彼のこれまでの活動すべてをひとつにまとめる軸として中心に位置づけられるものであり、四十六年におよぶ彼の壮大なレコーディング活動を横断してきた、本質的に異なる様々な音楽スタイルや実験的試みの数々を中心で束ねる共通のテーマである。ハーメルンの笛吹き男《パイドパイパー》の物語を再現するかのように、マイルスのトランペットのカリスマ的なサウンドに魅了された多くの人々が、その後を追って、彼が探究する未知の領域へと誘い込まれていった。

「マイルスがトランペットを吹きはじめると、あらゆるものがしかるべきところにぴったりと収まった……(そして、)彼は全世界に向かって語りかけた」とジャック・ディジョネットは語っている。彼の妻リディアもこう付け加える。「マイルスは、言葉で語るよりも多くのことをトランペットで語っていました。彼の内なる人生が音楽に表れていました。彼のトランペットからは、悲しみ、苦痛、そういったあらゆる感情が聴こえてきます。彼はそうやって自分自身をさらけ出してきたのです」。

　心にしみる、深く人間的なマイルスのトランペット・サウンドが人々を感動させずにはおかないのは、彼が世間に見せていた、謎めいたタフな男という外的人格《ペルソナ》とは明らかに正反対なものだからだ。乱暴で、怒りっぽく、悪魔のような声を持つ(五〇年代に受けた喉の手術の後遺症による)ことで有名な頑固な男が、歌うように叙情的《リリカル》に楽器を演奏するという、痛烈に皮肉めいた事実。これが、伝説的なレベルの矛盾となっている。

　マイルスにまつわる数多くの矛盾、すなわち彼の強い主体性とリーダーとしての統率力、感性豊かで繊細なサウンド、意識のレベル、聴く能力、そして暴力とドラッグ中毒――これらは私たちの人間性の両極を示す縮図でもある。

　マイルスのこうした両極端な面が、彼のプライベートな面にどのように表れていたかについて、マルグリット・エスクリッジは詳しく述べている。「マイルスは典型的な双子座で、ジキルとハイドのような性格の持ち主でした。プラス側は最高でした。相手が誰であれ、必要としているものがあれば何でも与えてしまいます。ドアを開けて、失業者やホームレスを迎え入れるのです。反対のマイナス側も同じように極端でした。とても気性が激しく、ひどく暴力的になることがありました」。

　ともすると底の知れない暗さと一触即発の危険性が、マイルスを取り巻いていた。「悪魔術師《ダーク・メイガス》」、「暗黒の王子《プリンス・オブ・ダークネス》」、「謎に包まれた得体の知れない人物[39]」など、彼につけられた不吉な異名の数々にも、こうした面がほのめかされている。しかし、物悲しさや繊細さが、常に彼の中から漏れ出ていた。

　マイルスのトランペット・サウンドからは、繊細な感性の存在を常に感じ取ることができる。彼の周囲を取り巻く不気味な影の存在と同程度に、彼のスピリチュアル性、創造力の炎、そして真正性と「洞察力」の光を私たちは感じる。彼のことを思い、同情せずにはいられない、深い人間性と、常人には考えも及ばない領域へと彼をかりたてる「説明不能な」超人性を、私たちは感じるのである。彼は、私たちと同じ人間であると同時に、見知らぬ土地の見知らぬ住人でもある。誰もが聴かずにはいられない神秘に満ちた物語、それを伝えるパラダイムの縁に、彼はいた。

第二章　チェンジ

俺は変わっていかなきゃいけないんだ。これは祟りのようなもんだな。
——マイルス・デイヴィス[1]

私たちの人生は、今この瞬間にのみ存在する。しっかりと人生に触れるということは、永遠に変化し続ける今この瞬間のひとつひとつに居合わせることを意味する。これこそが、禅における念の実践の本質である。今この瞬間にとどまり、今この瞬間のはかなさを認識できれば、私たちが直面し続ける、避けることのできない変化に対して備えることができるだろう。マイルスの堂々とした態度、類まれなる集中力、変化を追い求める強い傾向が、こうした綱渡り的活動を可能とする彼の能力を示していた。

マイルスにとって、短期的あるいは長期的な変化《チェンジ》は日常的なものだった。短期的な変化は、彼の音楽の演奏が毎月、毎週、さらには毎晩のように変わるところに現れていた。マイルスが言ったとされる次の言葉は、ミュージシャンの間では格言として、頻繁に引用されている。「一晩に新しいアイディアをひとつ演奏できたら俺は満足だ[2]」。彼のバンド・メンバーの多くは、その瞬間瞬間に新しいアイディアを生み出していたことで知られている。これについては、サックス奏者ウェイン・ショーター、キーボード奏者のハービー・ハンコック、ベーシストのロン・カーター、ドラマーのトニー・ウィリアムスが参加した第二期グレート・クインテットが特に有名だ。マイルスが自伝で語っているところでは、毎晩のように新たな発見があり、年の初めに演奏した曲は、年末にはそれと識別できないほど様変わりしていたという。

「マイルスは何かを創っては、それをスタジオで録音していました」とマルグリット・エスクリッジは思い出を語る。「家に持ち帰って、何日も聞き続けることもありました。そうして、ひとつのことが終わると、また次の新しいことがはじまります。後戻りして、聞き直すことはありませんでした。いつも、『次は何だ?』という感じでした。彼にとって、創ることが重要であり、『できたから、それを楽しもう』とは考えないのです」。リディア・ディジョネットは次のようにコメントしている。「マイルスは本物のアーティストでした。彼の作品は常に進化し続けていました。常にその瞬間にあり、前に進んでいました。後戻りをして、古い作品を聞くことはありませんでした」。デイヴ・リーブマンの意見はこうだ。「彼は繰り返すことができなかった。マイルスにとって、同じことを繰り返すのは大罪だった。彼は古典主義者には到底なれなかった。古典主義者とは、自分の作品を名作に仕立て上げる人たちで、ひとつの作品を繰り返し磨き上げ、それにこだわり続ける人たちのことさ。……マイルスはそんなことは絶対にしなかった(3)」。

ひとときの儚さがないところには、人生も成長もなく、ただ停止した不毛な状態がそこにあるだけだ。アーティストにとって、停滞は、創造力の死と同義語である。マイルスはそのことを強く感じており、その瞬間瞬間だけでなく、より長いスパンの時間枠においても変化を生み出してきた。一九四九年から一九五〇年のクール・ジャズをはじめ、一九五〇年代中期のハード・バップ、一九五〇年代末期のモード・ジャズとオーケストラ・ジャズ、一九六〇年代中期のアヴァン・バップと呼ばれていたもの、そして一九六〇年代末期、一九七〇年代、一九八〇年代のジャズ・ロックを、彼は先導した。とかく比較されることの多いピカソと同じように、マイルスも根本的に異なる創造的な段階をいくつも経てきた。通常、音楽の方向性を一度でも変えることに成功すれば、アーティストとして賞賛される。ところが、驚くべきことに、マイルスは数々の新しい音楽の方向性を先頭に立って創ってきた。これは音楽の歴史上、類を見ない偉業である。

マイルスは、変わり続けなければならないことへの切迫感を「後ろを振り返ったら、死んでしまう」という言葉で言い表わしている。もちろん、これは要点を強調するための皮肉めいた冗談であり、文字通りに受け取るべきものではない。しかしながら、一九九一年の夏、モントルーとパリでの二回のコンサートにおいて、マイルス・デイヴィスが人生で初めて後ろを振り返ったとき、意味ありげな悲劇が起きている。それから十二週間にも満たない九月二十八日に、彼はこの世を去ったのである。この状況を劇的に捉え、彼が後ろを振り返ったために死んでしまったなどと考えるよりは、彼は死ぬことがわかっていたために後ろを振り返ったのではないかと考えるのが妥当だろう。「彼は先が長くないことをわかっていました」とジョー・ゲルバードは述べている。「彼の生活のあらゆる局面、意思決定の場面において、死の影が充満していました。この頃はずっと、ある種の幕引きを感じさせる雰囲気が漂っていたのです」。

マイルスらしからぬ二つの事象を強調しすぎているのではないか、と思われるかもしれない。しかし、これらの事象は、実際に彼の変幻自在な活動の幕引き、終焉、集大成を示すものであり、その活動歴の全体像を知るための良き出発点となる。さらに、「決して後ろを振り返らない」という彼の信念が、創造的生き残りにおいていかに重要であったか、そして彼が推し進めてきたエレクトリックの方向性が今なお生き生きとしていて、今日的な意味を帯びている理由となっていることを示している。

最初の一九九一年七月八日、モントルー・ジャズ・フェスティバルにおいて、マイルスは、彼のソウルメイトであり、編曲家、作曲家のギル・エヴァンスと一緒にレコーディングを行った初期の作品を何曲か演奏した。これらの作品は、《クールの誕生》、《マイルス・アヘッド》、《ポーギー＆ベス》、《スケッチ・オブ・スペイン》といった名盤アルバムに収録されてリリースされたものだ。《クールの誕生》は、一九四九年から一九五〇年にかけてレコーディングされたアルバムで、第二次世界大戦後のジャズ界に広まっていた、ビバップへの最初の重要な回答が含まれていた。それからおよそ十年後に、マイルスとエヴァンスは、残りの三枚のアルバムをレコーディングしている。その夜、モントルーにおいて、クインシー・ジョーンズが指揮する即席のオーケストラとともにマイルスが演奏した音楽の重要性は、言葉では言い尽くせない。三十年以上ぶりに彼がこれらの曲を演奏したことを、ジャズ界の多くの人々がノスタルジアというセピア色の眼鏡を通して見ていたことも頷ける。

ワーナー・ブラザーズ・レコードは、マイルスのモントルーでの演奏をビデオとCDでリリースしたが、これによって、セピア色の眼鏡は実は、危険を示す最初のサインとして黒く変わる。『銀河ヒッチハイク・ガイド』〔イギリスの脚本家ダグラス・アダムスによるSFコメディシリーズ〕のハイテク眼鏡だったことが明らかになる。冷静な視聴者の目には、小さく身をかがめたマイルス・デイヴィスの姿が、弱り果て、落ち着きがないように見えた。ジャズの「言葉」を話さない人々でさえ、必要以上に大規模なオーケストラがギル・エヴァンスの繊細なアレンジには不釣り合いであり、マイルスの演奏ががたついているのを聴き取ることができた。それでも、決して後ろを振り返らなかった彼がこれらの曲を演奏したのは三十年ぶりだったこと、また前日の夜十一時過ぎのリハーサルにのみ参加しただけだったことを考えれば、ここまで演奏できたことが驚きである。

ハービー・ハンコックも他の多くの人々を代弁するように「彼の最高の演奏でなかったことは確かだ」と認めているが、このイベントのビデオを見たときは「泣いてしまった」と言う。「マイルスの最低な演奏でも、他のミュージシャンの最高の演奏に勝っているよ。人々を魅了するサウンドと誠実さが残っているからさ」。一方、マイルスと一緒にプレイした他のミュージシャンの心境は、強い疑念から、全くの欲求不満までさまざまだった。サックス奏者スティーヴ・グロスマンは語っている。「モントルーの一件は、とても悲しいできごとだった。彼は本当に具合が悪そうだった」。名前を出すことを拒んだ別のミュージシャンは、マイルスからモントルーに来るように誘われたが、断っている。このコンサートは「行うべきではない」と感じたからだ。

ジョー・ゲルバードは両方のコンサートでマイルスに同伴している。「マイルスは、モントルーのコンサートはやりたくなかったんです。彼は不満でいっぱいでした」と彼女は述べている。「なぜ、受けたかって？　私が彼を説得したんです。マイルスは疲れきって、かなり弱っていましたが、モントルー側は多額のギャラを用意していて、それが彼の退職金となるはずでした。現実を受け入れたくなかったこともあります。彼が死なずに、もう五年間くらい生き延びられたら、牧場を買って、一緒に暮らせるかもしれないとも思っていました。モントルーはつらい体験でした。彼はひどく落ち込んでいました。彼にしてみれば、モントルーへの旅は、地獄へ落ちるようなものだったでしょう。彼は（レギュラーバンドと一緒に）夏のツアーに出ることに乗り気でしたが、病気で弱っていたため、立ち消えとなってしまいました。過去のものをやり直すというのも、本人が嫌っていたことです。二日後のパリのコンサートについては、誰のアイディアだったのか覚えていませんが、マイルスはとても乗り気でした。私たちはそれに向けてずいぶん前から精力的に準備をはじめて、背景幕も描きました。モントルーのコンサートとは全く違っていましたね。彼はいつにも増して、特に舞台美術を気にかけていました」。

　ラ・ヴィレットという野外会場で行われたパリのコンサートでは、世界クラスのプレイヤーが不意に姿を現し、マイルスのバンドに参加して、偉大なるマスターへの敬意を表している。いずれも彼と共演したことがあり、二十世紀末のジャズ名鑑にも名を連ねるミュージシャンたちである。ジョン・マクラフリン、スティーヴ・グロスマン、ハービー・ハンコック、ジョー・ザヴィヌル、ウェイン・ショーター、チック・コリア、デイヴ・ホランド、アル・フォスター、そしてジョン・スコフィールド。そのほとんどが、マイルスとプレイした時期に花開いたアーティストたちだ。彼の教えを取り入れ、その後の活動に適用することで、それぞれの成功へとつなげていった。マイルスとプレイした時期に出世したミュージシャンの数は、数十名をゆうに超えており、「マイルス・デイヴィス大学」とも揶揄されている。その卒業生たちが、学友のミュージシャンたちにマイルスが与えてきた多大なる影響を示す生きた証拠となるべく、ここに集結した。そして、そのほとんどがロックに影響を受けたジャズの演奏で知られていたメンバーだったことから、ジャズ・ロックの豊かさと創造的成功が例証されたのだった。

　このショーの短縮バージョンが世界中の多くの国でテレビ放送されたが[4]、ラ・ヴィレットのコンサートの音源や映像は正式にはリリースされていない。これはなんとも苛立たしい欠落である。このコンサートは非常に質の高いものだからだ。背筋のまっすぐなマイルスは、死のイメージからは遠くかけ離れている。彼は見るからに落ち着いていて、あまり多くを演奏していないことも彼の本領である。しかし、演奏するところでは、素晴らしい演奏をみせた。しかも、ギル・エヴァンスとレコーディングした曲は一切演奏していない。ラ・ヴィレットのコンサートは、マイルス・デイヴィスの活動歴をより広くカバーしたものだった。一九四七年のビバップ曲〈ドナ・リー〉、一九五一年に最初にレコーディングした〈アウト・オブ・ザ・ブルー〉、そして音楽の方向性を変えた次の三曲が含まれている――《カインド・オブ・ブルー》(マイルスがモード・ジャズに足を踏み入れた時期の一九五九年の作品。現在も時代を超えたベスト・ジャズ・アルバムのひとつとして広く知られている)からの〈オール・ブルース〉、そして一九六九のアルバム《イン・ア・サイレント・ウェイ》(マイルスの最初のジャズ・ロック・アルバムであり、アンビエント・ミュージックの青写真のひとつにもなっている)からの〈イン・ア・サイレント・ウェイ〉と〈イッツ・アバウト・ザット・タイム〉。

このときの映像では、当時ミュージック・ビデオで一般的に使われていた目障りな視覚効果は控えられており、ミュージシャンの間でのインタラクションに焦点が当てられている。そこにはマイルスに対する彼らの畏敬の念がはっきりと見て取れる。彼らはマイルスの動きや顔の表情を細かく観察し、演奏を開始する合図、そして自身の演奏をマイルスが認めてくれているかどうかを示すサインを待っていた。マイルスは常に注目の中心にいた。彼の威圧的なまでの今ここに存在することへの意識が、ミュージシャンたちに再び「いつもやっている以上の演奏」をすることを強いた。参加していたほとんどのミュージシャンがその難局に立ち向かい、エース・サックス奏者ケニー・ギャレットと柔軟にベースを操るリチャード・パターソン率いるマイルスのレギュラーバンドさえもが、いつにも増して激しい演奏を聴かせていた。そして、ジャズ・ロックのセクション、特にプリンスの〈ペネトレーション〉、ハンコックの〈ウォーターメロン・マン〉、〈カティア〉におけるマクラフリンの鋭角的なソロ演奏、〈ヒューマン・ネイチャー〉におけるケニー・ギャレットの壮快なソロが最大の輝きを放っていた。これとは対照的に、〈オール・ブルース〉はやっつけ感があり、ぞんざい、〈アウト・オブ・ザ・ブルー〉は場違いな印象を与えていた。概してこのコンサートは、二十世紀の最も影響力のあるミュージシャンの一人、マイルス・デイヴィスが成し遂げてきたあらゆる成果、すなわち、トランペットのサウンド、音楽的革新、そして居合わせたミュージシャンから素晴らしい演奏を引き出す、その驚くべき存在を披露する場となった。ラ・ヴィレットは、彼の輝かしい活動歴の最後を飾るのにふさわしいステージだった。

「パリのギグは彼と一緒にやってきたみんなの祝賀会だった。僕らは皆、マイルスと彼の音楽を称えるために集まったんだ」とホランドは懐かしむ。「素晴らしい雰囲気だったよ！　誰一人として遅れてくる者はいなかった。いつだって少し遅刻するハービーでさえもね。本当によかった。モントルーは前提が全く異なり、ギル・エヴァンスとの共作を再演するというものだった。ただし、ギルはそこにはいなかった。バンドも時間も場所も違っていた」。

チック・コリアのパリに関する記憶も同じようにポジティブなものだ。「素晴らしいコンサートだった！」とコリアは声を大にして述べている。「マイルスは彼の人生をひとつひとつ物語っている印象を与えていた。彼は決して感傷的な男ではなかったけれど、コンサートの間、彼は古い友人たちと抱擁し合っていた。自らの過去を振り返る間、彼は本当に楽しそうだった。彼自身はあまり演奏しなかった。バンドに演奏させていた。けれども、彼は強く指示を出していた」。

その十二週間後、マイルスはこの世を去った。彼と一緒に仕事をしたことのあるほとんどのミュージシャンが、深い衝撃と全くの驚きを表している。多くの人々がそうであったように、彼らもマイルスは常に存在し続けるものと思い込んでいたからだ。彼は数十年にわたって生き延び、何度も死にかけてはカムバックし、多くの音楽の変革の一端を担ってきた。まるで、私たち全員に当てはまる法則をも超越するかのような存在だった。

しかし、マイルスがいかに超人的な資質を持っていたにせよ、彼もまた私たちと同じくらい弱く、死を避けられない人間だった。彼は人生を通じて、肉体的、精神的の両面で、ひどい苦痛にさいなまれた。それにもかかわらず、彼はミュージシャンとして偉業をいくつも成し遂げている。彼が神から授かった才能とジャズ革命に関する物語、そして「闇」と光の部分に関する物語が、幾度となく語られてきた。主な事実はよく知られているので、ここで詳述することは控えたい。しかし、彼の幼年時代とジャズの経歴について精通していない読者のために、大まかな概要を述べておくことにする。

＊

マイルス・デューイ・デイヴィス三世は、一九二六年五月二十六日、イリノイ州アルトンにおいて、この世に生を受けた。彼が一歳のとき、両親はミシシッピ川を二五マイル下った先のイーストセントルイスに引っ越した。マイルスは、誇り高く、自立した黒人の家庭に生まれ育った。彼の祖父、マイルス・デューイ・デイヴィス一世は会計士として成功を収め、土地を所有した。彼の父、マイルス・デューイ・デイヴィス二世は歯医者で、やはり土地所有者だった。こうして、マイルス・デイヴィスは、裕福な黒人中流家庭で、自尊心の強い子どもに育った。そんな彼にとって、人種差別の屈辱は耐え難いものであり、彼の人生観にも多大な影響を与えた。母クレオタ・ヘンリーとマイルスは相性が悪かった。自伝でマイルスは、外見と芸術的な才能を母から受け継いだと語っている。しかしそれ以外は、彼にとって彼女はよそよそしい存在であり、彼の音楽への野心をしきりにじゃましていたという。彼が言うには、「もうめちゃくちゃに平手打ちを喰らわされた」[5]こともあった。両親の結婚はうまくいっておらず、彼が十八歳のときに離婚した。マイルスには姉のドロシーと弟のヴァーノンがいた。

マイルスは非常に頭がよく、写真に撮ったように正確に記憶する能力を持つ、才能ある子どもだった。九歳か十歳のときに、彼はトランペットをはじめた。彼は、ニューオーリンズから入ってきたものよりもソフトで控えめなスタイルを取り入れた、セントルイスとイーストセントルイスの伝統である、力強いトランペット演奏に影響を受けていた。彼がトランペットを教わったエルウッド・ブキャナンから、ビブラートをかけずに演奏するように助言されたことが、独自のサウンドを生み出すきっかけとなった。ここから一九四九年の《クールの誕生》までの期間をマイルス・デイヴィスの形成期と見ることができるだろう。この間、マイルスは、ありとあらゆる影響を受けては、可能な限り吸収していき、独自のサウンドと音楽アプローチを確立した。彼の音楽への深い関与を示す例が、自伝に数多く紹介されている。例えば、ドアのきしむ音の高さを言い当てたり、ギグで聴いたコードを紙マッチのカバーに書きとめたり、はじかれたコインがテーブルに当たるときの音を推測したりしていた。

一九四三年から一九四四年にかけて、イーストセントルイスの地元のR&Bバンド、エディ・ランドールのブルー・デヴィルズに参加したのが、マイルスのプロ・ミュージシャンとしての最初の活動だった。一九四四年に有名なビリー・エクスタインのバンドがセントルイスにやって来たとき、マイルスは代役として参加したが、この二週間は彼の人生における最大のイベントのひとつとなった。そこで初めて、チャーリー・パーカーとディジー・ガレスピーの演奏を目の当たりにしたからだ。彼の言葉を借りると、このときが「セックス以外のことで、人生で最高の瞬間」だった。パーカーとガレスピーは、彼に、ニューヨークに来たら顔を出すようにと告げていた。彼の母親はニューヨークへ行くことに反対したが、マイルスはジュリアード音楽院に通いたいと父親を説得した。しかし、一九四四年九月にニューヨークに到着すると、ジュリアードよりも、ハーレムと当時の伝説的なジャズ・ストリート、五二番通り（「ザ・ストリート」と呼ばれていた）にあるジャズクラブの方がマイルスには重要になっていた。そこはビバップが発展した場所であり、マイルスはそこで初めてチャーリー・パーカーと隣りあって演奏した。知識を惜しみなく共有するというジャズ・ミュージシャンの間での古くからの伝統にならい、パーカーとガレスピーがマイルスの主たる教師となった。パーカーが背中で教えたのに対して、ガレスピーはより深くかかわり、長時間話し合ったり、ピアノでハーモニーを示してみせるなど、実際にやってみせながら彼に教えた。

マイルスは一年後にジュリアードを辞めた。ほとんどの親にとっては気が動転するようなできごとだが、彼の父親は、彼のことを信じていると告げ、自分の音を見つけるようにと勇気づけた。こうした支援を得て、マイルスが受けてきた教育が実を結ぶのに多くの時間はかからなかった。一九四五年十一月、パーカーとの最初のレコーディングで、さっそく〈ナウズ・ザ・タイム〉や〈ビリーズ・バウンス〉といったビバップの名曲が生まれた。マイルスは四〇年代末まで、パーカーと一緒にプレイした。巨匠パーカーの隣で演奏し、パーカーのファンや評論家からの非難の声にさらされながらも、自らのトランペットの音を追及し続けたという事実に、若きマイルスの勇気、未来像、自信が見て取れる。

ニューヨークでの最初の数年間、ジュリアードを辞めた後も、マイルスは父親からの経済的支援を受けていた。ニューヨークで出会ったミュージシャンの多くは貧しい黒人スラム街の出身であり、裕福なマイルスは浮いた存在だった。セントルイスで、白人中流家庭のアメリカン・ドリームと黒人の民族的背景の両方を見て育ったマイルスは、双方の価値観と文化的なものの見方を理解していた。マイルスは、「俺の家系にはインディアンの血がかなり混ざっている」ことにも触れている(6)。晩年には、ネイティブ・アメリカンの遺伝子が、彼の顔だちにはっきりと表れている。クインシー・トゥループは、一九八六年にマリブ・ビーチでマイルスと一緒に腰掛けているとき、「私は彼の横顔を眺めながら、ネイティブ・アメリカンをほうふつさせると思っていた」と述べている(7)。これは、マイルスがアフリカ系、ヨーロッパ系、ネイティブ・アメリカンの三種類の血を継承する、典型的な現代のアメリカ人であることを示している。

マイルスがこのような豊かな血を継承していること、さらに彼が受けた二種類の教育、すなわちジュリアード音楽院での正規の音楽教育とジャズ仲間たちからの知識の吸収が、彼を稀有な存在とした。ペンシルベニア大学音楽学教授ゲイリー・トムリンソンによると、マイルスが異なるものに強く惹かれるようになったのはこのためだという。「おそらく、デイヴィスは、現代の他のミュージシャンの誰よりも多く、様式的、文化的、民族的な融合を音楽に取り入れた」(8)。異なるものをひとつに結びつける能力が、マイルスの大きな強みとなっている。彼の音楽、広範な音楽的、民族的、人種的、文化的な起源をもつミュージシャンらとともに創り上げた作品群、そして同程度に幅広いファンから支持されているという事実が、その特徴をよく表している。

一九四七年八月、マイルスは二十二歳で初めてリーダーとしてスタジオに入り、自らが作曲した〈マイルストーンズ〉と〈ハーフ・ネルソン〉をレコーディングした。一九四〇年代末期には、彼はパーカーのサイドマンとして、またビバップ・スタイルの主要な主唱者として世界的に認められていた。しかし、五〇年代に入ると、彼は独自の音楽の方向性を確立しはじめた。マイルスの一九四八年以降の活動歴は、ビバップ時代の自分から距離を置き、ビバップの速くて激しいスタイルに代わるものを見つけ出そうとする歩みだったとも考えられている。ただし、六〇年代末期までは、定期的にビバップを活用していた。「常に何を取り除けるかを聴いている」という自らの信念を実証するように、一九四八年末以降、彼は徐々に音楽から余分なものをそぎ落とすようになった。

《クールの誕生》のセッションがその方向への第一歩であり、彼はここで初めて、誰も気づかなかったストーンサークルを認識したジョン・オーブリーの役割を果たす。マイルスはバンドのリーダーおよび表看板の役割を担うとともに、ギル・エヴァンス、ジェリー・マリガン、ジョン・ルイス、ジョン・カリシといった作曲家の持っていたアイディアを結実させた。一九四九年から一九五〇年にレコーディングした十二曲には、すでにジャズにおいて展開していたスローな「クール」スタイルとヨーロッパのオーケストラ・スタイルのアレンジを組み合わせた音楽が含まれていた。この音楽はジャズ界に広範囲におよぶ影響を与え、その反響は今日まで続いている。

若きマイルス・デイヴィスは成功に向かって順調に歩んでいたように思えたが、一九四九年五月にパリで最初の海外コンサートの演奏を終えた後、長く苦痛を伴う回り道を辿ることになる。パリで受けた敬意と称賛に彼は驚かされた。彼は、ジャン＝ポール・サルトル、シモーヌ・ド・ボーヴォワール、パブロ・ピカソといった面々と出会い、シンガーのジュリエット・グレコと深い恋に落ちた。[9]ニューヨークに戻ると、彼はひどく落ち込んだ。そして、数週間後には、彼の人生はヘロインに乗っ取られていた。そこから悪夢の四年間がはじまり、その間に彼は「正直で物静かで優しく、思いやりのある人間から、全く正反対の人間」へと変わってしまった。[10]この間、彼の演奏はむしばまれ、長く残る価値のあるものはごくわずかしか創り出せなかった。ようやく地平線上に光が見えたのが、一九五一年十月のプレスティッジ・レコード向けのセッションだった。マイルスは、三十三と三分の一回転のレコード盤の録音を行い、七十八回転盤の最大収録時間である三分を超越した最初のジャズ・ミュージシャンの一人となった。高く評価された曲〈ディグ〉で、彼は難局を乗り切った。

マイルスにとって、この四年間は悲劇的で苦痛な経験だった。彼は売春婦のヒモになり、友人から盗みをはたらき、投獄され、排水路の中で発見され、幼年時代からの恋人アイリーン・カーソン[11]とも別れた。アイリーンとの間には、シェリル（一九四四年生まれ）、グレゴリー（一九四六年生まれ）、マイルス四世（一九五〇年生まれ）の三人の子どもがいた。苦しみと屈辱の四年間を経た一九五三年末、これで終わりにしようと決心した彼は、イリノイ州ミルスタットの父親の農場に戻り、コールドターキー治療〔薬物を一気に断ち切って禁断状態に耐える荒療法〕によりヘロイン依存から脱した。マイルスには、こうした驚くべき意志の力と自制心があった。しかし、実際には、これも決定的な解決とはならなかった。彼は自伝の中で、それでも完全にヘロインをやめることはできず、一九五四年初めに薬物の世界から遠ざかるために滞在したデトロイトでもヒモとなり、ヘロインを使っていたと語っている。ニューヨークに戻ってからもコカインを使っていた。コカインは八〇年代まで、彼の人生の一部であり続けた。自分自身は「耽溺型の性格」であるというマイルスの自己分析は的を射ており、コールドターキー治療の後はドラッグを一切使っていなかったという主張には懐疑的にならざるを得ない。さらに、ドラッグ常用癖は彼の精神に長く残る傷跡を残し、オープンで人を疑わない人間から、誰も信用しない人間へと彼を変えてしまった。ときに冷たくよそよそしい彼の態度は、観客に背を向けがちだったこと、サイドマンのソロ演奏中にステージの袖に下がってしまったり、ステージ上で観客を楽しませることや曲名の紹介を拒む態度と相まって、多くの物議を醸し、マイルス・デイヴィスの外的人格《ペルソナ》が作り上げられていった。

　マイルスがコールドターキー治療を行ったことの真の価値は、その後のドラッグの使用の有無にかかわらず、彼が再び人生をコントロールできるようになったことだ。結果は劇的なものだった。一九五四年から一九六〇年までの期間は、二十世紀のアーティストが経験し得る最も豊かで、革新的かつ影響力の大きい期間のひとつだった。それは、マイルスが一九五四年四月にレコーディングを行い、五〇年代のハード・バップのムーブメント全体を方向づけた、十三分の曲〈ウォーキン〉からはじまった。この時期のマイルスは、新しい才能を見出すことでも名声を得ている。最初の大きな発見の一人が、ピアニストのホレス・シルヴァーだった。一九五四年の終わりにかけて、マイルスはピアニストのセロニアス・モンクとともに伝説的な曲をいくつかレコーディングしている。そのうちのひとつ、〈バグス・グルーヴ〉において、彼は余分なものを取り除いていくという自身のモットーに従い、部分的にピアノを排除した。彼は、アーマッド・ジャマルのピアノ演奏にも影響を受けており、その軽いタッチと間《スペース》の使い方を賞賛していた。

　一九五五年、マイルスの周りでは次々といろいろなことが起きていた。ニューポート・ジャズ・フェスティバルでの演奏が評判となり、彼は再び世間の注目を浴びるようになった。続いて彼は、最初のクインテット〔五人編成によるバンド〕を結成し、サックス奏者のジョン・コルトレーン、ピアニストのレッド・ガーランド、ベーシストのポール・チェンバース、ドラマーのフィリー・ジョー・ジョーンズがこれに参加した。誰一人として名の知れた者はおらず、コルトレーンは「ハード」なトーンを評論家から袋だたきにされていた。しかし、マイルスはまだ誰も気づいていなかったコルトレーンの大いなる才能を見出し、ちょうどパーカーが彼にそうしてくれたように、コルトレーンを教育し、守った。このクインテットは、ジャズの歴史において、最も尊敬され、影響力のあるスモールバンドへと成長し、才能発掘者としてのマイルスの名を伝説的なレベルへと押し上げた。一九五六年にクインテットがレコーディングした五枚のアルバム、《クッキン》、《リラクシン》、《ワーキン》、《スティーミン》（すべてプレスティッジ・レコード）、《ラウンド・アバウト・ミッドナイト》はジャズの名盤となった。最後の《ラウンド・アバウト・ミッドナイト》は、コロムビア・レコードからリリースされた最初のアルバムである。このレコード会社とは三十年間にわたり、非常に実りの多い関係を築いている。これらの五枚のアルバムは、当時流行していたハード・バップの延長線上にある進化系である「ネオ・バップ」の音楽で構成されていた。音楽スタイルそのものは特に画期的なものではなかったが、クインテットの演奏は他では聴くことのできない、威厳のある、多彩かつ革新的なものだった。

　一九五七年十二月、マイルスはR&B出身のアルト・サックス奏者ジュリアン・「キャノンボール」・アダレイをバンドに加えた。アダレイと革新的なコルトレーンの二者対立について、作家であり詩人のアミリ・バラカは、六〇年代以降にジャズを支配する二つの大きな波、すなわちフュージョン（ジャズ、ゴスペル、ファンク、R&B、ポップスの融合から生まれた）とフリー・ジャズ（一九五九年にオーネット・コールマンやドン・チェリーらによる半音階を駆使した前衛《アバンギャルド》的な「外れた」演奏から生まれた）の基礎をなす最初のものだと分析している[12]。しかし、マイルス・デイヴィス・セクステット〔六人編成によるバンド〕では、そのような対立は単なる傾向にすぎず、一九五八年四月にレコーディングした究極のハード・バップ・アルバム、《マイルストーンズ》では総力を結集して制作にあたった。次の年、ビル・エヴァンスをピアノ、ジミー・コブをドラムに据えた五月と八月の二回のセッションで、セクステットは創造性に富んだジャズ・レコード、《カインド・オブ・ブルー》をレコーディングした。このアルバムでの大きな進歩は、作曲家／ライターのジョージ・ラッセルが率先したモードに基づくアイディアをマイルスが採用したことだ。モード音楽は、コード構成よりも音階《スケール》（またはモード）を基準とするものであり、《カインド・オブ・ブルー》以前に、これをうまく成し遂げた者はいなかった。マイルスはここでも、誰も見つけられなかった意味を発見したのである。

　モード奏法は、ビバップのハーモニーの制約による足かせから、マイルスを完全に解き放った。マイルスは再び、特定の要素を取り除き、残った本質の部分を創造的に処理することによって、新しい音楽を創り出した。この十年後に彼が循環ベースラインと重層的なリズムを思いつくまで、ジャズの音楽をこれ以上簡略化することは不可能と思われた。マイルスがチャーリー・パーカーと一緒に活動していた一九四〇年代の遺産、特にサックス奏者が音楽を構成する手法が、もうひとつの重要な影響を《カインド・オブ・ブルー》に与えている。マイルスは次のように語っている。「バードは、細かな指示を伝えることがとんとダメな性格で、いつも良さそうなミュージシャンを選ぶだけでおしまいだった。ちゃんとした音符なんかなくて、せいぜいメロディのスケッチがあるかないかだった。……彼はインスピレーションだけで自由に吹いていた[13]」。

　一九五七年初頭、パリでルイ・マルの映画『死刑台のエレベーター』〔原題 *Ascenseur Pour L'échafaud*〕の音楽をレコーディングした際、その場に居合わせたミュージシャンとのセッションで、マイルスはパーカーの手法を取り入れた。彼はミュージシャンに、最小限の音楽素材を即興で演奏させて音楽を創った。《カインド・オブ・ブルー》においては、マイルスはいくつかの音楽のスケッチを書き、それまで全く見ていないミュージシャンたちの前にそれを置いて、一回のテイクで録音した。これにより、ミュージシャンたちは、その瞬間に起きていることに全神経を集中することを強いられた。ここに禅との関連性を見たピアニストのビル・エヴァンスは、ジャケットに記された解説で、線をいっきに描きあげる日本の禅芸術〔墨絵〕の画法に例えている。このような最小限の音楽素材から良質の音楽を創れることを学んだマイルスは、彼の活動における他の時期、特に一九六八年から一九七五年までの期間と一九八〇年から一九八三年までの期間にも、この手法を取り入れている。

クインテットとセクステットとともにハード・バップの境界線を押し広げていったのと同時に、彼は別の活動も平行して行っていた。この時期、マイルスはギル・エヴァンスとともに三枚の名盤を制作している。これらは、一九九一年七月のモントルー・コンサートの主要なテーマとなるものである。一九五七年五月、十八人編成のオーケストラを率いて《マイルス・アヘッド》をレコーディングした。この音楽は多くの点で《クールの誕生》の延長線上にあるものだが、演奏はより表現豊かになり、不調和なハーモニーと豊かなテクスチャーとともに音楽的な発展を遂げている。音楽のアレンジはエヴァンスが担当した。マイルスは唯一のソロ奏者として、すべてのトラックでソフトなサウンドのフリューゲル・ホルンを演奏し、新境地を切り開いた。彼らの次の共同作品、《ポーギー&ベス》でも同様の手順が用いられた。この作品はジョージ・ガーシュウィンのミュージカルに基づくもので、一九五八年八月にレコーディングされた。そして、一九五九年十一月と一九六〇年三月に、マイルスとエヴァンスは三作目の共同作品、《スケッチ・オブ・スペイン》をレコーディングした。スペイン人クラシック音楽作曲家ホアキン・ロドリーゴの〈アランフェス協奏曲〉に着想を得たこの作品は、マイルスのアルバムで最も多く売れた作品となった。これら三枚のアルバムにおける、その他の革新的な特徴としては、今日ワールド・ミュージックと呼ばれている音楽（ラテンアメリカとフラメンコのサウンド）の導入と、ハーモニーと同程度にメロディの機能を持たせたベースラインがあげられる。これらは後に、マイルスのエレクトリック・ミュージックの重要な特徴となるものである。

しかし、ちょうど十年前と同じように、一九五九年末には、マイルスのバンド、音楽、私生活が徐々に崩壊しはじめ、もとの状態に戻すのに、一九六四年までかかってしまう。彼が下り坂になったのには、いくつか理由があった。《カインド・オブ・ブルー》のレコーディング直後にアダレイがクインテットを去り、一九六〇年五月にはコルトレーンも彼のもとを離れた。マイルスを満足させられる代理のサックス奏者がいなかったため、どちらの脱退も創作面において、大きな打撃となった。一九五九年八月、悪名高いバードランドでの事件が起きる。このクラブの前でたたずんでいたマイルスに対して、警官がその場所から移動するように告げた。それを拒否した結果、マイルスは頭から血を流しながら拘置所に収容されることになる。この事件で、彼はたいへんな苦痛を味わった。こうした心の傷に加え、多くの身体的な問題も出はじめていた。一九六一年、鎌状赤血球貧血を患っていることが判明。彼の関節、特に左の股関節にひどい痛みが生じていた。痛みを紛らわすために、薬物、とりわけアルコール、コカイン、鎮痛剤の使用が増えていった。一九六二年五月には彼の父親、一九六四年二月には母親が亡くなり、同時期にフランシス・テイラーとの結婚生活も破綻していた。マイルスはそのときの自分を、「《オペラ座の怪人》みたいになっていた。すっかり誇大妄想になって、……俺はどうしようもなく、さらにひどくなっていた」と説明している[14]。

このような状況にあって、彼の音楽もうまくいっていなかったことは想像に難くない。コルトレーンが去った後、マイルスは一連のサックス奏者を試し、一九六一年五月には《サムデイ・マイ・プリンス・ウィル・カム》をレコーディングしたが、満足のいくものとはならなかった。彼とギル・エヴァンスは、当時流行っていたラテン音楽を取り入れた《クワイエット・ナイト》の制作を開始したものの、身が入らずに途中で断念した。数年前の素晴らしい作品の数々を考えると、がっかりするできだったに違いない。一九六八年に一日だけセッションを行ったのみで、大規模なオーケストラによるプロジェクトのレコーディングは二度と行われなかった。しかし、マイルスが拒んだにもかかわらず、コロムビアは《クワイエット・ナイト》をリリースした。彼はこれに落胆し、プロデューサーのテオ・マセロとの関係が悪化した状態が二年間続いた。

その間、マイルスを追い越していくかのようなできごとが、ジャズの世界で起きていた。時代の先端を行っていたフリー・ジャズ・ムーブメントが、ジャズ界を保守派と革新派に二分していた。マイルスの創作人生において、彼は初めて、保守派の側についていた。マイルスは頻繁にフリー・ジャズについて批判していた。例えば、ジャーナリストのレス・トンプキンスに次のように語っている。「なんらかのスタイルはあるんだ。どこかで戻らないとな」[15]。一九六四年当時、マイルスは時代から取り残されたと思われていた。彼が灰の中から不死鳥のように蘇り、再び先頭に立つことに賭けて、大金をつぎ込もうとする者など誰もいなかった。しかし、このとき、彼は新しいバンドを作りはじめていた。このバンドは、ジャズの先駆者という彼の地位を再確立するだけにとどまらず、ロックの影響を取り入れる最初の機会となり、その結果、ジャズ・ロックの探求への道が切り開かれることになるのである。

第三章　フリーダム・ジャズ・ダンス

エレクトリック期に、魔術的なことなんて何もなかったよ。ものごとをひとつにまとめ上げるのに、謎めいたことなんて何もしていない。ただ、これまで以上に勇気がいっただけさ。「評論家なんてくそくらえ」って言える勇気がね。

——ウェイン・ショーター

一九六四年。西洋社会には変化《チェンジ》の気配が漂っていた。経済的には安定していたが、社会的には第二次世界大戦後の抑圧的な数十年間を経て、体制は崩壊しはじめていた。ボブ・ディランが予言的なアルバム、《時代は変る》〔原題 *The Times They Are A-Changin'*〕を発表するなど、その兆しは避けがたいものだった。政治意識の高まりは本格的な抗議行動へと発展し、泥沼化したベトナム戦争、そして権力のあり方について疑問が呈された。抵抗がベビーブーム世代の手法だった。服装のスタイルは一変し、彼らは髪の毛を伸ばし、ドラッグや東洋の宗教を試していた。髪の毛が短かったり、スーツを着ている人々は「ストレート」、「スクエア」、あるいは「スティッフ〔堅苦しい人、融通のきかない人という意味〕」と呼ばれ、ジャズ・ミュージシャンもスーツを着て髪の毛が短かったために同じように見られていた。

ほんの数年前まで、ジャズはヒップで、若者を先導し、芸術の先端を行っていたにもかかわらず、いまや時代遅れの古臭い年代ものの遺物のような扱いとなってしまった。代わって、ロックンロール・ミュージックが新しい時代の声となった。これを大衆化した「ポップ」が、一九六〇年代初期のチャートを支配したが、そこに芸術的価値や主張はほとんどなかった。しかし、一九六四年には、より本格的で洗練されたロックンロールのひとつの形態である「ロック」の発展がはじまる。ビートルズ、ローリング・ストーンズ、ザ・フーなどのイギリスのバンドによって先導されたロックには、ブルース、ソウル、R&B、そしてエルヴィス・プレスリー、バディ・ホリー、リトル・リチャード、チャック・ベリーによるロックンロールなど、アメリカ音楽のスタイルが多分に取り入れられている。その一方で、

「ブリティッシュ・インヴェイジョン」〔数々のイギリスのアーティストがアメリカをはじめ世界中でヒットを放ってブームを巻き起こし、その後の音楽業界に大きな影響を与えた現象〕によって、バーズ、ジェファーソン・エアプレイン、ドアーズ、オールマン・ブラザーズ・バンドなどのバンドを中心とするアメリカのロック・ミュージック・シーンが活性化した。これらのバンドはすべて一九六五年に結成され、アメリカン・フォークやカントリー・ミュージックの影響を受けている。このころ、ジミ・ヘンドリックスは、アイズレー・ブラザーズ、リトル・リチャード、アイク&ティナ・ターナー、サム・クックのバックミュージシャンとして経験を積み、数年後に世界を驚愕させる準備を整えていた。

　若者による世界規模のムーブメントの合い言葉のひとつが、最初期のパンク・ロック《プロトパンク》を代表する曲、ザ・フーの〈マイ・ジェネレーション〉（一九六五年）で痛烈に表現されている。「俺は年寄りになる前に死ねればいいと思っている *I hope I die before I get old*」という歌詞は、『オックスフォード引用句辞典』に載った最初のロック・ミュージックの項目のひとつとなっている。一九六四年に二十八歳になったマイルス・デイヴィスは、反抗心の強い若者たちからはすでに年をとった過去の人とみなされていた。彼はまた、いまや拒絶の対象となった四〇年代および五〇年代の象徴であった。しかも、マイルスは自身が属するジャズ界においても、すでに先導する存在でなくなってしまっていた。このため、人々は、彼が名声の上にあぐらをかき、過去の業績を模倣しながら余生を過ごすものと考えていた。

　しかし、これまで何度もそうしてきたように、マイルスはそんな世間一般の予想に毅然と立ち向かった。彼は自身の音楽活動の歴史で、最も冒険的な十年間を迎えようとしていた。一九七〇年代中期、彼は、伝統的なジャズの範疇を出ることがなかった音楽を、アフリカ音楽に影響されたファンクの方向へと躊躇なく向かわせた。一九六四年から一九七五年の十一年間、マイルスは長い距離を旅し、多くの方面を探索して回った。その結果、出発点と到着点とでは、まるで違う世界となっていた。しかし、目を凝らせば、初期のセントルイスの時代から、実験的な《オン・ザ・コーナー》や《アガルタ》に至るまで、すべての道のりの根底に、ひとつの継続性を見ることができる。

　一九六四年当時、明るい未来を予期させるものは、ほとんど何もなかった。マイルスは、西洋文化を突如襲った劇的な社会的事象、あるいはその主要な芸術表現であったロック・ミュージックには、まだ興味を示していなかった。質問されると、彼はよく、ロック・ミュージシャンのスキル不足について、軽蔑的なコメントをした。そして、従来通り、ジャズの表現形式に生気を吹き込むべく、活動を行っていた。きちんとしたスーツと髪型にも、これまで通りに気を使った。七〇年代の風変わりな服装やサングラスは、まだ遠い異国のものだった。

*

変化を起こすことがマイルスの第二の天性であったが、彼らしからぬことに、六〇年代に着手した冒険は自らが主導したものではなかった。彼が燃え尽きてしまっていたのか、それとも自身の問題に注意をそがれたためなのかは、はっきりしない。しかし、一九六二年にドラマーのジミー・コブとピアニストのウィントン・ケリーがバンドを去ったとき、余分なものを取り除いていくという、彼の絶対的な手法は終わりを迎えた。彼らは、ジョン・コルトレーンとキャノンボール・アダレイが参加した五〇年代末期の伝説的なセクステットの最後の生き残りであり、彼らの脱退はマイルスに行動を起こさせた。

　これまで同様、彼は難局に立ち向かい、彼の求める高い基準を満たす新しいクインテットを一九六三年五月に結成した。リズムセクションは、二十六歳のベーシストのロン・カーター、二十三歳のピアニストのハービー・ハンコック、そして十七歳のドラマーのトニー・ウィリアムスで構成された。若いミュージシャンと一緒にプレイするという傾向を、マイルスはその後も継続している。若いミュージシャンは、彼に現在の音楽と関わる機会を多く与えた。また、彼らは偏見なく、新しいものをどんどん取り入れていった。「年をとったミュージシャンとはプレイするな、とコールマン・ホーキンスに言われたことがある。連中は頭が固くて、こっちが望む演奏をしてくれないからだ」と一九八二年にマイルスはコメントしている[1]。

　ロン・カーターは美しい、丸みを帯びたトーンを演奏する、信頼できるプレイヤーだった。満足がいかなかった一九六三年四月のアルバム、《セヴン・ステップス・トゥ・ヘヴン》のレコーディング・セッションでの唯一の好材料が、彼の演奏だった。このセッションには、サックス奏者のジョージ・コールマンも参加していた。音楽がうまくいっていないと感じたマイルスは、すぐに手を打った。一カ月後、彼はウィリアムスとハンコックをバンドに引き入れた（ハンコックはドナルド・バードのバンドでプレイしていた一年前に、バードを介してマイルスに紹介されていた）。ハンコックの加入により、アーマッド・ジャマルやウィントン・ケリーのような軽いタッチ、そしてクラシック音楽のハーモニーとメロディを操れる人材をマイルスは手に入れた。トニー・ウィリアムスは、マイルスの友人であり五〇年代の演奏パートナー、サックス奏者のジャッキー・マクリーンによって見出された、天才ドラマーである。「その場で、こいつはドラマーの中でも飛び切りのミュージシャンになると確信した」とマイルスは語っている[2]。以前からそうだったように、彼には先見の明があった。そのドライブ感と驚くべきポリリズムの即興演奏《インプロヴィゼーション》によって、ウィリアムスは世界で最も革新的で影響力のあるドラマーの一人という名声を得ることになる。

　ウィリアムス、カーター、ハンコックの三人は、揃うとすぐに意気投合した。一九六三年五月、彼らはマイルスとの最初のレコーディング・セッションを行った。ジョージ・コールマンも再びテナー・サックスで参加している。このセッションの成果も《セヴン・ステップス・トゥ・ヘヴン》に収録され、高く評価されている。マイルスもこのクインテットには満足していたようだ。彼らのライブ演奏はマイルスを生き返らせた。このとき、リズムセッションは、すでにハード・バップの手法を解体しはじめていた。しかしまだ、クインテットを次のレベルへと押し上げるには、必要な要素が欠けていた。コールマンの滑らかな完璧さは、危険をいとわないバンドの傾向とは相容れないものだった。彼は音楽の実験的な試みに対する興味が薄かったようだ。コンサートの後、リズムセクションのメンバーが数時間かけて、その日のできごとを分析することがあったが、コールマンは一人でホテルの部屋に戻り、次の晩に備えて、思いついたアイディアを練習していた。マイルスはこれが気に入らなかった。

ハンコックは当時のことを次のように語っている。「僕らはフィラデルフィアのホテルのバーで一晩に三回のショーをやり、同じホテルに泊まっていた。コールマンはホテルの部屋でちょっとした手の込んだ音型の練習をして、それを夜の演奏で適当な箇所に入れていたんだ。マイルスは怒ってこう言った。『俺はおまえたちにステージ上で練習させるために金を払っているんだ』ってね。つまり、彼は巧妙で完全なサウンドなんて望んでいなかったってことさ。彼は観客のいる前でいろいろと試してほしかったんだ。事前に練習したものをライブ演奏の中に組み入れることに、強く反対していた。瞬間を捉えようと努力すること、その瞬間にどう感じているかが重要なんだ」。

スタンスの違いに気づいたジョージ・コールマンは一九六四年春にバンドを去った。夏の日本ツアーでは、テナー・サックス奏者サム・リヴァースが彼の代役を務めたが、その後すぐに脱退している。理由は明らかになっていない。幸運にも、マイルスが米国に戻ってくると、ちょうどウェイン・ショーターがアート・ブレイキー&ザ・ジャズ・メッセンジャーズを脱退していて、彼自身もサックス奏者として参加することに乗り気だった。ショーターは、レンジの広い柔らかなトーンと流れるようなフレージングを組み合わせた演奏を得意とする、腕の立つサックス奏者だった。彼の優れた作曲の才能と実験的試みを好む無鉄砲な性格は、クインテットの音楽を卓越したレベルへと引き上げる原動力となった。

今日、マイルス、ウェイン・ショーター、ハービー・ハンコック、ロン・カーター、トニー・ウィリアムスからなるクインテットは、ジャズの歴史において最も優れた合奏団《アンサンブル》のひとつと認識されており、ジョン・コルトレーン、レッド・ガーランド、ポール・チェンバース、フィリー・ジョー・ジョーンズからなる五〇年代のマイルスの「第一期グレート・クインテット」の後継という意味で「第二期グレート・クインテット」と呼ばれている。しかし、第一期グレート・クインテットとは異なり、第二期グレート・クインテットは、その存続期間中、あまり正当に評価されていなかった。激動の六〇年代音楽の最前線を行くフリー・ジャズやロックとも歩調がずれていた。

人々がバリケードを突き破り、息の詰まる「スティッフ」どもの拘束服から自由になり、ばか騒ぎの準備をしていたときに、マイルスはこれまでで最も知性に訴える、抽象的《アブストラクト》なジャズの探求を選択した。彼はこのときのことを振り返り、いつものように簡潔に、こう語っている。「俺たちは高度で、綿密な音楽をやっていたが、時代は変わって、人々は踊りたがっていた」[3]。決して、クインテットがバリケードを突き破らなかったというわけではない。ただ、当時は、彼らの音楽の重要性はもとより、その存在すら認識している人が少なかったのだ。

ミュージシャンであり教育者のビル・カーチナーは、ジャズ界が第二期クインテットの真の重要性を認識するのに八〇年代から九〇年代までかかり、「まだその理解の過程にある」と指摘している。[4]こうした遅まきの再評価において、一九六四年から一九六八年までの期間は、創造性と革新性の面で、一九五五年から一九六〇年までのマイルスの創造的安定期になぞらえられることが多い。また、一九六四年までのマイルスのアルバムにはオリジナル曲とカバーの両方が含まれていたのに対して、このクインテットがレコーディングした曲のほぼすべては、五人のメンバー全員が協力して書いている。ロックでは普通のことだが、ジャズではこれまでなかったことだ。クインテットの作曲方法もまた画期的だった。従来のように、Aメロ、Bメロ、サビ、転調部をお決まりの十二小節または三十二小節で構成してメロディ、ハーモニー、リズムを作っていくのではなく、クインテットはメロディ、ムード、スケールといった、いくつかの特定の要素を使って即興で曲を作った。ブリッジや転調部、ときにはBメロさえも、すべて無視されることが多かった。ハーモニーの中身は最小限であることが普通であり、コード進行を基礎とするものからモード指向へと方向転換していた。

こうした手法は、五〇年代末期にマイルスが述べていた予言的な言葉を実現するものだった。マイルスは当時、モードの実験的な試みについて、こう語っていた。「こんな具合にやれば、延々と続けられる。コード・チェンジを気にする必要がまるでなく、メロディにいろんな工夫ができるようになるんだ。自分のメロディックな創造性を見極めるチャレンジでもある。コードに基づいて演奏すると、三十二小節終わったところでコードを使い果たしたことに気づき、形を変えながら使ったばかりのコードを繰り返す以外、何もできなくなるんだ。俺が思うに、ジャズ界には型どおりのコード進行から抜け出そうとする動きがある。ハーモニックなバリエーションよりむしろメロディックなものを重視する方向に戻るのさ。コードはますます廃れるだろう。コードの使い道に無限の可能性があれば話は別だがな」[5]。

興味深いことに、マイルスはこの文脈で、西洋のクラシック音楽からの影響について力説したことがあった。クラシック音楽は通常、複雑なハーモニーと関連付けられることが多いため、これは予想外の解釈だった。彼がこのことに触れたのは一九八七年のことで、ハーモニーの要素を取り除いて演奏するようにハービー・ハンコックに指示したことを説明したときだった。ハンコックは演奏しすぎる傾向があり、演奏するコードが「厚すぎる」ことが多かったため、ときおり彼の両手をちょん切る真似をしてこの点を強調していたとマイルスは回想していた。マイルスは次のように語っている。「俺はハービーに言ったんだ。『ワン・コードにいろんなノートを詰め込む必要はない』とな。ベースに低音部を演奏させたら、そのヴォイシングは正解だ。ベースが土台になる。そうして、三つのノートをひとつのコードで演奏できたら、打ってつけのサウンドになるというわけだ。俺は昔、いったいどれほどハーモニーがあるのか確かめようと思い、ヒンデミットの小さなピアノ音楽を分析したことがあった。そのとき、それがわかったんだ[6]」。

クインテットは、後に、スタジオ録音した新しい曲を徐々にライブのレパートリーに組み入れるようになるが、当初はマイルスの五〇年代および六〇年代初期の作品をカバーすることがほとんどだった。当時の演奏は、一九六五年十二月二十二日および二十三日に録音された八枚組CDセット、《ライヴ・アット・ザ・プラグド・ニッケル》で聴くことができる。革新的にも、ステージ上では、お決まりのレパートリーをスモールバンドで演奏できる限界にまで発展させることに焦点を置き、毎晩のように大胆に曲を作り変えていた。この結果、クインテットのスタジオ・レコーディングとライブ演奏との間に差異が生じていた。リズムセクションは、テンポ変更、拍子変更、転調による実験を重ね、ときにフリー・ジャズの領域へと方向転換することもあるほど、自由に曲を演奏した。クインテットが効果的に用いていた集合的即興演奏《インプロヴィゼーション》は、一九二〇年代のジャズの集団即興演奏に遡る。しかし、リズム楽器をソロ楽器と対等に位置づけることで、彼らはその手法を新たなレベルへと発展させた。それぞれの楽器の自由度とその間の相互作用は並外れたものであり、ミュージシャンの間でのテレパシーに近い意思の疎通のもとに成り立っていたと考えられる。

「ウェイン・ショーターがバンドに参加する以前から、僕らはジョージ・コールマンのバックですでに他とは違うことをやっていた」とハービー・ハンコックはコメントしている。「ある日、マイルスが、『俺のバックでもあんな風に演奏してくれ』と言ってきたんだ。トニーと僕は顔を見合わせて、『いいよ』と答えた。そうして、僕らはカウンターリズムやらオーバーラッピングといった、あらゆるクレイジーなことをやりはじめたんだ。実はこれをやりはじめた最初の晩、マイルスはどう対処して良いか戸惑っていた。でも、次の日には難なく対応できるようになっていた。そして、三日目になると、マイルスはもう、このやり方を前進させていた。僕は新しい役割を与えられ、それに応じて演奏を変えなければならなかった。僕らはこの手法を「制御された自由」と呼んでいた。そんなこともあって、最初のアルバムのタイトルを《ESP》〔超感覚的知覚として知られる、既知の感覚によらずに外界の情報を得る能力〕としたのさ。僕らの演奏は、お互いがどのように反応し、どれだけお互いの音を聴いていたかに完全に頼っていたからね。さらに、マイルスはサイドマンの演奏の肝の部分から抽出したものを、自分のソロに組み入れていたよ。僕らが絶えず新しいことを即興で創り出していると、バックで演奏されているフレーズやフレーズへの応答を選び出して、バンドのサウンドがチームとしてひとつにまとまるように彼が変換してくれていた」。

バンドのサウンドを良い方向に持っていくことに集中していたのに加え、マイルスは、他のメンバーよりも古い世代のミュージシャンであったにもかかわらず、リズムセクションから彼から学んだのと同じくらい多くのことをリズムセクションから学ぼうとしていた。音楽に対するエゴのない彼の姿勢が、こうした態度に見て取れる。

彼のトランペット演奏のペースが落ちているので、もっと練習するべきだとトニー・ウィリアムスから指摘されたとき、マイルスは不快に思ったり、腹を立てたりするどころか、そうしたチャレンジを喜んでいた。物議を醸したステージ上での彼のマナーも、これと同じ姿勢からくるものだ。観客に背を向けたり、サイドマンのソロの最中にステージの袖に下がったりするのは、傲慢さの表れなどではない。彼がこのように行動するのは、バンドの音をよく聴こえるようにするため、そして指示を出しやすくするためだ。また、自身のカリスマ性を理解していて、サイドマンのソロ演奏中に観客の注意を自分に集めたくなかったのだ。

ハービー・ハンコックは次のように付け加えている。「彼は、皆から面白いアイディアが出てきてほしいと思っていた。彼一人が目立ち、他のメンバーがただバックで演奏しているような状況は望んでいなかった。さらに言うと、メンバーが良いサウンドを出しているかどうかも気にしていなかった。それよりも、何かに取り組んでいるか、何かを一生懸命に試みているか、何かを掴み取ろうとしているかを気にしていた。これが彼にとっての関心の的であり、一緒にプレイするすべてのミュージシャンに求めていた、いちばん重要なことなんだ。自分でも、そんな危険を冒す演奏をしていたよ。たとえ、うまくいかなかったとしても、僕たち皆に、信念を持って大胆に挑戦してほしかったんだ」。

サイドマンの一人がしくじったときに、マイルスがどう対処したかを見事にとらえたエピソードがある。ハンコックは数多くのインタビューで、マイルスのソロの最中に全くの「間違った」コードを弾いてしまったときのことを語っている。ハンコックにとっては危機的瞬間であったに違いない。困惑してしりごみしてしまっていると、マイルスが即座に自分の音《ノート》を変え、ハンコックのコードが「正しく」聞こえるようにした。「あっけにとられてしまった」とハンコックはコメントしている。「呆然として、数分間は演奏ができなかった。ただ、音楽が流れていくのを聴いているしかなかった。マイルスはこちらを見ることもなく、演奏を続けていた。僕がやったことは、彼には『間違い』には聴こえなかった。彼は、単に今この瞬間の現実の一部と捉えたんだ。自分で好きなように作り変えられる現実の一部にね。起きているあらゆることに対する、彼の許容力を示すできごとだった」。

マイルスのこうした気づきの能力に支えられて、彼のサイドマンは、自分自身でも認識していなかった才能を開花させていった。マイルスは、彼らから溢れ出る素晴らしい創造力をひとつにまとめ上げ、すでに際立っていた個々のパートをただ足し合わせただけのものではなく、それをはるかに超えるものを作り上げた。ライブとスタジオの両方において、マイルスと彼のサイドマンは、それぞれの楽器を明確に区別しながらも可能な限り高いレベルで統合し、曲の形式を最も基本的な要素にまでそぎ落としていった。ハード・バップをその本質にまで純化された第二期グレート・クインテットは、スモールバンド・ジャズの頂点を極めた。ジャズを極限にまで押し進めた今、残された道は、「もうくたびれきったことを何度も何度も繰り返す」[7]か、フリー・ジャズに移行するか、さもなければ他のジャンルにインスピレーションを求めるかしかないことにマイルスは気づいていた。第二期グレート・クインテットの演奏はフリー・ジャズに近いところまで行ったが、この方向に向かうことにマイルスは強い疑問をいだいていた。自分自身を繰り返したり、フリー・ジャズの抽象《アブストラクト》的な領域にひたることよりも、現実の世界に戻り、再び心と体で音楽を作ることをマイルスは決断した。やがて、マイルスのスタジオ音楽にロック、ファンク、ソウル、フォーク・ミュージックが取り入れられることになり、彼の音楽だけでなく、あらゆる音楽が、以前とは違ったものへと変わっていくのであった。

*

一九九八年にコロムビアからリリースされ、クインテットのすべてのスタジオ・レコーディングを年代順に収めた、ぜいたくな六枚組CDボックスセット、《ザ・コンプリート・マイルス・デイヴィス・クインテット1965~1968》は、グループのスタジオ音楽の発展を見通すのに非常に役立ち、二つの異なる時期（前期・後期）の存在の理解を容易にしてくれる。クインテットの初期は、一九六五年一月二十日の最初のスタジオ・レコーディングからはじまり、アルバム《ESP》、《マイルス・スマイルズ》、《ソーサラー》、《ネフェルティティ》としてリリースされた音楽を含む。この時期の音楽には二十九の異なる曲が含まれ（同じ曲の別テイクと最終テイクは一曲として計算）、ほとんどジャズの領域からは踏み出していない。マイルスはこの中の四曲しか作曲しておらず、そのうちの二曲はカーターとの共作である。残りの曲は、ショーター（十四曲）、ハンコック（四曲）、カーター（三曲）、ウィリアムス（二曲）によるものだ。加えて、カバー曲が二曲あり、そのうちの一曲がエディ・ハリスの〈フリーダム・ジャズ・ダンス〉の有名なバージョンだ。当時、ウィリアムスを「創造的なひらめき」、ショーターを「アイディアの源泉」、ハンコックとカーターを「全体のまとめ役」、そして自らを「全員を一緒にしただけの、ただのリーダー」と評していたように、マイルスは彼のサイドマンの活力と才能の波に乗ることに満足していた。[8]

　一九六七年になると、マイルスはクインテットの構成に限界を感じるようになり、新たな創造的視点を模索しはじめた。一月に、彼はテナー・サックス奏者のジョー・ヘンダーソンを雇い入れる。ヘンダーソンはこのときのことを次のように回想している。「僕がいた時期に固定していたのは、マイルスとウェイン・ショーター、それにこの僕だけだった。毎晩、誰がベースを、ドラムスを、ピアノを演るのか全くわからなかった」(9)。ヘンダーソンによると、ピアニストのチック・コリア、ドラマーのジャック・ディジョネット、ベーシストのミロスラフ・ビトウスとエディ・ゴメスなどが、ゲスト・ミュージシャンとしてライブに参加していた。「マイルスは、ただある種の形で答を引き出していたのだと思う」とヘンダーソンはコメントしている(10)。やがて、この実験的試みは打ち切られ、三月末にヘンダーソンはバンドを去った。この時期のマイルスの変化への願望を示すもうひとつのできごととして、休み《ブレイク》を入れずに曲を続け、ライブ・セットを一続きの連続する音楽として演奏するようになった。これにより、彼は曲を紹介してほしいという要求から解放され、ステージ上で話をしたがらない彼の態度をめぐる論争も回避することができた。ただし、曲の間に休み《ブレイク》を入れなかったのは、あくまで音楽的な理由からだ。マイルスは自伝の中で、セットをノンストップで演奏することによって、長い即興演奏《インプロヴィゼーション》ができる余裕が生まれ、音楽が「組曲」のようになっていったと説明している。

　一九六七年十二月、マイルスはクインテットのスタジオ音楽を全く新しい方向へと向かわせた。ここから後期がはじまり、一九六八年七月にグループが解散するまで続いた。後期の音楽の多くは、アルバム《マイルス・イン・ザ・スカイ》と《キリマンジャロの娘》でリリースされている。この七カ月間にレコーディングされた十五曲のうち、九曲でマイルスが作曲家としてクレジットされており、そのうちの一曲はギル・エヴァンスとの共作である(11)。マイルスが新しく作曲した曲のひとつが、一九六七年十二月四日に録音された〈サークル・イン・ザ・ラウンド〉である。これはおそらくクインテットがレコーディングした最も風変わりな曲と言ってよいもので、彼の音楽で初めてエレクトリック・ギターが重要な役割を担うようになった。三週間後の十二月八日、グループは〈ウォーター・オン・ザ・ポンド〉のレコーディングを行い、再びエレクトリック・ギターが用いられるとともに、さらに意味深いことに、これまでマイルスの音楽に使われたことのないエレクトリック・キーボードが導入された。六〇年代カウンターカルチャーの影響が最初に明確にマイルスの音楽に現れたのがこれら二曲であり、その影響はすぐに勢いを増し、彼の音楽を根底から覆すことになる。

　この劇的で思いもよらない方向転換の理由については、多くの推測がある。マイルスが作曲にかかわることが増えていたことから、彼はグループとの関係性を見直そうとしていたと考えられる。彼らから溢れ出てくるアイディアの渦のかじ取りをする役回りから、統制を強め、指揮制御を取り戻すように変わったのは、おそらく、六〇年代カウンターカルチャーの音楽を探求したいという願望からだろう。マイルスのエレクトリック・ギターへの興味は、当時彼が聴きはじめた、ジェームス・ブラウンによるギターの効いた音楽への関心と、ブルース、特にマディ・ウォーターズやB・B・キングなどのギター演奏を好んでいたところからきている。彼がエレクトリック・キーボードに注目するようになったのは、一九六七年三月にリリースされたキャノンボール・アダレイのトップ二十ヒット曲、〈マーシー・マーシー・マーシー〉でジョー・ザヴィヌルが使っていたのを聴いてからだ[12]。アダレイは、六〇年代初期に「ソウル・ジャズ」と呼ばれていた、ブルース、ソウル、バップを混ぜ合わせたスタイルの演奏を行っていた。サックス奏者のアダレイは五〇年代末期にマイルスと一緒にプレイしているが、アダレイの存在は、マイルスのバンドにおけるジャズとロック、ソウル、フォーク・ミュージックの融合への傾向を示す最初の例であるとアミリ・バラカは指摘している[13]。後にアダレイのバンドがマイルスに与えた影響は、この指摘を根拠づけるものとなっている。

第二期グレート・クインテットにおけるマイルスのサイドマン、特にカウンターカルチャーの音楽に共感していた若いトニー・ウィリアムスが、新しい方向へと向かうように彼をせきたてたという意見もある。しかし、ハービー・ハンコックは一九六七年当時のことを振り返って、自分はロックや電気楽器をばかにしていた「気取ったジャズ愛好家《ジャズ・スノッブ》」だったと述べている。ハンコックは次のように想起している。「ある日、スタジオに入ると、どこにもアコースティック・ピアノがなく、片隅に一度も弾いたことのないフェンダー・ローズが置いてあった。僕に何を弾いてほしいのかマイルスに尋ねると、彼は『そいつを弾いてくれ！』と言うんだ。僕はそのとき、『このおもちゃを弾くだって？　まぁ、いいけど……』と思ったけど、いざ電源を入れて、コードを弾いてみると、とても暖かくて美しいベルのようなサウンドが出たんだ。その晩、全く経験のないことについて、安易に評価してはいけないことを学んだよ。それと、マイルスはすでにジミ・ヘンドリックスや他のロック・アーティスト、さらにはフラメンコやクラシック音楽も聴いていることを知った。僕のヒーローである音楽の師匠が、これらの音楽に心を開いていることを知り、自分自身も全面的に態度を変えなければいけないと思った」。

一九六七年七月にジョン・コルトレーンがこの世を去ったことも、マイルスが方向転換した一因となっている可能性がある。コルトレーンはフリー・ジャズ・ムーブメントを牽引したリーダーの一人であり、彼が死亡したとき、ジャズの魂のいくばくかが失われたというのが一般的な認識となっている。当時まだコルトレーンのことを身近に感じていたマイルスは、元バンド・メンバーの死に大きな衝撃を受けた。時代の終焉を感じさせる雰囲気と、個人的な喪失感とが組み合わさり、コルトレーンの死がマイルスに立ち位置の再考を促す要因となった可能性がある。より大きな規模では、一九六四年当時はまだ水面下で沸き立っていただけの音楽、文化、社会現象が、一九六七年には人目を引く存在となり、新たな時代の到来を告げていた。ベトナム反戦運動や公民権運動が最高潮の盛り上がりを見せ、ビートルズが草分け的アルバム《サージェント・ペパーズ》をリリースし、ジミ・ヘンドリックスはモンタレー・ポップ・フェスティバルでのパフォーマンスでアメリカ人の心に火をつけた。

彼の若い妻、ベティ・メイブリーが自身の音楽嗜好に影響を与えたと、マイルスは語っている。彼らが出会った一九六七年末もしくは一九六八年初め、メイブリーは二十三歳のシンガー・ソングライターだった。一九六八年九月に二人は結婚した。結婚生活はわずか一年しかもたなかったが、マイルスはこう語っている。「ベティは、俺の音楽だけじゃなく、個人的な生活にも大きな影響を与えた。ジミ・ヘンドリックスの音楽と、ジミ本人、それにたくさんの黒人ロックとそのミュージシャンを紹介してくれたんだ。彼女はスライ・ストーンとか、そういった連中もたくさん知っていたし、……彼女はまた、俺のファッション・スタイルの変化にも影響を与えた」[14]。

長年にわたり、ジャズ評論家の多くは、彼らが最も忌み嫌うロックのジャンルに対する挑戦へとマイルスを向かわせた、音楽以外の理由として、メイブリーと六〇年代カウンターカルチャーの影響をあげてきた。彼らにとって、ロックは本質的にジャズに劣る音楽ジャンルであり、マイルスが純粋にロックを好み、音楽的な理由だけで方向転換したなどとは想像も及ばなかったことだろう。こうした態度は時代遅れのものに聞こえるかもしれないが、二十一世紀となった今でも、ケン・バーンズとジェフリー・C・ワードの著書 *Jazz: A History of America's Music* などに見受けられる。この本は、広く知られている同名のPBSテレビのシリーズ番組をもとにしたもので、上記の点を除けば、たいへん優れたものだ。全体で五〇〇ページ近くあるこの本の中で、ジャズ・ロックにはわずか五ページしか割かれておらず、著者ワードは、トランペッターのレスター・ボウイや評論家マーティン・ウィリアムスの差別的な言葉を引用して、このジャンルを切り捨てている。前者の主張は、「ロックンロールは入門レベルの音楽にすぎない。……そこからより高いレベルに成長していくべきである。我々のような筋金入りのミュージシャンは常に、(フュージョンのことを)少々軽すぎると考えている」というものだ[15]。対して、後者は、「ジャズのビートは進化している。……ジャズはどこかに向かって進んでいる。……ロックはどこかに居残っている」と断言している[16]。ウィリアムスは、ジャズがロックに勝っていることを示す根拠として、これらを引用している。

このような上流気取りで無知な視点は、今から三十年前のレナード・フェザーの主張にも垣間見られる。一九六八年六月十三日、当時最も知的で博学なジャズ評論家の一人だったフェザーは、ジェームス・ブラウン、アレサ・フランクリン、ディオンヌ・ワーウィック、バーズ、フィフス・ディメンションらのレコードやテープが、マイルスのホテルの部屋中に散らばっているのを見つけた。二週間後の六月二十七日、彼はマイルスのもとを再度訪れ、同じようなレコードのコレクションがあるのを見て、この不可解なできごとについて考えた。「これにはいくつかの解釈があるが、私にとって最も単純で理にかなった答えは、芸術的な頂点に立ってしまうと、もはや下を見下ろすしかなくなってしまうということだ」[17]。マイルスに対して最も攻撃的な評論家の一人、スタンリー・クラウチによる一九九〇年の解釈も同様に差別的なもの（「（マイルスは）ロックンロールの黄鉄鉱《フールスゴールド》〔金に見誤られるもののたとえ〕の採掘へと駆り出された[18]」）であり、ワードとバーンズの著書にも、彼のくだらない主張が掲載されている（「ジャズは大人の感情であるのに対して、ロックは青年の激情である[19]」）。

一九六〇年代当時にはびこっていたこうした態度は、残念ながら、数十年経った今なお残っており、世の中に発表したり、議論に値するものと考えられている。つまり、物議を醸す要素を自らの音楽環境に取り入れるためには、「評論家なんてくそくらえ」と言える「これまで以上の勇気」が必要だとするウェイン・ショーターの主張が、今日においても意味を持ち続けているということだ。マイルスのエレクトリック・ミュージックへの移行をめぐる議論については、第六章で詳しく述べる。ここでは、ショーターの次の追加のコメントを紹介するに止める。「それ（『これまで以上の勇気』をみせること）を止めてしまっては駄目だ。誰にも止めさせてはいけない。もちろん、評論家連中にだって止めさせちゃ駄目だ。チャーリー・パーカーが出てきたとき、彼は異なる種類のノートを演奏していた。とびきり早いやつをね。彼らはこう言ったよ。『おいおい、これは悪夢だ』、『やつはキーキーいう音を出している』、『あいつのトーンは合っていない』とね。〔裏で糸を引いている〕人形使いの人たちは、こうした門番をたくさん従えていて、誰かが何か新しいことをやり始めるとそれを止めようとするんだ。なぜなら、もしも啓蒙〔啓蒙思想でいう啓蒙、すなわち民衆の無知を理性によってひらくという意味〕の基準が上がったり、広げられてしまうと、平凡な作品は危機に陥るからね」。

＊

一九六五年一月二十一日にクインテットが二度目のレコーディングを行い、〈81〉という曲で、ジャズとは異質の趣の音楽に足を踏み入れたとき、「門番」や「人形使い」の多くは眉をひそめたことだろう。カーターとマイルスがアレンジを担当したセクションでは、ジャズの三連符のスウィングではなくストレート感が採用されており、ベースラインと突き刺すようなブラスセクションはR&Bを思わせる。また、一九六六年十月二十五日に録音した魅力的な曲、〈フットプリンツ〉は、アフリカ音楽を連想させる刺激的なメロディを、転調ではなく、メロディックな低音バンプと組み合わせている。そして、一九六七年五月十七日にスタジオ録音した〈マスクァレロ〉では、ストレートなリズムとオスティナート風のメロディックなベースラインを取り入れており、後者はロックのベースリフのようにも聞こえ、うまく機能している。ウェイン・ショーターが創り出すスペイン／アラブ的な趣の強いスケール、メロディ、そして雰囲気が、ストレートなリズムと印象的なベースラインによって強調されている。

リリース当時、〈81〉、〈フットプリンツ〉、〈マスクァレロ〉のクロスオーバー的な要素は、ほとんど注目されなかった。しかし、後から振り返ってみると、これらの作品は、マイルスのロックへの挑戦は考えられていたよりもずっとゆるやかに、長い期間をかけて行われたとする見方の信憑性を高めるものとなっている。ロック的な要素を使ったマイルスの実験的試みが、当時、突然はじまったように感じられた理由は、この領域への次なるステップが十年以上にもわたってリリースされなかったためである。これらのステップが急進的すぎたため、コロムビア・レコードの「門番」や「人形使い」がレコーディングされた曲のリリースを控えたと考える向きもあるだろう。問題となるセッションは、一九六七年十二月から一九六八年二月の間に行われ、クインテットの後期のはじまりを告げる前述の〈サークル・イン・ザ・ラウンド〉と〈ウォーター・オン・ザ・ポンド〉が大きな転機となった。これらの曲は、いずれも一九六七年十二月にレコーディングされている。前者は、一九五五年から一九七〇年までの間のアウトテイクをまとめたコンピレーション・アルバム〔《サークル・イン・ザ・ラウンド》〕で一九七九にリリースされるまで、日の目を見なかった。そして、後者は、一九六〇年から一九七〇年までの未発表作品を集めた《ディレクションズ》で一九八一年にリリースされた。

〈サークル・イン・ザ・ラウンド〉には、六〇年代カウンターカルチャーの音楽的影響、重厚で複雑な低音域《ボトムエンド》の探求、そしてポストプロダクション技術の適用など、一九七五年までのマイルスの音楽を特徴づける多くの要素が取り入れられており、マイルスの音楽的発展における重要な瞬間を記すものとなっている。これらの要素を詳しく見てみると、当時の前途有望なジャズ・ギタリスト、ジョー・ベックが演奏するエレクトリック・ギターのほかに、マイルスは〈サークル・イン・ザ・ラウンド〉でチェレスタやチャイムといった新しいテクスチャーを加えている。〈マスクァレロ〉と同じように、スペイン／アラブ的な趣のメロディも使われている。全体的にルーズな印象、フォークのようなメロディ、新しいアコースティックなテクスチャー、そしてジョー・ベックのクリーンなサウンドと洗練されたアプローチ。これらはすべて、〈サークル・イン・ザ・ラウンド〉に与えた六〇年代カウンターカルチャーの音楽的影響が、ロックではなく、フォークからきていることを示している。

ベックのパートは制限されていたものの（常に執拗なトレモロを演奏）、彼の存在はきわめて重要であり、マイルスの重厚な低音域《ボトムエンド》の探求の最初の兆しとなるものだ。一方、マイルスが三十年間にわたり、ハーモニーの要素をそぎ落としてきたことを考えると、これは当然の結果とも言える。これまで見てきたように、第二期グレート・クインテットでは、余分なものを取り除いていく作業を推し進めた結果、対等の地位にあった五名のプレイヤー全員の間での即興のやりとりの中から、複雑で興味をそそるサウンドが生まれていった。リズムセクションを音楽の最も重要な要素と位置づけ、それにエレクトリック・ギターやエレクトリック・キーボードなどの他の楽器を付け加えていくことは、次の必然的なステップだった。「俺はベースラインのサウンドをちょっと強くしたかったんだ。演奏中にベースラインを聴き取れるのなら、他のどんな音でも聴き取れるもんだ[20]」。マイルスは、いつもの謎めいた言い回しで、次のように説明している。「俺たちが演奏する曲は全部、ベースラインをかなり変える。変化させるんだ。で、俺は、ベースラインをアレンジで変えられると思った。五人編成のグループよりも強めのサウンドになるようにな。エレクトリック・ピアノを使い、ハービーにギターと一緒にベースラインやコードを演奏させて、ロンにも同じ音域で伴奏させることで、いけると思った。それがうまい具合にいった。上々のサウンドだった[21]」。

リズムセクションがステージ中央に置かれ、どんどん厚くポリリズムになっていく低音域《ボトムエンド》にソロ奏者が即興演奏《インプロヴィゼーション》を織り交ぜていった。音楽の雰囲気や構成を決めるリーダーになるのではなく、彼らはリズムの編物を紡ぐ糸になっていた。このような役割分担は、多くのアフリカ音楽の本質となっているものだ。これが効果的に作用するのは、ほとんどの西洋音楽に欠けている中心的要素、すなわち反復と複雑性がリズムに備わっているからである。

一九六七年十二月にマイルスの音楽に電気楽器、その翌年にロックのリズムが取り入れられたことに関する、もうひとつの隠された理由に、ここでようやく辿り着いた。マイルスは、彼の新しい音楽の方向性は、アフリカの要素を強めたかったためだとよく主張していた。彼の説明によると、「俺はアフリカ音楽みたいに、ドラムのバック・ビートを一番前面に出しはじめた。西洋音楽では、当時の白人はリズムを抑えようとしていた。アフリカという起源と、その人種的な含みがあったからだ。だが、リズムは呼吸みたいなものだ。それが、あの素晴らしいバンドで学びはじめたことのひとつで、俺が前進すべき道を示唆していた[22]」。

それは驚くべき前進だった。それから二年も経たない《ビッチェズ・ブリュー》で、エレクトリック・キーボーディスト三名、ドラマー二名、ベーシスト二名、パーカッショニスト二名、バスクラリネット奏者一名、エレクトリック・ギタリスト一名による低音域《ボトムエンド》は極限に達していた。アフリカ音楽の要素の取り込みは、一九七五年まで、マイルスにとっての重要な焦点であり続けた。彼は、アメリカの黒人の間でのアフリカ起源に対する誇りの醸成と、一九六〇年代の黒人ポピュラー音楽の発展からインスピレーションを得ていた。後者についても同じ方向での実験的試みが行われていた。例えば、モータウンのベースラインの二重奏、ジェームス・ブラウンの重低音《ボトムヘビー》のファンキー・リズムなどである。これに対して、ロックのリズムセクションは、当時まだ未発達で、補助的な役割しか果たしていなかった。リズムセクションの解放は、七〇年代から八〇年代にかけてのロックの歴史において、重要な一ページとなるものだ。

*

〈サークル・イン・ザ・ラウンド〉の制作における、もうひとつの新たな重要な要素は、サウンドを記録するための技術施設としてではなく、創作のためのツールとしてのスタジオの利用である。前者は音楽のレコーディングにおける従来からのアプローチである。ところが、五〇年代から六〇年代に生まれた新しい技術《テクノロジー》によって、スタジオを創造的に活用し、録音された音楽の本質を劇的に変えることが可能となった。こうしたツールのひとつがテープ編集技術である。テープ編集自体は、一九四六年にアメリカで磁気テープが導入されたときから用いられてきた（この技術は三〇年代にドイツで開発されたもので、戦利品としてアメリカに持ち帰られた）。しかし、初期の利用法としては、純粋に、異なる録音テープから、ベストな部分をつなぎ合わせて、理想的な演奏を創り出すことに限られていた。ここではまだ、現実の類似物を創るというパラダイムに基づくアプローチの域を出ていない。

一九六七年前後、西洋ポピュラー音楽の文化にパラダイムシフトが起き、録音テープは、レコード制作者の想像力と技術的な制限によってのみ制約を受ける、聴覚的幻想作品《ファンタジー》とみなされるようになった。これは、ビーチ・ボーイズの《ペット・サウンズ》とビートルズの《サージェント・ペパーズ・ロンリー・ハーツ・クラブ・バンド》によるところが大きい。ビーチ・ボーイズとビートルズは、あらゆるポストプロダクション技術（オーバーダビング、テープ速度の変更、テープの逆回転、テープのカットアップ、エフェクトの追加など）を駆使して、当時、バンドの生の演奏では制作不可能だった作品を創り上げた。大胆な手法を用いることによって、単なる複製物を幻想作品《ファンタジー》へと作り変えたこれらのアルバムは、ロック・ミュージック界に大きな衝撃を与えた。《ペット・サウンズ》は、「ロック・アルバムを真の芸術作品とみなす考え方を確立したものと一般的に評価されている」[23]。これに対して、商業的により成功した《サージェント・ペパーズ》は、こうした概念を世界中の音楽愛好家に広める役割を果たした。直接的な結果として、レコーディングされたロックのサウンドは劇的に変わった。突然、スタジオそのものが独自の楽器のように扱われることになり、すぐにエンジニアやプロデューサーの役割をミュージシャン自身が担いはじめた。それまでは、白衣を着たスタジオのスタッフから拒絶されてきたことだ。

意味深いことに、このことがロック界とジャズ界がたもとを分かつ原因のひとつとなっている。ジャック・チェンバースは、ポストプロダクション編集ツールについて否定的な見方をするジャズ界の典型であり、概してその全工程、特に一九六七年以降のマイルスの音楽で導入された編集の妥当性に疑問を呈している。ジャズは演奏重視の音楽であるため、スタジオワークと相性が悪いのは明白である、という彼の指摘は正しい。しかし、「……これらの機材は《サージェント・ペパーズ》の質にほとんど貢献していない」[24]と結論づけ、こうしたアプローチを切り捨てている点については、ピントがずれていると言わざるを得ない。スタジオワークは、曲そのものを改善することはないかもしれないが、他に類を見ない影響力のある音の幻想作品《ファンタジー》を創り出していることは間違いない。結果として、その後の数十年間にわたる騒然たるスタジオでの実験的試みとの関連で、《サージェント・ペパーズ》は《ペット・サウンズ》とともに、西洋ポピュラー音楽の文化におけるスタジオ録音の認知に関するパラダイムシフトに貢献した。小規模なレベルでは、スタジオ技術は何年も前から創造的な用途に使われてきた。五〇年代のレス・ポールや六〇年代中期のフランク・ザッパ、さらにはエドガー・ヴァレーズ、カールハインツ・シュトックハウゼン、ピエール・アンリなどのクラシック前衛《アバンギャルド》音楽の面々によってである。しかし、ビーチ・ボーイズとビートルズは、スタジオ技術の価値と可能性をあらゆる人々に知らしめる機会と能力を有していた。彼らはこの技術に目的と意味を与え、多くの人々がすぐにそれを認識し理解した。

マイルス・デイヴィスとプロデューサーのテオ・マセロもまた、その人々の中に含まれていたのだろう。《クワイエット・ナイト》をめぐって仲たがいした後の四年間の中断を経て、一九六六年十月にマセロは再びマイルスと一緒に仕事をするようになった。マセロは優れた作曲家、ミュージシャンでもあり、スタジオ技術を使った実験的試みを楽しんでいた。彼らの周りにもスタジオでの実験的試みが溢れていたことを考えると、一九六七年十二月にマイルスとマセロが果敢にも、ポストプロダクション技術を用いてジャズの曲を制作するという、新たな実験的試みを開始したのも当然の成り行きだろう。一九五九年と一九六〇年の《スケッチ・オブ・スペイン》のレコーディング以降、マセロはマイルスの音楽のテープ編集を担当したが[25]、もっぱら既存の曲の理想的な演奏を作り上げる作業を行ってきたのであって、幻想《ファンタジー》作品の制作を試みたことなどただの一度もなかった。しかしながら、一九六七年十二月を境に、ポストプロダクション手法は、マイルスとマセロの共同作業における重要な作曲ツールとなった。

この手法を用いた最初の実験的試みである〈サークル・イン・ザ・ラウンド〉は、完全に成功したと言えるものではなかった。曲の基本的なアイディアと演奏は十分に評価できるものだが、延々と繰り返しが続き、途方もない曲の長さ（同名のコンピレーション・アルバムに収録されたエンジニアのスタン・トンケルによる一九七九年のバージョンは二十六分十秒、ボックスセットに収録されたマセロの一九六八年のオリジナル・バージョンは三十三分三十秒[26]）のせいで、示唆に富むメランコリックな雰囲気が退屈なものとなってしまっている。マイルス自身も、さまざまな場面で〈サークル・イン・ザ・ラウンド〉について不満を述べている。彼は自伝で、「俺が求めているものじゃなかった」とギタリストのジョー・ベックのことを責めている[27]。セッションから一月後、彼は「俺は頭にきている。奴らは印税の小切手を渡してきたが、見てもいないよ」と語ったとされている[28]。マイルスがベックに失望したのは、おそらく、彼のクインテットのメンバーが常に音楽の質を押し上げるために独自性を打ち出していたのに、ベックはそうしてこなかったためだ。マイルスはミュージシャンが意外性を発揮することを望んでいたが、ベックはギタリストらしからぬ、あらかじめ決められた範囲内でしか貢献しておらず、基本的な枠から外れることはなかった。これが活力を削ぐ効果を音楽に及ぼした。ベックは一九九六年のインタビューで、彼にとって問題の多いセッションだったことを認めている。「僕は溺れている人のように、必死にギターをかき鳴らしていただけだった」[29]。

　しかし、セッションがうまくいかなかった責任をベック一人に押し付けるのは不公平に思える。困惑していたのはベックだけではなかったに違いない。マイルスはいくつかの新しい、まだ完全に形作られていないアイディアを取り入れており、他のミュージシャン、そしてマセロでさえも、新しいアプローチとうまく折り合いをつけようと奮闘していた可能性がある。マセロにいたっては、〈サークル・イン・ザ・ラウンド〉を三十五のセグメントに分けて録音するという難題を最初から与えられていた。カメラと同様に、テープレコーダーもまた、意味の存在しないところに意味を与えることができる。数時間におよぶ音楽素材を吟味し、新しい順番に並べ替えていくだけでなく、最適なものを見つけ出すのは、当然のことながら骨の折れる作業である。大量の録音素材の存在は、編集者に重責を負わせることになる。マセロとトンケルがいずれも特に良い成果を上げられなかったのは、こうした理由からである。編集における実験的試みは、マセロのバージョンの粗くて耳障りな編集に表れている（例えば、十二分十二秒および二十一分二十二秒の部分）。トンケルは曲を七分縮めたが、このバージョンですらあまりに長すぎた。催眠《ヒプノティック》的な効果があるという理由で、この程度の長さを好む者もいるかもしれないが、素材的には七分から八分を超える長さを正当化できるものではなかった。

*

　こうした欠点がありつつも、マイルスが新しい方向へと向かうのに十分見合うだけの成果が〈サークル・イン・ザ・ラウンド〉にはあった。一九六七年十二月二十八日の〈ウォーター・オン・ザ・ポンド〉のレコーディング、そして一九六八年一月および二月の二回のセッションで、彼は再びベックを起用した。後者の二カ月間に、マイルスはさらに二人のギタリスト、バッキー・ピザレリとジョージ・ベンソンをそれぞれ一回目と二回目のセッションで使っている[30]。この直後に、彼はエレクトリック・ギターを使った最初の実験的試みを打ち切っている。《ザ・コンプリート・マイルス・デイヴィス・クインテット 1965~1968》を聴けば、その理由を理解できるだろう。これらの実験的試みは、音楽に新しい重要なものを加えるという意味において、純粋に成功したと言えるものではなかった。〈ウォーター・オン・ザ・ポンド〉は、その中でも比較的うまくいった曲だ。陽気で、ラテン風の戯れ感のあるこの曲では、ハンコックが初めて使ったエレクトリック・キーボードが、新たな重要な要素となっている。ベックのギターは主にカーターのベースに重ねられているが、ベースラインに鋭さや深みを与える効果は薄かった。二週間後の一月十二日、クインテットはバッキー・ピザレリをギターに据え、〈ファン〉をレコーディングした。重要性は比較的低いが、〈ファン〉は十分に楽しめる曲で、ロックではなく、カリプソに影響を受けている。ここでもまたエレクトリック・ギターがベースラインに重ねられているが、エレクトリック・ギターの追加に見合う十分な深みと優雅さも同時に加わっている。

その四日後、クインテットは、ポスト・ビバップの領域へと向かうもうひとつの回り道となる曲、ハンコックの〈ザ・コレクター〉をレコーディングする。この曲は、どういうわけか〈テオズ・バック〉という名前でマイルスにクレジットされている。これと同じ日、ハンコックがアコースティック・ピアノを弾くショーターのハード・バップ曲、〈パラフェルナリア〉では、ギタリストのジョージ・ベンソンが独特のトーンを加えている。マイルスがジャズの骨組みを作り変えようと試みていたときに、ベンソンは伝統的なジャズのスタイルの伴奏やソロを演奏していたことを考えると、マイルスのエレクトリック・ギターを使った最初の実験的試みで最も効果的にエレクトリック・ギターが使われたのがこの曲だったというのは、なんとも皮肉なことだ。

一月二十五日、クインテットとベックは、ハービー・ハンコックのラテン・ジャズのオリジナル曲、〈アイ・ハヴ・ア・ドリーム〉と〈スピーク・ライク・ア・チャイルド〉の二曲をレコーディングしたが、完成には至らなかった。ベンソンがクインテットと一緒に演奏した最後のセッションとなった二月十五日には、マイルスが作曲したジャズの曲〈サイド・カー〉と、ショーターの作品〈サンクチュアリ〉のレコーディングが行われた。後者は、一年半後の《ビッチェズ・ブリュー》セッションでもレコーディングされる曲であり、この時期の録音に含まれていることは注目に値する。ベンソンがためらいがちに不規則なリズムの伴奏をしているにもかかわらず、パワフルで飾りのないメロディは繊細で神秘的な表現となっている。クインテットのボックス・セットの注釈での次のボブ・ベルデンの指摘は的を射たものだ。「どうやら、マイルスは当時のジャズには見あたらない何かをギタリストに求めていたようである[31]」。

サイドマンに完璧な演奏を期待していなかったように、マイルスは自らの実験的試みの好悪半ばする結果にもめげることはなかった。これらのセッションを学習的体験と捉え、より重厚な低音域《ボトムエンド》の探求に、彼はこれまで以上に集中して取り組んだ。翌二月十六日、彼はギル・エヴァンスとのオーケストラによる最後のスタジオ・セッションを行い、〈フォーリング・ウォーター〉をレコーディングした。ハンコックがウーリッツァー・ピアノ、ジョー・ベックとハーブ・ブシュラーがギターを演奏し、ベース、ドラム、チューバ、バスーン、マリンバ、ティンパニーで低音域《ボトムエンド》の厚みを増した。この曲の浮遊感は興味深いものだが、長く印象に残るほどのものではなかった。

三カ月後の五月十五日、クインテットはスタジオに戻り、マイルスの〈カントリー・サン〉をレコーディングした。ハード・バップとロックのグルーヴを組み合わせた不思議な曲で、ハンコックがところどころでアコースティック・ピアノによるファンク・リフを披露している。翌日、彼らはトニー・ウィリアムスの〈ブラック・コメディ〉を手がけた。これは、アヴァン・バップのスタイルを貫いた曲で、クインテットはこれを極限にまで発展させた。このレコーディングが時代の終わりを示すものとなることを、バンド・メンバーが感じ取っていたかどうかは定かでないが、翌日の一九六八年五月十七日にも、もうひとつの決定的なセッションが行われている。

マイルスは、ロックとソウル・ミュージックから直接リズムとリフを取り入れた、〈スタッフ〉という曲を持ち込んだ。ハービー・ハンコックはエレクトリック・ピアノを弾いた。そして、低音域《ボトムエンド》の強化には、別の奏者を追加することでクインテットの創造的な化学反応が損なわれることを避けるため、ロン・カーターにエレクトリック・ベースを弾くように求めた。これらの要素が組み合わさって、この曲の重要な基礎をなす、タイトでR&B的なグルーヴが生まれた。マイルスの音楽において初めて、グルーヴがメロディやモードよりも重要視された。それと同時に、マイルスとショーターのソロ、十七分近い長さのインストゥルメンタル曲であること、そして主題《テーマ》とソロを交互に演奏する構成などに見られるように、〈スタッフ〉のサウンド、美意識、構成、演奏のアプローチは、依然としてジャズの伝統に根付いたものとなっている。ハンコックとカーターは、ロックとソウルの多くの要素を用いてグルーヴ感を醸し出した。一方、ウィリアムスは、グルーヴに入り込む《ロックインする》か、即興のロールとアクセントを続けるジャズのアプローチを取るべきか、決めかねているようだった。

〈スタッフ〉は《マイルス・イン・ザ・スカイ》のオープニング曲として、一九六八年にリリースされた。このアルバムの一九六〇年代のサイケデリック調のジャケットデザイン、そしてビートルズの〈ルーシー・イン・ザ・スカイ・ウィズ・ダイアモンズ〉との関連性も窺えるタイトルから、ジャズの聴き手《リスナー》も大きな変化が起きていることを見て取れたはずだ。しかし、不思議なことに、そうではなかった。多くの評論家は、これまでとは何かが違っていることに気づいてはいたが、一般的に、それが何かを正確に指摘することはできなかった。一九六九年にリリースされた次のアルバム《キリマンジャロの娘》では、その手がかりがより明白になっている。このアルバムでは、エレクトリック・ベース、エレクトリック・ピアノ、そしてフォーク、ソウル、R&Bの影響が支配的である。マイルスは、「音楽ディレクション担当マイルス・デイヴィス」という文言をアルバムカバーに目立つように表示することで、新たな方向性を強調した。彼は、一九六九年にジャーナリストのドン・デミカエルに、次のように説明している。「……俺が作ったものだからな。わかるだろう？……『誰それプロデュース』というのを、俺はもう見飽きた。制作現場では、すべて俺が指揮している」[32]。《キリマンジャロの娘》は、マイルスの最初のフュージョン・アルバムとみなされているが、リリース当時は世間を騒がすことは全くなかった。スタンリー・クラウチでさえもこのアルバムを気に入っており、「このトランペッターの最後の重要なレコード」と書いている。その理由は、《マイルス・イン・ザ・スカイ》と同じく、《キリマンジャロの娘》もまだ美的なジャズに分類されていたからである。例えば、一九六八年六月十九日に録音された、ギル・エヴァンスが書いた曲をベースとする〈プティ・マシャン〉は、叙情的《リリカル》なフォーク調のメロディを特徴としているが、その慌ただしい演奏はクインテットのハード・バップに起源を発している。その翌日に録音された〈トゥ・ドゥ・スイート〉もまた、優美なフォーク調のメロディの曲だが、ストレートなロックのリズムに下支えされている。ハンコックはブルースに影響を受けた音型をエレクトリック・ピアノで弾き、カーターは重厚で力強い低音域《ボトムエンド》を維持している。このバージョンにはテンポが速くて慌ただしい中間部があるが、その美意識や雰囲気には、やはりハード・バップのなごりが見て取れる。《ザ・コンプリート・マイルス・デイヴィス・クインテット 1965~1968》に収録された〈トゥ・ドゥ・スイート〉の別バージョンでは、フォーク調のメロディとアレンジが初めから終わりまでキープされている。

タイトル曲の〈キリマンジャロの娘〉にも、同じように牧歌的《パストラル》な雰囲気があり、リズムときらびやかな主題《テーマ》はアフリカ音楽の影響を強く受けている。クインテットはメロディの繰り返しと展開にいつになく長い時間を費やし、ソロ奏者もそれを繰り返し引用している。さらに、ソロや単純なコード変更には、フォークやロック・ミュージックに特徴的なものがある程度用いられているが、ときにそれを超えるものとなっている。新しいものを一切付け加えることなく、ファンクやソウルから受けた影響を実験的に楽しんでいるように聴こえる〈スタッフ〉とは異なり、〈キリマンジャロの娘〉、そして程度は小さいが〈トゥ・ドゥ・スイート〉では、真の意味で初めてこれらの影響が融合された。クインテットは、独特の音楽風景を創り出すことで、これらの影響を取り入れた独自のスタイルを見つけ出そうとしていた。さらに、これら二曲で探求した静的な雰囲気は、マイルスがその後何度も立ち戻ることになる、《イン・ア・サイレント・ウェイ》に代表されるアンビエントの方向性の青写真となった。

*

一九六八年六月二十一日のレコーディング・セッションを最後に、クインテットは解散した。一般に考えられている理由は、マイルスの偉大なバンドすべてに共通すること、すなわち、彼のサイドマンが一定のレベルにまで成長すると、バンドを離れてそれぞれの音楽を追及しはじめるというものだ。マイルス・デイヴィスと一緒にプレイすることで、ミュージシャンは大きな名声を得ることができ、それだけで将来の成功が約束されたようなものだ。一九六八年七月末に最初にカーターがバンドを去った。彼のセッション・ベーシストとしての需要が非常に高かったことと、彼自身がツアーに出ることを嫌っていたためだ。

一九六六年から一九六八年までの時期に、クインテットが代役となるベーシストを六名ほど断続的に使っていたのは、こうした理由からである。やがて、このような対策だけでは持ちこたえられなくなる。

一九六八年八月初旬、ハービー・ハンコックは自分の順番が回ってきたことに気づく。しかし、これは自らの決断によるものではなく、背中を押された格好だった。ハンコックは次のように語っている。「新婚旅行中にブラジルで食中毒にあってしまい、演奏することになっていたギグに参加できなかったことがあったんだ。マイルスは、トニーとウェインと僕がバンドを抜ける話をしていることを知っていた。僕がブラジルにいたとき、チック・コリアが代役を務めた。マイルスはコリアが後継者として有望であることに気づくと、バンドを一から作り直すよりも、僕を抜けさせた方がいいと判断したんだ。ちょうどデイヴ・ホランドにベーシストとしての参加を求めていたときだった。家に戻ると、マイルスのマネージャーから、僕がクインテットを抜けても、バンドを組み直すための要員が少なくとも二名いるという話を聞かされた。僕は『わかった』と答えた。本当はまだ抜けるつもりはなかったんだけどね。やめるには実に惜しいバンドだったよ!」。

一九六〇年代初期に目的にかなうクインテットを結成したときの困難を繰り返すことは避けたいと、マイルスが切望していたことは理解できる。ミュージシャンが成長して彼のグループを卒業していき、後継者を急いで寄せ集める体験をマイルスはこれまでに何度もしてきた。しかし、第二期グレート・クインテットの場合、もうひとつ別の要因があった。このバンドは、マイルスの目的を果たすには十分でなくなってきていたのだ。三年以上にわたり、マイルスは、クインテットの潜在能力を高めることを主な目的としていた。しかし、一九六七年十二月の時点において、この目的は、六〇年代サブカルチャーの音楽の融合に取って代わられ、それに次ぐ二次的なものとなった。いまやクインテットは、個々のメンバーの才能を開花させることよりも重要な、別の目的を果たさなければならなくなったのだ。こうした方向性の変更により、クインテットがわずか六カ月しかもたなかったのも不思議ではない。

マイルスと一緒だった時期に、音楽的な目標が変わっていったことについて、ハービー・ハンコックは次のように説明する。「最初のころは、演奏が良いか悪いかを自分たちで判断できた。新しいことをやってはいたけれど、それでも僕らのアプローチは従来の演奏方法からはそれほど大きく外れていなかった。でも、それが発展していくにつれて、自分たちのやっていることが、うまくいっているのかどうかわからなくなってきたんだ。ひとつには、断片的な録音をするようになったことがある。細かいアイディアをあれこれ試して、後からつなぎ合わせるんだ。そういうやり方も確かに楽しかったけれど、レコーディング・セッションの間、やっていることが良いのか悪いのか、そもそも何をやっているのかすら僕らにはわからなかった。僕らは演奏して、『今のは何だったんだ、いったい何を演奏したんだ?』と思いを巡らすしかなかった」。

これこそが、新たな音楽の方向性のパラダイムシフトが生じた瞬間であり、この新たに出現したストーンサークルの意味を認識していた数少ない人物の一人がマイルスだった。他の人々が、これを認識できるようになるまでにはもう少し時間がかかった。ウェイン・ショーターは、同じ工程について、次のように想起している。「啓蒙の基準を上げることで、音楽は人々を目覚めさせることができる。音楽を聴いている人々のなかにも、目覚めた人がいるかもしれないと、僕らは想像していた」。一九六八年当時、マイルス・デイヴィスを聴いていた人々の多くは、まだ目覚めてはいなかったようだ。しかし、彼らもすぐに目を覚まされることになる。最初は小さな風によって、そして次には暴風によって。

第四章　ニュー・ディレクションズ

マイルスは卓越したバンドリーダーだった。彼は、ミュージシャンに彼らの好きなように演奏させ、自らの選択と判断で音楽に対処させた。それ故に、そこから生み出される音楽は非常に説得力のあるものとなった。
——チック・コリア

一九六八年当時、突然の目覚めが時代の風潮だった。次々と沸き起こる世界を揺るがすようなできごとが「啓蒙の基準」を押し上げ、数十年経った後も反響の続く変化をもたらした。反対運動は真の政治力を得て、米国のベトナム政策に影響を与え、フランス政府を倒壊寸前にまで追い込んだ。偶像破壊主義の大きな渦は、神聖にして侵すべからざる者の存在を否定し、象牙の塔《アイボリータワー》〔現実社会から遊離した学問・思想・芸術または夢想の世界〕を聖域とはみなさず、あらゆる手段を尽くして、西洋文化を覆した。変化への渇望は強く、極端なものとなり、社会のあらゆる面に浸透していった。音楽がカウンターカルチャーの主要な表現方法だったこともあり、こうした渇望は音楽界に特に深い影響を与えた。

マイルス・デイヴィスの音楽も例外ではなかった。第二期グレート・クインテットを率いた四年間、原点回帰と同時に、フォーク、ソウル、ロックの要素の試験的な探求へと向かう兆しを見せていた。彼は、美的なジャズの範疇にとどまりつつ、注意深く、ゆっくりと行動を起こしていた。しかし、一九六八年夏のクインテットの解散から数カ月もすると、マイルスの未開の音楽の地への探索は勢いを増した。時代精神とともに、彼は徐々に過酷な実験期へと足を踏み入れていった。彼の強い探究心を示すように、圧倒的な数のスタジオ・レコーディングがこの時期に行われている。一九六八年中頃の第二期グレート・クインテットの解散から、（約二年間にわたりレコーディングを休止する直前の）一九七〇年六月五日までの二年間に、実に九時間を超える音楽が録音され、八枚のアルバムに分けてリリースされている。ただし、これは氷山の一角に過ぎない。コロムビアは他にも数多くの貴重な録音テープを保管しており、《ザ・コンプリート・マイルス・デイヴィス・クインテット 1965~1968》や《ザ・コンプリート・ビッチェズ・ブリュー・セッションズ》と同様に、ボックスセットでのリリースを計画している。(1)

マイルスが最新の音楽の方向性に刺激を受けたことと、レコーディング・スタジオの創造的な可能性を発見したことが、こうした創造的な爆発を推し進めたと考えられる。これを裏付けるように、「俺の音楽に起こった変化ほどエキサイティングなものはなかったし、そこら中でおきている音楽も、信じられないようなものばかりだった(2)」とマイルスはコメントしている。

また、マイルスの私生活、特に女性との関係と、彼の音楽の状況の共通点について指摘する者もいる。「マイルスは五年ごとに変化を遂げていた。新しい恋人ができるたびにね」とテオ・マセロはコメントしている。(3) そして、ギタリストのカルロス・サンタナは、一九六九年から一九七〇年にかけて、マイルスの周りにいた女性たちが、いかに「彼の着るもの、行く店、聴く音楽も変えてしまった」かを回想している。(4) マイルスはマセロの意見を否定していたが、彼の人生における女性たちの多大な影響、例えば、フランシス・テイラーが《カインド・オブ・ブルー》に与えた影響、ベティ・メイブリーが彼にジミ・ヘンドリックスやカウンターカルチャーの音楽を紹介したことについて、彼は自伝の中で繰り返し言及している。しかも、彼の人生を振り返ってみると、女性との関係が安定していない時期（一九五〇年から一九五三年、一九六一年から一九六四年、そして一九七五年から一九七九年）、または関係が崩壊していた時期（一九六〇年代初期のフランシスとの関係のように）に低迷しがちだったことは否定できない。対照的に、身体的に健康で、良好な関係から刺激を受けていたときには、彼は創造的な発展をみせている。

一九六五年から一九七〇年の創造的な高みもまた、その代表例となっている。一九六〇年代初期の低迷期を経て第二期グレート・クインテットを率いていた時期は、個人レベルでの上昇期と対応しているが、一九六六年から一九六七年にかけてのシシリー・タイソンとの関係も部分的にそれを後押ししている。一九六八年から一九六九年までの期間、彼はベティ・メイブリーと深い関係にあり、その後はマルグリット・エスクリッジ、そしてジャッキー・バトルとも関係を持った。後者二人について、マイルスは次のように述べている。「二人とも俺の人生に大きな影響を与えた。美しくて素晴らしい女性だった。二人ともヘルス・フードに凝っていて、スピリチュアルで、とても物静かだが、自信を持った強い女性だった(5)」。

「マイルスと私はアルコールを一切飲まなかったし、いかなるドラッグもやりませんでした」とマルグリット・エスクリッジは述べている。「私は一時期、厳格なベジタリアンでしたが、マイルスは魚が好きだったので、二人で別のものを食べることもよくありました。でも、彼も健康にはとても気を使っていました」。ベーシストのデイヴ・ホランドは、彼がバンドにいた一九六八年中頃から一九七〇年中頃のことを思い出して、次のように語っている。「マイルスには旅先にも一緒に連れて行くトレーナーがいた。彼は毎日ジムに通い、ボクシングのトレーニングをし、健康的な食事もしていたよ。彼はすこぶる健康で、覚醒していて、研ぎ澄まされた印象を常に与えていた」。ホランドと同時期にマイルスのバンドの一員だったピアニストのチック・コリアが想起するところでは、「マイルスは健康オタクのような生活を送っていたよ。タバコを吸うのも止めた。彼は最高のコンディションを保ち、とてもパワフルな演奏をしていた」。ドラマーのレニー・ホワイトもこう付け加えている。「僕がマイルスと一緒だった一九六九年から一九七〇年頃、彼は『妨害物』や『浄化』といった話をよくしていたよ。体の組織から『妨害物』を取り除くことで、創造力を伝える導管ができるというような話だった。当時のマイルスはこれを実現しようと努力していて、とてもクリーンな状態だった」。

一九六八年から一九七〇年にかけて、マイルスは創造的集中を高め、めざましい成果を上げていることから、彼の健康増進法には望んでいた「浄化」作用があったようだ。この時期が終わる頃には、彼のスタジオ音楽は、フォーク、ソウル、ロックから受けた影響で味付けしたハード・バップとフリー・ジャズの融合から、エレクトリック・ギターとエレクトリック・ベースを原動力とする、ロックに強く影響された画期的なスタイルへと変貌していた。この二年間の影響力は多大であり、結果として、新たな音楽ジャンルであるジャズ・ロックが大きく花開くことになる。

*

この時期のマイルスの業績は数十年後においても大きな存在であり続けているが、この新たな音楽の方向性が他と無関係に発展したものではないということは見落とされがちである。マイルスがジャズ・ロックを発明したのではない。ジャズとロックの融合《フュージョン》の試みは、六〇年代初期からあった。ビートルズが当時のポストプロダクション技術の可能性に気づき、それを《サージェント・ペパーズ》で実現したように、マイルスも初期のジャズ・ロックの実験的試みの可能性に気づいたほんの一握りの中の一人として、これを音楽のパラダイムシフトと呼べるレベルにまで発展させた。パラダイムシフトにはよく見られることだが、このジャズ・ロックの発展もまた広範な文化的背景の中で起きている。この過程を説明する前に、マイルスがインスピレーションとミュージシャンの両方を得ることになる、一九六八年前後に彼を取り巻いていた初期のジャズ・ロック・カルチャーについて、簡単に述べておきたい[6]。

イギリスでは、早くも一九六二年頃から、ピアニスト兼ギタリストのアレクシス・コーナーがジャズとブルースを融合させており、ジョン・マクラフリン、ミック・ジャガー、そしてドラマーのジンジャー・ベイカーといった後の指導者となる人物が彼のバンドを経由していった。ベイカーはその後、一九六六年にベーシストのジャック・ブルースとブルース／ロック・ギタリストのエリック・クラプトンとともにクリームを結成した。ベイカーとブルースは自らをジャズ・ミュージシャンと名乗っており、大がかりな集合的即興演奏《インプロヴィゼーション》を売りものとしていたこのバンドはジャズ・ロックの草分け的存在のひとつとなった。ジャズとロックの組み合わせの探求を行っていた他の六〇年代のイギリスのバンドには、コロシアム、ソフト・マシーン、ニュークリアス（ソングライター／トランペッターのイアン・カーのバンド）、ジェスロ・タル、キング・クリムゾンなどがある。

一九六五年から一九六六年には、自らの音楽の限界を越えようとロック・ミュージックの要素を実験的に取り入れていたジャズ・ミュージシャンの集まりが、ニューヨークで定期的に行われていた。これらのミュージシャンには、ギタリストのラリー・コリエルとジョー・ベック、サックス奏者のジム・ペッパーとチャールス・ロイド、トランペッターのランディ・ブレッカーと（フリー・ジャズの創始者である）ドン・チェリーが含まれていた。一九六九年にコリエルは、ジョン・マクラフリン、ベーシストのミロスラフ・ビトウス、ドラマーのビリー・コブハムとともに《スペイセス》をレコーディングし、高い評価を得ている。続いてコブハムが、ドリームスというグループでギタリストのジョン・アバークロンビーと一緒にプレイした後、一九七一年にジョン・マクラフリンのマハヴィシュヌ・オーケストラに参加した。ギタリストのコーネル・デュプリー（一九七二年三月に短期間、マイルスと一緒に活動していた）とエリック・ゲイル、ドラマーのスティーヴ・ガッドは、ジャズ・ロックバンド、スタッフで活動をともにした。そして、ギタリストのマイク・ブルームフィールドは、ベーシストのハーヴェイ・ブルックス（後に《ビッチェズ・ブリュー》のレコーディングにも名を連ねる）も参加した彼のバンド、エレクトリック・フラッグで、ジャズとロックの共通項であるブルースを演奏した。

上記のミュージシャンの何人かは、ある時点でマイルスとも関わっており、彼の煮えたぎる実験的試みの大鍋《コルドロン》に彼らの創造力と経験が加えられている。キャノンボール・アダレイと彼のエレクトリック・ピアニスト、ジョー・ザヴィヌルからの影響については、すでに述べた通りである。ジョン・マクラフリンとオルガン奏者ラリー・ヤングが参加したトニー・ウィリアムスのバンド、ライフタイムは、一九六九年五月に草分け的なジャズ・ロックアルバム《エマージェンシー！》をレコーディングしたが、マイルスはこれを見逃さなかった。さらに、テナー・サックス奏者チャールス・ロイドの業績についても、マイルスは繰り返し言及していた。一九六六年から一九六八年にかけて、ビルボード誌が「サイケデリック・ジャズ」と呼んでいた、ジャズとロックの融合において、ロイドは大きな成功を収めていた[7]。ロイドのバンドのメンバーの半分を占めていたドラマーのジャック・ディジョネットとピアニストのキース・ジャレットの二名の恐るべき才能を、後にマイルスは手に入れることになる。

六〇年代末期、アメリカン・ロックはフリー・ジャズの影響を受け、サイケデリックに鳴り響く即興演奏《インプロヴィゼーション》の要素をライブ演奏に取り入れていた。例としては、グレイトフル・デッド、バーズ、ジェファーソン・エアプレインなどがあげられる。同じ頃、エレクトリック・ピアニストのマイク・ノック（ザ・フォース・ウェイ）やサックス奏者ジョン・ハンディなどの西海岸のジャズ・ミュージシャンは、ロックの要素を自らの音楽に取り入れていた。彼らはロックのコンサートで演奏することも多く、分断されていたロックとジャズの両サイドから支持を得ていた。その頃、チャートを席捲していたブラッド・スウェット・アンド・ティアーズやシカゴといったブラス・ロックバンドが、その音楽をジャズの要素で味付けしていた一方で、サンタナは、ロックにラテン音楽とジャズを融合させた。そして、ロック・ギタリストのジミ・ヘンドリックスは、多くのジャズ・ミュージシャンに多大な影響を与えた。マイルスとヘンドリックスはお互いを高く評価しており、定期的にマイルスの家で一緒にジャム・セッションを行っていたようだ。しかし、残念ながら、二人が考えていた共作が実現することはなかった。

*

六〇年代末期の音楽シーンは、新しいアイディア、影響、組み合わせを試みる若いミュージシャンを中心に、目まぐるしい展開を見せていた。第二期グレート・クインテットを解散したとき、マイルスは、冒険心のある活動的な若い世代のミュージシャンにインスピレーションを求め、彼らをリクルートしていった。ここでも新しい才能をスカウトする彼の卓越した能力が示されている。その最も有名な例が、デイヴ・ホランドの参加である。

一九六八年六月、イギリス人ベーシストのホランドは、ヴォーカリストのエレイン・デルマーとともに、ピアニストのビル・エヴァンスのサポートとしてロンドンのロニー・スコッツ・クラブで演奏していた。エヴァンスのバンドにはドラマーのジャック・ディジョネットもいた。マイルスは短い休暇でロンドンに滞在中、エヴァンスとディジョネットを見にクラブを訪れた。ただし、この二人がマイルスにホランドのことを話し、このベーシストを見に来るように誘ったという説もある。いずれにしても、マイルスはホランドの演奏にほれ込み、彼のバンドへの参加を要請した。当時二十一歳の若いベーシストは面食らったが、ニューヨークに行くことに合意した。七月末にロン・カーターがクインテットを去り、ホランドがちょうどその時期に合流した。[8]

デイヴ・ホランドは次のように想起している。「当時、僕はロンドンに住んでいて、ギルドホール音楽演劇学校での三年間の課程を修了したところで、ロンドン周辺でジャズのギグにも参加していた。マイルスが来ていたことは知っていたけど、ビル・エヴァンスとジャック・ディジョネットを聴きに来ていただけだと思っていたんだ。僕の演奏を聴いていたとは思ってもみなかった。僕は単なるサポートだったからね。彼が新しい、長期的なレギュラー・ベーシストを探していることは後から知ったんだ。ロン（・カーター）がツアーを嫌っていたため、ギグでは常に別のベース・プレイヤーを使っていたらしい。でも、彼がなぜ僕をリクルートしたのかわからなかった。おそらく、彼は僕の経歴や音楽的志向を理解していたんだと思う。最初のレッスンはマイルスについて学ぶことだった。彼は何が起きているのかを常に理解していた。彼は常にものごとを聴いていた。ケースからの楽器の取り出し方だけで、どんなミュージシャンかわかるとも彼は言っていた。彼は偉大な観察者だった。僕がニューヨークに来てからは、ハービーが何曲かやって見せてくれたりしたけれど、基本的には、最初のギグにいきなり放り込まれたんだ。当時はそれが普通だったみたいだ。事前に下調べをしておき、音楽を理解していることが期待されていた。ミュージシャンがお互いを試す、一種のテストみたいなものだった。『おまえはこれに対処できるか？』ってね」。

　数週間後の九月二十四日、デイヴ・ホランドは、マイルス、ショーター、ウィリアムス、そしてハンコックがブラジルで食中毒でダウンしていた八月から参加していたチック・コリアとともに、《キリマンジャロの娘》に収録される二曲をレコーディングした。コリアは、スタン・ゲッツやサラ・ヴォーンとの共演などで、すでに知名度があった。

　カーターとハンコックは第二期グレート・クインテットの最後の五回のレコーディング・セッションでエレクトリック系の楽器に移行していたが、ホランドはアコースティック・ベース、コリアはアコースティック・ピアノと二曲の新曲でエレクトリック・ピアノを弾いている。カーターはエレクトリック・ベースを演奏したくなかったためにバンドを去ったというマイルスの自伝での主張からすると、こうした一時的なアコースティック楽器への回帰は不可解にも思える。デイヴ・ホランドがアコースティック・ベースの奏者としてマイルスに雇われたことを考えると、マイルス自身が混乱していたか、トゥループが過去のインタビューから彼の主張を誤って引用している可能性もある。

　デイヴ・ホランドは次のように語っている。「マイルスは、僕が従来のジャズの文脈でアコースティック・ベースを演奏しているのを見ていた。少なくともマイルスは、僕がアコースティック・ベースを演奏することしか知らなかったはずだよ。音楽にエレクトリック・ベースが使われたことは一度もなかったし、彼からエレクトリック・ベースを演奏するように頼まれたこともなかった。僕は最初の一年間、アコースティック・ベースしか演奏しなかった。《ビッチェズ・ブリュー》でもアコースティック・ベースを弾いていたけれど（一九六九年八月）、その後、音楽に必要だと感じたので、自分からエレクトリック・ベースを弾くと申し出たんだ」。ホランドの「従来のジャズの文脈」での演奏しか聴いていなかったとしても、ホランドのルーツにはジャズだけでなく、ロックやR&Bがあったことをマイルスは見抜いていたのかもしれない。

《キリマンジャロの娘》のレコーディングの過程におけるメンバーおよび楽器の変更が、アルバムのコンセプトに大きな影響を与えることはなかった。そして、ともにマイルスの名前がクレジットされている新曲〈ブラウン・ホーネット〉と〈ミス・メイブリー〉は、依然として美的なジャズに根ざしたものだった。〈ブラウン・ホーネット〉のはじまりの部分のアクセントと主題《テーマ》には、〈スタッフ〉にもやや近い、モータウン風のソウルの趣がある。しかし、ウィリアムスはこの曲を純粋なジャズの曲として扱い、グルーヴを抑える代わりに、自由にアクセントをつけて即興演奏を行った。主題《テーマ》〜ソロ〜主題《テーマ》の構成と中間部の活気あふれる即興演奏《インプロヴィゼーション》は、ビバップの影響を感じさせるものだ。

〈ミス・メイブリー〉という曲名は、マイルスの新しい妻にちなんで付けられた（彼とメイブリーは九月に結婚した）。ホランドはこう回想している。「リズムの音型が書かれて、僕らは曲を通じてそれを繰り返し演奏した。もちろん、どう装飾を加えるかは僕らにかかっていたけれど、特定のリズミカルなフレーズからなる、おおよその楽譜はあった」。作品のごく基本的なスケッチのみを用意して、あとはミュージシャンに創造的に対処させるというマイルスの傾向からすると、この程度まで制限を設けるのは珍しいことだが、リズムセクションに集中させるという点においては、厚みのある低音域《ボトムエンド》を探求する彼の姿勢と合致している。

しかし、皮肉にも、この曲の低音域《ボトムエンド》は厚みがなく、平坦なものだ。ウィリアムスはシンバルやハイハットを控えて、主にトムトムとドラムで色を付け、ホランドとコリアは演奏に長い間《スペース》を挟んだ。この曲は、少し進んでは止まるストップ・スタートという悩ましい手法を用いたもので、グルーヴに入り込む《ロックインする》かと思いきや、すぐさまそれが中断される。マイルスのトランペットのラインといくつかのコード構成には、リーバー＆ストーラーの古典的な曲〈オン・ブロードウェイ〉を思い起こさせる箇所がある（例えば、四分三十五秒および四分四十五秒の部分）。結果として、あらゆるところから要素を借用してきてはみたが、どうやってつなぎ合わせれば良いのかよくわかっていない、ただの寄せ集めという印象を与える曲となってしまっている。演奏は抑制的で、牧歌的《パストラル》な雰囲気が心地よいものの、タイトル曲を支えている美しいフォーク調のメロディと一貫性のあるリズムセクションの演奏がここにはない。

〈ブラウン・ホーネット〉と〈ミス・メイブリー〉において、明らかにマイルスは、まだ形になっていない新しいアイディアをやはり慎重に試していた。彼がこれほどまでに注意深くことを運んだのは、おそらく、この二曲と《キリマンジャロの娘》の他の三曲との整合性をとる必要があったためだろう。また、まだ新しいクインテットを作り上げている最中だったという事情もあるだろう。理由はどうあれ、六週間後の十一月十一日のクインテットの次のセッションから、マイルスはブレーキを外しはじめる。ハービー・ハンコックを加えたクインテットは、一九七六年にアルバム《ウォーター・ベイビーズ》でリリースされる〈トゥー・フェイスド〉と〈デュアル・ミスター・アンソニー・ティルマン・ウィリアムス・プロセス〉をレコーディングした。[9] このセッションは、スタイルとアプローチの発展を示すものとなり、実際、二人のキーボード奏者を配した最初のセッションだった。[10]

〈トゥー・フェイスド〉のコンセプトと雰囲気は、〈ミス・メイブリー〉と驚くほど似通っている。例えば、ショーターによる曲の最初の部分の主題《テーマ》で、同じストップ・スタート手法の演奏が用いられている。幸いにも、デイヴ・ホランドは自信をつけたのか、束縛を取り除かれたように、ウィリアムスと二人のエレクトリック・キーボード奏者ともに、説得力のあるグルーヴに入り込んでいる《ロックインして》。これによって、潜在的な憂鬱感から高揚へと曲が導かれる。マイルスとショーターの間でのコール・アンド・レスポンス〔複数の演奏者の間で、呼びかけに対する応答という形で演奏すること〕も効果的である。八分という長さについてはもう少し縮めてもよかったようにも思えるが、全体的に、〈トゥー・フェイスド〉は、〈ミス・メイブリー〉よりもずっと一貫性と本質のあるものだ。〈トゥー・フェイスド〉は、大部分が美的なジャズの範疇に位置づけられる、マイルスの最後のスタジオ録音という意味で、重要な曲である。

〈デュアル・ミスター・アンソニー・ティルマン・ウィリアムス・プロセス〉によって、マイルスは、ロックとジャズの「言語」を分断していた美的価値観の壁を越える決定的な一歩を踏み出した。〈デュアル・ミスター・アンソニー・ティルマン〉は、風変わりなタイトルという点以外でも、マイルスのカタログの中で異彩を放つものだ。これは、まるでツイストのような、六〇年代のポップなグルーヴのある曲で、マイルスがレコーディングした中で、その時代に完全に入り込み、時代に即したサウンドを持つ数少ない曲である。ハンコックとコリアはポップのリズムとコード進行の上に多くのブルース、ファンク、ロックの常套手段を楽しげに重ね合わせ、マイルスのまねのできない間《スペース》の取り方と音《ノート》の選択、そしてショーターの流動的で機転のきいたフレージングがこの曲を並はずれたものにしている。

こうして、マイルスは未知の領域へと足を踏み入れた。彼がバンドリーダーとして新しい音楽や影響をいかに早く新たなレベルへと進化させたかについて、第三章でハンコックが説明しているが、これと一致するように、そのわずか翌日、チック・コリアに代えてジョー・ザヴィヌルをエレクトリック・ピアノに据えた十一月十二日のセッションで、マイルスは本領を発揮しはじめる。ここで完成した曲、〈スプラッシュ〉（一九七九年に《サークル・イン・ザ・ラウンド》でリリース）は、まるで〈トゥー・フェイスド〉と〈デュアル・ミスター・アンソニー・ティルマン・ウィリアムス・プロセス〉の中間のような作品で、前者のストップ・スタート手法と後者のツイストのリズムの反映の両方が取り入れられている。この曲では、これらの要素がうまく融合されており、成熟したまとまりのあるサウンドとなっている。ここでは、ミュージシャンが完全に精通しきっていない音楽要素をただ楽しんでいるのではなく、音楽的ビジョンを聴くことができる。このグループが、約三カ月後に《イン・ア・サイレント・ウェイ》をレコーディングする合奏団《アンサンブル》から唯一ジョン・マクラフリンを欠いたものであるというのは興味深い。マイルスは、このグループのミュージシャンの間に、決定的な相性の良さを見出していた可能性がある。

ジョー・ザヴィヌルはマイルスのバンドに正式に加入したことはないが、一九六八年から一九七〇年にかけて、マイルスの音楽の進化において中心的役割を果たしている。第二期グレート・クインテットの解散後、ウェイン・ショーターが作曲を手がけることはほとんどなくなり、ザヴィヌルがその穴を埋め、マイルスの音楽ビジョンを形作るための素材を提供していたようだ。二人の共通点は他にもいくつかある。ザヴィヌルは一九三二年生まれ、ショーターは一九三三年生まれで、二人ともマイルスとほぼ同世代である。どちらもマイルスと演奏するようになったときには、すでに目覚ましい実績を残していた。ザヴィヌルはオーストリアの出身で、一九五九年に米国に移り住み、メイナード・ファーガソン、ダイナ・ワシントン、キャノンボール・アダレイ（実際に彼が〈マーシー・マーシー・マーシー〉を書いている）らと一緒にプレイしたピアニストおよび作曲家として成功を収めていた。

マイルスは、彼のビジョンを形作るために、若い未成熟のミュージシャンをバンドに参加させることを好んだ一方で、音楽の原型の提供については、より経験を積んだミュージシャンに頼っていたようだ。マイルスよりも十四歳年上で、彼の音楽の作曲とアレンジを手がけるなど、長年パートナーを組んできたギル・エヴァンスについても同じことが言える。同様に、一九二五年生まれのプロデューサー／ミュージシャン、テオ・マセロもまた、創り出された音楽の理解を助けていた。

*

ザヴィヌルがマイルスに提供した最初の曲、〈アセント〉は、十一月二十七日にレコーディングされ、新たな劇的な展開へとつながった。〈トゥ・ドゥ・スイート〉や〈キリマンジャロの娘〉と同じように、〈アセント〉においても、当時、マイルスの心を捉えていたと思われる牧歌的《パストラル》な主題《テーマ》を探求している。ただし、ここでは全体的なコンセプトをさらに推し進め、時間を超越した浮遊感を得ることだけに集中している。アンビエントと呼ぶことのできる、マイルスの最初の作品である。マイルスはその異なる性質に気づいており、自伝で「音詩《トーン・ポエム》」と呼んでいる。マイルスによるアンビエント音楽の実験は、おそらく、カウンターカルチャーのインド文化や音楽に対する興味、あるいはマリファナやLSDといった意識を変えるドラッグの影響を受けて、六〇年代の実験的な音楽の試みとして一般的となっていた、「ムードミュージック」から部分的にヒントを得たものと思われる。

従来の音楽は、聴き手《リスナー》の注意を引くのに十分な主題《テーマ》、ソロ、リズム、コード進行から構成されていた。一九七〇年代中期、ロックの偉大な異端者であり実験者の一人であるプロデューサー／作曲家のブライアン・イーノは、彼が「アンビエント」と呼ぶ音楽によって、これらの要素を取り除くことが可能であることをはっきりと示した。「アンビエント」は、音楽を意識して聴いているか、無意識に聴いているかにかかわらず、聴き手《リスナー》が自分自身を埋没させることができる環境《アンビエンス》、すなわち背景音を創り出すことに主眼を置いている。音楽は、香り、色、あるいは環境と同じように、通常とは異なる精神状態への移行を可能とするものであるとイーノは主張している。「アンビエント・ミュージックは静穏と思考のための空間を誘導するものである。……」とイーノは書いている。「関心を引くものであると同時に、無視することもできる音楽でなければならない(11)」。意味深いことに、イーノは、マイルスとマセロによるムードミュージックの実験的試みである一九七四年の大作、〈ヒー・ラヴド・ヒム・マッドリー〉から強く影響を受けたと言及している。「この曲におけるテオ・マセロの革命的なプロダクションには、私が追い求めていた『広がりのある』雰囲気がある。……この曲は、私が何度も立ち戻る試金石《タッチストーン》となっている(12)」。

イーノは、ラテン語で「取り囲む」を意味する「*ambire*」という単語にちなんで、この概念を名付けている。アンビエント作品の成功は、特定の音楽的事象が創り出す興味よりも、むしろ聴き手《リスナー》を通常とは異なる精神状態に留めておけるだけの力強い雰囲気を作り出せるかどうかにかかっている。アンビエント・ミュージックに関連するもうひとつの側面として、音楽の構成要素を、お互いがそれぞれ自由に移動でき、「通常の」音楽の線形の展開という観点からは注目されることのない、抽象的《アブストラクト》なサウンドのブロックとして扱う点があげられる。このような考え方は、二十世紀前半の前衛的《アバンギャルド》なクラシック音楽、特にミュジーク・コンクレート〔楽音または自然音を録音し、機械的・電気的に合成・変調して構成された音楽。具体音楽とも呼ばれる〕で提唱されたものであり、第二次世界大戦後に登場したテープ編集技術ともぴったり合うものだ。

アンビエント・ミュージックの抽象的《アブストラクト》な側面は抽象画とも類似しており、どちらの概念も十九世紀から二十世紀の変わり目のほぼ同時期に登場したことは驚くにあたらない。初期の先駆者の一人、フランスの作曲家エリック・サティは、自身の音楽を「*musique d'ameublement*」または「家具の音楽」と呼んでいた。米国の前衛《アバンギャルド》音楽作曲家ジョン・ケージは、一九五二年の〈四分三十三秒〉で、このアイディアを論理的極限まで発展させた。この時間内に、ミュージシャンは三つの沈黙の楽章を演奏し、「演奏」は無秩序な環境音で構成された。

十五分近い長さの「音詩《トーン・ポエム》」、〈アセント〉は、後に「アンビエント」として知られるようになるアプローチの探求をマイルスが開始した時期を示すものとなった。デイヴ・ホランドは非常にゆったりとした四分音符を演奏し、ジャック・ディジョネットはアクセントと色付けを行うことのみに自らを制限した。三台のキーボードは、音楽の発展を試みることはせず、主題《テーマ》のソロを弾いたり、従来のアプローチを象徴する、緊張と解放の仕組みを用いた演奏を行った。マイルスやショーターと同じように、彼らもまた、関心を引くことよりも、雰囲気を創り出し、それを維持することに興味を向けていた。マイルスの音楽において、これが相当に新しい方向性だったことを考えると、この実験的な試みは大いに成功したと言える。唯一の問題点は、しばらく聴いていると、曲のムードが耳障りなものになっていくという点である。これは、おそらく、エレクトリック・キーボードの均一的なサウンドによるものだ。アンビエントな性質のものであるにもかかわらず、この曲のテクスチャーや色彩には、割り当てられた時間の長さに見合うだけの十分な厚みがなく、編集で短くするか、別のテクスチャーや音楽のアイディアを取り入れても良かったように思える。

　十一月二十七日にレコーディングされたもうひとつの曲は、〈アセント〉とは全く逆のものだった。マイルスは再びジョー・ザヴィヌルが作った曲、〈ディレクションズ〉を用い、ロックに影響されたパンチの効いた曲に仕上げた。ここでは、ジャック・ディジョネットが、パワフルでドライブ感のあるグルーヴに、ジャズ・ドラムの即興演奏《インプロヴィゼーション》の側面を組み合わせるという驚くべき才能を見せつけている。ディジョネットが第二期クインテットと一緒に何度か演奏したことがある一九六七年ごろから、マイルスは彼の才能に気づいていた。マイルスが十一月二十七日のセッションにチャールス・ロイドのバンドを辞めていたドラマーのディジョネットを雇ったのは、マイルスのバンド以外でも活動を幅広く展開し、バンドを去る準備ができていたトニー・ウィリアムスの後任として期待するところがあったからだろう。一九六八年末にウィリアムスが去り、一九六九年の最初の三カ月間のある時点で、ディジョネットはマイルスのライブ・バンドの一員となった。

　マイルスのジャズ・ロックの探求は、〈ディレクションズ〉で大きな一歩を踏み出した。ディジョネットの力強いドラム演奏に加えて、デイヴ・ホランドがアコースティック・ベースを演奏し、エレクトリック・キーボード奏者（おそらくザヴィヌル）が演奏を重ねている、力強い反復オスティナートのベースラインが決定的要因となっている。おそらくこれは、ロックやアフリカ音楽の本質的な特徴である、反復性とリズムセクションの役割制限を初めてマイルスの音楽に慣用的に取り入れたものだ。この曲に関しては、いつものように数テイク録るだけでは終わらずに、時間をかけて様々な試みを行っていることから、マイルスは何かに気づいていたに違いない。結果として、《ディレクションズ》の二つのバージョンが一九八一年にリリースされている。〈ディレクションズⅡ〉は、はじまりの部分に手が加えられていて、より興味を引くものとなっているが、マイルスとショーターのソロは明敏さを欠いている。彼らとしても特に付け加えるものがなかったのであろう。そのためか、〈ディレクションズⅠ〉が六分四十六秒なのに対して、別テイクは四分四十九秒の長さしかない。マイルスの全作品における〈ディレクションズ〉の重要性は、ライブのセットリストの最初を飾る曲として三年間にわたって演奏され続けたという事実に示されている。[13]（〈ディレクションズ〉というタイトルに関しては、この頃の彼のレコードに「音楽ディレクション担当マイルス・デイヴィス」という文言が表示されるようになったこととの関連の有無を問う声もある。）

＊

一九六七年十二月にマイルスは新たな音楽の方向性を開始したが、一九六八年十一月になる頃には、彼もうまくこれに対処できるようになっていた。新しい素材に対するつまずきやぎこちなさもなくなっていた。ただし、新たな方向性を理解しているミュージシャンは限られていた。

一九九九年にチック・コリアは次のように語っている。「最近、僕は一九六八年末の音楽と《ビッチェズ・ブリュー》のリミックス版を聴き直しているんだ。これらのレコードを作っていたときは、ちゃんと聴いていなかったからね。心ここにあらずという感じでやっていた。でも、今、聴き直してみると、マイルスの音楽のアプローチが当時よりもはっきりとわかる。とてもパワフルで、常に冒険的だ。とても刺激的で高い芸術性が感じられる。前に進み、新たな領域に足を踏み入れるのは、アーティストにとって不可欠なことだ。自分がやっていることに周りの人たちが賛同するのを待っていてはいけないんだ。彼がこの方向に向かったときに、『身を売った』と非難されたのは皮肉なことだ。でも、それが当時、実際に起きていた。ジャズ・ミュージシャンが電気楽器を演奏しはじめるたびに、それがどんな楽器であれ、『不正直』とかなんとか責められるんだ」。

ハンコックと同様に、コリアもまた、電気楽器の可能性に目を開かせてくれたことをマイルスに感謝している。「〈トゥー・フェイスド〉と〈デュアル・ミスター（・アンソニー）・ティルマン〉をレコーディングしたセッションで、マイルスは初めて、二台のキーボードを同時に演奏させた」とコリアは想起している。「二、三週間前にスタジオに入ったとき、マイルスが僕に、これを演奏しろと言ってエレクトリック・ピアノを見せたのを覚えている。そのとき僕は、『なんだ、おもちゃじゃないか！』と思った。けれども、だんだんこの楽器が好きになっていったんだ。また別の機会に、ボストンでのジャズのワークショップでプレイしたとき（十二月五日から八日）だったと思うけれど、僕がその晩の最初のセットでステージに上がると、すぐに演奏できるようにピアノが準備されていた。でも、ステージ上にはフェンダー・ローズもあった。僕が直感的にアコースティック・ピアノに向かおうとしたら、マイルスは『違う、それじゃない、こっちを弾け』と言って、フェンダー・ローズを指差した。それ以降、彼は僕にアコースティック・ピアノを弾かせなかった」。

ここまで見てきたように、マイルスは、ザヴィヌルが〈マーシー・マーシー・マーシー〉で弾いたエレクトリック・ピアノに注目し、低音域《ボトムエンド》の厚みを増すことができるその可能性を気に入る。〈ディレクションズ〉でやったように、彼はエレクトリック・ピアノをベースラインに重ねるように指示することがよくあった。当時、マイルスがブルースやエレクトリック・ギターへの興味をはっきりと示していたことを考えると、彼がエレクトリック・ピアノに強い関心を持ったことは奇妙に思われるかもしれない。これは、おそらく、純粋に実践的な理由によるものである。マイルスには、彼の望む演奏ができるトップクラスのキーボード奏者が何人もいたが、一九六七年から一九六八年にかけてのエレクトリック・ギターの実験的試みにおいては、彼の要求を満たすギタリストを見つけられずにいた。新たなキーボード奏者を加えることで、マイルスは低音域《ボトムエンド》を厚くする別の方法を見いだした。

　キーボード奏者の追加は、約一年前に〈サークル・イン・ザ・ラウンド〉ではじめた、特定の音楽ビジョンを満たすためにゲスト・ミュージシャンをレコーディング・セッションに加える、というアプローチの良い例でもある。第二期グレート・クインテットの結成前から、彼はすでにいくつかのセッションでこうしたアプローチを取っていたが、その適用範囲はいまや劇的に広がっていた。（一九六七年十二月から一九六八年二月にかけての）初期の実験的試みをエレクトリック・ギタリスト一名で行った後、一九六八年十一月のレコーディングには、マイルスの通常のライブ・バンドに加えて、ハービー・ハンコック、ジョー・ザヴィヌル、そしてジャック・ディジョネットが招かれた。一九六九年二月の《イン・ア・サイレント・ウェイ》セッションでは三名の追加ミュージシャン、それから半年後の《ビッチェズ・ブリュー》セッションでは八名の追加ミュージシャンが、マイルスのライブ・クインテットを補完している。それ以降、多いときには十名ものゲスト・ミュージシャンがスタジオに招かれる一方で、当時のマイルスのライブ・バンドのメンバーが一人もいないということもあった。マイルスが呼び寄せることができたミュージシャン要員は数多く、「マイルスのお抱えミュージシャン」（Miles's Stock Company Players）として知られるようになっていた。

　ライブ・バンドのミュージシャン以外が呼ばれたのは、彼らが音楽に加えるであろう色彩や観点のみに期待してのことではない。ミュージシャンにこれまで見たことのない基本的な音楽のスケッチを示す手法と同じように、彼らの追加によって、予期しない要素が生み出されるからである。その結果として生まれたのが、緊張と強い集中が組み合わさったサウンドであり、「卵の殻の上を歩くようなサウンド」などと呼ばれた。

　デイヴ・ホランドは次のように説明している。「スタジオ録音のサウンドは、何が起きているのかを皆が理解しようと考えるところから生まれていた。『これがおまえのパートで、ここからここまでを演奏しろ』というような、型にはまったやり方とは全く違っていた。僕らは簡単なアイディアを与えられるだけで、そこから何かを創り出さなければならなかった。ジョー・ザヴィヌルと一緒だったセッションでは……当時、何が起きているのか聞かれても、きっと答えられなかっただろう。……ミュージシャンは皆、何をすべきかを考えていて、それが特定の間《スペース》を創り出していた。意図したことではなかったけれどね。曲のことが良くわかっていると、必要以上に演奏してしまうことがよくある。でも、曲のことがわかっていないと、演奏がより慎重になり、深く考えるようになるんだ」。

＊

上記の成果は、一九六七年から一九六八年にかけて彼が発展させてきたあらゆるアプローチ、すなわち、アンビエント、ロック、ゲスト・ミュージシャンの参加、そしてポストプロダクション技術を組み合わせて制作されたマイルスの最初のエレクトリック・ミュージックの傑作、《イン・ア・サイレント・ウェイ》に雄弁に示されている。このアルバムの元となったセッションは、一九六九年二月十八日の火曜日に行われ、マイルスのライブ・クインテットからは四名のメンバー、マイルス自身、コリア、ショーター、ホランドが参加した。追加のミュージシャンとして、ハンコック、ザヴィヌル、トニー・ウィリアムス（マイルスがウィリアムスのサウンドを望んだため、ディジョネットではなく、彼が呼ばれた）、そしてジョン・マクラフリンが参加した。当時、二十七歳だったギタリストのマクラフリンは、ウィリアムスに招かれ、ほんの二週間前の二月三日にニューヨークに来たばかりだった。マクラフリンは、すでにヨーロッパでは、フリー・ジャズ、スウィング、R&B、カントリー・ブルースに精通したプレイヤーとして名声を得ていた。さらに、ポップスのセッション・ミュージシャンとしても活躍しており、トム・ジョーンズ、ペトゥラ・クラーク、デヴィッド・ボウイのレコードに参加している。マクラフリンが大西洋を渡ってきた頃には、ロックのギターを連想させる、鋭く、メタリックで、ときに歪むサウンドと、ジャズ・ギタリストとしてのハーモニーの知識や巧みな単音《シングルノート》の演奏とを組み合わせた、独自のジャズ・ロックのギター奏法を開発していた。マクラフリンがニューヨークに到着した晩、彼がジャム・セッションで演奏しているのを著名なギタリスト、ラリー・コリエルが目撃し、「彼はこれまで聴いた中で最高のギタリストだ」と即座に明言したと言われている。(14)

一九六九年二月十八日の歴史的なできごとは、今や伝説となっている次の話からはじまる。この日の朝、マイルスは衝動的にジョー・ザヴィヌルに電話をして、セッションへの参加を求めた。数分後にマイルスは電話をかけ直し、彼に「何曲かスタジオに用意してくるように」と告げた。ザヴィヌルが用意してきた曲のひとつが〈イン・ア・サイレント・ウェイ〉だった。マイルスは、これまでに何度もそうしてきたように、余分なものを取り除いていくことで、これを大胆に作り変えていった。「俺たちはジョーが書いてきた曲に手を加えた。コードを減らして、メロディを取り出して、それを使った」とマイルスは回想している。「俺は、もっとロック的なサウンドにしたかったんだ。リハーサルでジョーが書いてきたように演奏してみると、たくさんのコードが雑然と重なっていて、あまり効果的とは思えなかった。で、レコーディングのとき、俺はコードの書かれた紙を捨てさせて、全員にただメロディを演奏し、その後もそれだけをもとに演奏するように指示した。みんなはこうしたやり方に驚いていた[15]」。

「マイルスがひとつの曲を自分の求めている形へと作り変えていく過程を見るのは、本当に勉強になった」とデイヴ・ホランドは語っている。「他の人の曲を、書かれた通りにマイルスが演奏するのを見た記憶がない。彼は常に作り変えていた。一部のセクションを取り出しては、それに何らかの手を加えて、自分のものにしていた。コードが多すぎる場合には、彼はすべてのムーヴィング・コードの下に隠れているひとつの音《ノート》をベースに演奏させて、保続音《ペダル・ポイント》を得ていた。ザヴィヌルの〈イン・ア・サイレント・ウェイ〉やショーターの〈サンクチュアリ〉でもそうしていた。これらのセッションから僕が学んだことは、最終結果を得るまでの過程がいかに大切かということだった。ものごとを組み立てる方法は、何から組み立てるのかと同じくらい重要で、最終的にできあがるものを左右する」。

「彼のバンドリーダーとしての非凡な才能は、グループとしてものごとを考えるところ、そしてミュージシャンを選び、自らの演奏あるいは彼や他のメンバーがバンドに持ち込んだアイディアを使って、彼らを引っ張って行くところに垣間見えた」とチック・コリアはコメントしている[16]。「他人が書いた曲に彼が手を加えていくのを見るのはとても興味深かった。マイルスは、原曲から特定の音《ノート》だけを取り出して演奏し、リズムセクションには別の音《ノート》を演奏させることが多かった。彼は作曲家としてはそれほど多くの曲を書いていないが、信じられないほど素晴らしい編曲家だった。マイルスは、メロディの演奏の仕方、どの時点で演奏をはじめて、どれくらい長く演奏すれば良いかといったことを指示していた。彼は、演奏を開始しては終わらせ、不必要な音《ノート》を取り除いていった。ブルックリンのブルー・コロネット・クラブで何度かやった午後のリハーサルがいい例だ（一九六九年四月）。曲をいくつか用意してくるように言われて、彼の前で〈ディス〉という曲を弾いたんだ。速い音《ノート》が詰まった立ち上がりの早いラインで構成されていて、終盤にはゆったりとした音《ノート》がいくつかある曲だった。二、三回弾くと、マイルスは終盤の音《ノート》を抜き出して、トランペットで演奏しはじめた。そして、リズムセクションには、はじまりの早い部分を演奏させた。すると、あっという間に、この曲の特徴的なサウンドができあがったんだ[17]」。

《イン・ア・サイレント・ウェイ》のセッションでは、さらなる驚きがミュージシャンを待ち受けていた。そのひとつが、緊張していたジョン・マクラフリンにマイルスが与えた、「ギターの弾き方を知らないにように弾け」という謎めいた指示だ。「俺はジョンをロック・プレイヤーとしてではなく、特殊効果を得るために使った」とマイルスはコメントしている[18]。もうひとつの思いがけないできごとは、ザヴィヌルの〈イン・ア・サイレント・ウェイ〉の主題《テーマ》を、エレクトリック・ギターでEペダルを使って弾くようにマクラフリンに指示したことだ。マクラフリンは、これは試験なのだと思い、ためらいがちに、考えあぐねながら、曲を通しで演奏した。彼が驚いたことに、そしておそらく他のミュージシャンたちにとっても予想外だっただろうが、これがマスター・テイクに使われた。マクラフリンが考えあぐねながら行った演奏は、まさにマイルスが求めていた、ゆったりとして、こわれやすい、時間を超越した感覚を伴っていた。「何が起きるのか全くわからなかったので、常に神経過敏な状態に置かれていた。そうやって、彼はミュージシャンの能力を引き出していくんだ」とジョン・マクラフリンは回想している。[19]

マイルスがジョン・マクラフリンから引き出したものは注目に値する。このギタリストが《イン・ア・サイレント・ウェイ》（そして次のアルバム《ビッチェズ・ブリュー》）で見せた演奏は、彼の活動歴で最も生き生きとして感情に訴えるものとなった。これがマイルスの存在によるものなのか、彼が与える独特の指示、あるいはミュージシャン間の相性によるものなのかはわからないが、マクラフリンは、まるでギターの弾き方を再発見したかのように、卓越した明快さ、間《スペース》の取り方、優雅さを伴った演奏を披露した。彼が編み出した革新的な奏法のひとつは、不規則なリズムの伴奏とソロを同時に演奏するというものだった。一年以上にわたる探求の末、マイルスはついに彼の要求に応えられるエレクトリック・ギタリストを見つけ出し、マクラフリンに彼のバンドへの参加を正式に依頼した。しかし、マクラフリンは自らの音楽の方向性を追及するために自由でいたいという理由で、この依頼を断った。いずれにせよ、次の二年間に、彼はマイルスのスタジオ・セッションとライブでの演奏に幾度となく参加している。

マクラフリン自身は、《イン・ア・サイレント・ウェイ》セッションにおける自分や他のミュージシャンの演奏の素晴らしさに気づいていなかったようだ。ハービー・ハンコックが語ったエピソードに、彼の困惑が示されている。ハンコックは次のように想起している。「セッションが終わり、スタジオを出て廊下に立っていると、ジョンが歩み寄ってきた。小さい声で『ちょっと質問してもいいかな？』と聞かれたので、『もちろんさ』と答えた。すると彼は言った。『ハービー、僕にはよくわからないんだけど……僕らがやっていたことは何かの役に立っているんだろうか？　それ以前に、僕らは何をやっていたんだろう？　僕には何が起きていたのか、さっぱりわからないんだ。』。僕は彼にこう言った。『ジョン、マイルス・デイヴィスの世界へようこそ。僕だって君以上には理解していないさ。どういうからくりかわからないけど、レコードができあがると、とてもよいサウンドに仕上がっているんだ』。マイルスは、そこで起きていたことを見通すことができたし、実際に何が起きているのかを他の人たちが理解するのに時間を要することもわかっていた」。

これは、他の人々には気づくことができなかった、新たな音楽パラダイムを認識するマイルスの能力を示す、もうひとつの証拠である。ミュージシャンたちは、マイルスが常に彼らに求めていたこと、すなわち「自分が知っていることを演奏しろ、そして、それ以上のこともやれ[20]」と言われた通りのことをやっていた。しかし、できあがったものは、彼らが知っていることをはるかに超えていて、その意味を理解できなかった。マイルスは、このレコードの先駆的な側面を見抜いており、リリースの直前に、あるジャーナリストに「これは奴らの度肝を抜くぜ」と宣言していた[21]。

《イン・ア・サイレント・ウェイ》は、リリースされると同時に大きな衝撃を与え、それ以降も、音楽的影響および商業的価値の観点から、ジャズ・ロックのジャンルにおける最初の画期的な作品として、またアンビエント・ミュージックの重要な先駆けとなる作品として知られるようになった。マイルス自身は、《イン・ア・サイレント・ウェイ》について、三カ月前にレコーディングした「〈アセント〉によく似た音詩《トーン・ポエム》」であるといつものように簡潔に要約するとともに、「〈アセント〉はそれほど説得力のあるものではなかった」とそっけない言及もしている。彼の言ったことは図星だった。《イン・ア・サイレント・ウェイ》は、〈アセント〉と〈ディレクションズ〉の二つの曲を論理的に発展させたものだ。〈ディレクションズ〉でみられた反復オスティナートのパターンを演奏するリズムセクションの構成とパワーによって、〈アセント〉のアンビエントな雰囲気がより「説得力のある」ものになっている。

　トニー・ウィリアムスの演奏は、おそらくこれまでで最も統制のとれたものだ。〈シュー／ピースフル〉ではほとんどハイハットのシャッフルのみを、〈イッツ・アバウト・ザット・タイム〉では軽いがドライブ感のあるリムショットを演奏している。ウィリアムスの抑制された演奏は、ジャズ評論家の間で争点となった。「《イン・ア・サイレント・ウェイ》を気に入っているが、なぜ爆発力のあるトニー・ウィリアムスが抑制された窮屈な演奏をさせられているのか理解できない」と目先のきくライター、ピーター・キープニュースは書いている[22]。「このセッションには、活火山のようなトニー・ウィリアムスは存在しない」とボブ・ベルデンは説明している。「ジャック・ディジョネットが〈ディレクションズ〉のセッション（十一月二十七日）に呼ばれたことについて、トニーはマイルスに対して腹を立てていて、二月十八日のセッションでジョン・マクラフリンに会ったときには、さらにカッカしていた。それゆえ、ライフタイムのスター・プレイヤーである彼がマイルスのバンドで、ライフタイムと同じようにレコーディングするのが腹立たしく思え、控えめに演奏したのではないか」。

　思いがけないことに、ウィリアムスの怒りに端を発した抑制的な演奏は、この音楽がうまくいった主たる理由のひとつとなっている。マイルスの「音詩《トーン・ポエム》」の洗練された雰囲気は、トランペット、サックス、ギターによって満たされる音楽的興味と、ベース、ドラム、ピアノ、オルガン、そしてやはりギターによって満たされる色彩と構成の絶妙なバランスのもとに成り立っており、これが少しでも狂っていたら、その雰囲気は壊れていたことだろう。この危ういバランスを保つために、〈シュー／ピースフル〉でのデイヴ・ホランドのパートは、二音《ツー・ノート》の主題《テーマ》の間に機敏な変奏《バリエーション》を挟んだだけの構成となっている。一方、〈イッツ・アバウト・ザット・タイム〉では、彼は三音《スリーノート》のリフと適当な低音メロディ（メルランのセッション目録では「セクション#3」と呼ばれている）を交互に演奏している。これと同じ理由で、マイルスは、マクラフリンに、ジャズやロックのギタリストが普段やっているように間《スペース》を埋めさせるのではなく、「特殊効果」を演奏させることによって、色彩と動きを加えた。

《イン・ア・サイレント・ウェイ》は、アンビエント作品、すなわち「音詩《トーン・ポエム》」として、型にはまらない美的価値観と時間の法則が適用される独自の音楽の世界に入り込んだ。このアプローチを誰もが歓迎し理解していたわけではない。アンビエントの目指すところ（バックグラウンド的なものとなるなど）と、その潜在的な弱点（ミューザック〔商店・レストランなどで流されるバックグラウンド・ミュージック〕に陥る危険性があるなど）の両方について触れている、「持続低音《ドローン》のようなバックグラウンド音楽」というスタンリー・クラウチの意見に賛同する者も多くいただろう。アンビエントとミューザックの区別は、結局のところ、好みの問題ではあるが、基本原則として、ミューザックは感傷的《センチメンタル》で美学的に模倣したものとなりがちな、聴覚芸術のキッチュ〔大衆受けをねらった低俗な作品〕の一形態と言えるだろう。

作家ロバート・M・パーシグは、感傷《センチメンタリティ》について、「感情的に慣れ親しんだものへと体験を狭めていくこと」と説明している。[23]《イン・ア・サイレント・ウェイ》の音楽は独創的で、聴き慣れないものであるため、感傷的なものとはなり得ない。よって、決してミューザックではない。この作品が成功した理由は、ジャズ・ロックとアンビエントという二つの新しい音楽の世界を切り開いただけでなく、それぞれ個別にも、そして二つの合流点としてもうまく機能するように完璧にバランスが取れていることにある。アイディアの明快さとミュージシャンの見事な演奏以外にも成功の秘密があった。そのひとつが革新的な構成である。当時、両面とも音楽が途切れないアルバム（B面は二つの曲を一曲につなぎ合わせたもの）をリリースするというのは、新しい試みだった。これは、一九六七年の初めからライブで途切れない「組曲」を演奏をするようになっていたことを反映したものであり、レコードにおけるこうした構成は、アルバム全体にわたって催眠的《ヒプノティック》な雰囲気をかもし出す重要な要素となっている。もうひとつの理由は、三十八分二秒という短い時間である。この作品の音楽的興味を持続させるには、ちょうど良い長さとなっている。

四分十五秒の長さの〈イン・ア・サイレント・ウェイ〉のセクションが、〈イッツ・アバウト・ザット・タイム〉の開始部および終了部で繰り返されていることに多くの聴き手《リスナー》や評論家は気づいていた。つまり、新しい音楽は三十四分以下ということになる。しかし、このアルバムにまつわる衝撃的とも言える事実に気づいていた者はほとんどいない。このセッションでレコーディングされた音楽の長さについて、ボブ・ベルデンは一時間程度と断言していたが、テオ・マセロは一九七六年のインタビューで、「二時間をゆうに超える」ものだったと説明している[24]。マセロとエンジニアのジョン・ゲリエは、これを四十九分の長さに縮めた。マセロがマイルスに意見を求めると、マイルスは何か「取り除ける」ものがないか、徹底的に聴きこみ、二十七分にまで縮めた。マセロとゲリエは、この二十七分の音楽を編集し、特定のセクションを繰り返すことによって、全体の長さを三十八分にした。例えば、〈シュー／ピースフル〉の最初の五分五十五秒が、十一分五十五秒以降で繰り返されている。つまり、この曲の元の長さは十一分五十五秒プラス、フェードアウト部の九秒しかなかった。

「同じ素材を何度も繰り返して使った[25]」とマセロは回想している。これは、現代のダンス・ミュージックに特徴的な切り貼り《カットアンドペースト》とループの手法を使った初期の例である。こうした編集について、元の音楽が二十七分しかないアルバムを売るためのせこい手口とも言われかねないが、マセロは次のようにコメントしている。「決して人をだますためにやったわけではない。レコーディングされた曲を最高のものに仕上げるための試みだった。レコードが良い反響を得ていることを考えると、きっと誰もごまかされたとは思っていないのだろう。この全く新しいアプローチは、アルバムを創るための燃料だった」。

余分なものを取り除いていくマイルスのアプローチと、マセロの編集技術が組み合わさったことで、音楽の方向性の焦点が定まった[26]。一般の人々の多くが《イン・ア・サイレント・ウェイ》の音楽を理解している一方で、セッションの直後にミュージシャンの多くが何を演奏していたのか理解できていなかったのは、おそらく、レコーディング中は最終的なコンセプトがまだ確立していなかったためだろう。マイルスとマセロの「全く新しいアプローチ」は、セッションの雰囲気の断片を、あたかも静物画のように切り取る作業からなっている。ハーモニーやリズムの展開は実質的にゼロであり、マセロは捉えた雰囲気を持続させることで見事にこれを穴埋めした。編集が非常に巧妙に行われているため、このアルバムがこれほど少ない素材から創られていることに気づいている者は少ない。せこい手口どころか、《イン・ア・サイレント・ウェイ》は先見性のある傑作である。

《イン・ア・サイレント・ウェイ》の物語には、また別の側面もある。マイルスのセッションで演奏したミュージシャンの中には不満を持つ者もいた。最も顕著だったのがジョー・ザヴィヌルだ。スタジオで一緒に音楽を作ったミュージシャンに、マイルスは十分なクレジットを与えていないと彼らは感じていた。しかし、ザヴィヌルはアルバムの主要な曲を提供しているが、最終的にできあがったものは、完全にマイルスのビジョンの成果であり、ミュージシャンやマセロは純粋に彼らの職務を遂行したにすぎない。

ジョン・マクラフリンはインタビューで、よくこの点について強調している。「スタジオでマイルスと一緒に演奏したすべてのミュージシャンに起きていたことは、厳密にはマイルスが仕組んだものだった。この点については、はっきりさせておきたい。マイルスのレコードは常に、彼の注意深い指揮の下で作られ、理解しづらい方法で調整されていた。通常では思いつかないような方法でミュージシャンに演奏させる能力が彼にはあった。彼ら自身が気づいていない能力を引き出す方法を彼は知っていた。僕の場合も間違いなくそうだった。だから、コンセプトに関しては、完全にマイルスのビジョンによるものなんだ。マイルスにクレジットを与えるべきだと僕は思うよ。僕らもみんなアイディアを持っていたし、リフやモチーフを考えついていた。けれども、それらはすべてマイルスと彼の音楽の目的を果たすためのものだった。僕らが考えていたのは、どうすれば彼がやっていることに貢献できるかということだけだった[27]」。

マイルスは次のように指摘したことがある。「ジョーや誰かが曲を持ち込むたびに、俺は全部切り刻む羽目になる。彼らは自分が書くものにこだわりすぎるんだよな。完璧に書き上げたと思っているんだ。ジョーのようにな。彼の〈イン・ア・サイレント・ウェイ〉は、全く別物だった。彼がどういうつもりであの曲を書いたのか俺は知らない。だがあのままではレコードにならないぜ[28]」。また別の機会には、彼はこう説明している。「ムードを確立するために曲を書くんだ。必要なことはそれだけだ。それで数時間はやれるぜ。完成させてしまったら、演奏して、それで終わりだ。一度、決定してしまえば、もう何もすることはない。しかし、オープンな状態ならば、保留にできる。……[29]」。

マイルスは、ミュージシャンに見たことのない基本的な音楽のスケッチを示すという手法を十年以上にわたって発展させ、時代を超えたベスト・ジャズ・アルバムのひとつである《カインド・オブ・ブルー》の制作へとつなげた。同じ手法が用いられたこともあって、《イン・ア・サイレント・ウェイ》も同じように牧歌的《パストラル》で、こわれやすい、時間を超越した感覚を伴っており、ささやくように注意を促すサウンドは《カインド・オブ・ブルー》の旋法的《モーダル》な繊細さと比較されることが多い。しかし、個人的な問題と一九五九年末のバンドの分裂により、マイルスは《カインド・オブ・ブルー》を創造的な指標へと変えた手法をそれ以上発展させることができなかった。それから十年の歳月が経ち、その時とは状況が様変わりしていた。今回、バンドリーダーのマイルスは、《イン・ア・サイレント・ウェイ》で焦点を合わせたアイディアを劇的に発展させることができた。結果的に、このアルバムは、独立したピーク作品ではなく、未知の領域への足掛かりとなった。六カ月後の一九六九年八月、マイルスは、ささやくようなサウンドを暴風の規模と範囲へと成長させた。

第五章　ソーサラーズ・ブリュー

《ビッチェズ・ブリュー》は大きな鍋で、マイルスはその前に立つ魔術師《ソーサラー》のようだった。……
——レニー・ホワイト

彼はまるで、魔法使いのマーリンのようだった。——ビリー・コブハム

一九六九年八月、マイルス・デイヴィスのこれまでで最も大胆な未開の地への挑戦がはじまった。今回は、前に進むことをためらったり、試験的な試みを行ったり、「卵の殻の上を歩く」理由はなかった。できあがったアルバム《ビッチェズ・ブリュー》は、その際立ったタイトルとアブドゥル・マティ・クラーワインによる印象的なレコードジャケットの絵からして先駆的なものだった。マイルスからの個人的な依頼を受けて制作されたクラーワインの表現主義的な作品は、フリー・ラブやフラワー・パワーといった時代精神を捉えたものである。裸の黒人カップルが何かを期待するように海を見つめ、その横には巨大な赤い花が鮮やかに描かれている。このタイトル〔*Bitches Brew*〕が付けられた背景事情については不明だが、「ビッチェズ」の後に所有格を示すアポストロフィが付いていないため、「ブリュー」が名詞ではなく、動詞であることがヒントになる〔動詞としての *Brew* は、「(ビールなどを)醸造する」、「(飲料を)調合する」、「(悪事を)たくらむ」などの意味がある〕。このアルバムは、当時、マイルスの周りにいて、六〇年代カウンターカルチャーの音楽、服装、姿勢を彼に紹介した「コズミック・レディーズ」への「捧げ物」ではないかとカルロス・サンタナは推測している。[1] 一方、ゲイリー・トムリンソンは、「ビッチェズ」はミュージシャン自身を指していると考えている。[2]「マザーファッカー」〔「こんちくしょう」などを意味する侮辱的言葉〕と同じように、「ビッチ」〔「あばずれ」などを意味する女性を軽蔑する言葉であり、「ビッチェズ」は「ビッチ」の複数形〕もアフリカ系アメリカ人の間での仲間言葉を賞賛するシンボルとして用いられている可能性がある。タイトルがどのような意味を持つにせよ、その響きは挑発的なものだった。テオ・マセロは次のように述べている。「例の『ビッチェズ』という言葉がタイトルに使われたのは、おそら

く初めてのことだっただろう。……音楽にふさわしいタイトル、音楽にふさわしいレコードジャケットだよ[3]」。

《ビッチェズ・ブリュー》の音楽も実に挑発的で、並外れたものだ。マイルスにとって、この作品は、一九六七年十二月の〈サークル・イン・ザ・ラウンド〉のレコーディングで追求しはじめた音楽の方向性が後戻りできない段階にまできたことを意味するものとなった。一九六九年八月までの彼は、古巣のジャズへの復帰が容易にかなう程度に、美的なジャズとジャズ・ファンに寄り添っていた。しかし、《ビッチェズ・ブリュー》の激しさとパワーは、もはや方向転換が不可能なまでの勢いを持っていた。ロックとアフリカ音楽に根付いた催眠《ヒプノティック》的なグルーヴは、劇的な新しい音楽の世界の先駆けとなり、マイルスの新たなファンの獲得につながった。しかし、同時に、それぞれが全く異なる、相いれない視点からこの新しい音楽を捉える二つのグループに聴き手《リスナー》を分断する結果を生んだ。クインシー・トゥループの言葉を借りると、この二つのグループは「水と油」のようなものだった[4]。

《ビッチェズ・ブリュー》はジャズにおける重大な分岐点を示すものとなり、ロックにも多大な影響を与えた。マイルスの名声と威信とが組み合わさって、このアルバムは、芽を出しかけていたジャズ・ロックのジャンルに対する注目と信頼を集め、ジャズ・ロックをジャズの圧倒的な方向性として推し進める原動力となった。制作から三十年が経った現在でも、《ビッチェズ・ブリュー》がダウンビート誌で「歴史上、最も革命的なジャズ・アルバム[5]」と呼ばれているのは、こうした理由からである。この作品がジャズ・ミュージック・シーンに与えた影響の桁外れの大きさは、参加したほぼすべてのミュージシャンがその後、それぞれ注目を浴びるキャリアを積んでいったという事実によって示されている。一九七〇年代初期、ジョー・ザヴィヌルとウェイン・ショーターは（パーカッショニストのアイアート・モレイラとともに）ウェザー・リポートに参加、ハービー・ハンコックとベニー・モウピンはエムワンディシを開始、ジョン・マクラフリンは（ビリー・コブハムとともに）マハヴィシュヌ・オーケストラを作り、チック・コリアはレニー・ホワイトとともにリターン・トゥ・フォーエヴァーを結成した。これらはジャズ・ロックのジャンルにおける伝説的なバンドとなり、前述のミュージシャンおよびデイヴ・ホランドとジャック・ディジョネットは皆、今日においても一流のプレイヤーであり続けている。

　カルロス・サンタナ、ヘンリー・カイザー、フレッド・フリス、ビル・ラズウェル、ヴァーノン・リード、トーキング・ヘッズ、ソニック・ユース、デヴィッド・シルヴィアン、スティング、マーク・アイシャム、レディオヘッド、グレイトフル・デッドなど、幅広いアーティストが《ビッチェズ・ブリュー》から影響を受けたことを認めていたり、彼らの音楽の中にその影響を聴くことができる。グレイトフル・デッドのベーシスト、フィル・レッシュは次のように述べている。「それ以前のジャズとは全く違っていて、革命的で、……多くの異なる音楽の見方をひとつにまとめたものだった。僕らの世紀の最大の成果のひとつと言ってもいいんじゃないかな[6]」。レディオヘッドのシンガー／ギタリスト、トム・ヨークは、「僕らが《OKコンピューター》でやろうとしたことの中核にこのアルバムの存在があった」と説明している[7]。そして、アンビエント・トランペッターであり、かつて近現代クラシック音楽作曲家でもあったジョン・ハッセルは、多くのミュージシャンを代弁するように、次のように明言している。「マイルス、あなたがいてくれたことを女神様に感謝します。すべての素晴らしいアートがそうだったように、この音楽は私の想像力の言葉を広げてくれました。以前とは違った方法で、夢を見、想像することができるようになりました[8]」。

　これらの言葉から得られる印象に反して、マイルスは《ビッチェズ・ブリュー》で突然、劇的に全く新しい方向へと音楽の舵を切ったわけではない。彼が長年用いてきた一歩一歩《ステップバイステップ》段階的に先を進めるやり方に依然として従っており、このレコーディングも、おおよそ二年前に定めた進路に向けた、大きいが、しかし論理的な一歩であることに変わりない。参加したミュージシャン、音楽コンセプト、音のテクスチャーの観点では、このアルバムは前作《イン・ア・サイレント・ウェイ》の直系の続編とも言える。

　テオ・マセロは、《イン・ア・サイレント・ウェイ》について、次のようにコメントしている。「（音楽が）ようやくまとまりかけてきた。……それ（《イン・ア・サイレント・ウェイ》）が（《ビッチェズ・ブリュー》の）ひとつ前の作品だった[9]」。そして、突然、すべての要素がひとつになった」。

《ビッチェズ・ブリュー》と《イン・ア・サイレント・ウェイ》ではどちらも、循環グルーヴ、ジョン・マクラフリンの鋭角的なギター演奏、そしてエレクトリック・ピアノのフェンダー・ローズが支配的な役割を果たしている。マイルスは自伝で、曲の長さとミュージシャンの数という点で、《ビッチェズ・ブリュー》のキャンバスを広げたかったと述べている。《イン・ア・サイレント・ウェイ》は八名のミュージシャンが一回のセッションでレコーディングしたのに対して、《ビッチェズ・ブリュー》は十三名のミュージシャンによる三日間のレコーディングの成果である。三日目のリズムセクションは、キーボード奏者三名、エレクトリック・ギタリスト一名、ベーシスト二名、ドラマー／パーカッショニスト四名、バスクラリネット奏者一名からなっていた。マイルスはより重厚な低音域《ボトムエンド》の探求のためにあらゆる努力を払っていた。

　珍しいことに、マイルスのライブ・クインテットも《ビッチェズ・ブリュー》に影響を与えている。当時、マイルスのライブとスタジオの音楽は、それぞれ異なる方向に向いていた。スタジオでの実験的な試みでは、ロック、ソウル、フォークの要素を取り入れるなど、新しい素材を開拓していった。しかし、ライブ・ステージでは、それらを段階的に選別しながら使っていたに過ぎなかった。しかし、一九六九年七月からマイルスのライブ・クインテットは〈スパニッシュ・キー〉、〈マイルス・

ランズ・ザ・ヴードゥー・ダウン〉、〈サンクチュアリ〉を演奏するようになり、これらはいずれも《ビッチェズ・ブリュー》に収録されている（〈サンクチュアリ〉は、一九六八年二月十五日にすでに第二期グレート・クインテットによってレコーディングされていた）。

新たな素材を使った馴らし運転を終えて、自信を得たマイルスは、三日間連続してスタジオを予約した。最初に彼は、《イン・ア・サイレント・ウェイ》のレコーディング・メンバーのうち、ウェイン・ショーター、チック・コリア、ジョー・ザヴィヌル、ジョン・マクラフリン、デイヴ・ホランドを呼び寄せた（今回参加しなかったのはトニー・ウィリアムスとハービー・ハンコックだけである）。マイルスは、「深みのあるグルーヴ」[10]を出せていたという理由でライブ・バンドのドラマーだったジャック・ディジョネットを選択し、ハンコックの代わりにライフタイムのオルガン奏者ラリー・ヤングを呼び寄せ、セッション・ベーシストでコロムビアのプロデューサーのハーヴェイ・ブルックスをこれに加えた。ヤングとブルックスは、ザヴィヌルとマクラフリンとともに、数週間前にマイルスが招集した、彼の妻ベティ・メイブリーの初のソロアルバム《ゼイ・セイ・アイム・ディファアレント》〔ベティ・デイヴィスの名義でリリース〕のレコーディング・セッションでも演奏している（このアルバムは全くの失敗に終わっている）。マイルスはまた、トニー・ウィリアムスと同じくサックス奏者ジャッキー・マクリーンを通じて注目するようになった、十九歳のドラマー、レニー・ホワイトも召集している。

トニー・ウィリアムスを通じてマイルスに紹介されたドラマー／パーカッショニストのドン・アライアスは、「ジュマ・サントス」としても知られるパーカッショニストのジム・ライリーも一緒に連れてきた。テナー・サックス奏者でバスクラリネット奏者のベニー・モウピンは、ジャック・ディジョネットが推したプレイヤーだった。マイルスは、最後の一仕上げとして、天才的ひらめきをもって、モウピンにバスクラリネットだけを演奏するように指示を与えた。こうして、特徴的で謎めいたサウンドが、醸造物《ブリュー》に加えられた。

マイルスによると、ミュージシャンに見たことのない音楽のスケッチを示すという彼が発展させてきた手法は、《ビッチェズ・ブリュー》の制作においても欠かせないものだった。「《カインド・オブ・ブルー》と《イン・ア・サイレント・ウェイ》でやったように、誰も聴いたことも見たこともない音楽のスケッチを持ち込んだんだ」[11]。しかし、これは、三曲がすでにライブ・コンサートで演奏されているという事実、また《ビッチェズ・ブリュー》の制作にあたってはリハーサルが行われたというジョー・ザヴィヌルの主張とは矛盾している。ザヴィヌルは次のように語っている。「このセッションでは事前に準備が周到に行われていた。僕はマイルスの家を何度か訪れている。彼には十曲を提供している。僕はそこから数曲を選び出して、それをもとにスケッチを描いた」[12]。

「最初のスタジオ・セッションの晩、僕らは〈ビッチェズ・ブリュー〉の曲の前半部分のリハーサルをした」とドラマーのレニー・ホワイトは回想している。「リハーサルを行ったのは、確か、その一曲だけだった。ジャック・ディジョネット、デイヴ・ホランド、チック・コリア、ウェイン・ショーターは皆、そこにいた。僕がスネアドラム、ジャックはスネアドラムとシンバルを用意していた。僕はまだ十九歳のガキだったから、マイルスのことが怖かった。頭の中がうわの空という感じだった！　恐れおののいていたよ。でも彼は僕にクールに接してくれた。僕をはげましてくれて、数カ月後には彼の家で一緒に過ごしたりもした。彼からはとても良い影響を受けた」。

マイルスは、より複雑で大規模な作品を求めていたことから、三日間のセッションの間、十数名のミュージシャンの集中を保つには、ある程度の構成と秩序を確立するためのリハーサルが必要と感じたのだろう。それでも、全体像をつかんでいたミュージシャンは一人もいなかったため、彼らは初心者の心境でセッションに臨んでいた。

＊

一九六九年八月十九日の火曜日、午前十時、十二名のミュージシャン、テオ・マセロ、そしてエンジニアのスタン・トンケルが《ビッチェズ・ブリュー》のレコーディング（初日）のために、コロムビアのスタジオBに集結した。このセッションについて、マイルスは次のように語っている。「いったん演奏がはじまると、俺は指揮者のように監督し、音楽が発展し、まとまっていくにつれて、その場で誰かに楽譜を書いたり、俺が考えていることを演奏するように指示したりした。とても自由なのに、しっかりとまとまってもいた。音楽が発展していく過程で、俺はもっと追及すべき部分や抑えるべきところを聴き分けていた。だからあのレコーディングは、創造的な過程が展開された、動的で生きた作曲でもあったんだ。俺たち全員が出発点にしたのは、フーガやちょっとしたモチーフのようなものだった。ある程度それが発展した後には、ある種のミュージシャンを呼び入れて、何か違ったことをやらせるように仕向けた。……それにしても、あのレコーディングのビデオ撮影を思いつかなかったのは、本当に残念だ。……素晴らしいセッションで、全くなんの問題もなかった」[13]。

「音楽が演奏され、それが発展していくにつれて、マイルスは新しいアイディアを思いついていた」とジャック・ディジョネットはコメントしている。「それがこのセッションの素晴らしいところだった。彼は、ひとつのテイクをはじめたかと思うと、それを止めて、それまでにやったことの中から新しいアイディアを見つける。そして、キーボード奏者に『その音をやれ……』などと指示を出しては、そのアイディアを練り上げていった。ひとつのことがまた別のことへとつながっていった。連鎖的に繰り返される工程だ。《ビッチェズ・ブリュー》のレコーディングは、創造的な音楽エネルギーの流れのようなものだった。ひとつのことが次へと流れ込んでいった。演奏を開始してはストップし、おそらくスケッチを描き出すためだと思うが、それからまたレコーディングに戻っていった。マイルスがオーケストラを指揮するように演奏者に指示を出していたこの創作プロセスは、テープに記録されていた」。

レニー・ホワイトは次のように記憶している。「セッションでは、僕らはグルーヴを開始して、そこから演奏に入った。そして、マイルスがジョン・マクラフリンを指差し、ジョンがしばらく演奏すると、マイルスはバンドの演奏を止める。演奏が再開されると、彼は今度はキーボードを指差し、誰かが別のソロを演奏する。すべての曲はこんな感じで、細切れに作られていった。ピアノ奏者だけが描かれたスケッチを目の前にいくつか置いていた。マイルスは、サングラスをかけていたという理由で、ジャック・ディジョネットにリズムセクションのリーダーとなるように言ったんだ！　僕はジャマイカのクイーンズの出身で、過去に他のドラマーと一緒に演奏した経験があった。僕は、二人のドラマーの存在を意識させないように、有機的で調和の取れた、タイトで継ぎ目のないサウンドになるように強く意識して演奏した」。

ホワイトは続ける。「《ビッチェズ・ブリュー》は大きな鍋で、マイルスは魔術師《ソーサラー》のようだった。彼は、『少量のジャック・ディジョネットとジョン・マクラフリンを少々、それにレニー・ホワイトをひとつまみ加えてみよう。それと、バスクラリネットを演奏するベニー・モウピンも小さじ一杯』とか言いながら、その前に立っているんだ。彼のその調合はうまくいった。彼は、面白い組み合わせができると思ったミュージシャンを集めた。ハーヴェイ・ブルックスはなぜ自分が呼ばれたのかわからないと言っていたが、彼はアコースティック・ベースを弾いたデイヴ・ホランドとの面白い組み合わせになった。大規模な、制御された実験だったけれど、マイルスはビジョンを持っていて、それを実現した」。

「二名のベーシストと二名のドラマーを使うというアイディアは実に興味深いものだった」とデイヴ・ホランドも同意する。ハーヴェイと僕との間の役割分担は曲によって違っていたが、僕の記憶では、ハーヴェイはエレクトリック・ベースによる主要なラインの構築を担当し、僕はアコースティック・ベースで、より自由なパートを演奏することで、音楽に装飾をつけていた。マイルスは、いつも最小限の指示しか与えなかった。僕らがうまくいくだろうと思った通りに演奏させてみて、それが使いものになれば、そこでお終いだった。彼のアプローチでは、指示を出さなければならないということは、ミュージシャンの選択を間違ったことになるんだ。何らかの記譜が必要な場合は、ベースラインやコード進行、あるいは関連するメロディなどを使って、コラージュ的に示していた。ただし、それは決して、長かったり、詳しいものではなかった。ひとつひとつのセクションはかなりコンパクトにまとめられ、次のセクションへと進んだ。《ビッチェズ・ブリュー》のレコーディングはこのように、とても断片的なものだった。僕らはアイディアのスケッチをいくつか与えられていて、それをもとにそれぞれ十分くらい演奏する。そこで止められたり、それで終わりだったりする。同じようにして、もうワンテイク演奏することもあった。そうして、次に進んでいく。リハーサルなのか本番なのかわからないこともよくあった。けれども、マイルスは、すべてを録音するという方針を持っていた」。

「気に入っていたミュージシャンにそれぞれの楽器を演奏させて、彼も楽しんでいたと思うよ」とディジョネットは付け加える。「風変わりで、内容がぎっしり詰まったセッションだった。指示はあまりなかった。ところどころでの言葉による指示がほとんどだった。僕らはその場でいろいろと作り上げていったんだが、重要なのは、テープが常に回っていて、それが録音されていたということだ。マイルスはよく、『そうじゃない。これは駄目だ。別のことをやってみよう』と言っていた。でも、それは誰かがミスをしたとか、そういうことじゃないんだ。マイルスは全体を聴いていて、ムード、フィーリング、テクスチャーを捉えようとしていた。彼は常にものごとの本質を追い求めていた。それは、不完全な音《ノート》をやり直すことよりもずっと大事なことだった。彼にとっての完全とは、ものごとの本質を捉え、その瞬間を共有することなんだ。その後で、彼とテオは、これらのあらゆる瞬間を編集し、組み立てていった。編集結果には驚かされるものもあったが、全体的には、継ぎ目なく、音楽の感覚と強さが伝わってくるものだった」。

コロムビアのスタジオBで初日にレコーディングされた最初の曲が、前の晩にマイルスの家でリハーサルを行った〈ビッチェズ・ブリュー〉だった。マイルスの指揮とセクションごとに録音する手法の見事な例が、演奏者たちが終結へと向かいかける七分二十八秒の部分で聴ける。マイルスは何か解読不能な指示を出して、ミュージシャンに演奏を続けさせるが、すぐにまた無秩序化するため、この時点ではまだどこに向かっているのか良くわからない。そして、七分五十秒に、マイルスは「ジョン」とだけ言って指示を出す。マクラフリンがソロ演奏をはじめ、バンドが再びグルーヴを取り戻す。このようにして、十分な量の素材が録音されていき、（マイルスが演奏していない）アウトテイクからは〈ジョン・マクラフリン〉というタイトルの別の曲も作られた。

〈ビッチェズ・ブリュー〉をレコーディングした後、モウピン、ザヴィヌル、マクラフリン、ブルックス、ホワイトを除くメンバーで〈サンクチュアリ〉を演奏した[14]。この曲は、ウェイン・ショーターが書いたもので、一九六八年二月に第二期グレート・クインテットでもギタリストのジョージ・ベンソンとともに、ゆるやかで、音数の少ないバージョンをレコーディングしている。続いて、十二名のメンバー全員で、ザヴィヌルが書いた二曲、〈ファラオズ・ダンス〉と〈オレンジ・レディ〉を試したが、これらのテイクは採用されなかった。

〈マイルス・ランズ・ザ・ヴードゥー・ダウン〉（タイトルはヘンドリックスの〈ヴードゥー・チャイル〉を意識している）は次の日にレコーディングされた。この曲に関しては、ライブ・クインテットでの過去の演奏が、スタジオのリズムセクションでは問題となった。七名のミュージシャンの追加によって、この曲の感覚や調子が変わり、ジャック・ディジョネットがライブで見せていたミディアムテンポのルーズなグルーヴはうまく機能しなかった。

「レニーとジャックの演奏が思ったものになっていなかったようだ」とドン・アライアスは説明している。「……マイルスはバディ・マイルスのようなサウンドを望んでいたように思う。彼はちょうどファンクに興味を持ちはじめていたからね。……もう一度彼は演奏をチェックしてみた。やはり納得ができない。でも私もこれ以上はやりたくなかった。ニューオーリンズのマルディグラに参加したときに、このドラム・リズムを私は覚えたんだ。……こう考えたんだ。『この曲にこのリズムは完璧じゃないか』って。でもこれ以上はやりたくなかった。けれどマイルスはもう一度チェックしている。そこで私はそれを遮ってこう言ってみた。『マイルス、このリズムは最高だよ。この曲にピッタリだと思うけど』。それに対して、彼はこう答えた。『スタジオに戻ってもう一度叩いてくれないか』。だから私はドラムセットに座ってもう一度プレイして見せた。すると、彼はこう言うんだ。『ジャックにそれを見せてやれ……ジャックに見せろ』ってね。普通の叩き方と違うやり方で、ある種のリズムを私は叩いて見せたんだ。……結局ジャックにはそれができなかった。そこでマイルスは私にこう言ったのさ。『そこにいろ（レニー・ホワイトのドラムセットに）』。これが〈マイルス・ランズ・ザ・ヴードゥー・ダウン〉で私がドラムセットを叩いた理由なんだよ」[15]。

三日目のレコーディング最終日、ホワイトがドラムの席に戻り、アライアスはコンガを叩いた。十三人目のミュージシャンとしてラリー・ヤングが加わり、エレクトリック・ピアノを演奏した。《イン・ア・サイレント・ウェイ》のときと同じように、再び三名のキーボード奏者が揃った。演奏時間の長い二曲、〈スパニッシュ・キー〉とザヴィヌルの〈ファラオズ・ダンス〉がテープに録音された。全体として、豊富な素材が三日間にわたってレコーディングされた。

「このセッションは午後三時か四時くらいまで続き、三日間のレコーディングが終了した後、僕らはマイルスの家に行って、編集前のテープをすべて聴いた」とホワイトは記憶している。「半年後、全く違ったものがレコードとしてリリースされたんだ。曲の先頭部分が抜き出されて、真ん中の部分に入れられたりしていた。基本的に、テオ・マセロは、もともとは全然違うものを創り上げた。マイルスはきっと、テオには『あんたがベストと思うようにやってみてくれ』と言い、その結果を承認したり、却下したりしていたんだと思う」。

＊

最後のコメントで、レニー・ホワイトは、《ビッチェズ・ブリュー》の遺産であり伝説の一部となっている多くの論争のひとつ、すなわちこのアルバムでの大規模なポストプロダクションの適用について触れている。アルバムの最初の二曲、〈ファラオズ・ダンス〉とタイトル曲に対するテープ編集は非常に複雑なもので、広範囲におよぶ影響を音楽に与えている。マセロはさらに、エコー、リバーブ、そしてコロムビアの技術者が開発したテオ・ワンと呼ばれる機械を使用したスラップ（テープ）ディレイといったスタジオ・エフェクトをツールとして用いた。この効果は、〈ビッチェズ・ブリュー〉の開始部と〈ファラオズ・ダンス〉の八分四十一秒の部分で、はっきりと聴くことができる。

エンリコ・メルランの研究と、一九九八年のCD四枚組ボックスセット《ザ・コンプリート・ビッチェズ・ブリュー・セッションズ》のリリースによって、このアルバムのポストプロダクション工程について、新たな重要な光が投げかけられた。これらは、マセロが、〈サークル・イン・ザ・ラウンド〉や《イン・ア・サイレント・ウェイ》と同じように、テープ編集によって大きな楽節をつなぎ合わせただけでなく、小さな音楽の断片を編集して全く新しい主題《テーマ》を創り出していたことを示している。この両方のアプローチを用い、〈ファラオズ・ダンス〉には十八カ所にもわたって編集が加えられている(16)。ストップ・スタートではじまる有名な開始部分の主題《テーマ》は、ポストプロダクションの過程で創られたもので、十五秒と三十一秒のテープの断片をループで繰り返している。また、八分五十三秒と九分〇秒の間には主題《テーマ》のマイクロ編集が加えられ、八分三十九秒の部分に現れる一秒間の断片は五回繰り返されている。

「私には、素材に対する白紙委任状が与えられていた」とマセロは説明する。「何でも好きなように動かせた。最初から最後まですべて録音し、それをすべてミックス・ダウンした後、編集室にテープを持ち込んで聴いた。『この短い部分はいいな、ここところは合いそうだ、ここに入れてみよう』といった感じで作業を進めた。それから、電子的効果、ディレイ、オーバーレイと、いろいろなエフェクトを加えていった。……スタジオで作業を続け、また編集室に戻っては編集し直す。前部から後部、後部から前部、そしてその間の部分と編集していって、ひとつの曲にした。編集室にいたときの自分は狂人のようだった。曲ができあがると、すぐにマイルスに送って、『気に入ってくれたかな？』と感想を聞いてみる。そうすると、彼はだいたい、『ああ、いいよ』、『いいんじゃないか』、あるいは『あんたならそうすると思ったよ』と言うんだ。……テープに手を加えろと言われたことは一度もなかった。それから、四週間から五週間かけてこれらのテープを納得のいくサウンドに仕上げた(17)」。

マセロは、《ビッチェズ・ブリュー》でのポストプロダクション処理に関するインスピレーションをクラシック音楽から部分的に得ていたようだ。イギリスの作曲家ポール・バックマスターは、十八世紀後半から十九世紀のインストゥルメンタル音楽の中心だったソナタ形式に近い構成をプロデューサーのマセロは〈ファラオズ・ダンス〉と〈ビッチェズ・ブリュー〉で創り上げたと指摘している。モーツァルトやベートーヴェンといった曲家が用いていたソナタ形式は基本的に、二つの主題《テーマ》からなる提示部、展開部と呼ばれる中間部（提示部で示された主題《テーマ》がさまざまに変形、変奏される）、再現部（提示部の二つの主題《テーマ》の繰り返しを含む）、そして最後のコーダによって構成される。

〈ファラオズ・ダンス〉では、〇分〇秒から二分三十二秒のセクションに二つの主題《テーマ》（第一主題《テーマ》が〇分〇秒から〇分十五秒まで、第二主題《テーマ》が〇分四十六秒から）が含まれており、これを提示部と呼ぶことができるだろう。二分三十二秒からはじまるソロ演奏部、すなわち展開部では、二分五十四秒と七分五十五秒のところで提示部の素材を引用している。マイルスのトランペットにテープディレイが編集で加えられた八分二十九秒から八分四十二秒の間の劇的な展開部が八分四十四秒から八分五十三秒で繰り返され、八分五十三秒から九分〇秒までの間に五回繰り返される一秒間のテープループがそれに続く。マイルスがようやくザヴィヌルの壮快なメイン主題《テーマ》（曲の最初の部分でも提示されているが、本格的には演奏されていない）を演奏しはじめる十六分三十八秒からを、コーダとみなすことができるだろう。（編集チャートの詳細については、メルランのセッション目録を参照。）

〈ビッチェズ・ブリュー〉におけるソナタ形式の影響はこれほど明快なものではないが、それでも十分にはっきりと見て取れる。エンリコ・メルランの分析では、（〈ファラオズ・ダンス〉と同様に）新たな主題《テーマ》を作っているいくつかの短いテープループ（この場合、三分一秒、三分七秒、三分十二秒、三分十七秒、および三分二十七秒の部分）を含め、この曲には十五カ所に編集が加えられている。聴き手《リスナー》の耳に留まるもうひとつのセクションが、十分三十六秒から十分五十二秒までのテープループである。マセロが短いトランペットのフレーズをループさせて作った、この刺激的な部分は、前もって作られた主題《テーマ》のように聞こえる。〇分〇秒から三分三十二秒までのセクションを提示部と呼ぶことができ、第一主題《テーマ》が〇分〇秒（低音バンプ）と〇分四十一秒（対応するメロディックな主題《テーマ》）からはじまる。第二主題《テーマ》は二分五十秒の部分に挿入された。マイルス、マクラフリン、ショーター、コリアがソロを演奏する三分三十二秒から十四分三十六秒までの間で展開が生じる。十四分三十六秒に第一主題《テーマ》が再現され、十七分二十秒からはじまる別の展開がそれに続く。曲の頭から二分五十秒までの部分をそのまま繰り返している最後の再現部分はコーダとみなすことができる。

〈ファラオズ・ダンス〉と〈ビッチェズ・ブリュー〉の編集におけるマセロの強い関与、そしてアルバムの収録曲として〈ジョン・マクラフリン〉が選択されたことについては、これらがライブ・バンドでは演奏されたことのない曲だったことと関係しているかもしれない。マイルスは、これらの曲の最終形態について、明確なビジョンを持っていなかった可能性が高い。これに対して、〈スパニッシュ・キー〉、〈マイルス・ランズ・ザ・ヴードゥー・ダウン〉、〈サンクチュアリ〉は、いずれもライブ演奏されたことがあり、マイルスには構成を機能的に発展させる時間が与えられていた。〈サンクチュアリ〉だけは、五分十三秒の部分が編集されており、マセロはそこに別のテイクを重ねている。また、マセロの編集も、マイルスがこれら三曲で用いた形式の影響を受けている可能性が高い。特に、循環形式を持つ〈スパニッシュ・キー〉では、マイルスが〇分三十六秒、九分十七秒、十六分四十八秒にメイン主題《テーマ》を提示し、ソロ演奏部で数回にわたりメイン主題《テーマ》を引用している。

「マイルスと私の間で……会話を交わすことは非常に少なかった」とマセロはマイルスとの共同作業における関係性について述べている。「……もし、三時間のセッションの中で、二十単語も話したら、多いくらいだった。けれども、決して、不思議なことではない。……彼が音楽制作に時間をかけるのと同じくらい、自分もそれを聞くために時間を割いていた。彼は頭の中で、何週間もかけて、曲を見直すことがあったが、私もテープを聴くときはそれと全く同じだった。マイルスと彼の音楽に関して言えば、マイルスと仕事をするときには、実験的な試みを思う存分やることができた。彼の音楽をもとに、切り貼りしたり、フィルターをかけてみたり、何でも好きなことをやらせてもらえた。ただし、それは彼が理解している人間に限られる。つまり、誰にでもそうさせてくれるわけではない。……彼に確認を取らずに、好き勝手に手を加えることはなかった。……最終的な判断はアーティストに任せる。そのレコードと運命を共にしなければならないのはアーティスト自身だからだ[18]」。

＊

《ビッチェズ・ブリュー》の編集で見せたマセロの非凡な才能、そしてマイルスのエレクトリック・ミュージックにおける彼の役割は、ビートルズの作品におけるジョージ・マーティンの役割に例えられる。マーティン同様、マセロもクラシック音楽の感性をミュージシャンの音楽に添え、長期間にわたって一緒に仕事をしている（一九五八年から一九八三年まで）。マセロは、デイヴ・ブルーベック、チャーリー・バード、デューク・エリントン、エラ・フィッツジェラルド、レナード・バーンスタイン、セロニアス・モンク、チャールズ・ミンガス、ラウンジ・リザーズ、ヴァーノン・リード、ロバート・パーマーなどの作品を手がけており、二十世紀の音楽に忘れられない足跡を残した。しかし、彼が音楽に与えた影響、特にマイルス・デイヴィスの作品のそれについては、あまり広く認識されていない[19]。

マセロの役割について、マイルスが公に認めることは少なかった。彼の自伝でも、プロデューサーのマセロについて触れているのは数カ所だけであり、それもついでに触れている程度にすぎない。これは、一九六四年の《クワイエット・ナイト》のリリースにマセロが関わっていたために、二年以上にわたって、マイルスが彼とは口をきかなかったことに例証されるように、彼らの愛憎の絡み合った関係に起因していると考えられなくもない。激しい口論があったことや、マセロが彼らの関係を「結婚生活」[20]のようだったと述べていることなどから、創作面では実り多いが、個人レベルでは緊迫した関係だったことが窺える。

マセロの見解としては、「マイルスはいつだってすべて自分の手柄にしたがった。多くのアルバムで、彼はミュージシャンの名前をレコードジャケットに載せたがらなかった」[21]。マセロが一度だけボーナスの支給を求めたとき、マイルスは「あんたはそれに見合う仕事はしていない。これくらいのことは誰でもできたさ」と答えたと、彼は主張している[22]。マイルスが公然とマセロの功績を認めるのをためらった理由は、おそらく、黒人の創造的な業績を白人が横取りしたり、白人にその業績が与えられたりしてきたのを彼の人生で幾度となく見てきたからだろう。マイルスは自伝で次のように述べている。「こうして俺が作った《ビッチェズ・ブリュー》を、クライブ・デイヴィス（当時のコロムビア・レコードの社長）とテオ・マセロのアイディアだと書いた奴がいたが、二人ともなんの関係もないし、とんでもない嘘っぱちだ。現状を打ち破るような革命的なコンセプトを持っていたから、白人同士がお互いに、本来値しないクレジットを与えようとしあったんだ。いつものパターンさ。連中はいつも、事実の後で、歴史を都合よく書き換えようとするんだ」[23]。そして、一九七三年のインタビューで、マイルスは次のように不平を述べている。「俺が演奏している限り、連中は絶対に、俺が何かをやったとは言わない。いつも白人の手柄にするのさ」[24]。（先に述べた通り、《キリマンジャロの娘》と《イン・ア・サイレント・ウェイ》のアルバムカバーに、「音楽ディレクション担当マイルス・デイヴィス」という文言が表示されているのは、こうした理由からである。この表示のあるレコードは、《ビッチェズ・ブリュー》が最後となる。）

ジョージ・マーティンの多大な影響がビートルズの非凡な才能に対する評価を下げることがないのと同様、いくらマセロの重要性を強調しても、決してマイルスの業績が損なわれることはない。実際、マイルスがマセロの思いどおりにやらせていたところに、彼の寛大さが示されている。現代のアーティストの多くが、自身のアルバムのレコード制作、プロデュース、そしてときには技術的な部分も含め、あらゆる側面を支配したがる傾向にある。しかし、それが必ずしも良い結果に結びつくとは限らない。マセロは次のように語ったことがある。「マイルスは、あらゆる決定を私に任せていた。最近の人たちは、プロデュースから、作曲から、全部を自分でやりたがる。そんなにやりたければ、やればいいさ。そうやって、経費を節約したいのなら、どうぞと言ってやりたい」[25]。

偉大なアーティストは、自らの強みと限界を正しく理解することによって、より多くの機会を得て、飛躍できる。今ここでの即興性を重視するミュージシャンのマイルスは、時間がかかり、骨の折れるポストプロダクション作業に深く関わる意思、忍耐力、そして技術を持っていなかった。さらに、マイルスの最大の長所のひとつは、一緒にプレイするミュージシャンに自由に演奏させたことだ。ポストプロダクション作業の責任をマセロに委託したのも、これと同じ姿勢の表れと言えるだろう。

マイルスにとって音楽がきわめて神聖なものであったことを考えると、いかにマセロを深く信頼していたかがわかる。

「私たち二人は、一緒にやってきたことから様々なことを学んだ」とマセロは述べている。「私は、編集の観点から、曲を作り変えていくことを学んだ。……マイルスのプロデューサーになることは、創造的な仕事だった。実際、他のどんなアーティストの場合よりも、創造力が求められた。音楽のことを良く知っている必要がある。自らも作曲者となって、彼から期待される多くのことを判断しなければならなかった。……私は作曲者、マイルスは作曲者兼ミュージシャン兼演奏者として、曲をまとめていった……アーティストと同様に創造力が求められる。彼と同じくらい創造力がなかったら、それまでだ(26)」。

*

マイルスとマセロは、最も多くの編集を加えた実験的な二曲、〈ファラオズ・ダンス〉と〈ビッチェズ・ブリュー〉をアルバムの先頭に収録することによって、彼らの作品の共同作業的な側面に注目を集めたかったのではないだろうか。ちょうど、意思表示をするように。マセロの編集は、すぐにはわからないものだ。不安と構造の両方の潜在感覚を作り出すもので、最初は把握しづらいが、ただちに音楽をジャム演奏のレベルから引き上げていく。これらの編集は、マイルスと演奏者たちとの間のインタラクションを損なわないという点においても成功している。マクラフリン、複数のキーボード奏者、モウピン、ショーター、ホランドは、いずれもソロを取っているが、いずれも調合《ブリュー》されたものの上を瞬間的に漂っているかのようにミックスされている。マイルスの演奏とは違い、その域を出ることはない。《ビッチェズ・ブリュー》には事実上、ソロが含まれていないという不満を口にするジャズ評論家もいたが、彼らは実際には存在するソロに気づいていないばかりか、より重要なことに、このアルバムの音楽的な本質が、連続するソロではなく、マイルスと演奏者たちの間でのインタープレイ〔即興演奏で、他の演奏者の演奏に応える演奏〕であることに気づいていなかったのだ。

マイルスのトランペットは、シンガーのように、より前面に出るようにミックスされた。これによって、力強く音域の広い彼の演奏、そして彼が音《ノート》をフレージングすることでいかに他のミュージシャンを導いていたかが聴けるようになっている。第二期グレート・クインテットで限界に挑戦してきた五年間を経て、さらに健康状態も良く、彼のトランペット演奏能力はピークを迎えていた。マイルスの丸みのある、中身の詰まった、パワフルなサウンド、そして、ときにメロディではなくリズムを中心とする雄弁なフレーズで演奏者たちを動かしていくさまは特筆に値する。〈ファラオズ・ダンス〉の三分三十四秒からはじまる彼のソロが良い例だ。ここでの彼のサウンドは、まるでバンドとレスリングあるいはボクシングをしているかのように、押しては引き、かじを取りながら、一定の緊張と緩和を作り出している。大勢のプレイヤーのそれぞれの演奏がまとまりなく目立たないものになってしまわないように、ソロ奏者が変化をつける代わりに、マイルスがコントラストをつけ、興味を引きつけ、刺激を与えている。

当時、将来有望なドラマーになると目されていたビリー・コブハムは、《ザ・コンプリート・ビッチェズ・ブリュー・セッションズ》に追加収録された曲で演奏している(27)。そのときのことを思い出して語るコブハムの声には、いまだに畏敬の念が感じられた。「マイルスは、これまでの彼の最高のバンド、第二期グレート・クインテットを解散したばかりで、彼のトランペット演奏もピークの状態にあった。彼はいつでも究極の音楽フレーズを吹いていた。たとえ、それが技術的に正しいものでなかったとしても。本当に信じられないものだった！ フレディ・ハバードの卓越した熟練のトランペット演奏を聴いて、その後に、マイルスを聴いたとする。すると、フレディがやったことを、マイルスは五つの音《ノート》に集約してやってしまうんだ。必要なことがその五つの音《ノート》にすべて凝縮されている。それらを取り巻く空気が音楽となる。そして、造詣が深まり、重要性を増してくる。学んでできることじゃない。とにかく、マイルスにはそれができた。彼はまるで、魔法使いのマーリン〔ヨーロッパ中世における伝説上最も高名な魔法使いの一人〕のようだった。間《スペース》の使い方に関する、マイルスの持って生まれた才能によるものさ。演奏しないことが、演奏することよりも重要になっていた。けれども、それは正しい間《スペース》で、正しいタイミングでなければ駄目だ！ 彼がひとつの音《ノート》を演奏して、その音《ノート》が五小節とか八小節の展開につながっていくところなんて、人間わざとは思えないよ。その音《ノート》こそが、極めつきの音《ノート》なんだ」。

疑いなく重要な曲と言える〈ファラオズ・ダンス〉は、ライブでは演奏されたことがない。このため、マイルスはこの曲の成功を疑問視していた可能性がある。一方、アルバムのタイトル曲は、一九七一年十月までの二年以上にわたり、ライブ・バンドの中心的なレパートリー曲となっていた。この曲は常に、アルバムに収録されている時間（二十六分五十八秒）の約半分の長さで演奏されていた。このことからも、アルバムの最初の二曲が長すぎるという指摘がある（〈ファラオズ・ダンス〉は二十分三秒）。これについては、二つの見方ができる。「抽象的《アブストラクト》」なアンビエントな雰囲気としての音楽を、その中に入り込んで歩き回ることができるジャングルのような環境として考えた場合、これらの曲の長さは、興味を引きつけるための重要な要素となる。しかし、ソロ、主題《テーマ》、グルーヴ、変形、展開を重視する、より伝統的な「造形的」側面からすると、〈ファラオズ・ダンス〉と〈ビッチェズ・ブリュー〉は長すぎ、どちらも大幅に縮めた方が良いと思われる。ライブ演奏における〈ビッチェズ・ブリュー〉の大胆な短縮は、ライブ・バンドの規模が小さいという理由も部分的にはあるだろうが、マイルス自身も同じ見解を持っていた可能性がある。

〈サークル・イン・ザ・ラウンド〉と同様に、マセロの編集は部分的にしか成功していない。このことは、〈ビッチェズ・ブリュー〉のアウトテイクである〈ジョン・マクラフリン〉によって証明されている。四分二十二秒のこの曲は、最初から最後まで興味を引きつけておくことができ、この種の音楽は中身が詰まった形式の方が有効に機能することを示している。さらに、編集が加えられていない主要な曲、〈スパニッシュ・キー〉と〈マイルス・ランズ・ザ・ヴードゥー・ダウン〉の方が焦点がはっきりしており、マイルスの最高のソロも含まれている。マイルスが《スケッチ・オブ・スペイン》や《カインド・オブ・ブルー》の〈フラメンコ・スケッチ〉で試していたスペイン音楽の影響を再び取り入れた〈スパニッシュ・キー〉は、いくつかの異なる音階《スケール》や主音に基づく、流れるようになめらかなブギとなっている。エンリコ・メルランは、この曲には、彼が「符号化フレーズ」と呼んでいる、バンドを次の楽節へと導く音楽的な合図が用いられていると指摘している。「転調は常に、ソロ奏者が新たなキーでフレーズを演奏するところからはじまっており、主音を変えたいというソロ奏者の意思表示である」とメルランは書いている。「この手法は、〈フラメンコ・スケッチ〉で初めて用いられている。デイヴィスは、〈フラメンコ・スケッチ〉のアイディアを当時（六〇年代末期）の音楽的実験に取り入れようと試みており、実際、成功していたと思う」[28]。全体を通して、うだるような感覚と魅惑的な雰囲気に溢れている〈スパニッシュ・キー〉（曲の全体の長さは十七分三十二秒）は、自然な終焉へと向かう十三分あたりで終わっていた方が、より効果的だったかもしれない。〈マイルス・ランズ・ザ・ヴードゥー・ダウン〉は、美しい深みのあるベースライン、アライアスのゆっくりと燃え上がるニューオーリンズ的なドラム・グルーヴ、タイトな構成、そしてマイルス、マクラフリン、ショーター、ザヴィヌルによる見事なソロによって、おそらく、《ビッチェズ・ブリュー》で最も成功した曲となっている。一九七〇年八月までは、ライブでも最も好んで演奏されていた曲だった。《ビッチェズ・ブリュー》に収録されたバージョンの〈サンクチュアリ〉は、表情豊かで力強いものとなっているが、一九六八年二月に第二期グレート・クインテットによって最初にレコーディングされたときの繊細さを欠いている。

＊

《ビッチェズ・ブリュー》の音楽が質的にどう評価されようと、マイルスの大鍋《コルドロン》に調合して加えられた影響の数々を軽視すべきでない。マイルスは、五〇年代末期に開発した即興的な作業手順に、ロック、フォーク、ソウル、アフリカ音楽などからの影響を取り入れた。また、第二期グレート・クインテットで開発した作業手順に基づく、演奏者たちの集合的即興演奏《インプロヴィゼーション》と、マイルスとグループとの間のコール・アンド・レスポンスの構造は、どちらも初期のジャズに根付くものである。マイルスは自伝で、《ビッチェズ・ブリュー》の集合的即興演奏《インプロヴィゼーション》について、四〇年代末期にハーレムのミントンズで参加したジャム・セッションと関連付けて語っている。多くのライターが書いているように、マイルスもまた、この作品の万華鏡のような音世界をニューヨーク市の喧噪になぞらえている。そして、レニー・ホワイトの言葉にもあるように、マイルスはこのミュージシャンやあの作曲家を「少量」加えるなどしているが、単に彼らの素質を巧みに混ぜ合わせただけでなく、バスクラリネットと広がりのあるパーカッションによって、ジャズとロックの音のパレットを拡大させた。一九六九年当時、これらはジャズとロックのどちらにおいても新しいサウンドだった。

　この爆発性の混合物に、テオ・マセロは、二十世紀中期のスタジオ技術、十九世紀のクラシック音楽的な音楽構造の意識、そして音楽を抽象《アブストラクト》的なサウンドのブロックとする考え方を加えた。言い替えるなら、《ビッチェズ・ブリュー》で最も編集が加えられた二曲は、「造形」芸術と「抽象《アブストラクト》」芸術の混成物《ハイブリッド》である。これら二曲では、ソナタ形式に類似する伝統的な音楽のラインに、ミュジーク・コンクレートから生まれた切り貼り《カットアンドペースト》の手法、セリエル音楽〔十二音技法から発展し、音の高さ、長さ、強弱などについて一定の繰り返しパターンを用いた音楽〕、そして後にアンビエントやダンス・ミュージックに影響を与えるスタジオ技術が組み合わされている。これに、クラシックの無調音楽のなごりを感じさせる、キーボード奏者による半音階を駆使した即興演奏《インプロヴィゼーション》が加えられている。このように、《ビッチェズ・ブリュー》の制作には、広範にわたる影響が取り入れられているのは明らかだ。これが、この作品の計り知れない成功と影響をもたらした理由のひとつとなっているのは間違いない。この作品を偏見なしに聴こうとする者なら、実際に誰でも、音楽の中に聞き覚えのある何かを感じ取ることができる。わかりやすいメロディ、フック、バンプなどはほとんど含まれていないにもかかわらずだ。

　《ビッチェズ・ブリュー》は、六〇年代末期のありとあらゆる音楽の両極性（ジャズとロック、クラシック音楽とアフリカ音楽、即興音楽と音符に記された音楽、ライブ演奏とポストプロダクション編集など）を網羅している。この作品の素晴らしいところは、これらの両極性の間隙を埋め、それを超越し、本質的に異なる要素を取り入れて全体として全く新しいものを作り上げ、結果としてそれが、それぞれの構成要素を足し合わせたものをはるかに凌ぐものとなっているという点である。《ビッチェズ・ブリュー》で探求されている新たな漠然とした音楽の世界。その「コンセプト」と音楽を完全に説明または定義しようとするいかなる試みも十分なものとはなり得ないだろう。この音楽に名前を付けるとしたら、レニー・ホワイトの次の表現がいい線をいっているかもしれない。「アフリカン・アメリカン・クラシック・ミュージック――数百年間にわたって西洋で発展した和声的《ハーモニック》な表現をアフリカ系アメリカ人が演奏したものに、アフリカ系アメリカ人のリズムのアプローチを組み合わせた音楽」。

　《ビッチェズ・ブリュー》がいかに新しい未知の音楽パラダイムを切り開いたかについてジョー・ザヴィヌルが語っている内容は、《イン・ア・サイレント・ウェイ》のセッションでジョン・マクラフリンが理解不能と述べていたこととよく似ている。キーボード奏者のザヴィヌルは、完成した《ビッチェズ・ブリュー》セッションの音楽を別の状況で聴いたときに、それと気づかなかったことにひどく当惑した。「僕は当時のセッションをあまり楽しめていなかった」とザヴィヌルは思い出を語っている。「それほど刺激的なものとは感じていなかった。それから、しばらくして、CBSのオフィスを訪れたとき、秘書が信じられないほど素晴らしい音楽をかけていたんだ。最高にいかす音楽だった。それで、彼女に『これはいったい誰だ？』と聞いてみた。すると、彼女は『例の《ビッチェズ・ブリュー》よ』と答えたんだ。僕は、『なんてことだ、すごい作品に仕上がっているじゃないか』と思ったよ[29]」。

また、この作品には当時の時代も反映されている。六〇年代末期から七〇年代初期にかけて、人々が必ずしも理解できなくても、生を感じさせてくれたり、彼らに語りかけるような音楽が世の中に溢れていた。当時の人々の間には、習慣から抜け出て、一風変わった、物議を醸すものを楽しもうとする気運があった。この音楽のエネルギーと神秘性、タイトル、人目を引く超ヒップなレコードジャケット、そしてラルフ・J・グリースンによる意識の流れ的なライナーノーツ、これらすべてが完璧に時代精神を表現していた。あらゆる要素が継ぎ目なくひとつにまとまり、その効果は絶大なものとなった。本作品は初年度に四十万セットを売り上げ、マイルスはグラミー賞の「最優秀ジャズ・パフォーマンス・ソリスト・ウィズ・ラージ・グループ賞」を受賞した。この結果、グリースンの印象的な次の言葉も、大げさなものではなく、先見の明のあるものに聞こえる。

「この音楽は、《クールの誕生》や《ウォーキン》がしたように世界を変えるだろうし、伝達がより速く、より整った今では、さらに深く、瞬く間に変えるだろう[30]」。

＊

一九六九年八月にレコーディングを行った音楽に加えて、《ザ・コンプリート・ビッチェズ・ブリュー・セッションズ》には一九六九年十一月と一九七〇年二月のセッションでレコーディングされた曲も収録されている。総収録時間は、オリジナル・アルバムの九十四分から約二百六十六分へと劇的に増えている。追加収録された曲のいくつかは、《ビッグ・ファン》、《サークル・イン・ザ・ラウンド》、《ライヴ・イヴル》といったアルバムですでにリリースされているが、約八十六分におよぶ九曲が未発表曲である。

ボックスセットの制作にあたり、ソニー／コロムビアはマセロに参加を要請したが、彼は最初のミーティングの後に辞退している。長期にわたるマイルスとマセロの共同作業を通じて、二人の間には深い絆ができており、マイルスがこの世を去った後、マセロは自らを彼の遺産の管理人とみなしていた。こうした役割を背負ったマセロは、概してマイルス・デイヴィスの過去の作品、特に《ザ・コンプリート・ビッチェズ・ブリュー・セッションズ》の再発に反対であることを声高に宣言している。彼は、「マイルスが未発表曲のリリース、オリジナル曲のリミックスやリマスタリングに合意することはないだろう」とはっきりと述べているが、これはまだ比較的穏やかな内容の声明だ。また、ボックスセットのタイトルは間違っているという意見にもマセロは同意している。

元々の《ビッチェズ・ブリュー》セッションは、一九六九年八月に三日間にわたって行われ、そこで完結している。数カ月後に異なるメンバーでレコーディングした曲調の全く異なる作品を加えて、《ビッチェズ・ブリュー》セッションの一部としているところに、商業的な意図が見え隠れする。再発プロデューサーのボブ・ベルデンとエグゼクティブ・プロデューサーのマイケル・カスクーナは、一九七〇年三月にマイルスは規模の小さいギター中心のグループとともに一連のセッションを開始し、新たな音楽の段階へと歩を進めたという理由をボックスセットで述べている。しかしながら、一九九九年に再びグラミー賞の「最優秀ボックス・パッケージ賞」を受賞したこのボックスセットには、例えば《ビッチェズ・ブリュー期》というようなタイトルを付けても良かったのではないだろうか。シタール、タンブーラ、タブラなどのインド楽器の導入に代表されるように、追加された曲だけでも独立したひとつの段階とみなすことができるからだ。これらの作品のほとんどは牧歌的《パストラル》な雰囲気を持つものであり、本来の《ビッチェズ・ブリュー》の激しさとは全く相反するものとなっている。

リミックスおよびリマスタリングに関する問題をマセロは提起しているが、これまでにリリースされている四種類のボックスセットを含め、九〇年代末期にソニーによってCDで再発されたマイルス・デイヴィスの音楽もこれと同じプロセスを経ている。三つのグラミー賞を受賞した《ザ・コンプリート・マイルス・デイヴィス&ギル・エヴァンス》と《ザ・コンプリート・マイルス・デイヴィス&ジョン・コルトレーン 1955~1961》は三トラックから、《ザ・コンプリート・マイルス・デイヴィス・クインテット 1965~1968》は四トラックから、それぞれソニーのエンジニア、マーク・ワイルダーによってミックスし直されている。トラック数が少ないということは、ワイルダーにとって、それだけ音楽の性質を変えられる要素が制限されていることを意味する。ところが、《ビッチェズ・ブリュー》は八トラックに録音されており、多くの複雑な編集と入り組んだ音響効果が加えられている。このため、リミックスで元のバージョンを構築し直すことが難しいと同時に、リミックス担当者が自身のビジョンを反映できる自由度が増している。加えて、当初使われていたテオ・ワンなどのエフェクト機材がすでに利用できなくなっていたことも、正確な複製をさらに困難なものとした。最終的に、ワイルダーとベルデンは、このミックスのサウンドと性質に根本的な変更を加える決断を下したが、これにより、一時期、システィーナ礼拝堂〔バチカン市国のバチカン宮殿内に建てられた礼拝堂。一九八〇年から一九九九年にかけて実施されたフレスコ画の修復について、賛否両論が巻き起こった〕の修復に対して向けられたものと同様の批判にさらされることになる。

これについて、ベルデンは、「ソニーが僕らにアルバム全体を作り直してほしいと言ってきたとき、下手に手を加えたり、別テイクのリリースや曲の引き伸ばしはできないとわかっていた」と説明している。「テオ・マセロを真似ようとは思っていなかった。それよりもむしろ、ボックスセットを継ぎ目なく流れるものにしたかった。だから、僕らはすべての曲をリミックスしなければならなかったんだ。オリジナルの《ビッチェズ・ブリュー》アルバムの二トラック・マスターテープの状態が悪かったことに加えて、そこに収録されている曲と他の曲との間にも大きな差異があった。未リリース曲は全くミックスされていなかったからね。しかも、オリジナルのLPでは、低音域が引き上げられ、高音域がカットされていたため、明瞭さが失われてしまっていた。僕らはその明瞭さを取り戻したんだ。それから、ミュージシャンがスタジオで聴いていたであろう音の再現も試みた。常に二名の奏者がフェンダー・ローズを弾いていたので、チック・コリアを右チャンネルに固定し、ゲスト・パフォーマーを左チャンネルに配置することで連続性を高めた。また、スタジオで再生したときに聴こえていたように、マイルスのトランペットのサウンドを前面に出して、リズムセクションをよりかみ合ったものにしたかった。ミュージシャンの間の自然なインタープレイを前面に出したかったんだ。それと同時に、テオの編集にもできる限り忠実に従った」。

ワイルダーもこれと同意見だ。「当然ながら、八トラックのリミックスは大きな挑戦だった。けれども、オリジナル・ミックスにほぼ正確に近づけることができた。僕らは、できるだけテオのオリジナルの編集とミックスに敬意を払おうと努力したが、それと同時にセッションの音楽性も表に出したかった。ミックスやポストプロダクション技術によって、やや失われてしまった感はあるが、彼らは本当にすごい演奏をしていた。なので、一緒に音楽を演奏していた人たちの感覚を創り出したかったんだ。これらのセッションで起きていたことの音楽性こそが、僕らにとって最も重要なことだった。だから、オリジナルのミックス技術の一部を取り除いて、その音楽性を表に出したかった。ミックス時に大胆にフェーダーを動かしていたようなので、どちらにしても複製することは難しかったけれどね。しかし、それと同時に、ミックス時に行われていた特徴的な編集、例えばマイルスのトランペットに対するスラップ（テープ）エコーなどは、できる限り複製しようと試みた。僕らは、新しくミックスし、編集したものをオリジナルのLPバージョンと聞き比べた。僕らのバージョンを片方のスピーカーから、オリジナルをもう一方のスピーカーから流して、編集をミスしていたり、タイミングを誤っていないかを確認することもあった。これは、驚くほどたいへんな仕事だったよ」。

「オリジナルのミックス技術の一部を取り除く」あるいは「ミュージシャンがスタジオで聴いていたであろう音の再現」という言葉は、純粋主義者を刺激するものだろう。しかし、論より証拠であり、このような観点から見て、ベルデンとワイルダーの仕事は彼らに対する嫌疑を晴らす以上のものだった。オリジナルの編集はすべて残されており（ただし、奇妙なことに、〈ファラオズ・ダンス〉のオリジナル・バージョンの八分二十九秒から八分三十三秒の四秒間が失われている)、《ザ・コンプリート・ビッチェズ・ブリュー・セッションズ》のミックスにおける楽器のバランスもオリジナル・アルバムと大きく変わっていない。しかしながら、そのサウンドは大きく改善されており、活発さ、深み、ディテールが増している。オリジナルで高音域（およびヒス〔高音域のノイズ〕）を抑制していたドルビーを解除したことも、これに一役買っている。ときに厚みがなく耳障りに聴こえることもあったオリジナル・バージョンには欠けていた、心地よい丸みのあるサウンドが新しいバージョンにはある。

ベルデンとワイルダーは、ミュージシャンの間でのインタープレイを前面に出すという目的においても成功している。特に、改善された高音域によって透明度が加わったことで、様々な打楽器が判別しやすくになり、ミュージシャンと一緒にスタジオにいるような雰囲気を味わえるようになった。若干のヒスと引き換えに、レコーディングを覆っていた雲が晴れたように感じられる。マセロは新しいミックスを強く批判しており、マイルスがまるで「一インチの背丈しかない」ように聴こえると不満を述べている。しかし、セッションで一緒に演奏したミュージシャンを含む大多数の意見は、新しいミックスのサウンドは素晴らしいというものだった。システィーナ礼拝堂の修復作業との類似性で言えば、当初、伝統主義者を憤慨させた鮮やかな色彩と比べられるだろう。

*

《ザ・コンプリート・ビッチェズ・ブリュー・セッションズ》に追加された最初の四曲は、十一月十九日にレコーディングされた。ウェイン・ショーターに代わって十八歳のサックス奏者スティーヴ・グロスマンが、デイヴ・ホランドの代わりにロン・カーターが、そしてジャック・ディジョネットの代役としてビリー・コブハムが参加している。ゲスト・ミュージシャンとして、ベニー・モウピン、ハーヴェイ・ブルックス、ジョン・マクラフリンが再び参加し、ハービー・ハンコックは第二キーボード奏者を務めた。マイルスはまた、エキゾチックなサウンドを加えるべく、ブラジル人パーカッショニストのアイアート・モレイラ、シタール奏者カリル・バラクリシュナ、タブラ奏者ビハリ・シャルマを加えている。このセッションに参加したライブ・バンドのメンバーはコリアのみであり、その理由については歴史的な混乱がある。

マイルスは自伝で、ウェイン・ショーターは「一九六九年の秋の終わり頃」にバンドを抜け、「代わりのサックスが見つかるまで、少しの間バンドを解散した」と語っている。[31] しかし、これは誤りである。ショーターは一九七〇年の三月初めまでライブ・バンドで演奏している。マイルスにショーターが「前から辞めたいと言っていた」ことと、彼が新しいミュージシャンを試したかった（増え続ける「マイルスのお抱えミュージシャン」の一員に加えたかった）というのが、実際のところではないだろうか。

バンドの規模は、三カ月前の《ビッチェズ・ブリュー》セッションの直系であることをうかがわせるが、ブラジル音楽とインド音楽の要素を取り入れたことによって、方向性は全く違ったものとなっている。一九六〇年代末期、主にビートルズやカウンターカルチャーによる東洋神秘主義への関心を通じて、インド音楽の影響が一般的なものとなり、西洋ポピュラー音楽、特にサイケデリック・ロックにシタールが取り入れられるようになった。マイルスは、こうした影響に最初に真剣に取り組みはじめた数少ないジャズ・ミュージシャンの一人であり、一九六九年から一九七三年にかけての彼の音楽において、インド楽器は断続的に取り入れられ、重要な位置を占めている。

この時期のマイルスは、まるで何かに取りつかれたかのように、可能な限り多くの、本質的に異なる音楽の影響を取り入れるようになっており、ありとあらゆるものに手を出している。はたしてマイルスは、最終的な結果についてビジョンを持っていたのか、それとも単に大鍋《コルドロン》に適当に材料を放り込んでいただけで、できあがったものを見て自分でも驚いていたのだろうか。

「マイルスは間違いなくビジョンを持っていたと思うよ」とデイヴ・ホランドはコメントしている。「ただし、即興音楽をまとめるには、ミュージシャン、彼らのアプローチ、そして演奏スタイルにうまく対処しなければならない。僕がマイルスから学んだことのひとつは、凝り固まったビジョンを持ち込んでは駄目だということだ。ビジョンはそこにある。でも、それはできあがったものじゃない。クラシック音楽の作曲家が書く曲はすでにできあがったもので、ミュージシャンがやることは、それを解釈することだ。即興音楽はそうじゃない。一緒に演奏しているミュージシャンはパレットの一部で、このグループだったらこんな結果、あのグループだったらまた別の結果が生まれるんだ。『マイルスはビジョンを持っていたか？』と聞かれれば、僕は『持っていた』と答えるよ。けれども、『彼が最終的にどんなサウンドになるかわかっていたか？』と聞かれたら、『いや、わかるわけがない』と答えるね。彼は何かをひとつにまとめ上げるとき、自分が気に入るものを聴き分けて、それを選択するんだ。即興音楽をまとめ上げる芸術的な手法だと思うよ。マイルスは、形式を明確にするという伝統的なやり方を採用していたが、それと同時に、ミュージシャンには創造性を発揮するのに十分な余地を与えてくれていた。マイルスは僕らに音楽の文脈を示し、僕らはその中で何ができるかを見つけ出すんだ」。

しかし、様々なミュージシャンをかき集めて、何が起きるのかを試すというのは、危険を伴うアプローチであり、一連の失敗がそれを物語っている。十一月十九日にレコーディングされた〈グレイト・エクスペクテイションズ〉がそのひとつの例だ。当初、一九七四年に《ビッグ・ファン》でリリースされたこの曲は、一九六七年六月の〈ネフェルティティ〉とよく似た構成をしており、主メロディの繰り返しを変化し続けるドラムセクションが下支えしている。ベースは『ピーター・ガン』〔一九五八年から一九六一年までアメリカで放送された私立探偵物の連続テレビドラマ〕に近いロックのリフを執拗に演奏し、ブラジル音楽とインド音楽の要素が色彩と変化を加えている。しかし、それは、どちらかと言えば退屈でくどい本作品の弱点をカバーできるほどのものではなく、造形的な側面は弱く（メロディが興味をそそるものではなく、メロディの展開もほとんどない）、抽象的《アブストラクト》な側面においても興味をそそる要素はほとんどない（ひ弱で焦点の合っていない雰囲気）。

同じ日にレコーディングされ、やはり《ビッグ・ファン》で最初にリリースされたザヴィヌルの〈オレンジ・レディ〉の方ができは良い。メロディ・ラインが興味を引くものとなっており、ムードを醸し出す「音詩《トーン・ポエム》」としても十分に機能している。このセッションでレコーディングされた残りの二曲は、これまでリリースされていなかったが、それには正当な理由があるとマセロは主張する。〈ヤフェット〉は〈オレンジ・レディ〉が終結したところからの続きのようにはじまり、十分近くにわたって、とりとめのない演奏が続くが、重要な要素は何ひとつ加えられていない。〈コラード〉も、ただあてもなくさまようだけの十三分間のジャム演奏以外の何ものでもない。マイルスの明敏な演奏を除けば、人を引きつけるような特徴はない。

九日後の十一月二十八日にほぼ同じメンバーで行われた次のセッションでも、状況はさほど好転しなかった。オルガン奏者ラリー・ヤングがハンコックとコリアに加わった。そして、おそらく、実績のある構成でエネルギーを注入するために、マイルスはライブ・バンドのリズムセクションを呼び戻した。ホランドがベースを弾き、ディジョネットがコブハムの隣でドラムを叩いた。未リリース曲〈トレヴェール〉は、発展しきらないアイディアの核のような曲で、途中で終わってしまう。少なくともそう聴こえる。次にどうすればよいのか、バンドが手がかりを失ってしまっているのだ。

同じ問題が〈ザ・ビッグ・グリーン・サーペント〉にも見受けられる。ミュージシャンたちがひとつのアイディアを試しているが、どこにもたどり着かない。〈ザ・リトル・ブルー・フロッグ〉とその別テイクの収録について、ベルデンは申し分けなさそうに述べているが（「Gで演奏されるジャムだ。これはまさにジャム以外の何ものでもない[32]」）、少なくともミュージシャンは演奏を楽しんでいるように聴こえ、マクラフリンとリズムセクションは申し分のないグルーヴを構築している。〈ザ・リトル・ブルー・フロッグ〉の二分四十二秒のセクションが、《ビッチェズ・ブリュー》リリース前の一九七〇年四月に米国でシングルとしてリリースされているが（フランスでも一九七三年にリリース）、これは聴き手《リスナー》を完全に当惑させたことだろう。ベルデンが言うように、本当に「彼らは（彼らって誰だ？）いったい何を考えていたのだろう？[33]」。

ここで、これら二回のセッションが、なぜ失敗に終わったのかという疑問が沸いてくる。そのひとつの説明として、一九六九年十月に起きた発砲事件があげられる。マイルスが二人のニユーヨーク警官に殴られて逮捕された、一九五九年八月のバードランド事件は、音楽外での劇的な事件がマイルスの音楽の発展にいかに破壊的な影響を与え得るかを示すものだった。この事件は、《カインド・オブ・ブルー》で絶頂に達していた創造的な上昇気流に不意に水をさし、三年半におよぶ創造的不毛の時期のはじまりを告げるものとなった。このときは、人種問題とは直接結びついていなかったため、そこまで感情的に傷つけられることもなかった。しかし、一九六九年の事件は十分にショッキングなものであり、これがその後、数カ月間にわたる創造的な停滞の原因になっていたとしても不思議ではない。

　マイルスの記憶によると、彼とマルグリット・エスクリッジが彼女のアパートの前で話をしたりキスをしたりしていたところ、突然、発砲された。[34] エスクリッジの記憶は違っている。彼女の詳しい説明によると、「マイルスはブルックリンのブルーコルネットで演奏していました。彼は、特定のエージェンシーを通じて契約しなければ、そこで演奏することはできないという内容の電話を受けていたようでした。あの晩、クラブで何かが起きるのではないか、という嫌な予感がしていました。撃たれてもいないのに、顔から血がしたたり落ちるように感じた瞬間があったのです。ギグが終わって、マイルスはフェラーリで私を家まで送ってくれたのですが、しきりにバックミラーを気にしていました。彼は、『もぐりのタクシーに跡をつけられている』と言って、何度か、その車をまこうとしていました。それから、ブルックリンの私が住んでいる建物の隣に車を止めました。少しすると、後ろから車がきたことに彼が気づき、『伏せろ』と言ったんです。二人が伏せたその瞬間、車から何発もの銃弾が放たれ、車はそのまま走り去りました。私たちはまだ車の中に座ったままでした。家の鍵を取り出そうとしたりしていて、時間がかかっていたからです。すぐに車の外に出ていたら、守ってくれるものが何もなく、きっと撃たれていたと思います。マイルスはすり傷を負い、彼の革のジャケットを銃弾が貫通していました。車にも多くの銃弾が打ち込まれていました。朝の五時ごろに病院に行くと、警官がやってきて、私たちに向かって権利を読み上げはじめたのです！〔ミランダ警告として知られる法手続きの一つで、法執行官は身体拘束下の取り調べを行うのに先立ち、被疑者に対して黙秘権などの権利を告知する必要がある〕私たちは被害者だというのにですよ！　何の容疑かすら告げられないまま、私たちは警察署に連れて行かれて、そこで初めて車の中からマリファナが見つかったと言われました。その後、すべての告訴は取り下げられました。何しろ、彼らが見つけたのは、ただのハーブティーだったのですから……」。

　マイルスは、彼が白人プロモーターと契約していることに、黒人プロモーターが腹を立てて撃たれたと語っているが、サックス奏者デイヴ・リーブマンは、ドラッグ取引のいざこざによるものと主張している。「彼は、間違いなく何かに関わっていた、いかがわしい連中とね」[35]。警官に疑いをかけられるという、人種に対する偏見の要素が加わったことで、この事件がマイルスにさらに大きな影響を与えた可能性がある。いずれにしても、発砲事件と十一月のセッションの失敗との間の因果関係については推測の域を出ない。音楽的な理由に目を向けた場合、新しく参加した多くの若いミュージシャンがマイルスの存在に圧倒されると同時に、彼の型破りな作業手順に困惑していた可能性が考えられる。

マセロは当時のことを次のように語っている。「彼ら（ミュージシャン）がスタジオにいたとき、まるで神を迎えるような雰囲気だった——おお、おお、彼のお出ましだ。彼らは話をするのを止め、ふざけることもなく、演奏に集中して、一生懸命に聴いていた。彼が演奏を止めると、彼らも止めた。……彼は先生であり、糸を引いて皆を操る人物だった。彼は教授だった。皆が崇める神だった。私の知る限り、スタジオで彼に反対意見を言う者はいなかった。もし、そんなことを言う者がいたら、ドラムスティックで思いっきり殴られていただろうな。そんなところを見たことはなかったがね[36]」。

「僕からしてみると、周りの人たちは皆、能力的に僕よりも何光年も先を行っていた」とコブハムは説明する。「だから、僕にできることといったら、黙って、皆がやっていることを吸収しながら、自分の演奏がうまくはまってくれることを期待するだけだった。僕にとっては学校の授業を受けている期間のようだった。それも大学院よりもずっと難しい授業をね。どんな教育機関だってはるかに超えていたよ。やっていることがすべて実験的だった。紙に書いてあることが変更されないなんてことは、一度としてなかった。だから音符には一切符幹が付いていない。固定された音符がないんだ。三つの音符の後に、間《スペース》があって、四つの全音があって、また間《スペース》があって、次に二つの音符、という感じでね。基本的にどのように楽句に区切られているかを知っておく必要はあるけれど、それがずっと変わらないということではない。彼は、最小限の指示しか出さなかった。禅のようなものと言えばいいんだろうか。彼はわずかなヒントしか与えてくれなかった。めずらしく彼が僕に話しかけてくるときには、例えば、『おまえも何かやってくれ。ラテンとジャズのスタイルの中間のようなものを』とか言われるんだ。彼が僕の演奏を気に入ってくれていたと知ったときには、本当にびっくりしたよ。僕はただ、目を見開いて、耳を傾けて、あらゆることを吸収しようと必死に演奏していただけだから」。

コブハムは明らかに畏敬の念を感じており、この感情は、新しく参加した他のミュージシャンとも共有されていた。これが彼らの演奏を萎縮させてしまった可能性がある。多くの証言によると、彼はミュージシャンの扱いに関して、無情な面を見せて邪悪《ダーク》な面が起因していたことに間違いはない。マイルスのいたという。ミュージシャンたちが隙を見せると、弱みにつけ込んでは、彼らがどこまでやれるかを試していた。それに対処できた者には敬意を払ったが、うまく対応できなかった者とはそれっきりだった。このため、ミュージシャンの中には、畏敬を感じていただけでなく、実際に彼を恐れていた者もいた。

「彼は直感的に人を見抜いてました」とリディア・ディジョネットは説明する。「その人がどのような人物で、何を望んでいるのか、一瞬で理解してしまうのです。もし、彼の目を直視できなかったり、公平に扱えないと彼が感じてしまったら、その人を追い払ってしまいます。彼は人を感情的に抹殺してしまうことができるのです」。

「彼と一緒に仕事をするとき、いつも不思議な力が溢れていた」とジャック・ディジョネットは付け加えている。「常に挑戦が待ち受けていた。いつだって、不意のできごとに備えていなければならないんだ。油断せずに気を配っていなければならない。彼は、僕らに常に考えさせていた。でも楽しかったよ。何が起きるかわからなかったから、刺激《エキサイティング》的であると同時に、とても難しい挑戦《チャレンジ》でもあった。僕自身はマイルスを怖いと思ったことはなかったが、そう感じていた人もいたよ。彼には辛辣な面と愛すべき面が共存しているんだ。彼は先見の明のある直感的な人間だから、音楽と同じように、人々の心も読めてしまう。すぐに人の弱みを見つけ出して、そこにつけ込むことができてしまうのさ」。

スティーヴ・グロスマンはこのことについて、若くしてマイルスと一緒に演奏できたのは、信じがたい幸運であったと同時に、神経をすり減らすできごとでもあったと語っている。「マイルスは、本当に偉大な人物で、僕らをすごく勇気づけてくれた。彼は、僕がリラックスできるように気を使ってくれてもいた。けれども、彼は僕が十八歳のころから憧れていたミュージシャンだったから、なかなか難しかった。それに、自分は正統なジャズしか演奏してこなかったし、突然、経験を積んだ人たちばかりの環境に放り込まれて、萎縮してしまっていたところもある」。

「最初の一カ月間は怯えていたよ」とアイアート・モレイラは想起している。(37) そして、ビリー・コブハムは次のようにコメントしている。「僕はマイルスを怖いと思ったことはなかった。でも、彼の存在には威圧感があった。マイルスはときどき、どこまで彼に着いてこれるかを試していた。鼻っ柱をへし折っても反応しそうにないような輩には、遠慮がなかった。実際にどうなるのか、確かめてみるんだ。幸運にも、僕はその餌食になることはなかったけれど、別の人を彼が脅しつけているのを見たことはある。もちろん、それによる音楽全体への波及効果もあった。音楽はいつだって、演奏が行われている社会環境の中で起きていることを映し出す、正直な音の鏡だからね。だから、人によっては、マイルスのことを怖がりながら……演奏していたよ」。

マイルスに常につきまとっていた、危険で予測不能な空気こそ、彼のミュージシャンたちに絶えず気を配らせ、今この瞬間と音楽に敏感でいさせる要因のひとつとなっていた。しかし、それは逆効果を招くこともあった。おそらく、数名の新しいミュージシャンが「萎縮」してしまったり、「マイルスのことを怖がっていた」とされる、一九六九年十一月のケースもそれにあたる。それに続く一九七〇年一月二十七日、二十八日、二月六日のセッションの方がずっと優れていたという事実が、この見方を示唆している。新しいミュージシャンがマイルスの存在にも慣れて、自信をつけ、思い切って演奏できるようになっていたのだろう。さらに、スタジオ演奏者の規模が小さくなるほど、音楽もよくなっていったことから、マイルスは大人数のミュージシャン集団での実験的な試みはやりきったという結論に達していたのではないか。

一九七〇年一月二十七日、グロスマンが抜けて、ショーターがソプラノ・サックスに戻り、ザヴィヌルがハンコックとヤングに代わって加わり、マクラフリン、ブルックス、シャルマが外れた。これによって、演奏者の数は十四人から、十人へと縮小された。《ビッグ・ファン》で最初にリリースされた〈ロンリー・ファイアー〉は、〈オレンジ・レディ〉とよく似たアンビエントなムードではじまる。〈ネフェルティティ〉や〈グレイト・エクスペクテイションズ〉と同じように、ザヴィヌルの主題《テーマ》が力強い雰囲気を作り出し、リズムセクションが演奏する変奏《バリエーション》の上で何度も繰り返される。〈ロンリー・ファイアー〉は、「音詩《トーン・ポエム》」としてはだらだらと過度に長くなりそうになるが、十一分前後でホランドが開始するドライブ感のあるリズムと、チック・コリアの東洋的な音階《スケール》が興味を引き戻す。よい効果を生んではいるものの、優れた曲とは言い難く、二十一分以上という時間はやはり長すぎる。

〈グインネヴィア〉は、一九七九年に《サークル・イン・ザ・ラウンド》で最初にリリースされている。クロスビー、スティルス、ナッシュ&ヤングのデヴィッド・クロスビーが書いた曲で、マイルスのアメリカン・フォーク・ミュージックへの興味を紹介するものとなった。二十一分の曲を通じて、あまり変化は見られず、ほとんどの時間において、非常にゆったりとした四音《フォーノート》のベースラインの上にメロディが演奏されている。しかし、その雰囲気は魅惑的なものであり、おそらくは集中度の高い簡素な演奏によるものだろう。十一月のセッションとは対照的に、ミュージシャンは今回、ひとつの統一目標に向かって演奏しているように聴こえる。この曲は、「時代物[38]」かもしれないが、数十年経った後でも、その牧歌的《パストラル》な雰囲気は力を失っていない。

一月二十八日のセッションは、前日とほぼ同じメンバーで行われたが、バラクリシュナに代わって、マクラフリンが参加しており、これがまた良い効果をもたらしている。おそらく、マイルスは彼の作曲のアイディアが、望ましい結果を生んでいないと感じていたのだろう。このセッションと二月六日のセッションでは、自身の作品を用いることはなく、ショーターの一曲とザヴィヌルの四曲を試した。

ショーターの〈フェイオ〉は、〈グインネヴィア〉とよく似た方法で演奏された。ホランドがゆったりとした三音《スリーノート》のベースラインを弾き、トランペット奏者が厳粛にトップラインを吹き、ドラムス、モレイラのパーカッション、そしてマクラフリンの鋭いエレクトリック・ギターが間《スペース》を埋めていく。〈グインネヴィア〉よりもさらに効果的なものとなったが、おそらく、曲の長さが半分しかなく、マクラフリン、モレイラ、ディジョネットが非常に興味をそそる、力強い雰囲気を創り出しているためだろう。その日の最後の曲となったザヴィヌルの〈ダブル・イメージ〉は、一九七一年二月六日に《ライヴ・イヴル》用にレコーディングされたバージョンと比べて、素直で洗練された演奏となった。

二月六日のセッションには、ベニー・モウピンに代わって、シタール奏者バラクリシュナが参加した。彼は《ザ・コンプリート・ビッチェズ・ブリュー・セッションズ》ではクレジットされていないが、《ライヴ・イヴル》のライナーノーツには名前が記載されている。突然に、そして不思議なことに、すべてがぴったりとはまった。ザヴィヌルのフォーク調の曲〈リコレクションズ〉(〈イン・ア・サイレント・ウェイ〉にもやや近い)は、非常に魅力的な作品だ。この曲は、見事に演奏されている。マイルスのバージョンの〈イン・ア・サイレント・ウェイ〉と似た、時間を凍結させるような抵抗しがたい雰囲気があり、すべてのミュージシャンの演奏がお互いに完璧に揃っている。マクラフリンは、〈イン・ア・サイレント・ウェイ〉にメリハリをつけたスタッカートのリフとは全く異なる、フォークに影響された気品のある洗練されたフィルインを演奏している。〈リコレクションズ〉はマイルスがレコーディングした最も牧歌的《パストラル》な作品のひとつであり、アンビエントな音楽としても完全に成功している。短い〈テイク・イット・オア・リーヴ・イット〉についても同じことが言える。この曲は、実際にはザヴィヌルの〈イン・ア・サイレント・ウェイ〉の中間部である。

そして、この日にレコーディングされ、一九七一年に《ライヴ・イヴル》でリリースされた〈ダブル・イメージ〉は大成功した曲だ。一週間前にレコーディングされたときと同じように、かなり標準的なリズムではじまり、ファンキーなストップ・スタート演奏へと変化し、鋭く叫びたてるギターが隙間を埋めていく。この形式は、七〇年代初期にマイルスが何度も探求することになるものである。ここでも多くの即興演奏《インプロヴィゼーション》が取り入れられているが、リズムセクションの役割はきびしく制限されている。これは、この時点でマイルスが手がけた中で最もロックの領域に入り込んだ曲であり、フリー・ジャズよりも前衛《アバンギャルド》的なロックに近い。マイルスが、よりロックに近い、ギターを中心としたスタジオ音楽の新たな方向性を確立したことを示す最初の兆しであり、その方向性は数カ月間後の《ジャック・ジョンソン》で結実する。

第六章　カインド・オブ・ブルース

俺が最初に、セントルイスでエディ・ランドールのブルー・デヴィルズと一緒に演奏するようになったとき、俺たちはブルースを弾いていた[1]……いつだってだ。

——マイルス・デイヴィス

《ビッチェズ・ブリュー》は一九七〇年四月にダブル・アルバムとしてリリースされた。その反響はすぐに現れ、しかも長く続くものだった。この作品は、マイルスにグラミー賞と初のゴールドディスクの受賞をもたらしただけでなく、一九六〇年代カウンターカルチャーの音楽スタイルをいち早く取り入れ、カウンターカルチャー市場に進出した最初のジャズ・アルバムとなった。ロック界は、特に熱心に、このレコードを受け入れた。しかし、ジャズ界の反応は、どちらかと言うとさめたものだった。ジャズ評論家やミュージシャンの中には好意的な者もいて、ハード・バップの保守性とフリー・ジャズの急進性との間の行き詰まり感に対する、勇敢で革新的な答えであるとして、賞賛を示した。他の者たちは、「雑音《ノイズ》の束」[2]、「裏切り行為」[3]、あるいは「商業主義の音楽」[4]などと、公然と非難した。

仮に《ビッチェズ・ブリュー》が商業的に失敗していたならば、これらの評論家たちも、さほど気に留めなかったかもしれない。しかし、一般からの高い評価を得てしまったために、無視することができなくなり、しかも、音楽そのものではなく、彼と彼の意図を悪霊のように描くという攻撃手段に出たのである。ただし、もし、このレコードが「裏切り行為」であるならば、音楽の歴史において最もひねくれた不器用な裏切りということになるだろう。それは、《ビッチェズ・ブリュー》にまつわる基本的な事実を表面的に見ただけでも明らかだ。リリース前に、《ビッチェズ・ブリュー》が商業的に成功すると信じるに足る理由はひとつもなかった。むしろ、その逆だった。当時、二枚組アルバムのリリースは、コスト高となり、潜在的な音楽購買者に購入を思いとどまらせることになるため、非商業的な行為とみなされていた。また、非常に長いアルバムの曲をラジオでかけるのには強い抵抗があり、音楽そのものも、覚えやすいものでも響きのいいものでもない。ジャズであれロックであれ、このような音楽を誰も聴いたことがなかった。

そう考えると、マイルスは相当な勇気を持って、未知の領域を探求し、先が見えない六〇年代カウンターカルチャーの音楽の世界を選択したと見るべきだろう（《ビッチェズ・ブリュー》以前は、彼は、カウンターカルチャーから過去の人とみなされていた）。また、エレクトリックの方向に進むことで、ジャズ界で論争の的となる危険を冒した。安全に、祝福されて、尊敬されたまま余生を過ごすこともできたにもかかわらずである。要するに、マイルスは、《ビッチェズ・ブリュー》で計り知れないリスクを負ったということだ。これについて、ウェイン・ショーターは適切なコメントを残している。「エレクトリック期に、魔術的なことなんて何もなかったよ。……ただ、これまで以上に勇気がいっただけさ」。ディジー・ガレスピーも同様のことを述べていた。「マイルスは、まったく新しい方向に向かっていることを賞賛されるべきだ。彼はくそ素晴らしく勇敢だ[5]」。

これらすべてから、ひとつの単純な疑問が沸いてくる――なぜか？　マイルスはいったいなぜ、六〇年代カウンターカルチャーの音楽と市場に足を踏み入れたのか？　彼はなぜ、嘲笑の的となり、けなされ、商業的な打撃を受ける危険を冒したのか？　そして、マイルスはなぜ、フリー・ジャズの方向へ向かうといった、別の選択肢を選ばなかったのか？　常に時代の先端を居場所とし、四半世紀近くにわたってジャズのあらゆる新たな発展の最前線に立ってきたミュージシャンが、なぜ、ジャズの最新の発展形を選択しなかったのか？　この章では、これらの問いに対する答えを導き出すことを試みている。

主に《ビッチェズ・ブリュー》にまつわる論争の陰に隠れて、上記の疑問は見過ごされがちである。マイルスのエレクトリックの方向性に関する詳細で洞察に満ちた分析が少ないのは、こうした理由からである。マイルスの支持者からの反響の多くは、「裏切り行為」という主張に対する反論であり、マイルスのエレクトリック・ミュージックそのものの評価に基づくものではない（ルネサンス音楽の専門家であるゲイリー・トムリンソン教授が、彼のエッセイ「マイルス・デイヴィス――音楽と対話する者 *Miles Davis: Musical Dialogician*」で、数少ない信頼できる評価をしている[6]。彼の部外者としての立場から、これまでになかった新しい見方が可能となっている）。同時に、マイルスに対する中傷は、時代遅れの反《アンチ》ロック、反《アンチ》電気楽器的な態度から来ているものであり、差別的すぎていて、まじめに受け止める気にはなれない。単純に無視したい欲求に駆られるが、彼らの主張は議論の本質を深く雲で覆ってしまっており、上記の問いに答えられる程度に視野を開くためには、最初にこれらの主張に対処しておく必要がある。

*

マイルスに対する批判は、ほとんどが状況証拠に基づくものだ。一九六六年、マイルスは四十歳になり、孫ができ、長年にわたってジャズ界の最前線を担ってきた立場を失い、また、ファンの関心が薄れてきているという問題に直面していた。一九六〇年代中期から末期にかけて、マイルスは不安定な状況にあった。一九五〇年代末期には十五万枚あったレコードの売り上げも、五万枚以下にまで下がっていた。コンサートの観客数も劇的に減った。デイヴ・ホランドは、一九六八年の夏にマイルスのバンドに参加したときのことを次のように語っている。「彼のコンサートに来る人の数が少ないことに、僕はショックを受けたよ。サンフランシスコの初日は、おそらく三十人から四十人くらいしか来ていなかったんじゃないかな。マイルスのような偉大なアーティストが演奏するところは、どこも観客で埋まっているとばかり思っていたんだ。でも、そうじゃなかった」。

　これらの事実については異論を唱える余地はなく、それが意味するところ、すなわち、マイルスが中年の危機、アイデンティティーの危機、そして経済的な危機に直面していたことも、おそらく真実だろう。こうした先の見えない状況の中、マイルスは自分よりも十歳から二十歳も若いガールフレンドやミュージシャンと付き合い、服装のスタイルを変え、当時の若者文化に影響された音楽を演奏するようになった。それから間もなくして、再び彼のレコードの売り上げが増加した。この事実についても異論はないだろう。しかし、金銭、成功、名声、永遠の生命に対する願望がマイルスを突き動かす動機となった、あるいはもっと悪いことに、単に上からの指示に従っただけという解釈については、意見の相違が見られる。後者の理由は馬鹿げたものに聞こえるが、ジャズ評論家ジョン・リトワイラーは「上司からヒット・レコードを作らなければクビにすると命じられ、デイヴィスがそれに応じて作ったのが《ビッチェズ・ブリュー》だった」と書いている[7]。この解釈をまじめに受け入れたならば、スタンリー・クラウチが、マイルスのジャズ・ロックへの移行を「堕落」[8]と呼び、さらには、マイルスには「ニーチェがワーグナーに与えた、芸術史における自己侵害の最たる例という描写がふさわしい」[9]と付け加えるなど、大げさに感情を表している理由も理解できるだろう。クラウチの主張に触発された *The Miles Davis Companion* の編集者ゲイリー・カーナーは、それとなく皮肉を込めて、クラウチはマイルスの「裏切り行為」を「聖書のアダムを連想させる堕落」のように表現しているとコメントしている[10]。

　リトワイラーは、裏切り行為という批判を支持するものとして、しばしば引用される話について触れている。それは、マイルスと、一九六六年にコロムビア・レコードの副社長兼ゼネラルマネージャーになったクライブ・デイヴィス（無縁）との間でのよく知られた口論に関するものである。コロムビアは、多くの万人受けするアーティストを抱えた、どちらかと言うと保守的なレコード会社であり、六〇年代カウンターカルチャーの音楽の登場によって、売り上げが激減していた。これに対応すべく、クライブ・デイヴィスは、時代の精神と音楽を反映する野心的な新たなグループ、特にジャズとロックの隔たりを埋めるアーティストとの契約を決心した。彼が契約したアーティストの中では、ブラッド・スウェット・アンド・ティアーズ、シカゴ、サンタナ、そしてブルース・ロック・ギタリストのジョニー・ウィンターが大きな成功を収めた。マイルスはきっと、一九六九年に三枚のミリオンセラー・シングルを出したブラッド・スウェット・アンド・ティアーズのことを妬みの目で見ていたことだろう。

マイルスのレコードの売り上げの減少と、彼に支払われる高額の前払い金に危機感を覚えたクライブ・デイヴィスは、一九六九年のある日、マイルスを呼び、より多くの観客の目に触れるように、ロックバンドと一緒に大きなロック会場で演奏することを提案した。マイルスはこれに腹を立て、コロムビアとデイヴィスから人種的偏見を受けていると非難し、このレコード会社とは縁を切りたいと思っていると公言した。その後、コロムビアとマイルスのマネージャー、ジャック・ホイットモアとの間での激しい議論へと発展し、マスコミでもこの衝突について取り上げられ、マイルスがモータウンへの移籍を画策しているなどと報じられた。しかし、最終的にマイルスは、クライブおよびコロムビアと和解した。そして、一九七〇年の初めに、デイヴィスがマイルスに伝説的なロックコンサートのオーガナイザー、ビル・グレアムを紹介すると、彼を激高させていた、まさにそのことにマイルスは同意した。彼は、三月にニューヨークのロック会場、フィルモア・イーストに出演し（二〇〇一年夏に《マイルス・アット・フィルモア》としてリリースされた二回のコンサートのうちのひとつ）、スティーヴ・ミラー・バンドとニール・ヤング&クレイジー・ホースの前座《オープニングアクト》を務め、さらに四月のサンフランシスコのフィルモア・ウェストにはローラ・ニーロの前座《オープニングアクト》として出演している（ライブ・アルバム《ブラック・ビューティ》としてリリース）。その後も一九七〇年を通じて、マイルスは数多くのロック会場で演奏し、多くの異なるロック・グループの前座《オープニングアクト》を務めている。マイルスは、ロック会場での演奏について、「目を見張るような」経験だったとコメントしている。ほんの数カ月前まで彼が演奏していた数十人規模の小さなジャズクラブとは比べ物にならない、五千人もの観客の前に突然立つことになったのだから、無理もない。これらの会場におけるマイルスの成功に関する報告には差異が見られる。

伝記作家ジャック・チェンバースは、クロスビー、スティルス、ナッシュ&ヤング、ザ・バンド、サンタナらの前座《オープニングアクト》に起用されたことで、マイルスは「屈辱のレッスン」[11]を受け、また、若い観客には彼の音楽は難しすぎたと主張している。マイルス自身、一九七一年にザ・バンドと一緒にハリウッド・ボウルに出たときに、彼の音楽は「観衆をおいてきぼりにしてしまった」[12]と認めている。それと同時に、バンドの「受け方は本当にものすごかった」とマイルスは得意げに語っている。デイヴ・ホランドの記憶によると、後者の見方がより真実に近い。「ロックの観客の反応はとてもよかった。グレイトフル・デッドとも一緒にショーをやったけど、つい最近、元メンバーの一人から、マイルスの後に演奏しなければならなくて、とても緊張したという話を聞いた。当時は、音楽のジャンルなんて誰も気にしていなかった。そして、僕らがやっていたのは、あからさまに攻撃的な音楽だった。みんな、とても気に入ってくれていたよ」。

いずれにせよ、レコーディング・スタジオであれライブであれ、マイルスが六〇年代から七〇年代の変わり目に演奏していた音楽は、ロック・ファンの間でも簡単には受け入れられるものではなかった。これが、マイルスの側に立つ人々の主な言い分にもなっている。また、彼の支持者は、彼の強い自立心、アーティストとしてのプライド、音楽に対する献身的な姿勢、変化への果てなき願望、そして「女や男やうわべや金儲けのために自分のアートを犠牲にしたら、信用がなくなるんだよな」[13]といった忠告の言葉についても取り上げている。毎度のことながら、行動は言葉よりも雄弁だ。マイルスの焦点がイメージや商業的な成功ではなく、常に音楽に向けられていたことを示すエピソードがある。一九六九年に、当時人気があり、尊敬を集めていたシンガーのローラ・ニーロから、彼女がレコーディングしているアルバムで演奏してほしいとマイルスに依頼があった。彼はレコーディング・スタジオを訪れ、曲を聴いた結果、「自分が演奏できる隙間はすでに全部埋まってしまっている」[14]という理由で演奏を断った。これは商業主義に魂を売った者の取る行動ではない。ニーロのアルバムでの演奏は、多くの若い世代からの信頼を勝ち取ることにつながったことだろう。しかし、ここでも、音楽的な判断が第一に優先された。

マイルスのジャズ・ロックへの進出が、レコード会社からの圧力、経済的危機、あるいは音楽以外の事情によるものではなかったことを示すできごとは、他にも数多く存在する。そのいくつかは前章でも述べてきたが、ひとつには、一九六七年十二月に〈サークル・イン・ザ・ラウンド〉のレコーディングを行った時点で（おそらく、彼に影響を与えたと言われているベティ・メイブリーと付き合いはじめる以前）、すでにカウンターカルチャーの音楽への方向に一歩踏み出していたという事実がある。このレコーディングは、クライブ・デイヴィスとの口論が起きる一年以上前のことだ。また、一九六八年中期と一九七〇年六月に大量のレコーディングが行われているのも商業的な理由によるものではない。そして、多くのジャズ評論家に偏見を抱かせたと考えられている、《ビッチェズ・ブリュー》の魅力的なレコードジャケットも決して目新しいものではない。一九六八年にリリースされた彼のアルバム、《マイルス・イン・ザ・スカイ》のレコードジャケットも、典型的な一九六〇年代のポップアートだった。

マイルスの新しい音楽の方向性が、新たな聴き手《リスナー》を獲得するために、意図的に考えられたものだという主張については、それを支持する例がひとつだけある。黒人の聴き手《リスナー》の間での人気を高めたいという願望が彼にはあった。それまで、彼の聴き手《リスナー》の大部分は白人であり、一九六〇年代における黒人の政治意識の高まりに触発を受けたマイルスは、こうした事実を不満に思うようになっていた。最も賛否が分かれた一九七二年の問題作、《オン・ザ・コーナー》で、彼が黒人の聴き手《リスナー》の獲得を目指していたことは広く認められている。しかし、一九六九年には彼はすでに、黒人の聴き手《リスナー》の間で彼の音楽を普及させることを目的に、黒人が支配していた市場、そしてニューウェーブ・コミュニケーションズという広報会社に対する働きかけを行っていた。クライブ・デイヴィスは、マイルスが一九六八年ごろに電話をしてきて、聴き手《リスナー》の幅を広げるために、彼をジャズのミュージシャンとして宣伝するのを止めるように求めたと語っている。[15] しかし、黒人の聴き手《リスナー》を増やしたいという願望と、裏切り行為は、全くもって別のものだ。

上記の議論は、マイルスのエレクトリック音楽への進出を批判または支持する際に頻繁に持ち出されるものである。これらの事実や解釈は、いずれも、一九六九年の方向性の転換が商業的な目的によるものだという考えを支持できるほど説得力のあるものではない。もちろん、この重要な時期に何がマイルスを突き動かしたのか、確実なことはわからない。経済的な判断、中年の危機、そして年齢を重ねていくことへの抵抗がある程度、関係していた可能性はある。マイルスはアーティストであると同時に一人の人間でもあり、私たち全員に影響を及ぼす感情や誘惑を彼もまた経験してきている。しかし、彼の過去の活動における選択とは一致しない行動へとマイルスを突き動かした要因としてこれらをあげている評論家は、自らが意図するところに目を奪われすぎているのではないだろうか。

より深いレベルでは、マイルスのエレクトリックの方向性に関する誤解は、音楽の「言語」の違い、あるいはジャズまたはロックの視点からそれぞれ違った見方をしているという意味で、音楽パラダイムの違いを示している。マイルスを批判しているジャズ評論家のほとんどが、ロックは不快で理解し難いものと映るジャズのパラダイムに縛られてしまっているため、ジャズ・ロック特有の表現法を理解することができずにいる。彼らは自らの限界を認めずに、理解できないものを単に低く評価して切り捨てているのだ。ここで、彼らは音楽以外の理由、例えば裏切り行為というような批判を持ち出すことしかできなかった。さらに残念なことに、マイルスを敵対視していた者たちは、彼の新たな方向性の進展を見守り続けることができなかったため、それがジャズをよみがえらせ、また議論の余地はあるがジャズを救い出したことを認識できなかった。

＊

マイルスがなぜエレクトリック・ミュージックへと向かったのかという問いに答えるため、これまであまり触れられてこなかった、音楽に対するマイルスのアプローチに関する二つの解釈についてここで考えてみたい。最初の解釈は、既知の事実に関する最も単純な説明こそ、最も正しい見込みがあるという、科学的な原理に基づくものだ。ここでの仮説は、マイルスについての正しい理解として、彼がブルース・プレイヤーではなく、もともとブルースに影響を受けたジャズ・プレイヤーであったが、ジャズ、そしてジャズ・ロックへと進んでいったというものだ。これまで理解できていなかった、彼の活動歴における多くの局面やトランペットのスタイルについても、これで説明がつく。もうひとつの解釈は、彼が従来から新たな音楽の道筋を示してきたところから見えてくるものであり、彼の多大なる成功と影響の秘密は、彼が伝統主義者であるとともに、革命的な面も同時に持ち合わせている点にあるというものだ。

マイルスの演奏と音楽における強いブルースの要素については、ジャズ・ライターによって幾度となく指摘されている。例えば、ジャズ評論家ゲイリー・ギディンスは、「一九四九年のブルースはクールの誕生を予告するものであり、一九五四年のブルースはホットへの回帰を予告するものだ[16]」、そして、「(マイルスは)〈オール・ブルース〉と〈フレディ・フリーローダー〉で、ブルースを生き返らせた[17]」と指摘している。ジャック・チェンバースは、マイルスが一九五四年の曲、〈ウォーキン〉でハード・バップ・ムーブメントの先頭に立ったとき、彼は「実際にブルースをビバップのフィルターに通すことによって、新しいスタイルを生み出した[18]」と述べている。そして、レナード・フェザーは、セントルイスで育ったことで、「ブルースがマイルスにとっての第二の天性となった[19]」と書いている。

ジャズ・ライターは、これらのブルースの影響を外的なものとして、マイルスがジャンルの枠を越えて彼の音楽に組み入れたり、ときにインスピレーションを得るために立ち戻ったりするものとみなしがちである。しかし、こうしたブルースの影響は、それよりもはるかに本質的なものであり、マイルスの音楽観全体に浸透しているものだ。マイルスは、彼にとってのブルースの文化的重要性について幾度となくほのめかし、彼の音楽の形成にブルースが深くしみ込んでいることを表明してきている。彼が育ったセントルイスは、ブルースの中心地だった。「セントルイスにいたときは、いつでもブルースがあった」とマイルスはコメントしている。「船でニューオーリンズからやって来たバンドや、オクラホマ、ミズーリ、それにカンザス出のミュージシャンによってブルースが演奏されるのを聞いていた[20]」。

マイルスが最初に演奏したグループ、「エディ・ランドールのブルー・デヴィルズ」はR&Bバンドであり、若いマイルスは多大な形成的影響を受けている。また、エレクトリックの方向性について、実際には若いころのブルースのルーツへの回帰であると彼は述べている。「俺自身は、自分が成長する過程で聴いた、田舎のナイト・クラブや安酒場の音楽や、金曜か土曜の晩に人々がよく踊っていたファンキーな音楽を演奏しようとしていた[21]」。高度に発展した第二期グレート・クインテットの音楽については、次のように想起している。「……マディー・ウォーターズは、シカゴにいる限りはいつも聴きにいっていた。

一ドル五〇セントのドラムスとハーモニカと二種類だけのコードのブルースをだ。彼のやっていることの一部を、俺の音楽に取り入れなければならないと、わかっていたからだ。俺たちが今までやってきたことは、すべて抽象的になってきていた。だから、今はシンプルな演奏に戻ってみる必要があった。俺がやってきたことは、すべてクールだったが、それが生まれてきた原点のサウンドに、ちょっと戻ってみたくなったんだ[22]」。

　一九六九年のインタビューでエディ・ランドールのブルー・デヴィルズについて触れた際、マイルスはロックとブルースを実質的に同等とみなしていた。「ロックを演奏するのに、特別なプレイヤーになる必要などない。俺が最初に演奏したセントルイスで、エディ・ランドールのブルー・デヴィルズでやっていたのがそれだ。(俺たちは)ブルースをやっていた……いつだってな[23]」。このコメントは、正確にはロックについて敬意を表しているものではなく、簡単な説明が必要だろう。マイルスは、しばしば、軽蔑的な言葉を使ってロックについて語っている。例えば、一九六九年に彼はワシントン・ポスト紙に次のように語っている。「ロックの連中は、たいしたことやっちゃいない。三分くらいなら、リフやアドリブなんてそりゃ簡単だ。ところが、いざ表へ出てソロをとるとなると奴ら、何にも言うことがない[24]」。

　六〇年代のほとんどのロック・ミュージシャンは、技術力と音楽理論の知識において、ジャズ・ミュージシャンに大きく遅れをとっていた。ジュリアード音楽院での一般教養とディジー・ガレスピーやチャーリー・パーカーとの実践的な知識の共有を通じて、長年にわたって取りつかれたように音楽の訓練を積んできたマイルスは、ロック・ミュージシャンが相対的に無知で低レベルの技術しか持ち合わせていないことに不満を感じていた。当時、ドアのきしむ音の高さを言い当てたり、マッチ箱にコードを書き留めたりするほど、音楽に身をささげ、集中していたロック・ミュージシャンなどほとんどいなかった(一般的な演奏の技術水準が大きく向上する七〇年代まで、ロックの名プレイヤーと呼ばれる存在は稀だった)。完璧な音楽的才能こそがマイルスの賞賛の対象であり、これは実際に名演奏家揃いのジャズ界の共感を呼ぶ領域でもある。ジャズ界の多くがロックを拒絶していた大きな理由のひとつは、六〇年代のロック・ミュージシャンに相対的に技術力が欠けていたことにあった。

　しかし、多くのジャズ界の同志とは異なり、マイルスは技術力に欠けるロック・ミュージシャンを一概に拒絶してしまうことはなかった。むしろ、彼は、ロック・ミュージックが成熟をみせた一九六〇年代中期に、その創造的な可能性を認識していた。マイルスには、ロック・ミュージシャンが奏でる音《ノート》に隠れている意味を聴くことができたのだ。長きにわたり、ジャズ・ミュージシャンの卓越した技術を巧みに操り、聴くこと、間《スペース》、サウンド、音《ノート》の簡素化の重要性を説いてきた彼は、偏見なしにロックを聴くことができ、ブルースとの共通点も認識していた。例えば、彼と革新的なロック・ミュージシャン、ジミ・ヘンドリックスはお互いを評価しており、賞賛の主な理由として、彼はブルースをあげている。

『マイルス・デイヴィス・ラジオ・プロジェクト』〔一九九〇年代にアメリカで放送された、七つのエピソードからなるラジオ番組シリーズ〕では、これまで他の評論家たちがあまり触れてこなかった、マイルスの音楽に対するブルースの多大な影響について、カルロス・サンタナ、オル・ダラらによるコメントを交えながら、音源を例にとって解説している。このプログラムの中で、身元不詳の者がインタビューに「他のプレイヤーのようにただ演奏しているのではなく、彼はトランペットでブルースを奏でていた」と答えており、また別の者は「彼は本物のブルース・プレイヤーだよ」と語っている[25]。そして、オル・ダラは、「彼はブルースを歌うように演奏していた」と述べている[26]。

「音調を一様に保ち、声のようなギター・サウンドを創り出すというのは、僕らが皆、学ぼうとしていることだ」とサンタナは語っている。「声は究極の楽器であって、心に最も響く音だ。僕はマイルスをシンガーのように見ている。彼が出す、うなるような音は、まるでジョン・リー・フッカーのように聞こえる。ジョン・リー・フッカーの唸りは、多くの人が書く詩よりも、ずっと多くのことを語る。ほんのひと唸りがね。彼の声とトーンがきわめて重要なんだ。……この国の人たちが、サトウキビを吸って、その汁を飲んだ経験があるかどうか知らないが、マイルスはソロでそれをやるんだ。ブルース・ギタリストも皆、そうだ。音《ノート》から汁を吸い出す。音《ノート》の内側に触れるんだ。君だって、僕だって、誰だって、知っていることだ。マイルスが演奏するブルースにはライトニン・ホプキンスも聴くことができる。彼も例のトーンを持っているからね。でも、彼は、ガットバケット〔強いビートをきかせた熱っぽくて土臭いスタイルのジャズ演奏〕のスタイルをデューク・エリントンの優雅さと組み合わせたりもする。彼のフレージングがすべてをひとつにまとめるんだ[27]」。

このラジオプログラムで、サンタナは、サトウキビを吸う音を実際にギターで弾いてみせているが、ワウペダルと似た効果のある音となっている。つまりは、音《ノート》の選び方を変えることで、音《ノート》をベンドし、音質に変化を加えるということだ。プログラムでは続いて、《死刑台のエレベーター》のオープニング曲である〈シャンゼリゼの夜〉〔原題 *Nuit sur les Champs-Élysées*〕でのマイルスの長く心に残る演奏を流すが、ここでも同じようにマイルスが音をベンドして音質に変化を加えているのを聴くことができる。彼は、トランペットからサトウキビを吸い、音《ノート》のちょうど内側にたどり着くと、それを引き伸ばし、間《スペース》を残し、脳裏に焼き付くゆったりとしたラインを演奏しながら、自らのサウンドに神経を集中している。

自分のサウンドを見つけ、それを表現することこそ、マイルスが生涯努力し続けてきたことだ。サウンドに対する彼の強い意識は、類まれなる聴覚と直接関係しているだけではなく、ブルースの基礎訓練を反映するものでもある。彼は、サウンドに対する集中について、サンタナと全く同じ言葉を用いて、「音《ノート》の内側にたどり着く」ことであると繰り返し説明している。あるとき、彼は次のように述べている。「俺にとってサウンドは重要だ。俺は中西部のサウンドを持っている。俺は昔、コルネットを演奏していたから、わざとらしくない、丸みのあるサウンドを好んでいる。そのサウンドが出せなかったら、俺には演奏できるものがない。俺の持っているサウンドは、朗々とした声のようなものだ(28)」。そして彼は言う。「俺のトーンを出せるように、……五十年ちかく練習してきた。もし、俺のトーンが聴こえなかったら、俺は演奏できない。……もし、俺のトーンを失ったら、セックスも、何もかもできなくなる。そうなったら、海に入って、死ぬしかないな(29)」。

マイルスは、ちょうどブルース・ギタリストがやるように、調子や音質を変えることで、ひとつの音《ノート》の中の多くの異なる音《ノート》を演奏した。これを実現するための主たるツールが、彼のサウンドだった。それは、彼を最高のブルース奏者たらしめている理由のひとつであるとともに、彼の少ないほど豊かという考えに基づくミニマリスト的な演奏アプローチのルーツでもある。個々の音《ノート》のサウンドを変えることは、音《ノート》がある一定の時間維持されていること、すなわちゆっくり演奏することによってのみ機能する。より少ない音《ノート》を正確に適切な箇所で演奏することによって、付加的な音《ノート》を示し、適切に選択された間《スペース》自体が音楽の音《ノート》のように聴こえる。彼は、「最も予想外で最適な音《ノート》」（クインシー・ジョーンズの言葉）を演奏する能力を備えていただけでなく、その音《ノート》を適切な箇所、適切なフレージング、そして適切なベンドと音質で、効果的に演奏した。

彼は、ブルースの大物たちとも何度か一緒に演奏している。例えば、一九七三年十一月には、スペインのテレビ番組にB・B・キングとともに出演し、キングの〈ユー・ノウ・アイ・ラブ・ユー〉を演奏している。また、一九八九年の映画『ホット・スポット』のブルース色の強いサウンドトラックで、マイルスはジョン・リー・フッカーと演奏している。ここで、彼は水を得た魚のように演奏しており、彼の音《ノート》から汁を吸い出すアプローチ、そして明確なリズムを持つフレーズの音《ノート》を分類してフレーズ間に多くの間《スペース》を残すという彼の傾向が、はっきりと示されている。正確でリズミカルなフレージングは、ブルースの即興演奏《インプロヴィゼーション》の重要な側面のひとつであるが、他の形式の即興演奏《インプロヴィゼーション》には必ずしも見られるものではない（ロックおよびジャズの即興演奏《インプロヴィゼーション》では、すべての間《スペース》を埋めるように、連続的な音《ノート》の流れとして演奏されることが多い）。仮にブルース・ギタリストが理にかなった音《ノート》をすべて演奏することができたとしても、それが正しくフレージングされていなければ、効果は半減する。ブルースのルーツを持つマイルスはリズム意識が著しく発達しており、正確なフレージングは彼の得意とするところであった。

「彼はリズムを演奏していた」とサックス奏者デイヴ・リーブマンは述べている。「彼は、不規則なテンポで演奏してみたり、アップビートで演奏したりしていた。集中を持続させるために、リズミカルなフレーズを演奏することもある。ハーモニーやメロディのことだけを考えているわけではないんだ。彼はリズムのことも考えている。ドラマーのように。彼はいつもリズムについて語っていた。……コルトレーンは、リズムのことはあまり気にせず、ひたむきにラインや進行を考えて演奏していた。マイルスの場合、上がったり、下がったり、ビートの間に入り込んだりと、まるでボクシングをしているようだった。……マイルスの演奏をたとえるなら……バレエであり、ダンスであり、跳ねているボールのようなものだ。決して、空気や水のように流れる演奏ではなかった[30]」。

マイルスは、フレージングの技術をセントルイスでR&Bを演奏していた日々を通じて学んだことを認めている。「エディ・ランドールは、『一フレーズ吹いて一息吸うか、呼吸に合わせて演奏しろ』とよく言っていた[31]」。マイルスはまた、彼のトランペットのスタイルとギターの演奏との類似点についても、繰り返し言及している。例えば、「俺はいつもギターを弾くようにトランペットを吹いていた。ワウワウで、ちょうどそれとよく似たサウンドが作れた[32]」。七〇年代における彼のワウペダルの使用は、「サトウキビを吸う」効果を高めるための試みであったことは明らかだ。ブルース・ギターの影響について深く追求しようとしすぎているように聞こえるかもしれないが、彼の先駆的な金属製のハーマンミュートの使用は、ブルースのスライドギターから部分的に着想を得ている可能性がある。スライドギターも金属性のボトルネックを使って演奏されることが多く、金属的で美しくなめらかに流れる特性を共有しているからだ。

もうひとつの重要な類似性は、マイルス・デイヴィスの熱心なファンのイギリス人、マーティン・ブースが著者に指摘してくれたものだ。マイルスの七〇年代のワウペダルを使った演奏と、ブルースハープの奏者、特にリトル・ウォルターが〈ジューク〉や〈オフ・ザ・ウォール〉といった名高い五〇年代の曲で吹いているエレクトリック・ハーモニカとの間には、驚くべき類似点がある。リトル・ウォルターは、現代のR&Bサウンド、ひいてはロック・ミュージックの道を切り開いた、マディー・ウォーターズの四〇年代末期から五〇年代初期にかけての革命的なエレクトリック・ブルース・バンドでプレイしていた。マイルスのフレージングや音《ノート》をベンドする演奏とブルースハーモニカは実際に驚くほど似通っており、特に、彼が一九七二年にレコーディングしたブルースの曲〈レッド・チャイナ・ブルース〉にそれが見て取れる。この曲で、マイルスは、ハーモニカ奏者ワリー・チェンバースと並んで演奏している。

*

初期のブルース・ミュージシャンの多くは、ギターとハーモニカを演奏するシンガーであり、人間の声をそれらの楽器で模倣することを基本とするスタイルを編み出している。

マイルスはこうしたアプローチに強く影響を受け、声と同じくらい表情豊かなサウンドをトランペットで創り出した。これは、楽器のスタイル的な発展における彼の最大の貢献のひとつと評されることが多い。しかし、このアプローチには、見過ごされがちな重要な側面がある。マイルス以前の重要なジャズ・

トランペットの演奏家であるルイ・アームストロングもまた、訓練された人の声のビブラートを模倣することで、トランペットの音に人間味を与えようと試みていた。マイルスが登場するまで、このアプローチは、ジャズやクラシックの演奏スタイルとして普通に用いられていた。

これに対して、マイルスのスタイルに見られる人間の声らしさは、主としてビブラートを取り除いたことのたまものと考えられている。この一見矛盾する違いは、トランペット奏法のスタイル的な発展からきているだけではない。これは、芸術表現に対する二つの異なる姿勢、すなわち十九世紀のロマン主義的アプローチと二十世紀に登場した現代的なスタイルの違いを表している。マイルス以前は、強調や誇張によって、劇的に表現する傾向が強く見られた。無声映画での大げさな演技がその典型的な例であり、他にも美文、仔細な説明、わき筋が満載の物語になりがちな十九世紀の小説などがあげられる。同様に、十八世紀から十九世紀のオペラ的な歌のスタイルにおいて、声のボリュームを上げることを目的として、力強い人工的なビブラートが開発されたが、結果的に声を張り上げすぎる様式のものとなった。

飾りたてる様式のこれらのアプローチは、ロマン主義的芸術スタイルの一部であり、クラシック歌手以外の現代のミュージシャン、役者、作家がこのような手法を用いたならば、すぐに度を超えたもの、場合によっては低俗とさえみなされてしまうだろう。これとは対照的に、現代的なアプローチは、控えめな表現と効率的な手段、そして余分なものを取り除いた、より直接的で自然なスタイルを基本としており、ビブラートや大げさな演技、美文などは敬遠される。

控えめな表現、余分なものの排除、そしてビブラートをかけないことを意識していたマイルスは、二十世紀における現代的な演奏スタイルの先駆者の一人となっている。これが、彼の音楽と演奏が今日でも色あせない重要な理由となっている。パブロ・ピカソとの類似性もここにある。ピカソは、視覚芸術における現代的なスタイルを確立した初期の立役者の一人であり、彼がロマン主義的芸術の「こぎれいさ」と評していたものと生涯にわたって闘い続けた。これは、マイルスが「めめしい」音楽スタイルと呼んでいた傾向と闘ってきたことと良く似ている。マイルスの音楽は、感情的であり、過敏で、優しく、美しいメロディに富んでいるが、決して、こぎれいであったり、低俗、あるいは感傷的なものではなく、過度な飾りたてやビブラートをはさむ余地などない。

控えめな表現と効率的な手段を用いることにより、ニュアンス、豊かさ、深みが損なわれる可能性があるが、現代的なスタイルの創造性と感情の起伏を広げる別の手段を開発したところがマイルスの天才たるゆえんである。彼は、訓練された人の声をビブラートで模倣するのではなく、ブルースからの影響を通じて、人間の声の自然な抑揚を模倣した。皮肉なことに、三〇年代、四〇年代、あるいは五〇年代のミュージシャンが彼らの楽器の音に人間味を与えるために用いてきた主な手法を退けることで、マイルスはそれよりもずっと人間らしく聴こえる音を創り出した。

一見無関係に思えるが、マイルスをブルース・ミュージシャンとして見ることでつじつまが合う事実がさらに二つある。まず、そのような見方をすることによって、彼が本質的に異なる多くの音楽の影響を取り入れることができた理由が理解しやすくなる。クラシックを除くアメリカの音楽の形態、すなわちジャズ、R&B、ゴスペル、ソウル、ファンク、そしてロックのほとんどは、ブルースに根ざしている。ジャズとロックはどちらもブルース直系の音楽であり、これらが彼の音楽において重要な二つの不変的な要素となっているのもこうした理由からである。フォーク、クラシック、アフリカ音楽、ラテン音楽、スペイン音楽、あるいはインド音楽といった他の多くの音楽スタイルも彼の音楽の一部を構成しているが、ブルースからは少なくとも一歩以上遠ざかっているため、その影響は短命に終わり、共存することが難しいことも多かった。

二つ目は、ブルースの影響を強調することによって、音楽の近代化を進める上で、余分なものを取り除いていくマイルスのアプローチが理にかなったものであることがわかるということだ。第二章で示唆したように、多くのジャズ評論家による従来の見方では、四〇年代末期のビバップの複雑さへの反動から、七〇年代にひとつの音《ノート》をグルーヴへと発展させたことで、マイルスの活動歴は全盛をきわめたとされている。しかし、この見方では、なぜビバップに対してそのように反応したかについての説明がない。ここでも、ブルースを中心に据えることで、単純明快な説明が得られる。後の反応の対象となるビバップを起点とするのではなく、ブルースこそが彼の根底にあるルーツであり、ビバップ期を馴染みのない音楽の領域への進出とみなすべきなのだ。マイルスの形成期が終了し、自らの音楽の方向性（一九五〇年の「クール」なスタイル以降）の展開がはじまると、彼は常に、意識的または無意識に、「一ドル五〇セントのドラムとハーモニカ、そして二種類のコードだけのブルース」の簡素さと率直さを追い求めた。

こうした探求は、ブルースに満ちたマイルスのエレクトリック・ミュージックとなって実を結んだ。ゲイリー・トムリンソン教授は次のように言及している。「彼の融合《フュージョン》音楽作品は、すべてブルースを奏でている。フラットⅦを軸にメロディが繰り返されたり、微妙にフラットⅢ／Ⅲが入れ替えられている。実際、マイルスはここで、彼が過去に手がけてきた他の多くのスタイルのどれよりも明白にブルースを語っている。デイヴィスが『バップ以降のモダニズム』からファンキーな融合《フュージョン》音楽へと方向転換したのは、『彼が量子力学をもてあそぶのに飽きて、再びブルースを演奏したくなったからだ』という（ライターのグレッグ・）テイトの主張は正しかった[33]」。

*

もと来た道を戻るという意味では、マイルスは伝統主義者である。彼は自身のこうした側面に気づいていたようで、一九六九年に「俺はまっすぐな男だ。実際、古いタイプなんだよな。実直そのものだ」と語っている[34]。しかし、マイルスを保守的と断ずるのは大きな間違いである。ここで、音楽に対するマイルスの姿勢に関する二つ目の重要な解釈が登場してくる。彼が偉大とされている理由は、彼が伝統主義者であると同時に革新的な要素も兼ね備えているという事実にある。彼はやってきたことすべてにブルースの影響を取り入れているが、同時にブルースを超越してきてもいる。この基本理念は、「自分が知っていることを演奏しろ、そして、それ以上のこともやれ」という彼の言葉に集約されている。興味をかき立てる不可解さを秘めた、「それ以上のこともやれ」という部分に焦点が当てられることが多い。ミュージシャンは皆、自分が知っていることを演奏できるが、それ以上のことをやれるのはごく限られた者だけだ。しかし、「自分が知っていることを演奏しろ」という部分を軽視して、後半部分だけを強調するのはピントがずれている。マイルスは、「自分が知っている以上のことをやれ」とも言えたはずだが、そうは言わなかった。「自分が知っていることを演奏しろ」という部分が不可欠だからだ。

　マイルスはこの言葉の本質を、四〇年代末期にチャーリー・パーカーから教わった。彼はパーカーのこと思い出して、次のように述べている。「バードと一緒にやってると、何が起こるのか、誰にもわからなかった。だから俺はバードとの体験から、自分がすでにわかっていることの他に、もう一歩進んだ演奏をするってことも学んだ。何事に対しても、ちゃんと対応できる準備ができていなきゃダメなんだ[35]」。マイルスはこの本質について、言葉を変えて繰り返し述べている。例えば、一九七二年にはレナード・フェザーに次のように語っている。「そういう陳腐な常套手段は、土台にしてもいいが、続けるもんじゃない。そこから成長しないとな[36]」。

　マイルスの言葉の重要性については、強調してもしすぎることはない。その言葉には、マイルスの音楽を生み出すあらゆる創造的緊張が要約されている。哲学者ケン・ウィルバーが提唱しているいくつかの概念が、これを説明するのに役立つ。ウィルバーは多く著書の中で、宇宙《コスモス》の進化の過程に関する全体像を網羅的に示すことを試みている。本質的には、彼の多くの思想を詳細に記した著書に付けられた皮肉まじりのタイトルにもなっている、『万物の歴史』を示すことを目指している。この本は、何かしら（万物）に感心のある者にとっての必読書となっている。ウィルバーは、人類の身体的な進化だけでなく、私たちの内面の進化（すなわち、文化や意識の進化）についても詳細に説いている。したがって、彼の思想は芸術表現の領域においても、ひいてはマイルスの音楽の発展に関しても、容易に応用できるものである。ここで、読者の皆さまには、万物の歴史を六つの段落にまとめるという筆者の試みにお付き合いいただきたい。

　ウィルバーは、宇宙《ユニバース》〔ここでは、存在する全てを含むものとしてこの語を用いている〕全体を「ホロン」と呼ばれる基本単位を用いて説明できると論じている。この基本単位は、それ自体が全体であると同時に、より大きな全体の一部でもある。例えば、電子はホロンであり、電子は原子（ホロン）の一部であり、さらに原子は分子（これもまたホロン）の一部である。これはホロンの垂直的構成と呼ばれるものだ。ホロンは、例えば、分子から原子へといったように下位の基本単位に崩壊することもあれば、音《ノート》が連なってメロディができるように上位の構成に「超越」することもできる。

　ウィルバーは、内容と形式の概念を深め、ホロンの「外面」的および「内面」的な側面について説明している。「外面」とは物理的特性、形態、外側、表面をいい、一見することで、ただちに、そして比較的客観的に認識できる。「内面」とはホロンの内側、つまりそれを満たしている中身、意味、意識をいい、「内面」の理解には（内側に）耳を傾け、直観に従い、（感覚のある生物の場合は）対話することが求められる。例えば、人間の脳の「外面」、すなわち物理的側面は、脳細胞、神経細胞、シナプス、アルファおよびベータ波といったホロンから構成されており、解剖や脳スキャンによって観察することができる。脳の「内面」は、思考、感情、知覚などからなり、それについて知るには脳の所有者と対話し、話を聞かなければならない。同様に、Ⅱ～Ⅴ～Ⅰのコード進行の「外面」、すなわち「表面」的な側面はただちに、そして客観的に認識できるが、その「内面」、すちわち音《ノート》の意味を「聴く」には、より直観的な理解が必要とされる。

　また別の重要な概念として、「幅」と「深さ」がある。前者はホロンの「水平」的な側面、すなわち同じレベルにあるホロンの数をいい、後者はホロンが含む「垂直」的な階層の数をいう。進化とは、より組織化された、深く、幅の狭いレベルへと向かわせる力である。膨大な数のバクテリアが存在する（幅が広く、深さが小さい）のに対して、人間の数は六十億にすぎない（幅が狭く、深さが大きい）。ホロンのレベルが深くなるにつれ、より多くの宇宙《ユニバース》を含むことになり、その重要性も増す。深さは、「内面」および意味、したがって意識と同義語として用いられる。無数のでたらめな音《ノート》は、幅が広いが、深さが小さい。しかし、これらの音《ノート》が音楽のフレーズやコードとして構成されると、数は少ない（幅が狭い）が、より意味のある（深さが大きい）ホロンとなる。（異論があるかもしれないが）人間はバクテリアよりも高い意識を有している。

　人類は、数千年にわたって、様々な種類の経済的、社会的、政治的な（外面的）構造を通じて進化してきており、そのひとつひとつがそれ以前のものよりも組織化され、深さを増している。これらの構造は、いずれも特定の世界観またはパラダイム（内面）を有している。瞑想的思想家（仏陀、老子、ソクラテス、プラトン、孔子）は、人類が自らの存在について考える時間を持てるようになった、農業社会の出現とともに登場した。（デカルト、ロック、カントの思想に基づく）啓蒙とも呼ばれる合理主義パラダイムは、私たちの産業社会における技術と科学の発展と平行して進展してきた。合理主義的世界観では、科学的に観察可能な「外面」と視覚に深く焦点が当てられ、「内面」や聴覚については過小評価されがちである。

二十世紀末から形成されてきた情報化社会の「内面」は、ポストモダンの「実存主義」のパラダイムであり、これは内面と外面とを同程度に認めて評価し、その二つのバランスを保ちながら融合することを目指すものである。[37] この新しく生まれた世界観を示す明らかな徴候のひとつに、ホリスティック医学がある。つい一九八〇年代初期まで、体の病気（外面）と人の思考や感情（内面）の間の関係の存在を示唆する者など医学者から笑い者にされていた。しかし、今日では、心と体の関係は疑う余地のないものと認められており、それとは反対の立場を取っていた者は信用を失するほどである。

進化は「超越と包含」のプロセスを経て進み、より多くの宇宙《ユニバース》を取り込むことで深さ（意識）が増す、とウィルバーは説明している。新たに生まれるホロンは下位レベルのホロンを含むが、単にこれらのホロンを足し合わせたものにとどまらない。「超越と包含」の原則はきわめて重要である。これなしに、進化は安定して進むものとはなり得ない。当然ながら、超越のない包含は進化の行き詰まりを意味する。しかし、包含のない超越は、下位レベルのホロンに対する抑圧となり、結果としてバランスの取れていない成長をもたらし、下位レベルのホロンへと崩壊してしまうことが多い。統合されていない外傷性の幼児体験が人格障害へとつながるのが、そのひとつの例だ。もうひとつの例として、初期の「実存主義」パラダイムのひとつの表現であるニューエイジ文化において、合理的な議論や科学的方法論を低く評価する傾向が一部のグループにあり、それによって中世の前合理主義的世界観へと後戻りする危険性があることがあげられる。

*

ウィルバーの概念は、マイルスの音楽と手法に関する議論について、多くの新しい視点をもたらす。例えば、マイルスの「洞察力」、すなわち音《ノート》に隠れている意味を聴くことができる彼の能力は、音楽の「外面」的な特性を超えて聴き、「内面」にあるその意味を理解できる特別な才能とみなすことができる。マイルスは七〇年代にパーカッショニストのエムトゥーメに次のように述べている。「誰でも演奏できる。音《ノート》はせいぜい二〇パーセントだ。演奏している奴の姿勢が八〇パーセントだ」。これは、音《ノート》の内面を示す意味と姿勢に八〇パーセントの価値があり、外面には二〇パーセントの価値しかないことを別の言葉で述べているにすぎない。一九六八年にレナード・フェザーがサド・ジョーンズ／メル・ルイスの曲を聴かせたときに、マイルスは同様の指摘をしている。「奴らは音楽の心を持っていない。……音《ノート》の意味をわかっちゃいない」とマイルスはコメントしている。[38]「音楽の心」を持つというのは、音符に書き出された音《ノート》以上のこと、表面外観からはわからないことを聴くことができる能力を持つことである。デイヴ・リーブマンが述べているように、「（マイルスにとっては）どのようには、何をよりも重要だ[39]」。

SF作家アーサー・C・クラークは、高度に発達した技術はそれを理解できない者には魔法と見分けがつかない、と述べたことがある。高度に発達した意識についてもそれと同じことが言える。第一章で論じた通り、マイルスの「洞察力」は彼の周りのミュージシャンには理解することができず、そのために彼を評するのに「魔法」、「魔術師」、あるいは「マーリン」という言葉が用いられていた。マイルスは、彼の時代よりも進んだ音楽意識を働かせていたように思われる。様式と意味、すなわち「外面」と「内面」、見ることと直感あるいは聴くことの両方に対する卓越した注意力、そして彼が発した言葉の多くがだんだんと私たちにも理解できるようになってきたという事実は、新たに出現する「実存主義」パラダイムの形成を示すものであることを示唆している。

直観的なものか意識的なものかはわからないが、創作過程における「超越と包含」の原則の重要性を完全に取り込んだ世界観をマイルスは持っていた。「自分が知っていることを演奏しろ、そして、それ以上のこともやれ」という彼の言葉の計り知れない重要性が、ここでたちどころに明らかになる。これこそ、「超越と包含」の原則を的確に表現したものなのだ。マイルスは一九五〇年ごろからすでに「包含」の概念を重視し始めており、デキシーランド〔ニューオーリンズ発祥のジャズ〕を擁護して、ビバップ音楽をやっている仲間からはとてもクールとは見られない、二十四歳の若者にしては早熟の意見を述べて怒りを爆発させている。

「俺はデキシーランドを見下す奴らが気に入らない。バップでなければ音楽ではないなどと言っている奴らはただのバカだ。無知をさらけ出しているようなもんだ[40]」。

音楽史に対する同様の敬意が、一九六五年一月から一九七〇年二月までのマイルスの音楽の革新について触れた、以前の章でも論証されている。その最初の三年間に、マイルスの第二期グレート・クインテットは独自のジャズ様式を一歩一歩発展させていき、それぞれがそれ以前のものを超越し、包含していった。一九六七年十二月にクインテットはジャズの範疇に収まる限界にたどり着き、マイルスはすぐに「超越と包含」のためにジャズを超える影響を探求しはじめた。意味深いことに、彼が新たな音楽の要素を持ち込むときには、それ以前のセッションの成果を下敷きにしている。これは最初に、一九六七年十二月の〈サークル・イン・ザ・ラウンド〉でエレクトリック・ギターとスタジオでのポストプロダクションという新しいアプローチを用いるところからはじまっている。三週間後の次のセッションではエレクトリック・ピアノが導入され、〈ウォーター・オン・ザ・ポンド〉が生まれる。一九六八年五月にマイルスは〈スタッフ〉でソウルとロックの要素を実験的に試し、その一カ月後には〈キリマンジャロの娘〉で牧歌的《パストラル》、アンビエント、音詩《トーン・ポエム》のアプローチを開始している。続いて、新たに二人のバンド・メンバー、チック・コリアとデイヴ・ホランドが加わり、さらに複数のキーボード奏者というアイディアが生まれ、一九六八年十一月に〈アセント〉でアンビエントの方向性が初めて形となって現れた。《ビッチェズ・ブリュー》セッションでは、これらすべての要素を超越しつつ包含し、アフリカ音楽、クラシック音楽、ロック、フリー・ジャズ、そしてスタジオ技術を取り入れている。

ジャズ評論家の多くが、ジャズの革新において、マイルスがいかに「入念」かつ「慎重」であったかについて言及しているが、これは実際には彼が「超越」および「包含」を行っていたことを別の言葉で述べたものだ。ゆっくりと前へ進むことで、マイルスは一歩ずつ確かめながら過去の成果を包含していった。マイルスの伝記の中で、イアン・カーはマイルスの創作プロセスについて、「超越と包含」と非常に近い言葉で鋭く言及している。「デイヴィスは、常に進歩と進展を身上とした半面で、ルーツを一時とて忘れたことはなかった。彼はルーツをうっちゃるのでなく、既知の事柄に新しさを加算していったのであり、彼の発展の各段階には、その前段階のエッセンスが必ず含まれていた[41]」。

後続の章では、マイルスがその生涯を終えるまで、いかに「超越と包含」の概念に基づき行動していたかを示す。彼はこの理念を音楽表現の他の領域、特にトランペットのスタイルにも適用している。彼のトランペットのスタイルは、彼の師エルウッド・ブキャナン、セントルイスのトランペット・サウンド、ブルース、ビバップ、そして彼がジュリアード音楽院で受けたクラシックの授業などからの様々な異なる影響を融合したものであった。しかしながら、マイルスのスタイルと音楽は、これらの異種のパーツを単に足し合わせただけのものではない。彼はこれらに新たな生命、新たな音楽的ビジョンを吹き込み、独自の世界を創り出した。言い換えると、彼はすべての影響を超越した。「超越と包含」の継続的なプロセスこそ、マイルスの音楽の成功のカギのひとつとなっている。成功した彼の音楽は、常に馴染みのあるものであると同時に、新鮮でもあった。彼の音楽は重層的で、それゆえに時間を超える趣を得られるだけの十分な「深さ」があり、何十年にもわたって多くの異なる文化の人々の心を引きつけているのである。

＊

マイルスは伝統的な価値と全く新しい価値を組み合わせてきたが、その度合いは並外れたものだった。第二章ですでに論じた通り、ゲイリー・トムリンソン教授の説明によると、マイルスが黒人中産階級の出身であること、特に彼の中にいかに白人と黒人のアメリカ文化の価値が浸透していたかが、彼の「違いに対する強い関心」に結びついている可能性がある。二つの文化が交わる接点におけるマイルスの立ち位置は、一九四四年から一九四五年のジュリアードでの彼の行動に示されている。彼は「図書館に行って、（イーゴリ・）ストラビンスキーやベルグや（セルゲイ・）プロコフィエフら、クラシックの偉大な作曲家の楽譜を借りていたが、それは、ジャズ以外の音楽で何が起こっているのか知りたかったからだ。知識は自由の産物で、無知は奴隷制度のものだが、自由と隣合わせの人間がそれに手を出さないというのが、不思議だった。手に入れられるのに、黒人ということだけで手を出さずにいることが、俺にはわからない。そんなことはすべきじゃないとか、白人だけのものだなんて考えるのは、ゲットーのクソ精神だ[42]」。

黒人、白人を問わず、四〇年代初期のアメリカの若いミュージシャンで、異文化に対してこれほどまでの許容力と関心を持ち合わせていた者は他にはいなかった。ゲイリー・トムリンソンはさらに詳しく述べている。「デイヴィスの音楽的功績はきわめて対話的なものであり、対照的なアプローチとサウンドの融合を楽しみ、デイヴィス自身の人格の重要な一部である違ったものへの意識を際立たせるものとなっている。……この文化的な両面性……いや、むしろ多面性というべきものから、音楽的な対話が生まれている。一九六九年から一九七四年にかけてのデイヴィスの融合《フュージョン》音楽は、こうした対話の極致であり、彼の初期の音楽的発展の当然の成り行きであるとともに、そこに介在する懸念を表すものでもある。……結果として、デイヴィスの融合《フュージョン》音楽は多次元に対話的なものとなった[43]」。

トムリンソンの説明はウィルバーが提唱する概念と完全に一致するものだが、「超越と包含」の原則を適用することで弁証法的な見方を深めることができる。ウィルバーの思想を音楽に適用すると、それぞれの音楽ジャンル、それぞれの「違い」をホロンとみなし、音楽の進化をそれ以前のホロンを超越して包含する新しいホロンの継続的な出現とみなすことができる。例えば、ジャズは、ブルース、ラグタイム、マーチングバンド音楽、アメリカン・フォーク、西洋クラシック、アフリカ音楽などの音楽ホロンからなっていると同時に、それらを超越している。マイルスの「融合《フュージョン》」音楽は、ブルース、ジャズ、ソウル、ファンク、フォーク、クラシック、アフリカ音楽、インド音楽、ブラジル音楽、スペイン音楽などの多くの音楽ホロン、すなわち「多次元に対話的なもの」を超越し包含している。対話的な見方が説明できるのは純粋に音楽の外的側面だけという限界があるのに対して、ウィルバーのアプローチは音楽の内面、そして進化とともに音楽がいかに重要性と深みを増していったかについても理解する手段を与えてくれる。

ここでひとつ注意が必要となる。ウィルバーは、ホロンの「垂直」レベルの数と深さ、意味と重要性を同一視しているため、ジャズあるいはマイルスの音楽について、それが超越し包含している個々の音楽ホロンよりも本質的に重要性が高いものと解釈されてしまう可能性がある。しかし、進化は必ずしもそのように直線的または一次元の方向にしか進まないものではない、ということを頭に入れておく必要がある。創作および進化の過程の「超越」には特異的な側面があり、定義することや予測することが難しい。超越と思えるものの中には、単にウィルバーが「変換《トランスレーション》」と呼んでいる、同じホロンの異なる表現、つまり単に古いワインを新しいボトルに入れ替えただけのようなものもある。また、新しい音楽ホロンが、それを構成するホロンのひとつの側面しか包含しておらず、そのために元々のホロンの深さが部分的に欠落していることもある。あるいは、新しく生まれたホロンが、基本的なホロンをつぎはぎしただけのフランケンシュタインのようなものもあり、構成要素の特性を十分に取り込めていない場合がある。例えば、七〇年代のシンフォニック・ロックの多くは、そのクラシックの部分とロックの部分を足し合わせたものよりも明らかに劣っている。マイルス自身の音楽においても、それと同じことがときおり起きていた。〈ファン〉や〈ミスター・ティルマン〉といった曲は、ジャズとポップスのホロンがぎこちなく結合したようなサウンドとなり、それぞれの構成要素を足し合わせたもの以上にはならなかった。対照的に、《ビッチェズ・ブリュー》のアルバムが大いに成功したのは、音楽が、その創作に影響を与えた多くの要素を優に超えており、その結果、今日においても反響が止むことのない重要な意味と深さを創り出しているからである。

　したがって、多くのレベルの音楽的影響を取り入れた音楽は、潜在的に深さと意味を増すことができると言えるだろう。ただし、実際にそうなるかどうかはまた別の話であり、個々のケースを詳しく見ていく必要がある。同様に、優れた技術スキルを持つミュージシャンは、限られた技術スキルしかないミュージシャンと比べて、はるかに多くのニュアンスとコントラスト、すなわち深さと意味を演奏で表現できる。しかし、結局のところ、技術スキルはミュージシャンの外的側面を表すものに過ぎず、それが必ずしも意味深いものにつながるとは限らない。幅と深さを混同したり、数量と質を等しいとみなすことは、私たちの文化ではよくあることだ。そして、音《ノート》の数と意味深さとを同一視しているミュージシャンも数多く存在する。しかし、マイルスが彼の活動を通じて実証してみせたように、実際にはその逆であることが多い。

＊

　ウィルバーのモデルはまた、マイルスの伝記作家エリック・ニセンソンが「ビッチェズ・ブリューと忘れる技術 Bitches Brew and Art of Forgetting」と題したマイルスのエレクトリック・ミュージックを擁護するエッセイで引用しているマイルスの言葉について、別の解釈を提示する。ニセンソンのエッセイは、マイルスの次の言葉に基づいている。「エリック、壁にかかっている賞の数々が見えるだろう？　みんな、俺の記憶力がてんでひどいっていうんでくれたんだよ」。ニセンソンは、こう結論づけている。「知っての通り、マイルスはステージの上でも、ステージを降りても、謎めいた言い回しを得意としていた。この言葉についても、その意味を理解するまでに少々時間を要した。そう、彼が言いたかったのは、過去の業績を忘れられることができるアーティストは、新しいものを取り入れ、常に前に進むことを強いられるということだ。そして、過去にしがみつくのではなく、自分自身が生きている時間とつながっていなければならず、ありきたりの表現を避け、作品そのものと自身の感情や考えの両方を深く掘り下げる必要があるということ。当然ながら、即興で音楽を演奏するジャズ・ミュージシャンにとって、音楽が自然発生的に生まれ、かつ『瞬間を捉えたもの』となるように、そして過去につなぎ止められたものとならないように、『忘れる技術』は不可欠である」(44)。

ニセンソンとマイルスの間でのこのやり取りは、一九七五年から一九八〇年までの時期、つまりドラッグに起因するマイルスの不名誉な沈黙期のできごとだ。したがって、意味のない、ただの使い捨ての言葉であった可能性もある。この言葉に多くの意味を見出そうとするのは危険とも思えるが、仮に、より深い意味があったとしたら、禅の概念である初心のこころ、すなわち、あらゆる期待や先入観を捨て去り、完全に今ここにあり、清らかで覚醒した状態に近い概念のことをマイルスは言いたかったのではないだろうか。ただし、初心のこころは、スキルや歴史、伝統などを忘れることを意味するものではない。初心のこころは、決して、自らに無知を課すことではない。禅でいう初心のこころとは、あらゆる時点で仕切り直すことと、二千五百年前に起源を遡る文化および瞑想の実践を利用することとの間の微妙なバランスを保つことである。

同じように、即興的に演奏を行い、新しい優れたアイディアを考えつくミュージシャンは、孤立無援な状態にある一方で、長期にわたる音楽文化を経て形成されてきた教育、楽器の演奏スキル、音楽意識を通じて伝統が深くしみ込んでもいる。このようなミュージシャンは、進化の波の頂きにあると同時に、依然としてその波、そしてそれが派生する水の一部でもある。もしも、ジョン・マクラフリンが本当に「ギターの弾き方を知らないように」弾きはじめたならば、マイルスはその場で彼をクビにしていただろう。この言葉は、習気《ハビット・エネルギー》から脱け出て、自身の計り知れない才能と培われた音楽技術を新しいやり方で表現するようにと、このギタリストに促すためのものだった。結果として、マクラフリンの最も生き生きとして感情に訴えるギター演奏となったが、それはこの演奏が革新的であると同時に、深く伝統に根付いたものであったからに他ならない。

ニセンソンは「忘れる」を過去を捨て去ることと解釈しているようで、マイルスの言葉をフリー・ジャズ・ムーブメントの一部のグループの信条のようなものに変えてしまっているが、それはマイルスが意味したこととは遠くかけ離れている可能性がある。ここで、「超越と包含」のモデルに焦点を合わせてみたい。マイルスの進化を弁証法的に考えた場合、別の「違ったもの」として、フリー・ジャズの方向へと進むという選択肢もまた、ロック、ソウル、またはフォークと同じくらい魅力的であったと思われ、何故フリー・ジャズではなくカウンターカルチャーの音楽に重点を置くことを選んだのか説明がつかないからだ。

実際に、マイルスは、第二期グレート・クインテットとそれに続くチック・コリアとデイヴ・ホランドが参加したクインテットで、実験的にフリー・ジャズを試してみている。自らの許容力と音楽への献身を実証するように、その方向性と向き合おうと真剣に試みていた。ジャック・チェンバースは、一九六〇年から一九六一年にかけてオーネット・コールマンがニューヨークのファイブ・スポットというジャズクラブで六カ月の定期コンサートを行っていたとき、「他のほぼすべてのジャズ・ミュージシャンと同じように、デイヴィスとコルトレーンも（フリー・ジャズのことを）大いに気にしており、二人ともよくファイブ・スポットを訪れていた」と書いている[45]。

それから十年近くが経過し、マイルスはフリー・ジャズに対して批判的な発言をしてはいたものの、依然として興味を持ち続けていた。チック・コリアは、ホランド、ディジョネットとともにフリー・ジャズの領域に足を踏み入れたときのことを次のように語っている。「マイルスは、そこから何かが生まれてくるのかどうかを見極めようとしていた。マイルスが実際にどう思っていたのか、僕らにはわからなかった。覚えているのは、彼はあえてステージ脇で音を聴いていて、時々、トランペットを手にしては、少しの間だけ、僕らの『宇宙空間』での演奏に参加していた。でも、それを除くと、もっぱら彼の役割はグループにおけるメロディの焦点を戻すことだった。おそらく、あるときはリズムセクションがフリー・ジャズのスタイルで演奏しているのを彼は楽しんでいて、それ以外のときは単に彼にとって十分な「やり方」ではなく、彼が聴きたいものではなかったということだったのだろう。だから、もっと自分が望む方向性へのものを創ったんだ」。

マイルスは自らの演奏にもフリー・ジャズの側面を取り入れており、一九六七年以降、それはさらに半音階を駆使した「外れた」ものとなっていった。しかし、彼の演奏には常にそのルーツが残っており、前方と後方を同時に向いている音楽の文脈に身を置くことを彼は好んでいた。言い換えると、彼は常に「超越と包含」の原則に忠実であり続けた。マイルスは最終的に方向性としてのフリー・ジャズを放棄するが、それは「超越と包含」のプロセスから大きく外れるものだったからだ。このような結果になった理由を理解するには、フリー・ジャズとそれに関連するクラシック前衛《アバンギャルド》音楽について、その起源と深い本質をさらに詳しく見ていく必要がある。

*

前衛《アバンギャルド》芸術について、ケン・ウィルバーは一般論として次のように書いている。「前衛について言うことができる最良のことは、それが展開している世界観の破壊的な波のうねりに自らが乗っているのをいつも暗黙のうちに理解しているということである。前衛とは、進化している人間性の最先端なのだ。それは新しいものを予告し、やがて来たるものを宣言する。それは新たな見方、存在の新たな様式。認知の新たな枠組み、感情の新たな高さや深さ、そして何よりも近くの新たな様式をまず見抜き、それから描写する[46]」。

この意味で、ヨハン・ゼバスティアン・バッハ、ルートヴィヒ・ヴァン・ベートーヴェン、クロード・ドビュッシー、アルノルト・シェーンベルク、チャーリー・パットン、ルイ・アームストロング、チャーリー・パーカー、ビートルズ、マイルス・デイヴィス、そしてジミ・ヘンドリックスは皆、前衛《アバンギャルド》アーティストである。これらのアーティストはいずれも「新しいものを予告」し、彼らが道を開くのを手伝ってきた新たな存在の様式が主流となると、その功績を認められた。音楽における彼らの存在は、物理学におけるアルバート・アインシュタイン、アメリカの人種問題におけるマーティン・ルーサー・キング・ジュニア、そして進化論におけるチャールズ・ダーウィンのようなものだ。ほぼすべての偉大な不朽の芸術作品は、それを生んだ伝統をある程度まで超えている。「新しいものを予告」した芸術は最も新鮮かつ傑出したものであり、それ以降の同じパラダイムあるいは方向性の探求も依然として非常に興味を引くものだとしても、それらは単なる変換《トランスレーション》に過ぎない。

　一方、前衛《アバンギャルド》芸術の多くは、実現することのない世界観を予告するものであったり、その発展が進化につきものの「超越と包含」のプロセスとうまく一致していなかったために、歴史上から忘れ去られていった。過去を包含せずに、超越することだけを試みる芸術は、どれも深みに欠け、長く価値が続くものとはなり得なかった。ある程度これと同じことが、二十世紀半ばから末にかけての前衛《アバンギャルド》芸術で起きていたという揺るぎない主張がある。クラシック前衛《アバンギャルド》音楽の主要人物のうち、一般の視聴者に受け入れられたのは、ルチアーノ・ベリオ、カールハインツ・シュトックハウゼン、ピエール・ブーレーズ、オリヴィエ・メシアンなどごくわずかであり、このムーブメントの音楽やアイディアが新たな音楽パラダイムを生むほどの影響を及ぼすこともなかった。クラシック前衛《アバンギャルド》音楽は主流にはなれず、しかも二十世紀末以降、クラシック音楽界と上記の主要人物は、より伝統的な調性と構成へとじわじわと戻っていった。

　これに関する最も有力な説明は、「古いものを捨て去る」という、このアバンギャルド・ムーブメントの精神が、それ以前の前衛《アバンギャルド》ムーブメントのものとは基本的に異なっていたためだ。バッハ、ベートーヴェン、あるいはビートルズの前衛《アバンギャルド》音楽は、頭も心も将来に向いていたが、常に過去にもしっかりと根を張っていた。言い換えると、超越して包含したということだ。しかし、二十世紀半ばから末にかけての前衛《アバンギャルド》芸術は、多くの点で、包含することなしに超越することを試みており、その際、政治的な影響も強く受けていた。このムーブメントは、第二次世界大戦直後にヨーロッパで芽生えた。戦争による極端な荒廃に陥ったヨーロッパ人の多くは、自らの文化や政治制度にひどく失望していた。彼らは根本的に新しいスタートを切ることを望み、古いものを完全に捨て去る制度や信条を選択する者もいた（例えば、ヨーロッパでは戦後数年間、共産主義に同調的だった）。

　ヨーロッパのあらゆる分野のアーティストは、過去の重荷を下ろし、自分たちの芸術を一から作り直す道を追い求めた。これが、完全なる過去との決別を試みる前衛《アバンギャルド》ムーブメントへとつながった。このことがいかに困難であるかを認識した上で、多くの者が習気《ハビット・エネルギー》に対抗するための様々な手法を開発した。例えば、著作物に偶然の要素を取り入れるなどであり、それはときに、リズム、ピッチ、ハーモニー、構成、あるいは感情的もしくは直観的な内容を伴わない音楽となることもあった。米国では、前衛《アバンギャルド》音楽作曲家のジョン・ケージが、サイコロやコインを使ったり、五線紙の上に炭を落としてみたり、でたらめにダイヤルを合わせたラジオを使って演奏するなどの実験を行っていた。[47] 最も極端なクラシック前衛《アバンギャルド》作品であるケージの無音作品〈四分三十三秒〉は、作曲家の意図を全面的に排している。この作品は、演奏の本質、音楽の本質、音楽が雑音《ノイズ》と異なる点、演奏者が演奏を行う音環境などに関する、多くの重要な概念的および政治的論点を提示している。しかし、ひとつの音楽作品として、これはこれまでに制作された最も単調な作品であり、「音楽」そのものに識別できる深さや意味は全く存在していない。この作品は文字通り、そして比喩的にも空であった。

過去を捨て去る試みにおいて、戦後のクラシック前衛《アバンギャルド》作曲家は、車輪を再発明する〔すでに存在しているものを再び一から作ることを意味する慣用句〕作業を自らに課した。こうして多くの創意工夫がなされ、ときには全く新しい包括的な作曲体系が生まれることもあったが、包含の歴史が全くないか浅かった（ホロンの「垂直」的な階層が少ない）ために、深みを欠いていた。こうした深み、意味、重要性の欠落は、戦後の多くの前衛《アバンギャルド》芸術の最大の欠点となった。芸術作品が成功したか否か、質、深さ、意味を持つものかどうかを判断する基準がもはや存在しなくなったという事実がこれを例証している。その結果、虚無主義《ニヒリズム》に陥り、どんなものでも受け入れられた。戦後の前衛《アバンギャルド》芸術は、新しいものを先駆けて創り出していることを誇りにしていたが、この観点から見ると、表面的で、深みの足りない古びた合理主義パラダイムを肯定する結果となった。クラシック音楽では、こうした前衛《アバンギャルド》的な試みの多くは、今日の音楽にも容易に適用可能な、興味深く刺激的な色彩、アイディア、音、技術、ハーモニー、リズムによって特徴づけられる。しかし、その原型においては、意味の欠落が聴き手《リスナー》を遠ざけていた。ピエール・ブーレーズでさえもが、早くも一九七一年には、前衛《アバンギャルド》で起きていることの多くは音楽および聴き手《リスナー》に対する作曲家の責任回避だったと指摘している。

フリー・ジャズ・ムーブメントでは、並行してことが運んでいた。一九五九年にフリー・ジャズが出現したとき、クラシック音楽における戦後の前衛《アバンギャルド》の発展から部分的に着想が得られており、この影響とジャズの「超越と包含」が試みられた。（ブルースとアフリカの西洋前《プレウエスタン》ハーモニーを研究した）オーネット・コールマンなど、フリー・ジャズ・ミュージシャンの多くが、過去の音楽の影響を超越し包含することによる新しい音楽構造の実現を試み、純粋に新しく、心に訴えかける合成物を創り出した。そして、今日においても、フリー・ジャズが開拓してきた、根本的に新しい色彩、技術、概念といったフリー・ジャズの多くの側面が、音楽の奏法や聴き方に影響を与えている。しかし、ムーブメントの規模と影響は時とともに減少していった。ほとんどのジャズ評論家が、特にフリー・ジャズの急進性によって意味のある永続的な音楽を創作するという試みは失敗に終わった、という意見で一致している。(48) フリー・ジャズ・ムーブメントはまた、聴き手《リスナー》離れも引き起こした。その原因こそ、クラシック前衛《アバンギャルド》音楽の急進的な側面に影響を及ぼしたもの、すなわち過去の影響を排除しようと試みた結果として生じた深みと意味の欠落である。

フリー・ジャズの第一人者の中にも同じような結末を迎える者がいた。「一時期、僕が『オープンな形式』と呼んでいる音楽が、自己表現のための最大の機会を与えてくれると感じていた」とデイヴ・ホランドはコメントしている。「制限のない表現を与えられたかのようだった。ところが、しばらくして、表現はひとつの形式の中で生まれなければならないということにも気づいた。若いときには極端な方向に走りがちだが、年を重ねるにつれて、両方とも正しいことを理解するのだと思う」。

これは、戦後の急進的な前衛《アバンギャルド》音楽やフリー・ジャズにはメリットがないという意味ではない。これらは、ミュージシャン、そして聴き手《リスナー》の耳と心を洗い流し、受容と可能性の範囲を広げた。また、今日の芸術に超越されて包含された、概念的アイディアや新しい美的視野をもたらした。そして、多くの問題を提起している〈四分三十三秒〉は、世界中の音楽大学で最も議論されている楽曲のひとつとなっている。欠点が多かったり、失敗に終わった芸術的な実験は、学習曲線の一部であり、定期的に新しい芸術の発展に刺激を与える。多くの前衛《アバンギャルド》やフリー・ジャズの音楽、そしてマイルスの音楽のいくつかは、この分野において失敗に終わった。しかし、マイルスの音楽のアプローチ全体が「超越と包含」の原則に基づいていることから、彼はフリー・ジャズの限界、そして過去を捨て去ろうとする試みによって窮地に陥っていることを認識していた。フリー・ジャズのミュージシャンは、「自分が知っている以上のこと」をやることに注力し、「自分が知っていること」をやることを避けていた。それは、マイルスが彼の人生を通じて培ってきた重要な原則に反することであった。

*

六〇年代末期、ジャズ・シーンは、消耗しきった自己完結の音楽ホロンと考えられていた。そこからは、マイルスのいう「博物館に陳列されるもの」となるか、フリー・ジャズに向かうか、あるいは外からの影響を包含する以外に、単純に行き場を失っていた。すでにフリー・ジャズの方向性に見切りをつけ、六〇年代カウンターカルチャーの音楽の内面的な部分に気づけるだけの度量の広さを持っていたマイルスは、後者を取り入れる方向へとかじを切った。当時、脚光を浴びていたのがこの種の音楽であり、商業的に成功しているという理由でそれを切り捨てるのは誤りであるとマイルスは考えていた。彼は次のように述べている。「『ジャズ』と呼ばれる音楽が、少数の人々だけのものだと考えたことはない。かつて芸術的と考えられた多くの歴史的遺産と並んで、博物館のガラスの中に陳列されるものだと思ったことはない。ジャズだって、ポピュラー・ミュージックみたいに、常にたくさんの連中に聞かれるべきだと考えてきた。そうだろ?」[49]。彼はまた、「俗受けするものがろくでもないとは思わないぜ」ともコメントしている[50]。

マイルスが存続している芸術と廃れた芸術とを区別していることには意味がある。彼はその判断に基づき、顕微鏡を使って調査・解剖できるような静的で化石化した芸術を高く評価して外面ばかりに執着するような西洋の合理主義パラダイムからは、距離を置いている。植民地主義者が植民地地域の芸術を歪め、その文脈や意味を奪い、純粋に表面上の価値だけしかない戦利品へと劣化させてきたのは、こうした姿勢によるものだ。ウィルバーは、合理主義パラダイムの成果のひとつに、芸術、科学、道徳、宗教の分離をあげている。産業革命前の合理主義パラダイム以前のパラダイムでは、これらは融合されており、例えば、地球が太陽の周りを回っていると言明することは宗教に反する行為であり、ときとして残酷な結果をもたらした。これらの分離は、科学的思考における革新の自由を与える一方で、科学者や芸術家が社会の道徳やニーズとは無関係に、象牙の塔《アイボリータワー》に基づく使命を実践するようになったことで妨げられた。芸術において、これは、「芸術のための芸術」という概念、そして自分自身に関係することだけを表現する悩める芸術家の存在に見られる。聴き手《リスナー》を遠ざける結果をもたらした、フリー・ジャズと戦後のクラシック前衛《アバンギャルド》音楽の急進性は、どちらもこの概念の表れである。

現代的な白人のアメリカンドリームと、自身のアフリカ系アメリカ人の前近代的な伝統に対する確固たる世界観を持っていたマイルスは、「芸術のための芸術」の原理の正当性を信じることはなかった。一九六九年にマイルスは、ロックは「ジャズと同じくフォーク・ミュージックだから」と述べている[51]。マイルスは、「フォーク」という言葉を、人々から生まれた人々のための音楽としての「ポピュラー・ミュージック」という意味で用いていたようだ。その意味では、ブルースは黒人のアメリカを起源とするフォーク・ミュージックである。マイルスにはエリート意識はなかった。革命的な野心を持っていたことに加えて、彼にはポピュラー・ミュージック、すなわち「フォーク」ミュージックを創りたいという願望があった。彼が生涯を通じて、〈サムデイ・マイ・プリンス・ウィル・カム〉や〈タイム・アフター・タイム〉といったポピュラー・ソングをカバーすることを恐れなかったという事実がこのことを物語っている。

本質的に自己表現者であるマイルスは、聴き手《リスナー》をできるだけ増やしたいと常に考えていた。この非エリート主義の姿勢を彼はアフリカ系アメリカ人の伝統から学んだ可能性が高いが、より深いところでは、彼の「洞察力」と「聴く能力」とが組み合わさり、芸術を社会と密接に関わり共存するものとみなす、実存主義パラダイムに彼が生きていたこととも関連しているのではないだろうか。より広く聴き手《リスナー》に訴える、挑戦的で意味のある音楽の創作の試みは、この新しい世界観を表現するためのものと見ることができる。これに対して、「裏切り行為」という批判は、ゲイリー・トムリンソンが「全くのエリート意識」と指摘している姿勢[52]、すなわち流行遅れの「芸術のための芸術」という世界観からきていると考えられる。数十年前には議論の的となったり、保守的であるとみなされていたマイルスのアプローチが、今日では全く理にかなったものに見えるという事実は、彼がいかに時代の先を行っていたかを物語っている。

　結局のところ、最も印象的で心に訴えかけるのは、マイルスの創作意欲に浸透している生への熱意であり、前述の次の言葉にも表れている――「何よりもまず、それこそ息をすることよりも先にくるのが音楽なんだ」。過去の成果の上に積み上げつつ、音楽の境界線を前に向かって動かしていく、新しい音楽の創作こそ、マイルスの人生に意味を与えたものだった。彼にとって、音楽は静的であったり、死んでいたり、博物館に陳列されるようなものであったり、ルーツを欠くものでは決してなかった。音楽は人生を表し、人生もまた音楽を表す。人生と音楽はどちらも変化しながら前進せざるを得ないものだった。

　この衝動について、ウィルバーは次のように述べている。「進化は先行していたものを乗り越えるが、しかし先行していたものを包まなければならないので、まさに本性自体が超えて含むことであり、ゆえにそれは深さの増大、内在的価値の増大、意識の増大に向かう固有の傾向、秘密の衝動である。進化がわずかにでも動くためには、こうした方向に動かなければならない――他のどこにも行き場はないのです！[53]」。

　六〇年代末期、マイルスにはエレクトリック・ミュージック以外に行き場はなかった。

第七章　「ファー・イン」

俺は最高のロックンロール・バンドだって作ることができた。
——マイルス・デイヴィス(1)

六〇年代カウンターカルチャーの音楽の実験的試みから、《ビッチェズ・ブリュー》の創造的ピークへとマイルスを導いた道は、至極まっすぐなものだった。若干の下り坂や回り道はあったものの、全体的に見て、彼の音楽の方向性は容易に辿ることができる。しかし、一九六九年八月以降のマイルスのスタジオ作品については、そうではなかった。方向感覚を失ったとまでは言わないにしても、慣れ親しんだジャズの境界線をあとにして、次にどこへ向かうべきか確信を持てずにいるように見えることもあった。マイルスは未知の領域、新しい音楽パラダイムを探求し、ストーンサークルを見つけたときにはそれに気づくことはできたが、どこでそれを見つけられるかは必ずしもわかっていなかったようだ。彼はいまや予見者《ビジョナリー》というよりは探検家のように歩きまわり、彼の音楽の進展も道に迷ったかのようにジグザグのコースを辿っていた。結果として、一九六九年十一月から一九七四年十月（公式にリリースされた作品が録音された七〇年代最後のセッション）までの彼のスタジオ音楽は、輝きの瞬間、ひどい失敗、その中間のものの寄せ集めであった。

一九六九年十一月の二回のセッションが失敗に終わったあと、演奏者の規模を縮小し、異なるアイディアを試しながら、上昇カーブに乗った状態でマイルスは七〇年代を迎えた。一九七〇年二月六日のセッションは、前年の八月以来、初めて本当の意味で成功したものとなり、〈ダブル・イメージ〉という優れた曲が生まれた。ストップ・スタート手法に基づく、パンチの効いた、ファンクに触発されたジャズ・ロックであるこの曲は、七〇年代初期のマイルスの音楽に大きな影響を与えた。このセッションから六月五日（このあと、マイルスは約二年間スタジオ録音から離れる〉までの間に、数多くのスタジオ・セッションが行われている。ここから生まれた最も重要な作品が、映画『ジャック・ジョンソン』の音楽である。これは、一九五七年の『死刑台のエレベーター』に続く、マイルスの二番目の映画音楽となった。

『ジャック・ジョンソン』の音楽の起源については、ライナーノーツに記されたクレジットが間違っていたり、不完全であったために、長い間、謎に包まれていた。その後、多くの詳細な情報が明らかになり、実際に音楽に関わったミュージシャンが、ライターのチップ・デッファによるライナーノーツに示されているメンバー（マイルス・デイヴィス、ハービー・ハンコック、ジョン・マクラフリン、スティーヴ・グロスマン、ビリー・コブハム、マイケル・ヘンダーソン）よりもはるかに多いことがわかっている。また、レコーディングが行われたとされていた二日のうち、一九七〇年十一月十一日の日付は誤りだった。四月七日の方の日付は正しい。ただし、テオ・マセロはアルバムの二曲、〈ライト・オフ〉と〈イエスターナウ〉を、これらとは別の少なくとも四回のセッションの音源から制作している。したがって、このアルバムは、《ビッチェズ・ブリュー》よりもさら強い、アーティストとプロデューサー間の共同作業から生まれた作品だった。マイルスが曲の一部となるように意図した音楽素材を使い、複雑に入り組んだ編集を両者が一緒に手がけたのは、《ビッチェズ・ブリュー》では〈ファラオズ・ダンス〉とタイトル曲だけだった。マイルスは、《ジャック・ジョンソン》におけるマセロの中心的役割を認めており、珍しく、レコードのライナーノーツで賛辞を送っている。「ただ、ギターとベースを聴いてくれ。こいつらが凄《ファー・イン》い。それにプロデューサーのテオ・マセロもまたやってくれたぜ！」。これより先、このレコーディングに関しては、ひとつのまとまった芸術的作品として論じてみたい。一九七〇年二月十八日から六月四日までのマイルスの音楽の発展を辿るにあたって、最初に、この期間の既知のスタジオ・セッションについて時系列に見ていく。

二月十八日のセッションには、コリア、ホランド、ディジョネット、マクラフリンといった前回の二月六日のセッションと同じ中心メンバーからなるバンドが参加した。マイルスは演奏者の数を十名から七名へとさらに縮小しており、ビリー・コブハム、シタール奏者カリル・バラクリシュナ、そしてパーカッショニストのアイアート・モレイラが抜けた。また、ウェイン・ショーターに代わってベニー・モウピンがバスクラリネット奏者として加わり、ジョー・ザヴィヌルがギタリストのソニー・シャーロックに交代されている。彼らがレコーディングした音楽は、一九八一年のアルバム《ディレクションズ》に収録された〈ウィリー・ネルソン〉と同じ素材に基づいている。

マセロは、二月十八日のセッションから生まれた音楽の十分近くを、《ジャック・ジョンソン》の〈イエスターナウ〉の十三分五十六秒から二十三分五十六秒の部分に挿入した。十三分五十六秒から十八分五十三秒の前半部分は、シンプルな五　音《ファイブノート》のベースリフと、最初に十四分三十秒のところでマイルスとモウピンがユニゾンで演奏するスタッカートの主題《テーマ》をもとに創られている。音楽は、ジャック・ディジョネットの次第に激しくなるドラム演奏によって支えられ、マイルスの雄弁なトランペット、左チャンネルのマクラフリンのソロのような伴奏、そして右チャンネルのサイケデリックなノイズが特徴となっている。マイルスはソロ提示部の間に、マクラフリンや特殊効果が入り込めるだけの間《スペース》を与えている。特殊効果は主に、チック・コリアがリング変調器など、様々なエフェクト・ペダルをエレクトリック・ピアノにつなげて創り出していた[2]。モウピンは、ミックスでは、はるか後方に位置づけられ、ほとんど聴き分けることができない。

〈イエスターナウ〉の十八分五十三秒から二十三分五十六秒の部分の音楽には、同じスタッカートのメロディラインと、ホランドとマクラフリンがユニゾンで演奏する別のリフが使われている。右チャンネルのコリアの効果《エフェクト》は、ここでは、ギタリストのソニー・シャーロックが創り出すワミー・バーやエコプレックスによって強調されている。マイルスが初めて二人のギタリストを使ったという意味で、シャーロックの存在はこの曲に歴史的価値を与えている。コリアの制御された無秩序性、マイルスのドラマチックで濃密な演奏、そしてマクラフリンの力強い歪んだ演奏がワウワウ効果を増強し、このセッションを平凡なロック・ジャムを超えるレベルへと押し上げている。ミュージシャンはお互いを補完し合い、一体となって緊張を高めた。特に、マクラフリンが主役を演じている。《ビッチェズ・ブリュー》のときと同じように、ソロと不規則なリズムの伴奏を同時に演奏する方法を考案したことで、マクラフリンはここでも「自分が知っていること、そして、それ以上のこと」を演奏した。ただし、今回、彼はR&Bのルーツを多く取り入れている。

シャーロックは当時、フリー・ジャズ・ムーブメントとの関わりを持っており、サックス奏者ファラオ・サンダースやトランペッターのドン・チェリーとも共演していたことから、彼の追加は意外に思われた。彼はコリアの奇妙な効果《エフェクト》に、ちょっとした色彩を添えたが、目立つものではなかった。彼の貢献は限られていたにもかかわらず、このギタリストにとって、このセッションへの参加は重大なできごとだったようだ。彼は次のようにコメントしている。「僕が彼（マイルス）と一緒に演奏したのは、このときだけだったけど、本当に素晴らしいものだった。……達人のプレイヤーたちには驚かされた。一緒の部屋にいるだけで、彼らからどんどん吸収して学んでいくんだ。彼は音楽に関して、言葉では何ひとつ教えてくれなかった。けれども、僕はその日、人生で最も多くのことを学んだ。本当さ。ただ彼の傍にいただけでね。……もし、間違ったことをしたりすると、睨みつけられるんだ。本当に鋭い目つきでね。『違う、ソニー、その音《ノート》じゃない』と言われることもあった。でも、決して、いらだったり、怒ったりしてはいなかった。彼はとても寛大で優しかった[3]」。

二月十八日のセッションでは音楽素材の可能性を十分に引き出すことができなかったとマイルスは判断していたようで、九日後の二月二十七日には珍しく、〈ウィリー・ネルソン〉をレコーディングし直している。このセッションの成果は、それから十年以上経った後に、未発表作品集《ディレクションズ》に収録された。この作品集は、当時のマイルスのマネージャー、マーク・ロスバウムがマイルスの収入を確保するために交渉し、リリースされたものだ。ロスバウムは当時、ウィリー・ネルソンのマネージャーも兼任していた（現在もネルソンのマネージメントを行っている）。一九八一年にこのアルバムをリリースするにあたって、マイルスは曲のタイトルを、このささやくように歌うカントリー&ウエスタン歌手の名前から取ったに違いない。マイルスはネルソンを高く評価していた。彼のトランペット演奏とネルソンの少し遅れて出てくる節回し《ビハインド・ザ・ビート・フレージング》の類似性に関する彼のコメント[4]は、フランク・シナトラや俳優で映画監督のオーソン・ウェルズなどの白人アーティストの節回し《フレージング》について彼が言及している内容[5]とも一致している。

一九七〇年二月二十七日、スタジオのメンバー構成は、キーボード奏者なしのクインテットに縮小されたが、これもまた歴史的なできごとであった。マイルスは過去に一度だけ、一九五五年七月九日にキーボード奏者チャールズ・ミンガスを外したスモールバンドでレコーディングしたことがあった。このときは、ビブラフォン奏者テディ・チャールスがキーボードのリズムとハーモニーの機能を代わって担当した。七〇年代のマイルスの音楽では、これらの役割はだんだんとエレクトリック・ギターが担うようになり、一九七〇年二月二十七日はジョン・マクラフリンが担当した。スティーヴ・グロスマンがソプラノ・サックス、そしてジャック・ディジョネットが再びドラムスについた。デイヴ・ホランドはしばらくの間、二月十八日に演奏した最初の五音《ファイブノート》のエレクトリック・ベースリフだけを弾いていたが、すぐに即興でバンプの演奏をはじめた。テンポは初期のバージョンよりも若干速く取られ、マイルスは当初のスタッカートの主題《テーマ》をやめ、マクラフリンが興味深いアラビア風のリフで主題《テーマ》に面白味を添えた。しかし、このバージョンの〈ウィリー・ネルソン〉は、改良版とは言い難い。構成、主題《テーマ》となる素材、興味をそそるテクスチャーを欠いていたため、卓越したミュージシャンによるスタジオ・ジャムのレベルを超えるものとはならなかった。

一週間後の三月三日、マイルスは同じクインテットを再度、試している。ここで生まれた〈ゴー・アヘッド・ジョン〉という非常に長い曲は、一九七四年の二枚組アルバム《ビッグ・ファン》の一面として収録されている。〈ゴー・アヘッド・ジョン〉は、〈ウィリー・ネルソン〉マークⅡのすべての欠点を共有していただけでなく、二十八分二十四秒と三倍近くも長かった。この曲を救済すべく、マセロはいくつかのスタジオ機材を使って編集を加えている。このうち、特に注目すべきなのが、CBSの研究開発部門が開発した二つの新しい装置である。ひとつは、ある楽器を特定のステレオスペクトルの位置へと即座に移動可能とする「電子スイッチャ」である。もうひとつは、「インスタント・プレイバック」と呼ばれるもので、「走句《パッセージ》全

料金受取人払郵便

綱島郵便局
承認
2960

差出有効期間
平成32年3月
31日まで
(切手不要)

郵便はがき

223-8790

神奈川県横浜市港北区新吉田東
1-77-17

水声社 行

御氏名(ふりがな)	性別 男・女	年齢 歳
御住所(郵便番号)		
御職業	(御専攻)	
御購読の新聞・雑誌等		
御買上書店名	書店	県市区 町

読　者　カ　ー　ド

この度は小社刊行書籍をお買い求めいただきありがとうございました。この読者カードは、小社刊行の関係書籍のご案内等の資料として活用させていただきますので、よろしくお願い致します。

お求めの本のタイトル

お求めの動機

1. 新聞・雑誌等の広告をみて（掲載紙誌名　　　　　　　　　　）
2. 書評を読んで（掲載紙誌名　　　　　　　　　　）
3. 書店で実物をみて　　　　4. 人にすすめられて
5. ダイレクトメールを読んで　　　　6. その他（　　　　　　　　）

本書についてのご感想（内容、造本等）、今後の小社刊行物についてのご希望、編集部へのご意見、その他

体またはひとつの楽器を三十秒から四十秒間隔で再生できる」[6]。通常、テープディレイは特定の部分を増幅して太らせることに用いられるが、「インスタント・プレイバック」は八〇年代および九〇年代のデジタル技術から生まれたサンプリングとむしろ共通するところが多く、それを使って音の素材から採られたサンプルを音楽に「流し込む」。

マセロが平凡な音楽素材から興味をそそるものを創り出そうとしていたのか、それとも単に新しいスタジオ機材に目がないエンジニアやプロデューサーの一人だったのかははっきりしないが、結果的に彼は、〈ゴー・アヘッド・ジョン〉で「電子スイッチャ」と「インスタント・プレイバック」を使い過ぎている。彼は曲の長いセクションで連続的にジャック・ディジョネットのドラムの位置を右チャンネルと左チャンネルの間で入れ替え《スイッチ》、二台のドラムスが存在しているかのように聴こえるようにした。そして、「インスタント・プレイバック」を適用して、ソロ奏者が自分自身でデュエットを奏でているような効果を創り出した。マイルスの演奏をこのように処理したセクションは魅力的だが、マセロの技術的妙技は面白味を添える一方で、サイケデリック時代の曲のようなサウンドになってしまっている。

マセロはまた、いつもの切り貼り《カットアンドペースト》手法を用いて、〈ゴー・アヘッド・ジョン〉を組み立て直している。曲のはじまりの部分には形のはっきりしないペダルFの低音ノートの即興演奏《インプロヴィゼーション》、中間部分（十一分四十七秒から二十四分二十五秒まで）にはブルース、そして終わりの部分には同じように混沌とした即興演奏《インプロヴィゼーション》を配置している。さすがに五人のミュージシャンの演奏は素晴らしいものだが、わかりやすい音楽の主題《テーマ》やすべてをひとつにまとめるビジョンは存在せず、途方もない曲の長さがこうした音楽素材と方向性の欠如を痛々しいほど強調してしまっている。十二分二十三秒にマイルスがストレートなブルースのフレーズを演奏する部分では、ホランドがブルースの展開を繰り返してそれに応えている——特に目新しいものでも革新的なものでもないが、ここでようやく音楽形式と方向性のある特徴的な演奏が聴ける。《ビッグ・ファン》はこの音楽が録音されてから数年後にリリースされていることから、マイルスが契約上の義務を果たすため、あるいは追加の前払い金を得るために、できあがった曲という印象を持たれている。おそらくマセロは、聴き応えのあるものを創り出すようにとの指示を受けて録音テープの保管庫へと送り込まれ、そこで見つけ出されたものが〈ゴー・アヘッド・ジョン〉だったのだろう。

五月十七日にマイルスは、さらに別のミュージシャンの組み合わせを試している。ここで生まれたのが、パナマのボクシングチャンピオン、ロベルト・デュランからタイトルを取った〈デュラン〉である。マイルスは、グロスマンに代えてショーターとモウピンを呼び戻し、ディジョネットをビリー・コブハムと交代させた。ロックの影響を受けたストレートな演奏をするドラマーのビリー・コブハムの追加は、マイルスが思い描く方向性の一端を示している。そして、もうひとつの鍵は、ときおり変調しながら、曲を通して繰り返される、ホランドのロック・スタイルの循環ベースリフだ。新しい領域の特徴的な要素を使った方がセッションがうまくいくと、マイルスは考えていたようだ。ここでのリズムセクションの役割は、ロックの一般的なやり方で、よりはっきりと定義された。また、以前のセッションの欠点であった、はっきりとした音楽の出発点の欠如は、しっかりとした基礎をなす強烈なリフによって部分的に補われている。〈デュラン〉のリフは、鼻歌で歌うことができるものだ。マイルスも、「これはヒットすると思ったのに、コロムビアはずっと後の一九八一年になるまで出そうとしなかったんだ[7]」と悔やんでいる。〈デュラン〉はおそらくマイルスの曲で最も商業的なフュージョンに近づいた曲だが、シンプルなベースリフだけで、他にこれといった特徴もなしに、ポップスのヒットチャートを駆け上がれると考えていたとしたら、世間知らずもいいところだろう。

*

《ジャック・ジョンソン》のほとんどの曲が録音された、次の四月七日のレコーディングでは、明らかに黒人の聴き手《リスナー》を獲得するための意図的な試みが中心となっていた。主人公と同じ名前のタイトルがつけられたウィリアム・クレイトン監督のこの映画は、二十世紀初頭のボクシング世界ヘビー級チャンピオン、ジャック・ジョンソンの物語である。このため、ボクシングの主題《テーマ》が再び取り上げられた。レコーディングでは、ボクサーの動きが頭にあったとマイルスはコメントしている。「ボクサーがよくやる、すり足のあの動きがあった。それはダンスのステップのようで、汽車の音のようなものだ。時速八〇マイル〔約一三〇キロ〕で走っている汽車に乗って、……一定のリズムが想像できる。……で、レコーディングのときに俺の頭にあったのは、ジャック・ジョンソンがパーティー好きで、騒いで踊るのが好きだったから、いかに音楽を黒人的にするか、いかにブラック・リズムを取り込むか、いかに汽車のリズムを黒人的に表現するか、そして、ジャック・ジョンソンが生きていて、これを聴いたら、踊りだすだろうかということだった[8]」。

この頃、マイルスは次の言葉に従い、「これまでで最高のロックンロール・バンド」を意識的に作ろうしていた可能性がある。「音楽の質はミュージシャンの質にもかかっている。……正しいミュージシャンに、正しいときに、正しいことをやらせたら、必要なものはすべて揃う[9]」。汽車の音のような効果を得るには、リズムセクションの演奏は反復性があり、きびしく制限されたものでなければならない。ちょうど、ロック・ミュージックのように。そこで、マイルスはロックのリズムセクションの導入を考え、ロック・ドラマーのバディ・マイルス（ジミ・ヘンドリックスと共演したことがある）とロック・ソウルのベーシスト、マイケル・ヘンダーソンをセッションに迎え入れようとした。ただし、バディ・マイルスの参加は何らかの理由で実現しなかったため、マイルスは再びビリー・コブハムを頼った。一方、マイケル・ヘンダーソンの参加は幸運な発見となった。当時まだ十九歳だった彼は、マイルスが初めて雇った、ジャズに染まっていないミュージシャンだった。デトロイト出身のヘンダーソンは、ブルース、R&B、ソウル・ミュージックを聴いて育ち、モータウンの伝説的ベーシスト、ジェームス・ジェマーソンの指導を受け、アレサ・フランクリンやスティーヴィー・ワンダーのバックでも演奏していた。若いヘンダーソンにとって、ジャズはかなり異質のものであり、オファーがあったとき、マイルス・デイヴィスが誰かすら知らなかった。「僕はスティーヴィー・ワンダーと一緒に仕事をしていて、ちょうどニューヨークで演奏していたときだった」とヘンダーソンは当時を振り返る。「テンプテーションズがいて、ミック・ジャガーがいて、マイルス・デイヴィスもそこにいた。セットを終えると、マイルスが楽屋にやってきて、スティーヴィー・ワンダーに『おまえのベース・プレイヤーをもらっていくぜ！』と言ってきたんだ。そのとき、僕はマイルスのことを知らなかったから、特に何とも思わなかった。僕らはいつものR&Bの曲をやっていただけだったしね。その部屋で重要なことが起きていたなんて、これっぽっちも知らなかった。ただ、皆が真剣に聞き入っていたので、何かあるんだろうなとは思っていた。その時点ではあまり真剣に考えていなかった。でも、デトロイトの友人にマイルス・デイヴィスに誘われたという話をしたら、『ばか野郎、今すぐに飛んで行け！』と言われてね。それで、マイルスに電話をしたら、『給料ははずむぜ。ニューヨーク行きのチケットを送ってやる。俺の家に泊まればいい』ということになった。二週間後、僕はニューヨークの豪邸で彼に会った。ビリー・コブハムがやってきて、それからジョン・マクラフリン、ハービー、キース・ジャレットも来た。クライブ・デイヴィスもそこにいた。そして、次の日、僕らはCBSのスタジオで《ジャック・ジョンソン》をレコーディングした」。

マイケル・ヘンダーソンの加入は、マイルスのスタジオ音楽における非常に重要な転機を示している。ヘンダーソンは一九七五年までマイルスと一緒に仕事をしており、その間、マイルスのバンドは彼を軸に回っていた。ヘンダーソンは、ジャズ評論家からジャズ・プレイヤーとしての技術の欠如をたびたび指摘され、バンドの弱点などと嘲笑されることもあった。しかし、これは、ユーディ・メニューイン〔アメリカ合衆国出身、後にイギリスに帰化した著名なユダヤ系ヴァイオリン・ヴィオラ奏者。貴族の称号であるロードを授与されている〕を駄目なフォーク・バイオリン奏者と言ったり、あるいはマイルスを一流のオーケストラ奏者ではないというような批判と大差ないものだ。マイルスは、ジャズの演奏技術を買ってヘンダーソンを雇ったのではない。それとは全く異なる能力、すなわち循環・反復グルーヴを維持できる非凡な才能を持っていたからこそ、このベーシストを雇ったのである。ヘンダーソンは当時を思い起こす。「彼の家で最初に会ったとき、マイルスは僕にバンドを抑えつけてほしいと言った。彼は僕に、ひとつにつなぎ合わせる役を担ってもらいたかったんだ。岩《ロック》のようにしっかりした存在がほしかったんだ」。ビリー・コブハムはこう付け加えている。「マイケル・ヘンダーソンは、他のミュージシャンとは全く違った感覚を持っていた。だから、マイルスは彼を入れたがったんだ」。

以前のセッション、特に〈デュラン〉を生んだセッションの経験から、ホランドが自らエレクトリック・ベースでロック的な反復するパターンの演奏を維持できることがわかっていた。しかし、ヘンダーソンには最初からその能力が備わっていることを、マイルスは見抜いていた。ヘンダーソンとコブハムの二人の存在によって、マイルスが心に描いていた、催眠的《ヒプノティック》な汽車の音のような反復性を《ジャック・ジョンソン》で実現できた。しかし、マイルスがこのセッションに向けて考え、準備してきたことと、実際にできあがったものとでは、ずいぶんと違っていた可能性がある。このセッションは、純粋に混沌《カオス》から生まれてきたような、自然発生的な傾向が強く出たものとなった。

スティーヴ・グロスマンは、《ビッチェズ・ブリュー》セッションのときのようなリラックスした雰囲気のリハーサルだったことを覚えている。「僕らはリハーサルの間、ずいぶんと演奏したよ。けれども、レコーディングになると、マイルスが根本から変えてしまうんだ。リハーサルでやった音楽のラインをひとつだけ残したり、全く残さないこともあった。リハーサルで演奏した曲の九割はスタジオでは使われなかった。その時はちょうど、皆がお互いのことを探り合いながら、空間を共有し、一緒に演奏するのに慣れてきたところだった。リハーサルは単に、一緒に時間を過ごすことで、親しい『家族のような』雰囲気を作り出すためのものだったようだ」。

「マイルスの家でもリハーサルをしたことがある。……でも、何を演奏したかは覚えていないんだ。厳密にリハーサルと呼べるようなものではなかったからね」とビリー・コブハムは語っている。「心の集まりとでも言うようなものだった。そして、一枚の紙の上になんとなく音階に似たようなものが描かれていって、それが曲になった。そこからだった。……次の日、僕らがスタジオに入り、レコーディングできるレベルのものに仕上げようとしていたら、突然、マクラフリンのシャッフル・グルーヴがはじまったんだ。それが皆に伝染していって、マイケル・ヘンダーソンもジョンに合わせて演奏をはじめた。スタジオの技術者がまだバランスやら何やら調整していたところだったから、マイルスは僕らに演奏するなと言った。知っての通り、マクラフリンは『駄目だ』と言われたら、やり続けるような奴だ。彼は演奏を続けて、僕らも皆、それに参加していった。すると、グルーヴがどんどん伝染していった。そうしているうちに、ようやく赤いランプが灯って、レコーディング・セッションがはじまった。《ジャック・ジョンソン》はこうしてできたんだ。レコーディングは二十五分で終わった。そのあとのことは言うまでもないだろう」。

コブハムはまた、ハービー・ハンコックの加入が全く予定されていなかったものだったと想起する。「彼は偶然、通りかかっただけなんだ！　確か、Bスタジオだっと思うんだが、ちょうどその前を通りかかった。それで窓から覗いたところを、マイルスに『入って来い！』と言われたのさ。想像できるかい。

レコーディングのランプが点灯していて、僕らが演奏しているところに、レジ袋を抱えたハービーが入ってきたんだ。マイルスは、そのとき空いていたファルフィッサ・オルガンを指差した。ハービーはそれを見て、『これは無理だよ』と言った。でも、マイルスはもう一度言った。『いいから弾け』ってね。僕らが演奏している間に、エンジニアのスタン・トンケルがオルガンのところに行って、ケーブルをつないだ。感電したり、雑音が入ることもなく、いったいどうやってつなげたのかはわからない。ハービーはしかたなく、レジ袋を置いて、オルガンでソロを弾こうとした。けれども、うまく音が出せない。それで、前腕をキーの上に乗せると、突然、はじまった。……ウワワワーン！　僕はドラムセットの位置から、演奏しながら、その一部始終を見ていたんだよ！」。

　ジョン・マクラフリンも、コブハムの話の隙間を埋めてくれた。「このレコードのかなりの部分は、僕らがスタジオでやったジャム演奏からきているんだ。ハービーのファルフィッサ・オルガンの演奏はぞっとするようなものだったな。ベースがマイケル・ヘンダーソン、ドラムスはビリー・コブハムだった。僕らは皆、スタジオにいて、マイルスを待っていた。彼は別の部屋でテオ・マセロと話し込んでいて、それが十分、十五分と続き、退屈だった。それで、遊びのつもりで、Ｅのキーでブギを弾きはじめたんだ。ただ、それだけだった。後に〈ザ・ダンス・オブ・マヤ〉（一九七一年にコロムビアからリリースされたアルバム《内に秘めた炎》〔原題 *The Inner Mounting Flame*〕に収録）でも利用した、面白いコードを僕は演奏した。鋭角的なコードで、とてもブルースっぽいものだった。……弦を攻撃するように、強く弾いていた。すると、ビリーがそれを拾い、マイケルが後に続き、二分もすると、全員での演奏がはじまっていた。そして、ようやくドアが開き、マイルスがトランペットを持って駆け込んできた。（レコーディング中の）ランプが点灯し、彼は約二十分間にわたって演奏した。彼のそんなところを見るのは、初めてだった。彼が入ってきたときには、すべてがすでにはじまっていたのさ。彼の演奏も見事だった。自然発生的に起きた、実に素晴らしい瞬間だった」[10]。

　このセッションの成果は、マセロによって、《ジャック・ジョンソン》の一曲目、〈ライト・オフ〉としてまとめられた。この曲は、マクラフリン、ヘンダーソン、コブハムの三人が「Ｅのキーのブギ」に乗ってグルーヴするところからはじまる。ここでマクラフリンはソロ・ギターに近い、的確な伴奏を弾いている。マクラフリンは一分三十八秒にボリュームを下げ、二分十一秒にはマイルスの参入を劇的に迎え入れるべく、Ｂフラットに転調する。しかし、ヘンダーソンはマクラフリンの転調に気づかず、Ｅのキーの演奏を続けた。このトーンのぶつかり合いの最中、マイルスが二分十九秒に入ってくる。彼の演奏は、Ｄフラット（Ｃシャープ）、Ｂフラットのマイナー・サード、Ｅのメジャー・シックスではじまる。このノートはどちらのキーにも有効であり、絶妙な選択と言える。続いてマイルスは、バンドを引っ張ると同時に、ヘンダーソンにＢフラット調への転調を促すかのように、十二のBフラットのスタッカート・ノートをビートの上にフレージングして演奏した。この意図を察したヘンダーソンは、二分三十三秒にBフラットへと転調する。そこからマイルスは、高音域へと達する速い走句《ラン》と音量のある中身のつまった力強いトーンで、彼の活動歴の中でも最も印象的なソロ演奏を披露する。

ライターのスチュアート・ニコルソンは、〈ライト・オフ〉でのマイルスの参入は、ジャズ・ロックにおける最高の瞬間のひとつであると的確にコメントしている[11]。これはまた、一九四〇年代にマイルスがチャーリー・パーカーから学んだ、「間違いなどない」という格言の最も印象的な例のひとつでもある。ほとんどのミュージシャンは、ヘンダーソンとマクラフリンがEとBフラットという二つの相容れないキーでぶつかり合う部分をおそまつな誤りとみなし、バンドを止めるなり、編集時にプロデューサーにこの部分を削除するよう指示するなりしただろう。このような状況で演奏に参入しようなどと考える、そんな勇気のあるミュージシャンはほとんどいない。しかも、それを全くの成功へと導ける者など他にいるだろうか。

一九七一年から一九七五年までマイルスのパーカッショニストを務めたエムトゥーメは、「まるで予見者《ビジョナリー》のようだった」とコメントしている。「マイルスは、誰も考えもおよばない可能性をミュージシャンに探求させる状況を作り出す達人だった。彼はよくこう言っていた。『何を演奏しないかは、何を演奏するかよりも重要だ』ってね。彼は、バード、モンク、ディジーといった人たちから多くを学んだようだ。彼はよくバードのことを僕に話してくれた。例えば、あるとき、ギグで、ピアノ・プレイヤーがクスリのやり過ぎで病院へ運ばれてしまった。そこで、別のピアノ・プレイヤーを探さなければならなくなった。一九四〇年当時は、一般人よりもミュージシャンの方が多くギグを見に来ていることも珍しくなかった。それで、一人の男がステージに上がって演奏をはじめたんだが、それがひどい演奏で、マイルスはソロを乗せられなかった。彼はバードのところに行って、『バード、あのくそ野郎の転調はめちゃくちゃだ』と言った。バードは振り返って、『それに合わせて演奏していれば、間違いにはならないさ』と応えたそうだ。マイルスはこうした影響をずっと受けてきたんだろうね」。

ハービー・ハンコックが「間違った」コードを弾いたときのマイルスの瞬時の反応について、ハンコック自身が第三章で語っているが、どうやらマイルスは過去の教訓からよく学んでいたようだ。間違ったノートやコードなどなく、あるのは間違った選択だけだ。ミュージシャンがマイルスの言葉としてよく口にする次の台詞にも、この見方が例示されている。「自分が意図していないノートを演奏してしまったとき、それが間違いに聴こえるか、直感的な着想に従った演奏に聴こえるかは、その後に演奏するノートによって決まる[12]」。

「マイルスがそのような状況に対処するのを見ることで、多くのことが学べる」とホランドは語っている。「ひとつ目は、演奏中にマイルスがどれだけ、その瞬間に身をおいているかということ。自分のアイディアの中に完全に浸っていて、他のプレイヤーがやっていることに気づかないなどということはなかった。二つ目は、ハービーやマイケルの方を振り返って、『間違っているぞ』とは決して言わなかったこと。彼はそれを吸収して、そこから音楽を生み出していく。そして、誰かがそんなことをやっているのを見たら、自分は何をやっていて、どうすればもっと良くなるか、自分でも考えるようになるだろう。マイルスと少しの間でも接点を持った者は皆、演奏が終わるころには、それまで気づかなかったことを理解できるようになっているはずだ」。

〈ライト・オフ〉でのトーンのぶつかり合いの最中におけるマイルスの劇的な参入により、形式構造や主題《テーマ》あるいはリフの欠如を埋めて余りある、勢いと方向性を持った魅力的な音楽が生まれた。そして、《ビッチェズ・ブリュー》のときと同じように、マイルスが主役となり、息をのむような力強いトランペットを吹いた。しかし、今回は、曲の文脈や雰囲気は全く異なったものとなっている。六分二十五秒から六分五十七秒までのソロのない短い間奏曲《インタールード》の部分を除いて、マイルスは約八分間のソロを演奏した。ヘンダーソンとコブハムは、マイルスに汽車の音のイメージを維持させながら、グルーヴを推し進めた。マクラフリンがちょっとしたソロをフレーズを入れられる程度の間《スペース》を設けつつ、グルーヴを増大させていくマイルスのソロは実に際立っている。例えば、五分二十三秒に拍子に合わせてAフラットのノートを十五回繰り返すところ、六分五十八秒にバンドをジャズ・スウィングのテンポに戻しかけるところなどである。マクラフリンもそれにつられて、ジャズ的な伴奏に転調しそうになる。マイルスのソロは十分四十二秒まで続き、マセロはそこに、リング変調器からシンセサイザーを通したようなマイルスのソロからなる約一分三十三秒のアンビエント・ミュージックを挿入した。この部分は、シャッフル・グルーヴからの小休止を与え、〈ライト・オフ〉に構成を加えている。ただし、アンビエント部の編集のはじまりと終わりの部分は、音楽の流れを邪魔する、耳障りで不快なものとなってしまっている。

シャッフル・グルーヴが再開すると、グロスマンとハンコックが効果的なソロを演奏し、十六分四十秒にマイルスが再びソロで戻ってくる。十八分二十九秒の部分に、マセロは、スライ・ストーンの一九六九年の全米一位のヒット曲〈エヴリデイ・ピープル〉のB面〈シング・ア・シンプル・ソング〉のリフに基づく、全く別のセクションを挿入する。このリフは〈ジャック・ジョンソンのテーマ〉として知られており、七〇年代のマイルスのライブ・コンサートの目玉のひとつとなる。このセクションでは、マクラフリン、ヘンダーソン、コブハムだけが演奏しており、それ以上に手は加えられなかった。二分後の二十秒二十九分、バンドは再び、曲の開始と同じEのキーでのブギ・グルーヴへと切り替わる。これによって、ABA構成ができあがり、〈ライト・オフ〉を有効に形作っている。しかし、この後、ソロ演奏は息切れしてくる。全体の二十六分五十二秒のうち、約五分間程度を削除することで、この曲全体の価値はさらに高まったのではないだろうか。

　二曲目の〈イエスターナウ〉という曲名は、マイルスのヘアドレッサー、ジェイムズ・フィニーが付けたものだ。この曲の最初の部分には、〈ライト・オフ〉と同じメンバーが参加しており、おそらく四月七日に録音されたものだろう。〈イエスターナウ〉は、〈ライト・オフ〉よりも多くの興味深い構成を持つ曲だ。より主題《テーマ》が明確な曲で、関心を維持するのに鋭いソロや勢いのある演奏に頼る必要がない。最初の十二分二十五秒間は、ジェームス・ブラウンの〈セイ・イット・ラウド・アイム・ブラック・アンド・アイム・プラウド〉から取られたベースリフを中心とする一連のテイクからなっている。このセクションの素晴らしいところは、その卓越した間《スペース》の使い方にある。長時間にわたって、ハーモニーの展開もなく、ドラムスはアクセントを演奏するだけで、音楽はほとんど変化しない。マイルスとマクラフリンはこの間《スペース》を巧みに使い、緊張を作り出してはそれを高めていく。これが見事なクライマックスに達するまで続く。その直後に、マセロは、〈ライト・オフ〉のアンビエント部と同じトランペット・ソロの上に《イン・ア・サイレント・ウェイ》の〈シュー／ピースフル〉からの抜粋をオーバーダブで重ねたものを貼り付けている。

　続いてマセロは、二月十八日にモウピン、マクラフリン、シャーロック、コリア、ホランド、ディジョネットが参加して録音した、前述の〈ウィリー・ネルソン〉のセクションを挟み込んだ。この曲の文脈にうまく馴染むものだ。そして、〈ライト・オフ〉でのマイルスの参入を除き、このアルバムの最も印象的な瞬間が二十三分五十二秒にやってくる。ここにオーケストラ曲〈*The Man Nobody Saw*〉〔職を得ようとする黒人を描いた同名のテレビ番組用に作られた曲〕が貼り付けられ、〈シュー／ピースフル〉と〈ライト・オフ〉のアンビエント部の部分と同じマイルスのソロが再びオーバーダブで重ねられた。シンプルなハーモニーとテクスチャーを持つ、勢いのあるロック・ミュージックが一時間近く続いた後、この突然のペース、テクスチャー、ハーモニーの変調には、劇的で壮大な一幕が待ちうけていた。強く心を捕らえる空気感とオーケストラのテクスチャーが、曲の最後を締めくくる俳優ブロック・ピーターズの台詞にうってつけの雰囲気を作り出している。「俺はジャック・ジョンソン。黒人だ！　奴らは俺にそのことを忘れさせなかった。黒人で結構さ。奴らにもそれを忘れられないようにしてやる」。曲の開始部分のジェームス・ブラウンの曲から取られたベースリフは、黒人のプライドを表すものでもあり、ピーターズの台詞と組み合わさって、この曲の洗練された主題的ＡＢＡ構成を作り上げている。

　《ジャック・ジョンソン》は一九七一年夏までリリースされず、しかも跡形もなく撃沈した。これは、一般大衆からは無視されがちで、失敗に終わることの多いサウンドトラック・アルバムだったからではないかと思われる。また、ハードロックを思わせるマクラフリンの深く歪んだギターサウンドの存在により、当時の黒人アーティストの音楽としてはきわめて珍しいものとなっていた。六〇年代のヘンドリックスの取り組みや七〇年代のマザーズ・ファイネストのようなバンドによるハードロック・ファンクの存在があったにもかかわらず、ダンス・ミュージックやラップ・ミュージックにヘビーメタルのギターが取り入れられるようになる八〇年代まで、このような音楽はブラックミュージックでは広く認められていなかった。皮肉にも、マイルスは「十分に黒っぽい」音楽を創ろうとしていたにもかかわらず、当時の黒人カルチャーのはるか先を行き、その結果、売れないアルバムを発表してしまったのだ。その二年後、これとは全く別の理由から、彼は《オン・ザ・コーナー》で同じようにブラックミュージックの流行の先を行くことになる。

*

マイルスの音楽の発展における次なる重要なステップは、一九七〇年五月のピアニスト、キース・ジャレットの加入である。ジャレットは、チャールス・ロイドのバンドのメンバーとして、またその後のベーシストのチャーリー・ヘイデンとドラムスのポール・モーションからなる自身のトリオで、すでに世間からの注目を集めていた。ジャレットが後に語っているところでは、彼はエレクトリック・キーボードを演奏したくなかったため、マイルスからのバンドへの参加要請を数年もの間、断り続けてきたが、最終的にマイルスと一緒にプレイしたいという思いに負け、不本意ながらも受けることにした。[13] ジャレットの電気楽器に対する疑念は根深いものだった。彼は、ソロデビューアルバム《レストレーション・ルーイン》(一九六八年)でも、またチャールス・ロイドとビブラフォン奏者ゲイリー・バートンとも一緒にエレクトリック・ピアノを弾いているが、マイルスと一緒に仕事をした後は二度とエレクトリック・キーボードを弾くことはなかった。いずれにせよ、マイルスと一緒にいた時間は、彼がソロ活動でさらなる成功を収めるきっかけとなり、マイルスのバンドに参加することを決めたときにも当然、彼はそうなることを理解していただろう。

ジャレットのスタジオ・デビューは五月十九日となった。ここで生まれ、一九七四年にアルバム《ゲット・アップ・ウィズ・イット》でリリースされた〈ホンキー・トンク〉は、マイルスが成長する過程で聴いていた「田舎のナイト・クラブや安酒場の音楽や、金曜か土曜の晩に人々がよく踊っていたファンキーな音楽」の引用とも言えるものだ。この曲には、マイルスのライブ・バンドからマクラフリン、ジャレット、モレイラが参加し、《ジャック・ジョンソン》のときと同じようにハービー・ハンコックがこれに加わった。ディジョネットに代わってコブハムが入り、セッション・ベーシストのジーン・パーラがホランドまたはヘンダーソンの代役を務めた。このバンドは、「デイヴィス自身がひどく感情的なブルースを演奏できるように、例えば、シカゴのサウスサイド出身のバー・バンドがやるような洗練されていないファンクを演奏するために」集められた、とジャック・チェンバースは書いている。[14] この嘲笑に値するコメントを正当化するためか、チェンバースは二人のジャズ・ミュージシャンの意見を引用している――ロン・カーターはミュージシャンが「皆、無作為《ランダム》な演奏をしていて、僕には質的な何かを失っているようにしか聴こえない」と述べており[15]、ブルー・ミッチェルは「僕の知っているミュージシャンではないことを祈る」とコメントしている[16]。

これらのコメントは引用に値する。視点を変えることで、音楽がいかに違って聴こえるかを示しているからだ。ロック畑出身の耳には、〈ホンキー・トンク〉はマイルスがこれまでレコーディングした中で、最も成功したジャズ・ロックの曲のひとつに聴こえる。これは、〈ダブル・イメージ〉で導入したストップ・スタート手法でリズムを演奏するアプローチを変化させたものだが、それがより複雑となり、演奏もさらに洗練されている。この曲の成功のカギは、ミュージシャンがそれぞれお互いの音を聴き、絶えず間《スペース》を空けては、それを埋めていったことだ。

曲はハンコックがワウペダルを通してクラビネットを弾くところからはじまる。そこにジャレットがエレクトリック・ピアノで参入し、マクラフリンが魅力的な切り詰められたコードでこれに応える。マクラフリンのギターは右チャンネルに入り、ジャレット、ハンコック、モレイラのクイーカ（ワウワウや人の声のような音を出せる打楽器）はすべて左チャンネルに入った。〇分五十七秒、エレクトリック・ピアノが曲の中心となる基本的な五音《ファイブノート》のリフをはじめる。一分十秒にベースが入り、ピアノのリフを繰り返す。この少し進んでは止まるストップ・スタート・リフの核心は、ミュージシャンが演奏できる間《スペース》を与えることにあり、彼らはうまくこれを使っている。

そして、一分五十五秒、マクラフリンがロック・ギタリストの間で最も使い古されたロックンロールのリフを聴かせる。世界中のパブ・バンドやジャム・セッションでよく演奏されているものだ。コブハムとパーラもすぐにそれに合わせてブギを演奏し、ここで初めて連続的なリズムが演奏されるようになる。おそらく、チェンバースやジャズ純粋主義者は、この曲のこの部分が気にくわないのだろう。もしもこのリフがこの曲の屋台骨となっていたならば、彼らの非難ももっともだろう。しかし、バンドがこのロックンロールのリフを解体し、それを超越して包含していることに、彼らは気づいていない。このリフは曲の中に三回現れるが、いずれも、バンドがそのグルーヴに入り込み《ロックイン》、そこに留まると予想されるところだ。その場合、その時点で予測のつくものとなってしまい、曲への関心は薄れてしまうだろう。しかし、ミュージシャンたちはそうしなかった。三十秒以内にグルーヴから抜け出すと、〇分五十七秒のところで最初に提示されたストップ・スタート・リフへと戻り、間《スペース》を伴う演奏を行い、お互いの音を反映させた。そして、ファンクのリズムへと向かうかのような素振りを見せては、実際にはそうすることなく、緊張を高めていった。この曲もまたABA構成を持っており、はじまりの部分と同じように終わりを迎える。五分五十四秒という長さの〈ホンキー・トンク〉は、むだを省いた傑作とも言えるだろう。当時のマイルスの曲の多くに見られる大きな欠陥であった、度を超えた長さが、ここでは回避されている。マイルスはこの実験的な試みを成功と判断していたに違いない。一九七〇年九月十三日から一九七二年三月まで存在した、バーツ／ジャレット／ヘンダーソンのライブ・バンドの音楽の多くは、この曲を青写真としており、一九七三年初めまでライブのレパートリーの一部としてこの曲は使われ続けた。

二日後の五月二十一日の次のスタジオ・セッションでは、アート・モレイラ、キース・ジャレット、ジョン・マクラフリン、ジャック・ディジョネットが参加して、〈コンダ〉をレコーディングしたが、前回ほど肯定的なことを言えるものとはならなかった。〈ホンキー・トンク〉との違いは、これ以上ないほど明確だ。〈コンダ〉はファンクの見直しではなく、アンビエント領域に立ち戻る試みである。しかし、残念ながら、あらゆる点で失敗している。音楽は、どんよりと曇った風のない天気のように、退屈なものとなった。九分三秒前後で、マクラフリンの演奏がワウペダルを使ったぼんやりとしたものに移り変わる。十秒後にディジョネットがそれに加わる部分では、その後の展開を期待させるが、ジャレットのソロは方向性も中身もないものだった。唯一、興味をそそる瞬間は、モレイラとディジョネットがようやくとグルーヴに入り込む《ロックインする》十三分三十秒に訪れる。この部分はインドの打楽器のリズムを思い起こさせ、つながりと創造性を感じさせる。しかし、約三十秒後に曲はフェードアウトしてしまう。〈コンダ〉は《ディレクションズ》でリリースされるが、これまたコロムビアの保管庫の中の不良品から引っ張り出された結果のようだ。

こうした失敗にもかかわらず、マイルスは良い方向に向かっていると感じていたのだろう。次の二週間に彼は、ブラジル人マルチプレイヤーのエルメート・パスコアールを迎え入れて、同じような雰囲気の曲をいくつかレコーディングしている。マイルスとパスコアールはモレイラを通じて知り合った。この二人のブラジル人はクアルテート・ノーヴォというバンドを率いていた。「オ・ブルクソ」（魔術師）というニックネームで呼ばれていたパスコアールは、母国では伝統的なブラジル音楽のスタイルとフリー・ジャズを融合させた革新性、そして考えもおよばない音源（例えば、洗面器、やかん、ミシン、鶏、ヤギ、ガチョウ、七面鳥、豚など）から音楽を創り出す才能がある者として知られていた[17]。マイルスとの共通点は、彼につけられたニックネームだけではない。パスコアールのバンドは長い間、音楽の才能の培養地として知られてきた。彼とマイルスは親交を深めていったようで、マイルスがこの世を去る少し前には、一緒にアルバムを作ることを検討していたと言われている。

二人が一緒に制作した唯一の音楽が、一九七〇年七月三日と四日にレコーディングした二曲、パスコアールの〈ネイム・ウーム・タルヴェズ〉（可能性すらない、という意味）と〈リトル・チャーチ〉である。そして、三曲目の〈セリム〉（*Selim*――「マイルス *Miles*」のスペルを逆にしたもの）は、〈ネイム・ウーム・タルヴェズ〉の別テイクである。これらの曲はすべて、パスコアールがアレンジを手掛けたようだ。六月三日、マイルス、コリア、ハンコックまたはジャレット[18]、ホランド、モレイラ、そしてドラムとヴォーカル担当のパスコアールからなる合奏団《アンサンブル》によって、〈セリム〉と〈ネイム・ウーム・タルヴェズ〉がレコーディングされた。〈リトル・チャーチ〉のレコーディングには、マイルス、コリアまたはジャレット、ホランド、そして口笛を吹いたパスコアールのみが参加した。

　スティーヴ・グロスマンもセッションの場にはいたが、リリースされた曲からはその演奏を聴きとることができない。「いろいろと異なる、短いテイクをたくさんやった」と彼は思い出して語っている。「メロディだけが書き出されていて、僕らはそれをフレージングした。僕はただ、マイルスのフレーズの後を追うことだけを考えていた。彼は少し遅れてくる感じのフレージングが好きなんだ。ビートは一切なく、全体的に拍子がはずれていたから、せいぜい彼の後ろでソプラノを演奏するくらいだった。確か、ウェインが彼とやっていたときに、このアプローチを使っていたと思う……彼の〇・数秒後についていくんだ。それで良い効果が生まれる。とにかく、エルメートが書いた、この〈ネイム・ウーム・タルヴェズ〉という奇妙なタイトルが付けられた短い曲は、とても良い曲だ」。

　これら三曲の意図するところは、明らかに、穏やかな曲の牧歌的《パストラル》な雰囲気と、静的な時間の流れを創り出すことだ。はっきりとしたメロディがあり、幸いにも短くまとめられたため、曲の構成としては〈コンダ〉よりもうまくいった。しかし、二人のブラジル人の存在がありながらも、太陽の陽が射して、もの悲しい単調さを緩和してくれるまでには至らなかった。これら三曲は、二枚組アルバム、《ライヴ・イヴル》に収録されて、一九七一年にリリースされた。これらの曲を弁明して、唯一、言えることは、このアルバムの他の音楽の猛々しさから、しばしの休息を与えてくれているということだ。また、マイルスがワウペダルを使った初めてのスタジオ・レコーディングという歴史的意味もある。

　パスコアールとのセッションについて、グロスマンの肯定的な記憶はあるものの、音楽的な側面としては、マイルスの最も生産的かつ影響力のあった時代のひとつが、このような不調のうちに終わりを迎えたことを意味するものとなった。現在、入手可能な資料によると、マイルスは、これまたさほど重要な曲とはならなかった〈レッド・チャイナ・ブルース〉をレコーディングする一九七二年四月まで、再びスタジオに入ることはなかった（これに続く六月初旬のいくつかのセッションにおいて、革命的であるとともに論争の的となる《オン・ザ・コーナー》が作られることになる）。このように長期にわたってレコーディングが行われなかった理由については、はっきりしていない。

　お蔵入りになった膨大な量の音源を抱え込んだコロムビアが、これ以上スタジオに入らないように彼を思いとどまらせた可能性がある。あるいは、マイルス自身がスタジオにおける実験的な試みで気力を使い果たし、次にどこへ向かえばよいのかわからなくなっていたのかもしれない。パスコアールの登用は、毛色の違うミュージシャンを鍋に突っ込んで、どんな反応が起きるか見てみるという、これまで実績のある手法を用いた最後の試みだったが、これは失敗に終わった。エンリコ・メルランによると、マイルスが彼のエレクトリック・ミュージックをさらに発展させていく場として、レコーディング・スタジオはそぐわないと感じていたとマセロは語っていたという。

スタジオ作品とライブ演奏とが、まるで分裂症のように次第に乖離していくさまを、マイルスは苦痛に感じていた可能性は十分にある。もしも、レコーディングだけの活動とコンサート活動のどちらか一方を選ばなければならなくなかったとしたら、瞬間瞬間を即興演奏《インプロヴィゼーション》で表現する生粋のミュージシャンである彼は、常にライブ音楽を発展させる方を選択することだろう。多くの著名なロックミュージシャンを驚かせたように、大きなロック会場にマイルスが進出するようになったこともまた、理由のひとつであった可能性がある。数十人の前で演奏していた六〇年代末期とはうって変わり、突然、数千人を相手にすることになったのだ。観客の数が一気に増えたとき、アーティストはそれ以外のことには考えがおよばなくなる。マイルスもまた、この新しい挑戦に全エネルギーを注ぐことを決心したようだ。

第八章　アライブ・イン・ザ・プレゼント・モーメント

古臭い曲を覚えたりしたら、クビにしてやるからな。
——マイルス・デイヴィス（マイケル・ヘンダーソンへの言及）

すでに見てきたように、第二期グレート・クインテットを率いていた一九六〇年代中期、マイルスのスタジオ音楽とステージで演奏される音楽は異なる方向へと向かっていた。一九六五年一月の最初のスタジオ・レコーディングでは、クインテットは新しい素材に基づき、革新的な音楽の方向性に着手していた。一方、コンサートでは、主に五〇年代から六〇年代初期のマイルスの古いレパートリーの脱構築が行われていた。一九六七年を通じて、クインテットはスタジオ・レコーディングで得られた音楽要素や曲をライブ演奏にも取り入れるようになり、スタジオとステージの間のギャップは一時的に埋められた。しかし、その同じ年に、ライブ音楽を途切れない「組曲」として演奏するようになったのに対して、スタジオでは依然として個々の独立した曲を録音していた。スタジオでのエレクトリック・ギター、エレクトリック・キーボード、エレクトリック・ベース、そしてミュージシャンの増員による実験的な試みは、アコースティックなライブ・クインテットとの分断を深めていった。

レコーディング・スタジオがまるで先進的な音楽を試す実験室のような場となる一方で、ライブ・コンサートはマイルスのバンドとスタジオで録音された新しい曲の潜在能力を完全に引き出すことに力が注がれた。過去の音楽との明確なつながりを維持していたステージの方向性は、スタジオでの進化からはある意味、遅れをとっていた。作家ピーター・キープニュースが「失われた《ロスト》クインテット」（コロムビアはこのバンドでのスタジオ・レコーディングを一切行っていないため）と「最後《ラスト》のクインテット」（トランペット、サックス、ピアノ、ベース、ドラムスという「標準的な楽器[1]」で構成されたマイルスの最後のバンドであるため）とそれぞれ呼んでいる第二期グレート・クインテットの後継クインテットの両方についてもこれと同じことが言える。「ロスト」・クインテットは、第二期グレート・クインテットから残ったマイルスとショーター、一九六八年夏から参加したコリアとホランド、そして一九六九年初頭にメンバーとなったディジョネットで構成された。

「僕がバンドに参加したときはまだ、ハービーとロンとトニーのクインテットで創られた曲やその前からある曲をライブで演奏していた」とチック・コリアは当時のことを語っている。「その後、メンバー交代による音楽の変質が起きた。ジャックが加わったとき、音楽が大きく変わりはじめたんだ。その結果、ライブ・バンドのサウンドはスタジオ録音とはずいぶんと違うものになった。例えば、ライブ音源は、牧歌的《パストラル》な音楽とはほど遠いものとなっていた。ときどきバンプが入るフリー・ミュージックに近いもので、マイルスはいろいろと変わったことを試していた。バラードを演奏するなどね」。

一九六九年二月十八日に《イン・ア・サイレント・ウェイ》セッションが行われた翌月、「ロスト」・クインテットはフォルクスワーゲンの小型バスに乗り込み、アメリカ・ツアーを行った。まさにロックンロールのスタイルだ。一九六八年十二月初旬のボストンのジャズ・ワークショップでのクインテットのコンサート（まだトニー・ウィリアムスがドラマーとして残っていた）以降、クインテットの音楽にロックの影響が徐々に浸透していった。このとき、チック・コリアの担当がエレクトリック・ピアノに切り替わり、クインテットは一週間前に録音した〈ディレクションズ〉を演奏した。〈ディレクションズ〉は一九七一年十一月まで、マイルスのコンサートのオープニング曲として使われた[2]。

ロックの領域に初めて進出して以降、一九六九年七月二十五日および二十六日のフランス、アンティーブでのジュアン・レ・パン・フェスティバルを含め、一九六九年夏のコンサートでは、〈ディレクションズ〉、〈イッツ・アバウト・ザット・タイム〉、〈マイルス・ランズ・ザ・ヴードゥー・ダウン〉、〈スパニッシュ・キー〉といったロックに影響を受けた曲が決まって演奏された。七月二十五日に録音され、日本でのみリリースされた《１９６９マイルス》（一九九三年）が「ロスト」・クインテットの音楽の唯一の公式な資料である。音質に関しては不満も多いが、クインテットの活力と創造性がはっきりと聴き取れる。ディジョネットとホランドは継続的にリズムを変調させており、長いスウィング・グルーヴを除き、一年前のようにひとつのグルーヴに留まることはほとんどない。音楽は荒々しく、絶え間ない鋭い洞察に満ちており、マイルスの卓越したトーンと技術、そしてメルランが「符号化フレーズ」と呼んでいる音楽的な合図（例えば、〈イッツ・アバウト・ザット・タイム〉の〇分〇秒の部分）を用いてクインテットの焦点を定期的に引き戻す彼のかじ取りによって支配されている。

ジュアン・レ・パンで録音された六十三分間の音楽の大半がジャズのレパートリーで構成されており、〈マイルストーンズ〉、〈ラウンド・ミッドナイト〉、〈フットプリンツ〉、〈アイ・フォール・イン・ラヴ・トゥ・イージリー〉、〈サンクチュアリ〉、そして〈ザ・テーマ〉で三十九分を占めている。一九六九年末には、ロックの影響を受けた曲がクインテットのライブ・セットの大半を占めるようになる一方で、ステージ上でホランドがアコースティック・ベースに加えてエレクトリック・ベースも弾くようになったことで、バンドのサウンドにも変化が見られた。「アコースティック・ベースでこれらの曲を演奏しているだけでは、必要な仕事ができていないと感じたんだ」とホランドは語っている。「特にエレクトリック・ピアノと一緒のときには、エレクトリック・ベースの音の方が、存在感が増して、音楽にも有効だと思ったのさ」。

　クインテットの音楽に対するフリー・ジャズとロックの多大な影響について、「マイルスは、よりエレクトリック、よりファンキー、よりリズミカル、より外向きの方向へと同時に向かっていった」とピーター・キープニュースは指摘している(3)。「本当に並はずれたクインテットだった」とビル・カーチナーはコメントしている。「革新性と勢いという点では前身のクインテットと同じだが、このクインテットは、三世代にわたるデイヴィスの音楽、すなわち初期の曲（〈ラウンド・ミッドナイト〉、〈アイ・フォール・イン・ラヴ・トゥ・イージリー〉）、一九六〇年代中期の定番（〈マスクァレロ〉、〈アジテイション〉、〈パラフェナリア〉）、そして《ビッチェズ・ブリュー》からの作品すべてを探究するという独自性も持っていた(4)」。

　一九六九年末には、マイルスはライブ・バンドへのロック、ソウル、ファンクの影響をさらに強めたいと考えるようになり、伝統的なジャズのクインテット構成には限界があると感じはじめていた。《イン・ア・サイレント・ウェイ》および《ビッチェズ・ブリュー》におけるジョン・マクラフリンの参加が功を奏した後、マイルスはライブ・ギタリストの補充に特に熱心だった。カナダ人ギタリストのソニー・グリニッチは、一九六九年十二月初旬にトロントでライブ・ギグが行われた週にオーディションを受け、マイルスに参加を依頼されたが、なぜかはっきりしない理由でそれは実現しなかった。適合性があり、求めに応じられるライブ・ギタリストを捜し求める努力は、一九七二年後半まで実を結ばなかった。成功には至らなかった十一月のスタジオ・レコーディングに参加したブラジル人パーカッショニストのアイアート・モレイラは、十二月十二日にライブ・バンドに加入した。彼の参加は低音域《ボトムエンド》を厚くするというマイルスの目的をさらに一歩前進させるとともに、音楽に新たなエキゾチックかつ異国風の趣を加えることになる。モレイラは一九七一年七月までマイルスのライブ・バンドで演奏し、七〇年代の多くのジャズ・グループに影響を与えた。モレイラがマイルスと一緒に仕事をするようになって以降、それまであまりなかった、ジャズにおけるパーカッショニストの参加が普通に見られるようになった。

　第六章で言及したマイルスとコロムビアの副社長クライブ・デイヴィスとの口論を経て、一九七〇年三月からマイルスはロック・グループの前座としてロック会場で演奏するようになる。(四月にリリースされた)《ビッチェズ・ブリュー》のカウンターカルチャー市場への売り込みを狙っていたコロムビアにとって、これは大いに役立った。ただし、新参者的な立場でこのような環境に置かれたマイルスにとっては楽な仕事ではなかった。聴衆《オーディエンス》の戸惑った反応を目の当たりにしながら、非常に安い賃金で演奏しなければならないことも多々あり、ジャズ界からは「裏切り者」扱いされたことに加えて、黒人系の報道機関の一部からも白人文化への追従であると攻撃された。

一九七〇年三月六日と七日に行われたマイルスの最初の二回のロック会場、ニューヨークのフィルモア・イーストでのコンサートの後(後者のコンサートの内容は《マイルス・アット・フィルモア》で聴くことができる)、ウェイン・ショーターがバンドを去った。マイルスと五年間一緒だったショーターは、少し自分の時間を持ちたいと考えていたが、すぐにまた別の偉業にかかわることになる――一九七〇年末に彼とジョー・ザヴィヌルはウェザー・リポートを結成する。ショーターに代わって、四月七日の《ジャック・ジョンソン》のセッション、そして一九六九年の実を結ばなかったセッションにも参加しているスティーヴ・グロスマンがバンドに加わった。経験の少ないこの十九歳のサックス奏者は、《ジャック・ジョンソン》のセッションの二日後の四月九日にいきなり難しい仕事を任される。マイルス、グロスマン、コリア、ホランド、モレイラ、ディジョネットからなる新しいセクステットは、サンフランシスコのフィルモア・ウェストで四回のコンサートを行った。

二回目の四月十日のコンサートの全貌は、《ブラック・ビューティ》としてリリースされた(当初は一九七三年に日本でのみリリース)。ジュアン・レ・パンでの録音と同様に、音質とミックスは標準以下のレベルである。しかも、グロスマンのソロは神経質になりがちで、けたたましい。こうした欠点があるにもかかわらず、《ブラック・ビューティ》は、マイルスのエレクトリック・ミュージックの探求におけるひとつのエキサイティングな段階として、彼のライブ演奏の方向性がスタジオでの実験的な試みに追いつこうとしていた時期の有力な記録となっている。一九六九年以降の新しい音楽領域へのバンドの進出状況を示すかのように、ここでの演奏にはマイルスのエレクトリック期以前の作品はわずか十五分程度しか含まれていない。そのうちの二曲、〈アイ・フォール・イン・ラヴ・トゥ・イージリー〉と〈サンクチュアリ〉は、全体的に荒々しいセットにおいて、心地よい、しばしの休息を与えてくれているのに対して、〈マスクァレロ〉はロックに影響を受けた曲と同様に扱われ、ホランドとディジョネットは激しく打ち鳴らすバンプを維持し、コリアはときおりエレクトリック・ピアノをロック・ギターのように歪ませたり、リフを演奏したりしている。コリアがコメントしているように、この音楽は確かに「牧歌的《パストラル》な音楽とはほど遠いもの」となっている。そして、〈ザ・テーマ〉からのいくつかのノートが最後を飾る(一九五五年にジョン・コルトレーンとの第一期グレート・クインテットで最初にレコーディングされた〈ザ・テーマ〉は、一九五〇年代末期から、〈サンクチュアリ〉に取って代わられる一九七〇年代末までの間、マイルスのほぼすべてのコンサートで最後に演奏されており、特に過去との強い接点のある曲である）。

《ブラック・ビューティ》のその他の曲、〈ディレクションズ〉、〈ウィリー・ネルソン〉、〈イッツ・アバウト・ザット・タイム〉、〈ビッチェズ・ブリュー〉、〈スパニッシュ・キー〉、〈マイルス・ランズ・ザ・ヴードゥー・ダウン〉は、一九六八年十一月以降の作品である。最後の曲は、〇分十八秒に印象的で面白い瞬間が訪れる。まるで、レッド・ツェッペリンとジミ・ヘンドリックスを混ぜ合わせたようなサウンドだ。ここでは、コリアがハードロックのようなメインリフを演奏し、ホランドが深い、ブルージーなベースラインでそれを支えている。頻繁にフリー・ジャズの領域に入り込むことは控えられており、これが「ロスト」・クインテットの音楽の特徴のひとつになっている。ミュージシャンたちによるフリーの領域の探求が行われたのは、〈マイルス・ランズ・ザ・ヴードゥー・ダウン〉の最後の五分間と、〈イッツ・アバウト・ザット・タイム〉から〈ビッチェズ・ブリュー〉への転換時だけだ。マイルスはフリーのセクションには参加せず、いずれの場合も主題《テーマ》またはバンプへと引き戻すために演奏に加わっている。

*

チック・コリアは、「これこそが、このバンドのライブでのサウンドだ」として、《ブラック・ビューティ》を強く薦めている。マイルス・デイヴィスのセクステットの演奏を完全に収めたこの録音は、長期間にわたる音楽の流れと論理をたどる機会を与えてくれる。しかしながら、評論家や聴き手《リスナー》にとって、この音楽を受けとめるのは容易ではなかった。コンサートがひとつづきの長く、途切れのない「組曲」からなっており、一九七三年の二枚組みのオリジナルLPでは四面がそれぞれ〈ブラック・ビューティ1〉、〈ブラック・ビューティ2〉、〈ブラック・ビューティ3〉、〈ブラック・ビューティ4〉というメドレーで埋められていたこともその一因となっている。マイルスは七〇年代のライブ・アルバムのほとんどで曲名を示すことを拒んでおり、この種の総称をメドレーのタイトルとして用いることを好んでいた（別の例としては、一九七〇年の《マイルス・アット・フィルモア》の〈ウェンズデイ・マイルス〉、〈サーズデイ・マイルス〉など、そして一九七二年の《イン・コンサート》の〈フット・フーラー〉と〈スリッカフォニックス〉がある）。七〇年代のマイルスの音楽の多くが、ほとんど見分けのつかない即興演奏の寄せ集めと誤解されてしまっているのも、この奇妙なタイトルの付け方がひとつの原因となっている。

マイルスは一九七〇年当時の彼の音楽について、「俺は特別なことをやってはいないのさ。それは説明の必要もない」とレナード・フェザーに語っている。[5]「マイルスは、評論家や一般大衆が何でもないことについて、何時間にもわたって頭の中で考え、分析し、話をしていると強く感じていました」とリディア・ディジョネットはマイルスのコメントの意味を説明する。概念的な音楽の分析において、外面にばかり焦点を当てることによって、「内面」つまりマイルスの言葉でいう「ノートが意味するところ」に対する注意がそれてしまいがちだ。禅では、「外面」に焦点を当てること、あるいは分析することは、月を指さすことに例えられる。月をさす、その指先に集中することで、月そのものを見過ごす可能性がある。ただし、逆に、誰も指をささなければ、私たちは月の存在にさえ気づかないかもしれない。

マイルスの七〇年代の音楽では後者の状況が起きており、さし示してくれる人がぜひとも必要だった。エンリコ・メルラン、ヤン・ローマン（*The Sound of Miles Davis*〔マイルスの音源の網羅的かつ詳細なディスコグラフィー。マイルス・マニアのバイブル的存在となっている〕の著者）、ピーター・ロージン（ウェブサイト *Miles Ahead* の制作者）、そしてボブ・ベルデン（コロムビア／レガシーの再発行《リイシュー》プロデューサー）は、マイルスの七〇年代の音楽の基礎をなす様々なバンプや曲を見極める作業を通じて、この音楽領域の理解を容易にしてくれた。また、「符号化フレーズ」に関するメルランの分析もこの領域の地図の制作に役立つ。これは主にライブ演奏で用いられるものなので、ここで簡単に触れておきたい。メルランによると、この「符号化フレーズ」は、曲の最初のいくつかのノート、すなわちベース・バンプ、またはハーモニー進行のヴォイシングに基づいている。「一九六九年から一九七五年の間に行われたコンサートで演奏された曲の多くには主題《テーマ》がなく、専らリズムのアイディアまたはベース・バンプに基づいており、「符号化フレーズ」はこれらの曲を正しく見極めることにも役立つ」[6]とメルランは説明している。

「音楽は連続的なものだったから、マイルスは観客《オーディエンス》に向かって話をしたり、告知をしたりする必要がなかった」とジャック・ディジョネットはコメントしている。「彼は、自らのトランペットで語りかけ、メロディの最初の部分を吹きはじめることで曲の開始を合図した。僕らもただちにそれを理解した。彼は継ぎ目のない、ひとつづきのものにすることを望んでいたから、うまくいっていたと思うよ」。デイヴ・ホランドも次のように詳しく語っている。「音楽で合図をするのは、ジャズの古い伝統さ。ルイ・アームストロングやキング・オリヴァーの時代は、バンドの演奏の後に四小節のブレイクがあり、その間にキング・オリヴァーとルイ・アームストロングが全く同じ即興のフレーズを一緒にユニゾンで演奏するんだ。どうしたらそんなことができるのか、誰にもわからなかった。魔法のようだった。どうやっていたかというと、まず、キング・オリヴァーがその前の小節のところであるフレーズを演奏する。ルイはそれを聴いていて、次にそれが来たときに演奏するという仕組みさ。僕も、この種の合図が方向性を変えたり、新しいセクションの開始に使えることをマイルスから学んだ。マイルスはよく、フレーズを使って、次に向かう方向を僕らに示してくれた。僕らが曲を演奏しているとき、マイルスはその上に何かを重ね合わせてくる。そうすると、すぐその後に、次の曲に進んだり、あれこれリズム的なものがはじまるということがわかるんだ。これがバンドで演奏することの良いところで、何が起きているのかを認識する直観的な感覚が養われていく。常に聴くことを覚え、グループ特有の言語が作り上げられていく。でも、僕がバンドにいたときには、マイルスは手では合図を送っていなかったな。それをやるようになったのは後になってからだと思うよ」。

マイルスの「符号化フレーズ」は、《ブラック・ビューティ》の中にはっきりと聴くことができ、これがこの音楽の容赦ない激しさの一因にもなっている。マイルスは、音楽をバンプや主題《テーマ》へと引き戻す方向に導き、絶えずミュージシャンの焦点を戻すことに努めている。もし、ミュージシャンたちが今この瞬間《アライブ・イン・ザ・プレゼント・モーメント》に敏感でいることができていなかったり、全神経を集中して聴いていなかったとしたら、この短いマイルスの合図を見過ごしてしまうだろう。しかし、そうはならなかった。ミュージシャンたちは驚くべき機敏さでマイルスの合図に反応している。これは、ほとんどの曲の○分○秒あたりで聴くことができる。マイルスが新しい曲やバンプを開始してから数秒以内に、常に演奏が揃っている。マイルスが次を合図するとき、バンドはまだ前の曲やバンプを演奏しているため、音楽の切り替わりの部分にはマセロが編集で用いるクロスフェードのような効果がある[7]。実際にマセロは、マイルスの手法に関して自らのクレジットを求めるかのように、次のように語っている。「編集の際にいつもセクションを重ね合わせていたから、私のおかげだな。マイルスはステージ上でも意図的に同じことをやるようになったが、それは私たちがクロスフェードを使うようになってからだ」。

「符号化フレーズ」は、マイルスの次のライブ・アルバム《マイルス・アット・フィルモア》でも聞くことができる。これには一九七〇年五月にバンドに加入したキース・ジャレットも参加している。テオ・マセロはときに容赦のない編集を加えながら、四回のコンサート（六月十七日～二十日）をそれぞれ二十数分の四つの組曲に作り変えた。マセロの荒っぽいアプローチを彼のスタイルの一部として評価する評論家もいるが、筆者の耳にはこの編集は不快なだけでなく、断片的な印象を与えてしまい、音楽の浮き沈みやミュージシャンたちによる長い間隔でのインタープレイを理解しづらくしている。例えば、〈ウェンズデイ・マイルス〉という総称が付けられた最初のメドレーでは、〈ディレクションズ〉の途中に十九秒間の〈ビッチェズ・ブリュー〉が挟み込まれているところだ。この編集は〈ディレクションズ〉の流れをひどく邪魔しており、その晩に演奏された〈ビッチェズ・ブリュー〉のバージョンの重要な部分を何ひとつ示していない。概して言うと、長いセクションの方が満足度は高い。例えば、〈フライデイ・マイルス〉の〈イッツ・アバウト・ザット・タイム〉でリズムセクションが構築している伝染性のあるグルーヴだ。また、今回も面白い息抜きの場面が用意されている。〈サタデイ・マイルス〉と呼ばれる六月二十日のコンサートのメドレー中の〈ビッチェズ・ブリュー〉では、ホランドがベースを歪ませて、バンプをいかにもブラック・サバスの音楽で聴けるヘビーメタルのリフのようなサウンドにしている。残念ながら、この風変わりで刺激的な音楽は、またしても耳障りな編集によって三分ちょうどでカットされてしまう。《イン・ア・サイレント・ウェイ》や《ビッチェズ・ブリュー》で編集が功を奏した理由は、注意深く聴かなければ気づかないほど、技術的に継ぎ目のないものに仕上がっていて、音楽の一貫性と流れができているからである。編集を通じて、全体として、単なる個々の部分の組み合わせ以上のものとなっているのだ。マセロは、ほぼ二カ月前に録音された《ジャック・ジョンソン》において、初めて全く関係性のない音楽を組み合わせており、《マイルス・アット・フィルモア》でもこれを手本にしている。《マイルス・アット・フィルモア》は、音質の悪さもさることながら、編集が特に耳障りなものとなっている。これを聴くと、「デイヴィスと気違い科学者《マッドサイエンティスト》テオ・マセロのコンビ」は「ジャズにおけるフランケンシュタイン博士」になったという、ライターのゲイリー・カーナーの辛辣な言葉も、ある意味納得できてしまう(8)。

　また、今回に限って言えば、編集を通じて音楽を組み立て直すというコンセプトは、録音された音楽の精神に反するものとなっている。スタジオ・アルバムで聴覚的な幻想《ファンタジー》作品を作るのとは違い、《ブラック・ビューティ》や《マイルス・アット・フィルモア》のようなライブ音源は、聴き手《リスナー》があたかもそこにいるように感じさせるように、ライブ・コンサートにできるだけ近づけることを目的とすべきだ。コンサートは一度しか聴くことができないが、ライブ音源は何度も繰り返し聴くことができるため、編集でミスを正したり、異なる複数のステージの良い部分をつなぎ合わせてひとつの架空の完全なコンサートを作り上げる場合には、その正当性が認められる。少なくとも断片化した結果から判断する限り、ミュージシャンの演奏は素晴らしく、《ブラック・ビューティ》と同程度に激しく、濃密なものであることを考えると、フィルモア・イーストでのコンサートがこのように編集されてしまったのは、非常に残念と言わざるを得ない(9)。

　唯一の例外がスティーヴ・グロスマンで、彼のソプラノ・サックスはここでもけたたましく鳴り響き、落ち着きがない。彼はテナー・サックスも演奏しているようだが、彼いわく、マイルスがソプラノ・サックスしか聴きたがらなかったため、これらのソロは編集でカットされた。ソプラノ・サックスの方が重厚なリズムセクションに割って入りやすいことから、こうした好みは、マイルスが低音域《ボトムエンド》の厚みを増すことに熱を上げていたこととも一致する。「僕はずっとテナー・サックスを演奏したかったんだ」とグロスマンはコメントしている。「だから、多くの曲でテナーを吹いているが、同じ理由で僕のソロはカットされてしまった。マイルスはソプラノに入れ込んでいたけど、僕は彼のいうことをあまりきかなかった」。

　グロスマンのソロ演奏が不安定なのには、また別の理由もあったようだ。彼は音楽のコンセプトに居心地の悪さを感じていたことを覚えている。「とても才能のあるバンドだった。マイルスからは、戻ってくるハーモニーのコンセプトがない状態で、ハーモニー的にコードを離れるというコンセプトを学んだ。これはどちらかというと直覚的なもので、メロディに基づく演奏法だ。彼はあらゆる演奏をやってのけた！　けれども、フィルモア・イーストでは、僕は人生で初めて何を演奏すればよいのかわからなかった。本当に異様な感覚だった。その理由すらわからなかった。それぞれのミュージシャンから多くのことが伝わってきていて、僕はその処理に忙殺されてしまっていたのかもしれない」。

　コロムビアは一連のライブ・コンサートの再発を計画しており、《マイルス・アット・フィルモア》を構成しているコンサートを未編集でリリースするという選択肢も取り得るだろう。これらの録音の脈絡が回復され、グロスマンの貢献、そして二人のキーボード奏者、ジャレットとコリアの正確な音楽の関係性についても明らかになることが望まれる。ジャレットは左チャンネルのオルガン、コリアは右チャンネルのエレクトリック・ピアノを演奏しており、二人そろって低音域《ボトムエンド》に大いに厚みを加えている。「スタジオでは明確な意思の疎通があった」とコリアはコメントしている。「けれども、ライブでキースと演奏しているときは、二人の間で音楽的な対話はほとんどなかった。マイルスはキーボードをそれぞれステージの端に置いたから、キースが何を弾いているか全く聞こえなかった。キースにも僕が弾いているノートが聴こえていたとは思えない。だから、一緒に何かを演奏するというのは本当に難しかったんだ」。

　一九七〇年七月、ついにマイルスはグロスマンをクビにする。おそらく、彼のサックス演奏に不満を感じていたからだろう。グロスマンに代わり、ソプラノおよびアルト・サックス奏者のゲイリー・バーツが八月に加入した。バーツは、ピアニストのマッコイ・タイナーとドラマーのマックス・ローチと仕事をしたことのある経験豊富なプレイヤーであり、本人名義のソロアルバムも一枚リリースしていた。この時点でマイルス、バーツ、コリア、ジャレット、ホランド、モレイラ、ディジョネットからなっていたセプテット〔七人編成によるバンド〕は、一九七〇年八月二十九日にジミ・ヘンドリックス、ザ・フー、ドアーズ、ジョニ・ミッチェル、ジョーン・バエズらとともにワイト島音楽祭に出演した。ライブ・コンサートの一部は、《ワイト島1970――輝かしきロックの残像》および《ワイト島／アトランタ・ポップ・フェス、70年代最初にして最大のロック・フェスティバル》〔ワイト島音楽祭とアトランタ・ポップ・フェスティバルの音源を合わせた編集版〕の二種類のコンピレーションCDでリリースされている。二つのメドレーにはまたしても「コール・イット・エニシング *Call It Anything*」と「コール・イット・エニシン *Call It Anythin'*」という総称のタイトルが付けられている。これらは、〈ディレクションズ〉、〈イッツ・アバウト・ザット・タイム〉、〈スパニッシュ・キー〉、〈ビッチェズ・ブリュー〉を含む同じセットの異なる編集版である。〈ザ・テーマ〉を除くマイルスのジャズ期の作品とフリー・ジャズのセクションは含まれていない。リズムセクションの演奏は二カ月前よりも目立ってファンキーさを増しており、ジャズとは関係性の薄い単一《ワン》コードの深い循環グルーヴを構築している。マイルスは音楽の発展における次なる段階へと向かっていた。

＊

　タイミングを見計らっていたように、ホランドとコリアは八月末にバンドを去り、ドラマーのバリー・アルトシュルとともにサークルを結成した。「デイヴと僕はバンドを去ることをマイルスに告げ、その後に数カ月間の移行期間があった」とコリアはそのときの思い出を語っている。「マイルスは二人にバンドに残ってほしかったらしく、彼が目指していたより強固でファンキーなリズムの方向に一緒に進もうと説得されたけれど、僕らがそれを望んでいないことを彼も理解してくれた。デイヴと僕はフリー・ミュージックをやりたかったんだ。進む方向が分かれたのは自然なことだった。バンドを去ったことを後悔することもあったが、今でも正しい選択だったと思っているよ。でも、マイルスの近くにいて、創造力が発揮される場面を目の当たりにできたことは、僕にとってはとてつもなく大きな学習経験だった。たくさんのコンサートをこなし、バンドの一員として一緒に演奏できたことは素晴らしい思い出さ」。

「マイルスが進もうとしていたバンプと反復パターンの方向性と、他のメンバーのフリーな方向を好む傾向性との間に、創造的な緊張のようなものがあった」とホランドは語っている。「ライブ・レコードにそれがよく表れている。最初はハードなロック的なところからはじまって、それが突然解放されてフリーな演奏がはじまったかと思うと、また元に戻る。当時、僕は速い演奏をすることがよくあった。すると、ある晩、マイルスが僕のところに来て言った。『デイヴ、おまえはベース・プレイヤーだ。それを忘れるなよ』。僕はその言葉を持ち帰って、よく考えてみた。彼は、自分の楽器が担っている役割を考え、それを無視しては駄目だということを僕に伝えたかったんだ」。

「デイヴ・ホランドはチックにもっと「外れた」演奏をするように常にプレッシャーをかけていた。でも、マイルスのバックではそんなことはしなかった」とスティーヴ・グロスマンは述べている。「その代わりに、ウェインのソロのバックで演奏するときには実験的なことをやっていて、僕がバンドに入ってからは僕のバックでもそうしていた。僕がソロをはじめると、すぐに彼らはフリーな演奏に突入した。僕もこのときが一番楽しかった。フリーな演奏になるのは、スウィングに由来する音楽を演奏しているときだったから。僕の場合、フリーな演奏をするには、スウィングしていなければ駄目なんだ。フリーの拍子で演奏するときの方が難しかった」。

　スウィングの拍子とフリーな演奏の融合は、《マイルス・アット・フィルモア》の収録曲〈ザ・マスク〉で聴くことができる。これは、オープンハーモニーのジャム演奏レベルの曲で、スウィング・ジャズのベースラインがその下に隠れている。判明している限りでは、この曲は一九七〇年六月から八月の期間にのみ演奏されているが、マイルスの音楽的発展のこの段階で現れる曲としては奇妙な印象を与える。もしかすると、この曲が彼のバンドに音楽性の違いを突きつける一因となった可能性もある。

マイルスは、コリアの代役を入れることはせず、エレクトリック・ピアノとオルガンの両方を演奏するようになっていたジャレットだけでバンドを続けることを選択した。九月初旬のいくつかのコンサートではミロスラフ・ビトウスがホランドの代役を務めたが、一九七〇年九月十三日にモータウンのベーシストだったマイケル・ヘンダーソンがライブ・バンドに加入する。反復性の循環ベースリフを演奏する彼の才能は、すぐにマイルスの音楽に新たな重点をもたらした。ゲイリー・バーツの記憶によると、マイルスは「アコースティック・ベースを一切弾かないベーシストは初めてだったので」、ヘンダーソンを雇うことに若干の躊躇があったという。[10] マイルスのエレクトリック・ミュージックの発展におけるこの段階で、エレクトリック・ベースに関して躊躇するなど不思議に感じられるかもしれない。しかし、このコメントは、慎重に、一歩ずつ、前のステップを超越して包含することを確かめながら先に進めるというマイルスの姿勢と合致している。一度ヘンダーソンと一緒にやることを決めてからは、新たに過激な方向へと向かおうとしていたことが、マイルスが与えていた指示の内容からわかる。

ヘンダーソンは当時を振り返って次のように語っている。

「彼は僕がやってきたことをそのままやってほしくて僕を雇ったんだ。彼の音楽に新しい何かを持ち込むために僕は雇われた。彼の古い曲も学ばないといけないのだろうと思っていたら、彼は言ったんだ。『古臭い曲を覚えたりしたら、クビにしてやるからな』。そして、こうも言った。『もし、誰かが古い曲をやりはじめたとしても、無視しろ』。他のメンバーは彼を古い曲へと誘いたがっていたけれど、彼は僕をそこには行かせたがらなかった。彼にとって、古い曲はもう用済みだったのさ。キース・ジャレットはよく革新的で風変わりな演奏をしていた。でも、マイルスは僕のところに来て、『あのバカについていくんじゃない』とささやいていた。他の皆は理解できなかったんじゃないかな。僕がついてこないので、キース・ジャレットはよくイライラしていた。なぜ僕がバンドにいるのか、他のメンバーにはわからなかったと思う。マイルスだけが、僕から何を得たいのかを理解していた」。

マイルスはバーツ、ヘンダーソン、ジャレットからなるバンドを擁し、彼のエレクトリック期の活動において、他とは全く異なり、容易に識別可能な段階に入った。ここから一九七二年の初めまでの期間存続する、強い音楽的アイデンティティと独自のレパートリーを持つバンドが誕生した。

このバンドの正体については、ほとんど認識されていない。これまで三十年間にもわたって、ひとつのコンサートしか正式にリリースされていないこともその大きな理由となっている。一九七〇年十二月十九日のワシントンＤＣのセラー・ドアでのコンサートのみが、《ライヴ・イヴル》でリリースされている。

この録音盤ではジョン・マクラフリンがゲスト・プレイヤーとしてフィーチャーされており、このバンドの一年半の存続期間中のサウンドの全貌を捉えたものとはなっていない。コロムビア／レガシーは、十二月十六日（水曜日）から十二月十九日（土曜日）までのセラー・ドアでのバンドの全ステージの演奏の大部分を収録した二枚組CD三セットを二〇〇二年にリリースすることを計画している〔二〇〇五年に六枚組ボックスセット、《ザ・セラー・ドア・セッションズ 1970》としてリリースされた〕。最初の三日間の演奏には、マクラフリンは参加していない。コロムビア／レガシーのジャズ部門シニア・ディレクター、セス・ロースステ ィーンの好意により提供してもらった六枚のサンプルCD盤は、このバンドの本質に新たな光を当てるものとなっている。一九七〇年秋から一九七一年夏まで、バンドはマイルス、バーツ、ジャレット、ヘンダーソン、ディジョネットを核に構成されており、エレクトリック化してはいるものの、第二期グレート・クインテットおよびロスト・クインテットと同じ楽器編成となっている。これに加えて、ボトムエンドの厚みと色彩を加えるためにアート・モレイラが参加しており、また一九七〇年十月の数週間には《ビッチェズ・ブリュー》にも参加し、ジュマ・サントスとしても知られるジム・ライリーもこれに加わっている。

バンドの心臓部はマイケル・ヘンダーソンが担っていた。クビになることを恐れながらも、彼は取りつかれたように見事な「石のように硬い強固なベース・バンプ[11]」を貫き通しており、長いときには十五分もの間、単一《ワン》コードの演奏を続けた。キース・ジャレットは、ヘンダーソンのベースラインを補完するために、短いファンキーなメロディを演奏するとともに、クラシック音楽的でありながらも半音階を駆使したフリーな演奏も試みていた。バーツは叙情的《リリカル》でメロディックなソロを引き受け、マイルスはライブでワウペダルを使うようになっていた。ワウペダルの使用は、その後の五年間における彼のトランペット・スタイルを特徴づける重要な要素となっている。

バーツ／ジャレット／ヘンダーソンのバンドは、その前身よりもロックの影響を強く受けていた。ボトムエンドはより厚く、演奏はより攻撃的、リズムはよりファンキー、そして音量もより大きくなっていた。バンドには「マイルス・デイヴィスとハウス・ロッカーズ」というニックネームも付けられていたとゲイリー・バーツは語っている。「……僕らの演奏は他のどんなロックバンドにも負けず劣らず激しく、音も大きかった。僕にとってはこれが、このバンドで乗り越えなければならない最も高いハードルだった。僕はマックス・ローチやアート・ブレイキーと一緒に仕事をしたことがあって、どちらもドラム中心のバンドだった。彼らのバンドも強烈で音も大きかったけれど、それとは次元が違っていた[12]」。キース・ジャレットは、「ジャックと僕は毎晩、ワタで耳栓をしていた。ボリュームの大きさに耐えられなかったんだ」と冷ややかにコメントしている[13]。

このバンドのセットリストは、その存在期間中、驚くほどに一定していた。セットリストには、このバンドによってのみライブ演奏された新曲、〈ホワット・アイ・セイ〉、〈ホンキー・

トンク〉、〈イナモラータ／ファンキー・トンク〉[14]の三曲が含まれていた。ジャック・ディジョネットによると、「マイルスは新しい曲を持ち込み、僕らにグルーヴとメロディのスケッチを示した」。バンドのコンサートのオープニング曲は常に〈ディレクションズ〉の熱狂的なバージョンであり、ときには十五分におよぶこともあった。通常はこれに続いて、〈ホンキー・トンク〉、〈ホワット・アイ・セイ〉、〈サンクチュアリ〉、〈イッツ・アバウト・ザット・タイム〉、〈イエスターナウ〉、〈イナモラータ／ファンキー・トンク〉を演奏し、〈サンクチュアリ〉のテーマで最後を締めくくる。それ以外の曲で唯一演奏されていたことが知られているのは〈ビッチェズ・ブリュー〉だけである。このように、異例にもレパートリーとセット構成がほぼ固定されていたにもかかわらず、このバンドの音楽の中身は、その前身同様、毎晩のように劇的に変化していた。「俺たちの音楽は毎月のように変わっている」と、マイルスは一九七〇年九月にコメントしている。「俺たちはお互いのアイディアを展開していく。俺がフレーズを開始しても、それが完了しないこともある。バックで何かが聴こえて、他へと導かれることがあるからだ。それがどんどんと発展していくのさ[15]」。

〈ビッチェズ・ブリュー〉を除く、これらすべての曲がセラー・ドアのCD六枚に収録されている（〈ディレクションズ〉と〈ホワット・アイ・セイ〉については五つの異なる演奏、〈ホンキー・トンク〉は四つの演奏が収録されている）。土曜日の晩はジョン・マクラフリンが参加しているため、バンドの通常の演奏とは違ったものとなっているとバーツとジャレットはコメントしている。再発プロデューサーのボブ・ベルデンもこれについて認めている。「今回新しくリリースされる音楽は、バンドの音楽性を明らかにするものだ。ディジョネットとジャレットを中心とする、マイルスのこれまでで最高のフュージョン・バンドを聴くことができる。ここでのキースの演奏は素晴らしい。最終日にマクラフリンが助っ人として参加しているが、そのときの音楽は全く様変わりしている」。

＊

マクラフリンの参加はバンドにとってマイナスであったことをジャレットはほのめかしている。「コロムビアがセラー・ドアのコンサートをリリースするみたいだから、僕らがどんなサウンドだったか、じっくりと聴くことができると思うよ。《ライヴ・イヴル》で聴けるものよりも、僕らはずっとフリーな演奏をしている。《ライヴ・イヴル》からはわからないだろうけど。ジョン（・マクラフリン）が僕らと一緒に演奏したのは一晩だけだ。エレクトリック・ギターの追加は、商業的な意図があったからではないかと僕は思っている。バンドに対して、いきなり変化球を投げ込んでくるようなものだった。どうしてそんなことになるのか、僕にも誰にもわからなかった[16]」。

このバンドが実際にマイルスの「最高のフュージョン・バンド」であったかどうかについては疑わしい。ジャレットとディジョネットという伝説に近いプレイヤーを擁してはいたが、セラー・ドアの音源を聴く限り、この二人のプレイヤーの（フリー・）ジャズの傾向とヘンダーソンのロック・ソウルの感受性との相性はよくないように思える。つまり、ジャレットのフリーな演奏もロック・グルーヴの試みも完全には成功していない。最大の聴きどころは、ヘンダーソンが彼のトレードマークであるメロディックでファンキーなリフを演奏する間《スペース》を与えられ、ジャレットとディジョネットがそれに加わるところである。ソロ奏者、特にマイルスは初めから終わりまで最高のコンディションを保っており、バンド全体としてもこの四日間を通じて成長を遂げ、次第に楽曲に手を加えるようになっている。

　ジャレットは「フリー」という言葉をフリー・ジャズの文脈で使っている。彼のコメントとは裏腹に、創造的自由度《フリーダム》という意味では、マクラフリンが第二セットと第三セットに参加した土曜日の晩（ニューヨークにいたマクラフリンは、その日の朝にマイルスから電話で呼び出され、コンサートがはじまってから到着した）にもそれは維持されていた。土曜日の晩の自由度の高さは、主にマクラフリンとヘンダーソンの間でのインタラクションから生まれている。ロックの手法を理解している二人がお互いを刺激し合い、新しいファンキーなリフを生み出したり、既存のリフを解体したりした。このため、ジャレットとバーツの役割は薄れてはいるものの、ジャレットのコメントに反して、土曜日の晩の即興演奏のソロは、セラー・ドアのCD六枚で聴ける四日間の演奏の中で最も想像性に富んだものとなっている。

　セラー・ドアでの土曜日の晩のコンサートの第二セットと第三セットで録音された音源は、合計八十六分の長さの四曲に編集され、六月にレコーディングされたパスコアールの三曲と二月にレコーディングされた〈ジェミニ／ダブル・イメージ〉とともに《ライヴ・イヴル》に収録された。幸いにも、重要なリリースとなるように注意深くレコーディングされたためか、ジュアン・レ・パンやフィルモアのアルバムの不明瞭で安定していないサウンドと比べて、《ライヴ・イヴル》のライブ曲の音質と編集は非常に良質なものとなっている。このアルバムにもアブドゥル・マティ・クラーワインによる人目を引くレコードジャケットが使われ、《ビッチェズ・ブリュー》の続編的《フォローアップ》アルバムとして宣伝された。マイルスは、《ライヴ・イヴル》の音楽は彼の最も商業的に成功した作品を超越して包含していると述べている。「《ライヴ・イヴル》では《ビッチェズ・ブリュー》と同じような音楽形式を考えていたが、前よりはもっと整理できるようになっていた[17]」。

　マセロはライターのクリス・アルバートソンに、この音楽は「三十巻に及ぶオリジナル・テープから厳選された十巻から十五巻の演奏をさらに抽出したものである」と語っている[18]。当然予想されることだが、それでもなお残念なことに、彼の編集にはフランケンシュタイン博士の行為と天才の業の両方の要素が含まれている。前者はいくつかの無意味な編集に表れている。後者はマセロの音源の選択に見られる。特に、ジョン・マクラフリンの追加によって、他の三日間の演奏ではバンドに欠けていた鋭さが加わった、土曜日の晩の演奏から《ライヴ・イヴル》を構築することを決めたことと、オープニングのメドレー〈シヴァード〉の最初の三分二十五秒の選択だ。第二セットの〈ディレクションズ〉の演奏の終わりの部分から取られたこの三分二十五秒は、議論の余地はあるが、《ライヴ・イヴル》で最も興味を引き付けるセクションであり、アルバムのオープニングを飾るのに相応しい選択と言える。ワイルドでドライブ感のあるベースリフが、美しいキーボードのメロディによって補完され、ジャレットとヘンダーソンがお互いの最高の演奏を引き出している瞬間である。五月の〈ホンキー・トンク〉のスタジオ録音のときのように、マクラフリンはメロディやハーモニーの中身ではなく、ノイズとテクスチャーを創り出している。彼が音楽に勢いと刺激を注入し、マイルスも二分〇秒前後でワウワウを止めて、《ジャック・ジョンソン》のような力強いトランペットを披露している。これまでのマイルスの演奏の中でも最も高い音《ノート》もここで聴くことができる。

　しかしながら、マセロは、セラー・ドアでの〈ホンキー・トンク〉の演奏への導入部として、〈シヴァード〉の三分二十五秒の部分に、五月十九日の〈ホンキー・トンク〉のスタジオ録音から取られた五十六秒を挿入した。この五十六秒は、サウンド、雰囲気、そして音楽の構造という点で、場違いなものとなってしまっている。さらに、〈ホンキー・トンク〉のセラー・ドア・バージョンはやや単調で、スタジオ・バージョンの成功をもたらした劇的な効果、集中力、楽器間での複雑な応答のいずれをも欠いている。

《ライヴ・イヴル》収録の次のライブ曲、〈ホワット・アイ・セイ〉は編集されてはいないが、二十一分以上と長すぎる。ヘンダーソンは曲全体にわたって、シンプルな単一《ワン》コードのグルーヴを維持している。はじまりの部分で、ジャレットは主題《テーマ》に沿った演奏を行っている。例えば、二分四十二秒のところでは四音《フォーノート》の半音階的《クロマチック》リフをヘンダーソンとユニゾンで演奏しており、十三分〇秒にはフーガのようなソロが聴ける。この曲を支えている重要な要素は、マイルスの功績とされている、パワフルで力強いドラム・グルーヴである。「あのドラム・ビートはマイルスが与えてくれたものだ」とディジョネットは説明する。「彼は特に何も言わなかったけれど、どうすればよいのか僕にはわかった。そして、ロケットのように飛び出していったんだ。基本的に彼が示したリズムに合ったグルーヴを彼は望んでいて、僕はビートを構築して、それを最後まで推し進めた。僕はあの曲がとても気に入っている。マイルスからは、一定の条件の範囲内にとどまるように指示されたことはなかった。彼は、『そうだ、それでいい』というように、ただ微笑んでいた。僕らの間での共通の『理解』のようなものさ」。

〈ホワット・アイ・セイ〉のもうひとつの変わった側面としては、〈シヴァード〉と同様に、マイルスが非常に高い音《ノート》を演奏していることがあげられる。一九四〇年代中期に彼は師匠であるディジー・ガレスピーのような高い音《ノート》の演奏ができないことに気づき、中音域のノートに集中するようになる。その結果、柔らかく、豊かで朗々としたトーンを生んだ。しかし、〈ホワット・アイ・セイ〉で彼は、自らの演奏の境界線を広げている。「普段は使わないような高音を、たくさん吹いた」とマイルスはコメントしている。「俺は、新しい音楽をやりはじめるようになってから、高い音《ノート》をたくさん聴き取れるようになってきたんだ」[19]。技術的スキルやスタミナをあまり必要としないワウワウが作り出す音響効果にマイルスが興味を持ちはじめたちょうどその時期に、トランペットの奏法技術と体力が向上したというのは、なんとも皮肉なことである。

《ライヴ・イヴル》の次のメドレーは〈ファンキー・トンク〉と呼ばれるもので、それを構成する新しい曲から名前が取られている。メドレーは十七分近い〈ディレクションズ〉ではじまる。バンドは〈ホワット・アイ・セイ〉と同じような効果を得るべく、激しいペースと勢いを長時間にわたって維持しているが、ここではうまく機能していない。興味を引きつけるドライブ感のあるリズムを欠いていることが理由のひとつと考えられる。ジャレットとヘンダーソンは〈ホワット・アイ・セイ〉のときほど、お互いのリズムを効果的に補完し合えていない。最もうまく機能しているところは、リズムセクションの激しさが若干和らぎ、よりオープンでファンキーな演奏を聴くことができる、七分および八分前後のパーツのソロの部分と、八分三十三秒からはじまるマクラフリンのソロの最初の一分間である。十六分五十二秒にマイルスが「符号化フレーズ」とともに演奏に加わり、〈イナモラータ／ファンキー・トンク〉の主題《テーマ》をはじめると、すぐにこの曲の特徴のひとつであるジャレットによる二台のキーボードを使った叙情的《リリカル》で創意に富む無伴奏のソロに舞台を譲る。ジャレットのソロに続いて、バンドは集合的なアクセントを演奏し、メロディックなベースリフがそれに続く。いずれも〈イナモラータ／ファンキー・トンク〉の曲の不可欠な部分である。

またしても人を困惑させる不可解な編集によって、メドレー〈ファンキー・トンク〉は不意に終わり、〈イナモラータ／ファンキー・トンク〉の曲の流れを大きく妨げている。そして、この曲は《ライヴ・イヴル》の最後のメドレー〈イナモラータ〉の最初の十六分三十六秒として続く。このメドレーの最初の九分間では、見事なストップ・スタートの応答リズムをマクラフリンとヘンダーソンが開始する。これは、この年の初めにレコーディングした〈ジェミニ／ダブル・イメージ〉や〈ホンキー・トンク〉で非常にうまくいっていたものに近い。しかし、九分を超える辺りから、演奏は集中を欠き、リフからリフ、ソロからソロへと支離滅裂に飛び移る。再びマクラフリンとヘンダーソンが先頭に立ってバンドを引っ張り、また別の伝染性のあるストップ・スタート・リズムに落ち着く十六分前後で集中力が戻るが、十六分三十六秒には〈サンクチュアリ〉の主題《テーマ》の挿入によって不意に断ち切られてしまう。その十一秒後には、マイルスが〈イッツ・アバウト・ザット・タイム〉の「符号化フレーズ」を演奏し、十六分五十八秒のところからさらに六分間その曲が挿入されたようなサウンドになっている。ここでもファンキーなストップ・スタート・リズムが特徴となっており、マイルスの見事なオープン・トランペットの演奏を聴くことができる。《ライヴ・イヴル》のぞんざいとも言える編集に合わせるかのように、バンドが〈イッツ・アバウト・ザット・タイム〉を演奏しているところに、二十三分九秒からコンラッド・ロバーツのナレーションがかぶせられる。ナレーションの間、音楽は遠くに聞こえており、オーディエンスマイク〔ライブ録音などにおいて、観客の拍手や歓声などの雰囲気を付加するためのマイク〕で録音されているようだ。ナレーションが終わると音楽のボリュームが上がり、歪んだ音にまみれた、ひどい音質があらわになる。このように、優れた革新的な音楽を含むレコードを終える曲として、〈イナモラータ〉の最後の二分間はとても残念なものとなってしまっている。

*

セラー・ドアのコンサートは、一九七〇年十月にはじまったアメリカ・ツアーの最後を飾るものだった。次の年、バンドは春に西海岸、夏には七月にモレイラとディジョネットの二人がグループを去るまで東海岸ツアーを行った。「マイルスは、ドラマーにバックビートを演奏させる方向にどんどん進んでいった。僕もそれを理解し、尊重していたけれど、別のドラマーに後を譲る時期にきたと考えたんだ」とディジョネットは説明している。

十月にはじまったヨーロッパ・ツアーでは、パーカッショニストのドン・アライアスとエムトゥーメ、そしてドラマーのレオン・「ンドゥグ」・チャンクラーが、モレイラとディジョネットの代役を務めた。ドン・アライアスは《ビッチェズ・ブリュー》のセッションにも参加しており、エムトゥーメ（スワヒリ語で「使者」を意味する）は五〇年代初期と六〇年代初期に何度かマイルスと一緒にプレイしたことがあるテナー・サックス奏者ジミー・ヒースの息子である。一九七一年当時、十九歳だったチャンクラーは、ピアニストのウォルター・ビショップと共演した経験を持ち、ジャズ・ロックとフリー・ジャズを融合したハービー・ハンコックの一九七一年のアルバム、《エムワンディシ》にも参加している。このドラマーがマイルスと一緒にプレイしたのは、わずか数週間だった。マイルスが言うには、「うまく合わなかった」[20]というのがその理由だ。マイルスのサイドマンに対するインタビューは、主に彼と長期間一緒に演奏したり、特に重要なプロジェクトに参加している者を対象に行っているため、マイルスの手腕や影響について、肯定的な意見が過度に多くなっている可能性がある。その意味では、「うまく合わなかった」ミュージシャンとして、チャンクラーから聞けた話は特に興味深い。

マイルスは、一九七一年三月にロサンゼルスで、トランペット奏者フレディ・ハバードと一緒に演奏をしていたチャンクラーとエムトゥーメを見出した。「マイルスがロサンゼルスに僕の演奏を見に来ていたとは知らなかった」とチャンクラーは語っている。「半年後の八月に、マイルスはロサンゼルスにいた僕に電話をくれた。僕がニューヨークに到着したとき、彼は車で迎えに来てくれて、最初のリハーサルの行き帰りの車の中でずっと話をしていた。マイルス・デイヴィスの心と魂を感じることができた瞬間だった。マイルスと一緒に演奏することがなかったとしても、あのときのドライブは信じがたいできごとだった。僕らは様々なミュージシャンや異なる音楽ジャンルについて話をして、『この人は周りで起きているあらゆることを理解している』と実感した。そこで、『マイルス、この人たちを皆、見たり聴いたりする時間なんてあるのかい』と聞いてみると、『俺は全部チェックしている』と答えていた。あのときのリハーサルでは、実際に演奏はしていない。次の日に僕らはマイルスの家に行った。彼が大まかな準備をして、あとは僕らにまかされた。僕らは、いくつかのことについて話し合った。これが僕らのリハーサルだった。事前にライブ・テープを送ってくれていたから、何が起きているのかはだいたいわかっていた。でも、基本的に、僕らはヨーロッパでは即興で演奏していた」。

　ヨーロッパ・ツアーは一九七一年十月十八日から十一月二十日まで行われており、チャンクラーがバンドの内幕を理解するには十分な期間だった。「事前に話し合うことはほとんどなかったけれど、皆、バンドでの自分の役割を持っていた」とチャンクラーは当時を振り返る。「ドンとエムトゥーメがいろいろなことを引っ張っていた。活発なものやせわしないやつとかをね。ドンはティンバレスやコンガでアフロキューバンの趣を添え、エムトゥーメはシェイカー、ベル、調律された打楽器を使って色彩豊かなアフリカのサウンドを奏でた。彼らは会話のような演奏を前へ進めた。マイケル・ヘンダーソンはグルーヴを維持した。彼が土台となって、サウンドをしっかりと支えていた。キースはバンドでハーモニーの支配権を握っていた。彼はオルガンとフェンダー・ローズで、いろいろなハーモニーを創り出していた。あるときはトップ四十バンド〔ポピュラー音楽のヒットチャートに入るような曲を演奏するバンド〕のメンバーのようであり、またあるときはバンドのグルーヴに対抗してクラシック音楽の協奏曲に近いものを弾いたりしていた。ゲイリー・バーツはヴォーカル的な側面を表現した。彼の演奏するサウンドはまるで人の声、ヴォーカルのようだった。そして、マイルスはハーメルンの笛吹き男《パイドパイパー》で、自由に、彼の好きなように演奏していた。このバンドにはギタリストがいなかったから、マイルスがリズムギターの役割を担うこともあった。あるときは前面に出てメロディとソロを演奏したかと思うと、またリズムの役回りに戻り、バンドの一員として演奏した。あるときはワウワウ、また別のときはミュートを使い、実に多彩な演奏をした。彼は二つのマウスピースを用意していて、ひとつはワウワウ用に電子機器につないだもの、もうひとつはストレートに演奏するためのもので、曲の途中でマウスピースを交換することもあった」。

　チャンクラーによると、グルーヴに執着するヘンダーソンとフリーな演奏をしたがるジャレットとの間での音楽的緊張がバンドの大きな亀裂となっており、セラー・ドアのCDでも部分的にそれを聴くことができる。「僕の役割は安定したリズムを維持するか、その中でフリーな演奏をすることだった。パーカッショニストに従うこともあれば、マイケルに従うこともあった。マイケルの方がバンドに長くいて、安定感があったから、彼が僕の後を追うよりも僕が彼の後を追って演奏することの方が多かった。マイルスは誰の後を追えとは言わなかったけれど、ときどき僕らに『キースがカトリック学校のようなものを弾きはじめても放っておけ。演奏するな。後を追うんじゃない』と言っていた。キースはときどきクラシック調の音楽を演奏することがあって、マイルスはそれを『カトリック学校のようなもの』と呼んでいた。彼はキースがやっていることを嫌っていたわけではなくて、その後を追わない方が音楽の多様性を作り出せると考えていたからだ。それによって緊張が高まる。キースとマイケルの間には音楽的な緊張がみなぎっていた。キースはマイケルに束縛されていると常に感じていたんじゃないかな。マイルス、ゲイリー、マイケル、他のメンバー、そして僕も皆、商業的な音楽を聴いていた。でもキースはその種の音楽やそれを演奏するミュージシャンのことを軽視していて、支障をきたしていた。それでも、キースの分離主義、エリート主義、ジャズ的なアプローチによって、音楽がより興味深いものになることも多かった」。

　マイルスがいかに緊張と衝突を作り出していたかを示す、同時期の顕著なエピソードについて、エムトゥーメは語っている。「確かミラノだったと思うが、アルゼンチンのサックス奏者、ガトー・バルビエリと一緒にギグをやったときのことだ（十月二十一日に行われたコンサート）。僕はマイルスと彼のヘアドレッサーのフィニーと一緒に控え室にいた。最初のセットが終わった後にゲイリー・バーツがマイルスに文句を言いにきた。『マイルス、俺はもううんざりだ。俺が演奏しているときのキースの伴奏が我慢できない。あの野郎がやっていることが気に入らないんだ。俺はもっと自由にやりたい。俺が演奏しているときは、あいつに演奏してほしくない』。マイルスは『わかった、わかった』と言い、キースを呼びにやった。ゲイリーが部屋を出た後、キースがやってきた。マイルスは『ちょうどゲイリーが来ていてな、あいつはおまえの伴奏がえらく気に入っているらしい。もっと演奏してほしいと言っていたぜ』。僕はそれを横で聞いていて、『何てことを吹き込むんだ！』と思ったよ。でもマイルスは実際にそう言ったんだ。彼は緊張を好んでいたからね。そして、次のセットでは、ゲイリーが演奏している間じゅう、キースは満面の笑みを浮かべながら演奏し続けた。セットが終わると、ゲイリーは今にもキースに殴りかかりそうだった！　マイルスは僕の方を見て、ウィンクをしたよ」。

　このエピソードを明確に解釈することは難しい。ひとつの可能性としては、マイルスは主に音楽的な目的でこのような行動をとったということ。エムトゥーメの説明によると、バーツはオープンな状況でハーモニーの伴奏なしに演奏するのに慣れていた。このため、マイルスのこうした手口によって、バーツは自分が知っていることを演奏し、それ以上の演奏もすることを強いられた。マイルスの策略は確かに緊張を高め、それによって、より生き生きとした音楽を生み出した。しかし、このエピソードは、マイルスの邪悪《ダーク》な面、つまり人々に限界を超えさせ、どこまで行けるかを見届けようとする傾向を示している可能性もある。

マイルスは人を「抹殺」してしまうこともできるとリディア・ディジョネットは指摘しているが、エムトゥーメも同様のことを述べている。「緊張と信頼と弱点。彼はそれらを利用していた。もし弱い人間ならば、その弱みを利用する。ンドゥグは僕の親友で、カリフォルニアで一緒にプレイした。そのとき、ンドゥグがマイルスにひどい目にあっているのを見てきた。マイルスはバンドのメンバーによく手書きのメモを残していた。毎朝、僕らはそのメモをチェックするんだ。ンドゥグには特にたくさんのメモが残されていた。『あんな靴を履くな』。『ドラムヘッドを外せ』。『元に戻せ』。ツアーが終わる頃には、ンドゥグは混乱しきっていた。けれども、彼と話をしたときには、これまでで最高のできごとだったとも言っていた。あれが精神力と自信を与えてくれたと彼は言っていた」。

実際のところ、チャンクラーはマイルスと一緒にプレイした時期にトラウマとなるような経験はしておらず、むしろドラマーとしての資質が培われたと感じている。自らが体験した苦労は、若さと未熟さに起因するものと彼は考えている。「マイルスとの演奏では、自分の力が及ばなかったと思っている」とチャンクラーは述べている。「当時の僕は、フレディ・ハバードと共演する準備はできていたけれど、トニー・ウィリアムスやジャック・ディジョネットの代役を務められるレベルではなかった。だからこそショックを受けたんだ。僕はまだ若く、マイルスを大いに尊敬していたから、なんとなく萎縮してしまっていた。演奏にもそれがときどき表れていた。演奏が安定していなくて、良いときもあれば悪いときもあった。やっていた音楽に対する認識が十分でなかったことも、萎縮する原因になっていた。僕にとっては発展途上の音楽だった。多くのフュージョン音楽が生まれたばかりのころで、すでに確立されていたものではなかった。彼らは何か新しいものを僕から引き出そうとしていたが、僕自身はそれが何なのかわかっていなかった」。

チャンクラーの言葉は、従うべき手本や踏み慣らされた道のない、新たな音楽パラダイムにもがき苦しむミュージシャンの経験を語っている。さらに、その時点では、マイルスと他の新しいジャズ・ロックバンドやアーティストとの歩調がずれていた。後者が卓越した技術や複雑なハーモニーに重きを置く傾向があったのに対して、マイルスは単一《ワン》コード構成、チャンクラーの言葉で言うところの「ピュアなグルーヴ」へと向かっていたのである。

バンドのメンバーはそれぞれの役割を見直し、型を作り直す必要があったが、チャンクラーにはこれが力の及ばないところとなってしまった。それでも、彼の能力に関するマイルスの直観は正しかったようだ。チャンクラーはその後、マイケル・ジャクソン、スティーヴィー・ワンダー、サンタナ、ジョージ・デュークをはじめとする、多くの著名なアーティストとの共演を果たし、名声を得ている。彼はこの成功をマイルスの指導法のおかげと考えている。「あのバンドでの経験がなかったら、フュージョン音楽との関わり方もずいぶん違っていたと思う。参加してみて、トニー・ウィリアムスやジャック・ディジョネットが偉大なドラマーになった理由がわかった。マイルスは簡単な言葉や短い一言で、僕らに別の視点からものごとを考えさせる。僕に対してもそうだった。ある晩、コンサートの後で、彼は僕のところに来て言った。『おまえがよくやる短いフレーズがあるだろう。あれは最後までやるな』。それだけだった。あれから、フィルインやポリリズムに対する様々なアプローチを学んだ。彼からはいろいろなフレージングも聴かされた。自分自身のことをジャズ・ドラマーだと認識しているけれど、マイルスの影響で、バディ・マイルス、ジミ・ヘンドリックス、スライ、ジェームス・ブラウンなんかも聴くようになった。皆が何を、どのようにやっているかに関する彼の全体的な意識に、僕は強く影響を受けた。彼はあらゆる人たち、あらゆる音楽を聴いていた。これらの経験によって僕の音楽人生は一変した。あまりにも多くのことが、強烈に、ものすごいスピードで起きていた。まさに驚異的だった」。

チャンクラーの苦悩とは裏腹に、ヨーロッパ・ツアーは成功に終わった。チャンクラーは次のように想起している。「多くの会場で、観客は夢中になっていた。否定的な反応は全く記憶にない。ヨーロッパでは前衛《アバンギャルド》が成功していて、グルーヴも人気があった。僕らはそれらをすべてカバーしていた。それがマイルス・デイヴィスだった」。

バンドは十一月二十六日に、ニューヨークのフィルハーモニック・ホールでのコンサートのために米国に戻った。このコンサートは、マイルスがいかに必死になって黒人の聴衆《オーディエンス》を獲得しようとしていたかを示す悲痛な例として知られている。彼はマネージャーのジャック・ホイットモアに、出演料の半分の二〇〇〇ドルを使ってチケットを買い、若い黒人にタダで配るように指示している。この時点で、バンド内の緊張がジャレットとチャンクラーの間の仲たがいという形で噴出した。「キースはずっと僕の演奏が気にくわなかった。その理由もだいたいわかっている」とチャンクラーは語っている。「彼は長年、ジャックと一緒に演奏していたから、僕とでは調整がしづらかったんだろう。それで、キースはマイルスに言った。『あいつが辞めるか、俺が辞めるかだ』。それがすべてだった。マイルスはキースに、『おまえがジャック（・ディジョネット）を連れ戻せるなら、そうしろ』と答えた。マイルスは僕のことを気に入ってくれていた。でも、キースの方が年上だったからね。キースはバンドで一番の年長者で、給料も一番もらっていたよ。そうして、ジャックがギグに何回か戻ってきた」。

一方、ドン・アライアスは、マイルスが「ンドゥグがバスドラムを変えようとしない、といってクビにした」と述べている。「マイルスがファンク風のサウンドを求めていたのに対して、ンドゥグのドラムのセットアップはトニー・ウィリアムス風だったんだ[21]」。真実はおそらくその中間にあるのだろうが、マイルスがいかにファンキーなドラムスタイルを望んでいたかは、短期的にバンドを再開させた一九七二年三月に召集したドラマーを見れば一目瞭然だ。「ジャックとのコンサートの後、しばらく休みが続いた」とエムトゥーメは回想する。「それからしばらくして、パーラメント／ファンカデリックのドラマー、ラモン・『ティキ』・フルウッドが一回か二回ギグに参加した。マイルスがパーラメント／ファンカデリックのファンだという話は聞いたことがなかったが、実はそうだったんだ。僕らも皆、彼らを見にコンサートに行った。当時、僕らはリズムをタイトにしようとしていたから、ドラマーにはよりファンキーなアプローチが求められた。乱雑に演奏しまくるのではなく、ファンキーなリズムを保たなければならない。だから、ティキが呼ばれたんだ。彼以上にファンキーなドラマーはいないからね。でも、ティキの参加も結局はうまくいかず、マイルスはグループを解散した」。

*

バンドの一九七一年のツアーはヨーロッパの国々のラジオやテレビ局で何度か放送されており、海賊版《ブートレグ》が数多く存在する。《ライヴ・イヴル》と同様に、これらの海賊版《ブートレグ》はバンドの音楽の革新性を示すものであり、マイルスは初めてジャズのアプローチから完全に解放されてリズムを演奏している。マイケル・ヘンダーソンのロック的なタイミングや循環リフは、後戻りできないほどにバンドをジャズの領域の外へと連れ出した。バンドはこの頃、アフリカ音楽を連想させるリズム構成を演奏していた。これは、米国でジェームス・ブラウンが開拓したものだ。アフリカ音楽は複雑な反復するリズムをベースとしており、ハーモニーの複雑さや展開はそれほど重視されない。これらのファンクのリズムをジャズの即興演奏《インプロヴィゼーション》、ロック、アフリカ音楽、ラテン音楽と組み合わせ、バーツ／ジャレット／ヘンダーソンのバンドは時代のはるか先を行く音楽アプローチを先導した。

ただし、それは必ずしも成功と呼べるものではなかった。ヘンダーソンにはひとつのベースラインや単一《ワン》コードに頑なに長くしがみつこうとする傾向があったため、リズムはときに冷たく硬直したものに感じられた。全体として、バンドの演奏は、同じように数少ないシンプルなリフで煽り立てるジェームス・ブラウンの焼けつくようなアンサンブル演奏に匹敵するものではなかった。ジェームス・ブラウンのバンドならば離陸しているであろうところで、マイルスのバンドは地上に取り残されたままとなっていることが多かった。さらに、新たなセラー・ドアの音源からも明らかなように、ヘンダーソンのリフとジャレットの「外れた」演奏の組み合わせは、調和ではなく、二つの異なる世界がぶつかり合うようなサウンドとなっている。個々のパーツは、足し合わせたもの以上になるどころか、ひとつにまとまることすらまれだった。このような功罪相半ばする結果となった原因は、マイルスのワウペダルを使った実験的な試みにあった可能性がある。ワウペダルによって、これまでにない色彩やテクスチャーの表現が可能となった一方で、ロックの影響を受けた過去の実験的な試みに焦点を合わせて推し進めてきた、機敏なリズムや力強いスタブは薄らいだ。

マイルスがこのグループをスタジオに迎え入れてレコーディングを行わなかったのは、こうした結果が大きな理由だったのではないかという指摘もある。しかし、マイルスは当時、コンサート用のバンドをスタジオに入れることは稀であったため、これは的外れの議論のように思える。さらに、彼が満足のいかないバンドを十四カ月間も維持し続けたとは考えにくい。何年にもわたり付いてしまった、このバンドに対するどちらかというと負のイメージは、繰り返し引用されてきたキース・ジャレットの批判的なコメントからきている可能性もある。

「僕はあのバンドに必ずしも満足していなかった」とジャレットは『マイルス・デイヴィス・ラジオ・プロジェクト』のエピソードでコメントしている。「僕はマイルスと一緒に演奏がしたかった。マイルスもそれを理解してくれていた。不思議に聞こえるかもしれないけれど、だからこそ僕は方向性を変えなかったんだ。電気楽器は手荒に扱えるほど感度がよくなく、フリーな演奏ができなかったので、ある意味、逆行していた。フィルモアでやったときはすごかった。意志の力がみなぎっていた。でも、音楽そのものはたいして面白いものではなかった[22]」。

ジャレットの苦言に苛立ったバンドの他のメンバーがこれに反応している。「マイルスに関するラジオ特番には本当に腹が立つ」とエムトゥーメは語っている。「しかも、インタビューしているバンドのメンバーがキースだけだ。キースが何と言っていようと、実際には、あいつも演奏を楽しんでいた！　この点ははっきりさせておきたい。あいつはいつだって、にこにこ笑って演奏していたよ。ところが、腹立たしいことに、インタビューではステージでやっていたこととは全く反対のことを語っている。『残念ながら、音楽を理解しているパーカッショニストは一人もいなかった』なんてほざいてやがる。冗談じゃない。キースは楽しんでいた。そんなにひどかったのなら、……なんで辞めなかったんだと言ってやりたいよ」。

一九七一年のヨーロッパ・ツアーのコンサートを収めたテレビ番組では、確かに、ときに荒々しく芝居がかったように動き回り、衝撃的かつファンキーでメロディックなパートを恍惚となって演奏しているジャレットを見ることができる。「ラジオ番組で話を聞く相手として、キースを選んだのは間違いだった」とチャンクラーは述べている。「僕はキースのことが好きだけど、キースは当時のことを消し去ろうとする傾向があるみたいだ。彼はアコースティックに戻り、電気楽器なんて演奏したことがないとか言っている。でも、彼は当時、あのバンドで最も革新的で創造的なキーボードを演奏していたんだ。彼は単にバンドで演奏していただけではなく、シンセサイザー世代全体を立ち上げた。彼は本当にすごいことをやっていたんだ[23]」。

ジャレットの電気楽器に対する疑念がバンドの消滅理由のひ

とつになっているという説についても、エムトゥーメは否定している。「キースの脱退は問題ではなかった。マイルスと僕は、二人とも不眠症だったから、よく話をした。向かうべき方向性についても話をしていた。マイルスは『音楽を変えようとしたら、バンドも変えなければならない』といつも言っていた。それから、《オン・ザ・コーナー》で新しいバンドが誕生するまで、僕らは何もしなかった。バンドに残ったのはマイケルと僕だけだった。他は皆、新しいメンバーに代わっていた」。

一九七一年にマイルスはダウンビート誌とプレイボーイ誌の投票でベスト・ジャズ・ミュージシャンに選ばれ、アルバムの売り上げもコンサートの入場者数もかなりのものだった。彼は一九七一年を「良い年だった」としているが、「物事が少しずつ、うまくいかなくなってきた」とも述べている[24]。彼が音楽のことを指していたのか、それとも私生活のことを指していたのか、はっきりしないが、後者にも再び暗雲が立ち込めはじめていた。一九七一年のヨーロッパ・ツアーの間、マイルスはドラッグから離れて健康的な菜食主義の生活スタイルを貫こうとしていたとエムトゥーメとチャンクラーは断言している。しかし、マルグリット・エスクリッジは、彼女がマイルスの三人目の息子エリン（一九七一年四月二十九日に誕生）を妊娠中に、彼がまたドラッグを使いはじめたと述べている。エスクリッジはマイルスの行動の変化の理由については断定できなかったが、一九七一年の初めに彼と別れた理由のひとつとして、「彼のドラッグ使用にまつわる様々なことに絶えられなくなった」と語っている。

これに対して、マイルスは彼らが別れた理由は、「俺の生活のペースが気に入らず、他の女との付き合いも嫌っていたからだ。まあ、そんなことより、ただ俺の帰りを待って、何もしないでじっとしているのが嫌だったんだろう[25]」と主張している。「私はマイルスとの関係を独占的なものとは見ていませんでした。彼が他の女性と一緒だったことも知っています」とエスクリッジは否定している。「そんなことは、たいして気になりませんでした。でも、マイルスには、彼が必要とするときや望むときにいつでもそばにいてくれる人が必要でした。自分のことをする時間などほとんどありませんでした。いつだって、電話でどこそこに来いと呼び出されたり、午後にはこの飛行機に乗れとか指示されたりしていました。こんな生活を長く続けられないことはわかっていました。けれども、私たちが別れた最大の理由は、マイルスがまたドラッグを使いはじめたことです」。

マルグリット・エスクリッジと別れたことは、マイルスにとって大きなショックだった。当時、彼は最年長の息子、グレゴリーとの問題も抱えていた。「俺と住んでいた間に、いろんな問題を引き起こすようになった」とマイルスは語っている。「子供というのは、親にとって大きな落胆の原因にもなりかねないが、俺の二人の息子たちの場合がそれだろう。……今俺にできることは、すまなかったと言うことと、二人が立ち直るのを願うことだけだ[26]」。良い父親になれなかった罪の意識と失望が長きにわたって様々な面に表れている。グレゴリーの状況と切迫した新しい息子の誕生とが、うまく対処できないほどのプレッシャーとなってマイルスにのしかかったという推測もあり得ないことではない。

マイルスは身体的な問題にも再び悩まされるようになっていた。絶え間なくツアーを続けた結果、疲労と体重減少が生じたと彼は一九七一年の春に公言している[27]。一九七一年末には、鎌状赤血球貧血による股関節炎が再び彼を悩ませるようになった。さらに、鎌状赤血球貧血の影響が彼の手にも出はじめ、ピアノの演奏が苦痛となり、作曲の機会も減っていった。

あるいは、六〇年代初期と同じように、音楽的なひらめきがなくなってしまっていたのかもしれない。一九七一年末におけるマイルスの音楽の方向性は一九七〇年末の方向性とさほど変わっておらず、新しいアイディアが枯渇していた可能性がある。彼がレコーディング・スタジオで新しい試みを行っていないという事実もまた同じことを示唆している。一九七二年に年が変わり、マイルスは一九六一年から一九六四年までのような不毛で自暴自棄の時期を迎える危機に扮していた。しかしながら、以前とは異なり、私生活の状況が悪化していた（一九七五年には完全に崩壊する）にもかかわらず、身体的な病気に屈する前に、目覚ましい音楽的ピークを極めることになる。

第九章　オン・オフ

あるとき、一人のミュージシャンがマイルスのところにやってきて、こう言った。「マイルス、あなたは僕のヒーローだ！　でも、あなたが最近やっている新しい音楽。あれはちょっと理解できないんだよね」。すると、マイルスはこう答えた。「お前が追いつくのを待てと言うのか？」

——マーク・ロスバウム

六〇年代カウンターカルチャーに関わった者にとって、七〇年代初期は幻滅の時代だった。六〇年代末期に人々の間に広まった期待感や楽観的な気運の高まりに反して、デモ行動、フリー・ラブ、ドラッグ、ロックンロールなどでは体制側の「門番」や「人形使い」を権力の座から引きずり下ろせないことが徐々に明らかとなってきた。政治的抑圧、人種差別、ベトナム戦争、冷戦は、いずれも衰えることなく続いていた。一九七〇年におけるジャニス・ジョプリンとジミ・ヘンドリックスというカウンターカルチャー音楽の二枚看板の死、そしてラブ・アンド・ピースの時代を特徴づけたバンド、ビートルズの辛辣な終焉もまた、全体的な失望感に拍車をかけた。

六〇年代の音楽的な革新や明るい見通しも期待に応えきれずにいた。ロック、ソウル、ファンク、フォークはより洗練され、レッド・ツェッペリン、ザ・バンド、マーヴィン・ゲイ、スティーヴィー・ワンダー、スライ&ザ・ファミリー・ストーン、パーラメント／ファンカデリック、リトル・フィート、ライ・クーダー、ヴァン・モリソン、ポール・サイモン、ニール・ヤングといったアーティストが六〇年代の成果に磨きをかけた。加えて、クラシック音楽やジャズと同じように、ロックの分野にも独自の前衛《アバンギャルド》が生まれ、フランク・ザッパ、ジョン・ケイル、ヘンリー・カウ、キング・クリムゾン、ヴァン・ダー・グラーフ・ジェネレーター、カンなどが活躍していた。しかし、驚くべきペースで進んできた六〇年代の音楽的な革新は大きく減速した。しかも、その最初の兆候は、意味よりも卓越した技術、すなわち内面よりも外面、内容よりも形式を強調するようになったところに表れている。こうした傾向はジャズ・ロック・ムーブメントにおいても見られ、一九七三年にはジョン・マクラフリンとカルロス・サンタナの《魂の兄弟たち》〔原題 *Love Devotion Surrender*〕、マハビシュヌ・オーケストラの《火の鳥》〔原題 *Birds of Fire*〕、ハービー・ハンコック・グループの《ヘッド・ハンターズ》などの作品を通じて、ロックの聴衆の間でも聴かれるようになった。これらの成功を受けて、多くのジャズ・ロック・グループが独創性の乏しい華々しさや商業的利益を追い求めた。

時代の雰囲気に呼応するように、マイルスにとっても一九七二年は不満の多い時期だったようだ。周囲を取り巻く全体的な失望感に加えて、前の年にマルグリット・エスクリッジとの関係が終わりを告げたこと、そして健康状態の悪化もまた彼に影響を与えていたと考えられる。前年十一月にニューヨークでのコンサートのチケットを若い黒人にタダで配るという突飛な行動は、彼の音楽がアメリカの黒人の耳に十分に届いていないことに不満を募らせていたことを示すものだ。また、以前にサイドマンを務めていた何人かは商業的に彼よりも成功しており、一九七〇年代中期には彼がそのサポートとして演奏することさえあった。これには、マイルスもさぞ失望したことだろう。しかも、マイルスは人気の面で彼を上回っていたジャズ・ロックについて、良い印象を持っていなかったようだ。

「僕らはいつも音楽や向かうべき方向性について話をしていた」とエムトゥーメはコメントしている。「フュージョンも話題に上ったことがある。フュージョン・ムーブメントは感覚よりも形式を重視しているというのが僕の見方だ。複雑な曲を書くことが重要になってしまっている。心で書くのではなく、頭で書いているということだ。複雑な八分の十一拍子の小節の演奏などは、教育の場では意味があるだろうが、音楽的にはどうかと思う。マイルスはそれよりもずっと先を行っていた。僕らの音楽はまっすぐに感覚に通じていた。ひとつのコードでどれだけ長く興味を引きつけておくことができるかを僕らは探求していた。フュージョンを称賛していた評論家は憤慨していたよ。でも、僕らは『フュージョンなんざ、くそ食らえだ』と言っていた。感情的に反応していたところもあったよ」。

「また、マイルスは、彼の音楽がアフリカ系アメリカ音楽の鼓動から離れてしまっていると感じているという話もしていた」とエムトゥーメは続ける。「彼の音楽が難解になり過ぎていて、その原因は自分自身にあると彼は感じていた。マイルスは黒人社会とのつながりを取り戻す方法を見つけ出したいと考えていた。芸術的な課題は、『どうすればそれが実現できるか？』ということだった。僕らはとりわけそのことについて話をした。マイルスがジェームス・ブラウン、スライ・ストーン、ジミ・ヘンドリックス、ジョージ・クリントンなどをよく聴いていたころで、そういうものを彼はやりたがっていた。マイルスのアイディアは音楽のルーツ、つまりファンクに戻ることだった。それも実験的な要素の強いファンクにね。彼はファンクをもっと先に進めたがっていた。マイルスと僕はよくハーレムの一二五番街のレストランに行って、彼が影響を受けた音楽について話をした。インド料理のレストランで、当然ながら、インド音楽が流れていた。そこで彼はエレクトリック・シタールやタブラを使うアイディアについて語っていた。マイルスは、スタイリスティックスやデルフォニックスと仕事をしていたフィラデルフィアのプロデューサー、トム・ベルの熱烈なファンで、彼が手がけた曲の多くにエレクトリック・シタールが使われていた。マイルスはこれまでに志向していた方向性に見切りをつけ、織物のように複雑な音楽にタブラやエレクトリック・シタールで新たな色彩を加えることによって、コンセプトを完成させたがっていた。また、シタールを実験的に使った未発表曲が入っているテープを僕にくれた。確か、クロスビー、スティルス、ナッシュ&ヤングの曲、〈グインネヴィア〉を録音したものだったと思う」。

　一九七二年の前半においては、これらのアイディアからはほとんど何も生まれなかった。感情面および股関節の問題を抱えていたうえ、「国税庁にマークされていたため」、マイルスは「人目につかないようにしていた[1]」。そして、四月初旬には胆石を除去する手術を受け、さらなる休養を余儀なくされた。したがって、バーツ／ジャレット／ヘンダーソンのラインアップは、ドラムにラモン・「ティキ」・フルウッドを迎えた三月のわずかな期間活動しただけで、その後すぐに消滅した。

　マイルスはすでに新しい「実験的な要素の強いファンク」の方向性に目を向けており、「実験的な要素」を提供してもらえることを期待して、四月末に、ロンドンにいたポール・バックマスターと連絡を取った。二人は一九六九年十一月一日に出会っており、そのときバックマスターはイギリスのブルース・シンガー、クリス・ファーロウのために友人らと作ったデモテープをマイルスに聴かせた。「延々と基本的なリズムを維持するベースが特徴的な曲で、その上に非常に抽象《アブストラクト》的なメロディが被せてあった」とバックマスターは説明する。「マイルスは興味深そうに聴いていた。だから、きっとあのテープのことが頭の中にあって、私に電話をしてきたのだと思う。……私はすぐに準備をしてニューヨークへ行き、七月初旬まで彼の家に滞在した」。

　クラシック音楽の教育を受けたチェリストのバックマスターはジャズに入れ込んでおり、様々な前衛《アバンギャルド》、ジャズ、そしてジャズ・ロックのグループで演奏している。クラッシック音楽の経歴を持っていた彼は、デヴィッド・ボウイ、エルトン・ジョン、ハリー・ニルソン、レナード・コーエン、ローリング・ストーンズ、ミートローフ、セリーヌ・ディオンらの編曲を手掛け、『12モンキーズ』や『精神鑑定』〔原題 *Murder in Mind*〕などのハリウッド映画の音楽を作曲してきた。バックマスターは四月末にニューヨークに到着してすぐに、マイルスが〈レッド・チャイナ・ブルース〉でワウペダルを使ったトランペットをオーバーダブで重ねているところに居合わせている。「マイルスが演奏している間、私は彼と一緒に録音室にいた」とバックマスターは回想している。「彼はこの曲に関わるのは初めてだと言っていた。頼まれて、しかたなく引き受けた仕事のようだった。彼は次から次へとオーバーダブを重ねていた。私たちがそこにいたのは、一時間半くらいだったかな。この作業は一回きりだった」(2)。

マイルスは、一九七〇年六月初旬にエルメート・パスコアールとともに《ライヴ・イヴル》に収録される三曲を録音して以来、このセッションで初めてレコーディング・スタジオに戻った。一九七四年に《ゲット・アップ・ウィズ・イット》でリリースされる〈レッド・チャイナ・ブルース〉が録音されたのは、一般的には一九七二年三月九日とされている。しかし、バックマスターの証言を踏まえると、〈レッド・チャイナ・ブルース〉のバッキング・トラックがこの日に録音され、それから二カ月近く経ってからマイルスが彼のパートをオーバーダブで重ねたというのが真相のようだ。型にはまったブルースの表現からなる、このありふれた曲は、マイルスの全作品の中でも例外的なものだ。彼のワウペダルを使った効果的なソロ演奏だけが、マイルス・デイヴィスの作品と認識できる特徴となっている。彼が包含した影響を超越しなかった稀なケースだ。この曲は彼の関与がないところであらかじめ録音されていたため、マイルスはバッキング・トラックに自身の痕跡を残すことができなかった。

三月のバーツ／ジャレット／ヘンダーソンのバンドの解散後もメンバーとして残ったマイケル・ヘンダーソンとエムトゥーメ、ドラマーのバーナード・「プリティ」・パーディ、R&Bギタリストとして有名なコーネル・デュプリー、ハーモニカ奏者ワリー・チェンバース、モータウンのハウスバンド、ファンク・ブラザーズの編曲者ウェイド・マーカスらがこの録音で演奏している。ドラマーのアル・フォスターの名前もクレジットされている。これが正しいとすると、彼がマイルスと一緒にレコーディングを行ったのはこれが初めてとなる。二人が出会ったのは、フォスターがマンハッタンのクラブで演奏しているのをマイルスが聴いたときだった。その後、この若いドラマーは、一九八五年までマイルスの音楽において中心的役割を果たすとともに、彼の最も親しい友人の一人となった。

*

〈レッド・チャイナ・ブルース〉で回り道をした後、マイルスはバックマスターの協力を得て、バーツ／ジャレット／ヘンダーソンのバンドのファンク・ミュージックの影響と一九六九年十一月から一九七〇年二月までのインド音楽の実験的な試みをもとに、彼の考えていた新たな「実験的な」ファンクの方向性の実現に注力した。こうして生まれた《オン・ザ・コーナー》は、ジャズの即興演奏《インプロヴィゼーション》、ファンクのリズム、インド音楽のサウンド、ヨーロッパの前衛《アバンギャルド》音楽、さらにはフリー・ジャズを混ぜ合わせた、途方もなく風変わりな作品となった。二十分から三十分にもわたって繰り返される循環リズムとベースラインによって特徴づけられ、明確なメロディや音楽構成、ソロ演奏がほとんどない《オン・ザ・コーナー》は、一九七二年秋のリリース時において、最も物議を醸すとともに、理解されなかったマイルスの作品となった。しかし、年月を重ねるにつれて、彼の最も影響力の大きい作品ともなっている。

近年になってこのアルバムに対する注目が高まっているにもかかわらず、音楽的な構成、ハーモニー、メロディの面で想像力を大いに刺激するこの作品の正確な起源は明らかになっていない。これについて、バックマスターが少しばかりベールを剥いでくれた。「ニューヨークに来たとき、マイルスから曲を何曲か書いてほしいと頼まれた。けれども、彼自身、どのような曲にしたいのか、漠然としたイメージしか思い描けていなかった。私も明確なアイディアは持っていなかった。私はシュトックハウゼンの熱心なファンで、レコードを何枚か持ってきていた。特に、〈グルッペン〉、そして当時としては大規模な管弦楽をリング変調器で処理した〈ミクストゥール〉の二つの曲が入っているやつだ。〈ミクストゥール〉にはトランペットのソロが入る走句《パッセージ》があり、そこがマイルスの演奏を思い起こさせる。マイルスがシュトックハウゼンを知っていたかどうかはわからないが、これらのレコードを持って行ったとき、彼は強い関心を示していた。彼はすぐにレコードプレーヤーに乗せて、オートチェンジャー〔手を使わずに自動的に複数のレコードを繰り返し再生できる装置〕をセットして、家中に響く大音量で四時間かけ続けた」。

マイルスのために曲を書くにあたり、バックマスターは、エレクトリックのテクスチャーと伝統的なサウンドを対比させるシュトックハウゼンのコンセプトに着目した。ただし、シュトックハウゼンが伝統的なサウンドにクラッシック楽器を使用したのに対して、バックマスターは、彼とマイルスの二人が実験的に試みていたファンクとロックの循環リズムを用いるというアイディアを持っていた。

「私たちは皆、ジェームス・ブラウン、スライ、ヘンドリックスを聴いていた」とバックマスターは説明する。「そこで私は、抽象的《アブストラクト》なヨーロッパの影響とファンキーなアフリカ系アメリカ的なリズムを組み合わせたいと考えた。これらのストリート系のリズムと、リズムのない長い間《スペース》を交互に入れ替えるというのが私のアイディアだった。後者には、数分間にわたって別の空間を浮遊するような、完全に抽象的《アブストラクト》なものを考えていた。そして、フィルターやリング変調器を通して、短波ラジオのチューニングをしているような効果を作り出そうとした。これはシュトックハウゼンの〈ヒュムネン〉から取ったアイディアだ。これをマイルスに説明したときのことを覚えているよ。全体的なアイディアとしては、「宇宙の鼓動」のようなものを作ることを基本とし、その周りに抽象的《アブストラクト》なサウンドをちりばめるというものだった。私はマイルスに次のように説明した。『ものごとはオンかオフのどちらかだ。現実世界は一連のオンとオフからできている』。いかれたアイディアだ。でも、私が言いたかったのは、サウンドは、それに先立つ、あるいはそれに続く沈黙がなければ意味がないということだ。沈黙は音楽の一部をなし、沈黙も音楽であるからこそ、私はそれを追求したかったのだ。シュトックハウゼンがかつて言ったように、『聴こえるものに一番近いものを演奏する』ということだ。だから、マイルスに「宇宙の鼓動をオン／オフするストリートミュージック」を提案してみた。マイルスはそのアイディアをアルバムのタイトルとジャケットに使った。表面には『オン』、裏面には『オフ』と書かれているだろう」。

マイルスのエレクトリック期の活動において何度も繰り返されてきたように、バーツ／ジャレット／ヘンダーソンのバンドのセットリストの最初を飾る曲としても使われていた〈ディレクションズ〉が、ここでも出発点となった。「一九七一年（十一月十三日）にロンドンのロイヤル・フェスティバル・ホールで、マイルスがザヴィヌルの曲を演奏しているのを聴いたことがあった」とバックマスターは語る。「とてもエキサイティングなコンサートだった。私はマイルスの〈ディレクションズ〉のスタジオ録音はちょっと重苦しいと感じていた。しかし、ライブバージョンは、ものすごいスピードとパワーで、列車のように走り出した。使われているスケールが少ないので、インド音楽のようでもあった。このレコーディングで持ち込みたいと思っていた宇宙的な雰囲気もあり、私はそれをシュトックハウゼンからの影響と組み合わせたかった」。

バックマスターは続ける。「私はマイルスの家で、バッハの無伴奏チェロ組曲第一番のプレリュードも練習した。Gペダルのベースを用いたリズムの良い曲だ。マイルスはとても気に入っていて、毎日のように私に演奏させたがった。彼には『おい、こういう曲を作ってくれ、これをもとにするんだ』と言われていた。けれども私は、シュトックハウゼン的なものをやりたいという、子供っぽい強い感情に固執していて、バッハはやりたくなかった。今にして思えば、やっておけば良かったよ。マイルスの音楽としては、きっと面白い展開になっていただろうね」。

とはいえ、バッハの影響は意図しない形で徐々に浸透していった。マイルスは、バッハの多声音楽のコンセプトからは、オーネット・コールマンのアイディア（おそらく、リズム、ハーモニー、メロディを同等かつ独立したものとして扱うコールマンの「ハーモロディック」理論のこと）が思い浮かぶと述べていた。例えば、複数のミュージシャンが全く異なるキーで似たようなフレーズを演奏したり、ドラマーがメロディックなフレーズをもとにリズムを構築したり、メロディ奏者がリズムパターンを真似ることができる。バッハの音楽と同じように、いくつかの声部は同時に演奏することができる。しかし、多声部が常に全体のハーモニーに支配されるバッハの音楽とは異なり、「ハーモロディック」では通常、多声部は無調である。

「ポールはバッハに熱中していたから、俺もバッハについて調べてみた」とマイルスは述べている。「すると、オーネット・コールマンが言っていた、それぞれ独立して演奏される三種類か四種類のことがあるという意見が本当で、バッハもそんな作曲法をしていたことがわかった。それはすごくファンキーで、素晴らしくもなり得るものだった(3)」。

ミュージシャン相手に、これまでに何度もそうしてきたように、マイルスはバックマスターに難題を突きつけ、どう解決するかを彼にゆだねた。ただし、アルバムを通して唯一の純粋な主題《テーマ》となる、〈ブラック・サテン〉の主題《テーマ》などに関しては、相互のブレーンストーミングが行われていたようだ。「彼は私に歌って聴かせて、『こんな風なのをやってくれ』と言っていた」とバックマスターは詳述している。「私は彼が歌った内容を楽譜に起こそうとした。彼が与えてくれた刺激と、彼の歌ったものに対する私なりの解釈がきっかけとなり、メロディが生まれた。私はそれにさらに音を加えて、Eのベースの上をくまなくBフラットからAメジャーへと進み、またBフラットに戻るようにした。さらに、メインのベースリフに近いものも書き、曲の一定の場所ではじまるドラムパターンとキーボード・フレーズも書き加えた。そのときの手書きのメモが、まだどこかに残っているはずだ。ただし、マイケル・ヘンダーソンはベースラインに変更を加えていた」。

　バックマスターのスケッチでは、メロディ、ベースライン、リズム、キーボードパターンをいつ演奏するかをミュージシャンに委ねている。バックマスターは使いたい楽器の種類もマイルスに伝えており、二人のアイディアはここでも見事に合致したようだ。二人とも「実験的な要素の強い」ファンキーなリズムを思い描いていたと同時に、インド音楽の要素も頭にあった。「私はタブラとシタール、二人のドラマーと、エレクトリック・オルガンを指定した」とバックマスターは語る。「私はオルガンでシュトックハウゼン的な要素を取り入れたかった。チック・コリアはARPアクシーというモノフォニック・シンセサイザー〔単音発声機能のみを有するシンセサイザー〕を演奏していた。私はエレクトリック・オルガンYC45をマイルスに薦めた。それ以降、この楽器が彼の音楽に使われるようになった。特に〈レイテッドX〉ではこれをはっきりと聴くことができ、確か〈イーフェ〉のはじまりの部分でもハービー・ハンコックが弾いていた。私自身はワウペダルを通してエレクトリック・チェロを弾いた。おそらく、誰もチェロだとは認識できないだろうがね」。

　《オン・ザ・コーナー》の長いオープニング曲（〈オン・ザ・コーナー〉、〈ニューヨーク・ガール〉、〈シンキン・ワン・シング・アンド・ドゥー・イン・アナザー〉、〈ヴォート・フォー・マイルス〉というタイトルに細分化されている）は、六月一日にレコーディングされた。このときのラインアップの規模と楽器の種類は、《ビッチェズ・ブリュー》セッションを彷彿とさせる。三人のキーボード奏者（ハービー・ハンコックがオルガン、ハロルド・「アイボリー」・ウィリアムスがエレクトリック・ピアノ、チック・コリアがARPシンセサイザー）、エレクトリック・ギターにジョン・マクラフリン、二人のドラマー（ジャック・ディジョネットと、ハンコックのバンドにいたビリー・ハート）、そして二人のパーカッショニスト（ドン・アライアスとバーダル・ロイ）。これに、サックスのデイヴ・リーブマン、シタールのコリン・ウォルコット（オレゴンというバンドのメンバー）、エレクトリック・チェロのポール・バックマスター、エレクトリック・ベースのマイケル・ヘンダーソンが加わった。

リーブマンもまた、マイルスにとって重要な発見だった。当時二十四歳のこのサックス奏者は、レニー・トリスターノやチャールス・ロイドに師事し、ジャズ・ロックバンドのテン・ホイール・ドライブでの演奏経験があり、ジョン・マクラフリンの《マイ・ゴールズ・ビヨンド》にも参加していた。彼は一九七三年一月にマイルスのライブ・バンドに加入した。バーダル・ロイはマクラフリンを通じて、三年前からマイルスの目に留まっていた。「一九六九年当時、私はインド料理のレストランで（カリル・）バラクリシュナと一緒に演奏していた」とロイは回想する。「このレストランに数カ月間、ベジタリアンの食事をしに来ていたギタリストがいた。彼の名前を尋ねたことはなかったし、彼も私の名前を聞かなかった。けれども、休憩時間中、バラと私はよく彼と一緒に演奏していた。ある日、彼が言ってきた。『マイルスがちょうど隣のヴィレッジ・ヴァンガードで演奏しているから、君たちを紹介させてくれ。十分間でいいから、こっちに来て演奏してくれないか』。バラと私は急いでそこに行き、十分間演奏をして、戻ってきた。そのときに私たちは初めて彼と合った。その後、バラはマイルスに何度か（一九六九年十一月から一九七〇年二月にかけて行われた）スタジオ・セッションで演奏するように頼まれ、私はジョン（・マクラフリン）に《マイ・ゴールズ・ビヨンド》への参加を求められた。一九七二年にはテオが、おそらくジョンを通じて、私の電話番号を手に入れて、セッションに来てほしいと言ってきた。それが《オン・ザ・コーナー》の最初のセッションだった」。

バックマスターの入念な準備にもかかわらず、六月一日のセッションは彼が意図したものとは大きくかけ離れた方向へと向かった。「ミュージシャンには《ビッチェズ・ブリュー》のように演奏してほしいと、私はすべてのセッションでマイルスに告げていた。つまり、一人のドラマーがハイハットに専念してスネアをストレートに演奏し、もう一人にはニューオーリンズ・スタイルの吃音のような『セカンドライン』スネアを演奏してほしかった」とバックマスターは回想する。「ジャック・ディジョネットがまさにこれの達人だった。ファンクのドラム・スタイルの本質でもある。私はミュージシャンに楽譜を渡して、ドラマーにはフレーズを歌って聴かせた。そうして、彼らは演奏をはじめた。マイルスは『いいぞ、そのまま続けろ！』と言ったが、私としては『違う、やりたいのはそういうことじゃない！』と言いたかった。問題は、彼らが私の書いたグルーヴではなく、フィルインを演奏し、それがグルーヴになってしまったことだ。その結果、フリーではなく、抑制的なものになったと思っている。他と干渉しないほとんど中立的な背景音となった安定したグルーヴは気に入っているが、リズムは私の意図に反して過度に反復性の強いものとなってしまった」。「ポール・バックマスターは楽譜を何枚か持ってきていたが、誰もそれに従おうとはしなかった。おそらく、一度も楽譜通りには演奏していないよ」とマイケル・ヘンダーソンは当時を振り返る。バーダル・ロイは付け加える。「私たちは皆、楽器の調整を終えて、はじまるのを待っていた。しばらくして、マイルスがやってきて、私に向かって言った。『お前がはじめろ』と。準備など何もしていなかった。全くね。リハーサルもしていなかったから、ちょっぴり不安だった。私がタブラで即興のグルーヴをはじめると、ハービー・ハンコックが『それだ』と言って演奏しはじめたのを覚えている。それに全員が加わった。そうして一時間近く演奏が続いた。終わった後にマイルスが私のところに来て、いいサウンドだったと言った。彼は何か気に入らないところがあると、いきなりバンドを止めて、テープを聴き直し、戻ってきて演奏を再開するというのがいつものパターンだった。でも、このときは一時間もの間、ノンストップで演奏し続けた。何故だか、そういうことが起きたんだ」。

「ちょうど医者に診てもらいに診療所に行ったところに、母親が電話をしてきた。昨日、テオ・マセロからスタジオに来てほしいという電話があったというんだ」とデイヴ・リーブマンは回想する。「それで急いでコロムビアのスタジオへと向かった。通常、セッションは十時から一時までの間に行われるが、到着したのは十二時半頃だった。マイルスは僕を見つけると、入ってこいという素振りをした。多くのミュージシャンが楽器の前でスタンバイしていて、彼は確かジャック・ディジョネットに指示を出しているところだった。それから僕にホーンを取り出すように合図して、マイクに向かわせた。それから、何が起きているのかわからない状態で、演奏をはじめた。皆、アンプに直結していて、ヘッドホンが余っていなかったから、僕には周りの音が全く聴こえなかった。唯一聴こえていたのがドラムス、パーカッション、そしてキーボードの打鍵音だった。だから、正しいキーを見つけようと手探り状態の演奏となってしまった。一曲演奏したことしか覚えていない。マイルスからバンドに加入してほしいと言われたが、エルヴィン・ジョーンズと一緒にやっているときだったから、それはできないと断った。すると、マイルスは行ってしまった」。

ミュージシャンたちの証言を整理すると、このセッションは、マイルスがミュージシャンに初めて見る音楽のスケッチを手渡した《死刑台のエレベーター》、あるいは当日の朝にザヴィヌルに電話をして「何曲かスタジオに用意してくるように」指示した《イン・ア・サイレント・ウェイ》のセッションと同程度に、行き当たりばったりのものだったようだ。しかしながら、まるで思いつきのような緩さであったにもかかわらず、マイルスは慎重に準備を進めていたようだ。バックマスターの話、さらにヘンダーソンの回想からは、この段階に至るまでに、マイルスはバンドのセクションごとにリハーサルを行っていたことが窺える（何人かとは多くの時間を費やしたが、それ以外の者とは行ってもいない）。ちょうど、《ビッチェズ・ブリュー》をはじめたときと同じアプローチだ。マイルスはバンドの要《かなめ》であるヘンダーソンとの時間を多く割いていた。「彼はよく人をよこして、ベースラインを教えるから家に来るように言った」とヘンダーソンは語っている。「ときどき彼はオルガンでベースラインを弾いてくれた。《オン・ザ・コーナー》で使うベースラインも弾いてくれたと思う。例のイギリス人（バックマスター）が書いたラインを試したこともあったかもしれない」。

何人かのミュージシャンとはリハーサルを行い、他のミュージシャンには大まかなスケッチだけを与え、残りの者には全く指示を与えないというやり方を組み合わせることで、マイルスは、フリーな即興演奏《インプロヴィゼーション》と力強く反復する明確な基礎的リズム、メロディ、あるいはハーモニーとの共存を可能とした。これらの要素は、ミュージシャンの意識を現在に集中させ、習慣的な演奏に陥るのを防ぐのに有効だった。「マイルスはスタジオでのリハーサルを最小限に止めるように強く求めていた」とバックマスターはコメントしている。「彼は新鮮味と意外性をうまく表現したがっていた。ミュージシャンが『批評する心』を捨てて演奏するところをね。そうでないと、彼らはお決まりの演奏をはじめてしまい、ありきたりの演奏になるからだ。だからマイルスは、彼らを崖っぷちに追い込み、絶えず緊張を強いて、未開の領域へと向かわせていた。禅師の資質のようなものかもしれない。そうすることで、彼はミュージシャンから、自分自身でも認識していなかった能力を引き出していた。彼と一緒にプレイしたミュージシャンが、彼抜きで創った作品を聴いてみると、演奏に直感的なひらめきを欠いていて、少しばかり平凡に感じてしまう」。

《オン・ザ・コーナー》の残りの曲、〈ブラック・サテン〉、〈ワン・アンド・ワン〉、〈ヘレン・ビュート〉、〈ミスター・フリーダムX〉はすべて、六月六日のセッションで録音されたひとつの曲から作られている。そのときのラインアップは、六月一日と似通っているが、コリアに代わってロニー・リストン・スミス、リーブマンの代わりにサックス奏者カルロス・ガーネット、マクラフリンの代役としてギタリストのデヴィッド・クリーマーが入り、新たにバスクラリネットにベニー・モウピンと、ガーネットを薦めたエムトゥーメが加わった。サックス奏者のガーネットは、六〇年代にいくつかのロックバンドで演奏しており、さらにフレディ・ハバードやアート・ブレイキーとも共演していた。その後、彼は一九七二年後半にマイルスのライブ・バンドのメンバーとなっている。デヴィッド・クリーマーについては、バックマスターが記憶していること以外、ほとんど知られていない。「デヴィッドはサンフランシスコ出身で、どちらかというとジャズ的な演奏をするミュージシャンだった。彼も当時、マイルスの家で寝泊りしていた」。

六月六日に録音された曲は、バックマスターが書いたグルーヴに基づいており、そこからディジョネット、ビリー・ハート、ドン・アライアスによって別のものへと作り変えられる。「楽譜をコピーして、メンバーに配布していた」とバックマスターは語る。「繰り返しになるが、リズムの上にスペイシーなサウンドを構築し、ミキシングの段階で編集を加えるなどして、リズムが出入りするようにさせたかったのだ。数カ月後に〈レイテッドX〉でやったことと少し似ているが、そこまで恐ろしいサウンドではない。ホラー映画の雰囲気を求めていた訳ではないからね。私は〈レイテッドX〉のセッションには関わっていないないので、私のアイディアが何に使われたのかはわからない」。

「マイルスが『居間《リビングルーム》』と呼んでいた一角があり、そこには床に絨毯が敷いてあって、インド人のミュージシャンがタブラなんかを並べて座っていた」とハービー・ハンコックは回想する。「音符やコードがいくつか書かれた最小限の音楽のスケッチがあり、そこには大きな空白が残されていて、どうすればいいかを自分で考えさせられた。レコーディング・セッションの間、マイルスは言葉でいろいろと指示を出していた。僕らがどういうアプローチを取るべきかを考えるのを助けるためにね。この曲は決まっていないことが多すぎて、セクションを通してやってみないと、何を質問したらよいのかすらわからなかった。これらの疑問が解決すると、すぐにレコーディングがはじまった。当時としてはとても斬新な音楽だった」。

《オン・ザ・コーナー》で〈ミスター・フリーダムX〉と呼ばれている〈ブラック・サテン〉の終了部では、パーカッションの演奏が続く中、ベースとドラムがところどころで抜け、一定の箇所でベースリフが変わる。リズムの演奏はルーズかつオープンで、抽象《アブストラクト》的で「スペイシー」な効果のための間《スペース》が多く取られ、まるでアンビエント曲のように変化を遂げている。リズムセクションのオン・オフ効果はバックマスターが考えていたほど極端なものとはならなかったが、この部分は目指していたものに近い結果が得られたと彼は語っている。

*

マイルス、ガーネット、エムトゥーメ、ロイ、そしてアル・フォスター、ジャック・ディジョネット、ビリー・ハートの中の一人か二人が参加した、七月七日の広範なオーバーダビング・セッションの結果、〈ブラック・サテン〉のサウンドは、他の曲と比べて、より中身の詰まった内容の濃いものとなった。バックマスターは、七月初旬にニューヨークを発つ前にリハーサルに立ち会ったと回想しているが、これはおそらく七月七日のオーバーダビング・セッションの準備として行われたものである可能性が高い。バックマスターは次のように語っている。「マイルスの家でリハーサルがあり、アル・フォスターとハロルド・ウィリアムスが参加していた。彼らは私が参加して作った曲を練習していた」。エムトゥーメは、「カルロスがソロ演奏をした後に、マイルス、カルロスと僕で」手拍子をオーバーダブで重ねたと述べている。また、バックマスターは〈ブラック・サテン〉の〇分十四秒と〇分十八秒の抽象《アブストラクト》的な低いシンセサイザーの音はコリアが演奏するARPアクシーによるものだとも断言しており、したがって、六月一日のセッションから取られたものである可能性が高い。

ボブ・ベルデンは、《オン・ザ・コーナー》の二〇〇〇年再発盤のエッセイで次のように書いている。「当初、*The Molester* というタイトルでシングルとしてリリースされた〈ブラック・

サテン〉は明らかにポール・バックマスターの影響を受けた曲だ。重層的なリズムというコンセプトはこの曲で見事に達成されている。最初、一六トラックテープマシンでレコーディングされたベーシック・ミックスを別の一六トラックマシンに移し、ホイッスル、ベル、ハンドクラップ、そしてマイルスの第二のトランペット（すなわち一オクターブ下）をオーバーダブで重ねる」(4)。

ベルデンは、クラッシック前衛《アバンギャルド》のシュトックハウゼンらによるテープ操作と「ループ」がいかにバックマスター、ひいてはマイルスに影響を与えたかについても強調している。しかし、バックマスターのアイディアは、スタジオ技術の使用を重視したものではなかった。彼は結果に影響を受けていたのであって、その方法に影響されていたわけではない。《オン・ザ・コーナー》においては、レゲエダブあるいは後のテクノ、トランス、ダンス・ミュージックを連想させる、反復グルーヴに対する音の切り貼り《カットアンドペースト》は、マセロが主導していたようだ。

《イン・ア・サイレント・ウェイ》、《ビッチェズ・ブリュー》、《ジャック・ジョンソン》に続いて、マセロはまたしてもスタジオにおけるポストプロダクション作業を一歩推し進め、創り出される音楽に劇的な影響をもたらした。ポストプロダクション作業をそれ以前の音楽の段階の超越と包含と捉えるならば、《ビッチェズ・ブリュー》、一九六九年十一月から一九七〇年二月までのインド音楽の実験的な試み、バーツ／ジャレット／ヘンダーソンのバンドのファンクの要素、そしてシュトックハウゼン、バックマスター、コールマンの「ハーモロディック」の影響の付加といった音楽的要素もまたしかりだ。《ビッチェズ・ブリュー》同様、おびただしい影響がレコーディングに反映された。ただし、マイルスのこれまでのエレクトリック・ミュージックには依然として美的なジャズに特徴的な音楽要素が残っていたが、《オン・ザ・コーナー》ではこれらの要素はほぼすべて消滅した。ボブ・ベルデンは、《オン・ザ・コーナー》をデューク・エリントンの「ジャングル期」に生まれた音楽と関連付け、マイルスにインスピレーションを与えた可能性があるものとして、バッバー・マイレイのワウワウ・トランペットをあげている。自然発生的な演奏とエリントンの「ジャングル期」の現代ポピュラー音楽の影響との間の類似性を否定できないにしても、ジャズ音楽との明確な関連性を《オン・ザ・コーナー》に見出すことは難しい。

《オン・ザ・コーナー》ではファンクとロックの側面を容易に聴き取れるので、むしろ、これらの影響の文脈からこの音楽を理解すべきだろう。ただし、これらのファンクおよびロックの影響はきわめて異質なものであるため、《オン・ザ・コーナー》のリリース時には多くの人々をひどく困惑させたが、その後、当初の拒絶反応を再評価する者も出てきた。「僕はこの作品をそれほど高く評価していなかった」とデイヴ・リーブマンは語っている。「実際のところ、理解できていなかった。今は以前よりは理解できるようになった。少し好きになってもきているよ。でも、当時は何が起きているのか全くわかっていなかった。誰もね。マイルス自身ですらわかっていたか疑わしい」。

「正直に言うが、リリース当時、レコードを一度しか聴いていない」とバーダル・ロイは明言する。「気に入ってなかったんだ。ところが、三年前にCDで再発されて、ある日、大学から帰った息子が興奮ぎみに言った。『父さん、《オン・ザ・コーナー》で演奏していたんだね！』とね。そこで、もう一度聴き直してみたんだが、今度は好きになったよ」。

「《オン・ザ・コーナー》はマイルスのアルバムの中でたぶん一番好きでない作品だ」とポール・バックマスターはコメントしている。「皮肉にも、このレコードをマイルスと一緒に作る機会を与えられ、ある程度の影響を与えることができたのに、できあがった作品は私が望んでいたのとは大きくかけ離れたものとなってしまった。けれども、最近になって聴き直してみると、思っていたほど悪くないと感じた。部分的にはまあまあのサウンドかな。〈ブラック・サテン〉にも一部、良いところがある。でも、やはり最初の曲はいただけない。グルーヴも抑えられすぎている。私の批判精神は今でも失われていなくて、いろいろと呼び方はあるんだろうが、ストリート・ファンク・ロックのアルバムとしての《オン・ザ・コーナー》には大いに改良の余地があると思っている」。

　一九七二年秋にこのレコードがリリースされた当時、マイルスの指示によるコーキー・マッコイの美しい（人によっては恥辱とも映り得る）イラストを配したこの作品をジャズ界はこき下ろした。「くどくて退屈」、「反復するくだらなさ」、「人の知性に対する侮辱」、「価値のない音楽」[5]といった声に埋め尽くされた、憤然とした雰囲気にあふれていた。ジャズ・ロックの領域への進出により、やはり物議を醸したマイルスのもうひとつの作品、《ビッチェズ・ブリュー》では、これを好むか好まないかでジャズ界が二分した。しかし、《オン・ザ・コーナー》によって、マイルスはジャズ界と完全に袂を分かった。彼の側に立つジャズ評論家はごくわずかしかいなかった。そのうちの一人で、《ビッチェズ・ブリュー》のオリジナルのライナーノーツの執筆者でもあるラルフ・J・グリースンは、「ストリートの生活、そして人生そのものの美しさを称える音楽だ」と書いている[6]。

《オン・ザ・コーナー》によって生じた論争のいくつかは意図されたものであり、参加ミュージシャンやレコーディングの詳細がジャケットに記載されなかったことで、数十年にもわたって混乱を招いてきた[7]。この省略はマイルスから明確に指示されたものである。何枚かのライブ・アルバムでメドレーに総称のタイトルを付けていたのと同じように、これもまた評論家を困惑させる手段のひとつだったようだ。指先ではなく、月そのものに注意を向けるために。

　一九七三年にマイルスは次のように語っている。「ああいうレッテルが必要なのは白人連中だ。……これは俺だけの秘密なんだ。誰にも言っていない。つまり俺は《オン・ザ・コーナー》でバンドのありとあらゆるインストゥルメンテイションを使ったのさ。みんな、それを勝手に想像しているだけだ。俺はいまいましい評論家連中に考えさせたいんだ。テオ（・マセロ）でさえ、あのレコードの何もかもはわかっていない[8]」。しかし、参加したミュージシャンはこのことに不満を持っていた。「僕は腹が立った」とエムトゥーメは述べている。「マイルスに電話をして『いったいどういうことだ？』と文句を言った。すると、彼は言った。『エムトゥーメ、俺はミュージシャンを奪われていくのに飽き飽きしているんだ。新しい猫《キャット》を見つけてきても、すぐにどこかに行ってしまう』。そのころ、マイルスはミュージシャンが彼のもとを離れていくことについて、少し被害妄想になっていた。僕は答えた。『そんなこと、どうだっていいさ！　ミュージシャンのクレジットはどうなるんだい？』。二人ともだんだん、ばかばかしくなってきて、僕はこう言ったんだ。『音楽のことを問題にしているんだよ』ってね」。マイケル・ヘンダーソンは回想する。「僕はテオ・マセロに言ったんだ。ミュージシャンの名前を載せないのなら、関わる気はなかったってね。それで、《オン・ザ・コーナー》の再リリース時には、ジャケット・カバーにミュージシャンの名前が入った。マイルスは確か、コメントを発していたと思う」。

《オン・ザ・コーナー》の売り上げは、マイルスの期待をはるかに下回った。そして、その原因を音楽の不可解な性質とは考えずに、マネージャーのジャック・ホイットモアに責任を負わせてクビにし、代わりに難しいアーティストへの対応で定評のあるニール・ラッシェンを雇った。マイルスはコロムビアに対しても非難している。彼はあざけるようにこう語っている。

「連中は白人かユダヤ人じゃなかったら何もしないのさ。たぶん、俺が新しいアルバムかなんかを出すとき以外はな。最近は話もしない。例えばだ、俺が連中にコーキー・マッコイの新しいジャケット・カバーを見せたら、これではどんなアルバムも売れないとぬかしやがった。で、俺は連中に、ニガー・ミュージックの売り方を教えてやった。ジャケットに中国人を使え、ニガーを使え、ブラザーやシスターを使えとな。連中がなんと言おうが、俺たちのレコードを売るのは、こういうジャケットなんだ[9]」。

　マイルスは自伝の中で、コロムビアが若い黒人の市場を開拓できなかったことと、一年後にハンコックが似たような音楽コンセプトのアルバム、《ヘッド・ハンターズ》で商業的な成功を収めたことを比較している。しかし、ハンコックのアルバムの方がずっと受け入れやすく、口ずさむことができるフックやバンプが含まれていることを忘れてしまっていたようだ。皮肉なことに、黒人のリスナーを獲得するという目標があったにもかかわらず、この音楽は彼らからも、そしてロック界からも共感を得られなかった。それ以前の二年間にわたってジャズ・ファンとロック・ファンの両方を困惑させてきたのと同じような意固地な態度で、マイルスは一九七二年にほぼすべての音楽ファンが異国の言葉と感じるような音楽を創り上げた。しかしながら、パーカッショニストのエムトゥーメによると、《オン・ザ・コーナー》は、主要な評論家やメディアには気づかれないレベルで、マイルスのリスナーに影響を及ぼしていた。「特に

〈ブラック・サテン〉は、ファンクに入れ込んでいる人たちとのつながりを生んだ」とエムトゥーメは述べている。「《オン・ザ・コーナー》が出てから、リスナーの間に変化が表れはじめた。明らかな違いが見られた。多くの若い黒人がコンサートに来るようになったんだ」。

一九七〇年代中期に登場したレゲエダブや一九八〇年代から一九九〇年代のヒップホップ、ダンス、テクノ、ハウス、トランス・ミュージックのムーブメントでは、長い循環ベースラインとリズムを繰り返し、それに音響効果を重ね合わせるというコンセプトが深く追求されてきた。《オン・ザ・コーナー》はそれ故に、特にヒップホップやダンス・ミュージックの世界、さらにはアンダーワールド、レフトフィールド、ジ・オーブ、ビル・ラズウェル、ジャー・ウォブル、デファンクト、ヴァーノン・リード、ジェームス・「ブラッド」・ウルマーといった現代の前衛《アバンギャルド》グループやミュージシャンの間で、新たな認識と理解を得ている。《オン・ザ・コーナー》は、七〇年代の多くの奇妙な実験的試みのひとつとして忘れ去られるどころか、世界中の音楽評論家から再評価され続けている。九〇年代末期にQ誌で（五つ星中の）四つ星を獲得したレビューでは、「エンベロープを引き伸ばす、見事なアンサンブル作品」と評価されている。[10] これは最近の多くの賞賛のひとつに過ぎない。最近になって認知度が上がっているという事実は、この作品が新たな音楽パラダイムを開拓し、私たちがようやくそれを理解しはじめたことを示唆している。

いずれにしても、過去三十年の間に人々の耳も進化したであろうにもかかわらず、《オン・ザ・コーナー》は依然として難解な音楽であり続けている。音楽の構成、ハーモニーの展開、さらには中身のないメロディが、根本的な問題となっている。五十四分の音楽の中で見分けのつく一曲でさえ、魅力的なものとは言い難い。《ビッチェズ・ブリュー》と同じように、ミュージシャンたちは複雑なリズムの集合体となるように溶け込んでいる。しかし、《ビッチェズ・ブリュー》の音楽には、マクラフリンのリードやリズム演奏、モウピンのバスクラリネット、エレクトリック・ピアノによる色付け、多種多様のバンプ、グルーヴ、メロディックな主題《テーマ》、そして何よりも、マイルスのパワフルな演奏とバンドとの間でのインタープレイといった、いくつかの特徴的な要素が含まれていた。これに対して、《オン・ザ・コーナー》のミュージシャンは、それぞれの個性を発揮する機会を与えられていない。マイルスのワウワウ・トランペットを含むすべてのソロ演奏がミックスの段階で後退させられ、《ビッチェズ・ブリュー》のときのようにマイルスが進行を支配するということもない。オープニング曲のグルーヴも、例えば十分以上にわたってリスナーの関心を引き留めておけるだけの深みに欠けている。

一方、〈ブラック・サテン〉は曲が比較的短いことと、わかりやすいグルーヴと主題《テーマ》が長所となっており、〈ミスター・フリーダムX〉には、従来の音楽要素の欠如を埋め合わせるのに十分な、強いアンビエントな雰囲気と魅力的な音風景《サウンドスケープ》が備わっている。次々と展開する濃密なリズムセクション、そしてパーカッション、シタール、シンセサイザーなどの楽器の使い方もまた、当時としては目新しいものだった。アンビエントで抽象《アブストラクト》的なテクスチャーに見られるシュトックハウゼンの影響は、二十世紀末のデジタル・サンプリングおよびサウンド・デザインの原型をなすものである。サックス、バスクラリネット、エレクトリック・ギター、エレクトリック・キーボード、ワウワウ・トランペットのソロ演奏がときおり独自の世界の中で繰り広げられるさまは、コールマンの「ハーモロディック」コンセプトを想起させる。ジョン・マクラフリンのソロ演奏はとりわけ傑出しているが、それ以外のソロ楽器は、テクノやダンス・ミュージックのように、再びリズムのタペストリーに織り込まれる前にほんの少しだけリズムの水面に顔を出す程度のものだった。

　この作品が包含する多種多様のホロンのうち、ファンクのリズム、ジャズの即興演奏《インプロヴィゼーション》、インド音楽のサウンド、戦後の前衛《アバンギャルド》音楽といったホロンが、新たなレベルへと超越している。しかし、全体としては、個々の部分の組み合わせを越えるものには至っていない。第六章で言及したケン・ウィルバーが意味するところでは、《オン・ザ・コーナー》は「新しいものを予告する」、影響力と先見性を有する、重要で勇気ある前衛《アバンギャルド》作品である。しかし、二十世紀末および二十一世紀初頭の音楽の発展といった観点から見ると、踏みならした道を小走りするよりもはるかに迷いやすい、誰も通ったことのない道を行った結果、《オン・ザ・コーナー》は欠点だらけの実験的な試みのひとつとなった。

*

　コロムビアは、《オン・ザ・コーナー》の音源からなるボックスセットのリリースを計画しており〔《ザ・コンプリート・オン・ザ・コーナー・セッションズ》として二〇〇七年にリリース〕、本作品のレコーディング、そして最終結果が編集によってどのように構築されたかについて、新たな洞察が得られる可能性がある。著名なベーシスト、プロデューサー、リミックスエンジニア、実験者、さらにはワールド・ミュージックの先駆者であるビル・ラズウェルによる《パンサラッサ》もまた、《オン・ザ・コーナー》や一九六九年から一九七四年のマイルスの音楽の別の側面に新たな光を当てるものだ。一九九八年に発売されたアルバム、《パンサラッサ》[11]は、《イン・ア・サイレント・ウェイ》、〈ブラック・サテン〉、そして一九七二年から一九七四年に録音されたその他の曲のオリジナル・マルチトラックテープから作られた組曲である。電子的な処理によって、パートが追加されているかのようにも聴こえるが、ラズウェルは新しいパートは一切加えていない。その代わりに、「再構築《リコンストラクション》とミックス・トランスレーション」[12]と呼ばれる処理を通じて、彼は新たな楽器バランスを作り上げ、様々なインストゥルメンタルのパートを別の箇所と入れ替えている。

　ラズウェルが目指したのは、マセロが用いた手法と同様の切りばり《カットアンドペースト》による編集技術を用いて、二十世紀末の音楽的視点から、一九六九年から一九七四年にかけてのマイルスの音楽を解釈し直すことだった。「マセロをはじめ、これらのレコードを手がけたのは、クラシックやジャズの経験を積んだ人たちだった」とラズウェルは説明する。「そんな経歴を持つ人たちが、マイルスが創っていた類の音楽をどう扱えば良いかわかっていたとはとても思えない。マイルスが当時制作していた音楽は、ジャズとは無関係のもので、ジャズを参考になどしていない。私にとって、《オン・ザ・コーナー》はヒップホップの突然変異のようなものであり、彼らには目新しすぎるものだったに違いない。彼らが理解できていたとは思えない。それがどのようなサウンドであるべきかということをね。したがって、ジャズとは異なる観点から、マイルスの音楽のリミックスと再構築《リコンストラクション》を行うことが、私の第一の目的だった[13]」。

「相応の展望を持たない者の手によって音楽が扱われるというのはよくあることだ」とラズウェルは詳述している。「マイルスの音楽は反復するリズムやベースラインを取り入れており、これは当時、ロック、ファンク、R&B、レゲエで発展したもので、今日ではドラムンベースやテクノで聴かれるのと同じものだ。この種の音楽は、従来とは違った感覚、よりロックに近い感覚でアプローチする必要がある。ベースを厚くして、ドラムに強烈なパンチを効かせ、厚みのあるリズムパターンのある曲ならば、演奏がよく聴こえるようにクリアなサウンドにする。マセロの編集と切りばり《カットアンドペースト》の手法は、ある意味、革新性の高い先駆的なものであり、二十年経ってリミックスの文化がようやくそれに追いついた。しかし、残念なことに、マセロのアプローチはときに、レコードとして世に出せるものを創り出すための入れ換え《シャッフリング》作業となってしまっている。現在、新しい音楽の制作において、創造的なやり方でレコーディング・スタジオやレコーディング技術が使われているのとは比較にならない。スタジオはひとつの楽器として使われていなかった。短い時間で、そしてときにずさんな方法で、直感的に結果を見極める程度の使われ方だった。もっと良いやり方があったはずだ」。

　マセロの仕事に対するラズウェルの評価は、一部の人々からは批判的に受け取られた。ポール・バックマスターもマセロを擁護する側についた多くの人々の一人である。「マセロは創造力豊かな人だった。彼は確かにジャズ畑の人間で、参考にできるものが全くない音楽を手がけていた。しかし、それでも彼はひるまずに実験的な試みを行った。一〇〇パーセントの正解は得られなかったかもしれないが、当時としては驚くべきものだった」。

　ラズウェルのコメントを巡る論争から、《パンサラッサ》を非難する者も出てきた。しかしながら、マセロに関するコメントへの賛否はさておき、ラズウェルは、二十年から三十年間にわたって誤解され、無視されてきた音楽に新たな視点を与え、奇抜にも聴こえる実験的な曲に知られざる意味が隠されていることを示してくれた。ジャズ・ファンとロック・ファンのどちらも彼の功績を認めている。ジャズ評論家ジョン・フォーダムは、「緊張と目的を持って多くの時間がスタジオで費やされ」、「驚くほど現代的な」サウンドが創り出されたと書いている。[14] 音楽ライターのリチャード・ウィリアムズは、「音楽をそれ自体により近いサウンドに作り変えるという、並はずれた作業をラズウェルは成し遂げた」と評している。[15] そして、ポストパンク・バンドのパブリック・イメージ・リミテッドのかつてのメンバー、ロック・ベーシストのジャー・ウォブルは次のように語っている。「不思議なことに、《オン・ザ・コーナー》のことを思い浮かべるとき、頭の中ではビルがミックスしたようなサウンドがいつも聴こえていた。本当のことさ。ビルは全くすごいやつだ」。

《パンサラッサ》の成功には多くの要素が関わっている。六分から七分を超えるような長い時間にわたってグルーヴを維持することなく、興味をそそる音楽的事象が定期的に生じるようにすることで、ラズウェルはタイトな音楽構造を創り上げた。その結果、当時のマイルスの音楽を台なしにしていた、長ったらしく退屈な部分やとりとめものない即興演奏は削除された。デイヴ・リーブマンが「音楽には始まりもなければ、終わりもない」と述べているように、[16] この時期のマイルスの音楽の多くは、巨大な音楽のタペストリーの中から一片を切り出したようなサウンドとなっていた。《パンサラッサ》はひと続きの組曲のように構成されているが、ラズウェルは異なるセクションの開始点と終了点を明確にしており、音楽の構成としてはより満足度の高いものとなっている。さらに、最新のスタジオ技術によって、複数のトラックから音を補完して、色彩や深み、そしてオーケストラに近いテクスチャーを加えることが可能となった。これにより、一九八〇年代中期から末期にマイルスがレコーディングした、よりアレンジの効いた音楽に近づいた。ラズウェル自身が説明しているように、楽器のバランスの調整も行い、現代音楽の重要な特徴であるクリアなベース、ドラム、パーカッションの音を創り出している。そして、音の繊細さと洗練を高め、荒削りな部分を整え、多くの音をより魅力的なものにした。こうして、六〇年代末期から七〇年代初期のマイルスの音楽に、九〇年代の完全主義者のプロダクション・バリューが注入された。しかし、その代償も大きかった――音楽の自発性や今ここの生き生きとした感覚が失われ、ミュージシャンの間での瞬間的なインタラクションがわかりにくくなり、ほとんど気づかないところもある。

《パンサラッサ》は、《イン・ア・サイレント・ウェイ》の音楽〈イン・ア・サイレント・ウェイ〉、〈シュー/ピースフル〉、〈イッツ・アバウト・ザット・タイム〉〕ではじまり、ここでは音質の向上とよりタイトになった音楽構成が効果を上げている。それに続く〈ブラック・サテン〉は、リズム楽器の多くがクリアになり、深みが増したことで、力強さと魅力が向上している。〈ブラック・サテン〉の次にくるのは、ラズウェルによって〈ホワット・イフ〉と名づけられた未発表曲であり、[17] ボブ・ベルデンはこの曲が録音されたのは一九七二年六月二日であるとしている。[18] 参加しているミュージシャンは、マイルス、ガーネット、マクラフリン、クリーマー、コリア、ハンコック、ウィリアムス、ウォルコット、ヘンダーソン、ハート、ディジョネット、アライアスである。〈ホワット・イフ〉はひとつのグルーヴを中心に構成されており、《オン・ザ・コーナー》のオープニング曲と比べて、かなりルーズなサウンドとなっている。この曲自体は取るに足らないものだが、ラズウェルのメドレーの中では有効に機能している。

　ラズウェルが〈アガルタ・プレリュード・ダブ〉と名付けた曲（このメロディはマイルスの一九七五年のライブ・アルバム《アガルタ》にも登場する）についても同じことが言える。この曲は、《ライヴ・イヴル》のメドレー曲〈ファンキー・トンク〉と〈イナモラータ〉のそれぞれ十六分五十一秒と〇分十秒の部分でマイルスが演奏している主題《テーマ》を発展させたものだ。また、この曲のグルーヴは、〈イナモラータ〉の同じ部分で演奏されているグルーヴの発展とみなすこともできる。〈ホワット・イフ〉と同じく、ベルデンは〈アガルタ・プレリュード・ダブ〉がレコーディングされた日付も一九七二年六月二日としているが、曲調も参加メンバーも違っており、一九七三年四月までライブ演奏されていないことから、それよりもずっと後に録音された可能性が高い。ローマンは一九七二年十一月二十九日である可能性を示唆しており、[19] こちらの方が信憑性が高いと思われる。参加ミュージシャンは、マイルス、ガーネット、セドリック・ローソン（キーボード）、バラクリシュナ（エレクトリック・シタール）、ギタリストのレジー・ルーカス、ヘンダーソン、フォスター、エムトゥーメ、バーダル・ロイと思われる。

　ラズウェルとマセロのアプローチが最も大きく違っているのが、一九七二年九月六日にマイルス、ローソン、バラクリシュナ、ロイ、ヘンダーソン、フォスター、エムトゥーメ、ギタリストのレジー・ルーカスによってレコーディングされた曲、〈レイテッドＸ〉だ。《ゲット・アップ・ウィズ・イット》に収録された〈レイテッドＸ〉は、マイルスがトランペットを演奏しなかった初めての曲だ。これは全面的に編集室で創られた曲で、マセロは別のセッションでのマイルスによるヤマハＹＣ４５オルガンの演奏を抜き出し、重厚なリズムの上に重ねた。耳障りで不協和かつ圧倒的なオルガンの多重和音《クラスター》に支配され、人を寄せ付けない、こもったようなリズムセクションの叩きつける演奏が約七分間、執拗に続く。《オン・ザ・コーナー》でのバックマスターによるオン・オフ効果のように、ところどころでリズムセクションがミキサーによって断ち切られ、オルガンの独演となる。

「レコードの〈レイテッドＸ〉は、とても厚みのあるサウンドだが、信じられないくらい音が悪く、濁っていて、オルガンの音がバックの演奏すべてを押しのけてしまっている」とラズウエルは言う。「けれども、リズムトラックの録音はとても良い。それをミックスによって、いかに均等を取り、バランスさせるかが問題なのだ。このような厚みのあるリズムをどう扱えば良いのか、当時は全くわかっていなかったようだ。しかし、今日のリスナーの耳には、これらのリズムトラックの厚みとディテールはとても現代的に聴こえる。私のバージョンでは、オルガンの音をミックスで低く抑えて、リズムトラックのディテールを際立たせるためのスペースを設けている」。

ラズウェルのミックスは、深みのある音の空間を広げて、個性的で魅力的なリズミカルな世界を明らかにしており、そこではお互いを補完し合うルーカスのリズムギターとバラクリシュナのエレクトリック・シタールを聴くことができる。「この作品の音楽の超越性と本質は、現代との説得力のある関連性の中から生まれた」とスチュアート・ニコルソンは言及している[20]。以前のものとは見違える程に改善されてはいるが、耳障りで容赦のないリズムは残ったままだ。一九七二年十二月八日にレコーディングされた〈ビリー・プレストン〉と一九七四年六月十九日または二十日のどちらかで録音された〈ヒー・ラヴド・ヒム・マッドリー〉で《パンサラッサ》は完結する。より洗練された点を除くと、新しいバージョンは、《ゲット・アップ・ウィズ・イット》に収録されたこれらのオリジナル曲に対して何ら重要な要素を付け加えていない[21]。

当初、レコードでリリースされた《ゲット・アップ・ウィズ・イット》に収録された〈レイテッドX〉の音質の悪さについて指摘する中で、ラズウェルは、人間の音楽の知覚と消費者向け再生機器の品質との間の関係性における重要な問題について、注意を喚起している。大まかに言って、音楽が抽象的《アブストラクト》であるほど、性能の良い再生機器が必要となる。ビートルズの歌やモーツァルトの曲の基本的な要素は、口ずさむことのできるクリアなメロディと解釈が容易なコード構成であり、これらは小型のトランジスターラジオや質の悪いレコードを介した再生にも耐え得るものだ。これとは対照的に、シュトックハウゼンの音楽、ブライアン・イーノのアンビエント・ミュージック、あるいはマイルスの七〇年代の音楽の大半については、このような機器を通して理解することは難しい。この種の音楽の意味は、色彩、テクスチャー、雰囲気に依存するところが大きいためだ。ここでは、ある程度、質の高い音での再生が不可欠になってくる。七〇年代のマイルスの音楽を受け入れることができなかった聴き手《リスナー》は、単にプレス状態の悪いレコードを持っていたり、音の良くないステレオシステムを使っていたためである可能性がある。

八〇年代におけるCDの登場は、こうした問題を解決するものとして宣伝されてきたが、これは誤解を生むものだ。デジタルサウンドもまた相当に不正確な科学であることに変わりはない。同じアルバムのプレスの異なるCDの間に違いが生じることがあり、さらに、驚くべきことに、CDよりもレコードの方が音が良いことすらある。筆者はソニーからの好意で《アガルタ》のCDを提供してもらっているが、そのサウンドはフラットで活気のないものだった。この事実に困惑し、CDと二十四年前のレコードを聴き比べてみた。レコードは数百回にわたって再生されたものだったが、比べものにならないくらい良い音だった。力強く、深みがあり、パンチの効いた、生き生きとしたクリアなサウンドだ。もし、最初にCDを聴いていたとしたら、このアルバムをこれほど好きになってはいなかったかもしれない。ソニー／コロムビアは、最近のマイルス・デイヴィスの再発キャンペーンにおいて、CDリリースによって音質が異なる問題に対処している。マスター・サウンド・シリーズでは、リマスタリングやスーパー・ビット・マッピングと呼ばれる手法を用いて、音質を向上させている。特に、マイルスの「理解しづらい」七〇年代の音楽を聴くにあたっては、この問題を念頭に入れておくことが非常に重要である。

＊

一九七二年に話を戻すと、バックマスターのスケッチとアイディアから着想を得た三回目のセッションが六月十二日に行われた。ドラマーのビリー・ハートのアフリカ名が曲名として付けられた〈ジャバリ〉と、エムトゥーメの娘の名前から取った〈イーフェ〉の二曲がレコーディングされた。前者は未リリースだが〔《ザ・コンプリート・オン・ザ・コーナー・セッションズ》に収録〕、〈イーフェ〉は《ビッグ・ファン》に収録されている。マイルスは今回、ソプラノ・サックスにカルロス・ガーネット、バスクラリネットにベニー・モウピン、エレクトリック・ピアノにハロルド・ウィリアムス、オルガンにロニー・リストン・スミス、ベースにマイケル・ヘンダーソン、ドラムにアル・フォスターとビリー・ハート、そしてパーカッションにバーダル・ロイとエムトゥーメを起用した。

ここで唯一はっきりしなのが、ハンコックがYC45オルガンを弾いたというバックマスターの主張だが、《ビッグ・ファン》のジャケットのスリーブには彼の名前はクレジットされていない。

「〈イーフェ〉は〈ブラック・サテン〉と同じような過程を経て創られた」とバックマスターはコメントしている。「曲の決まった部分で演奏するキーボードのフレーズをたくさん書いた。二小節、四小節、八小節くらいの短い断片であったり、フレーズやフィルインなどだ。それをミュージシャンが解釈して、全く違うものに変えてしまった。〈イーフェ〉の主メロディとコード伴奏は私が書いたものだ。ベースラインはマイケルによるものだったと思う。オルガンの開始フレーズは私が書いて、ハービーがそれを解釈した」。

《オン・ザ・コーナー》の容赦ないグルーヴに対して、〈イーフェ〉はさわやかな風のようなものだ。メロディとグルーヴは軽やかで洗練されており、ミックスは透明感があり、ソロの大部分は興味深く、人を引き付けるものとなっている。バックマスターは《オン・ザ・コーナー》よりも満足しているようで、次のように述べている。「ほんの少しの空間と方向性がこの曲をより魅力的なものにしている。〈イーフェ〉は活き活きと息づいている。やはり私がキーボード・フレーズを書いた〈ジャバリ〉と同じように」。

これまでに明らかになっていないセッションはさておき、七月七日の〈ブラック・サテン〉のオーバーダビング・セッションは、マイルスが彼のお抱えミュージシャンを集めた最後のレコーディング・セッションとなった。これ以降、彼はライブ・バンドを中心にレコーディングを行い、ときおりゲスト・ミュージシャンを迎え入れるという一九六八年以前の作業手順に立ち戻っている。これは、彼のライブ演奏とスタジオ録音の方向性が収束してきたことを意味する。スタジオでの実験的な試みがただちにライブ・ステージでも試されるようになり、またその逆のことも行われるようになった。こうした方向性の変化について説明する歴史的データは存在しないが、異なる組み合わせのミュージシャンを投入して何が起きるか試してみるというアプローチが、もはやマイルスの望む結果を生まなくなってきていたことを自ずと示している。

九月になると、マイルスは、カルロス・ガーネット（サックス）、セドリック・ローソン（キーボード）、レジー・ルーカス（ギター）、カリル・バラクリシュナ（エレクトリック・シタール）、そしてヘンダーソン、フォスター、ロイ、エムトゥーメからなる新しいライブ・バンドを結成した。エムトゥーメが薦めたセドリック・ローソンは、まだ名前の知られていないプレイヤーだった。また、当時十九歳のレジー・ルーカスは、ハロルド・ウィリアムスがマイルスに紹介した。「僕はフィラデルフィアでミュージシャンとして活動していた。若いときから勉強しながらバーやクラブで演奏をするようになったんだ」とルーカスは当時を振り返る。「ボルチモア出身のハロルド・ウィリアムスは友人の一人で、僕らはビリー・ポールと一緒に演奏していた。マイルスがバンドのオーディションをしていて、ギタリストとキーボード奏者を探していることをハロルドが知り、僕にも来るように誘ってくれた」。

どういった理由によるものか、ハロルド・ウィリアムスはマイルスのライブ・バンドには一度も参加していないが、ルーカスは〈レイテッドX〉がレコーディングされた九月六日にマイルスがスタジオに迎え入れた新しいバンドに加わった。これは幸先のよいスタートとはならず、このバンドは一度として本領を発揮することができなかったように思われる。九月十日のアン・アーバー・ブルース&ジャズ・フェスティバルが、このバンドのライブ・デビューとなった。バンドはレパートリーに〈ホンキー・トンク〉や〈ライト・オフ〉といった人気のある古い曲を取り入れてはいたが、〈イーフェ〉、〈ブラック・サテン〉、〈レイテッドX〉（〈ディレクションズ〉に代わってセットリストの最初を飾る曲となった）などの最近レコーディングした曲に重点が置かれた。それから約三週間後の九月二十九日、バンドはニューヨークのフィルハーモニック・ホールで演奏した。このコンサートの内容は、《オン・ザ・コーナー》と同じく、コーキー・マッコイの奇抜なイラストがジャケットに描かれた《イン・コンサート》に収録されている。ジャケットの内側には白人のロックバンドのイラストが描かれ、バス・ドラムに「フット・フーラー」という言葉が記されている。エムトゥーメによると、これは白人のロック・ミュージックに対するあてこすりだという。「奴らがやっているものはただのでっち上げだ、アフリカ音楽のファンクを真似ているに過ぎない、とマイルスは言っていた。だから、白人のロックのことをばかにして『フット・フーラー』と呼んでいたんだ」とエムトゥーメは語っている。

　エムトゥーメの情報が正しいならば、マイルスは自ら墓穴を掘ったことになる。《イン・コンサート》は、一九七六年以前のエレクトリック期に公式にリリースされた彼の最も説得力に欠けるアルバムであり、まさに彼があざ笑っていた「フット・フーラー」に近いサウンドとなっているからである。《イン・コンサート》は引き伸ばされたバージョンの〈レイテッドX〉ではじまる。このバージョンは、支配的だったオルガンがマイルスとガーネットのソロに取って代わられている点でスタジオ・バージョンよりも優れているが、リズムセクションは満足のいくグルーヴに入り込めて《ロックインできて》いない。〈ホンキー・トンク〉もこれと同じ問題を抱えている。《ジャック・ジョンソン》からの曲で構成されたライブ・セクションのグルーヴはスタジオ・バージョンのパワーには遠く及ばない。興味深いことに、〈ジャック・ジョンソンのテーマ〉の二分三十七秒の部分で、バンドはマイルスの参入に備えて、もともとマクラフリンがやっていたEからBフラットへの転調を真似ている（ただし、ヘンダーソンはここでミスをしている）。〈イーフェ〉は、いくつかの異なるベース・バンプの中を流れていくように演奏されており、比較的魅力的に仕上がっている。このバージョンのはじまり部分の新しい四音《フォーノート》のベースラインとともに、〈イーフェ〉はマイルスのエレクトリック期において最も頻繁に演奏される曲のひとつとなり、さらに沈黙期を経て一九八二年八月まで演奏され続けた唯一の曲でもあった。そして、《イン・コンサート》にはマイルスの六〇年代レパートリー曲の短い引用が二カ所にわたって含まれており、三十秒のバージョンの〈サンクチュアリ〉（ライナーノーツには〈ザ・テーマ〉と誤って記載されている）でそれぞれのセットは終わる。知られている限り、マイルスによってこの曲が演奏されたのはこれが最後である。

　《イン・コンサート》のほぼすべてのリズムが硬直していて、独創性に欠けるものとなってしまっている理由ははっきりしない。案の定、ジャズ評論家は、こうした停滞感について、「疑う余地のない無能なジャズ・プレイヤーたち」[22]を非難した。しかしながら、ここでもやはり、ものごとの核心が理解されていない。マイルスはスキルの高いジャズ・プレイヤーを求めていたのではなく、リズムの集合体を作り上げることを目指していた。比較的経験の浅いプレイヤーの多くは、一九六九年十一月の時点で、「マイルスにおびえながら」演奏していたか、およそ一年前のンドゥグ・チャンクラーと似た状態に置かれ、マイルスが「彼らから何か新しいものを引き出そうとしていたが、彼ら自身はそれが何なのかわかっていなかった」かのどちらかである。マイルスのワウペダルを使った演奏には興味深いテクスチャーが感じられるが、ここでの彼の演奏は、バックマスターの次のコメントにあるような「たったひとつの音《ノート》ですべてを変えてしまうことができるかのような」サウンドとはほど遠い。「たったひとつの音《ノート》で、すべてが揃ってしまうのだ。《オン・ザ・コーナー》ではこのようなことはあまり起きていなかったし、その後の音楽ではさらに少なくなった」。

「あのバンドは当時までできたばかりだった」とルーカスは説明する。「最初のあのレコードはぎこちなさが残っていて、試験的要素が強かったと思う……いくつかとても良い部分もあったがね。けれども、もし、三週間後に同じバンドを聴いていたら、きっと、ぶったまげているよ！　そもそもフィルハーモニック・ホールは大きな音を出すロックンロール・バンドが演奏するのには向いていないし、それを録音するなんて無茶だったんだ。音響的に、僕らがやっている音楽には適していなかった。十分なリハーサルをこなす前、しかもメンバー同士がお互いのことをまだよく知らない状態で、マイルスが新しいバンドを世に出すことを選択したというのはなんとも奇妙なことだ」。

　この九人構成のバンドは、グレイトフル・デッドからの派生バンド、ニュー・ライダース・オブ・パープル・セージとともに出演した十月一日のパロアルトでのコンサートを含め、さらに数回のコンサートを行っている。しかし、その後、マイルスは再び活動の停止を余儀なくされる。今回はドラッグ関連の病気によるものではなく、交通事故が原因だった。十月九日午前八時、マイルスは睡眠薬を服用後にランボルギーニを運転していて寝入ってしまい、中央分離帯に突っ込み、両足首を骨折した。一時的な活動停止を強いられたことに加えて、交通事故によって股関節の症状がひどく悪化し、むしろ、そちらの方が重大な問題となっていた。

　一九七三年から一九七八年までマネージャーのニール・ラッシェンの下で働き、マイルスの日常の世話をしたマーク・ロスバウムは次のように回想している。「交通事故の後、マイルスはひどい整形外科的障害に悩まされていて、激しい痛みが彼を襲っていた。彼の右足と左足が一インチほどずれていて、それが彼の体に悪影響を及ぼしていた。事故の後、彼はコカインに加えて、手に入るありとあらゆる痛み止めの薬を大量に使うようになった。当時、マンハッタンのウェストサイドにはコカインが溢れていて、多くの人の人生が台無しになっていた。マイルスは見るからに金回りが良かったため、いろいろな人たちから食い物にされていた」。

　この結果、すでに悪くなっていたマイルスの私生活面の状況がさらに急激に悪化した。彼は次のように公言している。「当時俺は、年間五〇万ドルくらい稼いでいたが、いろんなことにたくさんの金を使いすぎていた。コカインにも、とにかく金を使った。あの車の事故からというもの、すべてがなんだかはっきりとしなくなっていた」。気分が暗かったために、家を常に暗くしていたとも述べている。彼のもう一人の「心の通じた女性」だったジャッキー・バトルとの約束を破ったとき、マルグリット・エスクリッジと同じように彼女も彼のもとを去り、マイルスは「たまらなく悲しくなった[23]」。

　こうした混乱の最中にあってなお、マイルスは、彼の「連続して輪をなすように[24]」作曲するアプローチ（すなわち、はじ

まりも終わりもない音楽〉を実践した二つの曲を録音してい
る。松葉杖をついて歩きながら、マイルスは九月に結成したバ
ンドで〈アガルタ・プレリュード・ダブ〉をレコーディングし
た。この曲は十一月二十九日、〈ビリー・プレストン〉は十二
月八日に録音された可能性が高い。これらは穏やかな原点回帰
となった。どちらの曲も、彼が事故を起こす前と比べて、より
一貫性のあるリズム演奏が特徴となっている。〈アガルタ・プ
レリュード・ダブ〉は印象的な主題《テーマ》と不思議なけだるさが魅力
となっており、〈ビリー・プレストン〉では興味を引きつける、
果てしない、循環する連動リズムとベースギターのパターンを
維持している。これが一九七二年におけるマイルスの最後の活
動となるが、彼にとって、この年は休んでいた期間の方が長く、
不安定な年となった。

エムトゥーメも音楽的に釈然としない時期であったことを認
めた上で、次のように主張している。「《オン・ザ・コーナー》
は種であって、種は草木には決してかなわない。これは新しい
方向性のはじまりであって、方向性が定まるまでの間に多くの
探索がなされた」。マイルスの奇妙でむらのある実験的な試み
は、次の年になって、ようやく実を結びはじめる。

第十章　ファイナル・フロンティア

僕らは誰も行ったことのない方向へと向かっていた。——エムトゥーメ

一九七三年の最初の数カ月間に、サックス奏者とキーボード奏者の交代、二人目のギタリストの追加、さらにはインド人ミュージシャンと新しいキーボード奏者を解雇するなど、マイルスはライブ・バンドにいくつかの変更を加えた。一九七二年の実験的な試みにおける、成功と失敗の入り交じった欠点の多い結果について、前章で述べてきた内容と同じような評価をマイルスが下していたかどうかはわからないが、彼の行動から察するところでは、彼は満足しておらず、方向性の焦点を定め直そうとしていたようだ。サックス奏者のカルロス・ガーネットは、その年の初めにクビになった。彼の演奏はバンドの音楽の方向性にフィットしていたと、ルーカスとエムトゥーメの両者が断言していることから、一九七二年十月のマイルスの自動車事故の後の一時的な活動停止期間中にガーネットがレコード会社と契約しようとしていたことが原因と考えられる。おそらく、ガーネットのソロ活動への願望が、ツアーの最中にサックス奏者を失うリスクとなり得るとマイルは考えたのだろう。いずれにせよ、ガーネットの代役としてデイヴ・リーブマンが雇われるやいなや、新しい九人編成のバンドは一月四日にスタジオに入り、いくつかの未リリース曲をレコーディングした。八日後の一月十二日、ニューヨークのヴィレッジ・イースト（旧フィルモア・イースト）が、マイルスのバンドでのリーブマンのライブ・デビューの場となった。「自分が何を演奏していたのか、よくわかっていないんだ」とリーブマンは回想する。「……マイルスはときどき、……サングラス越しに僕のことを見ていた。それで演奏したんだけれど、音楽はまるでスター・ウォーズの世界、あるいは未来からやって来たようなサウンドだった(1)」。

二月十四日にまた別のセッションが行われたが、そこで録音された音源はリリースされていない。このセッションのテープはライター、スティーヴン・デイヴィスの手に渡っている。このテープには「一九七三年二月十四日にミックスダウンされた、マイルスがオルガンを演奏するブルージーで衝撃的な……〈レイテッドＸ〉に似ているもの」が含まれていたとデイヴィスは言及している[2]。「俺はピアノ・プレイヤー（セドリック・ローソン）に展開の仕方を教えようとしたんだ」とマイルスはデイヴィスに説明している。「俺のその演奏で上等のサウンドになった。テオ・マセロがその線でいきたいと思うほどのな[3]」。

オルガンの広範な使用は、マイルスの音楽における新たな展開をもたらした。一九六七年十二月の〈ウォーター・オン・ザ・ポンド〉のレコーディングで初めてエレクトリック・ピアノの演奏をハービー・ハンコックに求めて以来、エレクトリック・ピアノの使用は彼のエレクトリック音楽の実験的な試みにおける中心的要素となっていた。しかし、一九七二年に、シュトックハウゼンやバックマスターのアイディアの影響を受けるとともに、初めてヤマハＹＣ４５に接したことで、マイルスはキーボード奏者に抽象《アブストラクト》的でテクスチャーに富むサウンドの演奏を求めるようになっていた。このようなアプローチには、オルガンやシンセサイザーの方が適していた。こうして、エレクトリック・ピアノの使用は、一九七二年九月二十九日のフィルハーモニック・ホールでのコンサートが最後になった。それに続く十一月と十二月のセッションでは、ローソンがオルガンとシンセサイザーを弾き、〈アガルタ・プレリュード・ダブ〉と〈ビリー・プレストン〉が生まれた。

マイルスは自らオルガンを弾かなければならないと何度か感じていたらしく、彼の望んでいたことをローソンが把握できていなかったことが窺える。そして、一九七三年三月から五月にかけて行われた断続的なアメリカ／カナダ西海岸ツアーの開始直後にローソンがクビになったことも理解できる。彼に代わって加入したロニー・リストン・スミスは、アート・ブレイキー、ファラオ・サンダース、ローランド・カークと共演した経験があり、《オン・ザ・コーナー》のセッションにも参加していた。マイルスのバンドに在籍していた短い期間の海賊版《ブートレグ》からは、スミスがＹＣ４５オルガンでほぼ型どおりの演奏をしていたことがわかる。リズミカルな伴奏を基本に、ところどころに和音《コーダル》的なテクスチャーを加えており、ソロ演奏はほとんど行っていない。バラクリシュナのエレクトリック・シタールも主にテクスチャーを与えることに貢献しており、ルーカスの演奏はリズムギターにほぼ限定されている。三月末にマイルスはバンドにソロ奏者をもう一人加えることを決めた。彼がヘンドリックスやブルースを好んでいたことを考えると、エレクトリック・リード・ギタリストを加える方向に考えが至ったのも不思議ではない。「ギターがブルースの真髄まで近づけるとわかった」とマイルスは語っている。「だが、ジミもＢ・Ｂ・キングも俺のバンドには入れられなかったし、彼らに続くギターの連中で手を打つしかなかった[4]」。

この条件に合致したのが、シカゴ出身のピート・コージーだった。彼はチェス・レコードのスタジオ・ミュージシャンとして、チャック・ベリー、ビリー・スチュワート、フォンテラ・バス、エタ・ジェイムズ、マディ・ウォーターズ、ハウリン・ウルフ、ジーン・アモンズなど、ジャズ、ソウル、ブルース、ファンク、ロックの分野の様々なアーティストと共演してきた経験があり、アース・ウィンド・アンド・ファイアーの結成にも手を貸している。コージーは、一九七二年九月十日にアン・アーバー・ブルース&ジャズ・フェスティバルにアート・アンサンブル・オブ・シカゴの音響効果役として参加した際、マイルスの当時のライブ・バンドのほとんどのメンバーと顔を合わせている。その後、彼はヘンダーソン、ルーカス、エムトゥーメとジャム・セッションを行っており、コージーの演奏は彼らに好印象を与えた。追加するギタリストについて、マイルスがエムトゥーメに助言を求めたとき、すぐにコージーの名前があがった。

「モハメド・アリがケン・ノートンに顎を砕かれた日、マイルスがカナダから僕に電話をかけてきた」とコージーは回想している。「彼らが休みの月曜日にオレゴン州ポートランドで彼と会う約束をした。ホテルのエレベーターを降りると、彼の部屋のドアが開いていて、僕らは挨拶を交わした。マイルスは前の年の事故の影響で、まだ松葉杖をついていたので、エレベーターに近い部屋を取るように指示していたらしい。僕らは魚料理を食べながら、音楽を聴いた。マイルスは僕に前の晩のコンサートのテープを聴かせてくれた。それぞれのパートのキーについてマイルスに確認し、次の曲へと移った。これが僕らにとってのリハーサルだった。マイルスは驚いた様子で、にこやかに笑っていた。何が起きているか、僕がおおよそ理解できていたので、リハーサルは必要ないと彼は判断したのだろう。次の晩、僕らは一緒に演奏した。何年か経ってから、僕は何を演奏すればよいかわかっていたのでリハーサルには呼ばなかったと、彼は言っていた。バンドのセクションごとにリハーサルを行うというのが彼のやり方だった」。

コージーの素早い理解力は、バンドを次のレベルへと押し上げることができるミュージシャンにマイルスが巡り会ったことを示す兆候だった。コージーの加入は、音楽の方向性に焦点を合わせ、また刺激を与える重要な要素であったことが後に証明される。一九七五年九月にマイルスが身体的な不調に陥るまでの間、彼はバンドの中心メンバーの一人であり続けた。また、彼は一九七六年に散発的に行われたレコーディングにも参加しているが、ここでの音源はリリースされていない。マイルス、コージー、ルーカス、ヘンダーソン、エムトゥーメ、フォスターからなる中核的なセクステット（これに、通常はサックス奏者デイヴ・リーブマン、または他のミュージシャンが加わることもある）は、「コージー・バンド」と呼ばれることもあった。しかし、何人かのバンド・メンバーは、集合体としてのバンドの本質に合っていないとして、こう呼ばれることに反発していた。本書では、このバンドを「七三〜七五年のバンド」、「ファンク集団」、あるいはそれを略して単に「集団」と呼ぶことにする。マイルスのエレクトリック・バンドの中で、おそらく最も冒険的、先駆的であり、さらに音楽的にも成功したのがこのバンドだった。一九七四年のインタビューで、マイルスもこのことについて触れており、「何だって演奏できたという意味で、図抜けて最高のバンドだった」と語っている。[3]

「まさにコアなユニットだった」とルーカスは明言している。「僕らはお互いに親密な関係性を築いていて、マイルスともともても近い関係だった。音楽を概念化し、発展させたのが僕らだった。マイルスが望んでいることを僕らは直観的に理解した。第二の天性とでもいうのだろうか。まるで一緒に呼吸していたような感じだった。しっかりと結びついている状態だった」。

エムトゥーメは、「ずっと音楽的な模索が続いていたが、ピートが参加してからは、ハードな方向性、エッジがはっきりしてきた」と述べている。「ピートの加入で、マイルスやデイヴとの対照性が増し、ロックのエッジが際立った。マイルスから迷いが消え、集中力が増した。バンドリーダーの焦点が合うようになると、バンドもそれに引っ張られた。有機的な共生関係に近かった」。

最初に焦点と方向性に変化の兆しが現れたのが、コージーの加入から数日が経った四月五日のシアトルでのコンサートにおいて、洗練されたブルージーなバンプ曲、〈ジンバブウェ〉が演奏されたときだ。それから一週間後の四月十二日のグリーンズボロでのコンサートでは、さらに〈モエジャ〉、〈オーンネー〉、〈チューン・イン・5〉、そして〈アガルタ・プレリュード・ダブ〉をバンプ風に作り直した〈アガルタ・プレリュード〉の四曲がライブで初めて演奏された。〈ホンキー・トンク〉と〈レイテッドX〉はすでに一月にはライブのレパートリーから外され、〈ブラック・サテン〉も六月には演奏されなくなり、一九七二年の実験的試みから唯一残ったのは〈イーフェ〉だけだった。

変化はさらに続く。ロイとバラクリシュナのインド楽器は、バンドが新たに見出したハードエッジを鈍らせているように聴こえてしまい、マイルスは五月に彼らを解雇している。こうして、インド音楽の影響を受けた二つの段階（一九六九年十一月から一九七〇年二月までと一九七二年六月から一九七三年五月までの時期）が終わりを告げた。この時期の実験的な試みは、日の目を見ずに終わった大量の音楽に加えて、〈ダブル・イメージ〉や〈リコレクションズ〉といった珠玉の曲も何曲か生み出している。バーダル・ロイのタブラは常にリズムに厚みと趣きを与えていたが、バラクリシュナのシタールが重要な役割を果たしたのは、〈グインネヴィア〉、〈リコレクションズ〉、〈ミスター・フリーダムX〉といったアンビエントな曲にテクスチャーを加えることだけだった。インド音楽はブルース、ジャズ、ロック、ファンク、アフリカ音楽などとはルーツが異なるため、西洋音楽とうまく融合させるにはインド音楽特有の強弱法と構造の理解が不可欠となる。ロイによると、マイルスが彼にインドの文化や音楽について尋ねたことはほとんどなかったという。

どうやら、マイルスはインド音楽をエキゾチックな色彩として扱っていただけで、その中身についてはあまり関心がなかったようだ。そう考えると、インド音楽を使ったマイルスの実験的な試みが好悪入り混じった結果に終わったことも納得できる。[6]

ロニー・リストン・スミスもまた、ロイとバラクリシュナとほぼ同じ時期にクビになった。彼が従来の演奏に頼りすぎていたことと、ローソンと同じようにマイルスが彼に望んでいたことを理解できていなかったことが原因である可能性が高い。ライターでありギタリストのユージン・チャドボーンは、西海岸ツアーのコンサートのレビューで、「おそらく、オルガンのサウンドに満足していなかったのだろう。マイルスは幾度となく、彼が求めていることを示すために、オルガンのところまで足を引きずって歩いていった」と言及している。[7] 一九六七年から一九六八年までの間、マイルスは彼の意図を理解できるギタリストを見つけられなかったが、それと同じように、今度はふさわしいキーボード奏者を見つけられずにいた。この結果、彼の活動歴において初めて、ライブ・バンドにキーボード奏者を雇わないことを決め、一九八三年八月までその状態が続いた。

〈レイテッドX〉とスティーヴン・デイヴィスが聴いたという未リリースのブルージーな曲での経験を活かし、マイルスは自分でオルガンを弾くようになった。新しい楽節を入れたり、シュトックハウゼンからヒントを得た抽象《アブストラクト》的で、ときに極めて不協和な多重和音《クラスター》を加えるなどして、ミュージシャンを習《ハビット・エネルギー》気から引っ張り出すのに、この楽器を用いることが多かった。ときには肘を使って弾くこともあった。八〇年代に入ってからもしばらくの間、彼のオルガン演奏は続いた。肘を使って演奏したり、ソロや技術的に複雑なパートをキーボードでは弾かなかったのは、おそらく、関節炎の影響が腕にも出ていたことが一因だったと考えられる。「俺はデイヴ（・リーブマン）のために弾いんだ。いろいろな、ちょっとしたサウンドなんかをな」とマイルスは述べている。「レジー（・ルーカス）も俺と同じものが弾ける。同じ音の出し方を俺が教えたんだ」[8]。

マイルスのこの言葉を聞いたルーカスは、「ああ、あの人の言う通りだよ」と笑いながら語った。「彼は僕にたくさんのことを教えてくれた。僕は以前、ギブソン335セミホロウ・ギターを弾いていた。でも、マイルスは、僕にソリッドボディを弾かせたがった。その方がロックンロールのギターのように見えるからという理由でね。ワウワウはたまにしか使っていなかったが、マイルスがワウペダルの音を好んでいて、もっと使うように言われた。オルガンに関しては、マイルスはある種の予期しない斬新なハーモニー構成を作りたがっていた。それで、彼から、他に誰もやっていない独自の和音的《コーダル》なものをやるように促され、複雑で厚みのあるテクスチャーを演奏するようになった。マイケルのベースラインと僕のコードが非常に不協和な関係になることがよくあった。僕らの演奏では、多くの主題《テーマ》、テクスチャー、ポリリズム、ポリハーモニー、ポリメロディが展開された。あらゆるレベルで複数のテクスチャーが存在し、同じ曲の中でハーモニー、メロディ、リズムがすべて首尾一貫して起きているように感じられるものを作り出そうとしていたんだ」。

*

　新しいセプテットは、一九七三年五月二十三日に初めてレコーディングを行い（このセッションからもリリースされたものはない）、六月十九日にはじまった日本ツアーでライブ・デビューを果たす。このツアーの海賊版《ブートレグ》を聴くと、音楽のレベルが以前よりもさらに上がっており、集中力、弾力性、力強さが増していることが窺える。ミュージシャンの数が十人から七人に縮小されたことにより、乱雑さが消え、「実験的な要素の強いファンク」の革新的な本質が鮮明に浮かび上がってくる。「ロニーが去った後、僕らは可能性をさらに深く追求するようになった」とエムトゥーメはコメントしている。「マイルスは音楽をよりオープンなものにしたがっていて、音楽のタペストリーの和音的《コーダル》な次元は、ピートとレジーの間で埋められていた。僕らは自分たちがやっているものを『即興《インプロヴィゼーショナル》によるファンク』と呼んでいた。僕らが取り組んでいたのはウォール・オブ・サウンドだ。ひとつの動きの中で、多くの異なる方向から自分に向かって激しく押し寄せてくる音のタペストリー、そんなウォール・オブ・サウンドを作っていた。とても複雑なものだ。でも、肝心なのは、それをシンプルに聴こえるようにすることだ。それが僕らが目指していたものだ。リハーサルでそれについてよく話し合っていた」。

　マイルスは一九七〇年代中期の音楽について尋ねられると、必ずと言ってよいほど、リズムの中心的役割について強調していた。一九七三年六月に放送された日本のラジオ・インタビューで、彼はメロディよりもリズムの方が可能性を多く秘めていると述べている。「俺たちはメロディではなく、リズムに取り組んでいる。メロディを書くときには、十二の音《ノート》しか使えないからな[9]」。そして一九七四年には、《オン・ザ・コーナー》やオーネット・コールマンの「ハーモロディック」理論に関する彼の説明を思い起こさせるかのように、マイルスはポリリズムとバッハの多声音楽《ポリフォニー》とを比較している。「メロディの配置を変える時期にきていると俺は思っている。メロディは、ベースやドラムのサウンド、どんな音にだって配置できる。俺はひとつのコードで曲を書くことができる。ひとつのリズムでだって書ける。……俺は常に、三通りから四通りの異なる演奏ができるようにリズムを配置する。ひとつのリズムの中に三つのリズム、さらにそれ以外のものだって入れられる……ほとんどバッハに近い[10]」。

　マイルスは自伝の中で、七三〜七五年のバンドから「ヨーロッパ的な感覚」が消え、「ドラムスとリズムが最高に強調されて、ソロはあまり重視しない、分厚いアフリカ―アメリカ的なグルーヴ、重みのあるアフリカ的なスタイル」にまとまったと強調している。「ジミ・ヘンドリックスと仲良くなって、ギターがブルースの真髄まで近づけるとわかって以来、俺はそんなサウンドを求めていた[11]」。

一貫性がないことでも知られるマイルスは、一九七三年には「俺たちは黒人的なものは演奏しない。白人的なものも演奏しない。ただ、俺たちが知っているもの、感じるものを演奏するだけだ」とコメントしており[12]、グループの音楽におけるアフリカ的な側面に重きを置かなくなっている。音楽的な動機とは別に、アフリカ音楽からの影響を取り入れることには政治的なメッセージもあった。これは七三〜七五年のバンドが使っていた機材にも表れており、ブラックパンサー〔米国の極左過激黒人団体〕のカラーである緑と赤と黒に塗られていた。ただし、マイルスは一九七一年には「俺はブラックパンサーや何かじゃない。彼らのようになる必要もない。だが、同じような考え方をするように育てられたんだ」と語っており[13]、組織化された政治運動との結びつきを常に否定していた。

もちろん、ファンク集団の明確な政治的発言、マイルスのど派手で、むしろ趣味の悪い感すらあるサングラスや服装、ファンクの影響、ワウワウ・サウンドの多用は、七〇年代の時代精神の表れでもある。予想通り、マイルスを中傷する人々は、これらの派手で物議を醸す外見的な主張を時代のカルチャーに「身を売った」ことを示す証拠とみなした。しかし、ファンク集団の政治的および音楽的な方向性の起源は、それよりもはるか以前、マイルスが若いころのセントルイスでの修行時代にまで遡る。実際、彼は人種差別問題を強く意識しながら育ち、その一方で、一九七〇年代中期の音楽は過去に取り入れた多くの音楽アプローチを極めたものだった。

三十年間にわたって、マイルスは彼の音楽からメロディやハーモニーの中身を取り去り、その意味の多くをリズムセクションのポリリズム的な複雑さへと変えてきた。焦点はずばり、マイルスが並はずれた意識を持つ低音域《ボトムエンド》へと向けられた。「マイルスのようにミュージシャンのベースラインを敏感に察知できる人の存在を他に聞いたことがないし、もちろん一緒に演奏したこともない」とデイヴ・リーブマンは指摘している。「彼はメロディ奏者として、低音域《ボトムエンド》に反応していた。ほとんどのミュージシャンはベースをそんな風には聴いていない。役割のひとつとして聴いているだけだ。彼にとっては、コードはさほど重要ではなかった。コードに注意を払うことはあまりなく、通常、彼の意識はベースやドラムス、特にバンドの中心であるマイケル（・ヘンダーソン）に向けられていた」。

厚みのあるファンキーでブルージーなアフリカのリズムを取り入れたファンク集団の音楽は、マイルスによるリズムの本質の探究の極みだった。しかし、それだけではない。マイルスのブルースのルーツ、六〇年代末期からはじまったフォーク、ロック、ソウル、ファンクの影響の取り込み、そして音楽オーガナイザーとしての彼の生涯の経験の成果でもある。最後の要素は、エディ・ランドールのブルー・デヴィルズのバンド運営から得た教訓、チャーリー・パーカーとの即興演奏《インプロヴィゼーション》、第二期グレート・クインテットでの集合的即興演奏《インプロヴィゼーション》によって育まれたものである。加えて、バンドは、シュトックハウゼンからの影響、抽象的《アブストラクト》なテクスチャー、そして《オン・ザ・コーナー》のレコーディングでバックマスターによって導入されたコールマンの「ハーモロディック」理論を連想させる、多面的に適用できる短い音楽のフレーズを扱うというアイディアを融合させた。

一九七二年を通じて、マイルスはこれらすべての要素を超越して包含することを試みたが、ほとんどの場合において、満足のいく結果は得られなかった。対照的に、ファンク集団の成功は、他に類を見ない個々のプレイヤーの能力の範囲と、彼らの相性によるものである。ヘンダーソン、ルーカス、エムトゥーメ、コージーは、ロック、ファンク、ソウルに完全に慣れ親しんでおり、後者二人はジャズの演奏経験もある。ヘンドリックスのようなワイルドなエネルギーと最高レベルの奇抜なギター演奏の組み合わせでバンドを引っ張ったコージーは、卓抜したソロ奏者へと成長した。マイルスの指導の下、ルーカスはファンクの特徴的な反復グルーヴに秀でた、伝染性のあるリズムの奏者としての能力を高めていった。本来はジャズ・ドラマーであるフォスターは、バディ・マイルスに触発された、ドライブ感あふれるオープン・ハイハットのドラムスタイルの演奏を行う才能を生まれながらにして持つプレイヤーだった。フォスターの演奏は、エムトゥーメが奏でるアフリカのリズムとも完璧に組み合い、バンドの集中を維持するとともに、高揚感を高める推進力となった。ルーカス、フォスター、エムトゥーメの三人が揃ったことで、バンドにおけるリズムのまとめ役としての役割からヘンダーソンが解放された。ベースリフは依然として重要な「キー」であり続け、バンドはそれを軸に回っていたが、ヘンダーソンはベースラインを自由に変えられるようになったことで、ビートの前後で演奏したり、ラインを縮めたり延ばしたり、きらびやかなラインを弾くなど、全く新しいパートを試すことができるようになった。

バーツ／ジャレット／ヘンダーソンのバンドと同じように、ファンク集団はレパートリーを数十曲持っていた。しかし、ファンク集団の高い創造力と多才な面を示すように、ライブのレパートリーやセットの順番はより柔軟であり、定期的に新しい曲を試したり、〈マイルストーンズ〉、〈オール・ブルース〉、〈ソー・ホワット〉などのマイルスの五〇年代の作品を演奏したりすることもあった。公式にリリースされた三枚のライブ・アルバム、《ダーク・メイガス》、《アガルタ》、《パンゲア》の音楽は、やはりメドレーとしてまとめられ、総称タイトルが付けられている。《ダーク・メイガス》の場合、タイトルは〈モエジャ〉、〈ウィーリー〉、〈タートゥー〉、〈オーンネー〉(それぞれスワヒリ語で一から四を意味し、オリジナルの二枚組アルバムの四面に対応している）となっている。《パンゲア》では、全体が〈ジンバブウェ〉と〈ゴンドワナ〉の二つのタイトルに分けられている（「パンゲア」同様、後者のタイトルは、地球に過去に存在したと考えられている超大陸を指している）。ヤン・ローマン、ピーター・ロージン、そして特にエンリコ・メルランは、ここでも月を指さしてくれており、これらのメドレーを構成している曲を特定し、その名前を示してくれている(14)。

　ファンク集団の典型的なセットリストは〈モエジャ〉と〈オーンネー〉からなっており、ときに〈チューン・イン・5〉をブリッジとして用いる、ひと続きのワイルドな不協和音ではじまる。このメドレーは三十分以上におよぶこともある。〈モエジャ〉と〈オーンネー〉は密接な関係にあり、ほぼ常に続けて演奏される。このため、本書では〈モエジャ〜オーンネー〉と記すこともある。〈チューン・イン・5〉は、認識できるベースラインも主題《テーマ》もどちらもない、唯一のバンドの楽曲である。五音のポリリズムに基づく曲で、その上に様々なリフと主題《テーマ》が演奏される。コンサートでは、別の方向から曲にアプローチする場合や別の曲へのきっかけとして、何度も登場する。〈モエジャ〜オーンネー〉のセクションは、コンサートの冒頭で観客《オーディエンス》にいきなりノックアウトパンチを食らわせるという、一九七〇年から一九七一年の〈ディレクションズ〉と同様の機能を果たしていた。一九七三年夏の日本ツアーでは、もうひとつのワイルドで荒々しい曲、〈タートゥー〉がお目見えしている。この曲は、一九七四年にセットリストの最初を飾るもうひとつの曲に格上げされ、ときに〈アガルタ・プレリュード・ダブ〉と組み合わされて演奏された。これら二曲で、〈モエジャ〜オーンネー〉と同等のノックアウト機能を果たしていた。このような容赦ない徹底したオープニング・セクションは、多くのジャズ・ファンを遠ざけることになり、彼らからこの音楽は「またしても、二音《ツー》コードの主題《テーマ》をただ引き延ばしているだけの、うんざりとする練習曲」(15)と切り捨てられてしまう。

　その他の曲やバンプは、これよりもずっとメロディック、叙情的《リリカル》で、親しみやすいものだ。通常は〈チューン・イン・5〉や〈ライト・オフ〉の上に重ねて演奏される、〈ウィリー・ネルソン〉の主題《テーマ》のないバンプは、過去の引用となっている。〈ジンバブウェ〉には主メロディがないが、洗練されたブルージーなバンプは、ときにブルースに触発された長い即興演奏《インプロヴィゼーション》を思い起こさせる。〈イーフェ〉は、ほとんどのセットリストで演奏されるハイライト曲として、関心の中心に位置付けられた。一九七二年九月のフィルハーモニック・ホールで披露された四音《フォーノート》のベースリフに基づくバンプを土台とする、このバックマスターの七音《セブンノート》の主題《テーマ》は、一九七二年のスタジオ・バージョンから唯一残った音楽要素である。この曲は三十分を超える長さにまで引き伸ばされることもあり、雰囲気を作り出すための大規模な試みとして用いられた。マイルスはその機能をグレイトフル・デッドの〈ダーク・スター〉になぞらえている。

　快活な〈カリプソ・フレリーモ〉は、バンドが日本ツアーから戻った一九七三年七月に披露された。九月にスタジオ録音されたこの曲については、以降で詳述する。〈フォー・デイヴ〉としても知られる〈ウィーリー〉は（前者のタイトルはある晩マイルスが教えてくれたものであると、デイヴ・リーブマンは述べている(16)）、一九七三年十月に初めてお目見えした。もうひとつのゆったりとした雰囲気のある曲で、ときに心を釘付けにするような熱狂ファンクへと高揚する。〈メイーシャ〉と〈エムトゥーメ〉は、どちらも一九七四年十月に録音された後に、ライブ・レパートリーに組み入れられた。これらについても、後ほど詳しく述べる。バンドはポピュラー音楽の引用もいくつか取り入れている――例えば、〈ラテン〉としても知られるようになった曲は、コージーによると、マイルスによって〈ミスター・フォスター〉というタイトルが付けられており、ミニー・リパートンの曲〈ラヴィン・ユー〉をもとに作られている。一九七五年五月五日にスタジオ録音された〈ラテン／ミスター・フォスター〉は、公式にはリリースされていない〔二〇〇七年発売の《ザ・コンプリート・オン・ザ・コーナー・セッションズ》に〈ミニー〉という間違ったタイトルで収録されている（〈ミスター・フォスター〉というタイトルの曲も収録されているが、そちらのタイトルも誤りである）〕。それ以外の特定されないライブ演奏曲もリリースされていないが、その中のひとつはジョニー・マーサーとハロルド・アーレンによる〈アクセンチュア・ザ・ポジティヴ〉をもとに作られたものとメルランは考えている。

これらのバンプと主題《テーマ》が、一九七三年四月から一九七五年九月までの音楽の基礎をなしている。それぞれの主題《テーマ》は、奏者の判断で挿入、変形、または取り除かれる様々な短いモチーフ、リフ、リズミックな音型によって補強される。ただし、これらの要素は単なる枠組みであり、外面、すなわち月をさす指にすぎない。月、すなわちその意味、内面、魅力は、バンドがその要素をどう扱うかにかかっている。ここに第二期グレート・クインテットの影響が顕著に現れてくる。七三〜七五年のバンドは、継ぎ目のないきわめて直感的な集合的即興演奏《インプロヴィゼーション》を通じて、これらの曲を探求し直し、変形させた。曲はその日によって見分けがつかないほどに形を変えることもあり、その結果、音楽の大部分または全体が即興演奏《インプロヴィゼーション》であるかのような誤解を広く与えた。

「でも、そうじゃなかった」とルーカスは明言している。「曲のはじまりには、きっちりと定義された基礎となる構成があって、そこから体系化されていると同時に、きわめてフリーな方法で、念入りに作り上げていくんだ。同じ旋律も演奏するが、その構成は厳密ではないので、バンドはリズムの構成要素の間でいろいろなやりとりができる。僕らは、ソロで演奏するよりもはるかに多くの音《ノート》を即興で演奏した。そうやって、だんだんと曲全体が即興演奏《インプロヴィゼーション》のようになっていった。とてつもないグルーヴがはじまり、一晩の間に、そしてライブ・パフォーマンスを通じて、それが進化し続けた。あのバンドは本当にすごいライブ集団だった。即興集団ではあったけれど、構成のある即興演奏《インプロヴィゼーション》をやっていた」。

「まず最初にキャンバス、つまり手がけている音のシートが必要だ」とエムトゥーメは説明する。「それからブラシがいる。ミュージシャン一人ひとりが、異なる色のブラシだ。目指しているものがわかると、しばらくしたら、描いている絵が何なのかが見えてくる。特定の部分に、どの色合いの赤を使えばよいのかがわかる。ベース・プレイヤーは、どんな色合いのブルーを演奏すればよいかわかっている。あのバンドは有機体のようだった。たくさんのソロが重要だったんじゃない。本当に重要なのは音のタペストリーだ」。

エムトゥーメは続ける。「人をひきつける力というか、相互に音楽的な対話を可能とする、瞬時に反応するレーダーのようなものが存在していた。僕らは皆、他のメンバーが何を考えているかわかっていて、それが説明のできない親密さや複雑さを音楽に与えていた。単純な枠組みが変化する構成へと展開していき、すべてがとても自然で有機的だった。僕はサイドマンとして、今日に至るまで、これほどまでに素晴らしい気分を味わったことはない。集合的即興演奏《インプロヴィゼーション》で、このような一貫性を生み出せるグループは他には存在しないだろう。僕らはこれまでに誰も到達したことのない方向へと向かっていた。皆の調子が完璧に合っていて、バンドはまるで精密に調節されたエンジンのようだった。自分が何をすればよいのか、きっちりわかっていた。集団として親密な関係が築かれていたから、ほとんどリハーサルも必要なかった。音楽はセックスのようなものだ。リハーサルなんかせずに、ただやればいいんだ。それが僕らのアプローチの仕方だった。実際の行為そのものの自発性、それに尽きる」。

「一緒に頭を使って演奏しているとき、マイルスと僕は一緒に呼吸をしていた」とコージーは付け加えている。「僕は彼のフレージングの仕方を学んで、ときどき彼が違ったフレージングをやろうとしたときでも、彼の呼吸や演奏から何をやろうとしているかがわかった。バンド・メンバーとの間で彼が編み出したテレパシーのひとつの形態だ。だからこそ、僕らが選ばれたのだと思う。彼がテレパシーを通じて会話ができるミュージシャンとしてね」。

エムトゥーメとコージーがリハーサルに参加することはほとんどなかった。しかし、マイルスは、音楽のリズム、ハーモニー、さらにはメロディの基礎をなすこともあるフォスター、ルーカス、ヘンダーソンとはリハーサルをときどき行っていた。「リハーサルは、ほとんどいつもマイルスの家でやっていた」とルーカスは説明する。「普段はとても短いものだった。僕らがやっていたのは即興音楽だったから、必要以上にリハーサルをすると、パフォーマンスから魂が抜けてしまうとマイルスは感じていたのだと思う。ステージに上がって演奏する前にやりすぎてしまうことだけは避けなければならない。僕らが即興でいろいろなものを作り出せることを彼は確信していた。コンサートの前には、大規模なリハーサルをやる代わりに、ボストンのポールズ・モールやサンフランシスコのキーストーン・コーナーなど、彼が気に入っていたクラブで一晩に三セットの演奏を七日間ほどやって、バンドにウォーミングアップさせるのをマイルスは好んでいた」。

*

コージーの加入によって活力と焦点が復活したが、一九七三年当時はバンドとして改善しなければならない荒削りの部分がまだ残っていた。リズムは硬直しがちで、コージーとルーカス、そしてエムトゥーメとフォスターはお互いをどう補完し合うべきかを探っていた。一方、ヘンダーソンは、彼の驚くべきバンプを一九七五年のレベルにまでには、まだものにできていなかった。また、支離滅裂なぎこちない演奏をすることもあったコージーは、一年後にきわめて実験的なプレイヤーへと自らを押し上げることになる、革新的なソロ演奏をまだ開発している段階にあった。

こうした表現方法を模索するプロセスは、最初のスタジオ・レコーディングにも見られる。セッションが七月二十三日に行われたが、ここでレコーディングされた二曲はリリースされていない。このうちのひとつは、七月八日にライブで初めて演奏された〈カリプソ・フレリーモ〉[17]の初期バージョンと考えられている、〈カリプソ〉と呼ばれる曲である。七月二十六日にバンドは再びスタジオに戻り、片面が〈ハリー・ウッド〉、もう片面が〈ビッグ・ファン〉という、あまり知られていないシングルをリリースする。[18]曲はそれぞれ三分以下の長さで、これといった特徴のないバンプとマイルスによる目的のないソロからなっている。これらはジャムと大差ないもので、ライブで演奏されることはなかった。このリリースからは、コロムビアからのシングルのリリース要求に応じて、マセロが保管庫に行き、ほとんど手当たりしだいに二つの曲を作り上げたことが窺える。

約二カ月後の九月十七日、スタジオ・バージョンの〈カリプソ・フレリーモ〉がレコーディングされる。《ゲット・アップ・ウィズ・イット》でリリースされるこの曲は、あらゆる基準から見ても優れた作品だ。「今度の〈カリプソ〉が新しい方向性を決定づけるさ」と一九七四年にマイルスは主張している。[19]そして、この三十二分間のスタジオ録音曲には、バンドの方向性を記録し、定義しようとするマイルスの試みが見て取れる。リリースされたバージョンでは、構成面でのマセロの貢献も見られる。彼は十分十一秒と二十一分三十九秒の部分に音楽に合った滑らかな編集ポイントを入れて、三つの主要なセクションをひとつに編集した。曲全体を通して、マイルスのオルガン演奏とワウワウ・トランペットが支配的である。デイヴ・リーブマンはフルート、ジョン・スタブルフィールドはソプラノ・サックスを吹いている。アーカンソー州生まれのサックス奏者、スタブルフィールドは、シカゴにやってきてコージーと出会い、彼を通じてマイルスに紹介された。

〈カリプソ・フレリーモ〉は、最小限の素材、この場合は二つの短いメロディのモチーフとひとつのベース・バンプから、効果的なムードと大規模な音楽構成を作り上げるマイルスの驚くべき能力を示す良い例だ。曲の開始部でバンドは軽く流れるようなカリプソ風のグルーヴを構築し、そこにマイルス、リーブマン、スタブルフィールドの切れ味鋭いソロが重ねられる。最も印象的な要素のひとつが、左チャンネルから聴こえるコージーの繊細かつ革新的で絶えず変化するリズム演奏だ。十分十一秒にテンポが半減し、ここからはじまるヘンダーソンの広がりのあるスローなベースリフは、《ジャック・ジョンソン》の〈イエスターナウ〉の開始部分で演奏されるリフとの類似性を想起させる。二十一分三十九秒に最初のグルーヴに戻るまで、マイルスとバンドの演奏は激しさを増していく。二十二分五十二秒、コージーがようやくソロを開始するが、当時の彼のソロ演奏にときどき見られるように、繰り返される見事なリズムのアイディアと、アイディアに迷っているように聴こえる奇怪な「外れた」演奏との間をいったりきたりしている。二十六分四十三秒のあたりで、コージーは魅力的な二音《ツーノート》のリフを開始する。二十八分二十七秒には別の短いモチーフを披露し、マイルスの最後のソロとともに、曲は大きなクライマックスを迎える。

〈カリプソ・フレリーモ〉のスタジオ・バージョンはまぎれもなく素晴らしい作品だが、マイルスのライブ・コンサートの特徴となっていた、すべてを焼き払うような激しさや構成上の流動性は見られない。セクションごとに録音する手法を用いていたこと、そしてバンドの最初のレコーディングではマイルスはオルガンを弾いていた（彼のトランペット・パートはほとんど後から編集で重ねられた）という事実から、ライブで目覚ましい効果を発揮していた、緊張と解放の仕組みを用いることができていなかった。

〈カリプソ・フレリーモ〉は録音状態がよく、すべての楽器がクリアで細部まで聴こえる。ただし、そのサウンドと演奏は少しばかりクリーンすぎるようにも感じられる。多くの楽器に、音楽とは無関係なノイズであったり、土砂やら金属やら木片がガラガラ鳴る音が加わるのは、アフリカ音楽の本質的側面である。大量の摩擦音もまたファンク集団のライブ演奏にはつきものであり、おそらくはアフリカ音楽から学んだことの表れでもあるのだろう。しかし、コロムビアのジャズ・スタジオのエンジニアはクリーンで完璧なサウンドを目指していたため、彼らのスタジオ音源も通常はずっとクリーンなものとなっている。これに対して、ダニエル・ラノワやルパート・ハインといったロックの音楽プロデューサーは、音楽のサウンド・イメージにおける摩擦音（たとえそれが認識困難なサブリミナルなレベルのものであったとしても）の重要性を強調している。美しいサウンドは、それだけでは平坦すぎて、キッチュのようなものになってしまう。摩擦音とその美しさを組み合わせることで、深みと意味を加えることができる。マイルスの長所のひとつは、この概念をハーモニーに適用するやり方にあり、常に協和音と不協和音との間のバランスを追い求めている。しかし、音像において摩擦音を作り出すことに関しては、マイルスはマセロやスタジオエンジニアの判断に委ねるしかなかった。ここでの唯一の摩擦音は、彼のエレクトリック・ワウワウ・トランペットによる少し歪んだ音だけだ。ただし、残念なことに、しばらくすると不快に感じてくるかん高い耳障りなミッドレンジ音を伴っている。[20]

摩擦音が多すぎて、美しさに欠ける場合も、同じように音楽を平坦化させてしまう効果がある。この問題は、公式にリリースされたファンク集団の最初のライブ・アルバム、《ダーク・メイガス》にも顕著に現れている。一九七四年三月三十日にニューヨークのカーネギー・ホールにおいてコロムビア・ジャパンによって録音されたこの音源は、一九七七年に日本でリリースされ、米国では一九九七年にリリースされた。二番目のセットには、新たに追加された二人のミュージシャン、サックス奏者エイゾー・ローレンスとフランス人ギタリストのドミニク・ガーモントが参加している。マイルスはステージ上で彼らのオーディションを行うことを決めたが、コロムビアがコンサートを録音していることを当然知っていたであろうことを考えると、なんとも物議を醸す行為と言える。何人かのバンド・メンバーによると（リーブマンの意見は違っていたが）、この時点でマイルスはサックス奏者の演奏を気に入っていなかったという。すでにエルヴィン・ジョーンズやマッコイ・タイナーとの共演で成功していた二十歳のローレンスについては、エムトゥーメがマイルスの目を向けさせた。

ガーモントが参加に至った経緯については不可解な点がある。コージーは、一九七三年にパリでこの十八歳のギタリストと出会い、二人は「相棒」になったと語っている。そして、バンドがパリでコンサートを行った一九七三年十一月十五日に、コージーはガーモントをマイルスに紹介した。マイルスはバンドに「また別の趣」を添えたいと考えていたとコージーは述べているが、次のようにも付け加えている。「必ずしも必要ということではなかった。バンドにはソロを演奏できる能力を持つミュージシャンが十分に揃っていた。マイルスは、人々の異なる社会的、地理的、音楽的側面を強く意識していたから、その点でガーモントが何かを与えてくれると考えたのだろう」。

今日のミュージシャンの多くが、《ダーク・メイガス》に影響を受けたと述べている。例えば、ジャー・ウォブルは次のように語っている。「《ダーク・メイガス》はその時期の一番好きなマイルスのアルバムだ。生々しく、表には出てこない隠れたパワーがあり、闇と光が混じり合ったようなサウンドだからだ。一九七八年に初めて聴いたときは、夢のような時間だった。全体的なサウンドは、パブリック・イメージ・リミテッドがやっていたことにも似ている。僕らよりも数十年も前にこんなアルバムがレコーディングされていたなんて信じられないよ。おそらく、ミュージシャンが独りよがりになりはじめていたので、マイルスはどたん場になって、意図的に新人ミュージシャンを入れることを決めたのではないかな。マイルスが彼らに心理的、そしてもちろん音楽的な影響を与えたいと思っていたことは想像に難しくない。また、ミュージシャン自身が最高の作品とは思っていなくても、実際には素晴らしい内容で、多くの人々がそれを気に入ってくれているなんてこともよくあることさ」。

ウォブルの最後の言葉は、デイヴ・リーブマンがCDライナーノーツで、カーネギー・ホールでのコンサートは「あまり心を動かさなかったライブということだろう」と書いていることについて触れている。[21]「ライナーノーツでは、あの晩の演奏は最高のできではなかったとは、はっきりと書きたくなかったんだ」とリーブマンは説明している。「今聴いてみると、思っていたほど悪いサウンドではないが、僕らの最高の演奏ではない。あの晩は、マイルスはおかしな調子だったし、おそらくドラッグ関係だと思うが、薄気味悪い奴らがギグに現れたりして、パニック状態にあって、バンドを取り巻くニューヨークの空気は決して良いものではなかった。その点、ヨーロッパは良かった。都市にもよるし、どれだけ薬が手に入るかにもよるけどね。そして、日本はいつだって最高だった。あそこでは、マイルスは薬をやらずにクリーンでいられたから、よく食べていたし、いつも女性が一緒だった」。

《ダーク・メイガス》はバンドのベストな演奏を録音したものではないという点について、エムトゥーメ、ルーカス、コージーもリーブマンと同意見だ。一人は、マイルスがサックスの演奏に不満をもち、当初、編集で取り除くことを望んでいたと記憶している。ピート・コージーは、別の要因について、次のように語っている。「カーネギー・ホールは構造的に僕らの楽器に合っていなかった。アコースティック音楽用に建てられたホールなのに、僕らはアンプを山ほど積み上げていた。音が分散してしまい、僕らのような非常にタイトなバンドでなければ、自分たちの音が全く聴こえていなかったと思う。僕は雑談場所のようなところで演奏するのが嫌だった。サウンドの観点からすると、忌まわしい行為だね」。

実際に《ダーク・メイガス》を聴いてみると、ミュージシャンたちの意見に賛成せざるを得ない。ファンク集団にリーブマンだけが加わった最初のセットは、〈モエジャ〜オーンネー〉、〈チューン・イン・5〉(CDリリースでは〈モエジャ〉と呼ばれている)、〈ファンク〉(または〈ウィーリー(パート1)〉)の一連のノックアウト曲ではじまる。これが、優雅さ、間《スペース》、深みがほとんどない、三十八分間の分厚い容赦ない音楽を作り上げている。録音の質、特に〈モエジャ〜オーンネー〉と〈チューン・イン・5〉については標準以下である。ミッドレンジの音がどんよりしていて、ベースの音が小さすぎる。タペストリーの中の色彩を見分けることがほとんど困難になってしまっている。マイルスは、〈モエジャ〉の一分〇秒、〈オーンネー〉の五分五十一秒と十分五十八秒の部分でメイン主題《テーマ》を演奏している。これらの曲の最も興味深い瞬間が、七分二十秒のところのルーカスのリフと、八分十五秒からはじまるコージーのソロだ。これが、シカゴ出身のギタリストが開発した、ド派手なエフェクトに支配されたソロ・スタイルを聴くことのできる、最初の公式リリース作品となる。

〈ファンク〉は、これと非常によく似たBフラットのベースリフが特徴の〈タートゥー〉を連想させる。しかし、〈ファンク〉のグルーヴは少し違っており、ヘンダーソンは定期的にEフラットに移行し、〈タートゥー〉にはないブルースに影響された変奏《バリエーション》のきっかけを作っている。[22] シュトックハウゼンの影響は、五分十六秒のマイルスの不調和なオルガンと、純粋にテクスチャー効果のためだけにドラムマシンが拍子はずれに通り過ぎていく十三分二秒の部分に聴くことができる。《ダーク・メイガス》の一枚目のCDの最後の曲〈ウィーリー〉(〈フォー・デイヴ〉とも呼ばれる)は、このセットで最高の部分である。ミュージシャンが息を継ぎ、相互に反応できるだけの十分な間《スペース》があり、リーブマン、コージー、マイルスがいずれも美しいソロを披露する。

二番目のセットは、ガーモントの演奏に打ちのめされる。彼はほとんどのギター・ソロを担当し、彼のトーン、センス、そしてアプローチは粗削りで、ヘンドリックスの派生のようだ。ガーモントが才能ある若いギタリストであり、ピークに達するにはまだ少し時間が必要であることが、このコンサートで証明された。三人のギタリストと二人のサックス奏者の存在により、音楽は最初のセットよりも分厚くなっている。特に、二枚目のCDの最初の曲〈タートゥー〉では、その影響が顕著だ。ギタリストたちによって伝染性のあるリフが演奏されているが、音楽のほとんどの部分は容赦のない、入り込む隙間のないものになっている。そして、おそらく、まとまりのない混乱状態を整理するために、マイルスはときどきバンドを止め、ソロ奏者に伴奏なしで演奏させている。これは当時、劇的な効果を得るために、彼がよく用いるようになっていた手法である。「彼が指を動かしたり、首を縦に振って頷いたりしたら、それが合図だ」とヘンダーソンは語る。「目と耳を凝らしていないと駄目だ。いつ彼が合図をしてくるかわからないからな」。しかし、ここでは大した効果は得られていない。バンドは飛び立つことができず、音楽は重苦しくて、ぎこちなく、ファンキーとは程遠いものだ。

〈カリプソ・フレリーモ〉はそれよりは多少なりともしっかりした形や雰囲気を持っており、四分九秒からはじまるマイルスのソロの下で、バンドは本物のスウィングするグルーヴを作り上げる。しかし、テープ編集者（おそらくマセロ）が倦怠感を覚える人々の側についてしまったかのように、グルーヴが沸点に達したところで曲はカットされる。編集者は〈イーフェ〉についても同じように軽視した扱いをしており、コージーのソロの途中から曲がはじまる。一分四十八秒に曲のメイン主題《テーマ》が提示され、ヘンダーソンは二分四秒からメインのベースリフの演奏をはじめる。八分前後の部分ではガーモントが優雅さと独創性を示すフレーズで目覚ましい演奏を聴かせ、十三分前後にバンドはようやく、柔軟性とバランスを保ちはじめる。そして、この柔軟性とバランスこそが、この時期の海賊版《ブートレグ》の価値を高めている要素である。コージーはムビラ（アフリカの親指ピアノ）でソロを演奏し、四十八秒の間に〈イーフェ〉はゆっくりと〈モエジャ〜オーンネー〉へと流れ込む（CDのマスタリング・エンジニアはIDキューを四十八秒早く入れすぎている）。〈オーンネー〉の最後のバージョンが実際に二番目のセットの最後に演奏されたのか、編集によってここに入れられたのかは不明である。いずれにしても、最初のセットのバージョンからの改善は見られない。最高の走句《パッセージ》が、ヘンダーソンによるストップ・スタートのブルース・リフとともに三分二十六秒にはじまるが、そのグルーヴも結局は洗練されているとはとても言えない、パブ・ロックバンドのような騒々しくてぎこちない駆け足のリズムへと崩壊していってしまう。五分五十二秒にグルーヴが再び顔を出すと、気持ちのいいファンキーなリフへと発展し、CDリリースでは七分二秒から〈チューン・イン・5〉がはじまる。ここは、ほぼエムトゥーメの独り舞台だ。バンドに自分が知っている以上のことを演奏させるために、どたん場でミュージシャンを投入するなど、劇的で思いもよらない行動をとるマイルスの手腕に関するウォブルの指摘は正しかった。ただし、それが逆効果となるリスクをはらむ手法であることもまた《ダーク・メイガス》は示している。

*

　カーネギー・ホールでのコンサートにおけるサックスの演奏に対するマイルスの不満を示すように、エイゾー・ローレンスはライブ・バンドへの参加を求められなかったが、ガーモントは一九七四年末まで集団に残った。このギタリストの参加が「バンドの力学を見事に変えてくれた」とコージーは感じている。ルーカスもこれと同意見であり、「バンドに三人もギタリストがいるのは、テクスチャーの観点から、他には例をみないことだ」と述べている。「僕らは、動く標的のような音楽をやることに慣れていた。バンドの構成や規模も常に変わっていたから、問題なかった。それに、マイルスは、目的とする効果を得るために、経歴の異なるミュージシャンを組み合わせるのが好きだった」。しかし、エムトゥーメの意見は違っていた。「バンドに影響など与えていない。実際は、ただ緊張感だけをもたらした。ドミニクには失礼だが、彼がピートやレジーと同レベルの力量をもったミュージシャンだとは思わない。マイルスは彼のソロ演奏を気に入っていた。バンドリーダーだから、自分が欲しい人間を雇った。ただそれだけのことだ。ドミニクはヨーロッパ風の趣を添えるためだけに加わったんだ」。

　およそ二十年前のジョン・コルトレーンと同じように、マイルスは他の者には認識できない、唯一無二の、しかし未完成の才能をガーモントに見出していたのだろう。彼はガーモントをかばい、こう説明している。「俺は自分のところのミュージシャンを教えている。……今はバンドの若いやつに教えている最中だよ。……それがもうすごいやつでな。まるでヘンドリックスだよ。こっちはいろんなコードを教えてやらないといけない」[23]。

　マイルスからのまるで父親のような称賛は、ミュージシャンと彼の関係を覆っているベールをほんの少し持ち上げてくれている。一九七四年当時、三十代前半のフォスターとコージーを除き、ファンク集団のメンバーは全員が十代の終わりから二十代前半だった。マイルスはその年で四十八歳になり、こうした年齢差が彼らの関係性に大いに影響していた。「僕らは皆、マイルスの息子代わりだった」とルーカスは説明している。「マイルスは僕らにとてもよくしてくれた。彼は父親のように接してくれて、僕らもそれに感謝していた。彼こそ、僕らが尊敬する人物であり、自らを高めるのに手を貸してくれた人なんだ」。「彼は僕を息子のように扱ってくれた」とヘンダーソンは当時を振り返る。「そして、僕も彼を父親のように慕っていた。僕らはいつだって仲よくやっていた。彼に対して腹を立てたことなんて一度もないよ」。一方、マイルスの方は、派手な服装で観客に向かって演奏することにふけりがちなヘンダーソンについて、「くだらないことに時間をつぶしたり、いいところを見せようとしたり、グループの一員として行動していない」とよく不満をもらしていた[24]。

一九七四年当時、二十八歳だったリーブマンは、ステージ上でマイルスが話しかけてくることはほとんどなかったと語っている。「けれども、ポリオを患っていて足が悪かった僕に、彼は敬意を払ってくれていた。彼も股関節の問題で手術を受けたり、松葉杖をついたり、いろいろと大変な目にあってきたから、僕がそういった問題を乗り越えてきたことに感心してくれていたんじゃないかな。『これこれについてはどうしているんだ?』って、彼によく聞かれたよ」。

他のサイドマンと同じように、ルーカスも次のように認めている。「マイルスは僕たち一人ひとりと、それぞれ異なる関係性を持っていた。彼の息子の代わりとして、僕らは皆、違った存在だった。彼も一人ひとり、個別に扱った。そうして、僕らから違ったものを引き出した」。「偉大なバンドリーダーの証じゃないかな」とコージーはコメントしている。「それぞれのミュージシャンの好きなことや嫌いなことを把握していて、どうしたら彼らから最高のものを引き出せるかわかっているんだ」。しかし、マイルスは、自らのリーダーとしての役割について、あまり重きを置いていない。「俺はただ眠っているものを起こすだけさ」と彼は一九七四年に述べている[25]。その一年後、過去の第二期グレート・クインテットに関するコメント同様、彼は次のように語っている。「自分よりも優れたバンド・メンバーが周りにいないと駄目だ。そうでないと、目標を高く持ち続けられない。常にバンドの一人ひとりから何かを学べる状態になっていないとな[26]」。

マイルスは「厳しい人物でもあり、父親の代わりとして、自分にとっては決して楽な存在ではなかった」とルーカスは述べている。リーブマンによると、バンドの中で最も多くマイルスの「厳しい」側面に触れたのがルーカスだった。「マイルスはあいつをずいぶんと悩ませていたよ」とリーブマンは語っている。「ステージから降りてくると、マイルスはあいつの顔をじっと見て『レジー、なんであれを弾いたんだ?』と言う。特にどの部分かは示さずに、ただそれだけ言う。すると、レジーはマイルスが何を言っているのか理解できず、しまいには泣き出してしまう。マイルスはいつだって具体的なことは言わない。レジーが泣き出すと、マイルスは罪悪感を抱くのか、僕やアル・フォスターの方を見て、『なんであいつは泣いているんだ？　俺は何も言っていないし、何もしちゃいないぞ』と言ってくるんだ[27]」。

マイルスの厳しさは、ときとして暴力に発展することもあり、一緒にいた女性やロード・マネージャーのジム・ローズがその被害に遭っている。「マイルスはよく彼をサンドバッグのように蹴飛ばしていた」とヘンダーソンは述べている。「僕はそんなことをするのはクールじゃないと思っていたけどね」。ローズは、「マイルスとの関係を示す傷跡が三つほど残っているが、その話はしたくない」と答えている。

マイルスの暴力的傾向は、健康状態の悪化に対処するために使っていた薬によるところが大きい。松葉杖からは解放されていたものの、ステージ上ではまだ足を引きずっていた。股関節の痛みはさらに悪化していて、ときどき医師にモルヒネ注射を打ってもらっていた。当然、ステージに上がるときに履いていた、かかとの高い靴も災いしていた。マイルスは、出血性潰瘍、不眠症、声帯結節、マイコプラズマ肺炎にも苦しんでいた。「一九七四年の中頃には、彼は鎮痛剤を日に八錠も飲まねばならなかった」とイアン・カーは書いている[28]。不眠症でもあったということは、睡眠薬と興奮剤を交互に使っていたことになり、決して有益な組み合わせではない。アルコールも問題になりはじめていた。マイルスは自伝の中で、一九七四年五月にツアーでブラジルを訪れた際、ウォッカ、マリファナ、パーコダンを混ぜて使い、病院に担ぎ込まれたことについて触れている。次の日、「俺は素晴らしい演奏をして、すべての人々をしびれさせてやった。みんな、信じられなかったようだ」とマイルスは大げさに語っている[29]。

マイルスは一九七五年の初めにも声帯結節を除去するために入院している。マイルスがこのような健康状態で、しかも感情面での問題も抱えていながら、活動を続けていただけでなく、質の高い優れた音楽を創っていたことは驚きである。彼がエネルギーの最後の一滴まで音楽に捧げたのは、アートに対する強い献身的な姿勢に駆り立てられていたからに違いない。「音楽は俺の人生の四分の三……いや九〇パーセントだ」とマイルスは語っている[30]。彼は身体の痛みや私生活の苦悩から逃れる手段として、音楽に耽溺していた可能性がある。マイルスは彼の母親にも同じことを指摘されていた[31]。彼が健康を害するほどの極限状態まで、音楽への献身を続けたこともこの表れである。一九七四年から一九七五年までの彼のツアー・スケジュールは特に密になっていた。一九七四年にリーブマンに代わって参加したサックス奏者ソニー・フォーチュンは、クリーブランドでのコンサート（おそらく一九七四年十二月）で、マイルスが耐えられないほどの痛みを感じていたために、その晩の二回目のショーを行えず、観客が「やかましく騒ぎ立てた」と報告している。フォーチュンはハンコックのヘッドハンターズと一緒だったツアーの終盤、一九七五年三月のセントルイスでのことを思い出し、「マイルスはステージを降りるやいなや具合が悪くなった」と語っている。次の日、マイルスは出血性潰瘍で入院し、ツアーの最後の三日間をキャンセルしなければならなかった。「何があってもショーはやり遂げなければいけないという、根っからの芸人気質をマイルスは持っていた」とフォーチュンは付け加えている。マイルスは激しい痛みに耐え、歯を食いしばって演奏を続けた。サングラスで人目を遮り、タフな男を演じながら。彼が繰り返してきた、評論家には関心がないという主張もまた、こうした威勢のいい態度の表れだった。実際には、特に米国において、十分に認められてこなかったことが、彼にはとても辛かった。ちょうど一九六〇年代中期と同じように、彼はポピュラー音楽の文化の動向と大きく乖離してしまっているようだった。ロックの論評では無視され、ジャズ界からのコメントは悪意に満ちたものばかりだった。一九七三年のミネアポリスのガスリー・シアターでの演奏について、あるレポーターは次のように書いている。「評論家の意見は一致している――デイヴィスは会場にジョイント〔マリファナ・タバコ〕の悪臭を充満させた。……ガスリー・シアターの歴史において、最悪のジャズ・コンサートと言ってよいだろう」[32]。別のジャズ・ライターは、「不気味……陰鬱……絶望のどん底」[33]、あるいは「家でおとなしくしていればよかった」[34]などといった表現を用いている。

一九七四年五月にライターのサイ・ジョンソンはインタビューで、マイルスに次のように言った。「私の耳には、バンドが迷走しているようにしか聞こえない。焦点がどこにあるのかわからない」。マイルスはその言葉に傷つき、防御的に反応しつつも、やんわりと説明した。「サイ、俺が音楽をやるようになったのは、音楽が好きだからだ。今でも大好きだ。あらゆる種類の音楽がな」[35]。その後、同じインタビューの中で、昔のサイドマンの中には現在の彼のバンドには全く興味を持っていない者もいるという話を聞き、彼は今にも泣き出しそうになった。

父親代わりの役割を果たすべく、マイルスはこのような傷つきやすい側面を若いバンド・メンバーに見せることはなく、ものごとに動じない強い男を演じてきっていた。エムトゥーメは当時のことを次のように語っている。「彼はなんとも思っていなかったよ。僕らも、くそくらえと思っていた。僕らは新しい音楽を探求していた。評論家が何を言おうが、全く意に介さない、とても意識が高くて自主性のあるミュージシャンのグループだった。全世界を敵にまわしたかのような状態にも何度か陥った。けれども、この時期が正しく評価されていないのが、僕にはどうしても我慢できない」。彼の最後の言葉、そしてPBSのラジオ番組で七三～七五年のバンドのメンバーが誰一人としてインタビューを受けていないことに対する彼の苛立ちは、エムトゥーメもまた絶え間ない批判に対する抵抗力が決して強くなかったことを示している。

批評家の無理解と敵意にもかかわらず、聴き手《リスナー》の反応は一般的にとても好意的だった。マイルスが長年望んでいた黒人の聴き手《リスナー》にもようやく聴いてもらえるようになっていたことを、バンド・メンバーは一様に認めている。「人々は気に入ってくれていたよ」とコージーは語る。「ハービーと一緒のツアーでは、マイルスがヘッドライナーだったが、最初にステージに上がることにした。すると、ハービーのときには客が帰ってしまう。そんなことがしょっちゅう起きていた」。「僕らには聴き手《リスナー》がついていた」とエムトゥーメは強調する。「評論家の言うことしか聞いていなかったら、気づかないだろうけどね。奴らは革命的なことが起きていることをわかっていなかった。聴き手《リスナー》の中にはファンカデリックがいた。ミック・ジャガーもそうだ。いろんな人たちが聴いてくれていた。僕らは何らかの橋渡しの役を果たしていた。新しい音楽でね。それを満員の会場で演奏していたのさ!」

*

そしてショーは続き、一九七四年六月十九日または二十日、後に「アンビエント」と呼ばれる音楽の方向性において最も影響力があり実験的な試みのひとつとなる曲がレコーディングされる。ここで生まれたのが〈ヒー・ラヴド・ヒム・マッドリー〉である。「アンビエント・ミュージックの父」ブライアン・イーノは、「この曲におけるテオ・マセロの革命的なプロダクションには、私が追い求めていた『広がりのある』雰囲気がある」と書いている。[36]《ゲット・アップ・ウィズ・イット》同様、〈ヒー・ラヴド・ヒム・マッドリー〉もまた数週間前の五月にこの世を去ったデューク・エリントンへのオマージュである。曲のタイトルは、この偉大なバンドリーダーが用いていた観客に対するお決まりの歓迎の言葉、「ラブ・ユー・マッドリー」から取られている。

エムトゥーメによると、この曲は一九七四年の春にマイルスが受け取った不思議なクリスマスカードからもヒントを得ている。エムトゥーメは思い出して語る。「マイルスの家に行くと、彼が目に涙を浮かべながらドアを開けてくれて、こう言った。『今ちょうど、デュークからクリスマスカードが届いた。最高にヒップなやり方だと思わないか』。デュークは次のクリスマスまで生きられないことを悟り、友達みんなにクリスマスカードを送っていたんだ。カードには『ラブ・ユー・マッドリー』と書かれていた。これがきっかけとなって、あの曲が作られた」。

〈ヒー・ラヴド・ヒム・マッドリー〉のレコーディングにはリーブマンとガーモントが参加しているが、セッションの開始直前に空港から到着したコージーは参加していない。「楽器をチューニングして邪魔するよりも、ただ座って思いを届けようと思った」とコージーは述べている。「だから、スピリチュアルな形で演奏に参加しているんだ。存在という楽器を弾いているのさ」。エムトゥーメは付け加える。「あの曲に取りかかった時点では、何もなかった。ただ、自然にできあがっていったんだ。僕らは雰囲気にまかせて演奏した。コードやら何やら、そんなものは関係なく、その場の雰囲気がすべてだった」。しかし、ガーモントはこのセッションについて、次のように語っている。「リハーサルはしっかりやっていた。マイルスはピアノでアルと僕にメロディ・ラインを示してくれた」[37]。

アンビエントのパラダイムの観点からは、この三十二分の長さの〈ヒー・ラヴド・ヒム・マッドリー〉は壮大な傑作である。マイルスが取り入れた一連の一見シンプルな趣向の導入とテオ・マセロのポストプロダクション技術の適用によって、きわめて力強い雰囲気が創り出されている。前者に関しては、ガーモントとルーカスが「主題《テーマ》」とは呼べないシンプルなフレーズをいろいろと試し、曲に個性と構成を与えている。ガーモントのメインモチーフは曲の開始直後の〇分十九秒で聴くことができ、ルーカスのモチーフが最もはっきりと聴けるのは二十六分十二秒の部分になる。その他の重要な要素は、聴き慣れないギターのテクスチャー、マイルスのときに不協和な飾りのないむき出しのオルガン演奏、そしてミックスによって浮き彫りとなったエムトゥーメのコンガである。これらの要素が組み合わさり、催眠的《ヒプノティック》で内省的な荒廃した雰囲気を創り出している。特に、マセロの編集によって引き伸ばされた（二分四十一秒の部分で最初の二分三十八秒が繰り返される）、フリーなリズムの最初のセクションではそれが顕著だ。

　十分四十八秒にはまた別の編集が入り、十分五十四秒からリズムがはじまり、より外向きの雰囲気が創られていく。リーブマンは繊細で流れるようなアルト・フルートのソロを吹き、マイルスの悲しげで感情を揺さぶられるトランペットがそれに続く。十九分前後でグルーヴが強まり、二十分十秒にはリーブマンの二回目のソロをバックに、ルーカスが見事な和音《コーダル》音型を演奏する。リーブマンの二回目のソロの最初の部分は、二十二分三十六秒に編集によって繰り返される。リバーブ効果が加えられていて、あたかも洞窟の中で吹いているようなフルートの音になっている。二十六分二十一秒にマイルスがトランペットで演奏に加わり、二十七分〇秒にフォスターがハイハットをダブル・タイムで叩いてこれに応える。ここから音楽がファンキーさを増し、ヘンダーソンが規則的にベースの弦をはじく。マイルスのソロの後、バンドはほぼ終わりかけるところまで徐々に演奏を弱めていき、曲の開始部分と全く同じようなサウンドに戻る。不意にフォスターが再びリズムを開始するが、曲は美しくも唐突な終焉を迎える。

　曲の構成を創り上げる編集を行ったマセロの貢献はきわめて大きい。曲の長さに不満を訴える者も多いが、その強烈な雰囲気と解き放つような感動的なクライマックスを創り上げるには不可欠なものだ。《パンサラッサ》でのラズウェルの十三分のバージョンにはオリジナル曲の荘重さや緊張と解放のインパクトが欠けていることが、それを証明している。音のイメージと楽器のバランスにおけるマセロの役割については、はっきりしない。レコーディング・エンジニアのスタン・トンケル、リミックス・エンジニアのジョン・ゲリエとスタン・ヴァイスの功績である可能性もある。しかし、イーノが引合いに出している「広がりのある」趣は、マセロがちょうど手に入れたリバーブマシンによるものである。

　マセロは回想する。「あれは素晴らしい曲だ。少しニュアンスを加える必要があると思ったから、ちょっとしたエフェクトをあちこちに加えて、マイルスが創ったものをさらに向上させた。エフェクトボックスも適用しようとしたが、思うようにいかなかった。通常とは全く違った動きをしたのだ。……デューク・エリントンのバンドのようなサウンドになった。どうやってこんな音になったのか、今でもさっぱりわからない。……まるでデュークが天から降りてきて、ボタンを操作して、美しく仕上げてくれたみたいだ。非日常的なもの、超越的な存在、説明のできない何かが、機材をいじくりまわしたんだ。今日に至るまで、これと同じ効果を再現できていない」[38]。

コージー、エムトゥーメ、ヘンダーソン、ルーカスがいずれも〈ヒー・ラヴド・ヒム・マッドリー〉に満足しているのに対して、リーブマンとガーモントは複雑な感情を抱いている。「皆で何かを見つけ出そうとしているように聴こえる。音楽的にはたいしたことは起きていない」とリーブマンは指摘している。そして、ガーモントは「それほど好きな曲ではないな。何度も聴きたいとは思わない」[39]。こうした意見の違いは、追加のミュージシャンとファンク集団との間の亀裂を示すよい例だ。サックス奏者のリーブマンはバンドの「生きた作曲」を演奏しているが、その制作には関与していない。彼らはまた、最も揺るぎないジャズの経歴を持つメンバーでもあった。これらすべてが、彼らの間に溝を作っていた。

リーブマンに関しては、また別の問題もあった。攻撃的な感情を露骨に表す黒人バンドにおいて、彼は唯一の白人プレイヤーだった。リーブマンはときどき、バンドの他の何人かのメンバーから歓迎されていないと感じることがあった。マイルスは彼にそんなことは無視するように言っていたが、こうした居心地の悪さもあって、彼はバンドを去ることになる。リーブマンによると、彼には一九七四年五月のブラジル・ツアーの時点で、すでにルック・アウト・ファームというバンドを始動する計画が持ち上がっていた。「マイルスにバンドを抜けたいと告げると、彼は『おまえがバンドに長くはいないだろうということはわかっていた』と言い、どうしてビバップ的なものをやるのかと聞かれた。彼が長年ビバップをやったように、僕もビバップを飛ばして先に進むことはできないと感じていると答えたよ」。

リーブマンが去り、その代役を見つけるにあたって、笑い話のような事件が起きている。ピート・コージーは語る。「カーネギー・ホールのショーの後、シカゴにカラパルーシャ・モーリス・マッキンタイアという良いサックス奏者がいることをマイルスに告げたんだ。『そいつはお前と同じくらいクレイジーなやつか?』と聞かれたので、『ああ、そうだよ』と答えた。『よし、そいつを次のコンサートでステージに上げろ』とマイルスは言った。次のショーはちょうどシカゴだったから、飛行機で呼び寄せる必要もなかった。けれども、彼をステージに上げろと言ったことをマイルスはすっかり忘れていた。なので、カラパルーシャがステージに上がってきたときには、全く不意を突く形となってしまった。マイルスはびっくりしていた。男がステージに侵入してきたと思ったんだ。しかも、〈シンキング・オブ・ユー〉というアル・グリーンが歌っていた曲を演奏していたときで、これはセットの間の休憩時間に控室でマイルスとマイケルとレジーが練習していた曲だった。誰もが混乱状態に陥った。この曲に集中しようとしていた矢先に、カラパルーシャがステージに上がってきたんだからね！　彼は何もわかっていなかったし、皆も戸惑っていた。まるで突然現れた幽霊のようだった。僕が短いソロを弾くと、カラパルーシャがサックスを吹いて、吹いて、吹きまくった」。

コージーは続ける。「マイルスはよく手の動きで、バンドやソロ奏者に演奏を止めるように指示していた。でも、カラパルーシャは彼のことは全く見ておらず、マイルスは仕方なくバンドを止めた。それでもカラパルーシャは続けた。マイルスはバンドに演奏を続けさせ、カラパルーシャの演奏も続いた。マイルスが再びバンドを止めても、カラパルーシャはまだ演奏を続けた。こんなことが何度となく繰り返された。その後、マイルスはドラム台の上に座って、しばらくサックスを吹き続ける男の演奏を聴いていた。最終的にマイルスはバンドの演奏を止めた。後になってカラパルーシャの話を聞くと、ステージに上がったときに、何らかの力が彼の心を捕らえ、持っているものすべてを出し切って演奏するように告げられたらしい。彼のガールフレンドも客席から演奏を止めるように合図を送っていたが、彼には何も届かなかったようだ。彼が受け取ったのは、ただすべてを出し切って演奏するようにというメッセージだけだった。マイルスは怒り狂っていた。コンサートの後にカラパルーシャがマイルスのところに行き、僕に演奏するように言われたと告げると、『お前のせいでピートはクビだ』と言われた。それでも、二人で話したことを指摘すると、マイルスの記憶もだんだんと蘇ってきた。僕になんの悪意もなく、彼の誤解だったことがわかり、僕はバンドに残してもらえたんだ」。

言うまでもなく、カラパルーシャが誘われることは二度となかった。リーブマンの代役となるアルト・サックス／ソプラノ・サックス奏者のソニー・フォーチュンは、エムトゥーメが推薦した。この経験豊富なジャズマンは、バディ・リッチ、マッコイ・タイナー、そしてモンゴ・サンタマリアのバンドでエムトゥーメと一緒に仕事をしている。フォーチュンは、七月二十八日から八月三日までボストンのポールズ・モールで行われたコンサートでバンド・デビューした。このうちの八月二日と三日の二回のコンサートの海賊版《ブートレグ》が出回っており、焼けつくようなバンドの演奏を聴くことができる。何らかの理由でこれらの日程にはガーモントは参加していない。

十月七日、バンドは《ゲット・アップ・ウィズ・イット》に収録されることになる新曲、〈メイーシャ〉と〈エムトゥーメ〉の二曲のレコーディングを行う。本格的な主題《テーマ》とコード構成を取り入れ、巧妙なラテン・ビートが演奏される〈メイーシャ〉は、これまでの曲とはかけ離れたものとなっている。「珍しいことに、マイルスは細部を記した譜面を持ち込んでいた」とフォーチュンは回想する。「彼はトランペットやキーボードでメロディを演奏し、リズムを口ずさんで示してくれた」。エンリコ・メルランはこの曲を、シャンソンの曲〈残されし恋には〉〔原題 *Que Reste-T'il de Nos Amours*〕を変奏したものであることを突きとめている。スタジオ・バージョンにはぎこちないところがあり、楽器のバランスも奇妙である。ミックスによって、フォーチュンのフルートとマイルスのトランペットが後方に追いやられ、オルガンが前面に強調されすぎている。九分四十四秒にコージーが異なるロックのバンプをソロ演奏するところで、曲がようやく活気づく。フォーチュンによると、「メイーシャ（Maiysha）」というタイトルはマイルスのガールフレンドの名前から取られたものだが、スワヒリ語で「生命」という意味もある（スペルは「maisha」）。ライブではこの曲はより粗く、軽快に演奏され、ハイライト曲のひとつとなっており、バンプ、リズム、モチーフの海に溺れ、長く引き伸ばされたメロディを切望する聴き手《リスナー》にとってのブイの役割を果たしている。

〈エムトゥーメ〉の分厚く、容赦のない、力強いリズムは、〈レイテッドX〉や現代の多くのダンス・ミュージックを思い起こさせる。ミュージシャンは、タイトで反復するパートに縛られていて《ロックインして》、お互いに反応し合う機会を与えられていない。ガーモントは、曲の大部分にわたって、右チャンネルで無骨な主題《テーマ》を弾いている。一定の間隔でバンドは〈ライト・オフ〉のグルーヴへと転調し、ガーモントは〈イッツ・アバウト・ザット・タイム〉の下降するコード進行に切り替える。マイルスのトランペット・ソロとコージーのとりとめのないギター・ソロはほとんど聴こえない。この曲には明確なビジョンや方向性がなく、唐突で無造作に終わる部分が聴きどころになっている。

「バンドが残したレコーディングの遺産は、ライブの遺産には遠く及ばない」とルーカスはコメントしている。「自分自身がレコード・プロデューサーとなった今、これはレコード制作に関する首尾一貫した戦略が存在しなかった結果であるように思う。マイルスはスタジオで多くの時間を費やすことを嫌っていた。さっさとはじめて、レコーディングを終えるとすぐに出て行った。彼はずっとそうやってジャズのレコードを作ってきた。テオを含むCBSのスタッフともそうやって仕事をしてきた。彼らは多くのジャズのレコードを作ってきたが、ギターが主体の音楽はあまり経験がなかった。また、曲ができるとすぐにスタジオに入り、ライブではそれを一年間、演奏し続けた。ポップスの曲のように、何カ月もかけて演奏を完璧に仕上げた上でレコーディングするようなことはしない。僕らはツアーで演奏しながら念入りに曲を発展させていった」。

*

〈ヒー・ラヴド・ヒム・マッドリー〉に繊細な感性を加えて貢献したことを除くと、七三〜七五年のバンドにおいて、ガーモントはさほど大きな音楽的役割を果たしてはいない。次の日本ツアーに向けて「バンドをウォーミングアップするために」企画された一九七五年一月十四日から十七日のサンフランシスコのキーストーン・コーナーでのコンサートに先立ち、マイルスは彼をクビにしている[40]。ガーモントが去り、より多くのテクスチャーとリズムの間《スペース》を使えるようになったことで、コージーはその驚くべきソロ技術を最大限に発揮しはじめる。こうして遂げたバンドの躍進を示す音源として、日本ツアーでの演奏を収録した二つのライブ・アルバム《アガルタ》と《パンゲア》がある。数十年経った今日においても、これらのアルバムはマイルスがエレクトリック・ミュージックの探求で到達した高みを記録した貴重な資料であり続けている。《アガルタ》は一九七二年に《オン・ザ・コーナー》で蒔いた種が成長して開いた花であると、エムトゥーメは見なしている。満開になるまでに実に三年近い歳月が費やされたことになる。

これらの音源の強みには多くの要因が関係している。バンド・メンバーは絶えずお互いやマイルスに対して反応できるだけの自由度と間《スペース》を与えられており、これが有機的で流れるような効果を生み出している。音楽は多くの異なる層、グルーヴ、色彩、テクスチャー、ムードからなっている。これと比べると、《ダーク・メイガス》は、単一グルーヴからなる、単色で、ワンパターンのモノクロ音源に聴こえてしまう。マイルスが頭や手を動かして指示を出すブレイクあるいは一斉停止は、ドラマチックであるとともに、緊張と解放の仕組みを構成する中心軸としても有効に機能している。《アガルタ》だけでもそのような停止が約五十カ所もある。バンドは緊張と解放の走句《パッセージ》による拡張と縮小を繰り返し、荒々しいセクションとほぼ沈黙に近い穏やかなセクションを交互に入れ替えている。

「これはマイルスがジャズから得た強弱による調子の変化の感覚を別の領域に適用したものだ」とルーカスは述べている。「彼は長きにわたって学んだあらゆる感性と感度を用いて、レンジの広いコントラストと強弱による調子の変化をバンドの演奏に取り入れた。彼はこれらのレンジを広げ、ビバップ的なトランペットを演奏した。そして僕らは、リズム的にはジェームス・ブラウン風のファンク、コード的には無調で不協和なものを演奏した。対照的なコード構成やリズム構成と同じように、極端なテクスチャーとボリュームもまたパレットの一部をなしていた。ロックバンドのようなフル装備で演奏して、本当に壁を吹き飛ばしたこともあった」。

音楽の方向性は両方のアルバムで完全に実現されているが、二月一日の午後に録音された《アガルタ》の方がまさっている。アルバムの一枚目のCDは、フォスターのエネルギッシュなドラム演奏と、ルーカスとコージーのさまようように鳴りひびくリズムギターによる、〈タートゥー〉の勢いのある激しさとともに幕を開ける。一分二十八秒の最初の一斉停止の部分では、マイルスが猛々しい大音量の不協和なオルガンを弾く。一分四十八秒、右チャンネルを流れるリズムマシンによって音楽が厚みを増す。マイルスは、ドラマチックなフレーズとリズミカルなアクセントに満ちた、力強いワウワウ・トランペットのソロを吹く。フォーチュンのアルト・サックスによるソロ演奏がそれに続く。その豊かな力強いトーンはバンドの演奏によく馴染んでいる。

その音型をまねたコージーの最初のギター・ソロが十一分二十六秒にはじまると、フォーチュンが演奏を終える。一九七五年当時、彼のギター・スタイルは、宇宙からきたもののように聴こえていたに違いない。十四分十六秒からはじまる長いブレイクの間、バンドの集合的なアクセントがちりばめられる中で、コージーが途方もないサイケデリックなサウンドを作り出す。その後、ルーカスの素晴らしい伴奏とともに、バンドの演奏はヘンダーソンの耳に残る低音バンプに基づく伝染性のあるグルーヴに落ちつく。十六分三十秒の別の停止の部分では、バンドの勢いが弱まり、コージーがまるで水中で録音されたかのように聴こえる奇怪で異様な効果音を演奏する。この音はワウペダルを直立《アップライト》位置に保つことで作られている。停止と再開が何回か続いた後、十八分四十八秒にヘンダーソンが創造性あふれる伝染性のあるベースリフを開始する。二十一分十一秒に彼はリフを終結させ、バンドがまた別のクライマックスを開始すると、弦をはじいて〈アガルタ・プレリュード〉へと導く。

　二十二分二秒、マイルスは〈アガルタ・プレリュード〉の主題《テーマ》を演奏する。この曲全体にわたって、フォスターとヘンダーソンはお互いに鞭を打ちながら、一九七〇年の〈ジェミニ〉や〈ホンキー・トンク〉のヒントとなった、少し進んでは止まるストップ・スタートのファンク演奏を発展させていき、次第に狂乱状態を作り上げていく。マイルス、フォーチュン、コージーの見事なソロ演奏が、容赦ない衝撃をさらに強めている。三十二分におよぶ圧倒的な演奏の後、フォーチュンによる叙情的《リリカル》なフルート演奏と優しく心にしみるマイルスのトランペット・ソロが特徴的な、〈メイーシャ〉の見事な演奏で、バンドと観客はようやく緊張から解き放たれる。二分三十二秒の〈メイーシャ〉の第二バンプ部でも圧倒的なギター・ソロを聴くことができる。ここでは、コージーのかん高い耳ざわりな絶叫ギターが、ブルースの影響を受けた不気味な前衛《アバンギャルド》の中を突き進む。

　二枚目のCDの最初を飾るパワフルなバージョンの〈ライト・オフ〉もまた同じくらい魅力的な曲である。九分八秒にマイルスがソロを開始するあたりでブギからジャズ・スウィングへと微妙に転調するまでの、フォーチュンの力強いサックス・ソロとコージーのさらなる狂気が聴きどころとなっている。マイルスがスイングする長いソロを演奏し、コージーが伝統的なブルースの音型で変化をつけている。軽快で敏捷な雰囲気の曲で、ヘンダーソンに好きなように演奏させられる程度にバンドのムードも良かった。もはや古い曲を演奏してもクビになる心配はなくなったと考えたヘンダーソンは、十六分四十二秒から四十一秒間にわたって〈ソー・ホワット〉のベースの音型を演奏する。

　十七分三十二秒に〈イーフェ〉がはじまり、右チャンネルでルーカスが奇怪で唸るようなコードを弾き、コージーがEMSシンシ・エー・シンセサイザーから形容しようのないサウンドを引き出す。そして、二十一分十五秒にはマイルスがトランペットで〈イーフェ〉のメイン主題《テーマ》を差し込む。三分二十秒（三十分十秒）に[41]、ルーカスはその晩の最初のソロ演奏の機会を与えられる。もうひとつのクライマックスと中断を経て、バンドの勢いが劇的に弱まり、音楽はほぼ停止する。そして、八分三十九秒（三十五分二十九秒）、マイルスがオルガンのコードで〈ウィーリー〉を開始する。コージーが再び猛烈にソロを演奏するのに対して、マイルスはまるで悲しみに沈んでいるように内向的な演奏をしている。この時点で音楽は深い悲しみに包まれ、八分間におよぶ異常なまでに張りつめた濃密な演奏の後、アメリカ盤の二枚目のCDの二十六分十六秒のフェードアウト部まで徐々にエネルギーを放出させていく（日本盤には、EMSシンセサイザーとパーカッションのフィードバックを含む、さらに九分間の効果音が収録されている）。

一般的にライブ・コンサートは最後のクライマックスに向けて構成されるが、マイルスの七〇年代の演奏は無秩序化し、パーカッションやシンセサイザーだけで終わることが多かった。「僕らのコンサートは異常なまでに膨張した風船のような状態からはじまる」とエムトゥーメは説明している。「そこから徐々に空気を抜いていくんだ。そのレベルの演奏を続けるには多大なエネルギーがいった。演奏後に倒れこむこともあった。コンサートの前に必要なエネルギーを蓄えておくんだ。お互いの顔を見合わせて、『壁を突き抜けるぞ』と掛け声をかける。それが僕らのスローガンだった。体力的に行けるところまで行ってやろうという意味さ。あのレベルの集中力とエネルギーを二時間から三時間保つのは、壁を突き抜けていくのと同じようなものだった」。

《アガルタ》でのピート・コージーの見事なソロは大きな発見だった。ときに檻に入れられた虎のように唸りながら隅々を這い回り、ときに鳥のように宙を舞い、ひどく興奮したように抽象的になることもあれば、気品のある、メロディックで優しい演奏もこなす。彼のエレクトリック・ギターのコンセプトは、これまでに編み出された最も独創的な楽器演奏のひとつであり、二十一世紀の今なお先進的に聴こえる。ルーカス同様、コージーもマイルスのバンドで大きく成長したが、彼の演奏に対する認知度や影響の度合いが低いのは不思議だ。コージーは自身のアプローチに関する本を出したいと思っているため、《アガルタ》での自身のギターの功績についてはやや曖昧にしている。「僕は奇抜なことばかりやっていたわけではなく、実際に演奏していた」とコージーは述べている。「僕はギターのネック上で表現できる音《ノート》を超えて、別の領域に達する手法を開発した。僕は宇宙に向かって演奏していたんだ。少なくとも三十六通りのチューニング方法を用いて、通常とは異なる位置に弦を張ったりした。そのうちのひとつがEフラット・チューニングで、ヘンドリックスもそれを真似ていた」。

「彼の演奏は十分に評価されていないが、ピートは天才だ」とエムトゥーメはコメントしている。「彼はそれぞれ異なるチューニングをしたギターを五本か六本持ってステージに上がっていた。外側の弦を内側に張って、弦を逆にしていたこともあった。観客の中のギター奏者が彼の指先を追いながら、聴こえている音《ノート》と指の位置が対応していないことに困惑しているのを見て、僕はよく笑い転げていたよ。彼の驚くべき演奏は一見の価値があるものだった。彼はこれらのギターを見事に操っていた。バンド・メンバーの中で、楽器にもたらした創造性について最も注目されていなかったのがピートだった」。

《アガルタ》と《パンゲア》のもうひとつの注目すべき点は、コージーのEMSシンシ・エー・シンセサイザーによる抽象的なノイズと、意外とも言えるエムトゥーメのヤマハ・ドラムマシンとの間でのインタープレイである。シンシ・エーには取っ手とボタンがついていて、アタッシュケースのような形状をしている。キーボードが備わっていないため、特定のピッチやメロディを演奏することは難しく、唯一可能なのが抽象的なサウンドの演奏だ。ところが、《アガルタ》のCDの最後の曲の〇分四十一秒（二十七分三十一秒）で、コージーは〈イーフェ〉の楽曲の演奏を試みている。

「僕らの日本ツアーはヤマハがスポンサーについていた」とエムトゥーメは当時を思い起こす。「（一九七三年六月に）マイルスは彼らから初めてドラムマシンを与えられた。彼は『これで何ができるか試してみてくれ』と言って、僕にそのドラムマシンを渡してきた。僕らは実験モードにあったから、単にリズムの演奏に使うのではなく、テクスチャーを創り出せないか試してみたかった。同時に三つから四つのリズムを固定しながら、六つから七つの異なるペダル、フェイズシフター、ワウワウ、バイフェイズ・ミュートロンなどを通して演奏した。ボリューム・ペダルも使って、音を出し入れしたりもしてみた。全くの音のタペストリーだった。言われなければ、誰もリズムマシンの音を聴いているなんて思わないだろうね」。エムトゥーメのドラムマシンはときおり、シンシ・エーとそっくりに聴こえることがある。《アガルタ》のCDの最後の曲の二分五秒（二十八分五十五秒）の部分がその良い例だ。ドラムマシンが右チャンネルに聴こえ、左チャンネルでコージーのシンシ・エーがそれに応えている。

《パンゲア》は二月一日の晩のコンサートを収録したものだ。このようなエネルギーを消費する張り詰めたコンサートを一日に二度もやるのは、あらゆるミュージシャンにとって、たいへんな挑戦である。しかも、マイルスは当時四十八歳で、肉体的なピークもとうに過ぎていた。さらに、エムトゥーメの記憶によると、「彼はその晩、具合が悪く、勢いの違いが音に出ている」。そのことを示す証拠は山ほどある。《パンゲア》の音楽は素晴らしいものだが、《アガルタ》と比べて、マイルスの存在感が薄い。バンドがグルーヴを演奏しきって、マイルスからの次の合図を待っているところが何カ所もある。また、バンドはエネルギーを消費する緊張と解放の仕組みをあまり用いておらず、二十分を過ぎた辺りから勢いが弱まってくる。録音の終盤には疲労感と放浪感が漂っている。この日は、二回も風船をパンパンに膨らませることはできなかったようだ。

《パンゲア》の一枚目のCDは、観客をノックアウトするいつものアプローチではじまる。オープニング曲はフォスター、エムトゥーメ、ヘンダーソン、ルーカスによって荒々しく演奏される〈モエジャ〉だ。マイルスは一分十八秒に大げさなフレーズで演奏に加わり、一分四十九秒にフォーチュンとともにメイン主題《テーマ》を演奏し、ソロへとつなげる。フォーチュンがアルト・サックスで後を追い、五分四十四秒の最初の完全停止の後、バンドは午後の〈アガルタ・プレリュード〉と同じようにリズムを分解しはじめる。十分五十六秒の一時停止まで、コージーが誰にもまねのできない、かん高く、空を舞うようなスタイルのソロを演奏し、そこからフォスターが〈チューン・イン・5〉

のリズムを演奏する。コージーは彼のソロの中で〈ウィリー・ネルソン〉のリフをほのめかしており、十一分二十二秒にはルーカスが演奏を開始する。〈チューン・イン・5〉の残りの部分は、奇妙なベースリフ、パーカッションのソロ、一時停止、アクセントと続く。十五分五十八秒、〈オーンネー〉がはじまる。十六分十二秒にマイルスとフォーチュンが主題《テーマ》を演奏し、十八分二秒にコージーが激しいソロをはじめ、フォスターは〈チューン・イン・5〉のリズムへの切り替えを繰り返す。華やかに沸き立つリズムセクションをバックに、マイルスは二十分五十七秒に《ポーギー&ベス》からの〈マイ・マンズ・ゴーン・ナウ〉の主題《テーマ》を引用する。しかし、《ダーク・メイガス》同様、リズムの大半は分厚く、フラットである。モノクロ調の曲の特性は両アルバムで似通っており、演奏または録音の質と同程度に、曲そのものによるところが大きい。

　この激しい勢いは、二十一分五十一秒にマイルスが〈ジンバブウェ〉のキューを出すところで弱まる。間《スペース》と陽気さが加わり、息を継いで反応する余地をバンド・メンバーに与えている。例えば、二十六分三十六秒にマイルスが大音量で吹くトランペットは、即座にバンドからの反応を引き出している。ルーカスのこの日二回目のソロが三十分二十九秒にはじまり、サンタナ風のクライマックスへと演奏は続く。勢いがさらに弱まり、シュトックハウゼンからの影響が顕著なコージーのシンシ・エーとエムトゥーメのドラムマシンが抽象的なテクスチャーを加える。エムトゥーメのベル、コージーのオートハープとハミングによる演奏とともに、このセットは完全に無秩序化して幕を閉じる。

　二枚目のCDには《アガルタ》の終了部を繰り返したものが入っている。フォーチュンによるフルート・ソロがはじまるところで、〈イーフェ〉がフェードインしてくる。四分五十一秒にマイルスは主題《テーマ》を演奏し、九分十秒から九分二十五秒までスタッカートのノートでバンドを駆り立てる。コージーはムビラでソロを演奏する。しかし、十一分あたりでバンドはすでに息切れしはじめたようなサウンドになる。バンドがマイルスからの指示を待ちながら、当てもなく演奏を続けているところが十四分二十四秒から十五分三十三秒に見られる。

　マイルスのオルガンによるキューを受け、〈ウィーリー／フォー・デイヴ〉が十八分五十七秒にはじまる。ルーカスの繊細できらめく伴奏の上で、コージーがドラマチックなソロを弾く。二十八分十一秒にマイルスがトランペットを吹きはじめ、二十九分十三秒まで穏やかなグルーヴをバックに悲しげな演奏が続く。勢いが弱まり、皆がボスからの次の指示を待っていると、二十九分三十六秒、マイルスは自分自身を目覚めさせるかのような甲高い音を発し、それに続いてヘンダーソンが静かに、そしてためらいがちにウォーキング・ベースを弾きはじめる。ヘンダーソンとフォスターがゆっくりと静かにジャズ・スウィングのグルーヴを構築していくところは、聴いていて心地よい。最終的にマイルスが誘惑に負け、三十三分三十五秒にリズミカルなフレーズでグルーヴを壮大な全力のスウィングへと押し進める。彼のソロに続き、コージーが繊細で歪みの少ないソロを披露する。しかし、ここでもまたエネルギーが尽きてしまったように、三十八分五十三秒から四十一分三十四秒までの間は何も起こらない。ようやくヘンダーソンがグルーヴを変えると、ルーカスがただちに反応し、同じ音型を繰り返す。バンドはしばらくこれに沿って演奏を続けてから、〈ウィーリー〉の最初の音型へと戻っていき、すぐにまた無秩序化する。コージー一人が取り残されて、シンシ・エーの演奏でコンサートは終わる。

　これらの二つの音源で聞くことができる、ほとんどが若いミュージシャンの間でのインタープレイは驚くべきものだ。マイルスは実にうまく、彼らに集中することと聴くことを教えた。ソニー・フォーチュンによると、彼らは吸収しながら学んでいった。「僕らは彼の動きを理解していた」とフォーチュンは説明する。「皆、彼のことをよく見ていた。それぞれが、彼が与える最小限の指示や動きを読み取ることを自らに課していたんだと思う。彼に向かって「もっと明確に指示を出してくれ」なんてことは誰も言わなかった。彼の不思議な力を認識していたからね。マイルスは最低限の働きかけで、バンドや観客から最大の見返りを得ることができる人間だったように思える。能力的には五〇年代や六〇年代の頃のような最高の演奏技術は持ち合わせてはいなかった。彼自身もそう語っていた。しかし、彼はそれを乗り越える方法を知っていた。彼は音楽を演奏していたのであって、演奏技術を披露していたのではない。ステージ上では絶対的な存在だった。本当に厳しい人間だった。彼と一緒に演奏した経験を僕は一生忘れないだろう」。

*

日本ツアーから戻った一九七五年二月下旬、マイルスは休むことなく、すぐにアメリカ中西部のツアーを開始する。彼は以前にも増して熱心に活動した。出血性潰瘍で入院してからまだそれほど日が経っていない三月二十八日、彼はロングアイランド出身の若いプレイヤー、サム・モリソンを見て、「これほど熱いサックスを聴いたのは、トレーンが俺のバンドにいたとき以来だ」と述べたと言われている。[42] マイルスは四月上旬に行われたボストンのポールズ・モールでのコンサートの第二セットにモリソンを迎え入れた。フォーチュンはことの成り行きを観客として見ていた。彼がセットの終わりまでステージ上に残っているのを見たフォーチュンは、次の日、荷物をまとめた。

「日本ツアーの後、バンドは大きく成長した」とコージーは断言している。「そして、サム・モリソンもバンドによくフィットしていた」。マイルスも「俺のバンドも、その頃には猛烈にホットで、タイトにまとまっていた」と指摘している。[43] 実際、六月十一日のニューヨークのボトムラインでの海賊版《ブートレグ》を聴くと、戦慄的なクライマックスと軽快で優しい走句《パッセージ》を交互に演奏しており、バンドが驚くほどよい状態にあったことがわかる。前述の一九七四年八月三日のボストンでの海賊版《ブートレグ》同様、注目すべき曲は〈ウィーリー〉だ。《アガルタ》や《パンゲア》のように無秩序化するのではなく、熱気に溢れるバンドによって、曲はファンクの嵐へと達する。コロムビアがこれらのコンサートを録音していて、いつの日かリリースされることが望まれる。

　マイルスは、そのキャリアを通じて取り込んできた多くの影響を組み入れた音楽とともに、一九七五年に創造的ピークに達していた。彼はついに「一ドル五〇セントのドラムとハーモニカ、そして二音《ツー》コードだけのブルース」へと戻った。ただし、その形態はまるで別の世界からきた音楽のように、大きく変えられていた。マイルスは彼にとっての最後の未開の地にたどり着いた。彼がここからどんな方向に音楽を発展させただろうかと想像してみるのは実に興味深い作業だ。だが、彼の健康状態がその実現を許さなかった。ドラッグ、病気、強硬なコンサート・ツアー、そしておそらくはジャズ界の容赦ない敵意や批判も彼の肉体と精神をすり減らす要因となっていたことだろう。一九七五年八月、すでに目を見張るほど大きくなっていた病気のリストにヘルニアが加わった。九月五日のニューヨークのセントラルパークでコンサートが、彼の七〇年代最後のコンサートとなった。マイルスの病気が悪化し、それに続くマイアミでのコンサートをキャンセルしなければならなかった。そして、主催者が設置してあったバンドの機材を差し押さえると、彼はコンサート・ツアーから身を引いた。

「報道では、マイルスは気が狂ったとか、創造力を失ったなどと書かれていた」とエムトゥーメは感情的に振り返る。「そんなのはただのでたらめだ。確かに彼は苦しんでいたが、一九七五年に彼は最高の演奏もいくつか残している。ある晩、彼は僕にこう言った。『たわごとと思われるかもしれないが、痛みがひどいんだ。バンドの他の連中にこんなことは話したくないが、おまえにだけは言っておく』。僕は『わかったよ』と答えた。それから少し話をした後、僕はレジーのところに行って、『これまでだ!』と言ったのを覚えている。それ以降、僕らは仕事をしていない。彼も五年間、演奏することはなかった」。

　こうして、三十五年間におよぶ想像力の目まぐるしい展開が終わりを迎えた。二十世紀において最も影響力が大きく、物議を醸してきた声がついに鳴り止んだ。その遺産の再発見あるいは再評価がはじまるのは何年も経ってからである。そして、その作業は今なお続いている。時代はまだマイルスに追いついていない。

第十一章　ヒューマン・ネイチャー

これまでに出会った中で、マイルスは最も繊細で、頭がよく、人間味溢れる人物だった。
——マーカス・ミラー

一九七五年九月にマイルスがコンサート・ツアーから一旦身を引いたとき、彼はすぐにカムバックを果たすつもりだった。しかし、悪化する健康状態によって、その野望はくじかれた。休みに入ってすぐに、ほぼ慢性化していた肺炎が深刻化し、病院に運び込まれた。これにより、九月に予定されていた股関節の手術が延期された。マイルスは六〇年代初期に、鎌状赤血球貧血が原因で、左股関節に関節炎を発症した。彼は鎌状赤血球貧血について、次のように解説している。「黒人の病気の一種で、骨がもろくなり、折れやすくなる。……ひどく痛むんだ。ただの骨くずなんだがな。最初に骨の移植を行い、次に被せ物をした[1]」。二度にわたる股関節の手術は一九六五年の四月と八月に行われた。一九七二年十月の自動車事故によって股関節はさらに悪化し、三年間、足を引きずって歩く生活を余儀なくされた。一九七五年十二月にはついに三度目の手術を受け、彼は人工股関節を埋め込んだ最初の人間の一人となった。

マイルスは秋から冬までの期間を療養に充てた。そして一九七六年、彼は再び音楽活動の計画を立てはじめる。その中にはギル・エヴァンスとのオペラ《トスカ》のオーケストレーションの企画もあったが、立案段階から先に進むことはなかった。また、一九七六年三月、十一月、十二月と三回のスタジオ・セッションが行われていることが知られている。これらのセッションにはファンク集団のメンバーの一部または全員が参加しており、十一月のセッションにはギタリストのラリー・コリエルの参加もあった。十二月のセッションの音源の一部は日本でTDKのテープのコマーシャルに使われたが、これらのセッションから正式にリリースされたものはない。

一九七六年末にコロムビアはマイルスとの契約を更新し、継続的なリテーナー契約〔一定期間の継続的な業務を約束する契約〕を結んだ。これは過去にコンサート・ピアニストのウラディミール・ホロヴィッツにしか与えられていない栄誉である。コロムビアはマイルスがすぐに活動を再開することを期待していたが、一九八〇年までに、彼はさらに数回のセッションしか召集することができず、それらも失敗に終わっている。ヤン・ローマンは、一九七八年の初めに再度ラリー・コリエルが参加し、マイルスがオルガンを演奏したとされる二回のレコーディングの日付をあげている[2]。一方、ピート・コージーは、一九七七年にマイルスの家でリハーサルを二回行ったと記憶している。「僕らは彼の家で演奏した」とコージーは回想する。「ジャック・ディジョネット、サム・モリソン、ベーシストのジェラルド・ウィゲンス、そして僕の四人だ。僕らはとてもよいグルーヴを創り出していて、マイルスも我慢できずに一部、演奏に参加した。同時期にほぼ同じ顔ぶれで二回目のリハーサルをやり、そのときはジャックの代わりにアル・フォスターが参加した。そのとき演奏した曲のひとつが〈イーフェ〉だった。これらのリハーサルのテープを今でも持っているよ」。

マイルスは一九七五年末から一九八〇年の初めまでトランペットを手にしていないと主張しているが、ローマンのセッション目録やコージーの話は、この時期にも何回かトランペットを演奏することがあったことを示唆している。いずれにしても、彼は非常に長い期間、自身のメイン楽器から離れていた。その間に彼は関節の炎症である滑液包炎も患い、トランペットの演奏はさらに苦痛となった。これが活動の中断が続いた一因となったことは間違いない。

こうした音楽活動の停滞により、マイルスのバンドのメンバーは徐々に離れていった。マイルスの過去のサイドマンの多くは後にジャズ界で大きな成功を収めているが、ヘンダーソン、エムトゥーメ、ルーカスに関しては、マイルスのスターを作り出す才能がこれまでとは違った形で証明される。ヘンダーソンは優れたソウル・シンガー・ソングライターとして実力を示し、ドラマーのノーマン・コナーズの〈ユー・アー・マイ・スターシップ〉や〈バレンタイン・ラブ〉などのヒット曲にシンガーとして参加している。ヘンダーソンはその後、《ゴーイン・プレイシズ》（一九七七）および彼の唯一のゴールドアルバム《イン・ザ・ナイトタイム》（一九七八）を含むソロアルバムを何枚か制作し、成功を収めている。エムトゥーメとルーカスはロバータ・フラックのバンドで演奏した後、ソングライター／プロデューサーのチームを結成し、ロバータ・フラック、ステファニー・ミルズ、フィリス・ハイマンらにヒット曲を提供している。一九八〇年には〈ネヴァー・ニュー・ラヴ・ライク・ディス・ビフォー〉で、グラミー賞の最優秀リズム・アンド・ブルース楽曲賞を受賞している。二人のチームは八〇年代初期に解散し、エムトゥーメは音楽プロデューサー、そしてバンドリーダーとして成功を収める。ルーカスは、マドンナのファーストアルバム《バーニング・アップ》〔原題 *Madonna*〕（一九八三）の大部分の曲を書き、プロデュースも行っている。

アル・フォスターは、一九八一年にマイルスの新しいライブ・バンドに再加入するまで、自らバンドを率い、セッション・ドラマーとしても成功した。不思議なことに、ピート・コージーはマイルスとの共演で得た知名度を活かすことができずにいた。彼は八〇年代初期にハービー・ハンコックの《フューチャー・ショック》で演奏しているが、やがて表舞台から姿を消し、個人的な音楽制作を行いながら、商業音楽のプロデュースとアレンジで生計を維持していた。

彼の以前のサイドマンが世界に向かって外向きの活動をはじめていた一方で、マイルスは内向きに崩壊していった。過剰な性行為と薬物乱用を続ける自滅的な暗黒の生活への転落、そして度重なる暴力と精神錯乱に関する、多くの記録が残っている。これについて、マイルスは自伝で詳しく語っている。「たくさんのコカイン――一日に五〇〇ドル使ったこともある――をやり、家に連れ込める限りの女達とやりまくっていた」とマイルスは回想している。「パーコダンやセコノールとかの鎮静剤の類いも常用していたし、ハイネケンとコニャックを大量に飲んでいた。コカインはたいていは吸っていたが、ヘロインと混ぜて足に注射することもあった。……服がそこら中に散乱して、汚れた食器が流しに積み上げられていた。新聞や雑誌が床に散らばって、ビール瓶やゴミもそこら中という具合で、家の中はめちゃくちゃだった。喜んでいたのは、ゴキブリだけだったろうよ。……たいてい散らかり放題で、地下牢のように暗く、憂鬱だった[3]」。

この時期、幻覚の症状も現れていた。ある日、彼はフェラーリの上に降り積もった雪をコカインと勘違いし、渋滞していたニューヨークの路上に車を止めて、建物に駆け込み、エレベーターに乗り込んだ。その中には女性が一人いた。まだフェラーリの中にいるものと思い込んでいた彼は、女性を平手打ちし、車の外に出るように言った。「俺は頭がおかしくなっていた」とマイルスは一九八一年にライターのシェリル・マッコールに語っている[4]。彼はまた、退屈していたとも付け加えている。「退屈しすぎていて、退屈ということすらわからなくなっていた。四年間、家から出なかった」。健康状態が悪化していたことを彼は否定している。「いや、俺は大丈夫だったよ。ただ薬を大量に飲みすぎていて、トランペットを吹いたり、音楽を聴いたりする気分にはなれなかったんだ[5]」。最後のこれらの言及は、マイルスの自伝で描かれている、ほとんどの人にとって生涯忘れられないような痛ましい話とは矛盾しているように思える。

一九七八年八月にマイルスの唯一のマネージャーとなったマーク・ロスバウムは、マイルスの沈黙期に関するセンセーショナルな話について反論している。「私はマイルスと毎日連絡を取っていて、定期的に彼のもとを訪れていた」とロスバウムは思い出して語っている。「彼の本で述べられている内容の多くは、マイルス自身が語っているものではない。マイルスはそのようなことは覚えていなかった。彼は音楽に関する記憶力は優れているが、日常のできごとに関する記憶はあてにならない。彼の家はそれほど汚くはなかったし、汚くなっても掃除されていたよ。女性に関する話にしても、見栄を張っているだけだ。マイルスはそんなに多くの女性とはやっていない。彼はずっと家にこもっていて、トリクシーやロレッタと一緒だった。しかも彼は病気だったんだ」。

　マイルスの甥で、一九八四年から一九八七年まで彼のドラマーだったヴィンス・ウィルバーン・ジュニアは、彼の記憶力に関して、ロスバウムとは違った評価をしている。「マイルスは特定のできごとについて、何もかもしっかりと覚えていた」とウィルバーンは明言している。「本に関わっていたときには、これまでの人生を振り返り、話をする準備ができていた」。しかし、マーカス・ミラーもロスバウムと同意見だ。自伝における明らかな誤り（ジョージ・デュークの曲は《ＴＵＴＵ》に使われていないとマイルスは主張しているが、デュークは〈バックヤード・リチュアル〉を提供している）について、ミラーは次のように述べている。「それがマイルスだ。深く考えずに話しているだけさ。服装のことや音楽のある側面に関すること以外は、細かいことは気にしないんだ」。しかし、そのミラーも、マイルスの別の誤った言及——実際にはミラーがアルバムの大部分の作曲、アレンジ、演奏を行っているにもかかわらず、デュークが《ＴＵＴＵ》の多くをアレンジしたという主張——については驚きを示した。「それは、たとえマイルスであっても奇妙なことだね」。

　これらの矛盾する主張と不正確な情報は、『マイルス・デイヴィス自伝』の信憑性に疑問を呈するものだ。この本には一部、作り話あるいはマイルスが直接語っていない内容が含まれていると指摘する者もいる。ジャック・チェンバースは、「自伝の中には *Milestones* からの盗用またはそれに近い内容が多く含まれている」主張している。[6] クインシー・トゥループはこの本を書くためにマイルスと広範囲にわたって話をし、多くの人たちにインタビューを行ったと説明している。彼はまた過去に出版された多くのインタビュー記事も読んでおり、こうしたあらゆる素材を織り交ぜて、「俳優が役に扮するように」、すべてマイルスの口から語られたように作り上げたようだ。[7] すべてのライターがそうであるように、必然的にトゥループも自身の偏向を加えているが、本の内容の大部分の文責がマイルスに帰することに疑いの余地はない。

　自伝の話の中には、他者が述べている内容とは異なるところがいくつかある。人によって記憶が大きく違っていることはよくあり、時間の経過とともにその傾向はさらに増すため、必ずしも大きく問題視すべきことではない。ただし、意図的に話を作り変えるのはまた別の種類の問題であり、自伝についてもその可能性が指摘されている。「正直に言うと、マイルスは自伝のインタビューを進める中で、一部、話を作っていたのではないかと思う」とマイルスの八〇年代初期のギタリスト、マイク・スターンは語っている。「マイルスは自伝の中で嘘をついているか、忘れてしまっていたかのどちらかでしょうね」とりディア・ディジョネットは断言している。「本が書かれたころ、彼の記憶力は低下していました。そのため、一部の話は明確に語られていますが、それ以外は自分をよく見せるために『誇張』されています」。

その紛れもない例が、ジョー・ゲルバードとの関係と、それが六〇年代から付き合っていた女優シシリー・タイソンとの結婚にいかに影響を与えたかに関するマイルスの言及だ。マイルスは本の中で、ゲルバードの名前は出していないが、あるときタイソンが彼女に殴りかかったことについて触れている。「シシリーは、俺が彼女とも付き合っていると、勝手に信じ込んでいたんだ」(8)。しかし、実際には付き合っていた。本の終盤で、ゲルバードとの関係が一九八九年にははじまっていたことをマイルスはほのめかしている。一九九二年まで離婚が成立しなかったゲルバードの結婚生活を擁護するための配慮だったのかもしれない。しかし、それではなぜ、わざわざシシリーの主張に対する誤った否定を自伝に含めたのか、説明がつかない。

明らかな矛盾はマイルスの自伝に限ったことではない。彼の公に向けた発言においても、よく見られる特徴だ。一九七二年のレナード・フェザーに対する次の言及がその顕著な例だ。「俺は家族というものを信じていない。俺が死んでも、俺の金は身内に渡さない」(9)。しかし、その一年後、スティーヴン・デイヴィスに「俺は姉を学校に行かせる手助けをした」(10)ことを明らかにしており、彼にとって家族の絆が重要であることが示されている。このことは、彼の遺言状による相続人が、娘のシェリル、息子のエリン、弟のヴァーノン、姉のドロシー、そして甥のヴィンス・ウィルバーン・ジュニアだったという事実によっても証明されている。

おそらく、マイルスの多くの矛盾した言及は、人々に追及されたり、自分自分について決めつけられてしまうのを避けるために、自ら動く標的になろうとしていたのではないだろうか。あるいは、彼の「音楽の煽動者」的な態度を言葉に出していたのかもしれない。つまり、人々の特定の概念への傾倒や言葉を文字通りに受け取る傾向を批判する意味で、意図的に矛盾したことを言ってみたり、わざわざ憎まれ役を買って出たりしていた可能性がある。音楽について述べた言葉を言い換えて、「姿勢が八〇パーセント、実際の言葉はせいぜい二〇パーセントだ」と彼は言ったかもしれない。そして、マイルスが発する言葉には、ときに繊細な面を隠すために、タフで威勢のいい態度が込められている場合もある。

「常に一筋縄ではいかない態度を取るのは、創造性に対する理解がない世界で、創造性に富んだ者が用いる対処方法のひとつさ」とレジー・ルーカスはコメントしている。「多くのアーティストがそうしている。人は自分が理解できないものに対して、当惑したり、恐れを抱いたりする。そして、それを分類して、レベルの低いものへと格下げしようとする。最低レベルにまで引き下げようとするんだ。創造的なアーティストにとって、体制側によって矮小化されてしまうことから逃れるために不可欠なことなんだ」。

マイルスは言葉の責任を重視していなかったため、彼が記憶通りに正確に述べているのか、それとも想像や誇張が多分に含まれているのか、我々には知る由もない。とは言え、少なくとも七〇年代の乱行に関するマイルスの発言の一部は真実のようだ。多くの者が、彼の手がつけられない、ときに暴力的な行為を目の当たりにしている。ロード・マネージャーのジム・ローズに対する扱いについては前章で述べた通りである。マイルスの女性に対する暴力について、マイケル・ヘンダーソンは次のように回想している。「ヨーロッパで、マイルスは女性の歯をへし折ったことがある。彼女はギグの後に彼のところにやって来て、『あなたは一体どうしちゃったの？　昔に戻って、あの頃のような音楽をやるべきだわ』と言って、しつこく話しかけていた。彼女は一向に立ち去ろうとはせず、彼を追い回した。すると、彼は『バシッ！』と彼女に一発見舞い、エレベーターに押し込むと、下りボタンを押した」。

デイヴ・リーブマンは、パリのホテルの一室で、マイルスが床に倒れた全身あざだらけの女性にシャンパンをかけているのを目撃したと語っている。マイルスは「女性に対して異常な行動を取り、クールではなかった」とリーブマンはコメントしており[11]、彼の行動は薬物、特にスピードとコカインによるものだと説明している。ジム・ローズは、マイルスと前述のロレッタのいざこざの仲裁のために頻繁に呼び出されたことを覚えている。「彼らは喧嘩ばかりしていて、二人ともコカインを大量にやっていた。だから、どちらも筋の通らないことを言い合っていた。マイルスは夜中に電話をしてきて、『ジム、こっちに来い。あの女を殺してやる』なんてことを言ってくるんだ。実際に誰かが殺されるとは思わなかったが、結果的に彼女の目の周りにはあざができていた。二人ともひどく暴力的だった。とても異様な光景だったよ」。

ポール・バックマスターは、マイルスのカムバックを画策していたコロムビアの副社長ジョージ・バトラーに促されて、一九七九年八月にマイルスのもとを訪れている。一時、料金の滞納により電気が止められ、マイルスが「ゴミの中で生活していた」ことをバックマスターは記憶している。「食べ物の屑があちこちに散乱していた。数カ月もの間、掃除をするどころか、カーテンや窓も締め切ったままで、空気がよどんでいた。夜はユダヤ人の葬儀に使うろうそくで明かりを取った。あれは異常に暑い晩だった。湿度が九〇パーセントもあり、風はなく、ニューヨーク全体が腐った魚やチーズのような悪臭を放っていた。その晩、マイルスが意識を失った。確認すると、息はあった。しかし、マイルスはかなり弱っていて、危機的な状況だったため、シカゴにいる彼の姉ドロシーに電話をした。ニューヨークの時間で午前三時頃だった。彼女にこう伝えた。『マイルスの状態がとても悪い。騒ぎを起こしたり、スキャンダルにしたくはないが、彼には介護が必要だ。それは家族にしかできない』。彼女は『朝、葬儀に行かなければならないのです』と言ったが、私は『死者の埋葬は死者に任せて〔聖書からの引用〕、生きている人間の世話をしに来てもらえませんか？』と説得した。彼女はあっけにとられた様子だったが、シカゴからニューヨーク行きの最初の便で来ることを了解してくれた。ソファーに腰掛けて彼女の到着を待っていたが、居眠りをしている間、五センチくらいのゴキブリが何匹も体の上を這っていた」。

ドロシーは到着するとすぐにシシリー・タイソンを呼び、二人でマイルスを風呂に入れ、家の中の片付けをはじめた。バックマスターはホテルに戻り、数日後にロンドンに帰った。「あの時点で、とても音楽が創れる状況ではないことがわかった。彼はあまりにも弱っていた」と彼は当時を振り返る。バックマスターは、彼とロスバウムの間の話の食い違いについて、次のように推測している。「これほどひどい状態にあったのは、ごく短い期間だけだったのだろう」。確かにバックマスターは、沈黙期の最悪の状態のマイルスを目撃していた可能性が高い。もはや薬物やセックスも彼の精神面および身体面での苦痛を紛らわすことはできなくなっており、退屈と憂鬱の感情だけが残った状態だったのだろう。

＊

絶え間ない身体的苦痛と過度の薬物使用の組み合わせは、マイルスの抑鬱状態と気が狂ったような振る舞いを強く裏付けるものだ。しかし、彼がなぜ理性を失い、長期間にわたって活動を停止したのか、また生命の危険にさらされるほどの放蕩生活に至った理由については説明がつかない。マイルスは五〇年代初期にも麻薬を常用していた。その時期も理不尽で破壊的な行動を取ってはいたが、演奏活動は継続しており、自らの力でなんとか生活を立て直すことができた。六〇年代初期にも薬物使用が彼の生活を支配していた時期があったが、そのときも同じような状況だった。ではなぜ、七〇年代後半には、これほどまでに身を持ち崩してしまったのだろうか？

七〇年代に特有の要因は、身体的苦痛の問題に他ならないとマーク・ロスバウムは考えている。「本当に仕事ができないほど、ひどい痛みを彼は経験していた。耐えられないほどの痛みだった」とロスバウムは語っている。さらに、前章で指摘したように、マイルスの音楽活動がある程度、彼の耽溺行動の一部となっていた可能性がある。五〇年代初期と六〇年代初期にも薬物が彼の生活を支配していたにもかかわらず、マイルスは音楽活動を続けたことで、彼自身や常用癖以外のことにも注意を向けることができていたのではないか。しかし、七〇年代末期は音楽に関われないほど健康状態が悪く、耽溺癖がもっぱらセックスとドラッグに向けられたために、このように手に負えない状態になってしまったのだろう。

マイルスは、音楽を演奏しなくなった主な理由は健康上の問題であると述べているが、沈黙期を通して演奏できないほど身体的に弱っていたとは言っていない。長期にわたって音楽活動から遠ざかっていたもうひとつの理由として、彼は創造力の枯渇をあげている。マイルスがプロのミュージシャンとして活動してきた三十年間は、あらゆる二十世紀のアーティストにとっての最も濃密で生産的な時期に相当する。音楽の境界線を何度も超えてきたミュージシャンは他にはいない。そして、商業的に成功したアーティストが直面する誘惑、つまり自己満足に浸り、冒険を避け、同じ古い手法を繰り返し用いることをきっぱりと拒否し続けたのも彼だけだ。たとえ、ある程度の燃え尽き感はあったとしても、それだけではマイルスがここまで落ち込んだことを説明しきれない。命を落としそうになるほど飲酒と薬物摂取を続ける以外にも、再生や回復の手段はいくらでもあっただろう。それなのに、なぜ、彼のようなすさまじい独立心を持つ男が、ここまで崩壊してしまったのか？　なぜ、家族や以前の恋人の世話に頼らなければならなくなってしまったのか？　実際の人物と外的人格《ペルソナ》、本性と被っている仮面との間で、このような劇的な不一致がいかにして生じ得たのだろうか？　ここで問われている質問に対して、仮説的な答えがいくつか示されてはいるが、仮面について考察しているものや、その後ろに隠れている本性まで深く掘り下げているものはほとんどない。

評論家の多くが、マイルスの外的人格《ペルソナ》に対して、ある程度の英雄崇拝の念を持っているため、そうした人物像の欠点やそれによって守られているひどく繊細で弱い人間性については見えにくくなっていることが多い。とりわけ自伝の中での威勢のいい口調で、マイルスは強い男のイメージをうまく与えている。しかし、これは逆効果だったようだ。彼の女性への虐待が明らかになったことで、一部の評論家から強く非難されてしまったからだ。ライターのグレッグ・テイトはマイルスの話を「身体的・精神的虐待に関する満足げな発言」と呼び、「マイルスはチャンピオンのような一撃を放ったかもしれないが、……最後はゴキブリのように去って行った」と締めくくっている。[12] チェンバースは自伝を「安っぽい自画像」と呼んでいる。[13] そして、フランシス・デイヴィスは、「彼の女性に対する扱いは軽蔑すべきものだ。……彼は見栄っ張りのうぬぼれ屋だ」と書いている。[14]

しかし、英雄崇拝も、道徳的に見下すことも、あまり有効とは言えない。どちらも外面にばかりに着目していて、内面を無視している。その結果、マイルスを非人間化してしまっている。評論家は、彼らが賞賛または非難している側面がコインの両面、すなわち同じ外的人格《ペルソナ》の異なる側面であることに気づいていない。マイルスを理解する唯一有望な手段は、外的人格《ペルソナ》と人間そのもの、すなわち外面と内面について考察することだ。

マイルスの表向きの外的人格《ペルソナ》は、五〇年代初期のジャンキーだった時期に作り上げられた。マイルスはもともと友好的で礼儀正しい若者だったが、よそよそしく、疑い深く、強迫観念を持つようになり、計り知れない繊細さと弱さを表には全く出さなくなった。彼は打たれ強く、独立心に溢れたイメージを演じきり、あたかも誰も、何も必要としていないかのように振る舞った。彼が他者を精神的または身体的に虐待したという報告は、どれもこの時期以降のものである。

しかし、彼の外的人格《ペルソナ》を形作ることになる種の多くは、彼がジャンキーとなる以前から蒔かれていた。クインシー・トゥループは、マイルスが育った文化的風土について指摘している。「セントルイスはフランス人によって建設され、ドイツの支配下にあった。……カトリックの信者よりもカルヴァン派の信者が多く、マルディグラよりもマーチング・バンドが盛んな、感情を表に出すことが見苦しく下品な行為とみなされる文化だ[15]」。

家族形態が必然的に深く世代間で受け継がれることは、今や常識となっている。マイルスについても例外ではなかった。彼の耽溺傾向は、叔父のフェルディナンド（父親の兄）から来ている可能性がある。マイルスによると、叔父はアルコール依存症だったようだ。マイルスは強い自尊心と自信を彼の男系の親族から受け継いでいる。彼はフェルディナンドの暮らしぶりや自信に溢れた態度に憧れていた。自伝では、彼の父親と祖父からデイヴィス家は特別だと教え込まれていたことについて触れられている。かつて彼の父親は、「マイルス三世は、遺伝子と血統によって、常に時代を先取りすることになる」と語っていたという[16]。こうした考え方が、世の中で自らの方向性を見つけ出し、はっきりと示すことができる力をマイルスに与えていた。しかし、彼の外的人格《ペルソナ》では、それが過度に独立心に満ちた、傲慢で、打ち解けない、うぬぼれた態度となって表出したのである。

マイルスの身体的暴力は、彼の母親から受けた暴力に根付いている可能性が高い。彼は自伝の中で、特に怒らせるようなことをしていないのに、母親に頻繁に強く殴られていたと語っている。父親は彼を殴ることはなく、激高する母親から彼を守ることさえあった。しかし、マイルスは両親がお互いに暴力を振るっている場面を何度も目撃している。また、マイルスの暴力行為はビリー・エクスタインを真似たものとも考えられる。マイルスは一九四四年と一九四七年にセントルイスで二週間、エクスタインのバンドで演奏している。マイルスは、過度に精力的で敏感になるコカインをエクスタインのバンドで初めて使用した。マイルスはエクスタインのことを褒め称えるように語っている。「(彼は) 男だろうと女だろうと有無を言わせない荒っぽい奴で、出し抜くためには、目先の奴を殴り倒してでも、思いどおりにやってしまう男だった[17]」。そして、自分を名前で呼ぶように求めた女性をエクスタインが力一杯ひっぱたいたことについても言及している。

今日ではあるまじき行為とみなされるものだが、当時、マイルスを取り巻いていた社会では、この種の行為は、「本物の」男の証として、賞賛されないまでも、許容されていたことに留意する必要がある。自信なさげで弱々しく、繊細で、体の小さかったマイルスが、このような態度を自己防衛のための唯一の手段と捉えていたとしても不思議ではない。「マイルスはとてもタフな男だった」とデイヴ・リーブマンはコメントしている。「プレッシャーに立ち向かう能力がベースになっていた。彼は男性の男らしさを重んじていた。そのような人間ならば彼は尊敬し、そうでない人間はただ利用していた」。マルグリット・エスクリッジは次のように回想している。「彼のああした態度はまだ小さい頃に培われたようです。当時は、あのような話し方や振舞いが一般的でした」。

チャーリー・パーカーもまた大きな影響を与えている。若いマイルスはパーカーの音楽的手法を大いに手本としたが、ジャンキーとなった後の表向きの外的人格《ペルソナ》も受け継いでしまった。パーカーは影響を受けやすい若いマイルスに、薬物依存、過剰な性行為、友人に対する不当な扱いに関する青写真を与えていた。長年にわたってマイルスが描写してきたパーカーの行動の多くは、彼自身にも当てはまるものだ。ここでは例を二つあげる。「奴は自分の感情をいつも隠していたが、その隠し方が最高にうまかったからな」[18]。「バードはなぜ、あんなに破滅的なことばかりしていたんだろう。（奴はインテリで）何もかもわかっていたはずなんだ」[19]。

マイルスのことをよく知る者は、彼の仮面の奥にある、全く対照的な側面について語っている――「これまでに出会った中で、彼は最も繊細で、頭がよく、人間味溢れる人物だった」（マーカス・ミラー）、「彼は僕が出会った中で最も愛情深い人だったが、ひどく誤解されていた」[20]（ジョン・マクラフリン）、「マイルスは最高に優しい、いい男なんだ」[21]（ギル・エヴァンス）、「彼は本当に優しくて、情愛深く、親切な人でした」（リディア・ディジョネット）、「彼はとても内気な人だった」（デイヴ・ホランド）。こうした外的人格《ペルソナ》について、マイルス自身はさほど気にとめてはいなかったともマルグリット・エスクリッジは述べている。「メディアは実際に彼がやったこと以上に、彼の人物像を誇張していたと思います。彼だって泣いたり、人を抱きしめたり、世話を焼いたりすることもありました」。

「タフで強がりというイメージとは違ったマイルスの側面を私は知っている」とマーク・ロスバウムは語る。「一緒に時間を過ごし、テレビを見たりする、普通の仲間だった」。ヴィンス・ウィルバーン・ジュニアにとって、マイルスは「ただのマイルス叔父さんだった。有名な人物だと知っていたけれど、ごく普通の人でもあった。彼には穏やかな面もあって、よくふざけていた。弟のヴァーノンと一緒のときなど、マイルスは大はしゃぎしていた！　よく笑い転げていたよ。マイルスはとてもユーモアがあった。でもそれは、ほとんど表には出さない私的な側面だった」。定期的に援助や金銭を与えるなどのマイルスの面倒見のいい態度についても、多くの人がコメントしている。デイヴ・リーブマンは八〇年代初期に足を骨折したときのことについて語っている。「それはひどくて、ギブスで身動きが取れない状態だった」。マイルスはリーブマンに電話をして、彼の無事を確認し、お金が必要かどうかを尋ねたという[22]。

ジャーナリストが彼の仮面の奥の顔をのぞき見たことも何度かあった。一九八一年にシェリル・マッコールは次のように書いている。「私は多くの時間をいろいろなバンドと過ごしてきたが、マイルス・デイヴィスがまとっているような、愛と互恵に満ちた雰囲気にこれまで接したことはない。シシリー・タイソン曰く、それがいつもの彼であって、タフな側面はただの見かけに過ぎないという」[23]。マッコールはマイルスの根底にある弱さを見抜き、「慰めようのない悲しみの空気にも包まれている」と書いている[24]。そして、サイ・ジョンソンは一九七四年に次のように指摘している。「彼が大きなサングラスをかけているのはこうした理由からだ。彼の目は自らの正体を物語っている。心の痛み、苦悩、弱さ、四十八歳という年齢、何もかもがわかってしまう。ところが、サングラスをかけた途端、苦痛などとは無縁のブラック・プリンスへと変貌を遂げる[25]」。

ジョー・ゲルバードは、内なる悪魔と戦う、とても弱くて感情的な男性の実態、特に彼の悲しみと修復できない女性との関係に苦しむ姿について言及している。「彼はひどく傷ついていました」とゲルバードは語っている。「彼も愛を必要とする普通の人間ですが、母親からの愛情を受けられませんでした。彼の苦しみが何であれ、母親との関係からきているのだと思います。彼はよく母親のことや母親との関係について話をしてくれました。女性との関係がうまくいかなかったのは、彼が求めているものを母親から得られなかったことが原因だと思います。彼女は触れられることを嫌っていたそうです。彼女はとても美しく、身なりのよい、スリムな女性で、彼と同じような骨格をしていました。彼は母親とよく似ています。二人は、よくある愛憎の絡み合った関係で、彼は母親を敬愛していましたが、彼が求める愛情を与えてはもらえませんでした。そのため、彼は母親、そしてその後関係を持つあらゆる女性に敵意を向けるようになってしまったのです」。

母親との冷えた、よそよそしい、暴力的な関係がマイルスの感情の形成に大きく影響したことは理解に難しくない。感情面の育成を受けられなかった子供は、自分の感情や欲求を隠したり、否定するようになる。成人してからは、抑制された感情や欲求を思い出させる身近な人間に対して、激しい怒りを覚えることがある。これらの感情や欲求は何らかの方法で表現され、満たされなければならず、結果として、耽溺パターンまたは愛憎関係へと発展することが多い。マイルスのケースは、この典型である。

マイルスの揺るぎない外的人格《ペルソナ》は、安心を与えてくれると同時に、監獄のようなものでもあった。信頼の築かれていないところでは、真の意味での人との触れ合いを教えることは事実上不可能である。マイルスの愛憎の絡み合った恋人関係からは一時的な安らぎしか得ることができず、元気づけられる人との触れ合いや帰属意識は主に彼のミュージシャン仲間から得ていたように思われる。マイルスは「俺にとってはたいていの場合、最良の友達は、その時バンドにいるミュージシャンだ」と語っており[26]、スティーヴ・グロスマンは彼の家でのリハーサルについて、「うちとけた『家族』的なものだった」と回想している。マイルスの八〇年代のキーボード奏者、ロバート・アーヴィング三世は次のように述べている。「彼にとって最も親しい友達は、彼のミュージシャンだった。それ以外の人たちとはほとんど付き合いがなかった。マイルスの家では、いつも彼が豪華な食事を作ってくれて、皆で野球を見たりして、その後に音楽の演奏に戻るんだ。リハーサルは、食事をして、眠って、音楽を演奏して過ごすといった、楽しい時間だった」。

「一九八四年にマイルスが西海岸に移ってきたとき、僕に電話をしてきた」とンドゥグ・チャンクラーは語る。「僕はザ・クルセイダーズと一緒に仕事をしていて、彼も一緒にコンサートに連れて行ってほしいということだった。留守番電話サービスを使っていたんだが、電話番号を間違ってメモしてしまい、結局、彼に折り返すことができなかった。しばらくして、レナード・フェザーによるタイムズ紙のインタビューで、僕の名前は出てこなかったけれど、このことについて触れられていた。一九八八年か一九八九年にマイルスに会いにビヴァリー・シアターのバックステージに行ったとき、彼の口から最初に出た言葉が「どうして電話をかけ直してくれなかったんだ？　俺はお前たちと話がしたいんだ」だった。その時初めて、マイルスの僕に対する気持ちを知った」。

マイルスがフェザーとの公のインタビューでこのような些細なできごとについて言及していたこと、そして四年後にチャンクラーと再会したときにこのことを瞬時に思い出したという事実は、彼がいかに繊細な人間であるかを示している。結局のところ、彼の人間的な部分、特に感情的な欲求と寂しさからは逃れることができなかったのだ。彼の外的人格《ペルソナ》、音楽、ミュージシャン仲間、女性、そして耽溺癖。そのいずれもが、存在面および感情面での基本的な問題から彼を救うことはできなかった。また、ゲルバードらによる証言によると、彼は内面の葛藤を癒すことできずにいた。

「マイルスは孤独でした」とリディア・ディジョネットはコメントしている。「彼は音楽以外のことから、必要な刺激を得ることができませんでした。彼が望んでいたのは、ミュージシャンの友達がそばにいてくれることだけでした。彼にとっては、大統領よりもミュージシャン仲間の一人と一緒にいることの方が重要でした！　彼が自分自身をもっと愛せなかったのは悲しいことです。一人の人間として生きることは、彼にとって簡単ではなかったろうと思います」。

彼の音楽、特に熱烈に訴えかけてくる彼の優しく、崩壊しそうなトランペット・サウンドにマイルスの孤独と苦悩が多く表れている。マイルスの一九五六年のソロ演奏について、ライターのマックス・ハリソンは次のように述べている。「表面的な平穏の上に影を落とす深い悲しみに感動するとともに、このミュージシャンほど『一切の妥協なしに、孤独という現象を追求した例を過去のジャズにおいて見たことがない』というイギリスの評論家、マイケル・ジェームスのコメントを思い出した[27]」。タイソン、メイブリー、エスクリッジ、バトルとの関係、薬物使用の減少、健康的な食事、適度な運動などのおかげで、おそらく最も幸福で健康だった一九六六年から一九七〇年の期間のマイルスの演奏は、これとは大きく違っていた。この時期の彼のトランペット技術は、パワフルなトーン、速い走句《ラン》、そして一九七〇年の終わりにはこれまでにない高い音《ノート》による巧みな表現でピークに達していた。対照的に、一九七二年から一九七五年にかけて、彼がヘビ使いのように導き出した儀式的、ブードゥー教的な音楽の激しさは、彼の私生活での薬物による執拗で狂気じみた振る舞いと切り離して考えることはできない。そして、人目を引く華やかな服装と、同じように色彩に富んだアレンジの効いた音楽に象徴される、一九八五年から一九九一年のスーパースター時代は、一般的にマイルスが最も幸福であった時期と考えられているが、五歳のイギリス人の女の子の目を欺くことはできなかった。この女の子は裸の王様の物語の子供の役を演じるかのように、〈TUTU〉のトランペットから何を連想するかという質問に対して、「小さい男の子がお母さんを探しているように聴こえる」と答えている[28]。

＊

仮面と本性の間の明らかな差異は切実な分裂を生み出し、美女と野獣あるいはジキルとハイドといった典型的な物語を思い起こさせる。マイルスの外的人格《ペルソナ》は明らかに、彼の繊細さ、優しさ、寂しさ、そして絶望を包み隠していた。ここで、マイルスが内面の葛藤を本気で解決しようとしていたかどうかについて考えてみたい。彼の自伝での発言からは、そうは見えない。自伝では、さまざまな話題（外面）について妥協なくオープンに語られているが、奇妙にも内省や反省に関すること（内面）には触れられていない。マイルスは、例えば次のような表面的な評価以上に踏み込んだ意見を述べることはほとんどなかった。「俺は双子座だから、今すぐごく優しくても、次の瞬間には、こんなふうにぜんぜん違った人間になってしまうんだ。なぜそうなのか自分でもわからないが、ただ、そういうことなんだ。それが俺なんだと受け入れるしかない」[29]。七〇年代から八〇年代初期に薬物常用者だったマイク・スターンは、その経験に基づき、次のように語っている。「時間をかけて、クスリに手を出すきっかけになったことに向き合うことが必要だ。でも彼は自分の問題と向き合おうとはしなかった」。

音楽と彼を取り巻く人々の内面を超自然的に認識する能力を持ち、「何を」（外面）よりも「どのように」（内面）を重視していた人物が、内省を欠いていたのは奇妙に思える。マイルスは仮面の下の顔を隠し続けようと決めていたのかもしれない。話はするが、心の奥底にある感情や反省めいたことには言及したくなかったのだろう。あるいは、彼の人生に対する向き合い方がそうだったのかもしれない。「彼が『なぜ』という部分を追求しているところを見たことはありません」とマルグリット・エスクリッジは語っている。「行動と反応がすべてでした。それがどうして起こったのか、振り返って考えるようなことはしませんでした」。

さらに、感情や欲求を表に出すのは弱いことだとみなされ、内面が認められることがほとんどなかった感情的・文化的パラダイムで育ったマイルスは、自らの内面を見つめることをあえて避けていたようにも思われる。彼の耽溺パターンがそのための方策のひとつになっていた。また別の現実逃避的な態度の表れとして、一人になることと沈黙を嫌っていたことがあげられる。彼の家を訪れたことがある者は皆一様に、いつでもすべての部屋のテレビがついていたと証言している。「彼と一緒にいたことのあるすべての家で、すべての部屋の、すべてのテレビが常についていました」とジョー・ゲルバードは述べている。多くのミュージシャンや知人が、特に夜になると彼がよく電話をしてきて、彼のところに来るように誘われたと話している。「マイルスは側にいてくれる人を必要としていました」とエスクリッジは語っている。「彼は一人ではいられなかった」とデイヴ・リーブマンは回想する。エリック・ニセンソンは、「マイルスは常に、絶望的なまでに仲間を必要としていた」と書いている。[30]

マイルスの内面の混乱と、それが薬物関連の好ましくない行動として表出したことを受けて、多くの者が劇的な言葉を用いて、彼のことを評している。「ときに彼は本当に邪悪な人間になる」とデイヴ・リーブマンは述べている。「彼には純粋に邪悪な側面がありました」とジョー・ゲルバードは強調する。「彼には道徳心が欠けていました。本来、道徳心が備わっているべきところで、感情が死んでしまったような状態になっているのです」。『マイルス・デイヴィス自伝』を「自責の念や良心の呵責が一切見られない、不謹慎な発言のオンパレード」と評したチェンバースと同じように、グレッグ・テイトもまた、マイルスの話を「一人悦に入った発言」と呼び、良心の欠如を指摘している。しかし、マイルスは幾度となく後悔を表明しているし、彼の狂気じみた行為、暴力、薬物乱用についても感情的にならずに事実に基づいて語っているので、チェンバースとテイトが一体どの本を読んでの発言なのか疑いたくもなる。『マイルス・デイヴィス自伝』は単純に、一切の妥協なしに、情け容赦なく率直に語られているのであって、下手な言い訳や過度の罪悪感を表明していないところは、むしろ賞賛に値する。マイルスは薬物使用とぎくしゃくした人間関係の惨状について、同じ道を辿る可能性のある者への厳しい警告となり得る程度に、ありありと物語っている。

自伝の証言からは、マイルスは自身の振る舞いについて、少なくとも得意になどなっていなかったと思われる。彼は四〇年代末期にアイリーン・カーソンと三人の子供とともに普通の家族生活を送ることができなかった自分を厳しく責めており、六〇年代にフランシスが彼と離婚した理由が、彼女が望む尊敬と安心を与えられなかったからであることも理解している。また、マイルスは、彼の二人の息子、グレゴリーとマイルス四世に対する罪悪感、そして亡くなる前に両親を訪ねることができなかったことについての後悔を繰り返し語っている。[31]「マイルスは人生の多くのことをコントロールできずにいた」とマーク・ロスバウムは述べている。「彼は良い父親になれなかったことに対して自責の念にかられていたし、夫として失格だったことにも心を痛めていた」。

マイルスはまた、多くの人の人生に多大な好ましい影響も与えている。例えば、この本でインタビューしているミュージシャンのほとんどが彼に対する大いなる尊敬と深い感謝の念を表している。マイルスの闇の部分と暴力を強調しすぎると、こうした事実の理解に苦しむことになるだろう。しかし、証言や事実関係を注意して見ていけば、マイルスが人生を肯定する行動と人生を破滅させる行動の違いを敏感に察知しており、前者により重きを置いていたことがわかる。破滅的なパターンから逃れられないこともあった。しかし、マイルスがこうした異なる傾向について認識していたことは、これらを区別するように努め、彼のミュージシャンや友人を彼の人生の闇の部分から遠ざけていたことからも明らかだ。この結果、マイルスは二重の生活を送ることになる。ジャック・ディジョネットは、「マイルスは『良い』人間と、そうではない人間の両方と付き合っていた」と回想している。リディアは付け加える。「彼は意識的にそうしていたのです。クスリに溺れた状態にあるときには、クスリをやらない人との関わりを避けていました。ジャックと話をしたり、呼び寄せるようなことはしませんでした。……彼はただ『お前のやることじゃない』と言っていました」。

マルグリット・エスクリッジは、二つの世界の違いを教えてくれたことについて、今でもマイルスに感謝していると述べている。エスクリッジは語る。「マイルスと出会ったとき、私はまだ世間しらずのうぶな若い女性でした。六〇年代当時は、いたるところに花が咲きみだれ、人々は良心にあふれていると信じたがっていました。そこにマイルスが登場し、人生を生き抜く手助けをしてくれました。彼なしには、とてもやっていけなかったと思います。私は開けっぴろげで正直すぎましたから。私たちはぶつかり合ったり、対立したりすることがよくありました。例えば、『あれは私の友達で、いい人たちよ』と私が言うと、『奴らは良い人間なんかじゃなく、何か魂胆があっておまえと付き合っているんだ』と彼が反論します。私はそんなことはないと思っていました。けれども、後になって、常に彼は正しかったとわかりました。すべて彼が言ったとおりだったのです。人生にどれほど多くの闇の部分があるかということを、私は学ぶ必要があったのです。彼は都会で生き抜く術を教えてくれました。彼には感謝の気持ちでいっぱいです。私は決して辛辣な人間になったわけではなく、ただこれまでよりも注意深くなり、いろいろなことを意識するようになりました。おかげで、今でもちゃんと生き延びられています！　マイルスはよく人の腹の中を見抜いていましたが、私もその方法を学びました。多くの点で、彼は父親のような存在でした」。

マルグリット・エスクリッジはマイルスが彼女に対して特に暴力的だったとは記憶していない。これは、マイルスと女性の間で起きていた暴力的なできごとは、ある程度、当事者二人に責任があったことを示唆している。ジム・ローズが回想するところでは、ロレッタもまたドラッグをやっていて、マイルスに対して暴力的だったことをほのめかしている。また、ニセンソンは、マイルスに顎を折られた女性が病院から戻るとすぐに彼のところに戻っていったことに当惑している。[32] おそらくは、マイルスが暴力を振るった女性の中で、完全な被害者などほとんどいなかったのではないか。関与した女性は皆、自発的に彼と一緒にいることを望んでいたのだ。

*

上記の話はいずれもマイルスの破壊的な行動を大目に見たり、逆にけなしたりする目的で取り上げたわけではない。ただ、彼の発言が決して「一人悦に入った」ものではないことを指摘するためだ。彼は自らの邪悪《ダーク》な面を誇りにする必要などないほど、人生を肯定する価値観を持っていた。彼はむしろ——ある程度まで——正直だっただけだ。マイルスの「正直さ」を称える者は多い。「正直さこそ、彼の最大の長所のひとつだ」とポール・バックマスターは述べている。「彼はある種の崇高さを持っていて、不誠実なことは遠くからでも見破ることができた」。「彼はこれまで出会った中で最も正直な人物だった」とジョン・マクラフリンはコメントしている。「情け容赦ないと言ってよいほど正直だった。彼に今どう思われているかもすぐにわかる。遠慮など一切なしに、ずばり言われるからね[33]」。

　いずれにせよ、マイルスの正直さは決して非の打ちどころがないものではなかった。バックマスターをはじめ、他の多くが強調している彼の本質に関するより良い説明として、たわ言や偽善に直面してもひるむことのない真正性と大胆さを持っていたことがあげられる。マイルスは確かに「不誠実なことは遠くからでも見破ることができた」。彼は自らの本能を信じ、信念に従い行動した。彼が礼儀作法や社会的慣習に反して、尊大な言動や見せかけの行為で膨れ上がった風船を破裂させるような行動をとったという説話が数多く存在している。ひとつの例をあげると、一九八七年のホワイトハウスでのパーティーの席上で、マイルスは仰々しく恩着せがましい声を幾度となく乱暴にさえぎっている。マイルスは後に、「ただ間違いのないように行動しているだけの、にせものの笑いを浮かべたお粗末な野郎ばっかりだった」とコメントしている[34]。一九八九年春にニューヨークのハーレム・スタジオ美術館で公開インタビューを受けた際、アフリカ系アメリカ人の美術館役員が彼に近づいてきた。彼女は美術館を訪れたことはほとんどないが、マイルスの訪問を「歴史的なイベント」と思って顔を出したと述べた。マイルスは即座に反応し、単刀直入に言った。「いい気なもんだな。俺だったら顔をみせないようなやつを役員にはしないだろうよ[35]」。

　マイルスが大事にしていた、人生を肯定する価値観がもうひとつある。人種問題において、彼はアフリカ系アメリカ人の環境改善に大きく貢献した先駆者の一人である。彼の態度の根源には、やはり彼の家柄がある。デイヴィス家が優れていたというのは見栄を張った発言のようにも聞こえるが、実際に時代の一歩先を行っていたようだ。マイルスの祖父は二十世紀初頭に五〇〇エーカーの土地を所有しており、彼の父親もまた土地所有者であり、歯医者としても成功していた。少なくとも二世代にわたって、中流階級で何不自由なく暮らしていたことになるが、一九二〇年代から一九三〇年代当時の米国の黒人家族としては非常にまれな境遇である。

マイルスの父親は人種的な不平等について認識しており、それに立ち向かう気概を持っていた。このように、人種問題に関する現代的な意識の中でマイルスは育った。人種問題は、二十世紀末には広く認められるようになるものの、六〇年代カウンターカルチャーによってアメリカ人の人種意識が高まるまでは異論があった。以前は、黒人が白人に対して屈従的な態度をとることを意味する、「アンクル・トミング」という言葉が使われていた。「幼い黒人の子供たちはみんな、大人たちを見て、白人とうまくやっていくにはニヤニヤ笑って、道化師みたいに振る舞うことだと思って育っちまったんだ」とマイルスはコメントしている。[36] これに対して、彼は人種的平等を好意によって与えられるものとは考えず、生得権としてこれを求めた。加えて、彼の男系の家系によって培われたプライドから、人種差別の現実に対して、彼は異常なほどの苦痛を覚えた。

「人々はマイルスを傲慢な人間と見ていた」とピート・コージーは述べている。「しかし、実際には知性の表れだ。彼はこの地球上の同じ人間として、どのような権利を持ち、どのように扱われるべきかわかっていた。けれども、ほとんどのアメリカ人は彼に対して、そのように接しようとはしなかった。そして、彼が敵対的な批判を受け入れることを拒むと、偉そうな口をたたくとか、軽蔑的な言葉で非難された。実際のところ、彼はただ当たり前の態度をとっていただけなのに。これまで出会った中で彼ほど差別的でない人はいなかった。だから、人種差別を経験することは、彼にとっては相当な苦痛だったと思う。マイルスの年齢からして、人種差別を数多く受けてきたことだろう。くだらない差別を受け入れなくなった最初の世代が僕らで、時の権力者たちはずいぶんとそのことを恐れていた。あるとき、トロントでの演奏を終えて、モントリオールへと向かうときのことだった。空港でのチェックイン時に人種差別に出くわした。奴らは三本のラッパと鞄を持ったデイヴ・リーブマンは飛行機に乗せたが、ギターしか持っていないレジーを乗せることを拒否した。誰の目にも差別行為であることは明らかだった。マイルスは後ろを振り返って、『家に帰るぞ』と言った。その晩、僕らはモントリオールへは行かず、ニューヨークに戻ったんだ」。

米国の多くの黒人と同じように、マイルスもちょっとした人種的偏見に日常的に見舞われていた。例えば、高価なスポーツカーに乗った黒人というだけの理由で止められたり、自分の家で電気工に掃除夫と間違われるといったようなことだ。「マイルスはこうした何気ない差別にも決して慣れることはなかった。……そのようなことに出くわすと、やはりショックを受け、ひどく気が動転していた」とエリック・ニセンソンは書いている。[37] 言うまでもなく、一九五九年にバードランドの外で殴られたような著しい差別行為は、マイルスを精神的に深く傷つけた。人種差別は彼が直面した最大の問題のひとつであり、彼の内に秘められた深い苦悩と激しい怒りの源泉のひとつでもあった。これは、公表されているほぼすべてのインタビューの中で、彼が繰り返し触れてきた話題である。有名な一九六二年のプレイボーイ誌のインタビューでは、ほぼ全面的に人種問題について語っている。「人種のこととなると、偏見を持った白人たちは、この特権を持っているのは自分たちだけだっていうように振る舞いやがる」とマイルスは語っている[38]。

マイルスが人種差別に対してとった対処方法は、多くの黒人から賞賛を受け、お手本とされた。クインシー・トゥループは『マイルス・アンド・ミー』で、マイルスが笑っている顔を写真に撮られることをいかに嫌っていたかについて説明している。笑うことと黒人が白人にへつらうことを彼は同一視していたためだ。保守的なジャズ界で騒がれたように、マイルスがステージ上で曲を紹介したり、話をすることがなかったのも同じ理由からである。「俺がトラブルを起こす原因は、トランペットの演奏だけで、ダンスを習わなかったことにあるんだ」とマイルスは語っている[39]。彼が六〇年代のアルバムのジャケットに黒人女性を起用することを強いたことも人種問題の新たな局面を切り開いた。

加えて、彼の抜け目ないビジネスの姿勢は、ミュージシャンの労働環境に多大な影響を与えた。五〇年代、マイルスは、毎時二十分から〇〇分までの四十分間の演奏を一晩中繰り返すという「四十・二十」の条件での労働を拒否した最初の人物だった。彼は、一晩に演奏する最大セット数を三セットに減らさせた。マイルスとプロモーターとの間でのいざこざの数々は語り種となっている。プロモーターが最初の晩の演奏に二〇〇〇ドル、次の晩の演奏に一〇〇〇ドルの支払いを申し出たとき、マイルスは二晩目は観客席の半分をフェンスで塞ぐという条件を突きつけた。結局、プロモーターが折れて、二晩とも満額を支払った。

父親と祖父から金儲けのコツを受け継いだマイルスは、その活動歴のほとんどの期間において、最も高給取りのジャズ・ミュージシャンであり続けた。一九七二年に彼は次のように語っている。「とくかく貧しいことに言い訳はできない。何かを手に入れようと思ったら、人に仕えて働くもんだ。オヤジがこれを教えてくれた」[40]。数多くのインタビューで、マイルスは十代のころから新聞配達でお金を稼いでいたことを誇らしげに語っている。「十四歳で俺は一晩三ドル稼いでいた。十五歳で六ドル、十六歳では週に一〇〇ドル稼いだ」[41]。しかし、マイルスは自らの利益のためだけに、ビジネスの才能を発揮していたわけではない。彼は他の黒人ミュージシャンが有利な条件を得られるように手助けしていた。ホレス・シルヴァーやロバータ・フラックもその中の一人だった。

おそらく、マイルスを中傷する人々は、マイルスがときどき口にする人種差別的な決まり文句に苛立っているのではないだろうか。例えば、「俺は、レコードだけで白人のトランペッターを聴き分けられる」[42]、「白人のグループには何も感じない。音を聴いただけで白人のグループかどうかわかる」[43]、あるいは「俺が白人に嫌がらせをされたら、そいつには近づけない。自分が何をやらかすかわからないからな。俺はそいつを殺すかもしれない」[44]といった発言だ。しかし、これらは意図的な矛盾する発言として分類されるべきものだ。なぜなら、ミュージシャン、友人、そして女性に関して、マイルスは決して皮膚の色で差別をしてこなかったからだ。彼と仕事をしたことのある白人ミュージシャンは一様に、彼の人種的偏見のない態度について認めている。「マイルスと仕事をしていて、人種的な問題は一切なかった」とスティーヴ・グロスマンは語っている。「マイルスはときどき、そのようなカードを切ることがある。しかし、それは単に我々を試すためだ。たわごとを受け入れられるかどうか、どの程度までやり過ごすことができるかを確かめるためにね」。「彼はいつだって私や一緒にいる他のミュージシャンをミュージシャン仲間、アーティスト仲間として扱ってくれていた」とポール・バックマスターは語る。「彼は決して、『俺は黒人で、黒人であることについては黙っちゃいない』とか、『俺の文化はアフリカ系アメリカ人の文化だけだ』といった考えにとらわれてはいなかった。人種問題のことをよくわかっていたし、幾度となく苦い経験もしてきた。けれども、音楽に関しては、皮膚の色の区別などない人だった。彼はあらゆる国のあらゆるスタイルの音楽に興味を持っていた。クラシック音楽についても、もっと知りたがっていた。彼は全世界的《ユニバーサル》な人間だ。彼は人間性の良識を持っていて、彼の音楽にもそれが表れている。それは時間、場所、文化を超えるものだ」。

*

マイルスの表向きの人物像に表れているのは彼の闇の部分であって、その裏に隠れている人物は「最高に優しい、いい男」あるいは「本当のマイルス・デイヴィス」という見方をしがちである。これは確かに理解しやすい分け方ではある。しかし、当然ながら、現実はそれほど単純ではない。仮面と本性の両方に、光と影の部分、建設的な傾向と破壊的な傾向が備わっている。マイルスの暴力のほとんどが私生活の中で起きており、仮面に表れている側面の多くが幼い頃の生い立ちに起因している。彼の外的人格《ペルソナ》の冷酷な側面を嫌うのは簡単だが、彼の表向きの態度には別の深く心を揺さぶられる面もあるということを指摘しておく必要がある。それは「クール」と評されることが多いが、この言葉に対する私たちの一般的な理解をはるかに超えるものだ。

　西洋文化において、「クール」とは、ヒップであるとか流行に敏感という意味で使われることが一般的であり、純粋に外面的な性質として、薄っぺらく、自己執着・自己中心的で、他人への注意や配慮のない態度などと関連付けられることの多い、見せかけの姿勢を指す。しかしながら、この言葉の起源は、ナイジェリア南西部に住むヨルバ族に遡る。彼らは、内面的な特徴である心の平静が、冷静沈着という外面的な特性として表れることを説明する言葉として、「クール」を用いていた。人類学者ロバート・ファリス・トンプソンは次のように解説している。「クールであることは、人としての自分を表現する正しいやり方だ。……寛大かつ思慮深く生き、窮地に陥ったときにみせる気品を持つことで、外見や言動は次第に実質的な高貴な力を帯びてくる。神が我々に与えてくれた創造的な善のきらめきを実感し、気高さを身につけるにつれて、あらゆる状況に対処できる自信が生まれる。……これこそが荘厳なクールさである」(45)。ヨルバ族の文化に関する別の文献では、「クール」を次のように説明している。「落ち着きはらった状態であり、……道徳的・美的な性質である。……落ち着きのある者は慎重かつ理性的に行動する。その者は控えめであり、誇らしげで、威厳があり、クールである。平静さは支配者にとって不可欠な資質であり、王のイメージに顕著に表れている(46)」。

ライターのマイケル・ヴェンチュラは次のようにコメントしている。「クールであることと、冷淡であることとは違う。クールなアートは情熱的なアートだ。アメリカ文化において、マイルス・デイヴィスはこうした美学の模範である(47)」。ヴェンチュラはマイルスの音楽、中でも特にアルバム《クールの誕生》の「クール」な側面について言及しているが、マイルスの「クールさ」は音楽を超えて浸透している。マイルスは「地球上で最もクールな男」と呼ばれてきた(48)。このような言明は、的外れな強い男のイメージへの賞賛からも生じ得ることはさておき、マイルスの「荘厳なクールさ」について述べていることでもある。アーティストとしてのマイルスは、「窮地に陥ったときにみせる気品」、「高貴な力」、「威厳」を十分に兼ね備えていた。マイルスは人生の他の領域では「クールさ」を示すことはうまくできていなかったが、ことアートの分野においては、クールな姿勢を持つ二十世紀の重要人物の一人であった。

「クール」は、単なるカリスマ、スター性、ヒップと混同されることが多い。このような見方とクールの深い意味との違いを、見せかけのポーズと実際の振る舞いの違いとして説明することができる。マイルスのミュージシャンは彼の振る舞い、すなわち超越的・精神的な側面について幾度となく言及している。「マイルスの立ち居振る舞いは実に特徴的で、流れるような動きだった」とソニー・フォーチュンは指摘している。「彼が足早に歩くことはなかった。あの男《キャット》は音もなくすべるように歩くんだ。いつだって、すべるように動いていた。体を動したり、座ったり、話をするときもそうだった。あんな人を見たことがない。ミスター・マイルス・デイヴィスとスピリチュアル的なものとを関連付ける人は普通はいないだろうが、それでしか彼のあの活動力《エネルギー》を説明できない。彼はまるで小型のエネルギー爆弾だ。決して、小さな花や空を舞う蝶などではない。彼は最高にいかしていた」。

こうした「いかした」、「クールさ」を彼がどうやって身につけたのかという点について、疑問が沸いてくる。その程度については彼自身によるところが大きいことは間違いないが、その根源に関する手がかりはやはり彼の家庭環境にある。彼の父親と祖父の誇らしげな態度から生じる「実質的な高貴な力」については言うまでもないが、彼の母親のネイティブ・アメリカンの血筋も一役買っている可能性がある。本人が気づいていなくとも、行動パターンは世代を通じて受け継がれることがある。若いマイルスが母親の家系からネイティブ・アメリカンの性格を受け継いだ可能性は十分にあり得る。ライターのバート・パーシグは著書 ***Lila: An Inquiry into Morals*** の中で、ネイティブ・アメリカンの態度や話し方の特徴について解説している。例えば、「沈黙は謙虚さの作法」、「ネイティブ・アメリカンは間を持たせるために話をしない。何も言うことがなければ黙っている」、「反俗物的」、「飾り立てた言葉などなく、面と向かって断言する」といったことだ[49]。彼はまた、「すべての人は生まれながらにして平等である」という考えを生み出したのは、ネイティブ・アメリカンであるとも主張している[50]。これらの特徴のひとつひとつがマイルスに当てはまる。

これらはヨルバ族の「クール」の概念とも見事に一致する。ヨルバ族の「クールさ」と上記のネイティブ・アメリカンの典型的な特質は、どちらも精神的尊厳の表れとして広く認知されているものだからである。マイルスは、これらの特質を「クール」な立ち居振る舞いの奥底にあるものによって具現化した。音楽、ミュージシャン、観客に対する彼の向き合い方には、深いところで「正しい」何かがある。彼自身そして彼の音楽が、文化、国、人種、そして時代を超えて関心を集めているという事実は、この特質が時間を超越し、我々の集合的無意識と深く共鳴するものであることを示している。それゆえに、《TUTU》が彼の最後の十年間で最もよく知られる作品となったことは、因果応報の驚くべき象徴である。マイルスとマーカス・ミラーは南アフリカの大主教で反アパルトヘイト活動家のデズモンド・ツツに因んでこのアルバムのタイトルをつけたが、ヨルバ族語で「クール」を意味する言葉が「ツツ」(*tutu*)であることを彼らは知る由もなかった。

第十二章　スター・オン・マイルス

マイルスは観客と一対一で話ができた。それができる人間は、世界を相手にしても同じことができる。そうして、世界中の人が耳を傾けるようになれば、何だってできるだろう。

——ビル・エヴァンス

一九八〇年にマイルスが戻ってきた世界は、一九七五年に彼が背を向けた世界から大きく様変わりしていた。七〇年代は多くの点で後向きの十年間だった。欧米社会は六〇年代カウンターカルチャーの広範囲にわたる政治的・文化的変動の統合に努めていた。七〇年代末期になると、階級のない社会、人種的平等、社会主義、フェミニズムといった六〇年代の価値観から、裕福になる、高いキャリアを目指す、華やかに生きるといった個人主義的・快楽主義的な目標を追い求める方向へと、振り子が再び反対方向に振れはじめた。八〇年代は、一言で言うと、ヤッピー〔都市に住む若いエリートサラリーマン〕の時代だった。イギリスでは一九七九年のマーガレット・サッチャー、米国では一九八一年のロナルド・レーガンといった退行的な保守派指導者が政権についたことと、内容よりも形式にこだわった見掛け倒しの空虚なロック・ミュージックの登場がこれを例示している。そして、その代表的な発展例が一九八一年にはじまったMTVである。

　一九八〇年になっても変わらないことがひとつあった。それはジャズ・ミュージシャンが短命であったことだ。チャールズ・ミンガスが一九七九年に五十七歳で、ピアニストのビル・エヴァンスが一九八〇年に四十一歳で、それぞれこの世を去っている。マイルスは一九八〇年に五十四歳となり、彼の健康状態の悪化に関する噂が広まっていたことを考えると、彼が死んだというニュースを聞いたとしても驚く人は少なかっただろう。それゆえに、彼が音楽に戻ってくるなどとは、多くの人々は夢にも思っていなかった。この件に関しては様々な説明がなされているが、その中で最もよく話に出るのが、マイルスが音楽制作を再開することを期待して、一九七八年から彼のもとを訪れるようになったコロムビアの副社長ジョージ・バトラーの尽力だ。「頻繁に彼を訪問した」とバトラーは回想する。「二人で話すのはファッションのこと、ボクシングのこと、それに車のことばかりだった。音楽のことはカケラも話さなかった。こんな会話が八カ月も続いただろうか。突然マイルスは私にこう言い出した。『ジョージ、俺はいま考えていることがある』。私はビックリしてしまった。と同時に、それが何の話なのかたちまちのうちに理解し、身動きができなくなった。私たちはピアノのところに行き、マイルスはひとつのコードを弾いた。ところがそのピアノは全く音がしなかったんだ。鍵盤が壊れていて、ぜんぜん音が出なかった。……ただちに当時のコロムビア・レコードの社長ブルース・ランドヴァルに、マイルスの誕生日のプレゼントとして新しいピアノを贈るよう提言した。彼はそれにすぐに同意を示し、私自身がピアノを選ぶことになったんだ(1)」。

その後、マイルスはポール・バックマスターに参加を求め、バックマスターは一九七九年七月初旬にニューヨークにやってきた。バックマスターは回想する。「マイルスはローズ・ロイス（七〇年代後半にいくつかのヒット曲を放った米国のグループ）の〈ラヴ・ドント・リヴ・ヒア・エニモア〉をレコーディングしたがっていた。私はアレンジを手がけ、曲もいくつか書いた。けれども、マイルスの家に行くと、いつも彼の友人が得体の知れない粉を持ってきていた。それが何かは知りたくもなかった」。

ギル・エヴァンスもマイルスの活動再開に向けた初期の試みに関わったとされているが、すぐに諦めてしまったようだ。おそらく、努力が実を結ばないであろうことを察したからだろう。一九七九年夏に一度だけ行われたセッションは、バトラーの説得により実現した。このセッションはセッション請負人のジーン・ビアンコによって組織され、東海岸のセッション・シーンで注目されていた二十歳のベーシスト、マーカス・ミラーを中心とするバンドが召集された。デイヴ・グルーシン、エルトン・ジョン、ブレッカー・ブラザーズのレコードで演奏していたミラーは、マイルスの音楽においてもきわめて重要な役割を果たす存在となる。バンドはバックマスターがアレンジした曲をいくつか録音したが、マイルスが参加して彼らと一緒に演奏することはなかった。

マイルスはここでの成果をそれほど評価していなかったようだ。彼は、その数週間後に、バックマスター、サックス奏者ジョン・スタブルフィールド、無名のギタリストのウェイン・ビンガム、ベーシストのロン・ジョンソン（バディ・マイルスと共演した経験があり、一九七二年のアルバム《カルロス・サンタナ＆バディ・マイルス　ライヴ!》にも参加している）、そしてドラム・プログラミングにドニ・ハーゲンという構成で別のセッションを招集し、そこにピート・コージーを招いている。しかし、マイルスはここにも姿を現さなかった。今回は薬局で口論となり、店員がマイルスを電話機で殴り、鎖骨に傷を負わされたためだ。

これらの無駄に終わったセッションから間もない一九七九年

八月、悪夢のようなできごとが起きる。ある夏の暑い晩、マイルスが意識を失った。バックマスターはあわててマイルスの姉ドロシーを呼び寄せ、彼女もまたシシリー・タイソンに連絡をした。関係者の話を総合すると、これが大きなきっかけとなり、マイルスは長い再起への道のりを歩みはじめた。マイルスが再び演奏できるだけの正気と健康状態を取り戻すことができたのは、タイソンの看護によるところが大きかったと評価されている。

マイルスは次のように回想している。「そういった連中を俺の家から追い出すのを手伝い、ちゃんとしたものを食べ、飲みすぎないようにと面倒をみて、俺を守ってくれたのもシシリーだった。コカインをやめるのにも大変な手助けをしてくれた。たくさんの野菜やジュースや、健康に良い食事も作ってくれた。俺の尻の調子が良くなるようにと、ハリも勧めてくれた。そして、俺は突然、物事がはっきりと考えられるようになりはじめた。で、初めて真剣に、もう一度音楽を、トランペットを吹くことを考えはじめた(2)」。

ドロシーとの間に築かれた新たな関係もまた、マイルスが音楽に戻る上で重要な役割を果たした。定期的に彼女と電話で話をするうちに、マイルスは彼女の二十一歳になる息子ヴィンス・ウィルバーン・ジュニアの音楽活動に関心を示すようになった。ヴィンスが七歳のとき、マイルスは彼にドラムセットを買い与えるように、ドロシーにしきりに勧めていた。若いヴィンスは優秀なプレイヤーに成長し、シカゴのアメリカ音楽院で音楽を学んでいた。「僕はバンドをやっていて、彼は電話をしてくると、僕らのリハーサルが聴こえるように受話器を向けておくように母に頼んでいた」とウィルバーンは当時のことを振り返る。「ニューヨークに彼の様子を見に行ったりもしていた。彼はただハイになっているだけだと人々は思っていたけれど、彼はいつだって音楽を聴いていて、音楽のことを考えていた。ただトランペットを吹いていなかっただけだ。僕は彼を元気づけると同時に、彼から学ぼうとしていた」。

これらの話で驚かされるのは、彼らの目にマイルスがいかに受け身に映っていたかという点だ。周りの人に促され、説得されて、ようやく一歩先に進むことができていたようだ。一九八〇年に経済的に苦しくなっていたこともまた、活動再開に向けたもうひとつの差し迫った動機となっていた。コロムビアは彼との契約の更新とリテーナーの継続を故意に遅らせて、新しい作品の制作を求めていた。彼がピート・コージーとともにはじめた方向性を継続しなかった理由ははっきりしない。「彼の姉は『ヴィンセントや彼の友達のためにも何かをやらないと駄目じゃない』と言って、彼の心に働きかけていた」とコージーは述べている。また、当時のマイルスは演奏技術がすっかりさび付いてしまっていたため、経験豊かなプロ集団と一緒に仕事をすることに不安を感じていたのかもしれない。家族の絆があり、比較的経験の浅いウィルバーンのバンドの方が、音楽の演奏を再開するにはプレッシャーが少なかった。

ヴィンス・ウィルバーン・ジュニアに加えて、バンドの中心メンバーには、リーダーでギタリスト・シンガーのランディ・ホール、キーボード奏者のロバート・アーヴィング三世、そしてベーシストのフェルトン・クルーズがいた。一九八〇年四月、リハーサルとレコーディングを行うため、マイルスはこのカルテット〔四人編成によるバンド〕をニューヨークに呼び寄せた。また、マイルスは、良いサックス奏者がいないか、デイヴ・リーブマンに問い合わせている。リーブマンは彼に師事していたビル・エヴァンスを薦めた。彼は大学を出たてのまだ二十二歳になったばかりの若者で、これといったバンド経験もなかった。「僕とマイルスは気の合う友人となった」とエヴァンスは回想する。「僕はある意味、彼とは真逆で、クスリとかを一度もやったことがなかった。彼は僕を信用してくれていた」。

シカゴ出身の若いバンドにエヴァンスを加えたリハーサルが五月にはじまったが、マイルスが再び入院したことで、すぐに中断されてしまう。「彼の膝に膿瘍ができていた」とマーク・ロスバウムは語る。「深刻な状態だった。病状が悪化していて、足を失う可能性もあったが、今回もまたしてもシシリーが彼の健康管理をしてくれた」。この中断の後、六月にリハーサルが再開された。

「彼はキーボードを演奏していた」とアーヴィングは当時を振り返る。「おそらく彼は、技術的に成長期にあるミュージシャンたちに囲まれて、トランペットを手にすることに多少なりともためらいがあったんだと思う。アンブシュア〔金管楽器を演奏するときの唇の応用法〕を鍛えるには時間がかかり、彼は恥をかきたくなかったので、トランペットを演奏しなかったのだろう。リハーサルである程度の進展が見られるようになると、僕らはスタジオに入り、レコーディングを行った。全部で十九曲を録音した。マイルスはレコーディングを楽しんでいる様子だった。僕らがレコーディングした曲のひとつが〈ザ・マン・ウィズ・ザ・ホーン〉で、マイルスは後からトランペットをオーバーダブで重ねた。でも、唇の調子が戻ってからは、他の曲ではオーバーダブは行っていない。次のアルバムの方向性に合っていただろう録音が他にもいくつかあった。彼がもう少し指示を出してくれていたら、すごいものができていたと思う」。

アーヴィングが残念に思うのも理解できなくはないが、一九八一年の同名のカムバックアルバムに収録されてリリースされた〈ザ・マン・ウィズ・ザ・ホーン〉を聴く限り、理由はもっと簡単なものだったようだ。要するに、単純に音楽のできが良くなかったということだ。曲自体が平凡なバラードで、演奏は方向性を欠き、マイルスに敬意を表した何とも気恥ずかしい歌詞が用いられている。マイルスの八〇年代末期の作品で示されるアーヴィング、ウィルバーン、クルーズの才能を考えると、このバンドはさらに先に進むことができた可能性があるが、このレコーディングではその潜在能力はまだはっきりとは表れていない。マイルスは全体の方向性について、うまく要約している。「ランディ・ホール、俺の甥っ子、そしてボビーの三人は、俺のために素敵な音楽を書いてくれた。バブルガム・ソング〔十代の若者たちに受ける明るいサウンドの曲〕が必要になったら、ランディに電話をして、一曲作ってくれと頼めばいいんだ[3]」。
マイルスはその年の終わりに彼のトランペット・パートをオーバーダブで重ねている。彼が技術的な問題を抱えていたことは、痛々しいほどに明らかだった。メロディ面での才能は揺るぎないものの、そのサウンドはかん高く、力強さに欠け、ところどころ調子の外れた演奏をしている。マイルスはこうした欠点を補うためにワウペダルを使用しているが、彼がこの機材を使うのはこれが最後のセッションとなった。他のミュージシャンからの圧力で、彼はワウペダルの使用を止めることに同意する。「僕らがニューヨークにいた間、確か一九八〇年の夏に、オーバーダビング・セッションが一回あり、そこでのマイルスの音はひどいものだった」とアーヴィングは語っている。「指先と頭の中ではアイディアを思い描けていたようだけれど、それがうまく音になって出てきていなかった。唇の調子が戻っていなかったためさ。曲のひとつをオーバーダブする最初の試みがこんな状況だった。その後、クリスマス近くになって、もう一度やり直すことになった。彼は電話をかけてきて、『ボビー、これを聴いてみろ！』というと、彼の演奏を重ねた曲を僕に聴かせた。『唇の調子が戻ったぞ』とでも言いたげのようだった。けれども、僕らの間では、純粋なトランペットの音を使うべきという意見で一致していた。ワウペダルはその方向性に逆行していた」。

「マイルスはまだ具合が悪かった」とマセロは回想する。「薬物ですべてがめちゃくちゃになっていて、ろくに演奏もできなくなってしまっていた。呼吸が悪く、身をかがめることが多くなり、とにかく、ひどい状態だった。彼の演奏を（編集で）つぎはぎしなければならないことも何度かあった。難しい時期だったよ。曲によっては、彼が適切な音《ノート》を出せるように、テープレコーダーの速度を半分に落とす必要があった。彼が甥と一緒に作った音源はできが良くなかった。私自身は乗り気ではなかったが、受け入れることにした。それが彼がやりたいことなら、私たちは最善の方法でそれに応えるだけだ」。

その後、しばらく経った一九八一年五月、マイルスは若いバンドとともに〈シャウト〉という曲をレコーディングした。幸いにも歌詞はなく、〈ザ・マン・ウィズ・ザ・ホーン〉よりもできは良いものの、面白味を欠いた、単に運動量が多いだけのソウル・ファンク調の曲に過ぎない。これら二曲が《ザ・マン・ウィズ・ザ・ホーン》に収録されたのは、おそらく、シカゴの若いバンドが、マイルスが音楽に戻るための踏台となってくれたことに対する感謝の意味があってのことだろう。幸いにして、マイルスはこのバンドにそれ以上の意味を見出さなかった。そして、約一年間にわたって人々から背中を押され続けたこともあって、自分で方向性を決められるだけの自信と健康を取り戻すと、すぐに進路を変えた。彼の評価では、音楽的に即戦力となり得るだけの技術を持っていたのはサックス奏者ビル・エヴァンスだけだった。彼は再びアル・フォスターと一緒に仕事をしたいと思っていたが、それ以外はどのように進めたら良いかというアイディアを持っていなかった。この時点で、マイルスはオールスター・バンドを組むこともできたが、再び無名の若いミュージシャンと一緒にプレイするというリスクを取ったのは、彼の自信と音楽への献身の表れである。

＊

しばらくの間、マイルスの計画は実行に移されなかった。彼は一九八〇年の残りの時期を、その前年と同じように、薬物、アルコール、怠惰に浸ることに費やした。このような生活様式をいつまでも続けることはできないという警告として、糖尿病の診断を受けていたにもかかわらずである。この時期、彼が正常を保ち、音楽とのつながりを絶やさずにいられたのは、ビル・エヴァンスの存在が大きい。「僕らは一年間、友人として一緒に時を過ごした」とエヴァンスは語っている。「二人でランチを食べに行ったり、僕が食べ物を持っていったり、一緒にニューヨークの街を散歩したりした。ちょうど彼が信頼のできる特定の人間に頼っていた時期で、一九八〇年から一九八三年までの間は僕がその役目を果たした。あの時期に彼と多くの時間を一緒に過ごしたのは、他にはアル・フォスターくらいだろう。僕は彼が徐々に音楽へと戻っていくのに付き添い、バンドを組むのを手伝い、友人として、またミュージシャンとして彼のそばにいた。僕はニューヨークのクラブで起きていることを理解していたが、彼はわかっていなかった。なので、周りで起きていることについて、僕は彼の目の代わりを務めた。彼は僕のことを信頼してくれていて、よく意見を求めてきた」。

エヴァンスの判断に対するマイルスの信頼は十分な根拠に基づくものだった。一九八一年初めに、マイルスが自らのバンドを率いることができる程度にまで状態が改善すると、エヴァンスの助言が功を奏する。エヴァンスが薦めた最初の一人がベーシストのマーカス・ミラーで、彼は一九七九年の失敗に終わったセッションにもすでに参加していた。加えて、マイルスは、七〇年代末期に出会い、そのギター・シンセサイザーに深く印象づけられたギタリストのバリー・フィナティーを迎え入れる。そして、バンドを完成させるため、アル・フォスターは、彼の一九七九年のソロアルバム、《ミスター・フォスター》に参加したパーカッショニストのサミー・フィガロアを推薦した。フォスター、ミラー、フィガロア、エヴァンス、そしてマイルスからなるセクステットは、一九八一年初頭の某日にスタジオに入った。第一章でミラーが語っている事象は最初のセッションのときのもので、マイルスは彼にFシャープとGを演奏して見せて、彼をおじけづかせた。

「一九七九年当時、ミュージシャンの選択にマイルスは関与していなかった」とミラーは付け加えている。「けれども、今回は自らセッションをコントロールしていた。彼の演奏技術が落ちていることには気づいていて、後になってずいぶんとコカインをやっていたことがわかった。ひどい状態に陥るのに十分な量をね」。

薬物の使用は続いたものの、マイルスは新しいバンドと数曲のレコーディングにこぎつける。ここで録音された曲、〈アイーダ〉、〈バック・シート・ベティ〉、〈アーシュラ〉は、甥のバンドと一緒にやったセッションと比べて大きな前進となり、いずれも《ザ・マン・ウィズ・ザ・ホーン》に収録された。「〈アイーダ〉には特定のメロディがあったので、マイルスとビルでセッション前に確認していた」とミラーは回想する。「彼は僕にFシャープとGのベースラインを示し、それ以外は自由《フリー》だった。スタジオで彼は、指で指示を出し、バンドを止め、指揮を執った。〈バック・シート・ベティ〉についてもメロディに関するアイディアは持っていたようだが、それだけだった。彼の号令ですぐにはじまった。アルが演奏をはじめ、僕らはそれに乗っかった。〈アーシュラ〉はただのジャムだ。ほとんどの曲で、皆を結束させるための音《ノート》を彼は持っていた。僕らが演奏していくうちに、どんなに離れていってしまっていても、その三つか四つの音《ノート》で皆を集中させて、そこからまた何かがはじまるんだ。クールな発想だよね」。

　ミラーによると、これらのセッションでマイルスが用いた作業手順は、彼が七〇年代にバンドを率いていたときのそれと似通っていた。「後になって七〇年代の音楽を聴き直してみて、僕らがやっていたことは当時と同じコンセプトに基づいていて、音楽に対するアプローチも同じだったことに気づいたよ」とミラーは語っている。「ちょうどその続きから、やり直していたんだね。それがわかると、急にいろいろなことが理解できるようになった。自分が思っていたほど、新しいことはやっていなかったんだ。七〇年代にピート・コージーはクレイジーですごい演奏をしていたし、マイケル・ヘンダーソンはおそらく、マイルスと共演したミュージシャンの中で最も評価が低いベース・プレイヤーだ。音楽自体はとても深いものだ。八〇年代初期にマイルスと一緒に演奏していたときに理解できていたらと思うことがある。どうすればよいか思い悩んでいたときにヒントを与えてくれたかもしれないからね。それ以外は問題なかった。僕は自由に好きな方向、より無調な方向へ向かわせてもらえていた」。

　これら二つのバンドには多くの類似点があるが、八〇年代初期のバンドと七三～七五年のバンドの間には違いも存在する。前者では、「生きた作曲」（多くの断片やモチーフをつなぎ合わせて、常に変化し続ける音楽のタペストリーを織り込んでいく手法）の発想は用いていない。また、リズムセクションの役割は二つのバンドで大きく違っている。一九七〇年代中期の音楽は、ヘンダーソンのメロディックな循環ベースリフ、催眠的《ヒプノティック》に繰り返されるルーカスのファンクギター、フォスターのドラム、そしてエムトゥーメのアフリカンパーカッションを中心に構成されていた。しかし、八〇年代初期の音楽では、従来の主題《テーマ》～ソロ～主題《テーマ》の構成が用いられており、ごくまれにミラーのほぼ直線的なベースラインがメロディの基礎をなす程度であった。ファンクのリズムギターもなく、フォスターは昔ながらの変化に富んだジャズの様式でドラムを演奏している。アフリカ音楽の影響はほぼ消滅し、低音域《ボトムエンド》の強調が弱まり、摩擦音もほとんど使われていない。八〇年代初期の音楽は、はるかにオープンで、ファンク集団のあらゆるものを飲み込むようなウォール・オブ・サウンドからは大きくかけ離れたものとなっている。

　この時点で、マイルスは確固とした音楽の方向性を持っておらず、単に彼が直面していた今ここのリアリティを最大限に活用していただけのように思われる。「マイルスは基本的に録音室に居合わせた者に反応していた」とミラーは語る。「そして、彼は『気に入らないな』と言ってみたり、方向付けをはじめてみたりする。僕はベースラインを考えるように言われた。それで何か演奏してみると、彼は『違う』と言う。別のものを試してみると、やはり『違う』と言われる。そうして、三回目でようやく『そうだ、それだ』となる。その間、僕は彼の頭の中を詮索し、彼が何を気に入りそうかを考える。彼はまた、これまでの慣例に従わない状況なり環境なりを作っていた。彼はただヴァイブスを作り出すだけで、コードや楽譜なしに開始するため、この独特の音楽に何が相応しいのかを見つけるために皆、必死になる。このヴァイブスを感じ取れる程度に心が開かれていれば、うまくフィットするものを考え出せるだろう」。

　マイルスが八〇年代初期に方向性を欠いていたこと、そして場当たり的にバンドが結成された経緯を考えると、一九八一年初めにレコーディングした三曲が平凡なものだったことも驚くにはあたらない。〈バック・シート・ベティ〉は、フィナンティーが二つの深く歪んだギターコードを繰り返す、ヘビーなロックスタイルではじまり、その後、ミラーとフォスターによる敏捷なファンクのグルーヴに落ち着く。〇分三十秒にマイルスはほとんど特徴のない主題《テーマ》を提示し、そこから〈ザ・マン・ウィズ・ザ・ホーン〉からは大きく改善されたオープン・トランペットのトーンへと進むと、ときおり高音域へと移行していく。エヴァンスは相応のソプラノ・ソロを演奏している。音楽構成は、数カ所に差し込まれるヘビーなロックのパワーコードで作られているが、これはマセロの編集によるところが大きい。フォスターの張り詰めたドラム演奏、そしてフィナンティーの知的なコード演奏にもかかわらず、音楽的には冷淡で疎外感のあるものとなっている。

　ミラーが基本的なFシャープとGのリフを中心に演奏する〈アイーダ〉についても、同様の冷淡さが感じられる。主題《テーマ》よりもリフの多い、品のない未成熟な十音《テンノート》モチーフが、欠点のひとつとなってしまっている。マイルスはやはり高い音《ノート》を吹き、間《スペース》を有効に活用している。しかし、彼のドラマチックで雄弁なフレーズも、ここでは興味を引き付けるまでには至っていない。エヴァンスのソプラノ・ソロも大げさでまとまりがなく、〈バック・シート・ベティ〉同様、ソロ奏者とリズムセクションの間でのインタープレイがほとんどない。そして、〈アーシュラ〉は、方向性や際立った特徴に欠けるジャムとなっている。マイルスのエレクトリック・ミュージックにはあまり見られない、伝統的なジャズ・スウィングの雰囲気とウォーキング・ベースが、ここでの興味の中心となっている。

一九八〇年に甥の若いシカゴのバンドと一緒にレコーディングしたときと同じように、これらのセッションもまた、その先に向かうための足掛かり的なものだった。ただし、マイルスは音楽的な限界について、はっきりと気づいていた。ギタリストのバリー・フィナティーとパーカッショニストのサミー・フィガロアは馴染まないと判断され、すぐにクビになった。フィナティーの「クール」で控えめなギター・スタイルは、精力面とリズム面において、バンドを制限するものとなっていた。マイルスは、ソロ奏者としてもリズム奏者としても火付け役となれる、万能なギタリストを必要としていた。彼は再びエヴァンスに助言を求めた。エヴァンスは、バークリー音楽大学で学び、ブラッド・スウェット・アンド・ティアーズとの演奏経験もあり、当時ビリー・コブハムのバンドのメンバーだった二十歳の無名のギタリスト、マイク・スターンを薦めた。マイルスとエヴァンスは、コブハムと一緒に演奏するスターンを見に、ニューヨークのボトムラインでのコンサートへと出向いた。好印象を持ったマイルスは、バンドの演奏中にコブハムと話をつけ、ギタリストを引き抜いた。「マイルスと一緒に演奏できることになって、本当に興奮した」とスターンは語る。「それと同時に、ものすごく怖かった。彼自身がとても偉大なプレイヤーで、他にも多くの偉大なプレイヤーが彼のバンドにいたんだからね。最初に演奏に参加したとき、技術的には下降気味だったのだろうけれど、彼ははじめからすごい音を出していた」。

スターンのこの言葉が真実であることが、三月前後に行われたセッションで明らかになる。このセッションでは、マイルスがスターンに付けたニックネームである、〈ファット・タイム〉と呼ばれる曲が録音された。フィナティーが抜けたことで、音楽は劇的に改善し、この曲が《ザ・マン・ウィズ・ザ・ホーン》のオープニングに採用されたことも頷ける。ミラーとフォスターが伝染性のあるブルージーなシャッフル・グルーヴを築き、その上にマイルスが感動的でサスペンスに満ちたミュート・トランペットの強い音を重ね合わせ、スターンがエレガントで独創的な伴奏をつけている。一分十三秒、マイルスによるフラメンコ調の音型の演奏とともに緊張感を高めるリズムの変調と転調があり、それに続く別の転調を通じて音楽の激しさが増していく。二分十五秒、緊張が解放され、音楽は出だしのキーとグルーヴへと戻っていく。ここでのエヴァンスのソロは、アルバムの他のどの曲よりも有効なものとなっている。ミラーとフォスターは自らが優れたリズム隊であることを知らしめる演奏を披露し、スターンが素晴らしいソロを演奏、そしてマイルスは曲の終わりに向けて劇的なオープン・トランペット演奏へと切り替える。

「マイルスは、『アル、ニューオーリンズのビートをやってくれ』と言い、彼に歌ってみせた」とミラーは語る。「僕はそれに合うベースラインを見つけ、あとは他のセッションと同じようにジャム演奏になった。テオがそれをミキシングと編集で意味のあるものに仕上げた」。「マイルスはとても気に入った様子だった」とスターンは述べている。「彼はできあがりのタイミングをわかっていた。自分はもう一度やりたかったけれど、彼は『パーティーに行ったら、いつお開きにすればいいか把握しておけ』と言っていた。彼の判断は大抵正しく、この曲でもうまくいっていると思う。これにテオが少し手を加えている。レコーディングの際、マイルスはフラメンコ調のサウンドがほしいと言ってきてフラメンコのコードをキーボードで弾き始めた。一体、何をはじめる気だと思ったね。フラメンコギターを用意しなければならないかと思ったが、『いや、おまえのやり方で弾け』と言われた。結局のところ、彼は曲の途中にスペインの雰囲気を入れたかっただけだった。技術的に正しいかどうかはどうでもよく、ただ雰囲気を取り入れたかったんだ。彼からは自分の考えを持つように教わり、僕に非常に大きな影響を与えてくれた。そのことがわかるようになるまで、彼には本当に助けられた」。

*

マイルスのアンブシュアが戻り、ミラーとスターンが一流のプレイヤーであることが明らかになると、彼の考えは再びライブ演奏へと向かい始めた。しかし、彼はまだ適当なパーカッショニストを見つけられていなかった。マイルスがいかにしてミノ・シネルを見出したかについての興味深い話は、一九六八年に彼がデイヴ・ホランドをスカウトしたときの状況と良く似ている。マルティニーク島出身のシネルはフランスで育ち、一九七九年にニューヨークに移り住んだ。彼はニューヨークの豊かな音楽文化の中ですぐに活躍できるものと自ら期待していたが、実際には生活するのに精一杯で、親近感を持っていない音楽を演奏することも少なくなかった。シネルはギターとドラムも演奏したが、マイルスは一九八一年の春にニューヨークのR&Bクラブ、ミケールズでの彼のパーカッションの演奏を聴いた。

「彼は異様な雰囲気でステージの前に座っていた」とシネルは思い起こす。「彼は年老いて見え、健康状態も悪そうだった。まるでホームレスのようで、彼とは気づかなかった。当時はまだ馴染みがなかったあの鋭い眼差しを僕に向けていた。僕自身はリラックスして演奏できていたが、ステージ上では誰もが最高のリック〔即興で演奏するフレーズ〕を弾こうとしていたので、何かが起きていることは感づいていた。『いったいぜんたい今夜は皆、どうしちまったんだ』と思っていた。ギグの後でマイルスの前を通り過ぎようとしたとき、僕の腕を掴んだので、不快な態度をとってしまった。彼は『おまえはくそったれな野郎だな』と言ってきた。僕は『そりゃどうも、さっさと腕を放してくれよ』と応じた。彼のことを知った今となって思えば、きっと気に入ってくれたのだろう。あのときの対応が最高の自己紹介になったというわけさ。その場を去ると、『おい、今の誰だかわかっているのか？』と聞いてきた奴がいたので、『いいや』と答えると、『マイルス・デイヴィスだぜ』と言われた。僕は『なんてこった』と思い、すぐに戻って『お会いできて光栄です』と挨拶し直すと、マイルスは、『だまれ、さっさとおまえの電話番号をよこせ！』と言った。僕はすぐに取ってくるからと告げて、下の階に戻った。『せっかくの機会が台無しだ』と思いながら、着替えてギャラをもらうのに時間がかかってしまった。二十分後、『彼が待っているとは思えないが、戻ると言ったのだから』と自分に言い聞かせながら、上の階に戻ってみると、なんと彼は待ってくれていた。彼は僕の名刺を受け取り、『本当にくそ野郎だな。電話するよ』と言って去っていった。数日後、彼から電話があり、リハーサルに来いとだけ言われて、電話はすぐに切れた」。

シネルがバンドの他のメンバーともうまくやっていけることを確認したマイルスは、マネージャーのマーク・ロスバウムに連絡を取り、ジム・ローズの指揮の下にロード・スタッフを編成し、プロモーターに連絡してコンサートを企画するように依頼した。プロモーターのジョージ・ウェインはマイルスのために、一九八一年七月五日のエイヴリー・フィッシャー・ホールでの二回のコンサートを、九万ドルと言われている費用を投じて予約した。ウェインはこれについて認めていないが、ロスバウムは「十分にあり得る」と述べている。マイルスが七三～七五年のバンドでボストンのポールズ・モールやサンフランシスコのキーストーン・コーナーといった小規模なクラブで「ウォーミングアップ」することを好んでいたように、彼の新しいバンドもボストンのキックスで六月二十六日から二十九日までの四回の準備のためのコンサートを予約した。

レコーディング・スタジオでのマイルスの活動に関するニュースがメディアを賑わせたが、あまり多くの関心は寄せられていなかった。これまでにも彼のカムバックに関する誤った情報が何度も報道されていたためである。しかし、六月中旬に発表された、彼がステージに戻ってくるという差し迫ったニュースは、世界中で新聞の見出しを飾った。外界では、彼が喧噪に戻ってくるというニュースについて、謎めいた暗黒の王子《プリンス・オブ・ダークネス》が逆境を超人的な強さで乗り越え、再び灰の中から蘇るという典型的な物語として語り草となった。その結果、すべての予定されていたコンサートのチケットはあっという間に売り切れた。

周囲の評判、興奮、そして期待は、若いセクステットのメンバーたちに重くのしかかった。マイルスが大がかりなリハーサルを行わなかったことも彼らをさらに不安にした。「キックスの前には、たいしたリハーサルをやっていなかった」とエヴァンスは回想する。「いくつかアイディアは出し合っていたが、最初から最後まで曲を通して演奏することはなかった。コンサートの前は死ぬほど怖かった」。「ツアーに出たとき、キーボード奏者は誰になるのか聞いてみた」とスターンは当時のことを語る。「そうしたら彼は『キーボードはいない。おまえだけだ』と言うんだ。僕はさらに怖くなってしまった。彼が引き締まった音を目指していたのはわかっていたが、正直なところ、それ以外は自分たちがやっていることを理解できていなかった。何を演奏するのか聞いてみても、『パワーコードだけ弾いていればいい』（〈バック・シート・ベティ〉の冒頭の部分を意味する）としか彼は答えてくれない。混乱したよ。彼はほとんど何も言ってくれないから、自分たちでいろいろと模索しなければならなかった。曲の終わり方も決まっていなかったから、延々と演奏し続けたことが何度もあった」。

最小限のリハーサルしか行わず、不安だらけだったにもかかわらず、これらの初期のコンサートについて、バンド・メンバーは強い愛情を込めて語っている。「そこにいたのは自分たちだけで、まるで家族のようだった」とエヴァンスは語る。「本当に特別な、夢のような時間だった。ステージに上がったとき、一緒に演奏している人たちが、友人であるとともに、これまで自分が崇拝してきた人たちであることを突然思い出した」。「まるで魔法にかかったようだった」とシネルも語る。「マイルスの演奏技術は必ずしも最高の状態ではなかったけれど、素晴らしいレコーディングができた。皆、とても自由に演奏できていたし、ときどき興奮しすぎてせわしない演奏をしてしまうこともあった。そんなとき、マイルスはひとつの音《ノート》だけを演奏する。それだけで皆、自分たちが今どこにいるのかすぐに理解してしまうんだ。マイルスはたったひとつの音《ノート》で多くのことを語ることができた。彼には多くの才能があったが、このことが自分の心に最も響いた」。

マイルスは一九六七年〜一九七五年当時と同じように音楽を構成していた。メドレーまたは「途切れない組曲」を演奏し、手の動き、トランペットでの符号化フレーズ、そしてキーボード・スタブによってバンドを異なるセクションへと導いた。「僕らは彼のことを『ザ・クロー』〔かぎ爪〕と呼んでいたよ。キーボードに手を載せて、どのキーを叩こうが気にしないんだ」とスターンはコメントしている。「それでも、いつだってスウィングしていたから、どこに手を載せていようが、肘で叩こうが関係なかった。僕らは常に彼を見ていた。彼が調子を変えたり、ソロを終わらせたりする合図に常に気を配り、音楽としてまとまりのあるものにしなければならなかった。単に自分のソロ演奏に没頭しているわけにはいかなかった。六〇年代のブラックホークの頃のように、バンド・メンバーがソロ演奏をはじめるとステージを下りて一杯飲みに行き、皆のソロが終わると戻ってくるなんてことはなかった。彼はギターを好んでいたようで、もっとギターの音を聴きたがっていた。何度も何度も繰り返し演奏しなければならず、『いつになった次の演奏ができるんだ？』と思うこともよくあった。音楽は信じられないくらいオープンだった。ほとんど何も決まっていなくて、自由なんだ。最初の頃のギグなんて、飛び入りし放題だった」。

＊

マイルスの当時の音楽活動は短期間で終了してしまうものが多かったため、コロムビアは安全策を取り、六回の予定されていたコンサートをすべて録音することにした。これらのコンサートから抜粋されたものが、テオ・マセロによって編集され、一九八二年に《ウィ・ウォント・マイルス》としてリリースされた。このうち、〈マイ・マンズ・ゴーン・ナウ〉、〈アイーダ〉（〈ファスト・トラック〉に曲名を変更）、〈キックス〉は、六月二十七日のキックスでのコンサートで録音された。決して後ろを振り返らない男が、一九五八年にギル・エヴァンスと一緒にレコーディングした《ポーギー＆ベス》から、二十分バージョンの〈マイ・マンズ・ゴーン・ナウ〉を取り上げたのは思いがけないことだった。音楽活動を通じて、マイルスは自身の過去の作品または有名な曲の主題《テーマ》を引用することがときどきあり、一九七〇年代中期には〈マイ・マンズ・ゴーン・ナウ〉の主題《テーマ》をよく演奏に取り入れていた。しかし、一九七〇年十月に〈ザ・テーマ〉をコンサートのレパートリーから外してからは、一九六八年以前のジャズのレパートリー曲を最初から最後まで演奏することはなかった。

《ウィ・ウォント・マイルス》での〈マイ・マンズ・ゴーン・ナウ〉の演奏は短いエレクトリック・ピアノの断片ではじまるが、この楽器が強調されるのは一九七二年末以降の彼の音楽において初めてのことである。八〇年代のライブ・バンドではマイルスがメインのキーボード奏者を務めているが、クラシック音楽の教育を受けたエヴァンスにキーボードを演奏させることもあり、この出だしの部分もどちらかが弾いているようだ。そして演奏は、スターンが得意とする優雅でテクスチャーのあるギターのリズム演奏を伴う、壮大なファンク・ロックのベースリフとともに続く。このベースリフは、〈マイ・マンズ・ゴーン・ナウ〉の単旋律聖歌風な主題《テーマ》との効果的な対比となっている。マイルスの叙情的《リリカル》で穏やかな演奏は、ミュート・トランペットからオープン・トランペットに切り替わるタイミングで緊張感が高まる。四分二十四秒、マイルスはオリジナル・バージョンの短いダブルタイム〔拍子を二倍に刻むこと。ダブルテンポ、倍テンポとも呼ばれる〕のスイングへの展開を辿り、その十二小節後にはクライマックスの甲高いトランペット音を合図にバンドの勢いが弱まり、ファンク・ロックのバンプへと戻っていく。曲の残りの部分は、これら二つのリズムの要素と、一九七〇年代中期のファンク集団の際立った特徴であった緊張と解放の仕組みに基づく演奏が続く。

エヴァンスとスターンの二人もソロを演奏しているが、ほとんどのソロ・パートはマイルスによるものだ。大部分は説得力のある演奏だが、ところどころにぎこちなく、説得力に欠ける部分も垣間見られる。彼の演奏は改善してはいたものの、たちどころに、そして否応なしに引き付けられる、印象的な音質を取り戻すまでには至っていなかった。繰り返されるジャズ・スウィングの領域への展開は、耳障りなだけでなく、ファンク・ロックのバンプによって築き上げられた、集中に満ちた雰囲気をも台無しにしてしまう。また、ところどころ、ベースとトランペットの歪んだ音によって、本来のサウンドが損なわれている。これは《ウィ・ウォント・マイルス》のレコーディング全般にわたって見られ、マスタリングの問題である可能性が高い。このような制限はあるものの、〈マイ・マンズ・ゴーン・ナウ〉はパワフルな音楽提示であり、マイルスの復活の兆しを感じさせるものとなっている。

《ザ・マン・ウィズ・ザ・ホーン》に収録されているオリジナ

ル・バージョンよりも勢いと一貫性のある〈アイーダ〉（または〈ファスト・トラック〉）についても同じことが言える。マイルスは力強いオープニングのソロを演奏し（ここでも歪んだ音が邪魔をしている）、その後はスターンが三つのソロを弾き、自らの才能を見せつけている。八分五秒からはシネルがパーカッションのソロを披露するブレイクがあり、いくつかの集合的なアクセントがちりばめられている。マイルスが七三〜七五年のバンドでよく用いていた、このドラマチックな手法の成果が正式にリリースされた唯一の曲となった。十二分十二秒に再びマイルスから甲高い音が発せられた後、魅惑的なスワンプのようなファンクのグルーヴへと移行する。

《ウィ・ウォント・マイルス》に収録されたキックスでのコンサートからの三曲目は、単に〈キックス〉と呼ばれ、スターンによる知的なオフビートの伴奏を伴う、伝染性のあるレゲエ調のベースラインではじまる。別のハイライトとしては、二分十七秒にはじまるマイルスのオープン・トランペットの提示と、七分十秒にはじまるスターンの素晴らしいソロがある。スターンのソロには、ビバップ的な走句《ラン》、ブルースのフレージング、そしてヘンドリックスを彷彿とさせるリックが盛り込まれている。しかし、この録音も〈マイ・マンズ・ゴーン・ナウ〉と同じように、レゲエ調のリフと場違いに聴こえる長いジャズ・スウィングのセクションとが交互に演奏される、精神分裂症的なリズムによって邪魔されてしまっている。ファンクやレゲエに着想を得たリフには新しい音楽の方向性が見え隠れするが、通常の四分の四拍子のスウィングのセクションにはそれもない。

マイルスがジャズ・スウィングの演奏を拒んでいたことをバンド・メンバー数名が証言している。「マイルスはよく、『それはもうやった。その曲は年寄りになった気分にさせる』と言っていた」とスターンは述べている。「アルとマイクとビルは、彼をそっちの方向に持って行きたがっていた」とシネルは語っている。「だが、マイルスには『ビバップはなしだ』と言われるから、グルーヴ上で薄めてやっていた」。それでも、六〇年代末期にジャズ・ロックに初めて進出して以降としては、これまで以上にジャズ・スウィングを取り入れることが多くなっていた。考えられる理由としては、トランペットの演奏技術を取り戻そうとする過程において、過去への回帰が役に立っていた可能性がある。

七月五日のエイヴリー・フィッシャー・ホールでの二回のコンサートから《ウィ・ウォント・マイルス》に収録された曲は、〈バック・シート・ベティ〉だけだった。このバージョンでは二音《ツー》コードのハードロック調の出だし部分は省略されており、マイルスはただちに主題《テーマ》に突入していく。彼は薄く不安定な音でソロ演奏を続けるが、高い音《ノート》を吹いているにもかかわらず、彼の限界が聴いて取れる。このレコーディングの主な価値は、キックスでのレコーディングと比べて、バンドの一体感が増し、流れるようなサウンドとなっている点である。例えば、五分十秒にミラーが新たなベースリフを開始すると、バンドは継ぎ目なくそれに参加し、荒々しいサウンドを作り上げている。

これらの初期の演奏の成果に支えられ、マイルスは七月と八月に米国でさらなるコンサートを行った。この間、ステージ上での彼の態度が変わったという報道が次々となされている。「ステージ上でのお高くとまった態度は消え失せ、デイヴィスは彼のサイドマンや観客とオープンに向き合っており、彼の特徴的な鋭い視線の合間に見せる表情は実に楽しそうだ」と評論家ボブ・ブルメンタールは書いている[4]。ライターのシェリル・マッコールは七月中旬にマンハッタンのミッドタウンの新しいクラブ、サボイで行われたコンサートを見に行った。「コンサートは素晴らしいものだった」と彼女は言及している。「マイルスは数週間前のクール・ジャズ・フェスティバルの時よりも攻撃的だった。彼は取り戻しつつある演奏技術を極限にまで高め、〈オール・オブ・ユー〉のような曲を現代の曲と自由にミックスしたり、さらには……長いソロをフェンダー・ピアノで演奏してみたりと、豊かな想像力と十分過ぎるほどの技術が見受けられた。バックステージを訪れたとき、マイルス・デイヴィスがへとへとになった状態にあるのを見て、ショックを受けた。まるで試合の最中のボクサーのように、汗をかいた彼の周りをタオルや飲み物を持った男たちが取り囲み、元気づける言葉をかけたり、手を貸したりしていた[5]」。

　一九八一年九月二十九日、マイルスは日本ツアーに出発した。十月二日から十一日の間に七回のコンサートを行い、七〇万ドルの報酬を得ると報道された。日本だけでリリースされた《ライヴ・イン・ジャパン'81》には十月四日の東京でのコンサートの大部分が収録されており、セットリストには〈バック・シート・ベティ〉、〈ウルスラ〉、〈マイ・マンズ・ゴーン・ナウ〉、〈アイーダ〉、〈ファット・タイム〉、〈ジャン・ピエール〉が含まれている。バンドが上向きの状態にあることが、ほとんどの曲から聴いて取れる。バンドの演奏は滑らかかつ自信ありげで、〈ファット・タイム〉にはスペイン風の要素を取り入れ、短い〈アーシュラ〉ではジャズ・スウィングのテンポではなく、ファンク・リフを演奏している。十月四日のバージョンの〈ジャン・ピエール〉は、尺を若干短くし、ミックスを変えて《ウィ・ウォント・マイルス》に収録されている。アルバムの残りの部分と比べて、インタープレイが改善され、楽器間の役割分担がはっきりしており、主メロディにハーモニーをつける下降コード進行など、アレンジも優れている。マイルスの演奏は堅調とは言い難いが、エヴァンスのソロ演奏は心地よく、独創的な伴奏とドラマチックに始まる感動的なソロを演奏するスターンが主役を張っている。さらに、十月三日に東京で録音された、これよりもかなり短いバージョンの〈ジャン・ピエール〉が収録されて《ウィ・ウォント・マイルス》は完結するが、特筆すべきものは付け加えられていない。

　エンリコ・メルランは、〈ジャン・ピエール〉の聞き覚えのある旋律について、マイルスの三十二歳の誕生日である一九五八年五月二十六日まで遡り、〈ラヴ・フォー・セール〉のソロで演奏されていたことを突き止めている。その後の彼のソロには、この主題《テーマ》が周期的に現れる。マイルスはこの子供っぽい曲を彼の最初の妻（フランシス）の連れの息子にちなんで命名している（これはフランスの童謡と言われているが、シネルはフランスでは聞いた覚えがないと述べている）。ビル・エヴァンスはマイルスがこの曲を彼の家で初めて演奏して聴かせたと記憶しているのに対して、スターンはギル・エヴァンスがリハーサルで取り入れたと述べている。「ギルが小さいメロディカでこれを弾き、『マイルス、これを覚えているかい？』と言っていた」とスターンは想起する。「すると突然マーカスがドカーンと行った。良いリハーサルだった。他の曲と比べて、〈ジャン・ピエール〉はとてもタイトで、大きな前進だった。この頃にはバンドとしての結束も強まっていた。アレンジメントの面でもう少し練り上げる必要があったけれどね。他のメンバーの演奏についても良くわかっていたし、一貫性も増していった」。〈ジャン・ピエール〉はマイルスのテーマ曲となり、一九八七年末までコンサートのクロージングに用いられた。この曲は一九九一年七月のパリでの回顧コンサートの結びの主題《テーマ》にもなっている。八〇年代にマイルスは象徴的価値のあるこのメロディと深い関わりを持つようになる。ブルースの基礎を持つマイルスは、メジャーサードとマイナーサードを交互に演奏する傾向が常にある。これはブルースに顕著な特徴であり、〈ジャン・ピエール〉のメロディにもメジャーサードとマイナーサードが含まれている。この曲の素朴さを批判する者もおり、ミュージシャンの多くがこの曲を演奏したがらないのは、まさにそうした理由からである。しかし、マイルスはこの曲をライブ・セットの重要な演目として位置づける勇気を示した。この曲の子供っぽい無邪気な性質は、彼の子供のような驚嘆の念、そして芸術に取り組む際の柔軟な態度を示すものでもある。こうした資質により、彼はいかなる音楽もむげに却下することなく、常に新しいものや魅惑的で不思議なものを模索するようになった。

多くのアーティストや精神的指導者が驚嘆の念の重要性を説いており、素朴で謙虚な寛容さは禅の「初心のこころ」を別の言葉で言い換えたものである。マイルスはこうした思考を強く意識していたようだ。「かつて彼が話したことだが、すぐれたアーティストは創作する上で子供のような純真な一途さをもち続ける必要があるということだった」とトゥループは書いている。「つまり、アーティストが創作活動を行うためには、子供のような天真爛漫さを失ってはならない。大人になりすぎ、物事をわきまえすぎると想像力が枯渇し、さまざまな創造的可能性が芽を摘まれることになる(6)」。

＊

約六年間にわたって表舞台から退き、その後一九八一年にほぼ奇跡的にカムバックを果たしたマイルスは、自身にまつわる神秘性を飛躍的に高め、ジャズの最初のスーパースターとなった。こうした劇的なまでの関心の高まりは、一九七五年に彼が社会から離脱した当時、メディアからはほとんど忘れ去られ、ジャズ界では非難の的となっていた状況とは全く対照的である。

一九八一年の彼のカムバックを世界中のジャズ・ファンはまるで道楽息子が帰ってきたかのように歓迎した。ジャズ界における創造性の枯渇と方向性の欠如もそのひとつの理由だろう。フュージョンは自然消滅し、八〇年代初頭の主な展開としては、五〇年代を思い起こさせるハード・バップ・リバイバルの先頭に立つウィントン・マルサリスが一躍著名になったことくらいである。八〇年代初期には純粋に先駆的なジャズがほとんど存在しておらず、マイルスが新たな刺激をもたらしてくれることを多くが望んでいた。

もちろん、マイルスは十年以上にわたってジャズ界の期待に応えられておらず、八〇年代初期も例外ではなかった。ただし、今回はマイルスが新たな音楽パラダイムに足を踏み入れた状況とは違っていた。マイルスのサイドマンの個々の演奏スタイルはバンドに特徴的なサウンドを与えており、彼らの計り知れない才能は最高水準の音楽を保証するものだが、マイルスの八〇年代初期の音楽は全く新しい視点をごくまれにしか提示できていない。マイルスの不安定な演奏技術やマスコミの膨れ上がった期待はさておき、彼の音楽が当時受けていた批判的な攻撃を正当化する理由は見当たらない。世界中のジャズ・ファンが彼の音楽に熱狂的に反応した一方で、ジャズ評論家による批判的なコメントも多く、彼の若いバンド・メンバーを動揺させた。特に、マイク・スターンは「ヘビー・ロック」を演奏しているとして、攻撃の矛先を向けられた。サイドマンには「創意工夫が全く」見られず、「マイク・スターンによる、想像し得る最も陳腐なロックのお決まりのギター・ソロの蔓延」などと非難された[7]。スターンの長髪とストラトキャスターのギターがこれらの評論家の激しい反感を買い、実際にはヘビー・ロックよりもビバップやブルースに通じる彼の演奏を聴いてもらえなかった。

「身から出たさびという部分もあった。コーデュロイのジーンズを履き、破れて薄汚れた服装をしていたからね」とスターンは語る。「そして、ストラトキャスター。どれだけジャズっぽくなかったかって？　今では眉をひそめる人はいないと思うけど、当時はジャズではほとんど使われていなかった。ディストーションはヘンドリックスを真似るためではなく、ギターで管楽器のようなサウンドを作り出すために使ったんだ。ヘンドリックス的なことをやったのは、マイルスが望んだからさ。でも評論家からはボロクソに言われた。エイヴリー・フィッシャーでのコンサートの後、マイルスに電話をして、いくつかの批評を読んで聞かせたんだ。『これを読んでとても落ち込んでいる』と愚痴をこぼしたら、彼はこう言った。『そんなクソ野郎のことなんて、いちいち気にするんじゃない。そいつらは自分が何を書いているのかわかっちゃいない。おまえが気にする必要があるのは俺の評価だけだ』。また、彼がニューヨークで活動をはじめた当初、ろくに音が出せない下手くそなトランペット奏者と批判されていたことや、コルトレーンについても演奏が過剰で、もっとうまく楽句を分けるべきと言われていたことなどを語ってくれた。基本的に、そんなことをいちいち気にする必要はないと。それで気持ちが落ち着き、誰でも新しいことをはじめると、同じことが起きるとわかったんだ。今では、あれは良いバンドだったと人々は言ってくれていて、これがマイルスの伝統なのかなと思う。彼はいつだって時代の先を行っていた」。

一九七〇年代中期のファンク集団の精神とも通じるように、ビル・エヴァンスは「僕らは世間を敵にまわしていた」と述べている。マーカス・ミラーも次のように回想している。「僕らは嵐の中を突き進んでいて、『外にいる他の人たち全員を敵にまわし、この小さい殻の中で自分たちの身を守っている』なんて話をしていた。それと、『もし、評論家が僕らのことを気に入っていたら、どうなっていただろう?』なんてことを考えたりもした。けれども、これがマイルス・デイヴィスなんだ。評論家に気に入られるはずがないんだ。評論家が理解できるような音楽を作りたいなんて、これっぽっちも思っていないのだから。彼らは音楽の社会で一番のうすのろなんだ。聴き手《リスナー》よりもずっとね。もしも評論家連中に好かれたら、問題があるってことだ。それに気づいてからは、『マーカス・ミラーはロン・カーターにはなれない』と言われても、『そうか、そりゃ良かった』と思えるようになった」。

マイルスがステージにカムバックした際の宣伝費用を回収するため、コロムビアは一九八一年の夏に《ザ・マン・ウィズ・ザ・ホーン》をリリースした。これは沈黙期の後にリリースされた最初のマイルスの作品となったが、〈ファット・タイム〉を除き、いずれの曲もライブでの演奏に比べて劣っていたため、ほとんどの論評が否定的なものだった。皮肉なことに、鏡とマネキンの頭を使った、冷たく、生身の肉体を伴わないジャケットが、音楽の無情で無味乾燥な性質を完璧に表現していた。また、《ザ・マン・ウィズ・ザ・ホーン》では、八〇年代のレコーディングにおけるプロダクション・バリューが有効に機能しておらず、結果として過度にクリーンで殺風景なサウンドとなってしまっている。

十月中旬にバンドが日本から戻った後、マーク・ロスバウムは有名なアメリカのテレビ番組、『サタデー・ナイト・ライブ』にマイルスを出演させた。マイルスはひどく具合が悪そうで、彼の周囲の人々は番組に出演すべきでないと説得を試みた。「彼の病気が悪化していて、本当に具合が悪そうだった」とマセロは回想する。「だから、こう言ってやったんだ。『演奏がまるでなっちゃいない。もうやめて、病院に行った方がいい』とね。でも、マイルスは『ふざけるな』と聞く耳をもたなかった。『あんたのことを心配して言っているんだ。でも、自分の人生なんだから、好きにしな』と言うしかなかった。彼はショーに出演して、確か、その直後に病院に担ぎ込まれてしまった」。

ギル・エヴァンスはさらに思い切った手段をとった。ロスバウムに電話をして、《ザ・マン・ウィズ・ザ・ホーン》のリリースとショーへの出演の両方について、強く非難した。「ギルに、『彼をテレビに出すなんて、よくそんなことができるな! 撃ち殺されても文句は言えないぞ!』と言われたよ」とロスバウムは語っている。「ギルはマイルスが放心状態にあると思っていた。私は逆にギルに対して腹を立てた。マイルスを一切人前に出さないよりも、五〇パーセントの状態のマイルスを出す方が良いと考えていたからね。実際、彼自身もやりたがっていたし、表舞台に戻りたがっていたという理由だけで十分だった。彼がショーに出演するのを二百五十から三百万人が見ることになる。《ザ・マン・ウィズ・ザ・ホーン》もそうだが、表舞台に戻るためには不可欠なことだった。評論家には好き勝手に書かせておけばいい。それよりもまず第一にマイルスがスタジオに戻ったこと、第二に将来的な見込みがあったこと、そして第三に我々もお金が必要だったということ。七〇年代末期にやったように、これ以上、過去の作品を再発行《リイシュー》することは無理だった。『まだ本調子でないから、スタジオに戻るな』とマイルスに言うつもりもなかった」。

『サタデー・ナイト・ライブ』のショーは明らかに最悪の時期だったが、マイルスの不安定な健康状態はその後も彼の音楽活動を妨げ続けることになる。八〇年代初期の彼は特に衰弱していて、体重も激減していた。その痩せ衰えた姿は、まるで過去の自分の亡霊のようだった。関節炎による痛みは依然として強く、ステージ上で足を引きずる様子は以前のヒョウのような足取りとは似ても似つかないものだった。八〇年代初期のコンサートでは、痛みに打ちのめされるのを避けるため、落ち着きなくステージ上を行ったり来たり歩き回ることを繰り返していた(これはトランペットにワイヤレスマイクを取り付けることで可能となった)。彼は一九八一年の九月と十月の二回にわたって肺炎を患っており、彼のチェーンスモーキング癖も肺の問題を悪化させていた。呼吸を増強するため、セットの間に酸素の吸入が必要となることもよくあった。さらに、腹部周りにはヘルニアバンドやゴム製のコルセットを着用していた。糖尿病の診断を受けていたにもかかわらず、大量のアルコールを消費し、コカインも常用し続けた。

「キックスでのコンサートの最中、そして終わった後も、よくアルと二人で彼の腕をマッサージした」とシネルは語る。「しかし、彼はとても頭の回転が速かった。彼は以前のようには楽器をうまく扱えないことを理解していて、それでもそんなハンデを乗り越えて、信じられないほど素晴らしい音楽を演奏できていたし、僕らの演奏も素晴らしいものにしてくれた。……神秘めいたことを言うつもりはないが、聴覚障害があったのに素晴らしい曲を書くことができたベートーヴェンのようとでも言えばよいのだろうか。マイルスは体力が落ちていたにもかかわらず、音符の長さを十分に保つことができたし、音程も良かった。バンドも彼をしっかりと支え、彼が演奏しやすい雰囲気や間《スペース》を作り上げていた。そしてシシリーの登場によって、彼はずっと健康的になり、水泳もはじめた。健康に注意していれば、演奏能力も向上し、もっといろいろできるようになることに気づかされたんだ」。

シネルは、マイルスの人生におけるシシリー・タイソンの介入について言及しており、二人は一九八一年十一月二十七日の感謝祭の日に結婚している。一九八二年一月にタイソンがアフリカに行ってしまうと、彼女が不在の間、マイルスは習慣性のある自滅的な行動にふけった。血尿が生じるなど、何かとてもよくないことが起きる兆候を彼の身体が示していたにもかかわらずである。「コカインを鼻から吸っていて、一日に〇・五オンス（約一四グラム）やることもあった」とマイルスは述べている。「一日中ブランデーやビールを飲み歩いた。真夜中に起きては夜通し、次の日の昼過ぎまで出歩き、タバコも四箱吸っていた。睡眠薬も飲んでいたよ」[8]。

手に負えない状況になると、また別の者がマイルスの人生に介入してきた。今回手を差し伸べたのは、ツアー・マネージャーのジム・ローズである。「ビールを飲み過ぎて、まともに歩くことさえできなくなっていたので、彼を入院させた」とローズは回想する。「彼に、『もうここまでだ。病院に入ってもらう』と言ったんだ。医者は彼に、『あなたは生きていたいですか？』と尋ねた。彼は意識的な決断を下し、『ああ』と答えた」。数日後、マイルスは手を開くことができなくなっていた。発作の診断が下されたが、マイルスとジム・ローズは、単に長時間、腕を押し当てて眠ってしまったために、「ハネムーン症候群」と呼ばれる症状が出ただけではないかと疑っていた。「当時、彼はアルコール依存からの離脱に取り組んでいた」とローズは語る。「彼には液体バリウムが処方されていた。彼は深い眠りにつくようになっていたので、気づかないうちに右腕を押し当てた状態になってしまっていて、それで神経を痛めたんだ」。

ニュースを聞きつけたシシリー・タイソンはすぐに戻ってきた。医師から、マイルスは二度と演奏できないと告げられると、鍼師のもとを訪れるようにマイルスを説得した。鍼師による集中治療、良質の食事、植物療法、理学療法、さらには運動を通じて、三月には気分も手の動きも取り戻すことができた。二月に予定されていたツアーはキャンセルされた。しかし、不屈にも、マイルスは四月に新たなツアーを計画した。一九八一年当時と比べて、演奏技術的にかなり劣っていたというのにである。一九七三年から一九七五年にかけてもそうだったように、何があってもショーはやり遂げなければならないのだ。一九七五年に音楽から離れたときは薬物使用が悪化したが、今回は薬物使用を控えるよう強いられたことで、彼の耽溺傾向は音楽により集中することに向けられたようだ。そのひとつの表れとして、マイルスはツアーを行うためにはどんな苦労も惜しまず、時には車いすに乗った状態で演奏することさえあった。「一九八二年の春にヨーロッパに行ったとき、閉じた指を開くためのゴムバンドをそれぞれの指に装着した固定具を彼は付けていた」とジム・ローズは付言している。「彼は手を閉じることはできても、開くことができなかった。彼が飛行機から降りてくると、報道陣がそれは何かと尋ねるので、『マイルス・デイヴィスのトランペット用運動具さ』と僕が答えていた。彼がトランペットを完全に操れるところまで回復できるかという未解決の問題が残っていることを報道陣に知られたくなかった。しかし、最終的に彼は回復した。彼の演奏技術が戻るまでには、ずいぶんと時間がかかったけどね」。

「僕らが活動を開始した当初、彼のテクニックは良好だった」とマイク・スターンは語る。「その後、病気が悪化して、そのテクニックもダメになった。でも、それからまた復活したんだ」。「彼の演奏技術が完全に戻ったとは思っていない」とエヴァンスは指摘する。「彼の演奏は感覚的反応《ヴァイブ》であり、物語を語ることなんだ。日によって、彼は素晴らしいソロを演奏することもあった。そんな日は、まるで先生の前で最高の演奏ができたかのように、とても嬉しそうだった。その日の演奏が終わると、『ビル、こっちへ来い。今夜は最高に気分がいいんだ』と言っていた。でも、次の日には演奏がうまくいかず、落ち込んでしまうこともあった。彼がその活動歴を通じて持ち合わせていた演奏技術を八〇年代は失ってしまっていた」。

*

　一九八二年の四月から五月にかけて行われたヨーロッパ・ツアーでは、ベースラインに若干の修正を加えた〈イーフェ〉が一時的にライブ演奏のレパートリーに復帰するが、七月から八月のアメリカ・ツアーでの演奏が最後となる。夏に《ウィ・ウォント・マイルス》がリリースされると（この作品で、マイルスは一九八二年のグラミー賞の最優秀ジャズ・インストゥルメンタル・パフォーマンス・ソリスト賞を受賞することになる）、すぐに次のアルバムを録音する必要に迫られた。しかし、マイルスは依然として創造力が低下した状態にあり、新しいアイディアもあまり浮かんでいなかった。そこで、バンド・メンバーのソロ演奏部の採譜と編曲をギル・エヴァンスが担うという新しい作曲方法を取り入れることで、マイルスはこの問題を解決した。「マイルスはこの時期、ギルに頼っていた」とビル・エヴァンスは述べている。「彼らはお互いにアイディアを交換し合っていた。ギルが書いた楽譜を持ってくることもあれば、リハーサル中にソロ演奏の部分を書き出して曲にすることもあった。あまり大きなアレンジが行われることはなく、即興演奏《インプロヴィゼーション》が多用された。ほとんどの場合、スタジオでまとめ上げられた」。

「ギル・エヴァンスは常にスタジオの中をうろうろしていて、マイルスが演奏するちょっとしたリフを書いては、それをアレンジしていた」とミラーは付言する。「ずっとゆるやかに自由にやってきていたので、マイルスが実際に楽譜を配ったのには驚かされた！　マイルスの指揮の下でジャムの類いを演奏し、それから彼の合図でギルが書いた楽譜を演奏するといったことを組み合わせていた。そこに管楽器奏者やギタリストがユニゾンで入ったりしてね。そうやって、少しずつ構成されていったんだ」。

　この手法が最初に実を結んだのが八月十一日のコロムビア・スタジオでのレコーディングであり、その成果はマイルスの次のリリース作品、《スター・ピープル》に収録された。〈スター・オン・シシリー〉と名付けられたこの曲は、力強いドラム・グルーヴとせわしい半音階的《クロマチック》ベースラインが特徴となっている。まず、エヴァンスとマイルスが譜面に書き起こされたスターンのソロを引用し、マイルスのミュート・トランペットによる短いソロがそれに続く。一分四秒と三分四十四秒にはエヴァンス、スターン、ミラーによる同じ長いソロが繰り返される。ミラーは壮快なグルーヴの演奏も続けているので、このパートはオーバーダブが使われているに違いない。スターンは笑いながら、「この譜面に起こされたソロはとんでもなく難しくて、楽譜から読み取るのがほとんど不可能だった」と述べている。

　彼の以前のエレクトリック・ミュージックの探求を特徴付けていた低音域《ボトムエンド》、循環ベースライン、連動リズムと共通するところが何もない、この新たな音楽の方向性は、マイルスにとって極端な展開となった。複雑で色彩豊かな音楽、そして半音階を駆使した直線的なベース演奏には、むしろ、第二期グレート・クインテットの音楽との類似点が見られるが、ドライブ感のあるロックビートが音楽的に全く異なる印象を与えている。

　新たな方向性は、ライブ・セットの全面的な見直しにもつながった。一九八一年から一九八二年までのライブのレパートリーは、ほとんどが《ザ・マン・ウィズ・ザ・ホーン》と《ウィ・ウォント・マイルス》からの曲であり、それに〈イーフエ〉が加えられていた。しかし、一九八二年秋には、コンサートのクロージング曲である〈ジャン・ピエール〉と、引き続きオープニング曲として使われた〈バック・シート・ベティ〉の冒頭の二つのコードのみが残っただけだった。七〇年代にマイルスは、数年間にわたって、いくつかのバンプや主題《テーマ》を維持し、作り変えてきた。そう考えると、こうした事実もまた、彼の方向性の不確実性と、彼が八〇年代の二枚のアルバムの曲をあまり高く評価していなかったことを示していると言えよう。

《スター・ピープル》のオープニング曲の〈カム・ゲット・イット〉は、〈スター・オン・シシリー〉と同じ方法で制作され、八月二十八日にニューヨーク州ジョーンズ・ビーチ・シアターでライブ録音された。〈カム・ゲット・イット〉は〈バック・シート・ベティ〉の二つのロックのコードで始まり、その後、ドライブ感のあるロックのリズムへと移行する。マイルスはエレクトリック・ピアノを弾き、ミラーがせわしないベースラインで演奏に加わる。このベースラインは当時の彼の最高の演奏のひとつであり、マイルスはオーティス・レディングの昔のリフから思いついたと主張している。[9] マイルスはオーバーハイム・シンセサイザーも演奏しているが、これはライブ録音にオーバーダブで重ねたものである可能性が高い。スターンは、ファンキーな一音《ワンノート》のリフと抽象的《アブストラクト》でほとんど無調の伴奏を交互に演奏している。二分二十七秒、マイルスがオープン・トランペットで参入する。雄弁な半音階的《クロマチック》フレーズを演奏しながら、ときおり非常に高い音《ノート》を吹く。三分五秒、マイルスは曲のメイン主題《テーマ》を引用し、三分二十秒からはそれを最初から最後まで演奏する。ミラーはさらに力強いファンクの雰囲気へと移行し、激しさを増していく。マイルスもこれに呼応して速い半音階的《クロマチック》走句《ラン》を演奏しつつ、多くの間《スペース》も残す。六分四十九秒あたりで激しさが弱まり、この小休止の間にスターンがクリーンなサウンドによる無調で「外れた」ソロ演奏を開始する。ほどなくしてバンドとソロ奏者は当初の激しい演奏へと戻っていく。

〈スター・オン・シシリー〉と〈カム・ゲット・イット〉での雪崩のように殺到する、複雑なクロマチックノートは、一九七五年までのマイルスの音楽の方向性を導いてきた「余計なものを排除する」というモットーとは相反しているようにも思える。しかし、不協和音のメロディとハーモニーには徹底した激しさがあり、荒々しい演奏とともに、マイルスの曲であることがただちに認識できるものとなっている。一聴して心地よいサウンドではないものの、その高い抽象度により、繰り返し聴くことで満足感が得られる曲となっている。こうしたとげとげしい、ほぼ無調な主題《テーマ》、慌ただしいファンク・ロック調のベース、そしてドライブ感のあるドラムとパーカッションの組み合わせが、最晩年までのマイルスの音楽の特徴となっている。

〈ユー・アンド・アイ〉と〈スター・ピープル〉の二曲もまた、ジョーンズ・ビーチのコンサートで取り上げられている。数日後、おそらく九月一日に、マイルスはスタジオに入り、これらの曲を録音した。〈ユー・アンド・アイ〉はコンサートでは二十分の長さだったが、スタジオ・バージョンでは六分以下に短縮された。〈ジャン・ピエール〉と同様、ほとんど子どもっぽいメロディを取り入れ、それをあえぐようなベースラインによって増大させることで、地味ながら面白味を与えている。このメロディが何度も繰り返され、マイルス、スターン、エヴァンスがそれぞれ、短いが卓越したソロを演奏する。〈ユー・アンド・アイ〉は革新的な音楽提示ではないかもしれないが、それでもなお、簡潔さ、焦点、一貫性の点ではこれまでになかったものであり、《スター・ピープル》のハイライトとなっている。

〈スター・ピープル〉は、マイルスとしては珍しく、直接的かつ純粋に彼のブルースのルーツへの回帰を示している。この曲の最初の一分十五秒間（十二分三十八分にも間奏曲《インタールード》として繰り返される）における雰囲気を設定する提示は、マイルスのオーバーハイム・シンセサイザーとスターンのギターによるものである。マイルスはシンセサイザー、特にこの頃はオーバーハイムに夢中になっていたが、技術的に使いこなせずにいた。オーバーハイムについて、マイルスは一九八二年に次のように語っている。「まだ説明書を読んでいない。ポール・バックマスターやらギル（・エヴァンス）、あるいはクインシー（・ジョーンズ）やJ・J・ジョンソンのような、何をどうすれば良いかわかっている作曲家が必要だ」[10]。オーバーハイムをプログラムするノウハウを持っていたり、好んでやろうとする者が近くにいなかったため、マイルスは単に工場出荷時に初期設定されているA1を使用しただけだった。

オーバーハイムとギターのイントロおよび間奏曲《インタールード》の二つのセクションは後から（おそらく一九八三年一月五日に）録音され、ポストプロダクション時にマセロによって編集で加えられた。しかし、シンセサイザーのサウンドも編集もどちらも粗削りで、二つのセクションが気を散らすものとなってしまっている。「テオは容赦なく編集した。知っての通り、それが彼のスタイルだった。テオがちょちょいと手を加えて、それが音楽の一部となるんだ」とマーカス・ミラーはコメントしている。プロデューサーによる荒っぽい編集は八〇年代初期のマイルスの音楽のほとんどで良い結果を生み、リリースできそうもなかった曲でさえ救出することすらあった。しかし、〈スター・ピープル〉については、ブルージーな曲を演奏するバンドの二つの異なるテイクが結合されて十九分近い長さになり、興味を維持するのを難しくしている。もうひとつの問題は、最初の十一分間における、フォスターによる耳障りなシンバルの演奏である。レナード・フェザーはこれを「アル・フォスターの独特で説明しがたいような異質なサウンド[11]」と評し、スタジオでの実験的試みの結果であることをほのめかしているが、これは誤った方向に試みが進んだか、単にデジタルリバーブをかけ過ぎて粗悪な録音になってしまったかのどちらかだろう。

これを除けば、特にマイルスのブルースのソロ演奏など、〈スター・ピープル〉には楽しめる部分も多い。彼はカップミュートを使ったミュート・トランペットでいくつかの長いソロを演奏しているが、これによって彼がワウペダルで得ていた色彩のバリエーションを再現している。エヴァンスも素晴らしいテナー・ソロを演奏しており、スターンの二回目のソロはとりわけ独創的である。スターンの最初のギター・ソロが方向性やフレージングにおいて幾分まごついているのに対して、十三分二十秒に開始するソロは、心地良く思慮に富んだフレージングから、劇的に高まるクライマックスへと築き上げられていく。

この曲のパワフルでありながら控えめな浮遊感には、録音環境が部分的に関係しているようだ。「マイルスのピックアップがうまく機能していなかったので、彼はマイクに向かって吹いていた」とシネルは語っている。「彼はよく動き回っていて、その動きに合わせてマイクを開いたり閉じたりしていたので、僕らは静かに演奏しなければならなかった」。

その後の数年間にわたって、マイルスはこの控えめなブルース調の曲を定期的に演奏している。この曲は決して画期的なものではないが、熱狂的になりがちなライブ・セットの中で楽しめる間奏曲《インタールード》となっていた。マイルスは自伝の中で、当時の音楽の強いブルース趣向をギタリストのジョン・スコフィールドの功績と評しているが、スコフィールドは十一月までバンドには参加していないので、これは自伝における間違った記述である。マイルスは《スター・ピープル》の「ギターのトラックをいくつかレコーディングするために」スコフィールドを呼んだと主張しており、「異なったスタイルの二人のギタリストが緊張感を高め、効果的だろうと考えた」と語っている[12]。

実際には、スターンは重い薬物問題を抱えていたので、マイルスあるいはトゥループはマイク・スターンをかばおうとしていたのかもしれない。「薬物やらアルコールやら何だってやっていた」とスターンは語る。「当時、マイルスは薬を止めようとしていて、そこに僕が酒とヤクでメロメロになった状態でギグに現れたんだ。それを我慢して使ってくれていたことを考えると、僕の演奏を気に入ってくれていたに違いない。でも、あるとき、僕が飛行機に乗り遅れると、『スコフィールドを呼べ』となった。スコフィールドとはボストンにいたころにお互いに顔見知りだったから、少し気まずい雰囲気になって、彼もギグに参加するかどうか決めかねていた。だけど、マイルス・デイヴィスから呼ばれたんだぜ。どうするもこうするもないよね」。

　マイルスのバンドに参加した当時、スコフィールドは三十一歳だった。彼はチャールズ・ミンガス、ジェリー・マリガン、チェット・ベイカー、ビリー・コブハム、トニー・ウィリアムス、ロン・カーターとも一緒に仕事をしたことがあった。スコフィールドはブルースに影響を受けた、気だるく、繊細なフレージングを特徴とする独特のギター・スタイルをすでに作り上げていた。そして、多くの「外れた」音《ノート》と長い独特の音程と美しいメロディ・ラインを兼ね備える、一風変わったソロを構築する能力を持っていた。したがって、彼のソロ演奏は、マイルスとギル・エヴァンスが新しい音楽を制作するにあたっての絶好の引き立て役となり得た。

　スコフィールドは（ビル・エヴァンスからの推薦で）電話を受けたその日に、バンドが四日間の演奏を予定していたクリーブランドに飛んだ。「あれは一九八二年十一月四日の午後だった」とスコフィールドは想起する。「レパートリーに関する知識がなかったから、三日間、一緒にいて、バンドの演奏を聞いた。そして、四日目の晩にステージに上がったんだ。マイルスは少しずつ僕にソロをまかせてくれるようになったが、彼はマイクにも演奏を続けさせたかった。マイクと僕は一九八二年に共演したことがあり、仲も良かったから、二人の間で分業することになった。スタイルの違いをうまく使ってね」。

「ジョンはビートに遅れた感じで演奏をする」とマイルスは述べている。「だからビートに合わせるように伝えたんだ。彼の演奏はビート感あふれるアルのドラムで変わったよ」[13]。マイルスはまた、スターンは多くの音《ノート》を演奏しすぎる傾向があり、少ない音《ノート》で演奏する方法を教えたともコメントしている。「マイルスはとても協力的だった」とスターンは述べている。「彼は僕の演奏の雰囲気やタイミング、グルーヴでの音《ノート》の使い方などを気に入ってくれていた。マイルスから学んだことのひとつは、演奏しているソロの文脈について概念化し、リズムやアレンジを考慮に入れ、自分自身やバンド全体のサウンドがベストとなるものを見つけて、それを演奏すること。もうひとつは、心の底から演奏すること。彼は常にそうしていた。いつだって心が先にあって、頭は後からついてくるんだ。こうした姿勢が最も重要で、何を演奏するかは二の次だ」。

　スコフィールドが参加した一九八二年十一月七日から、遂にドラッグ癖が看過できなくなってスターンがバンドを去る一九八三年六月二十七日までの期間は、二人のギタリストの競い合いから生まれた豊かさから、マイルスの活動歴におけるこの時期を好むファンから伝説に近い評価を得ている。一九八九年五月のツアーの日本でのコンサートにおいて、スコフィールドとスターンは焼けつくようなリックを交換し合い、リズム・ギタリストとしてお互いを補完し合う独創的な手法を見出した。コロムビアとマイルス・デイヴィス遺産管理財団による締め付けが強まっているため、海賊版《ブートレグ》の入手が困難になっているが、ソニー／コロムビアがこれらのコンサートの音源の一部を保管していて、いつの日かリリースされるものと願いたい。

　スターンとスコフィールドがチームを組んだ演奏を聴ける唯一の公式な音源が、《スター・ピープル》のまだ言及していない二曲のうちの一曲、〈スピーク〉である。もう一方の〈イット・ゲッツ・ベター〉が先に一月五日にスタジオ録音されているが、明らかになっていない理由でスターンは参加していない。〈イット・ゲッツ・ベター〉は〈スター・オン・シシリー〉や〈カム・ゲット・イット〉と同じような構成をとっているが、カントリー・ブルースのギタリスト、ライトニン・ホプキンスから拝借したコード進行とともに、スコフィールドのソロのひとつのセクションがこの曲の基礎をなしている。

「この曲については、もっと僕の功績が認められるべきだと思っている。でも、いいんだ。僕が作った曲ではないからね。即興演奏《インプロヴィゼーション》は僕のものだ」とスコフィールドは明言している。「マイルスは皆のソロをテープに録音し、それぞれを部分的に組み合わせてメロディを作り上げることを好んでいた。決して新しい手法ではないが、優れた作曲方法だ。〈イット・ゲッツ・ベター〉の場合、彼は様々なコード進行の中からBフラットの十二小節のブルースを選び、最初の四小節を削除して使った。だから第四和音で始まるんだ。シンプルだけど、とてもクールだ。ギル・エヴァンスがピアノでベースラインを弾き、僕はマイルスからそれに従って演奏するように言われた。ギルが部分的に譜面に起こしたので、実際には共作ということになるのかな」。

　マセロは、〈カム・ゲット・イット〉と継ぎ目なくつながるように、同じく粗削りなオーバーハイム・シンセサイザーのA1サウンドを使って〈イット・ゲッツ・ベター〉を編集した。スコフィールドが魅力的なメイン主題《テーマ》を開始し、マイルスがすぐ後に続き、ここでもカップミュートを使い、間《スペース》を十分に取り入れた繊細なソロを演奏する。その後、スコフィールドとマイルスは、ときおり主題《テーマ》を引用しながら、優雅で思慮に富んだソロを交互に演奏する。〈イット・ゲッツ・ベター〉の雰囲気は〈スター・ピープル〉の抑制されたブルースとほぼ同じだが、基礎となっている音源が凝縮されていて、輪郭が明確であるため、よりパワフルで焦点がはっきりしており、独創性も高い。

〈イット・ゲッツ・ベター〉は、マーカス・ミラーが参加した最後の曲となった。アレサ・フランクリン、ルーサー・ヴァンドロス、デイヴィッド・サンボーンのヒット曲を書いていた彼は、作曲家およびプロデューサーとしての道を進むことを望んだ。ミラーはその後任にトム・バーニーを薦めた。バーニーは〈スピーク〉で演奏している。この曲は、二月三日にヒューストンでライブ録音された可能性が高く、やはり譜面に書き起こされたスコフィールドのソロを基礎としている。マイルスによる器用なキーボード・スタブと甲高いトランペットのユニゾン演奏で荒々しくはじまった後、エヴァンスが主題《テーマ》を演奏しているが、これはスコフィールドを思わせるサウンドとなっている。その後、二分四十秒に再び主題《テーマ》が開始されるまで、スターンがソロを取る。長いキーボード・コードの後、バンドの勢いが弱まり、三分二十四秒にはスコフィールドが第二の主題《テーマ》を開始するための間《スペース》が取られる。スコフィールドは引き続き和音《コーダル》とシングルラインの両方の音型を用いたソロを演奏し、マイルスのトランペットとキーボード・スタブによってさらに集中度を増していく。この曲で、マイルスはほんのわずかしかソロを演奏しておらず、バンドを指揮し、ギタリストを刺激することに集中している。いずれにせよ、スターンとスコフィールドの二人が参加している他のコンサートの海賊版《ブートレグ》の音源と聴き比べると、やや単調な感は否めない。

　ジャケットにマイルスの手書きのイラストを用いた《スター・ピープル》は、一九八三年春にリリースされた。彼が絵画やイラストのまね事をしたことは過去にもあったが、一九八一年末にシシリーがスケッチブックを彼に与えてからというもの、当初は入院時や移動中の作業療法の一環として行っていたものが、今や重要な表現手段となっていた。平凡なポップ・ミュージックのレコーディングへの参加にはじまり、続いて、斬新ではあるが、とりわけ画期的とは言えない熱烈なファンク・ジャズ・ロックの方向性の探求へと進んだ、マイルスの音楽活動への復帰は弱々しいものだった。しかし、《スター・ピープル》に収録された半音階的《クロマチック》ファンクの曲に見られる新しい音楽の方向性、彼のバンド（特にスターンとスコフィールド）から生み出される素晴らしい創造性、そしてマイルスの進化した演奏技術と強迫的なまでの造形芸術の探求、これらはすべて、かつての素晴らしい創造力の焦点が再び合ってきたことを示していた。

第十三章　ザッツ・ホワット・ハプンド

マイルスは卓越した美的感覚を持っていた。それが音楽に対する深い理解と相まって、さらには内面を投影する能力を兼ね備えていたことで、あれだけの成果をあげることができたのだ。

——ボブ・バーグ

一九八三年、マイルスの人生と音楽の進路を大きく変えてしまう、いくつかの重要な変化が生じた。まず、その年の初めに、彼はマネージャーのマーク・ロスバウムを解任している。その理由について、マイルスは自伝の中で単に「揉め事」[1]があったとだけ述べているが、ロスバウムがクビになった背景にマネージャーとマイルスの妻との間での勢力争いがあったことは疑いの余地がない。シシリー・タイソンとバンドの間には、ときおり摩擦が生じていた——例えば、一九八二年のヨーロッパ・ツアーにおいて、彼女はスター扱いを強要し、バンドのサポート・スタッフは彼女の膨大な手荷物の世話をさせられた。マイルスも「高価な物はほとんど返品して払い戻していたことが、後になってわかったんだ」と回想している[2]。これらについて、ロスバウムとマイルスは対立し、解雇は避けられない結末となった。ロスバウムは「当然ながら、彼は私よりも妻を取ったということさ」と冷やかに語っている。

　最初に交際していた一九六七年と同じように、タイソンが彼の仕事に干渉したとマイルスは主張している。「私は彼をシンジケートに奪われたんだ」とロスバウムは説明する。「私が揃えた仲間たちはシシリーの人脈の人々に取って代わられてしまった。これについてはとても頭にきていた」。シシリーの忠告に従い、マイルスはロスバウムを解任し、後任にフィラデルフィアの法律事務所、ブランク・アンド・ブランクをあてた。しかし、彼らはマイルスが「能なし」[3]と嘆くほどの仕事ぶりだった。マイルスのスターとしての素晴らしい経歴にもかかわらず、ツアーの契約をまとめることができず、徐々に資産が失われていった。彼らの在職期間中、マイルスは西七十七丁目三一二の伝説的なブラウンストーンの家を手放さなければならなかった。長年この家に住んできた彼は、売却することにひどく動揺した。これによって、彼はニューヨークのシシリーのアパートとロサンゼルス近郊のマリブの別荘に住むことになり、これまで以上に彼女に身を委ねることになる。

マイルスの周りの「仲間たち」の間でのもうひとつの非常に大きな変化は、一九五八年以降ほぼすべてのレコーディングをプロデュースしてきた、最も付き合いの長いテオ・マセロの解任である。一九七五年にコロムビアを退社したマセロは、フリーのプロデューサーとして、マイルスが八〇年代にレコーディングした最初の三作をプロデュースしている。マセロが去ったことで、二十世紀の歴史における最も長く実り多いアーティストとプロデューサーの共同制作関係のひとつが終わりを告げた。しかし、マイルスはこのことについて、感謝も後悔の念も示していない。一九八四年にマセロをクビにした理由を尋ねられたとき、彼は次のように主張している。「あいつが年をくっているからだ。もっと前にクビにすることもできたが、しばらく側に置いてやった。奴は何もやっていないから、置いておく理由もなくなった。これまでだって何もやっちゃいない」[4]。インタビュアーのエリック・スナイダーはこれに驚き、音楽編集者としてのマセロの功績について尋ねた。マイルスは答えた。「テオは怠け者だ。俺は怠け者が嫌いなんだ。我慢ならないんだよ。俺は奴にあれをやれ、これをやれと言い続けたが、『いやだめだ、締め切りがあるから』ときやがる。あるいは、『具合が悪いから、病院に行かないといけない』とか、『妻がどうしたこうした』とかな。……のろまで尻込みばかりしていたんだから、自業自得だ」[5]。

これはマイルスの典型的な表向きのコメントであり、テオが去った本当の理由ではなさそうだ。興味深いことに、マセロもまたシシリーの差し金だったと疑っている。「彼は何故、私と仕事をするのを止めたのか言ってくれなかった」とマセロは述べている。「しかし、これには彼の妻、シシリーが絡んでいるんだ。おそらく彼女が私をクビにしろと言ったのだろう。これまで一緒に素晴らしいレコードを何枚も作ってきたのだから、少しは私に感謝してくれていると思っていた。でも、彼にとってはどうでもいいことだったみたいだ。もちろん、少し傷ついたよ」。

シシリー・タイソンはこれまで、マイルスとの関係についてインタビューに答えることを拒んできたため、彼女の言い分は明らかになっていない。しかし、マイルスの古くからの仲間が去ったことで、シシリー（そして彼女が強いつながりを持っていたマイルスの家族）の影響が強まったという、ロスバウムの証言を裏付けるできごとがいくつか起きている。一九八三年の日本ツアーの後、ベーシストのトム・バーニーがうまく機能していないことが明らかになると、マイルスはこれまでのようにビル・エヴァンスに助言を求めるのではなく、シカゴにいた甥のヴィンス・ウィルバーン・ジュニアに電話をした。ウィルバーンは学友である二十一歳のダリル・「ザ・マンチ」・ジョーンズを推薦した。マイルスは個人的なオーディションを行うために、すぐに彼をニューヨークに呼んだ。「彼に言われてBフラットのブルースを弾いた。途中で、『そうじゃない、もっとゆっくりだ』と何度か止められた」とジョーンズは回想する。「それで十分間、ブルースをとてもゆっくりと弾いたんだ。次に、コンサートのテープに合わせて弾くように言われて、二十分くらい弾いた。それから一週間くらい経った六月七日に、マイルスのギグで初めて演奏したんだ」。

ジョーンズの招集は、マイルスの才能発掘者としての驚くべき資質を示す、さらなる証拠となった。シカゴからやってきたジョーンズは、ミラーに次いで、マイルスの八〇年代のライブ・バンドで最もパワフルなベーシストとなり、その後も世界中で最も需要の高いベーシストとして、スティングやローリング・ストーンズなどとも一緒にプレイしている。ジョーンズはギタリスト二名のラインアップでいくつかのコンサートをこなし、六月二十六日のコンサートの後にマイク・スターンが去って以降、バンドはマイルス、スコフィールド、エヴァンス、ジョーンズ、フォスター、シネルのセクステットに縮小する。このラインアップをフィーチャーしたライブ曲、〈ホワット・イット・イズ〉と〈ザッツ・ホワット・ハプンド〉は、マイルスの次のレコード、《デコイ》に収録されている。どちらも一九八三年七月七日にモントリオールで録音された曲である。

〈ザッツ・ホワット・ハプンド〉は、《スター・ピープル》に収録された〈スピーク〉の第二主題《テーマ》から取られたものである。この短いバージョンでは、マイルスはトランペットとシンセサイザーによるスタブの伴奏に徹しており、その間、スコフィールドがメロディを延々と繰り返し、ときおりエヴァンスが音を重ねる。これは簡潔でパワフルな曲である。しかし、相当に短い《デコイ》（四十分に満たない）にこの曲が収録されたことは、新しい曲が足りていなかったことを示している。〈ホワット・イット・イズ〉も全く同じような調子の曲だ。ジョーンズによる激しいベースリフと彼のトレードマークであるドライブ感のあるサミングを駆使したファンク・スタイルが、やはりスコフィールドのソロから取られたドライブ感のある抽象《アブストラクト》的な半音階的《クロマチック》主題《テーマ》の基礎をなしている。エヴァンスは、《デコイ》では唯一この曲でのみソロを与えられており、マイルスはライブ録音されたトランペットに別のトランペット演奏をオーバーダブで重ねている。

新しいレコード用に追加の曲と方向性が必要となっており、テオ・マセロをクビにしたのは、こうしたニーズを部分的にまたは全体的に満たすためだった可能性がある。最新の音楽の動向に常に気を配っていたマイルスは、八〇年代と関連性のある音楽領域の探求を望んでおり、特に価格が手頃でプログラムが容易な新世代のシンセサイザー・サウンドに注目していた。マイルスは次のようにコメントしている。「考えるミュージシャンなら、周りの変化に気づいている。俺のようにな。車みたいなもんだ。メタルやプラスティックが変わると、衝突しても音が違うんだよな。俺の音楽は、いまのサウンドに影響を受けている。シンセサイザーを使うと必ず新しいものがある」[6]。

おそらくマイルスは、こうした探求において彼を支える役割を担う者として、一世代前の技術的視点を下地とするマセロは適さないと考えたのではないだろうか。また、ロック・アーティスト自らが自分のレコードをプロデュースすることが、アーティストの成熟度と支配力を示す権威の象徴とみなされるようになってきていた。自身の作品のクレジットを白人に与えることを腹立たしく思っていたマイルスとしては、自らプロデュースできることを示したかったのかもしれない。

*

一九八三年六月三十一日、ニューヨークのA&Rスタジオにおいて、マイルス初のプロデュース作品となる、これまでで最も奇怪な曲のひとつが録音された。これは〈フリーキー・ディーキー〉と呼ばれる曲で、ジョーンズは曲のほぼ全体にわたってゆったりとした循環ベースリフを弾き、シネルとフォスターがパーカッションとドラムで独特の雰囲気を加えている。スコフィールドが穏やかな音型を弾き、マイルスは平然とシンセサイザーでとりとめのない即興演奏をしている。

「彼には、うねるベースラインを弾くように言われた」とジョーンズは回想する。「いろいろと試してみるんだが、毎回、『ちがう、そうじゃない』と言われるんだ。最終的には、『そうだ、それだ。それを弾き続けろ』と言ってもらえた。トランス音楽だね。演奏していて気持ちがいいんだ。僕らはジャムが続いている間、おそらく二十分から三十分だったと思うけれど、皆、『意識を失ったように』演奏していた。部屋全体の雰囲気をすっかり変えてしまうんだ」。「〈フリーキー・ディーキー〉は大好きだ。全く風変わりなブルースさ」とスコフィールドはコメントしている。「最初のテイクでは、マイルスはすごいソロを吹いていた。でも、それはレコードにはならなかった。まだ保管庫に残っているはずだ。レコードになったのは奇妙なミニマル・バージョンだった」。

この部分については、ミュージシャンの意見に同意しかねる。ギタリストのロバート・フリップが指摘しているように、室内にいるミュージシャンが強い「音楽衝動」を感じていたとしても、実際に演奏している内容は「全くの失敗作」ということがたびたび起こり得る。〈スター・ピープル〉よりも洗練されたサウンドとなってはいるものの、ジョーンズのベースラインもマイルスのシンセサイザーの演奏も決して傑出したものではない。雰囲気としてもそれほど際立っているとは言えず、〈フリーキー・ディーキー〉の唯一重要な点は、編集はマイルスの得意とするところではないという事実を示したことだろう。

助けを必要としていたマイルスは、再び家族関係を通じて支援を得ることになる。八月中旬に彼は、ヴィンス・ウィルバーン・ジュニアとロバート・アーヴィング三世の二人を呼び寄せた（二人とも〈ザ・マン・ウィズ・ザ・ホーン〉と〈シャウト〉が作られた一九八〇年と一九八一年のセッションに参加している)。「僕はエンジニアとして雇われた」とアーヴィングは説明する。「次のレコードをミックスするように彼から依頼された。それと、一曲用意して来いとも言われた。僕はすぐに〈アウター・スペース〉という曲を書いた。これが最終的に〈デコイ〉となった。最初は彼が何を望んでいるのかよくわからなかったが、テオ・マセロの代役を務めさせようとしていたことがニューヨークに来てからわかった。彼は自分でプロデュースをしたくて、専門知識のある技術者に手伝ってほしかったんだ」。

アーヴィングはシカゴで、特にリン9000ドラムマシンや各種シンセサイザーなどの音楽技術を駆使して、〈アウター・スペース〉のデモを録音した。多くの若いミュージシャンがそうであったように、彼もまたこうしたコンピュータを使った新しい技術を積極的に活用した。「ベース、ギター、管楽器には生の奏者を使ったが、それ以外はすべて機械で作った」とアーヴィングは述べている。「マイルスはテクノロジーを使ってここまでできることに驚いていた。彼はドラムマシンの雰囲気が重要と考えて、アルに一緒に演奏するように言い、ポリリズム的な雰囲気を作り上げた。でも、アルはドラムマシンと一緒に演奏することを嫌っていた」。

マイルスは、リン9000と彼のライブ・バンドを組み合わせてデモを録音するようにアーヴィングとウィルバーンに指示した。レコーディングでは、バンド・メンバーのビル・エヴァンスに代わり、新進気鋭の若手サックス奏者、ブランフォード・マルサリス(トランペット奏者のウィントンの兄)が入った。リハーサル、レコーディング、ミックスは有名なロックスタジオ、ザ・レコード・プラントで行われた。これは、より時代に合った方向に進みたいというマイルスの願望の表れのひとつだろう。アーヴィングはこれらのセッションにおける共同プロデューサーとして、ウィルバーンはアソシエイト・プロデューサーとして、それぞれクレジットされている。「ヴィンスには耳を貸してもらった」とアーヴィングは説明する。「彼はミックス、リズム、パーカッションの微調整に深く関わっている。僕らはミュージシャンとリン9000で約三日間リハーサルを行い、すべてを録音した。マイルスはセッションには一度も姿を見せず、僕らにすべて任せてくれた。テープは常に回っていて、彼はそれを全部聴きたがった。だから、毎晩、彼のアパートにテープを持って行ったんだ。彼は毎回、多くの助言をくれた。それで次の日にスタジオに行き、彼の意見を取り入れたんだ。最終的に、ドラムマシンと生のドラム、ミュージシャンで〈デコイ〉をライブ録音した。ただし、マイルス抜きでね。彼の演奏は後からオーバーダブで重ねた」。

これらのセッションでは、他に〈ロボット415〉、〈コードMD〉、〈ザッツ・ライト〉の三曲も作られた。「〈ロボット415〉はライブ・コンサートでの八分の六拍子のブルースがもとになっていて、それに他のグルーヴを重ね合わせて、ハーモニーの部分を作り変えている」とアーヴィングは説明する。「〈コードMD〉はセッションの合間に僕が書いたんだ。このため、これらの曲のアレンジには、〈デコイ〉ほど多くの時間をかけられなかった」。

こうした理由から、〈コードMD〉のできは〈デコイ〉ほど良くない。リズムトラックがぎこちなく、アレンジも洗練されていない。マイルスとスコフィールドによる優れたソロがあるにもかかわらず、〈フリーキー・ディーキー〉同様、情熱が感じられず、くすんだ印象を受ける。〈デコイ〉の方が生き生きとして、エキサイティングであり、その耳障りな不協和音のハーモニー、際立ったベースライン、ドライブ感のあるリズムは典型的なマイルスの曲のように聴こえる。アーヴィングがこれらすべてを書いたとは驚くべきことだが、彼がマイルスと一緒に活動していた一九八〇年から一九八一年の時期に、キーボードスタイルや作曲法に大きな影響を受けていたと考えれば納得がいく。

「僕らが最初に顔を合わせたとき、彼はトランペットを吹かず、ピアノばかり弾いていた。そこで、いくつかとても重要なことを教わったんだ」とアーヴィングは語っている。「特にヴォイシングについて、関連性のなさそうなコードを重ねるといった和音の概念を加えるなど、全く新しい可能性が広がった。当初、僕が書いた〈デコイ〉のベースラインには、もう少し音《ノート》が多く入っていた。しかし、マイルスから音《ノート》を減らして、もっと間《スペース》を与えるように言われたんだ。〈デコイ〉の三分二十一秒から四十二秒、それと七分二十三秒から四十五秒の部分には主メロディの後ろにメロディラインも入っていて、これはデモに参加したギタリスト、ヘンリー・ジョンソンが弾いている。彼は複合和音の進行の仕方がわからないようだったので、自分はギターを弾けないと仮定して、最初に指で感じたものを弾くようにと指示したんだ。マイルスは驚いた様子でそれを何度も聴き直して、僕に譜面に書き起こすように言ったんだ」。

ジョンソンに与えた指示が、《イン・ア・サイレント・ウェイ》のレコーディングの際にマイルスがマクラフリンに与えていた指示と全く同じであることについて、アーヴィングは認識していなかったと語っているが、非常に興味深い共時性《シンクロニシティ》である。マイルスはダリル・ジョーンズに〈デコイ〉でも親指で演奏するように指示し、よりハードでエッジの効いた雰囲気を曲に与えている。スタジオには姿を現さなかったにもかかわらず、この曲にはマイルスの精神が染み込んでいる。複雑なアレンジがなされ、シンセサイザーが多用された。このレコーディングは、重要な新しい方向性を示すとともに、マイルスの音楽活動の最後の十年間のひとつの特徴の基礎を築くものとなった。

その一方で、〈デコイ〉と〈コードMD〉は、冷淡さと人をよせつけない雰囲気を拭い去れていない。音楽技術の適用がその原因となっている可能性が高い。音楽技術には演奏ではなく、プログラミングが関与しており、それをもとに作られた音楽は常に自発性や感情が損なわれる危険性を伴う。レコーディングの際、マイルスがスタジオにいなかったという事実もまた、最終結果に影響している。多くの仕事をアーヴィングとウィルバーンに委ねたことは、これまでにも常に彼のサイドマンに気ままに演奏させ、マセロに編集の自由を認めていたことと何ら変わりないようにも思える。しかし、いくつかの決定的な違いがある。マセロは曲を一から作り上げる工程に関与したことはなく、マイルスとミュージシャンが録音したものに手を加えるだけだった。さらに、バンドと作業をする際、マイルスは常に自らの存在によってバンドを先導し、トランペット、キーボード、あるいは手の動きで指示を出し、その場で音楽の展開の編集や探求を行っていた。実際のレコーディング工程から退くことで、今この瞬間におけるグループの創造的なエネルギーを刺激して高めるという、これまでの彼の強みを発揮できていない。

「彼は単に怠けたくなったのだろう。他の人たちにすべてやらせておいて、最後に自分の演奏を重ねただけだ」とテオ・マセロは述べている。他にも同様の意見がある。しかし、ヴィンス・ウィルバーンはマイルスを擁護する。「僕らはただ指示に従っていただけだ。何をどうして、どこを直せばいいか、マイルスから指示を受けていた。彼は一日中スタジオにいることを嫌い、創造的な決定にだけ関与したかったんだ。だからスタジオの中を動き回る面倒な作業は僕らが担当し、テープを彼のもとに届けていた。それをどうまとめ上げるかが腕の見せどころで、シンセサイザーやドラムマシンのプログラミングは重要なことではなかった。それに彼は何が起きているか常に把握していたよ。僕らは毎日二十回くらいスタジオから彼に電話をして、演奏を聞かせていたんだ。彼は自分が聴きたいものをわかっていて、僕らは絶えずそれを実現できるように努めていた。マイルスにラフなスケッチを示し、そこから曲が作り上げられていく様は実に魔法のようだった」。

《デコイ》の音楽に関して、マイルスが最終的な権限を持っており、レコーディングに刺激を与えていたことに疑いの余地はない。しかし、やや去勢されたような、実体の感じられない成果は、文字通り、彼が実際に姿を見せない作業手順が影響していたことも否定できない。なぜ、このように遠隔から指示を出す手法を用いたのかははっきりしていない。ひとつ明らかなのは、《デコイ》がマイルスのライブ音楽とスタジオ作品の乖離のはじまりを示していることである。これは、スタジオを先進的な研究室のように用いていた、一九六五年から一九七二年の期間と類似している。しかし、八〇年代中期におけるスタジオは、作業のほとんどを他者に委任した、レパートリー制作ツールとなっていた。彼の人生最後の八年間における音楽の創造的な強みは、特にライブ・ステージで発揮された。今この瞬間に生きた音楽を演奏することを天職とする即興演奏《インプロヴィゼーション》ミュージシャンとしての本性をマイルスは世に示した。

このことは〈ザッツ・ライト〉で見事に証明されている。九月十日または十一日にスタジオでライブ録音されたこの曲は、〈スター・ピープル〉とよく似たムードのブルースだが、やはりスコフィールドのソロをアレンジして作られたメロディ（二分四十四秒に現れる）が加えられたことで魅力が増している。この曲ではマイルス、マルサリス、スコフィールドの三人がそれぞれ素晴らしいソロを披露しており、特に九分三十四秒にマイルスがオープン・トランペットに切り替える瞬間はずば抜けて素晴らしい。CDのライナーノーツでは、アレンジにマイルスとギル・エヴァンスの二人がクレジットされているが、後者は若いミュージシャンからマスターへの謝意によるものである。「ギルは僕にとても良くしてくれた。音楽をまとめる上げるのを手伝ってくれたり、いろいろと話も聞かせてくれたし、僕がマイルスと一緒にやっていることを称賛してくれた」とアーヴィングは語る。「彼自身は関わることはできなかったので、僕が代わりに採譜と編曲を手掛けた。それでも、感謝の気持ちを伝えるために、クレジットに彼の名前を入れたかったんだ」。

〈ホワット・イット・イズ〉同様、〈ザッツ・ホワット・ハプンド〉でもマイルスは〈ザッツ・ライト〉のシンセサイザーのパートをオーバーダブで重ねた。アーヴィングは《デコイ》のすべてのシンセサイザー・サウンドをプログラムし、すべての曲の間でサウンドの一貫性を保っている。しかし、いずれにしてもこのアルバムでは、ゆったりとしたブルースと二つの抽象《アブストラクト》的な運動量の多いロック・ファンクの曲が、部分的にむらのある大げさなスタジオ録音曲の隣に居心地悪そうに並んでおり、断片化している印象は拭えない。それでもなお、五十七歳になる男が、最新の音楽トレンドにおいても説得力のある特徴的な音楽を共同制作したことは目覚ましい業績である。八十年代当時のロックの資質を証明するかのように、マイルスはタイトル曲のプロモーション・ビデオの制作も行っている。

《デコイ》の完成から数週間以内にマイルスはツアーに戻り、ヨーロッパで演奏している。マイルスはブランフォード・マルサリスを招集したかったが、弟のウィントンのカルテットに注力していたため、《デコイ》の曲をライブ録音したときと同じバンドを引き連れてツアーに出発した。フォスター、シネル、ジョーンズ、スコフィールド、エヴァンスにアーヴィングを加えたバンドである。エヴァンスが十分な演奏の場を与えられていないと感じるようになっていたことで、マイルスとサックス奏者の間の関係性に緊張が生まれてきた。こうした音楽性の違いは、これまで長年にわたって培われた二人の友情によって友好的に解消されたようだ。

「そうさ、僕はプレイする機会を十分に与えられないことに腹を立てていた」とエヴァンスは語っている。「時々、彼はショーが終わると、『おい、おまえ怒っているのか？』と尋ねてきた。実際に頭にきていることも多かった。コンサートでの演奏に向けて三日前から準備をすることもあるのに、たいして演奏させてもらえないんだ。ステージ上で、『冗談じゃない、俺はここでいったい何をしているんだ？』と思っていた。過去三十年間のマイルスのサックス奏者の多くが同じように感じていた、という話をギル・エヴァンスから聞いていた。あのキャノンボールでさえね。（一九八三年十月三十一日に）パリでマイルスに、ジョン・マクラフリンのグループに参加すると告げると、彼は「楽しんでこいよ。少なくとも素晴らしいバンドに参加するんだからな！」と言ってくれた。確か僕の最後のコンサートはラジオシティ（一九八三年十一月六日）だった。その後も連絡は取り合っていたよ。僕は彼と一緒にプレイできたことにとても感謝している。そして、彼から学んだ最も重要なこと、それは、ありのままの自分でいるということだ。彼自身がそうだったように」。

　ミノ・シネルもエヴァンスと同じ時期にバンドを去った。「ライブでの演奏の場が減ってきたと感じていたんだ」とシネルは説明する。「僕にとっては、ライブとスタジオは全く違うものだった。《デコイ》は良い作品だが、もっと良いものができたはずだ。そして、ライブでは様々なプレイヤーが出たり入ったりしていて、とてもエキサイティングだった。彼は違ったことをやろうとしていたんだと思う。次から次へと移り変わりがあったからね。でも、僕としては、音《ノート》が多すぎて、演奏の機会を十分に与えてもらえず、不満だった。僕にはそれが理解できなかった。それでも、誰よりも多くマイルスから間《スペース》の概念を学び、自分が演奏している楽器について心配する必要はないと教わった。彼は良く言っていたよ。『おまえはコーヒーカップでだってスウィングできる』ってね」。

　マイルスのスターを作り出す才能を示すさらなる例となるべく、シネルはウェザー・リポートに参加することになり、バンドリーダーとして成功を収める。マイルスは、シネルの代わりに無名のパーカッショニスト、スティーヴ・ソーントンをバンドに加えたが、適当なサックス奏者を見つけるのには時間を要した。サックス奏者を欠いたバンドとこの新しいパーカッショニストは十一月にスタジオ・セッションをいくつか行い、これらはマイルスとギル・エヴァンスの新たな共同プロジェクトの幕開けとなるはずだった。しかし、一九八三年十一月下旬にマイルスは再び股関節の手術を行い、さらに肺炎を患ったことで、このプロジェクトは中断された。

*

　二カ月後、マイルスはスタジオに戻り、一九八四年一月二十六日から四月十四日までの間に八回のセッションを行った。彼はポップスのヒット曲を何曲か録音しており、これにはチャカ・カーンの〈スルー・ザ・ファイア〉やティナ・ターナーの〈愛の魔力〉〔原題 *What's Love Got to Do with It?*〕、ディオンヌ・ワーウィックの〈デ・ジャ・ヴ〉、シンディ・ローパーの〈タイム・アフター・タイム〉、そしてロックバンドのＴＯＴＯやシンガー／ギタリストのニック・カーショウの数曲が含まれる。「ポップスの曲からなるアルバムをギルにアレンジしてもらうというのが狙いだった」とアーヴィングは説明する。「そこで、うまくいくかどうか確認のために、これらの曲を試験的に録音してみたんだ。マイルスの指示に従い、僕は多くの曲を譜面に書き起こした。このうちのいくつかはライブでも演奏した。〈愛の魔力〉とか〈スルー・ザ・ファイア〉とかね」。

　これらのセッションを除き、一九八三年十二月から一九八四年五月までの期間、マイルスは肺炎と股関節の手術後の療養に努め、マリブにあるタイソンの家で、ほとんどの時間をイラストや絵画の制作に費やした。四月になると、彼はツアーに戻る準備ができたと判断し、空いているサックスのポジションをボブ・バーグが埋められるかどうか、ロード・マネージャーのジム・ローズに電話で確認させた。おそらく、マイルスはもう無名のプレイヤーを育成する気にはなれなかったのだろう。当時、バーグは三十三歳で、すでに卓越したテナー／ソプラノ・サックス奏者としての名声を得ており、ホレス・シルヴァー、シダー・ウォルトン、そしてアル・フォスターとも《ミスター・フォスター》で共演している。「最初のリハーサルで、マイルスは僕に一言も言わなかった」とバーグは回想する。「その後も彼は最低限必要なことしか言わなかった。おそらく、僕のサックスのスタイルがすでに磨き上げられていて、それで十分だと思ってくれていたんだろう」。

　バーグは五月のセッションに一回だけ参加した。バンドは依然としてフォスター、ソーントン、ジョーンズ、アーヴィング、スコフィールドで構成されており、バーグは米国とヨーロッパの夏のツアーにも招聘された。マイルスは一九八四年に、ようやくトランペットの技術が完全に戻ったとライターのエリック・スナイダーに語っている。「手術の後、……俺は毎日練習し、長い音《ノート》をずいぶんと吹いた。そして毎日、水泳もした。きつかったよ(7)」。

「僕がバンドに参加したときには、彼の演奏技術はかなり改善されていた」とバーグは認めている。「彼は素晴らしい演奏をしていた。カムバックした直後のひどいライブ演奏を何度か聴いていたので、びっくりしたよ。彼と一緒にツアーに出たときには、『なんてことだ！』と思ったね。彼は最高に格好良かった。音域は以前よりも出ていて、そこにいるだけでエキサイティングだった。彼が練習しているところも何度か見たことがあって、トランペット奏者としての技術を高めようとする意欲を彼が持ち続けていたことは明らかだ」。

　バーグは続ける。「マイルスのトランペット奏者としての能力を『劣っている』と言う人が多いことに驚かされる。現実を無視しているとしか思えない。素晴らしいプレイヤーとは、それぞれの音楽性とそのすべての異なる音楽的、精神的、感情的な側面を投影できる能力を持つ者を言うのだと思う。もし楽器が弾けて、これらすべてを投影できるなら、その人は素晴らしいプレイヤーであり、音《ノート》をひとつしか演奏しないとか、無数の音《ノート》を演奏するとか、そんなことは関係ない。マイルスは初期の段階から、自分自身を表現する一風変わった方法を見出していたんだと思う。そして、その方法はディジーの流儀とは違っていたということさ。でも、それは決して技術的な限界などではない。マイルスはただ他の人たちとは違った音楽の聴き方をしていただけだろう。僕に言わせれば、より現代的な方法でね。だから僕は、マイルスの美学を身近に感じるんだ。マイルスが演奏するのを毎晩、目の前で見られたことが、バンドと一緒にいた時期の最も大きな経験だった。彼の最大の特長は、素晴らしいフレーズを演奏する驚くべき能力、そして信じられない沈黙の使い方だ。彼は音を出すべきでないタイミングがわかっていた！　僕自身は沈黙することで褒められたことなんて一度もなかった。多くの音《ノート》を出すのが僕のスタイルだけれど、彼と演奏するときは、彼が演奏していないところを常に意識していた。そのことについて、彼と何度か話をしたことがあって、彼は歌手から大きな影響を受けたと言っていた。余計な装飾を排除することで、魂や精神に近づけるようになるのさ」。

　バーグが多くの音《ノート》を演奏しすぎるのを改めさせたことについて、面白いエピソードがある。マイルスは次のように語っている。「ボブ・バーグによく言ったもんだ。『ボブ、お前どうしてここで吹くんだよ。お前が吹くところじゃないだろう』。するとあいつは『すごくいいサウンドだったんだよ、チーフ。我慢できなかった』だと。『いいサウンドだからっていうのがお前が吹く理由にならないぞ』と言ってやった。あいつは飛び込んできて引っかき回す。グループでやるのは大変だ(8)」。

*

　このバンドのライブでのサウンドを聴くことができる、唯一、公式リリースされている曲が、《ユア・アンダー・アレスト》のタイトル曲である。前作の《デコイ》同様、《ユア・アンダー・アレスト》もザ・レコード・プラントでレコーディングされ、マイルス、アーヴィング、ウィルバーンによってプロデュースされた。今回はアーヴィングもマイルスと対等な立場でクレジットされており、ウィルバーンはアソシエイト・プロデューサーから共同プロデューサーに格上げされている。マイルスは一九八四年のほとんどの期間、ギル・エヴァンスがアレンジを終えるのを待っていたが、年末が近くなると、彼の支援なしにレコーディングを完成させることを決断する。「ギルの作業が遅れていたことが明らかになり、これがコロムビアでの最後のアルバムになる可能性があったため、マイルスはたまりかねてレコードの完成を急いだんだ」とアーヴィングは回想する。「彼は契約の再交渉が行われるのがわかっていて、コロムビアとはそれっきりになる可能性があることを認識していた」。

《ユア・アンダー・アレスト》の大部分は、一九八四年十二月の二十六日と二十七日に録音された。タイトル曲はアーヴィングが譜面に書き起こしたスコフィールドのソロのリフが基礎となっており、〈ザッツ・ホワット・ハプンド〉や〈ホワット・イット・イズ〉と同じ調子の運動量の多いファンク・ロックである。全体的に激しい雰囲気の曲で、一九八三年の半音階を駆使した実験的試みよりも深みと弾力のあるものとなっている。スコフィールドが見事にフレージングされた主題《テーマ》と独特のソロを交互に演奏し、マイルスとバーグの二人がドラマチックな鋭いソロを取り、柔軟性とタイトさを兼ね備えたリズムセクションがこれを支えている。

〈ユア・アンダー・アレスト〉がバンドのライブでのサウンドを代表しているのに対して、十二月二十六日と二十七日に録音された他の曲は、スタジオで作られたファンタジー曲である。ここでもやはり新しい楽曲が不足していることを示すように、二つのメドレーでは過去に用いた素材が使われている。最初のメドレーが〈ワン・フォーンコール／ストリート・シーンズ〉である。〈ワン・フォーンコール〉は、《ジャック・ジョンソン》の〈ライト・オフ〉で十八分三十二秒に演奏されるリフをもとに作られている。〈ストリート・シーンズ〉のメロディックなベースリフは、〈スピーク〉の第二主題《テーマ》をもとにしている。マイルスはオープン・トランペットで簡潔でありながら力強いソロを吹き、スコフィールドがいつもの優雅だが奇妙な演奏を行っているが、スティングがフランス人の警官役として参加し、マイルスが逮捕されて手錠をかけられるというストーリー・シーンをバンド・メンバーらが演じるところに重点が置かれている（スティングとは、同時期にスティングのバンドのオーディションを受けていた、ダリル・ジョーンズを通じて関係が生まれた）。

「マイルスはとても楽しんでいた」とアーヴィングはコメントしている。「これは彼が経験したことのある、警官の野蛮な行為についての解釈なんだ」。ナレーションと音楽を組み合わせることの問題は、それぞれが異なるレベル、そして異なる時間枠でしか機能しないという点である。良い音楽は数百回とは言わないまでも数十回は聴かれるだろうが、言葉で語られるセリフはたとえ想像をかき立てたり、興味をそそる内容であったとしても、繰り返し聞く気になるのは、せいぜい数回程度だろう。ザ・フーのギタリスト、ピート・タウンゼントは音楽の上にセリフを重ねたことで、非常に良くできたソロアルバム、《サイコデリリクト》（一九九三年）を台無しにしてしまったことがある。〈ワン・フォーンコール／ストリート・シーンズ〉も同じ問題を抱えている。音楽自体はまあまあのできだが、この曲の最も良いところはそれほど長くないということだ。いずれにしても、〈ライト・オフ〉と〈スピーク〉の主題《テーマ》は、コンサートの有効なオープニング曲として、一九八七年末まで使われた。

もうひとつのメドレーは《ユア・アンダー・アレスト》の最後の曲で、〈ジャン・ピエール〉、〈ユア・アンダー・アレスト〉、〈ゼン・ゼア・ワー・ナン〉（ジェネシスの一九七八年のアルバム、《そして三人が残った》〔原題 *Then There Were Three*〕の引用）から構成されている。この曲もまた社会的な主張を試みたものであり、ここでは反戦のメッセージを発している。曲は〈ジャン・ピエール〉の歪んだバージョンで始まり、続いてスコフィールドが〈ユア・アンダー・アレスト〉のメインリフを解体する。一分十七秒、アーヴィングがチェレスタによる華やかなメロディとともに演奏に加わり、子供のオルゴールのような効果を与える。そこに爆発音、ヘリコプターの音、泣き叫ぶ子供の声といった暴力的なノイズが散りばめられる。そして、マイルスの「別のボタンを押してもらいたかった」というセリフと、時計のカチカチ音で曲は終わる。

「僕らは映画を思い描いていた」とアーヴィングは説明する。「視覚的にメッセージを伝えたかったんだ。資料室から引っ張り出した音響効果のテープを使い、主にオーバーダブで作った」。政治的象徴性が強すぎるにもかかわらず、チェレスタの優しくメランコリックなメロディと耳障りな音響効果の際だった対比によって、不思議と心を打つものとなっている。

　ポップソングの探求を続けるマイルスは、マイケル・ジャクソンがヒットさせたTOTOの〈ヒューマン・ネイチャー〉と、D・トレインの一九八三年のファンク・ディスコのヒット曲、〈サムシングス・オン・マイ・マインド〉も録音している。これにはバーグは参加しておらず、アル・フォスターに代わってヴィンス・ウィルバーン・ジュニアがドラムに入っている。「〈ヒューマン・ネイチャー〉はアルとレコーディングするつもりだったが、最初のテイクの後に彼が抜けてしまったんだ」とウィルバーンは回想する。「彼はこの曲を演奏したくなかったんだと思う。僕はコントロールルームにいて、マイルスに『お前が演奏するか？』と聞かれた。アルには残ってほしかったけど、マイルスにそう言われて『やるよ！』と答えてしまった」。フォスターは曲の選択が気に入らなかっただけでなく、ポップスの曲をクリックトラック〔メトロノーム〕に合わせて演奏しなければならないことが不服だったようだ。これにより、一九七二年から続いてきた彼とマイルスとの共同制作の関係に終止符が打たれた。

　〈タイム・アフター・タイム〉は、一九八四年初めにレコーディングした中から《ユア・アンダー・アレスト》に収録された唯一の曲である。このシンディ・ローパーの古典的な八〇年代のヒット曲は、独創的で示唆に富むメロディを持つ優れた曲である。マイルスがこれらのポップソング三曲をレコーディングしたことに、多くの人々が驚きを口にした。当時、彼が演奏していた、ブルースに影響を受けたファンク・ロックとは大きくかけ離れていたためだ。彼のバンド・メンバーの中にも眉をひそめた者が何人かいた。ダリル・ジョーンズは、「〈タイム・アフター・タイム〉をやると最初に聞かされたときは、正直、かんべんしてくれと思った」と語っている。

　これらの曲を取り上げたことについて、ヒットを狙った陳腐な戦略だとあざ笑う評論家もいた。しかし、他の評論家は、マイルスがジャズ期の絶頂にあるときでさえ、ときおり〈マイ・ファニー・ヴァレンタイン〉、〈イフ・アイ・ワー・ア・ベル〉、〈星影のステラ〉などの人気曲、さらには〈アイ・フォール・イン・ラヴ・トゥ・イージリー〉や〈サムデイ・マイ・プリンス・ウィル・カム〉のような安っぽいハリウッドのバラードを取り上げていたと指摘している。当時、マイルスの「言うに耐えないほどの過度に感傷的な原曲を……彼の強い関与によって、メロディを組み立て直し、心地良いもの」[9]へと作り変える能力は広く称賛されていた。「俺の音楽の活動歴を追っていけばわかるだろうが、いつだってこうしたバラードをやっていた。騒ぎ立てるようなことじゃない」と一九八四年にマイルスはコメントしている。[10]

　これまで見てきたように、マイルスは大衆からの人気を恥ずべきものであると見下したり、難解さを芸術的価値の象徴とみなしたりするようなエリート主義の立場はとってこなかった。彼は常に、自分の音楽が広く聴衆に届くことを望んでいた。そして、エレクトリック期には、一九七〇年の〈デュラン〉や一九八〇年の〈ザ・マン・ウィズ・ザ・ホーン〉などの曲がヒットすることを（思いは叶わなかったが）願っていたと言われている。一九八四年のポップソングのカバーは、明らかにこれまでで最も意識的かつ意図的な試みであり、今回はその目的において成功している。マイルスのバージョンの〈タイム・アフター・タイム〉と〈ヒューマン・ネイチャー〉は世界中の様々な国でヒットし、《ユア・アンダー・アレスト》もその低俗なジャケットにもかかわらず、リリースから数週間で十万枚以上を売り上げ、彼の最も売れた作品のひとつとなった。これらのレコードはジャズ市場から飛び出し、世界規模の若者向けの市場へと割って入り、彼は国際的な有名人、そしてスーパースターとして最後の数年間を迎えることになる。

　しかし、彼のカバー曲は優れた音楽と言えるだろうか？　ひとつの憂慮すべき指標としてあげられるのは、マイルスのバージョンの〈タイム・アフター・タイム〉と〈ヒューマン・ネイチャー〉は世界中のスムーズジャズのラジオ局の定番曲となり、レストラン、ショッピングモール、エレベーターなどでかかるミューザックのテープに、ジェームス・ラストのような作曲家の作品や感傷的なキッチュな曲と一緒に入れられる傾向があることだ。ボブ・バーグは次のように語っている。「僕らはこれらの曲をトップ四十バンドのようにカバーしていたと感じている。マイルスの歴史は、その時代のポップ・ミュージックの曲で満ちている。けれども、彼はそれに手を加えていて、オリジナルとは全く違う姿に作り変えている。僕らがジャズと呼ぶものへと変貌していて、当時の時代の先端を行っていた。〈タイム・アフター・タイム〉については、僕は音楽的に少し平凡すぎると感じている。ちょっとがっかりしている」。

　マイルスがレコーディングした〈タイム・アフター・タイム〉と〈ヒューマン・ネイチャー〉は、特に革新的と言えるものではない。バンドはオリジナルに近い伴奏を行い、マイルスはメロディをぴったりと追う。しかし、それでもバンドを高揚させる彼の演奏には並外れた真正性とバランス感覚が垣間見られ、特に〈タイム・アフター・タイム〉ではそれが顕著である。ここで、ロック音楽プロデューサーのルパート・ハインのティナ・ターナーに対する「彼女はあらゆる曲を力ずくでねじ伏せ、自分のものにしまう驚くべき能力を持っていた[11]」という言葉が思い浮かぶ。マイルスもこれと同じようなことを〈タイム・アフター・タイム〉と〈ヒューマン・ネイチャー〉でやってのけた。これら二曲は、彼の「強い関与」を通じて、彼とバンドによって「組み直され」、ライブ・セットでも中心的な曲となった。「彼がこれらの曲をライブで演奏するのを聴いて、それが優れた伝達手段となっており、彼の選択が間違っていなかったことに気づいた」とジョーンズは認めている。

　〈サムシングス・オン・マイ・マインド〉は少し違ったカテゴリーに分類される。マイルスとアーヴィングは、〈ＭＤ１〉と呼ばれる短いイントロとやや長めの〈ＭＤ２〉と呼ばれるアウトロを追加している。どちらも音響効果で構成されたものだ。スコフィールドは巧みなフレージング、トーン、音《ノート》の選択を伴うソロを演奏しており、四分四十六秒にマイルスがオープン・トランペットに切り替えるところは特に印象的である。しかし、巧妙なアレンジによって、他の二つのカバー曲に見られるような誠実さや辛辣さは失われている。もちろん、この曲自体が〈タイム・アフター・タイム〉や〈ヒューマン・ネイチャー〉と肩を並べられるものではないということも要因のひとつである。

*

これらのセッションを終えた時点で、マイルスはまだ三十分程度の音楽しか作れておらず、一枚のアルバムの制作には不十分だった。しかし、一九八四年にアーヴィングと彼の妻によって書かれた曲が、この問題を解決することになる。「〈タイム・アフター・タイム〉をカバーしたことがきっかけで、マイルスとシンディ・ローパーは親交を深めた」とアーヴィングは語る。「彼女は彼のバージョンに打ちのめされて、彼は彼で僕らが彼女のために曲を書くことを申し出たんだ。それで、モリシーンと僕が〈アイ・キャント・ステイ・ウィズアウト・ユー〉という曲を書いた。一九八五年一月の時点で、ツアーが迫っていたため、すぐに追加の曲が必要だった。マイルスがこの曲のインストゥルメンタル・バージョンをやることを提案し、モリシーンにちなんで曲名が付けられた」。

バンドは一九八四年九月二十二日に〈ミズ・モリシーン〉のデモ・バージョンを録音したが、一九八五年初頭に再度この曲を取り上げた際、マイルスはジョン・マクラフリンがニューヨークにいることを聞きつけ、彼に手伝ってほしいと依頼した。新しいバージョンは、スコフィールド抜きでスタジオでライブ録音され、マクラフリンが自らオーバーダブを行った。〈ミズ・モリシーン〉は、誰もが認める《ユア・アンダー・アレスト》のハイライト曲である。疑似レゲエ・ビート、マクラフリンのヘビー・ロックの伴奏、アーヴィングのドラマチックな三音《スリーノート》のキーボードリフ、そしてマイルスが交互に演奏する最高に叙情的《リリカル》なソロとオリジナルのメロディの引用の組み合わせは、深く人を引きつける。三分五十八秒の甲高いトランペットの音を合図に、マクラフリンの最後のソロがはじまる。このレコードで最もスリリングで飾りけのない彼のソロである。

さらに曲を必要としていたマイルスは、できる限り有効にマクラフリンを活用しようと考え、バンドに〈ミズ・モリシーン〉の第五小節をモチーフとして使うように指示した。アーヴィングがキーボードで雰囲気を作り上げ、これをバックにマイルスとマクラフリンが交互にソロで競い合う。マクラフリンが弾いているのは、いつものジャズ・ロックのスタイルのソロだ。「あのときは、ジャム・セッションになっていた」とアーヴィングはコメントしている。マクラフリンのパートナーのクラシック音楽ピアニスト、カティア・ラベックにちなんで〈カティア〉と名付けられたこの曲にはエキサイディングな瞬間があり、マクラフリンが強烈なキーボード・スタブに対抗するソロとマイルスのバックでのスタッカート調の伴奏を披露している。しかし、バンプにはさほど面白みがなく、明確な主題《テーマ》や方向性もなく、ソロ奏者の興奮がやや大げさに聴こえてしまう。

〈カティア〉と〈カティア・プレリュード〉と名付けられた短いアウトテイクによって、《ユア・アンダー・アレスト》は完成する。方向性にばらつきがあるものの、このアルバムはマイルスの最後の十年間のレコードで音楽的に最も楽しめるレコードのひとつとなった。特に目新しくも画期的でもないが、演奏と音楽の大半は質の高いものとなっている。これまで以上にアレンジはクリアで、楽器のテクスチャーと色彩感も豊かになっている。後者はアーヴィングのキーボードによるところが大きい。そして、二十年以上にわたって抽象《アブストラクト》的な音楽ばかりやってきたマイルスが、再びバラードや長いメロディの演奏に戻ってきたことにワクワクさせられる。

*

マイルスとギル・エヴァンスは、最後にオーケストラ録音（一九六二年から一九六三年にかけての《クワイエット・ナイト》と一九六八年の〈フォーリング・ウォーター〉のレコーディング）を行って以降、マイルスのスモールバンドのスタジオ・アルバムでしか共演してこなかった。二人は何度か大規模なプロジェクトを企画したことがあったが、どれも実現することはなかった。一九八四年に大規模な計画がまたもや頓挫したときには、マイルスは相当がっかりしていたようだ。しかし、運命の巡り合わせにより、オーケストラ曲を演奏する機会を失したことを埋め合わせるチャンスが不意に訪れた。

高まるスターの地位を裏付けるように、マイルスは八〇年代にこれまで以上に多くの賞を受賞し、栄誉と称賛を受けている。レコードでのグラミー賞の受賞と、彼の活動歴を祝う一九八三年十一月のニューヨークのラジオシティ・ミュージックホールにおける四時間のショーは、ほんの二つの例に過ぎない。一九八四年にはデンマークの名誉あるソニング賞が授与されている。過去の受賞者には、クラシック音楽作曲家のイーゴリ・ストラヴィンスキー、アーロン・コープランド、オリヴィエ・メシアン、レナード・バーンスタインらが名を連ねており、マイルスはクラシック音楽以外のミュージシャンとして初めてその栄誉に輝いた。過去の輝かしい受賞者の顔ぶれを知ったマイルスは、受賞式のためにコペンハーゲンを訪れ、一九八四年十二月十四日に特別に企画されたライブ・コンサートで演奏を行った。

このコンサートで演奏した二つの作品のうちのひとつは、デンマーク人トランペッターで作曲家のパレ・ミッケルボルグによって書かれたものである。デンマークの一流のミュージシャンの一人であるミッケルボルグは、ジャズやクラシック前衛《アバンギャルド》音楽をルーツとし、マイルス、ギル・エヴァンス、チャールズ・アイヴズ、オリヴィエ・メシアンから強い影響を受けている。マイルス同様、ミッケルボルグもエレクトリック・

トランペットとシンセサイザーの組み合わせを試しており、あらゆる音楽ジャンルに対する寛容さも持ち合わせていた。ミッケルボルグが書いた曲は〈オーラ〉と名付けられ、その最後の楽章で、マイルスは〈ヴァイオレット〉と呼ばれるブルースを五分間演奏することになった。また、デンマーク放送ビッグ・バンドバンドをフィーチャーし、デンマークのラジオおよびテレビ局によって録音されるライブ演奏の第二のソロ奏者として、ミッケルボルグはジョン・スコフィールドを迎え入れた。

「当初、〈オーラ〉でコンサートをはじめるつもりだった」とミッケルボルグは回想する。「後半の曲はギル・エヴァンスが書くことになっていたが、書き終えることができず、代わって別のアメリカ人作曲家、レイ・ピッツが曲を書くように依頼された。マイルスはリハーサルのために、演奏の二日前に到着した。彼はレイの曲を気に入っていたが、演奏はしたがらなかった。このため、コンサートの曲順を入れ替え、〈オーラ〉は最後にやることになった。フィンランドでのコンサートでマイルスが演奏するのを見たことがある、〈タイム・アフター・タイム〉のオーケストラのアレンジも私が担当した。マイルスはとても気に入ってくれていた。結局、彼はアンコールの〈タイム・アフター・タイム〉と〈ジャン・ピエール〉を含めて、一時間も演奏することになった。彼はすごく刺激を受けていたよ！」。

コンサートの後、マイルスはすぐにニューヨークに戻り、十二月十七日から二十日までの四日間を日本の焼酎ＶＡＮのテレビコマーシャルの撮影に費やした。これは広告業界への進出の第一歩であり、彼の知名度が高まってきていることを示す、もうひとつの兆候でもあった。オーケストラ曲をレコーディングするというアイディアは、彼の中では立ち消えておらず、《ユア・アンダー・アレスト》が完成した直後の一九八五年一月に、彼はミッケルボルグに電話をしている。「彼に『どれくらい早くできそうだ？』と聞かれた」とミッケルボルグは当時を思い出して語る。「質問されたというよりは、指示されたといった方が良いかな。『これを一緒にやるぞ。いいな』という感じでね。実際には全体を取りまとめるのに、かなりの事務的作業をこなさなければならなかった。計画を実行に移すのに四十八時間、さらに人と物をそろえるのに十日かかった。準備が整うとすぐにマイルスがやってきて、そこから十日間かけて作業した」。

レコーディングは一九八五年一月三十一日から二月四日までの五日間にわたって行われた。残りの五日間、マイルスとミッケルボルグは、意見交換と音楽の修正に時間を費やした。〈オーラ〉は、ミッケルボルグから贈られたマイルスへのお祝いの曲だった。この作品は九つの楽章からなり、それぞれマイルスが醸し出すオーラの色から命名されている。「マイルスには不思議なオーラがあった」とミッケルボルグは説明する。「一九六七年だったか一九六八年に、ウェイン・ショーターと一緒に彼を初めてコンサートで見て、二人とも魅了されてしまった。単なる音楽だけではない何かが、そこにはあった。単なるカリスマ性ではなく、うまく説明できないのだが、それを凌駕する何かがあった」。

ミッケルボルグは続ける。「一九八五年一月に彼がやって来たとき、彼のホテルの部屋で何度か会った。彼は電気スタンドの下にある椅子に座って、眼鏡をかけてずっと絵を描いていた。ナイトガウンを着て、付け毛をしていた。とても弱々しく、今にも倒れてしまいそうだった。彼は背が低かったので、かかとの高い靴を履いていた。自分用の特別な香りの香水もたくさんつけていた。テレビはずっとつけっぱなしで、ボクシングのことやらクリント・イーストウッドのことやら、きわめて普通の話をした。そんな異常なほど普通の状況にあって、私は『これは本当にマイルス・デイヴィスなのか？』と思ったものだ。しかし、次に彼に合ったとき、彼の周りにはすさまじいオーラが感じられた」。

マイルスのオーラからインスピレーションを得たことに加えて、ミッケルボルグはマイルスの名前に基づいて、作品の主題《テーマ》を設定している。「その後にも使ったことがある、ごく簡単なシステムで、興味深い結果が得られることがある」とミッケルボルグは説明する。「ジョン・ケージが単語や詩を使ったように、もっと複雑にすることもできるが、私がやったのは、アルファベットのAからZのそれぞれの文字にクロマチックノートを昇順に割り当てるというものだった。それからマイルスの名前の文字を抜き出して、それを主題《テーマ》にした。とても簡単な主題《テーマ》で、それに手を加えていった。そうやって興味深いものになっていった。さらに、主題《テーマ》をもとにリズミカルなパターンを構築した。完全に脳内で作り上げられたもののように聞こえるだろうが、私にとってはとても美しい素材となった」。

ミッケルボルグは、二十世紀の前衛《アバンギャルド》音楽で発明された手法のひとつであり、特定の音列が厳密に繰り返される、セリエル音楽に従って、音楽の大部分を構成している。彼はこれらの概念をマイルスに説明しようとしたが、マイルスはすぐに興味を示さなくなってしまった。「彼は何度か質問してきたが、説明が長くなると、興味を失ってしまうんだ」とミッケルボルグは述べている。「サウンドそのものに興味があったのであり、私がどうやってそれに辿り着いたかなんてどうでもよかったのだろう。彼にはこの音楽の一部がメシアンに基づいているという話もしていて、この作曲家のことを知っているか聞いてみた。彼は知らないと答え、私にメシアンの音楽をいくつか演奏するように言った。彼はそれを聴いていたが、二度とメシアンの名前を出すことはなかった。シュトックハウゼンも完全には理解していなかっただろう。マイルスは、『あのシュトックハウゼンという奴』と呼んでいた。彼は音楽のエネルギーのことはわかっていたが、方法論については理解していなかったようだ。それは意識的な選択によるものだと私は思っている。彼は音楽とは完全に直感的な関係を持ち続けたかったのだと思う」。

ミッケルボルグは、マイルスからは〈オーラ〉の美的価値の着想を得るといった暗示的な影響だけでなく、多くの音楽的な選択に関する直接的な影響も受けたと強調している。「いくつかのアイディアはとても素晴らしく、明快なものだった」とミッケルボルグは語る。「私はとても複雑に構成されたセクションをいくつか書いた。しかし彼には、『このセクションについては、俺はよくわからない』と言われてしまった。とても礼儀正しい態度でね。おそらく、私が長い時間をかけて書き上げたことを理解してくれていたのだろう。長いサックスのセクションで、最初からどこかしっくりいかないことには気づいていた。やはり心配していた通り、オーケストレーションに問題があった。ぎこちなく、流れが良くないという指摘をマイルスから受け、私も同感だったので、その部分は外すことにした。〈オーラ〉の中では、瞑想的で音《ノート》をあまり多く使っていない部分がベストであることに気づかされた。マイルスは、基本的なところまで削ぎ落とすということをよくやっていた。彼は装飾的なものを嫌っていた。彼はよくこう言っていた。『主題《テーマ》を書くのは、それを演奏したいからだ。主題《テーマ》には、主題《テーマ》となり得るだけの理由がある。だったら、それを演奏しろ』とね」。

「別のセクションでは、ギル・エヴァンスが《スケッチ・オブ・スペイン》で書いた曲のように、バスーンとローフルートを彼は入れたがっていた」とミッケルボルグは付け加えている。「私が『そんなことを言われてもすぐにはできない』と答えると、彼は私を見て、『そうか、わかった』と言った。その時は、彼に試されているような気がした。でも、彼はとても優しく、協力的で、元気づけてくれた。プロジェクトを通じて、彼は気くばりができていて、人の扱いがうまく、怒ったことなど一度もなかった。彼の邪悪《ダーク》な面を見ることもなかった。もちろん、彼は要求が多く、指示も数多く出していた。彼が『櫛《くし》が必要だ』と言ったら、『櫛《くし》をよこせ』という意味だ。それでも、リハーサルも受け入れてくれた」。

マイルスの影響は、また別のところにも見られる。数週間前の《ユア・アンダー・アレスト》の制作に続いて、ジョン・マクラフリンとヴィンス・ウィルバーン・ジュニアが招聘された。「ドラムを演奏する予定は全くなかった」とウィルバーンは回想する。「ただ、マイルスに協力するために出向いたところ、彼がシモンズの（エレクトリック・）ドラムを注文したんだ。おそらく彼はリズムを増強したくて、エレクトリック・ドラムを試したんだと思う」。

《オーラ》のレコーディングへのマクラフリンの参加は特に幸運だった。彼がフィーチャーされた三曲では、彼のギターがマイルスのパワフルなソロに表現を加えている。〈イントロ〉と呼ばれる開始楽章において、マクラフリンは〇分三十六秒にマイルスの名前に基づく主題《テーマ》を開始して、強烈なインパクトを与えている。[12] 一分四十五秒、バンドがアクセントの強いスタッカートのシンコペーション・リズムで演奏に加わり、その上にマクラフリンが、短いが心を揺さぶるソロで美しい歪んだトーンの演奏を重ねる。二分二十一秒にマイルスが早いフレーズで加わり、ギタリストとトランペッターによる説得力のあるデュエットが楽章の最後まで続く。

この情熱的な開始楽章の後には、意外にも、穏やかで遊び心に満ちた、夢のような〈ホワイト〉が続く。〈ホワイト〉は当初、《オーラ》に収録される予定ではなかった。「私は、バンドやオーケストラがウォーミングアップしているサウンドが好きではなかった」とミッケルボルグは説明する。「それで、(一九八四年)十二月に初めて〈オーラ〉を演奏するよりも前に、テープから再生できる音楽を作っていた。テープにはマイルスのスケールの瞑想的な音楽が八曲入っていて、友人のシンセサイザー奏者に頼んで電子的な音を即興で重ねてもらった。ある日、スタジオで、私がそれをリハーサルで聴いていたのをマイルスが思い出して、『あのエレクトリックのテープをかけてくれ』と言ってきた。最初は何のことだかわからなかったが、すぐに理解して、一五インチのテープをスタジオに持ってきた。『それをかけて、マイクを入れろ』と彼に指示されて、皆で急いで作業した。その時は、彼が何をしたかったのか、全くわからなかった。私は、彼の合図があったら私が持ち込んだ短い主題《テーマ》を吹くようにオーボエ奏者に準備させ、(パーカッショニストの)マリリン・メーザーには詩的なパーカッションを好きなように演奏して良いと告げた」。

ミッケルボルグは続ける。「そうこうしていると、エンジニアとマイルスが真っ暗闇の中にヘッドホンをつけて座っていた。そして、マイルスが演奏をはじめた。これが最初のテイクで、誰もが皆、まるで部屋の中を天使が通り抜けたように感じていた。非常に雰囲気に富み、人の心を動かす、ピュアな演奏だった。正に夢のような創造的な瞬間だった。知性が顔を出して、何が演奏されているのだろうかと考えはじめてしまうまでは。演奏が終わると、マイルスも感動した様子で、しばらく黙ったままだった。そしてマイルスは言った。『俺のカリプソが聴こえたか？　氷を突き破るところだ』。彼が最初に吹いたフレーズのことだった。そして、彼は『もう一度かけろ』と言うと、別のテイクを開始した。今回も短いBフラットの主題《テーマ》を入れた。とても迫力のあるものとなった。マイルスの演奏は、どことなく、少年がミュートを使って遊んでいるように聴こえた。私は、音がかすれてしまっている部分だけを取り除き、この両方のテイクの録音をそのまま使った」。

〈ホワイト〉はとても魅力的なアンビエント曲である。氷河のような雰囲気があり、延々と続く白い砂漠のイメージを呼び起こす。マイルスの「氷を突き破る」というコメントも、そこから来ているのだろう。もともとのシンセサイザーの際立ったサウンドとマイルスの洗練された演奏によって、この曲は《オーラ》のハイライトのひとつとなっている。三曲目の〈イエロー〉もまた、アンビエント指向が強い曲であり、ハープ、オーボエ、そしてシンセサイザーの不気味で超自然的なテクスチャーが全体を導いている。アンビエント・テクスチャーがクールな静けさを伴って呼吸をするように流れるが、こうしたムードは、ヘビーでゴシックに近い金管楽器とドラムのリズムによって周期的に妨げられる。マイルスはこの曲には参加していない。

四曲目の〈オレンジ〉は、ときに強引で硬直したリズムが取られるという、《オーラ》の最大の欠点を例示している。これは、八〇年代の音楽によく使われていた、シモンズのエレクトリック・ドラムの重苦しいサウンドがひとつの要因となっているが、アレンジによるところも大きい。マイルスとマクラフリンは、二人とも非常に調子が良く、六分二秒にギル・エヴァンスを思わせるヴォイシングと、リズムにちょっとした遊び心を加えるファンキーなエレクトリック・ピアノとリズムギターを伴う興味深いメロディがはじまるところで、ようやくバンドにも火が付く。

〈レッド〉は、ドライブ感のあるヘビーなロックのリズムをもとに作られている。転調と金管楽器のコードやスタブによって、徐々に緊張が高められていく。マイルスはオープン・トランペットを吹いて、下降する音型を開始するが、これにはスタジオで大規模な効果が加えられている。まるで暗いリズムを補うかのように、彼は優しく、遠慮がちに、おどけるように演奏している。四分十八秒、エレクトリック・ギターのブレークで緊張が和らぎ、〈イントロ〉で使われたのと同じシンコペーションのリズムがそれに続く。この曲には情熱がこもっており、ミッケルボルグによるところの主題である、「炎」を体現するものとなっている。

〈レッド〉の激しさの後には、〈ホワイト〉と同じ晩にレコーディングされた、〈グリーン〉のクールなアンビエント感が続く。よりソフトで牧歌的《パストラル》な雰囲気となっているが、ニールス＝ヘニング・エルステッド・ペデルセンのアコースティック・ベースとボ・スティーフのフレットレス・ベースによる二つのベース・ソロの温かみのあるサウンドが、その理由のひとつとなっている。〈グリーン〉は、繊細で記憶に残る、ゆったりとしたコードに基づいている。《オーラ》のCDライナーノーツの著者、ケフラ・バーンズによると、これはチャールズ・アイヴズの〈答えのない質問〉〔原題 *The Unanswered Question*〕とギル・エヴァンスを連想させるものとなっている。[13] マイルスは第二セクションのみ、演奏に参加しており、ミュート・トランペットでニールス＝ヘニング・エルステッド・ペデルセンと競い合い、曲の激しさを増している。ここでの十六声部の女声合唱は、エヴァ・タイセンの声をオーバーダブで重ねたものである。ミッケルボルグが女性の声を使用した理由は、「マイルスの芸術作品に女性的な要素が明確に存在しているからだ。彼の女性的なものへの関心は、彼のトランペットのサウンドや服装に強く表れている。当時、彼は女性の服を着ることもあり、それがまた、とても良く似合っていた」。

〈ブルー〉は抽象的《アブストラクト》なシンセサイザー・サウンドではじまり、その上にマイルスが半音階的《クロマチック》フレーズをいくつか重ねて演奏している。〇分三十八秒、曲はレゲエ調のリズムへと転調し、シンセサイザーのコードとミュート・トランペットによって、それが強調される。マイルスは全体にわたって、意気軒昂とオープン・トランペットを演奏しており、喜びに満ちた外向的な雰囲気の音楽が続くが、ミッケルボルグが不協和な金管楽器と木管楽器でそのムードを一変させる。その後、バックに流れるレゲエのリズムが徐々に薄れていき、管楽器がそれに取って代わり、それに合わせてマイルスが半音階を駆使したソロを吹く。

アレンジや演奏には依然としてぎこちなさが残ってはいるものの、〈ブルー〉は《オーラ》の中で、リズム的に最も安定したセクションのひとつとなっている。

マイルスは〈レッド〉を相当に気に入っており、その短縮バージョンでも、今回はミュート・トランペットを使って再びソロを吹いている。このバージョンは〈エレクトリック・レッド〉と名付けられた。まるでリズムの上を蝶が舞うように、マイルスが子どもっぽいフレーズでグルーヴの重力に抵抗しているところが、この曲の最大の聴きどころだ。これに続く〈インディゴ〉は、二〇〇〇年再発盤で金管楽器の演奏が五秒間追加されている。金管楽器はモーニングコールのように機能しており、これに続いて、バンドは五分間の脱構築された、前衛《アバンギャルド》に近いジャズを演奏する。マイルスは演奏していないが、トーマス・クラウセンがピアノで参加している。この種の音楽は過去に何度も作られてきており、五分十四秒のワイルドなブラス・フレーズとエレクトリック・ドラムが独特の効果を生んでいる箇所が、この曲で唯一、純粋に関心を抱くところである。

最後のブルース曲〈ヴァイオレット〉は、オリヴィエ・メシアンの著書『私の音楽言語の技法』から取られた二つのコードをベースにしている。「この二つのコードは、私の人生に常について回ってきているものだ」とミッケルボルグは明かしている。「初期の私のレコードにもこれらが使われている。リズムが始まるところでそれを聴くことができる。ブルージーだが大きく違っている。マイルスはこれらが何なのか理解していなかったが、その上にとても変わった演奏を重ねていた」。不協和なコードが〈ヴァイオレット〉の雰囲気に大きく影響するとともに、マイルスとマクラフリンにとっては、ソロ演奏を被せる対象として難しいものとなった。二人ともうまく演奏しているが、七分五十三秒にはじまる、意図的にまとまりを欠いた趣のあるエンディングは、もう少し早く開始すべきだった。

「レコーディング終了後、マイルスに『これをプロデュースして、ミックスしてくれ。俺はあんたを信頼しているよ』と言われた」とミッケルボルグは記憶している。「私は、これほど複雑な作品をプロデュースしたことがなく、しかもテイクの数がとてつもなく多い。彼は多くのソロをそれぞれ重ねて演奏していた。簡単な作業ではなかった。彼は私に、その中からベストなものを選択させたかったようだ。曲によっては、四つから五つのソロを演奏していて、音《ノート》を外しているものもあるが、その中には実に素晴らしい演奏もあった。私は自らの直感を信じて、ベストなテイクを選んだ。しかし、五〇年代や六〇年代の頃と同じようなパワーでは音《ノート》を出せていなかったし、肉体的にも弱々しかった。数年後に彼と会ったときの方がずっと調子が良さそうで、力強く歩いていたよ」。

マイルスは《オーラ》をかなり気に入っていたようだ、と皆が口を揃えて言う。できあがった作品を耳にしたとき、彼はミッケルボルグに電話をして、「とんでもないものができたな！」とのメッセージを残しており、彼の自伝でも「傑作」[14]と呼んでいる。欠点もいくつかあり、議論の余地はあるものの、シンセサイザー、ロックのリズム、そしてジャズのビッグ・バンドのアレンジメントを独自の方法で融合させたものに一風変わったハーモニーを組み合わせた《オーラ》は、マイルスの最後の十年間で最高のスタジオ・アルバムと言っても良いだろう。マイルスのトーンは、音楽全体に説得力をもってその存在感を示せるほど強いものではないが、彼の最も変化に富み、半音階を大胆に駆使した演奏をこのアルバムでは聴くことができる。《オーラ》は、より耳に優しい《ユア・アンダー・アレスト》を完璧に補完するものであり、一九八四年末から一九八五年初めまでの期間が、マイルスの八〇年代の音楽制作の頂点であることを示している。《オーラ》は一九五〇年代末期から一九六〇年代初期までのギル・エヴァンスとのオーケストラの実験的試みの継続でもあり、それは称賛に値し、革新的なミュージシャンとしてのマイルスの名声を回復させた。マイルスはミッケルボルグに、この作品が彼の人生を変えるものになるだろうと予言している。実際にミッケルボルグは現在、「マイルス・デイヴィスと一緒に仕事をした男」として、北欧では伝説的な地位を確立している。

しかしながら、これらはすべて数年経った後の話である。明らかになっていない理由で、コロムビアはこの作品のリリースを拒んでいた。コロムビアは、レコーディングの途中で資金提供を取りやめ、マイルスが要求したデジタル・リミックスの費用の支払いを拒んだと言われている。最終的に、国立芸術基金から一四〇〇ドルの補助金を得て、さらにマイルスが一部私財を投じて、完成にこぎつけた。[15]「このセッションのドキュメンタリー映像を制作したデンマークのラジオ局もお金を出してくれた」とミッケルボルグは付言している。「そして、デンマーク放送ビッグ・バンドの団体もね。その裏では、いろいろと政治的なことが行われていた。八〇年代末期のある日、ジョージ・バトラーから電話があり、多くの人たちから依頼を受けたのでテープを聴きたいと言ってきた。彼は、この作品はそれ以降のマイルスの作品とは比べものにならないくらい素晴らしいできであり、ぜひリリースしたいと言ってくれた。もちろん、それを聴いて私も嬉しかったよ」。

《オーラ》は一九八九年にリリースされ、同時期に出版された『マイルス・デイヴィス自伝』の宣伝効果もあって、好評を博した。特に、ジャズ界では高く評価された。この作品について、ペンシルベニア大学でジャズを教える評論家、フランシス・デイヴィスは、「完璧でないのが少しばかり残念と思えるくらい、驚くほど素晴らしいできだ」と書いている。[16]マイルスは《オーラ》で、最優秀ジャズ・インストゥルメンタル・パフォーマンス・ソリスト賞と最優秀ジャズ・インストゥルメンタル・パフォーマンス・ビッグ・バンド賞の二つのグラミー賞を受賞した。《オーラ》をめぐる騒動はマイルスとコロムビアの間の亀裂を深める結果となり、一九八五年五月に彼はワーナー・ブラザーズに移籍した。これにより、両者の三十年に及ぶ関係に終止符が打たれた。こうしたマイルスのチームの周辺で起きた劇的な変化が、再び彼の人生と音楽の進路を大きく変えることになる。

第十四章　グレース・アンダー・プレッシャー

俺は好きな音楽を作る。だが俺が好きなものは、ほかの連中もたいてい気に入るのさ。真剣に取り組んでいたら、それがほかの連中にも伝わるんだ。

——マイルス・デイヴィス[1]

一九八五年のマイルスのワーナー・ブラザーズへの移籍は、彼の活動歴における大きな謎のひとつとなっている。彼がコロムビアを去った理由は完全には明らかになっていない。説明を求められると、マイルスはその理由として、《オーラ》に対するコロムビアの対応と、もう一人のスター・トランペッターであるウィントン・マルサリスの扱いをあげることが多かった。「いろいろな理由からだ」とマイルスは一九八六年末に語っている。「これ（《オーラ》）をやったときに、俺はデジタル・リミックスに一四〇〇ドルが必要だったが、コロムビアは支払いを拒否した。その後、ジョージ・バトラーの野郎が電話をしてきて、『ウィントンに電話をしてあげてくれないか』と言われた。俺が『なぜだ?』と聞くと、『今日は彼の誕生日なんだ』とぬかしやがった。それで俺はコロムビアを出て行くことにした[2]」。

マイルスのミュージシャンとしての地位と三十年間に及ぶ彼と会社の関係を考えると、コロムビアが当初、《オーラ》プロジェクトへの支援を拒んだことは不可解である。マイルスが侮辱を受けたと感じたのも理解できる。そして、コロムビアによるスターの扱いがウィントン・マルサリスに向けられるようになったこともまた、さらに追い打ちをかけたことだろう。しかし、コロムビアからのぞんざいな扱いに傷つき、腹を立てたとしても、それだけの理由でマイルスが移籍を決断したとも考えにくい。「《オーラ》の扱いが理由で、彼がコロムビアを去ったとは思っていない」とマーク・ロスバウムは語っている。「マイルスにはコロムビアを去る理由はなかった。ウィントンとマイルスのライバル関係についても、話に尾ヒレが付いていると思っている。マイルスはコロムビアにおいて絶対的な存在だった。マイルスが去ってしまい、彼らはとてもがっかりしていた。彼らにとっては、ひどくショッキングなできごとだった」。

　マイルスがレコード会社を移籍した真の理由を探っていくと、ここにもシシリー・タイソンの影響が見え隠れする。一九八五年初めに、マイルスは彼のマネージメントを務めていたブランク・アンド・ブランクを切り捨てた。しかし、こうした過去の過ちから学んでいないかのように、再び彼の妻が推薦した者を任命した。今回は、タイソンやロバータ・フラック、リチャード・プライヤーなどのマネージメントをしていた、デイヴィッド・フランクリンがマネージャーとして雇われた。

　ジョー・ゲルバードによると、一九八四年に彼らが最初に出会ったのは、ブランク兄弟の在任期間が終わりを迎え、マイルスが経済的にも私生活においても不遇であった時期だった。「私が彼と出会ったとき、彼は破産状態で、生活もめちゃくちゃでした」と彼女は回想する。「本当にひどい状態で、彼は生きる理由を失っていました。彼にとって、すべてが悪い方法に向かっていました。彼の股関節、手に負えなくなっていた糖尿病、心臓、すべてです。とても憂鬱な時期でした」。

　フランクリンがマイルスの金銭的苦境の打開に努めていたことは明らかである。そして、自身の問題に悩まされていたためか、あるいは現状を変えようと切望していたためか、マイルスは新しいマネージャーがレコード会社のワーナー・ブラザーズ・レコードと音楽出版社のワーナー・チャペル・ミュージックと交渉していた契約を受け入れ、一九八五年五月と六月にそれぞれの契約書にサインした。驚いたことに、マイルスの既存の作曲作品に加えて、今後書かれる作品についても著作権の半分がワーナー・チャペルに譲渡された。これは例外的とも言えるほどの価値のあるものだ。

「デイヴィッドは、交渉の過程で、俺の出版権とかいろんなものまでワーナーに渡してしまって、うまくはなかった」とマイルスは不満を述べている。「ワーナーは移籍にサインするだけで七桁の数字の大変な金をくれたが、それでも俺は、出版権を渡すというのは嫌だった[3]」。

　商才があることでも知られていたマイルスが、なぜこのような契約書にサインしたのかという疑問が残る。「マイルスは不安になっていて、自分の金がほしかったんだと思う」とロスバウムはコメントしている。「マイルスは貧しくなることをひどく恐れていた。マイルスには様々な選択肢があったが、それに気づいていないことが多かった。あらゆるものを手に入れることもできたのに、よく考えずにある方向に行ったと思ったら、また別の方向へと向かって行った。私に言わせれば、ワーナー・ブラザーズとの契約は完全な間違いだった。コロムビアの人間とも話をしたが、彼らは、『彼のためにお金を用意できたのに！』と言っていた。もしくは、過去にリリースされた作品を元手に、銀行から一〇〇万ドルの融資を受けることもできた。私がマイルスの業務をまかされていたときだったら、担保どころか、握手を交わす必要すらなく、おそらくその五倍の額を借り入れることができただろう」。

　ワーナー・ブラザーズとの契約が結ばれて以降、マイルスが自分で作曲した曲をアルバムに収録する機会は激減した。もちろん、マイルスはジャズの名曲をいくつも書いてはいるものの、作曲が彼の最大の長所でも天職でもない。「マイルスは作曲家ではない」とボブ・バーグは述べている。「彼はそれほど多くの曲は書いていない。しかし、彼は音楽の名スタイリストであり、優れた音楽スタイルの鍛冶職人だ。彼の美的感覚と価値観、そして先端《ヒップ》にあるものを見極める能力こそが彼の強みであり、それ故に、彼がその活動歴を通じて行ってきたことは、同じ美意識を持つ人々を自分の周りに集めることだった」。「マイルスは決して優れた作曲家ではなかった」とデイヴ・リーブマンは付言する。「彼は演劇的な意味での編曲家であり、ある種の監督だった。彼は、『ここはEで、そこはFで、三拍目にはこのコードを演奏しろ』といった指示をするような男ではなかった。そういうタイプではなかった」。

　いずれにせよ、マイルスの創造的な絶頂期、すなわち《死刑台のエレベーター》、《カインド・オブ・ブルー》、一九六七年十二月から一九六八年までの第二期グレート・クインテットの時期、《ビッチェズ・ブリュー》、そして七三～七五年のバンドの作品の多くが制作された時期が、自ら多くの曲を書いていた時期と重なっている。彼の作曲が、これらの絶頂期の刺激となったのか、あるいは絶頂期を例証するものなのか、はっきりしない。しかし、ワーナー・チャペルとの契約によって、それが繰り返される機会は失われた。それどころか、新しいスタジオ作品について、マイルスは完全に他者に頼るようになり、その後の制作活動に多大な影響を及ぼした。

＊

　これまで、新しい音楽の方向性の確立を試みたときに何度もそうしてきたように、マイルスは過去の成果を活用することで、新たなスタジオ・レコーディングの取り組みを開始した。一九八五年に彼は再びこの方法を用い、〈デコイ〉と〈コードMD〉を制作した（若いミュージシャンが音楽技術を活用して、彼のために曲を書いた）。ボブ・アーヴィングとヴィンス・ウィルバーン・ジュニアの参加に続いて、彼は、一九八〇年の最初のカムバック・セッションにも参加していた、ギタリストのランディ・ホールに話を持ちかけた。ホールは当時、ロサンゼルスに住んでいて、《ラブ・ユー・ライク・ア・ストレンジャー》というアルバムをレコーディングしていた。彼は、フュージョン・バンドのザ・フェンツでキーボード奏者としての地位を確立していたアダム・ホルツマンにも協力を依頼した。

「僕は楽器店でも働いてた」とホルツマンは語る。「そこでは様々な楽器を手にすることができ、それらをプログラムする方法も学んだ。マイルスと出会ったとき、僕はＭＩＤＩ革命の最先端にいて、シンセサイザー・プログラマー兼スタジオ・ミュージシャンとして活動していた。ランディがマイルスとのセッションに僕を使いたいと言ってきたんだ。演奏者というよりも、シンセサイザーのプログラマーとしてね。最初のセッションは十月十七日に行われ、〈ラバー・バンド〉という曲を演奏した。これには、マイルスと一緒に飛行機でやってきた、マイク・スターンも参加していた。一九八五年にはシンセサイザーのサウンドもかなり進化していて、マイルスは興味をそそられていた。予想に反して、彼はスタジオでひとつひとつトラックを重ねていく工程にも興味を示していた。シンセサイザーに魅了されていた彼は、ただちに僕をライブ・バンドに雇ってくれた。翌日、僕はニューヨークへ飛び、その二日後にはマイルスとヨーロッパ・ツアーに出ていた」。

十月のセッションには、ホールの作曲パートナーであるゼーン・ガイルズがギタリスト兼ドラム・プログラマーとして、そしてスティーブ・リードがパーカッショニストとして参加している。十一月にヨーロッパ・ツアーから戻ると、マイルスは引き続きホルツマン、ホール、ゼーン、リード、ヴィンス・ウィルバーン・ジュニアらとともに、十月に定めた方向性を発展させた。他にも、キーボード奏者のウェイン・リンゼイとニール・ラーセン、そしてサックス奏者のグレン・バリスも参加している。ホルツマンによると、「マイルスは多くのプレイヤーを試したがっていた。また、異なる作曲家との間でも、小さい仕事をいくつか手掛けていた」。

この時期、マイルスは曲を書けるミュージシャンを積極的に探していた。一九八六年初めまでに、マイルスは少なくとも、プリンス、ビル・ラズウェル、ポール・バックマスター、そしてキーボード奏者のジョージ・デュークの四人と接触している。「プリンスから手紙をもらい、そこには彼がスタジオで一人で録音したインストゥルメンタル曲のテープも一緒に入っていた」とマイルスは語っている。「手紙には、『マイルス、あなたとお会いしたことはありませんが……もし、このテープが何かの役に立つようなら、好きに使ってください。私はあなたの耳と腕を信頼しています』と書いてあった[4]」。

マイルスは自発的に、ラズウェル、バックマスター、デュークと連絡を取った。彼はまず、一九八四年一月にパリでラズウェルと会った。ラズウェルは当時、マヌ・ディバンゴとともにゴーゴー・リズムを用いたアルバムを制作していた。一九八四年から一九八六年までの間、ラズウェルはマイルスと幾度となくコラボレーションの話をしたが、ラズウェルが他のプロジェクトに深く関わっていたために、二人の計画を実行に移せずにいた。バックマスターはマイルスの要請に応じて、マイルスが電話の向こうで口ずさんだベースラインをもとに、MIDI機器を使って、三つの「シンプルで浮遊感のある」曲を録音した。しかし、これらが使われることはなかった。

「僕が最初にマイルスと会ったのは一九七一年で、キャノンボール・アダレイと一緒にプレイしていたときだった」とデュークは語っている。「僕はジョー・ザヴィヌルに代わって、キーボードに入っていた。ステージから降りてきたとき、マイルスがやってきて、『やあ、おまえ、俺と一緒にプレイできるか?』と聞かれた。僕は、『もちろんさ。電話してくれ』と答えた。それから何年も彼から連絡はなかった。一九八五年末になって、ようやく彼から電話があり、曲を書いてほしいと頼まれた。はじめは悪ふざけかと思ったんだ。友達の一人が、彼のふりをしているに違いないとね。だから何もせずに放っておいたら、一週間後に再び彼から電話があった。『あんた、一体誰なんだ?』と尋ねたら、彼は『このくそったれ、さっさと曲を書け』と怒鳴りはじめた。僕は、『これって冗談じゃなかったの?』と言うしかなかったよ」。

一九八〇年代中期、ジョージ・デュークは、作曲家、プロデューサー、そしてソロ・アーティストとしての地位を確立していた。彼はジャズ・ピアニストとして活動を開始し、その後、ジャズ・ロック、ファンク、ロック、ソウル・ミュージックへと進み、シングルやアルバムをヒットさせている。シンセサイザー、サンプラー、シーケンサー、三二トラック・ハード・ディスク・レコーダーを統合した電子楽器シンクラヴィアを使い、デュークはマイルスのために三つの曲を書いた。デュークは、R&Bとキューバのバンド、イラケレの二つからインスピレーションを得ていた。イラケレの音楽は、キューバのフォーク・ミュージックとジャズ、サルサ、クラシック、ファンク・ロックからの影響が組み合わさったものだった。

「マイルスはイラケレに似たものを望んでいた」とデュークは説明する。「僕は彼らの音楽を聴いたことがなかったので、マイルスがテープを送ってくれて、『こんなヴァイブの曲を作ってくれ』と言われた。僕はとても気に入って、ここからインスピレーションを得て、〈フンミラヨ〉という曲を書いた。のちに、この曲はダイアン・リーヴスがカバーして、オスカーにノミネートされた。他の二曲は〈トリビュート〉と〈バックヤード・リチュアル〉で、後者はR&Bに触発された曲だ。マイルスは常に、R&Bの先端を行くものに影響を受けていたからね。僕自身、そっちの方向に傾倒していて、マイルスが僕に電話してきたのも、それが理由だったのだと思う。僕はデモのつもりで、サンプリングやシンセサイザー楽器を使って録音し、それを彼のところに送った。当然、彼のバンドで録音し直すものと思っていた。ところが、マイルスは、『録音はし直さない。このままでいい。面白いサウンドだ』と言ってきた。『でも、少なくともシンセサイザー・サックスは置き換えるんだよね?』と聞いたら、彼は『いや、これでいい』と言ったんだ」。

＊

一九八〇年代中期にワーナー・ブラザーズのジャズ部門のトップだったトミー・リピューマは、マイルスが自社からの最初のスタジオ・アルバムの制作において、試行錯誤のアプローチをとっていることに敏感になっていた。リピューマは当初、プロジェクトを遠くからフォローしていただけだったが、徐々に実務に積極的に関わるようになり、最終的には作曲家らとともに共同プロデューサーとなる。ここ数年、マイルスは自分のレコードを自ら共同プロデュースするようになっていたので、これは根本的な方向性の変化である。また、ヴィンス・ウィルバーン・ジュニアとロバート・アーヴィングはプロデュースの経験が比較的浅かったのに対して、リピューマはアメリカの音楽業界でも指折りのプロデューサーだった。彼は、バーブラ・ストライサンド、デイヴィッド・サンボーン、アル・ジャロウらと一緒に仕事をしており、ジョージ・ベンソンをスムーズジャズの領域へと進ませ、グラミー賞も数多く受賞している。

リピューマは、ウィルバーンやアーヴィングよりも方向性を強くマイルスに示すことができた。彼は、できあがってきた様々な音源の中から、ジョージ・デュークの〈バックヤード・リチュアル〉とプリンスの〈キャン・アイ・プレイ・ウィズ・U〉に見込みがあると判断した。〈ラバー・バンド〉セッションからの音源はかなり荒削りであり、硬いリズムとメロディックな曲や際だったバンプの欠落によって色あせたものになってしまっていた。リピューマとマイルスは、一九八六年二月の第二週に、〈キャン・アイ・プレイ・ウィズ・U〉の二四トラックとジョージ・デュークの〈バックヤード・リチュアル〉のオーバーダブを開始した。しかし、これら二曲は、音楽の方向性を決定づけるものではなかった。リピューマとマイルスは、依然として進め方を模索しており、可能性のあるコラボレーション相手の名前が次々とあげられた。リピューマは、パット・メセニーと一緒に仕事をしたことのあるライル・メイズやトーマス・ドルビーといったキーボード奏者を提案した。幸運にも、ちょうどこの頃、リピューマにマーカス・ミラーから連絡があった。「僕はトミーのことをよく知っていて、マイルスがワーナー・ブラザーズに移籍したことも聞いていた」とミラーは回想する。「トミーがマイルスと仕事をしていたことは知らなかったが、彼はワーナーのジャズ部門のトップだったので、もしマイルスが曲の提供を望んでいるのなら、ぜひとも役に立ちたいと思ったんだ。トミーは僕に最後までしゃべらせずに、『それは素晴らしい！』と言った。どんなものをやるかという話はしたけれど、その時点では方向性はまだはっきりとは決まらなかった。しかし、ジョージ・デュークの曲があって、それが良い出発点になると思ったんだ」。

「その曲を聴いたとき、『ワオ！　マイルスがドラムマシンなんかを使い始めたんだったら、僕もそれなりの解釈を見せてやろうじゃないか」とミラーは続ける。「僕は、〈ＴＵＴＵ〉、〈ポーシア〉、〈スプラッチ〉を書き、シンセサイザーとドラムマシン、それとベースギターとバスクラリネットを使って、デモテープを作った。音楽的に直接ジョージの曲から影響を受けたわけではないが、方向性はそこから得た。あの曲が、従来のやり方での音楽制作にマシンを使っても良いことを示してくれた。それで僕は、マシンを使って多くの色彩を加えたり、サンプリングしてみたり、あらゆることをやってみた」。

マーカス・ミラーは当時ニューヨークに住んでおり、キーボード奏者、そしてシンセサイザー・プログラマーでもあるジェイソン・マイルズとの密接なコラボレーション関係にあった。

マイルズは、演奏こそしていないが、三曲のほとんどのサウンドのプログラミングを手掛けた。「曲が完成してトミーに電話をしたら、ロサンゼルスに来るように言われた」とミラーは語る。「テープを持って到着し、デモをお披露目することに少しとまどいを感じていたところ、蓋を開けてみると、お披露目どころの話ではなかった。『さあ聴かせてくれ』と言われて、その直後には『よくできている。ではレコーディングを開始しよう』となった。そこには、マイルスすらいなかった。僕が『バンドはどこにいるんだい?』と尋ねると、彼らは『テープのサウンドは良くできている。さっさとはじめよう』と言った。そうして僕は、いろいろと機材を借りてきて、〈TUTU〉のレコーディングに取かかったんだ」。三日目にマイルスがやってきて、『気に入ったよ。その調子だ』と言われた。彼にまた会えて嬉しかった。彼はまるで別人のように、見た目がすっかり変わっていた。以前の今にも死にそうな状態から脱していて、健康そうで、キビキビしていた。とても調子が良さそうだったので、彼にそう言ったら、『黙れ』と言われてしまったよ」。

ミラーがロサンゼルスでレコーディングを開始した際、彼はジェイソン・マイルズも呼び寄せたかったが、そこまでの予算はないと告げられた。おそらくワーナー・ブラザーズは、マイルスに前金として大金を支払った後で、さらに大きな投資をすることを渋ったのだろう。キーボード奏者兼シンセサイザー・プログラマーを使いたいというミラーの要望に応えるため、マイルスはアダム・ホルツマンを提案した。結果として、二月初旬に数台のシンセサイザー、リン9000ドラムマシン、ミラー、ホルツマン、リピューマの構成で、〈TUTU〉、〈ポーシア〉、〈スプラッチ〉のベーシック・トラックが作られた。

「僕らは三日だったか四日かけて、三曲を録音した」とホルツマンは回想する。「マーカスと僕でシンセサイザーをプログラムした。僕は〈スプラッチ〉のソロも演奏して、レコードにちょっとしたライブ感を加えた。当時、あの場にいられたことは、とてもヒップな体験だった。トミーとマーカスが現場の舵を取っていて、本当に素晴らしく、唯一無二のものを手掛けているときに得られる、創造的な刺激があった。新しいサウンドによる特別なプロジェクトで、とてもエキサイディングで感動に満ちた時間だった」。

マイルスのライブ・バンドを使わないことを決めたのはリピューマであり、これがアルバムの方向性とサウンドに大きく影響している。リピューマはプロデューサーとして、ミラーによるドラムマシンとシンセサイザーの使用は革新的であり、そのままでサウンドは完成していると考えた。《TUTU》の制作について、自伝には誤った言及がいくつか見受けられるが、ミュージシャンの気分が乗らない日もあるため、スタジオにバンドを入れるのは「問題が多い」とマイルスはコメントしている。彼はまた、新しいスタジオ技術は自発性や熱気の欠落を埋め合わせるものであると主張している。さらに、「今やどこのスタジオに行っても、こういったマシンが置いてあり、何だってやってくれる。……俺はすごく気に入っている!」とも述べている。[5]しかし、オーバーダビング工程を用いてレコーディングをしたことがある者ならば、ライブ感や自発性を保つことが難しいことを理解しているはずだ。ミュージシャンはテープを追いながら演奏しなければならず、自らが先導することもインタラクションを行うこともできないからだ。

常に主導権を持って先導することを誇りとし、猛烈に、そして飽くなき野心を持って音楽に取り組んできたミュージシャンの発言として、上記は説得力のあるものとは言えない。ここでもマイルスの説明は、何かをごまかしているように思える。トミー・リピューマとは音楽の好みが違っていると、マイルスが書いているところに少しばかりのヒントがある。リピューマは「スムーズジャズ」とのつながりに誇りを持っていると公言している。このため、より商業的なジャズを制作するように、彼がマイルスに強要したという憶測が何度も繰り返し持ち上がっている。

「俺のバンドをスタジオに入れてレコーディングしても、俺は気に入るかもしれないが、トミーが気に入らない音楽になってしまう可能性もあった。で、俺自身やバンドやトミーを、あらゆる種類の困難に巻き込むよりはと思って、こうしたやり方を取ったんだ」[6]とマイルスは詳述している。「こうしたやり方」とは、スタジオ技術を取り入れることを指しているが、「彼のやり方」と言った方が適切でないだろうか。つまり、マイルスは「問題が多い」やり方を避け、リピューマのやり方でレコーディングすることを選択したのではないか。

「ワーナー・ブラザーズは当時、マイルスをどう扱えば良いかわかっていなかったと思う」とジェイソン・マイルズはコメントしている。「そこにマーカスが登場してくる。レコードの内容について、トミーとマイルスの間で政治的な駆け引きがあったかって？　もちろんさ。《TUTU》はマーカス・ミラーのソロレコードだと人は言うが、後ろで糸を引いて操っていたのはトミーだ。ライブ・バンドを使わないというのは、マーカスのアイディアではなかった。彼は生のミュージシャンを使いたがっていた」。

「ライブ・バンドを使わないという判断を下したのは僕ではない」とミラーは付言する。「〈TUTU〉のデモをトミーに聴かせたとき、間違いなく彼は、この曲がラジオでかかり、ヒットすると見抜いていた」。しかし、ミラーは次のように強調する。「トミーは方向性を押し付けるようなことはしなかった。僕のやり方でやらせてくれた。助言をくれることはあっても、もっとスムーズな音楽にしろなどとは決して言わなかった。むしろ、僕らがやっていることを楽しんでいるようだった」。

初期の段階におけるマイルスの関与は最低限のものだった。「マイルスがやって来て、僕が用意した音源をバックに演奏した」とミラーは説明する。「基本的には僕が指示を出していたけれど、最初は気持ち悪かったよ。マイルスに対してあれこれ指示するなんて、想像できるかい！　彼がやって来たとき、彼には好きにやってくれと言ったんだ。しかし彼から、『いや、おまえがどうしてほしいかを言ってくれ』と言われた。そのうちに、彼に指示を出すことにも慣れてきた。彼は〈ＴＵＴＵ〉では二つのテイクしか演奏していないが、そのうちの最初のテイクを使った。彼のテクニックは少し不安定で、ところどころ音がかすれてしまっているところがあり、その部分は編集で消した。彼が去ってから、彼の演奏を補完する他の音源をオーバーダブで重ねて、よりまとまりのあるサウンドにした」。

「彼が〈ＴＵＴＵ〉のソロを演奏したときのことは忘れないよ」とリピューマは語る。「一発で片付いた。ドカンとやって、それで終わりさ。私はテープレコーダーに絶えず目を配り、ちゃんと録音されていることを確認した。素晴らしい演奏だったからね。次の日、私は彼の演奏にとても興奮したことを彼に伝えた。また来るのかどうか聞いたら、二、三日休みたいと言っていた。どうやら彼は、極度の疲労状態になるまで、全力で演奏していたようだった。どんなアーティストにだって、それ以上のことは求められないよ[7]」。

『マイルス・デイヴィス・ラジオ・プロジェクト』で、ミラーは〈ＴＵＴＵ〉の二四トラックテープをかけ、アレンジに関する様々な要素について説明している。ベースラインはマイルスの暗黒の王子《プリンス・オブ・ダークネス》のイメージからヒントを得ており、第二期グレート・クインテットでハービー・ハンコックが用いていたヴォイシングに基づいていること、そしてシンセサイザー・トロンボーンのアンサンブルはギル・エヴァンスの《クールの誕生》のアレンジから着想を得たものであることを彼は明らかにしている。ミラーはまた、〈ＴＵＴＵ〉のタイトルがデズモンド・ツツ大主教にちなんだものであり、曲を書いているときに南アフリカをイメージしていたと述べている。「当時、南アフリカの人々の間では、まだ闘争が続いていた」とミラーと語る。「タイトルは短く、核心をついたものにしたかった。〈ポーシア〉は単なる美しい名前で、〈スプラッチ〉は僕が良く使っていた言葉だ」。

　三月一日、マイルスとホルツマンはプリンスの曲、〈キャン・アイ・プレイ・ウィズ・Ｕ〉にさらにオーバーダブを重ねた。二人は二週間後にも再びこの曲に手を加えている。後日、ミラーの曲を聴いたプリンスは、自分の曲は馴染まないと考え、曲の提供を取り下げた（〈キャン・アイ・プレイ・ウィズ・Ｕ〉は後に、プリンスの海賊版《ブートレグ》に〈レッド・ライディング・フード〉として登場する）。

　ミラーの方向性に満足したリピューマは、プロジェクトの完成に向けて、ミラーにさらに曲を書き、レコーディングしてほしいと依頼した。ミラーは三月十日から二十五日までニューヨークに戻り、ジェイソン・マイルズとリピューマとともに、新たに〈トーマス〉（マイルスが付けたリピューマのニックネーム）、〈ドント・ルーズ・ユア・マインド〉、〈フル・ネルソン〉の三曲をレコーディングした。このうちの〈フル・ネルソン〉には、プリンスの曲に似た激しいスタッカートのリズムがある。「〈フル・ネルソン〉は、僕が作ってきた曲とプリンスの曲の橋渡しとなることを意識して作った」とミラーは説明している。タイトルは、ネルソン・マンデラ、プリンス（彼の姓はネルソンである）、そして一九四七年に最初にチャーリー・パーカーとレコーディングしたマイルスの曲、〈ハーフ・ネルソン〉をかけた言葉遊びである。

　リピューマは、マイルスがカバーするポップソングも探していた。「トミーはマイルスに聴かせるために沢山のレコードを渡していた」とジェイソン・マイルズは回想する。「すると、マイルスは、『俺はこのスクリッティ・ポリッティの〈パーフェクト・ウェイ〉という曲をやりたい』と伝えてきた。マイルスがこれらのレコードの中からこの曲を見つけ出したことに、トミーは唖然としていた。完璧にマッチした曲で、まさに完璧な方法《パーフェクト・ウェイ》だった」。

　ニューヨークでのセッションには、アダム・ホルツマンは参加していない。追加で招集されたミュージシャンは、〈トーマス〉にオーバーダブを重ねたドラマーのオマー・ハキム、〈トーマス〉と〈ドント・ルーズ・ユア・マインド〉でシンセサイザーを演奏しているバーナード・ライト、そして〈ドント・ルーズ・ユア・マインド〉でエレクトリック・バイオリンのソロを演奏したマイケル・アーバニアックだけである[8]。この頃には、マイルスも実際の音楽制作に深く関わるようになっていたとマーカス・ミラーは述べている。「彼はキーボードで演奏したメロディが入ったテープを持ってきた。これが〈トーマス〉のベースとなり、この曲に二人の名前がクレジットされているのもこうした理由からさ。この曲については、彼から、『ピアノが気に入らない。他のものを使え』とも言われた。やっぱり彼はマイルスだった。自分の思い通りのものを作らせたかったんだよ」。

＊

《TUTU》は一九八六年の秋にリリースされた。著しく支配的なシンセサイザーとドラムマシンの使用によって特徴づけられた、アルバムの極端なまでに新しい音楽の方向性、そしてほとんどの楽器、アレンジ、音楽がマーカス・ミラーによるものであることから、名義が違っているだけで、中身はマーカス・ミラーのソロアルバムだという批判を浴びた。これと同様の批判は、三年後にリリースされる《オーラ》でも繰り返されている。また、ギル・エヴァンスの名前がジャケットにクレジットされたマイルス・デイヴィスのソロアルバムなどと呼ばれていた、マイルスがギル・エヴァンスと共同制作したオーケストラ作品との類似性を引き合いに出す者もいた。おそらく比較対象としては、《TUTU》と《オーラ》の方が妥当だろう。エヴァンス、ミッケルボルグ、ミラーによって作り出されたそれぞれの音楽環境の間には、強い類似性がある。マイルスはこれらすべての状況において、ソロ奏者としてフィーチャーされており、ミラーのアレンジはほとんどがシンセサイザーの演奏であるにもかかわらず、本質的にエヴァンスやミッケルボルグの作品と同等の強いオーケストラ性がある。

「ギルもバンドを編成して、すべてのアレンジを手掛けていた」とミラーはコメントしている。「それでも、そこでレコーディングされたものはマイルスのレコードなんだ。マイルスがスタジオに入ってきて、最初の三つの音《ノート》を吹いたら、その瞬間に彼の作品になるんだ。《TUTU》に関しても、それと同じさ。僕はマイルスのことを頭に描きながら、すべてのことをやった。彼のためでなかったら、このような音楽を作ることは絶対になかっただろう。だって、あんなハーモニーやこんな種類のリズムを使うのを許してくれる人が他にいるかい？　誰もいないよね。それと、僕は《TUTU》をすごく気に入っているが、五〇年代のアルバムとは比較にならないと思っている。僕にとって、マイルスが五〇年代に作ったレコードは、彼の最も純粋な音楽表現だと思っている。他の作品も素晴らしい。でも、いつだって五〇年代の作品と比べてしまう。ラジオ番組（『マイルス・デイヴィス・ラジオ・プロジェクト』）で、『マイルス・デイヴィス、過去から未来へ』というナレーションの声が入り、編集された〈ソー・ホワット〉の後に〈TUTU〉がかかったことがある。僕も同じようなつながりを感じていたから、すごく気に入ったんだ」。

「僕は今の音楽を作ることに力を注いでいるが、十年後にどう聴こえるかわからないという問題がある」とミラーは付け加える。「けれども、作っているときは、そんな心配をしてもしょうがない。《TUTU》では、僕が八〇年代の音楽と感じたものをフルに活用して、あらゆる機械類を駆使して作った。『これは彼にとって、これまでと違うものになるから、きっと論争を引き起こすだろう』と思っていた。マイルスのアルバムが出ると、必ず論争が巻き起こる。マイルスのアルバムは好き嫌いをはっきりと分けるものだからね！　もしも、どっちつかずの感想しか持たれなかったとしたら、そのアルバムは十分に役目を果たせなかったことになる。だから、『徹底的にやって、何ができるか乞うご期待』と思いながら作った。結果的に、人々をどちらか一方の側につかせることができた」。

「ジャズ評論家の多くは、マシン類やオーバーダブを嫌っていた。まるで冒瀆行為であるかのようにね。この作品を人に聴かせると、三十五歳以上の人はほとんどがけなしたが、それ以外の人は『そうそう、マイルスがこういうのをやってくれるのを待っていたんだ。これこそマイルスのサウンドだ』と言ってくれた。若い人たちの耳は、電子楽器や音声サンプルに慣れているからね。彼らにとっては普通のことだったんだ。要するに、言語の問題ということさ[9]」。

　これらをすべて考慮に入れた上で、二十一世紀の現在において、《TUTU》はどのように受け入れられているだろうか。ほとんどの八〇年代のエレクトロニック・ミュージックがそうであったように、どうしようもないほどに時代遅れのものとなってしまっただろうか。それとも、時代を超越して、今日でも意味のあるものであり続けているだろうか。《TUTU》に関しては、そのどちらも入り混じっている、というのが答えになるだろう。タイトル曲は今なお傑作と評価されている。暗く、陰鬱で重厚なベースラインが歩く巨人のイメージを思い起こさせ、スタッカートのオーケストラ・サンプルと謎めいたシンセサイザー・コードが不吉な雰囲気を加える。そして、美しくなめらかなシンセサイザー・サウンドがそれを和らげる。この音のキャンバスの中にあって、マイルスの繊細で落ち着きのないミュート・トランペットは、まさに「母親を探している小さい少年」を思い起こさせる。ムードとテクスチャーに加えて、この曲の最も注目すべき点は、マイルスによる主題《テーマ》の力強さと音楽コンセプトのまとまりである。シンセサイザーのテクスチャーは今日においてもなお新鮮に聴こえ、オリジナリティが感じられる。そして、人間味を与える主要な要素となっているマイルスのミュート・トランペットによって、アルバム全体の高揚感が高められている。マイルス抜きの《TUTU》を想像してみれば、その輝きのほとんどが失われてしまうことがわかるだろう。また、過剰なサンプリングとドラムマシンの硬さによって、完全に時代遅れなものとなってしまう曲もある。

〈トーマス〉も〈TUTU〉と似た雰囲気の曲であり、感情に訴え、息づかいを感じさせる、長いシンセサイザー・ラインを持つ。〈ポーシア〉には、深夜のジャズのようなメロウな主題《テーマ》とムードがある。この曲では、マイルスとミラーのソプラノ・サックスによる、魅力的なデュエットを聴くことができる。〈スプラッチ〉はアルバムの欠点が凝縮されてしまったような曲で、特に足取りの重いリズムとサンプリングの詰め込み過ぎが顕著である。はっきりとしたムードが感じられず、まるでミュージシャンが新しく見つけたおもちゃの楽器を楽しんでいるかのように、面白そうな効果を試しながら、よろよろと進んでいく。ムード、サウンド、アレンジという点では、デュークの〈バックヤード・リチュアル〉が《TUTU》で最も軽快な曲となっている。メロディの中身が薄いにもかかわらず、マイルスの作品にはみられない、遊び心や率直さがこの曲の魅力となっている。デュークがシンクラヴィアの生気のない特徴的なサウンドを使って作り出している、曲の始まりと終わりの雰囲気は特に興味深く、彼やミラーにこの方向性をさらに追及してもらいたかったと思わせるものだ。

〈パーフェクト・ウェイ〉は他の曲とも雰囲気がぴったりと合った曲だが、重厚なドラムマシンのプログラミングに押しつぶされてしまっていて、〈ヒューマン・ネイチャー〉や〈タイム・アフター・タイム〉などのポップソングのときのように、マイルスが自らの存在感を示せるだけの十分な間《スペース》が残されていなかった。この曲で彼が苦労している様子を撮影したフィルム映像が残されている。ヘッドホンを付けてオーバーダブを行っている場面で、エンジニアに向かってテープを止めるように身ぶりで指示を出しながら、大声で冗談まじりに叫んでいる。「おかしい……おかしい、おかしい、おかしいぞ！　どうなってるんだ！……　くそっ！　オーケー、俺が気に入るものが聴けたら、おとなしく出て行ってやる」[10]。

〈ドント・ルーズ・ユア・マインド〉のレゲエ調のリズムは、待ち望んでいた活気を与えてくれる。アーバニアックのバイオリン・ソロと、《TUTU》で実質的に唯一のマイルスのオープン・トランペットによる走句《パッセージ》の後、音楽が高揚する四分前後に素晴らしい瞬間が訪れる。〈フル・ネルソン〉は華やかで伝染性のあるメロディを特徴とする曲で、素晴らしい陽気なリズム演奏を聴くことができるが、マイルスのミュート・トランペットがここでは、じれったいほどに均一的に聴こえてしまう。これは八〇年代末期における、過度のミュートの使用を示す最初の兆候である。「トーンを均一にする方が楽だったからじゃないかな」とミラーは推測している。「唇の状態が十分でなくても、多くの空気を吹き込む必要がない。それと、ミュートのサウンドがどことなく心地良く感じられたんじゃないかな」。

ジャズ・ファンがシンセサイザーの使用に難色を示していたにもかかわらず、《TUTU》はおおむね高く評価された。一九八六年にリリースされた最もヒップで話題となった作品として、ロックやポップスの市場の枠を大きく超えて人気を集め、またしてもグラミー賞の最優秀ジャズ・インストゥルメンタル・パフォーマンス賞を受賞した（さらに、グラミー賞の最優秀ボックス・パッケージ賞も受賞している）。リピューマが何らかの形で音楽をスムーズにしたり、一般受けするように手を加えたかどうかはわからないが、彼がプロデューサーとして、レコードに焦点と一貫性を与えることに一役買ったことは間違いない。彼が時代感覚に合った、センスのあるアルバムタイトルを提案したこともその一例である（レコーディング当初は《パーフェクト・ウェイ》と呼ばれていた）。

マイルスの顔を大きく写した印象的な写真をジャケットに使ったことや、超現代的・超自然的な独特の音楽と相まって、十六年前の《ビッチェズ・ブリュー》と同じように、パッケージ全体として時代精神を完璧に捉えたものとなっている。その後、数年間にわたって、《TUTU》は世界中の流行りのカフェ、クラブ、コーヒーショップなどで定期的にかけられるようになり、一九八九年末にジャズ評論家マイケル・ズワーリンは、「この十年間で最高のジャズ・レコード」[11]と評している。マイルスのコロムビア時代のヒット曲、〈タイム・アフター・タイム〉と〈ヒューマン・ネイチャー〉とともに、《TUTU》は彼をスーパースターの地位へと押し上げる重要な作品となった。それと同時に、八〇年代は表面的な価値や「クール」な外見ばかりが重要視され、精神的な理想が求められる時代ではなかったことを考えると、精神的な「クールさ」や「窮地に陥ったときにみせる気品《グレース・アンダー・プレッシャー》」を意味するヨルバ族の単語がこのレコードのタイトルに秘められているという事実は、何とも皮肉である。

マイルスの知名度が上がった結果、他のアーティストのレコードにゲストとして招待されたり、さまざまなメディアイベントに参加する機会が増えた。彼は以前からこうした招待を受けてはいたが、定期的に招待に応じるようになったのはこの頃からだ。これと並行して、マイルスの外的人格《ペルソナ》も和らいできており、それまでの陰鬱で厳格、威嚇的なイメージはすっかり影を潜めた。八〇年代後半、彼は付け毛をして、ゆったりした豪華できらびやかな服、それも彼の絵画に使われているような明るい色の服をよく着ていた。また、ライブの観客にも話しかけ、プロモーション・ビデオ（《TUTU》からは二つのビデオが制作された）にも登場した。これまでの音楽活動を通じて受けてきた回数を超えるほど多くのインタビューに応じ、トークショー、コマーシャル、映画、テレビのシリーズ番組にも出演した。また、ワーナー・ブラザーズと契約したのとほぼ同時期の一九八六年春には、詩人であり作家のクインシー・トゥループと自伝の制作に関する契約を交わしている。

こうした親しみやすさが新たに生まれた理由として、マイルスは自身の健康状態の改善をあげているが[12]、彼の人生における女性の存在が、やはりここでも大きな要因であったように思われる。一九八六年当時、マイルスはアーティストのジョー・ゲルバードとの関係を築いており、三十六歳の彼女はファッション、衣服のスタイル、芸術的方向性に対する深い認識を持っていた。「私たちは一九八四年、私が三十四歳のときに、エレベーターの中で出会いました」とゲルバードは回想する。「私は結婚していて、幼い息子が一人いて、彼もシシリー・タイソンと結婚していました。彼は股関節の問題で松葉杖をついていて、ほとんどぼろぼろの状態でした。私が彫刻家、アーティストであることを知ると、彼は絵を習いたいと言ってきました。当時、彼はよくスケッチをしていて、彼にとっては治療のようなものでした。そうして、彼に絵の描き方を教えるようになったのです。そこから二人の関係がはじまりました。最初は苦難の連続でした。彼の結婚生活は崩壊しかかっていて、彼は頻繁にカリフォルニアに行っていました。私自身は潔癖で行儀の良い普通のユダヤ系の女性でした。彼にビタミン剤を与え、食事を作り、スイミングにも連れて行き、真面目で健康的な生活を送れるように手伝いました。彼は私のそういうところを好きになってくれたのだと思います」。

これまでと違った服を着て、多くのインタビューに応じ、メディアに対して友好的に接するように勧め、八〇年代中期から末期にかけてマイルスの生活スタイルとイメージを変えることに一役買った人物が、他にも何人かいる。ファッションデザイナーのジャンニ・ヴェルサーチとコウシン・サトウは、彼の服のセンスに影響を与えた。一九八七年以降にマイルスの代理人を務め、現在もマイルス・デイヴィス遺産管理財団を担当している、法律事務所の共同経営者ドロシー・ウェバーは、彼と一緒にマスコミとの関係改善に取り組んだ。ゲルバードはこうした場面でも大きな影響を与えている。「私は常に彼の背中を押し続けました」とゲルバードはコメントしている。「もうちょっとハリウッドスターっぽくしてみましょうよ、という感じで。結局のところショービジネスなんですから。付け毛ですか？　やるならとことんやった方がいいでしょう！　彼の美しい黒い肌にヴェルサーチの服が映えていました。明るい色がよく似合うんです。彼の家にも色彩を取り入れました。彼のアパートにも同じようなカラフルなキャンディー色を使いました。彼と出会った当時、あらゆるものが灰色がかっていて、暗く、憂鬱な雰囲気でした。それで、彼の生活全般をカラフルに彩ったんです。晩年に彼が住んでいたアパートにもこれらの色を使いました。キャンディーで飾られた宮殿のようなところで、大理石や明るい照明に囲まれ、幸福で晴れやかな、明るい雰囲気の中で暮らしていました。もちろん、彼にとっての現実はそうではありませんでしたが」。

マイルスの八〇年代における副業は、一九八四年の日本の焼酎VANのテレビコマーシャルにはじまり、一九八五年にはホンダのスクーターのコマーシャルに出演するとともに、『マイアミ・バイス』〔一九八四年から一九八九年にかけてアメリカで放送された刑事ドラマ〕のエピソードにもポン引きの役で出演している（どちらも放送されたのは一九八六年）。一九八五年十月、マイルスとロバート・アーヴィングは、『ヒッチコック劇場』〔アルフレッド・ヒッチコックが原作とプロデュースを手掛けたミステリー番組〕のエピソードのサウンドトラック、〈ザ・プリズナー〉でも共同制作を行っている。アーヴィングによると、この曲では「主にシーケンサーが使われ、マイルスがオーバーダブを行っている」。この年、マイルスはギタリスト、リトル・スティーブンの「アパルトヘイトに反対するアーティストたち」のプロジェクトにも参加している。このプロジェクトには、他にピーター・ガブリエル、ボノ、ボブ・ゲルドフ、ルー・リード、ブルース・スプリングスティーンらが参加している。アルバム《サン・シティ》には、マイルスが参加した三曲が収録されている。このうちの二曲、〈レット・ミー・シー・ユア・ID〉と〈レヴォリューショナリー・シチュエーション〉は、やや退屈なファンク・ディスコ調の運動量の多い曲で、マイルスの演奏もバックでしか聴くことができない。三曲目の〈ザ・ストラグル・コンティニューズ〉で、彼はハービー・ハンコック、ロン・カーター、トニー・ウィリアムスらと再会している。マイルスはミュートを使った熟練のソロを披露しているが、音楽は混沌としたジャムに毛が生えたようなものだった。

マイルスが次に他のアーティストのレコードに参加したのは一九八六年のことであり、TOTOの《ファーレンハイト》にゲスト参加し、インストゥルメンタル曲〈ドント・ストップ・ミー・ナウ〉で演奏している。彼らの〈ヒューマン・ネイチャー〉をカバーしたことに続いて、このバンドへの称賛を示すものだ。穏やかでメロディックなジャズ風のこのロック曲は、心地よいものの、刺激《エキサイティング》的であるとは言い難く、マイルスのブルージーなミュート・トランペットのソロが一番の聴きどころとなっている。彼はその後、数十回にわたって、〈ドント・ストップ・ミー・ナウ〉をライブのレパートリーに加えている。一九八六年十月、マイルスとアーヴィングは、クリストファー・リーヴ、モーガン・フリーマン、ミミ・ロジャース主演の映画、『NYストリート・スマート』〔原題 *Street Smart*〕にサウンドトラックを提供している。アーヴィングが曲を書き、音楽にはマイルス、マイク・スターン、ボブ・バーグ、ロバート・アーヴィング、アダム・ホルツマン、ダリル・ジョーンズ、スティーヴ・ソーントン、そしてサックスにボブ・ミンツァー、アコースティック・ベースにアレックス・ブレイク、ドラムにアダム・ナスバウムが参加している。この音楽が映画と切り離されてリリースされることはなかった。アーヴィングは次のように説明している。「映画監督の指示通りに作ったから、ほとんどの曲はいつものマイルスの作品とは違っていた。それに、サウンドトラックとして出すには曲が足りていなかった」。

一九八六年末近くになって、さらに別のオファーを受けた。「ある人物からマイルスに電話があり、『私たちは映画を制作していて、一時的に音楽に《スケッチ・オブ・スペイン》を使っているのですが、できればあなたに新しい音楽を作ってほしい』と言ってきたんだ」とマーカス・ミラーは詳述する。「マイルスは僕に映画の草稿のコピーを送ってきて、『曲をいくつか書いてくれ。こんな感じのやつだ』と言い、曲の中のひとつのラインを示してみせた。これが〈オーガスティンのテーマ〉となった。それから二、三曲録音したところで、いつの間にか映画音楽全体を引き受ける羽目になってしまったんだ。しかも二週間で完成させなければならなかった。それでバーバンクのスタジオに閉じこもって、急ごしらえしたんだ」。

この映画がスペインで撮影された『シエスタ』である。メアリー・ランバートが監督した作品で、エレン・バーキン、ガブリエル・バーン、イザベラ・ロッセリーニ、マーティン・シーン、ジョディ・フォスターといった著名な俳優が出演している。《TUTU》で八〇年代の《クールの誕生》的な作品を書いたミラーは、今度は八〇年代の《スケッチ・オブ・スペイン》を作ったことになる。彼はここでもほとんどの楽器のプログラミングを手掛けており、ジェイソン・マイルズもシンセサイザーのプログラミングを手伝っている。ミラーはまた、クラシック・ギターにジョン・スコフィールドとアール・クルー、ドラムにオマー・ハキム、フルートにジェームズ・ウォーカーを迎え入れている。マイルスはすべてではないが、ほとんどの曲でソロを演奏している。

「トランペットが必要になると、マイルスに来てもらったんだ」とミラーは語る。「《TUTU》のときほどは参加してもらっていない。でも彼は僕を励ましてくれて、『トランペットが必要なときはいつでも呼んでくれ』と言ってくれた」。「《シエスタ》では、マイルスはたまにしか顔を出さなかった」とジェイソン・マイルズは付け加える。「何回かトランペットを吹くと、『じゃあまたな』と言って帰って行った。マーカスが全体を指揮していて、九割方は現場にいた。だからジャケットには彼の名前がクレジットされているんだ」。

このジェイソン・マイルズのコメントの最後の部分は、マイルスとミラーのコラボレーション作品であるものがマイルス・デイヴィスのレコードと宣伝されることが果たして正当か、という議論について言及したものだ。《シエスタ》はマイルス・デイヴィスのレコードとなる予定だったが、ミラーのマネージャーが抗議した。ミラーは説明する。「彼は、『君の名前がクレジットされないのはおかしい』と言ってくれ、僕のために戦ってくれたんだ」。《シエスタ》は一九八七年に、マーカス・ミラーとマイルス・デイヴィスの二人の名義でリリースされた。マイルスのレコードの名義に他者が名を連ねるのは、一九五七年から一九六三年にかけてのギル・エヴァンスとのいくつかのコラボレーション作品以来、初めてのことだ。

一般的に、映画音楽のレコードは断片化していて、むらがあることで知られている。これは、音楽の論理に従うのではなく、視覚的合図に合わせて曲が書かれているためである。《シエスタ》もある程度こうした影響を受けており、特に〈服従〉[原題 *Submission*]、〈ロスト・イン・マドリッド（パートⅢ）〉、〈アフターグロウ〉といった、マイルスが演奏していない短い曲では、それが顕著である。人工的なサウンドになってしまいがちなシンセサイザーの頻繁な使用も、このレコードの欠点となってしまっている。ミラーはシンセサイザーを使って「実際の」楽器の音を模倣することが多かったというのが、そのもっともらしい理由である。これとは対照的に、《TUTU》は普通の楽器との関連付けなどほとんどない、抽象《アブストラクト》的な聴覚的幻想《ファンタジー》作品を意図したものであったため、代用品レベルの品質と受け止められることもなかった。

こうした欠点はあるものの、《シエスタ》には感情に強く訴える音楽がいくつも収録されており、これはミラーのメロディとマイルスの華やかなオープン・トランペット演奏によるところが大きい。彼の物悲しくもパワフルなサウンドとフレージングは、《スケッチ・オブ・スペイン》での演奏を思い起こさせるものであり、特に、〈ロスト・イン・マドリッド（パートⅠ）〉、〈シエスタ〉、〈ロスト・イン・マドリッド（パートⅤ）〉、〈ロス・フェリス〉ではそれが強く伝わってくる。この音楽が本物のオーケストラで録音されていたとしたら、マイルスとギル・エヴァンスの共作と肩を並べるものとなっていたことだろう。例えば、〈ロス・フェリス〉では、本物のフルートのサウンドによって、またたく間に曲が高揚する。ジョン・スコフィールドがクラシック・ギターを弾いている五曲、その中でも特に〈シエスタ〉は、八〇年代末期のミラーとマイルスのコラボレーションのハイライトとなっている。ジャケットのスリーブには、オーケストラ的なサウンドのアレンジに関するギル・エヴァンスへの感謝の念が示されている——「ザ・マスター、ギル・エヴァンスに捧ぐ」。

一九八七年、マイルスの周りの人間に重要な変化が起きていた。まず最初に、彼はロード・マネージャーのジム・ローズと仲たがいをする。マイルスの言い分では、ローズがあるコンサートの報酬をマネジャーのデイヴィッド・フランクリンのアシスタントに渡したことが原因だという。マイルスはそれに腹を立てた。彼の言葉では、「あの頃は、どうも俺の金がおかしく扱われているようだった[13]」からだという。ローズが金銭の返却を拒むと、マイルスは彼を殴った。一九七二年からずっと続いてきた仕事上の関係が、そこで断ち切られた。その年の終わりには、デイヴィッド・フランクリンとの関係も切れ、シシリーとも別れた。

マイルスは彼のビジネス弁護士、ピーター・シューカット（ドロシー・ウェバーと同じ法律事務所の共同経営者）をフランクリンの後釜に据えた。「ある日、彼から連絡があり、『これからはあんたが俺のマネージャーだ』と言われました」とシューカットは回想する。「それで、ツアーやらエージェントとの交渉ごとも私がやることになったんです。しかし、マイルスのようなレジェンドを扱う場合、ものごとを一から作り上げるようなことはしません。私がやるべきことは、すでにでき上がっているものをうまく回していくことです。ツアー・マネージャーにゴードン・メルツァーを雇い、彼と密接に連絡を取りながら、仕事を進めました」。

　これに加えて、マイルスのライブ・バンドのメンバーとなった三人のミュージシャンが、次のスタジオ録音において重要な役割を果たすことになる。一九八七年二月、二十二歳のアルト・サックス奏者ケニー・ギャレットがバンドに加入する。ジャズ界で注目されていた彼は、すでにマーサー・エリントン・オーケストラ、アート・ブレイキーのジャズ・メッセンジャーズ、フレディ・ハバード、さらにはブルーノートのバンド、アウト・オブ・ザ・ブルーとも共演していた。力強いトーン、鋭いメロディ・センス、そして洗練されたフレージング。マイルスの七〇年代のアルト・サックス奏者、ソニー・フォーチュンを思い起こさせるギャレットは、マイルスの八〇年代のライブ・バンドに最も適したサックス奏者となった。

　そして、三月に加わったドラマーのリッキー・ウェルマンによって、マイルスの音楽のリズムの基礎が大きく様変わりした。「ゴーゴー・サウンドの生みの親」として知られるチャック・ブラウンとともに、ウェルマンは七〇年代にワシントンDCで生まれたゴーゴー・リズムの共同発明者と言われている。これはゆったりとしていて、ゆっくりと燃え上がるようなリズムだが、R&Bやファンクに基づくドライブ感があり、ビートがやや性急で、若干スキップ・スウィング風にも感じられる。ゴーゴー・ビートは、アート・ブレイキー、マックス・ローチ、ケニー・クラークなどを連想させるとマイルスはコメントしている。「俺はこのビートを気に入っている。ゴーゴーはマックス（・ローチ）が以前やっていた、ビート・スウィングのようなものだ」。

　マイルスがスカウトした三人目のミュージシャンは、全くの無名のシンシナティ出身のギタリスト／ベーシスト、ジョー・「フォーリー」・マクレアリーだった。しかも、思いも寄らない形での採用となり、ここでもマイルスが自身の直感を強く信じていたことが窺える。「ある人物からテープをもらったんだ」とマーカス・ミラーは説明する。「それを聴いていたときに、ちょうどマイルスから電話がかかってきて、『ところで何を聴いているんだ』と聞かれたので、人からもらったテープを聴いていると答えた。マイルスは『こいつは音《ノート》を多く演奏しすぎている』と言い、僕も『うん、そうだね』と応じて、会話はそこで終わった。すると、五分後にマイルスが電話をかけ直してきて、『そいつの名前は？』と聞いてきたんだ。『フォーリーだよ』と答えると、マイルスは『そいつの番号を教えてくれ』と。それで番号を教えると、また数分後に電話が鳴り、今度はオハイオ州からだった。どなたですかと尋ねると、その相手は

『たった今、マイルス・デイヴィスを名乗る人から電話をもらったんですが、そんなことあり得るんでしょうか？』と当惑した様子だった」。フォーリーは五月にマイルスのライブ・バンドに参加した。ブーツィー・コリンズとエディ・ヴァン・ヘイレンに影響を受けていた彼は、ベースギターをリードギターのように機能させる弾き方を用い、音の太いエレクトリック・ギターのように演奏していた。

一九八七年六月、《TUTU》の売り上げと評価が上昇する中、ミラー、リピューマ、ジェイソン・マイルズは、次のレコードの制作に取りかかった。最終的に《アマンドラ》というタイトルが付けられたこのアルバムもまた、南アフリカの反アパルトヘイト闘争をテーマとし（「アマンドラ」はズールー語で「パワー（力）」を意味する）、《TUTU》と同様の工程を経て制作された。ただし、今回はマイルスが指揮を取っており、彼は音楽にゴーゴーのリズムとズークを取り入れたいと考えていた。

ズークは、クレオール語で「パーティー」を意味する、フランスのアンティル諸島、特にグアドループ島とマルティニーク島で生まれたダンス・ミュージックである。アフリカ音楽、カリブ音楽、ファンク、ロックの影響を受けており、ドライブ感のあるビートが特徴で、四つ打ちのベースドラム、軽快にうねるギター、陽気なアコーディオン、パンチの効いたブラスなどを伴うことが多い。最も有名なのが、八〇年代中期にパリで生まれたエレクトリック・ワールド・ミュージックとともに台頭してきたバンド、カッサヴである。

クインシー・トゥループは次のように書いている。「彼の気分がすぐれなかったある日の午後、彼に聴かせるためにカッサヴのCDを届けたことがある。……マイルスはカッサヴを聴くやいなや、横になっていたソファから興奮して飛び起き、『いったい何者だ？　なにをやっているんだ？』とわめいた。……彼はカッサヴの音楽に夢中になった[14]」。

《TUTU》の成功を経て、《アマンドラ》では余裕を得ることができたミラーは、追加のミュージシャンを迎え入れることにした。「もう少し生のサウンドに戻る必要があると感じたので、リッキー・ウェルマン、ケニー・ギャレット、フォーリーを呼び寄せた」とミラーは語る。ライブ・バンドの三人のミュージシャンの協力を得て、〈カテンベ〉、〈ビッグ・タイム〉、〈ハンニバル〉のベーシック・トラックが録音された。ジェイソン・マイルズの言葉を借りると、彼らの演奏は「実に見事だった」。しかし、一九八七年六月のこれらのセッションの後、ミラーとジェイソン・マイルズは他のアーティストのための作曲、プログラミング、プロデュースの仕事で手一杯となり、マイルスの新しいアルバムのレコーディングは一年以上も棚上げされた。

その間、マイルスは一九八七年末にかけて、映画『三人のゴースト』〔原題 *Scrooged*〕のための曲をレコーディングした。これには、デイヴィッド・サンボーンがアルト・サックス、ポール・シェイファーがキーボード、ラリー・カールトンがギター、そしてマーカス・ミラーがアレンジとドラム・プログラミングで参加している。この映画はビル・マーレイ、カレン・アレン、ロバート・ミッチャムが主演を務め、サウンドトラックには、アニー・レノックス、アル・グリーン、ロビー・ロバートソン、ナタリー・コールといったアーティストが参加している。マイルスは、〈われら三人東の王〉〔原題 *We Three Kings of Orient Are*〕で演奏しており、彼のコラボレーション作品の中では、できの良い曲のひとつとなっている。洗練されていて、やや跛行的なジャズのリズム、美しいメロディ、そしてマイルス、サンボーン、カールトンの素晴らしいソロ演奏を聴くことができる曲である。

このバンドは十二月十一日の『レイト・ショー・ウィズ・デイヴィッド・レターマン』にも出演し、〈われら三人東の王〉を演奏している。さらに、これと同時期に、マイルスは一年半前に〈パーフェクト・ウェイ〉をカバーしたスクリッティ・ポリッティの〈オー・パティ〉にオーバーダブで参加している。〈オー・パティ（ドント・フィール・ソリー・フォー・ア・ラヴァーボーイ）〉は、感傷的で女々しい八〇年代のイギリスのシンセサイザー・ポップの曲で、マイルスはミュート・トランペットで参加しているが、退屈さを軽減するほどの役には立っていない。

一九八八年初め、マイルスはエレクトリック・ダンス・ファンク・バンド、キャメオの〈イン・ザ・ナイト〉で演奏している。これは後に彼らのアルバム、《マチズモ》に収録される曲で、レゲエのうずきが入ったハード・ディスコ／ファンクである。マイルスはオープン・トランペットで力強い演奏を披露し、その後、ミュート・トランペットに切り替えている。六月二十九日、マイルスはチャカ・カーンのアルバム、《CK》の二曲に参加した。〈スティッキー・ウィキッド〉はプリンスが書き、一部演奏もしているが、彼ならばあっという間に書くことができる、慌ただしい典型的な使い捨て曲である。マイルスはミュート・トランペットで参加しているが、どう演奏したら良いのか、とまどっているように聴こえる。〈アイル・ビー・アラウンド〉は安っぽいジャズ・バラードで、ストリングスがうんざりするほど甘ったるい。マイルスはここでもミュート・トランペットを演奏しているが、「何を演奏すればよいかわからなければ、何も演奏するな」という自身の格言に従って行動すべきだったろう。

《アマンドラ》の制作は一九八八年九月に再開され、一九八九年一月まで続いた。無名の二十三歳のギタリスト、ジョン・ビンガムが〈ジリィ〉に参加し、ジョージ・デュークが〈コブラ〉の作曲、アレンジ、録音を手掛けた。デュークは次のようにコメントしている。「僕が録音したものが、そのまま使われる可能性があるとわかったので、何をテープに入れるべきか、より慎重になった。友人のマイケル・ランドウがギターの部分を担当し、トミーとマーカスが後からいくつかの音を追加した。しかし、曲自体は大きく変わることはなかった」。

アルバムの残りの曲はミラーが書き、アレンジを行った。彼は前年に録音した〈カテンベ〉、〈ビッグ・タイム〉、〈ハンニバル〉のトラックにオーバーダブを加えるところから作業をはじめた。次のアルバムは《ＴＵＴＵ》よりもライブ感のあるサウンドにしたいという考えを依然として持っていたミラーは、マイルスのライブ・バンドのメンバー数名を使っただけでなく、セッション・ミュージシャンも何人か迎え入れている。「当時、自分がプロデュースしたアルバムでは、世界中の人たちと一緒に仕事をすることが多かったので、オマー・ハキムやジャン＝ポール・ブレリーといったミュージシャンにも参加してもらったんだ。それと、マイルスの演奏技術もかなり良くなっていたように僕には思えた。彼は自分に聴こえたものを躊躇なく演奏していた。《ＴＵＴＵ》では単にアイディアを試すだけのことが多かったが、《アマンドラ》ではいくつか素晴らしいソロを演奏している」。

「〈ミスター・パストリアス〉には特に驚かされた」とミラーは興奮気味に語る。「僕が主メロディを書き、それをベースに皆が演奏し、その後にファンク・ブルースの演奏へとつなげることを考えていたんだ。マイルスはもう演奏の転調などやらないから、きっと無視するだろうと思っていた。ところが、彼は突然、四本の指を立てて、四拍子の演奏、ジャズ・スウィングを演奏するように合図をした。僕がウォーキング・ベースをはじめると、彼が飛び出していった！　コーラスからコーラスへと、すべて即興演奏《インプロヴィゼーション》だ。僕はエンジニアの方を見やって、『頼むから録音していてくれよ。消えて無くなるようなことにはなってくれるな』と願っていたよ。音楽制作においては、奇跡が舞い込んで来たら、決してそれを逃しちゃいけない。エンジニアがテープを交換しなければならず、中間部にギャップができてしまったので、編集で二本のテープのセクションをつなぎ合わせた。スタジオには、マイルスと僕しかいなかった。彼が帰った後にアル・フォスターを呼んだ。アルも『何てことだ。マイルスのこういう演奏をずっと待っていたんだ』と驚いていた。アルは照明を落とし、ヘッドホンを装着すると、彼自身の中でマイルスと一緒に演奏しているようだった。その後、最後のセクションを調整し、キーボードを追加した。とてもクールで、すごく気に入っている」。

《アマンドラ》は一九八九年にリリースされた。十分な売り上げを上げたが、《ＴＵＴＵ》のようなインパクトを与えることはできなかった。おそらく、アルバムの色彩感溢れる楽観主義が、スタイリッシュ、都会的、虚無的といった八〇年代の時代精神に合っていなかったためだろう。ジャケットはゲルバードの明るい「キャンディー色」でデザインされ、マイルスとゲルバードが一緒に描いた絵と、あり得ないほど若く見えるマイルスが色鮮やかな服を着ている白黒写真が使われている。《ＴＵＴＵ》の暗く、陰鬱で内省的な雰囲気とはかけ離れた世界の音楽へと方向が向けられている。実際に《アマンドラ》の音楽は、ジャケットと同じように明るくカラフルであり、ほとんどが明るい雰囲気の曲で、楽器の色彩感が際立っている。ズークとゴーゴーの影響と参加しているミュージシャンの技量により、リズムはルーズでエレガントなものとなっている。マイルス同様、ミラーもまた、彼が作っているゴーゴーのリズムの中にジャズ・スウィングの要素が入っていることに気づいていた。「ゴーゴーにはスウィングがある」とミラーは述べている。「このビートの上にマイルスの初期のスウィングのフレージングを重ね合わせたら、きっと面白いものになるだろうと思っていた。サウンド的には多少、先祖返りしているように聴こえるかもしれないが、全く新しいものだ」。

モザンビークの首都マプトの南に連なる海岸線からタイトルが取られた、オープニング曲の〈カテンベ〉には、これらの要素がすべて詰め込まれている。ドン・アライアスとミノ・シネルのパーカッションに引っ張られながら、伝染性のあるグルーヴがマイルスの美しいメロディを運ぶ。マイルスとギャレットの二人は、フレージングにスウィングをふんだんに取り入れた、鋭いソロを演奏している。マイルスとギャレットによるデュエットが魅力的なジョージ・デュークの〈コブラ〉には、〈カテンベ〉と同様のリズムと〈トーマス〉を連想させる冷ややかな主題《テーマ》が用いられている。リッキー・ウェルマンをフィーチャーした〈ビッグ・タイム〉では、彼とパーカッショニストのドン・アライアスの参加によって、ゴーゴー・リズムが目に見えて生き生きとしたものとなっている。ドラムとパーカッションに乗せたマイルスの子どもっぽい主題《テーマ》の演奏に続いて、バンドが演奏に加わる。マイルス、ギャレット、ライブ・バンドのリード・ベーシストであるフォーリー、そしてミラーがそれぞれ、力強いソロを演奏している。

しかし、この時点で、音楽の問題点が明らかになってくる。全体として、《アマンドラ》の音楽の方向性はユニークで目新しいものであり、着想から実行まで見事にやり遂げられている。そして、レコードが制作されてから十年以上経った後も、《TUTU》のいくつかの曲ほど時代遅れにはなっていない。しかし、《アマンドラ》の曲の多くで、モチーフ、アレンジ、雰囲気が似すぎている。また、音楽の方向性とアレンジに関して、心の底から生まれたというよりも頭の中で作られたと感じられるものがあり、いくつかの曲ではテーマがうまく定義されておらず、ソロ奏者が目的なしに演奏しているように聴こえる。《TUTU》に人間味を与えていたマイルスが、《アマンドラ》では様々な色を使った織物の中の一本の糸にすぎず、彼の存在感が弱まっていることもひとつの理由だろう。マイルス・デイヴィスのアルバムは論争を巻き起こすものでなければならないとマーカス・ミラーはコメントしているが、人を怒らせたり挑発したりする要素がない、耳に心地良い《アマンドラ》は、ミラーの基準では、その役割を十分に果たしていない。

〈ハンニバル〉では、オマー・ハキムをドラムに据えたゴーゴー風のシャッフル・リズムを聴くことができ、カリビアン・スチールドラムのサンプルが色彩を加え、ズークを反映している。曲はその前の三曲よりも若干ゆっくりとしたペースで進む。緊張と解放の仕組みが有効に使われた構成となっていて、注意を引くことに成功している。しかしながら、〇分五十三秒にマイルスが演奏する主題《テーマ》は、〈ビッグ・タイム〉で彼が手掛けている主題《テーマ》にそっくりであり、また、色の数があまりに多過ぎて、あらゆるものがグレー・スケール諧調のようになってしまっている。〈ジョ・ジョ〉は、ジョー・ゲルバードの名前からタイトルが取られた。シンセサイザーによるシンコペーションのスタブによって進められるゴーゴー・リズムと独創的なメロディの間でのインタープレイによって、《アマンドラ》で最も魅力的な曲となっている。当時、ジェームス・「ブラッド」・ウルマーやヴァーノン・リードといったジャズ・ファンク・グランジの流れを汲む新進気鋭のギタリストの一人であった、ジャン＝ポール・ブレリーが素晴らしいソロを披露しており、マイルスもギャレットもこれに負けてはいない。一九八九年夏の短い時期にライブ・バンドでギャレットの代わりを務めたリック・マージッツァがテナー・サックスで参加しており、ギャレットとともに素晴らしいサックス二重奏を奏でている。

「当時、マイルスの周りでは、いろいろと巧妙な手段が用いられていた」とブレリーは自身の参加についてコメントしている。「(マイルスの)作業工程には、無線類が多く使われていた。僕が彼の音楽に興味を持つきっかけとなったレコードのときとは違っていたようだ。セッションでミュージシャンが何度もミスを繰り返しながら作っていた頃とはね。セッションは非常に制御された環境下で行われていて、どんなミスも日の目を見ることはなかった。コンピュータによる自動化が進められていた。おそらく、彼ら(プロデューサー)はマイルスのグループと作曲家としてのマーカスを強調しようとしていて、セッションではそれに沿ってミックスと編集が行われた。レコードのできはとても良かったが、僕自身はあまり目立っていない。いくつかのテイクで何度か羽目を外してしまったことがあり、プロデューサーの方を見たら、がっくりと下を向いていたからね。そのときは、やってしまったと思ったよ[15]」。

タイトル曲は傑出したバラードで、曲順としてはもう少し前に持ってきた方が良かったように思える。曲はとても良く構成されており、美しく漂い、マイルスが外に向かって名演を披露する余裕を与えている。〈ジリィ〉は、《アマンドラ》で最もつまらない曲である。ありきたりの主題《テーマ》、そしてイライラさせるようにスキップするゴーゴー・ビートによって、うまく立ち回る機会をマイルスが十分に与えられていないことが、その主な原因である。最後の〈ミスター・パストリアス〉は大成功と言える。ミラーによって書かれた主題《テーマ》は壮大で、彼のアレンジもギル・エヴァンスのオーケストラのテクスチャーを彷彿させる。ミュートやアップテンポのリズムから解放されたマイルスは、表情豊かで感動的なソロを奏でて、曲の進行を支配している。曲名は、一九八七年九月二十一日に死去したベーシスト、ジャコ・パストリアスに敬意を表して付けられたものだが、これはマイルスのための曲と言って良いだろう。ギル・エヴァンスの死後、一九八八年三月二十日にリリースされた《アマンドラ》は、《シエスタ》と同じように、マイルスの親友であり仕事仲間だった彼に捧げられた。

《アマンドラ》が完成するや否や、マイルスはゲスト出演を継続した。マイルスはマーカス・ミラーのソロアルバム、《ザ・キング・イズ・ゴーン》〔原題 *The Sun Don't Lie*〕に収録された〈ランペイジ〉で演奏している。この曲は華やかで運動量の多いハードファンクだが、マイルスはメロディックでソフトな間奏曲《インタールード》でこれを和らげている。一九八九年初め、マイルスは彼のサイドマン、ケニー・ギャレットのソロアルバム、《プリズナー・オブ・ラヴ》の中の二曲に参加している。ファンクの曲、〈ビッグ・オル・ヘッド〉では、マイルスのライブ・バンドが演奏しており、ミノ・シネルがパーカッションのソロを演奏し、マイルスはミュート・トランペットでギャレットとデュエットを奏でている。この曲でギャレットは、キーボードも演奏している。〈フリー・マンデラ〉にはアフリカ聖歌隊が参加し、ギャレットのキーボードとドラム・プログラミング、そしてマイルスのミュート・トランペットによる美しく流れるようリズムが聴きどころとなっている。これと同時期に、マイルスはクインシー・ジョーンズの《バック・オン・ザ・ブロック》の二曲にも参加している。これらの曲には他に、ディジー・ガレスピー、ジェームズ・ムーディー、ジョー・ザヴィヌル、ジョージ・ベンソン、エラ・フィッツジェラルド、サラ・ヴォーンが参加している。〈ジャズ・コーナー・オブ・ザ・ワールド〉と〈バードランド〉でのジョーンズのアレンジは凝りすぎていて、マイルスは実力を発揮できるだけの間《スペース》を与えられなかった。

一九八九年におけるマイルスのスタジオでのレコーディングは、知られている限り、これがすべてである。スタジオ・レコーディングに関しては、次の一九九〇年の方がより生産的な年となり、マイルスはミシェル・ルグラン、ジョン・リー・フッカー、パオロ・ルスティケリ、シャーリー・ホーンとレコーディングを行っている。マイルスはルグランとともに、長編映画『ディンゴ』のサウンドトラックに作曲家として名を連ね、三月にレコーディングを行った。マイルスは再び成功の罠に陥り、多くのロックスターと同じように、映画への出演依頼を受けた。以前、『マイアミ・バイス』で彼が演じたのは、単なる脇役だったが、『ディンゴ』は彼を中心に作られた映画である。マイルスは、ビリー・クロスという有名なトランペッターの役を演じ、映画全体の約三分の一に主要な人物として登場している。この涙を誘う感動的な映画は、ディンゴ・アンダーソンという無名のオーストラリア人トランペッターの芸術的野心と苦闘、そしてクロスとの関係性を描いている。

マイルス／ビリー・クロスが広範囲にわたってミュート・トランペットで演奏しているのに対して、アンダーソン役のオープン・トランペットはトランペッターのチャック・フィンドリーが吹いている。マイルスは以前にもルグランと仕事をしたことがある。一九五八年に彼は、フランス人バンドリーダー、編曲家、作曲家であるルグランのレコード、《ルグラン・ジャズ》の四曲で演奏している。このレコードはジャズ界で高い評価を得ている。《ディンゴ》でも同じようにビッグ・バンドを中心に据え、ときに意図的にがたついた演奏をしているが、マイルスのライブ・バンドのメンバーが参加した運動量の多いファンクも数曲含まれている。無用な映画の台詞が含まれているが、『ディンゴ』のサウンドトラックは聴く価値のあるものだ。繰り返されるメイン主題《テーマ》が耳に焼き付き、曲に活力がみなぎっており、マイルスの演奏も全体にわたって良好である。

マイルスとジョン・リー・フッカーのコラボレーションが実現したのは一九九〇年五月のことで、二人は映画『ホット・スポット』のサウンドトラックをレコーディングしている。他にも、タジ・マハールとロイ・ロジャースがギター、アール・パーマーがドラム、ティム・ドラモンドがベース、ブラッドフォード・エリスがキーボードで参加している。デニス・ホッパーが監督を務め、ドン・ジョンソン、ヴァージニア・マドセン、ジェニファー・コネリーが出演したこの映画は、うだるように暑いアメリカ南部を舞台に、フィルム・ノワールを狙った虚無的で空虚な作品である。マイルスと親しい関係にあったホッパーが彼に参加を依頼し、作曲家ジャック・ニッチェとも作曲の契約を交わした。ここでのニッチェの貢献度についてははっきりしない。曲のほとんどの部分はスタンダードなブルースの体系を取っており、そこにジョン・リー・フッカーがうめき声やうなり声を上げ、マイルスが彼のブルースの実力を見せつける。こうした本物のブルースの環境で、彼は実にリラックスしているように聴こえ、音楽も十分に心地良いものだが、マイルスとブルースの大物による共演という目新しさを除けば、音楽的にレベルの高いものとは言い難い。

キーボード奏者で作曲家のパオロ・ルスティケリは、これよりもずっとうまく、マイルスの才能を活用している。一九九〇年六月にマイルスは、ローマにある彼のスタジオを訪れた。ルスティケリ自身はほとんど無名だったが、彼のレコードにスターを総出演させられるだけの力を持っていた。《ミスティック・ジャズ》では、ハービー・ハンコック、カルロス・サンタナ、ウェイン・ショーター、アンディ・サマーズ、そしてマイルスが招集された。マイルスのライブ・バンドからも、ギャレットやウェルマンを含む数名がレコーディングに参加している。マイルスは〈カプリ〉で、ウェーブフレーム社のオーディオフレーム（シンクラヴィアのようなエフェクトが可能な電子楽器）を操作するルスティケリと一緒に演奏している。これは格調高い華麗なアンビエント・ジャズの曲であり、マイルスがミュート・トランペットからオープン・トランペットに切り替える部分では、いつもながらの劇的な効果を生んでいる。マイルスはその後のルスティケリのアルバム、《ミスティック・マン》（サンタナのレーベル、ガッツ&グレイス・ミュージックからリリース）でも五曲に参加しているが、ほとんどがニューエイジ音楽に影響を受けた大げさなエフェクト（〈キリエ〉でのオペラ歌手の歌声など）、サンプリングされたヴォイスの多用、平坦なリズムによって台無しにされている。唯一、マイルスがサンタナとデュエットを奏でる、ゆったりとした深夜向けの〈ラスタファリオ〉だけが、低俗という評価を免れ得るものだ。

一九九〇年八月十三日、マイルスは最も印象的かつ感動的と言ってよいゲスト演奏のレコーディングを行う。シャーリー・ホーンの《ユー・ウォント・フォーゲット・ミー》のタイトル曲である。ジャズ・シンガーでピアニストのホーンは、五〇年代にマイルスから目をかけられた。ゴエル＝スピールマンのクラシックなジャズ・ソングを演奏することで、二人はお互いの過去に立ち戻っている。ホーンの歌とマイルスの演奏は洗練されていて、とてもメランコリックであり、ドラマーのスティーヴ・ウィリアムスのドライブ感のあるスネアドラムのリムショットがそれを支え、完璧にバランスを取っている。マイルスは全体を通じてミュート・トランペットを演奏しており、彼のバランス感覚、フレージング、間《スペース》の取り方、そして音《ノート》の選択は、実に見事である。

一九九一年にマイルスは彼の最後のアルバム、《ドゥー・バップ》のセッションに参加している。このレコーディング開始によって、芸術面において当初から同じようにおぼつかなかった過去十年間が終わりを告げることになる。《ドゥー・バップ》をめぐる裏話については、ロード・マネージャーであり、レコーディングのアソシエイト兼エグゼクティブ・プロデューサーを務めたゴードン・メルツァーによるCDライナーノーツに説明されている。《ドゥー・バップ》において、マイルスは様々なコラボレーションを考えていた。これには、プリンス、ニューヨークのプロデューサーのシド・レイノルズ、ジョン・ビンガム、イージー・モー・ビー、さらには〈ラバー・バンド〉セッションの焼き直し《リメイク》が含まれていた。マイルスは、リピューマの協力なしに、すべて自分で作り上げるつもりだったらしく、二枚組のCDを考えていたようだ。ビンガムは三曲を用意した。プリンスはマイルスに八曲のインストゥルメンタル曲を提供し、そのうちの三曲、〈ペネトレーション〉、〈ア・ガール・アンド・ハー・パピー〉、〈ジェイルベイト〉は一九九一年のヨーロッパ・ツアーで彼のライブ・バンドとともに演奏している。マイルスはまた、一九九一年夏に突然、彼のライブ・バンドとともにドイツのスタジオに行き、これらのプリンスの三曲を録音している。プリンスがこのレコーディングに参加するか否かをまだ検討中だったにもかかわらずである。

九月二十八日のマイルスの死によって、これらの計画は頓挫する。マイルスがオーバーダブを手掛けることができたのは、デフ・ジャム・レコーズの代表ラッセル・シモンズが彼に薦めた若い無名のヒップホップ／ラップ・アーティスト、イージー・モー・ビーによる六曲だけだった。この不完全なアルバムを完成させるため、イージー・モー・ビー（オステン・ハーヴェイ）は、〈ラバー・バンド〉セッションからの二つのマイルスの演奏を使い、それに新しいバッキング・トラックを加えるという作業を依頼された。曲のひとつを反復する（リプリーズとして用いる）ことで、モー・ビーは不完全なレコーディングを四十分を超える長さに引き延ばした。

当然ながら、未完成のプロジェクトをこれまで一緒に仕事をしたことがない者の手によって完成させることについて、倫理的な問題を指摘する声もある。しかし、当時のワーナー・ブラザーズA&R部門長であり、レコードのアソシエイト・プロデューサーを務めたマット・ピアソンは、マイルスが完成した曲を聴いて、「とても満足していた」と証言している。また、彼の死後に二曲を録音することについては、マイルス・デイヴィス遺産管理財団との緊密な協力関係の下で決定されたことであると強調している。

結局は、音楽を聴いてみればわかることだ。悲しいことに、《ドゥー・バップ》のアレンジとサウンドのほとんどは味気ないもので、マイルスとイージー・モー・ビーを称える、ばつの悪いラップが質を下げている。もしも、マイルスが、〈ザ・マン・ウィズ・ザ・ホーン〉の同じように屈辱的な歌詞を認めていなかったならば、これらの歌詞は彼の死後に付け加えられたものと誰もが信じて疑わなかっただろう。他者が作ったバッキング・トラックに演奏を重ねるという、マイルスが確立した新しい手法を認めるならば、《ドゥー・バップ》における音楽の方向性は、何ら間違ってはいないと言える。変化のない長い循環／反復グルーヴをもとに音楽を構築するというアプローチも、《オン・ザ・コーナー》で見られたものと同じである。しかし、《ドゥー・バップ》の場合、他の者がレコーディングしたセクションをイージー・モー・ビーがサンプリングやループを使って編集し、ドラムマシンとキーボードを加えて作ったグルーヴを機械類が演奏している。これでも、うまくできた可能性もあっただろうが、モー・ビーによる制作は、ほとんどが平凡な結果に終わってしまっている。リズムは特に人を引きつけるようなものではなく、主題《テーマ》や耳を引き付けるベースリフが全くと言って良いほど存在せず、キーボードのサウンドはテカテカしていて、プラスチック感がする。

《ドゥー・バップ》のジャケットには「キャンディー色」のアパートの中にいるマイルスの写真が使われているが、ブスッとした彼の顔は十代の頃のように現実離れして若々しい。差し迫った死を認識した彼が、若き日のヒップな自分を演じようとしたのだろうか。一九八〇年に甥のシカゴのバンドと一緒にレコーディングした曲のように、《ドゥー・バップ》の曲のほとんどは「バブルガム」ティーンエイジ・ミュージックである。特徴のある曲といえば、心地よい、ゆったりとしたグルーヴと気持ちのいいキーボードリフがところどころで聴ける〈ミステリー〉、インダストリアルなサウンドのリズムと魅力あるシンコペーションのサンプル（最初に〇分四十八秒に現れる）を使った〈チョコレート・チップ〉、そしてレコードの中で唯一、印象的なベースリフが入っている〈ソニア〉くらいである。〈ファンタジー〉でも印象的な循環するバックグラウンド・サウンドや面白いコード変更が聴けるが、悲しいかな、モー・ビーの未熟な歌詞によってぶち壊されている。《ドゥー・バップ》のもうひとつの欠点は、マイルス以外のソロ奏者の不在である。それを埋め合わせるかのように、マイルスは、独創的な即興演奏《インプロヴィゼーション》、正確性、そして見事なまでの集中力をもって、レコード全体を通して素晴らしい演奏を披露している。彼の死後、一九九二年に、グラミー賞の最優秀R&Bインストゥルメンタル・パフォーマンス賞が授与されている。

それにしても、シャーリー・ホーンのバージョンの《ユー・ウォント・フォーゲット・ミー》が、マイルスの最後にリリースされたスタジオ・レコーディングとならなかったことが残念でならない。その音楽のレベルの高さ、心を打つ感動的な彼のソロ演奏、そして恋しい思いを募らせる哀愁を帯びた歌詞。これ以上ない、最後のスタジオ作品となったことだろう。

「あなたは私を忘れない
たとえ忘れようとしても
私は記憶の一部
消し去るには素晴らしすぎる」

第十五章　アライブ・アラウンド・ザ・ワールド

誰もが魅了されていた。人々の視線が彼にくぎ付けとなり、まるでハーメルンの笛吹き《パイドパイパー》男を見るように彼を目で追っていた。まさに最高の瞬間だった。

——ヴィンス・ウィルバーン・ジュニア

前章では、一九八五年から一九九一年までの期間に公式リリースされたすべてのスタジオ録音について記載した。しかし、それで彼の音楽をすべて網羅できたわけではない。一九六五年から一九七二年までの時期と同じように、最後の六年間においても、彼のライブ音楽とスタジオ音楽の間には大きな隔たりが見られる。そして、すでにこれまでの章で示唆してきたように、ワーナー・ブラザーズ時代のマイルスの最もパワフルで独創的な音楽体験はコンサートにあった。一九六五年から一九七二年までの時期と同様に、一九八五年から一九九一年までのスタジオ音楽は、レパートリーと新しいアイディアを提供することでライブ音楽に大きな影響を与えたが、ライブ音楽は独自の論理と方向性に従っていた。

ワーナー・ブラザーズ時代におけるマイルスのライブの方向性の最も古い起源は、ギル・エヴァンスとコラボレーションを行った二つの時期、一九四九年から一九五〇年と一九五七年から一九六二年に遡る。マイルスは当時、彼のライブ・バンドとともにステージに上がって音楽を演奏することを切望していたが、それにはオーケストラが必要となるため、現実的でなく、費用的にも不可能だった。こうした願望をあきらめきれずにいたマイルスは、六〇年代末期から七〇年代初期に登場したシンセサイザーの可能性をすぐに理解した。「俺は、ギル・エヴァンスのヴォイシングに惚れ込んでいて、ギル・エヴァンスのサウンドをスモール・バンドで実現したかった」とマイルスは語っている。「そのためには、異なった楽器のサウンドがたくさん出せるシンセサイザーのような楽器が必要だった[1]。……俺はそれしか考えていなかった。スモール・バンドでギル・エヴァンスのサウンドを簡単に手に入れるためにはどうすればいいんだ[2]？」。

しかし、一九七二年にマイルスのサイドマンが使いはじめたシンセサイザーはモノフォニック・タイプで、複数のサウンドを記憶装置内に保存できなかった。用途ごとに手作業でプログラムし直す必要があり、時間がかかりすぎるため、ライブ演奏で使うのは実用的でなかった。八〇年代初期になると、あらかじめプログラム可能な安価なポリフォニック・タイプのシンセサイザーが登場し、ひとつのボタンで数百ものサウンドが利用できるようになった。この楽器が十分に洗練されたことで、マイルスの夢もかなえられるようになった。

〈シャウト〉と〈ザ・マン・ウィズ・ザ・ホーン〉を生み出した、一九八〇年と一九八一年のヴィンス・ウィルバーン・ジュニアとロバート・アーヴィングを中心とする若いシカゴのバンドとのセッションが、さらなるインスピレーションを与えた可能性もある。これらは、シンセサイザーとオーバーダブを全面的に使って録音とアレンジを行った、非常にメロディックな曲である。一九八三年に、マイルスがシンセサイザー技術の探求、そして自分のレコードのプロデュースを手掛けたいと考えたとき、彼はウィルバーンとアーヴィングに協力を求めた。彼らが制作に一役買ったレコード、《デコイ》と《ユア・アンダー・アレスト》には、マイルスの古くからの夢を初めてスタジオで実現したものが含まれていた。即興演奏《インプロヴィゼーション》のための間《スペース》が制限された、このメロディックでアレンジ豊かな音楽の方向性は、《TUTU》と《アマンドラ》でさらに発展を遂げ、徐々にライブ音楽にも取り入れられていった。

よりアレンジに富んだライブの方向性に向けた最初の動きは、ロバート・アーヴィングがバンドに参加した一九八三年八月十五日にはじまった。一九七三年五月以来、初めてのキーボード奏者としてライブ・バンドに加わったアーヴィングは、音楽ディレクターの役割を担っただけでなく、複数のシンセサイザーを使った「オーケストラ」部とでも呼ぶべきパートを準備する任務を与えられた。アーヴィングの役割は、熟練の演奏スキルを買われて雇われたジョン・スコフィールド、マイク・スターン、マーカス・ミラー、アル・フォスター、ミノ・シネル、ダリル・ジョーンズらの役割とは違っていた。マイルスは、アーヴィングの補助的な役割について語ったことがある。「彼（アーヴィング）のサウンドが聴き取れるとしたら、大きな音を出しすぎているんだ。そのサウンドは、感じることができても聴き取れるものであってはならない[3]」。

マイルス、ボブ・バーグ、ジョン・スコフィールド、ロバート・アーヴィング、ダリル・ジョーンズ、ヴィンス・ウィルバーン・ジュニア、スティーヴ・ソーントンというラインアップは、一九八五年の三月から八月まで存在し、コロムビアとワーナー・ブラザーズの両方の時代にまたがっている。そのレパートリーとアプローチは、即興性の強いブルースから、一九八一年から一九八三年にかけてマイルスが探求した半音階的《クロマチック》ファンクの方向性、そして一九八四年にレコーディングしたいくつかのポップ・バラードを含む、アレンジをふんだんに使った音楽に及んでいる。あまり知られていないが、このバンドのコンサートの一部は、ビデオおよびレーザーディスクの形態で「ライヴ・イン・モントリオール'85」として、一九八五年六月二十八日に公式にリリースされている。半音階的《クロマチック》ファンクの方向性は、この作品のハイライト曲、〈スピーク〉で証明されている。《スター・ピープル》よりも成熟したバージョンのメイン主題《テーマ》をスコフィールドとバーグが演奏し、最後の五分間にマイルスがオープン・トランペットのソロを演奏する。スコフィールドの独創的でよく練られたなソロが、クライマックスとして有効に機能している。また、このレコーディングには、〈スター・オン・シシリー〉の主題《テーマ》に影響を受けた半音階的《クロマチック》ファンクの曲、〈ホップスコッチ〉の一部が収録されている。この曲は一九八二年十月以降、ライブ・バンドで定期的に演奏されているものだが、公式にはリリースされていない。同様の方向性を探求する〈メイズ〉は編集で削られ、ビデオの残りの部分は、バンドのよりアレンジに富んだ方向性の音楽で占められており、〈サムシングス・オン・マイ・マインド〉、〈タイム・アフター・タイム〉、〈ヒューマン・ネイチャー〉といったポップ・ソングが強調されている。後者二曲は比較的短く、素直に演奏されている。後年に見られるような、壮大で運動量の多い演奏にはまだなっていない。

　マイルスはコンサートを通じて長いソロを演奏しているが、ところどころにぎこちなさが感じられ、バンドのサウンドも重苦しい。同時期の海賊版《ブートレグ》と比較して、とりわけこの晩のバンドの演奏が優れているとは言い難い。素晴らしいソロ演奏にもかかわらず、スコフィールド自身もそのサウンドも落ち着きがなく、独特のビハインド・ザ・ビートのリズム演奏が、バンドの他のメンバーのオン・ザ・ビートのロックの雰囲気とうまく調和していない。マイルスは次のようにコメントしている。「俺のバンドでは、コードを引き延ばして演奏させない……ジョン・スコフィールド……はビートに遅れ気味に演奏した。だから俺が『ジョン、いい加減にしろ!』と言ったもんだ[4]」。

　スコフィールドはそれからすぐにバンドを抜けた。八月七日の東京でのコンサートが彼の最後となった。「彼とは三年間一緒に仕事をして、三枚のアルバムを作った」とスコフィールドは説明する。「ずっとクビになるんじゃなかと思っていた。彼から、『エディ・ヴァン・ヘイレンをよく聴け。奴のように弾いてみろ』とよく言われていた。『僕はエディ・ヴァン・ヘイレンなんかじゃないのに。きっとマイルスには違って聴こえるんだろう』と思っていたよ。それと、〈ヒューマン・ネイチャー〉や〈タイム・アフター・タイム〉といった曲で、マイルスのバックで演奏するというのは、同じことを何度も繰り返すことを意味する。リズム・ギターの演奏にも芸術性はあるが、これからずっと、それればかり続けたいとは思わなかった」。

　スコフィールドの脱退によって、ワーナー・ブラザーズ時代のマイルスのライブ・バンドの特徴でもある、度重なるメンバーチェンジがはじまる。驚くべきことに、一九八五年の夏から一九九一年の八月の最後のコンサートまでの間、実に三十二名ものミュージシャンがマイルスのバンドのメンバーとして参加していたことが知られている。一九七〇年代初期に数多く存在していた、「マイルスのお抱えミュージシャン」に近いようにも思えるが、八〇年代の状況は全く違っていた。「マイルスのお抱えミュージシャン」のほとんどは、スタジオ・セッションにのみ参加し、しかもそれぞれが自らのサウンドをレコーディングに持ち込むために雇われていた。しかし、八〇年代後半においては、プレイヤーの多くが「オーケストラ」奏者として雇われ、アレンジのためのパートを演奏したり、ソロ奏者を引き立てる役を務めたりしていた。また、七〇年代および八〇年代初期におけるメンバー・チェンジがただちに認識できる変化を音楽にもたらしたのに対して、八〇年代末期の「オーケストラ」奏者の変更による影響は大きな違いが生じるほどのものではなかった。

　このようなアプローチを取った理由には、ワーナー・ブラザーズ時代にライブ・バンドで演奏するためにマイルスが選んだレパートリーが関係している。彼はライブで五十曲を超える曲を演奏したことが知られており、そのうちの少なくとも二十二曲は公式にリリースされていない。五十数曲中の十数曲は耳に残るメロディのポップ・ソングであり、割と単純なコード体系が使われている。これとほぼ同数が半音階的《クロマチック》ファンクの曲で、荒々しいベースラインと抽象度の高いメロディがあり、バンドが伸びのある演奏をできるように多くの間《スペース》が与えられている。レパートリーの残りは、これらの両極端の間に位置づけられるものだが、すべての曲において、洗練されたアレンジ、明確な主題《テーマ》、そしてベースラインが特徴となっている。

　一九六八年から一九八三年にかけて抽象度の高い音楽ばかり演奏していたことから、マイルスは彼が最も得意としていた、叙情的でメロディックな演奏に立ち返りたかったのではないか、とジョン・スコフィールドは示唆している。「何年もの間、『突き抜けた』音楽ばかり作ってきた彼が旋律を演奏するのを再び聴くことができて、とてもうれしいよ。彼がメロディを演奏するのを聴けて、皆、喜んでいるはずだ。六〇年代以降、ほとんど聴けていなかったからね。マイルスはダークな曲以外のものをやる必要があった。ヒット曲を作りたがっていたし、人気も得たかった。マイルスは聴き手《リスナー》を増やす方法として、これが最適だと考えたのだろう」。

*

ワーナー・ブラザーズ時代のライブ・レパートリーの曲の多さは、彼が名声の上にあぐらをかくことなく、想像力のさらなる発展に努めていたことを物語っている。マイルスがリクルートしたバンド・メンバーの数の多さ、そしてライブ・バンドの規模が徐々に大きくなっていったこともまた、発展への渇望の表れかもしれない。デンマーク人パーカッショニストのマリリン・メーザーの加入は、マイルスのトレードマークとも言える、直感的かつ異例な形で実現した。彼女が《オーラ》に参加してから半年後、一九八五年七月二十八日のノルウェーのモルレでのコンサート（スコフィールドが参加した最後のコンサート）で二人は再会した。「私はコンサートに駆けつけましたが、遅くなってしまい、席はもう埋まっていました」とメーザーは回想する。「それで、座席の前で腰を下ろして座っていました。コンサート中に突然、マイルスが私を見つけて、マイクで、『マリリン、こっちへ来て一緒にやろう』と言ってきたのです。それでステージに上がって、演奏を楽しみました。それから数週間経ってから、彼から電話があり、『こっちへはいつ来れる？』と聞かれました。『どういう意味ですか？』と聞き返すと、『水曜日に来てくれ』と言われたんです」。

「私は何もかもキャンセルして、ニューヨークへと向かいました」とメーザーは続ける。「私たちは三日間リハーサルを行いましたが、彼からはほとんど何も言われませんでした。私がやりたいようにやらせてくれました。バンドの他のメンバー、例えばヴィンスには具体的なアイディアを伝えていました。マイルスからグルーヴにきっちりと入り込むように指示され、彼は悪戦苦闘していました。私とスティーヴ（・ソーントン）との間での役割分担としては、彼がグルーヴとラテン系を演奏し、私がパーカッションでサウンドに色づけをしました。私は電子ドラムも演奏し、奇妙なサンプルをいろいろ作りました。トリガーの付いたマットを床の上に敷き、マットの周りで踊って、サンプルを起動させていました」。

米国で生まれた混血のメーザーは、六歳のときに両親とともにデンマークに移住した。彼女はマイルスのライブ・バンドのメンバーとなった唯一の女性である。メーザーが初めて参加したのは、八月十七日にニューヨークのハドソン・リバー・ピアで行われたコンサートだった。このとき、マイク・スターンもメンバーとして復帰している。マイルスは、スコフィールドの後釜を見つけることができずにいて、かつてのギタリストに助けを求めた。「音楽は驚くほど、すっかり様変わりしていた」とスターンはコメントしている。「依然としてバンプもたくさんやっていたが、スタジオ・レコーディングのときよりもずっと伸びのある演奏をしていた。何が違っていたかと言うと、リズムセクションからのリアクションが少なく、純粋なバック・ビートに入り込んでいた。それをバックにあまりにフリーな演奏をしすぎると、文脈に合っていないように聴こえてしまう。それでも勢いが増して、思いっきりフリーな演奏ができた晩も数多くあった」。

一九八五年の八月と九月に、バンドはアメリカ・ツアーを行う。この間、ダリル・ジョーンズがスティングのバンドに参加するために抜ける。ジョーンズに代ってベーシスト、アンガス・トーマスが九月十九日に加入する。十月十七日の〈ラバー・バンド〉セッションの後、十月二十四日からはじまるヨーロッパ・ツアーに向けてアダム・ホルツマンがライブ・バンドに加わる。この時点でバンドは九人構成となり、一九七三年の四月と五月以来の大規模なライブ・グループとなる。マイルス、バーグ、スターン、ホルツマン、アーヴィング、トーマス、ウィルバーン、ソーントン、メーザーから構成されるバンドは、十月二十八日にコペンハーゲンで演奏を行った。このコンサートはデンマークのラジオ局が録音し、放送しており、そこから音質の良い海賊版《ブートレグ》が数多く作られている。レパートリーには、リリースされていない曲が多く含まれている。例えば、〈ホップスコッチ〉、〈メイズ〉、〈パシフィック・エクスプレス〉（ジョン・マクラフリンの作曲、マイルスとアーヴィングによるアレンジ）、アーヴィングとランディ・ホールのハードロック調の曲〈バーン〉（《ザ・マン・ウィズ・ザ・ホーン》の未リリースのセッションからの曲）、〈ストロンガー・ザン・ビフォア〉（チャカ・カーンもカバーしたバラード曲）、そしてランディ・ホールとゼーン・ガイルズによる〈ラバー・バンド〉などである。ここでは、活力と創造性に満ちた、まとまりのあるバンドの演奏を聴くことができる。焼けつくようなソロを次から次へと演奏するマイク・スターン、調子の戻ったマイルス、そして多くの興味深い色彩を音に加えるメーザーとホルツマン。唯一、不協和を生み出しているのが、頻繁に現れる過度に機械的なバック・ビートである。

「あれは、ドラマーが正確なグルーヴを演奏するという彼の設定通りにやったまでで、確かに柔軟性には欠けていました」とマリリン・メーザーは意見を述べている。「私としては、もう少しオープンな音楽にしたかったのですが、それでもマイルスの魔法は健在でした。彼はミュージシャンのエネルギーを寄せ集め、発電所《パワーセンター》のように機能していました。彼と一緒に演奏してから、音楽の聴き方が変わったように思います。以前よりもグルーヴに意識が向くようになり、グルーヴによって音楽の焦点が定まることが理解できるようになりました」。

ホルツマンは「オーケストラ」奏者として機能し、アーヴィングのシンセサイザーのテクスチャーと色彩を補完するために雇われた。二人は同じパートを毎晩繰り返していたわけではなく、コージー・バンドの「生きた作曲」の発想に近いアプローチで、一定のモチーフから常に変化し続ける音の編物を編んでいた。「僕とボビーは、サウンドチェックのときやホテルの部屋、リハーサルなどで音を合わせていた」とホルツマンは述べている。「二人で調整の仕方を見つけ出したり、自然発生的な即興演奏《インプロヴィゼーション》もやったりした。それぞれが違ったことをはじめて、それが重なり合ったり、振り回されたりしながらね。旋律がアイディアのキャンバスとなり、単にポップな曲を突き詰めていくといったレベルの話ではなくなる。そして、それをバックにマイルスの演奏が繰り広げられるんだ」。

「バンドに参加した当時の僕は、フュージョン／ジャズ・ロック畑出身だった」とホルツマンは続ける。「マイルスと共演してからは、映画音楽的なアプローチで音風景《サウンドスケープ》を作る方向へと興味が向くようになった。少ない音《ノート》やサンプルでムードを作り出したり、変化のないベースラインの上に異なるコードを重ねたりして、無駄なく、効果的な演奏をすることを学んだ。これらはすべて、僕にとって目新しいもので、今では自分のスタイルの一部になっている。お決まりの常套手段になったということさ。しかし、マイルスが曲の本質の部分から、つまらないものをすべて取り除くことができたというのは本当だ。ジョン・マクラフリンの〈パシフィック・エクスプレス〉がその良い例だ。この曲は曖昧なラテンの雰囲気のあるアップテンポな曲として、《マハヴィシュヌ》に収録されていた。マイルスは曲のスピードを大きく落とし、メロディの断片を二、三個だけ使って、素晴らしく『ムーディー』な曲に仕上げた」。

九人構成のバンドは、一九八六年三月にアンガス・トーマスが抜けるまで続いた。彼の後釜として加入したフェルトン・クルーズは、一九八〇年と一九八一年にマイルスと仕事をした若いシカゴのバンドからマイルスのバンドに参加した、三人目のメンバーとなった。クルーズの最初のコンサートから二週間後の三月十二日、マイク・スターンが再び自身のソロ活動に集中するためにバンドを去り、ロベン・フォードがその後を継いだ。フォードは、ジョニ・ミッチェル、ジョージ・ハリスン、イエロージャケッツなどとも共演しており、すでにフュージョン・ブルース・ギタリストとして高い評価を得ていた。

「マイルスと会ったときに唯一、彼に質問されたことは、『ロベン、ステージではどんな服を着るんだ?』だった」とフォードは回想する。「僕はもう吐きそうだった！ マイルスと一緒に演奏したはじめての晩、彼はきっと、とんでもない単音《シングルノート》演奏をするマイク・スターンのようなプレイヤーを望んでいるんだろうと考えながら演奏していた。それで、二日目の晩は、『ロベン、人のことは気にするな。誰かの代役を務めようなんてことは考えるな』と自分に言い聞かせた。すると、マイルスがこっちを見てニヤリと笑ったんだ。彼の期待していたのはこれだったんだ。……ソロを取ると、とても長い演奏となることがあった。彼がこっちに向かってうなずき、はじまりの合図をする。お前の番だ、さあ行けと。終わり方も自分では決められない。彼の中で終わらせる準備が整ったときに終わる。それも演奏することで終わらせるんだ。自分のソロが終わっても、ずっと気を抜けない。孤立無援の状態に置かれたりして、当惑させられることもよくあった。チャーリー・パーカーも彼に対して、よくそうしていたらしいんだけどね。でも、こっちは、死にそうな思いで演奏していたんだ[5]」。

この頃はワーナー・ブラザーズはまだ、マイルスのライブ・パフォーマンスにそれほど注目していなかった。しかし、一九八六年に《TUTU》の評判が上がりはじめると、マイルスの商業的可能性を最大限に活かそうと努力をはじめた。マイルスは、PBSの一時間のテレビ番組『Miles Ahead: The Music of Miles Davis』のインタビューを受け、『ディック・キャベット・ショー』に出演し、彼の生涯と業績を紹介するフランス／ドイツのドキュメンタリー番組にも協力した。ロベン・フォードの加入後、ライブ・バンドに対するワーナー・ブラザーズの期待も高まりはじめ、七月十三日から三十日までの期間中、夏のヨーロッパ・ツアーの五回のライブ・コンサートが録音された。これには、ジョージ・デュークとサックス奏者デイヴィッド・

サンボーンがゲストとして参加した、一九八六年七月十七日のモントルー・ジャズ・フェスティバルでのコンサートが含まれている。

　結果に満足していたマイルスは、ショーから数週間後のインタビューで、これらの録音が次のアルバムになると語っている。「ジョージ・デュークとデイヴィッド・サンボーンとライブをやったんだ。すごくホットなサウンドだ。間違いない。今度のやつは、これまでに録音したどのレコードよりもよくできている。いいか、そう思ってるんじゃない、そうだとわかってるんだ！　俺は自分がやったものをもっと人々に聴いてほしいんだ。俺がコロムビアを出て行った理由もそこにある」(6)。

　皮肉なことに、これらの録音がリリースされることはなかった。「マイルスはワーナー・ブラザーズに対して不満を感じていた」というロバート・アーヴィングのコメントも当然のことだろう。「録音に技術的な問題があったというのが公式見解だった」とアダム・ホルツマンは付け加える。「けれども、あれだけのメンバーが揃っていたんだから、ワーナーは少なくとも一回のツアーにつき、最低でもひとつのコンサートは録音すべきだった。彼がいつまでも生きていられないことはわかっていたんだから」。五回のショーを録音しておきながら、「技術的問題」があったというのが、ワーナー・ブラザーズがリリースを避けた本当の理由とは考えにくいが、それ以上の説明はされていない。海賊版《ブートレグ》からは、バンドの激しさと、フォードが主役を張っているのがわかる。レパートリーは、一九八五年十月のコペンハーゲンでのコンサートと類似しているが、〈パシフィック・エクスプレス〉、〈ラバー・バンド〉、〈ホップスコッチ〉、〈ストロンガー・ザン・ビフォア〉といった、あまり有名でない曲が、《ＴＵＴＵ》からの曲に置き換えられている(7)。

　その後もメンバー・チェンジは続く。マリリン・メーザーは四月末にすでにバンドを抜けており、パーカッション奏者はスティーヴ・ソーントン一人となった。九月には、ロベン・フォードがソロ活動に戻るためにバンドを去った。マイルスは再びギターの後継者選びに苦労したが、フォードがガース・ウェッバーを薦めた。ウェッバーには才能はあったが、性格的な問題があり、バンドにはうまく馴染めなかった。九月のコンサートに参加したのを最後に、ウェッバーは十二月にはバンドを去った。そして、スティングとのツアーを終えたダリル・ジョーンズが十月にバンドに戻った。クリスマスから大みそか《ニューイヤーズイブ》にかけて行われた一連のロサンゼルスでのコンサートで、マイルスは、ハービー・ハンコックと共演したことのあるギタリストのデウエイン・「ブラックバード」・マクナイトと、サックス奏者のゲイリー・トーマスの二人をメンバーに加えた。追加のサックス奏者として参加したトーマスは、一九八五年のボルチモアでのマイルスのコンサートで前座《オープニングアクト》を務めていた。

　こうした新しい展開において、ボブ・バーグは次第に、気持ち的にもサウンド的にも場違いになってきたと感じはじめる。「ゲイリーの加入は、僕に対する脱退勧告だったと受け取っている」とバーグはコメントしている。「自分はひとつのキーで演奏するのは好きではなく、マイルスがやる曲の多くは単一《ワン》コードのバンプに基づくものが多かった。僕は常に、以前からやってきた通りの演奏をしていたが、ポップな曲を演奏する機会が増えるにつれて、自分が音楽にインプットできることが減ってきた。一晩に十五分程度しか演奏しなかったこともあり、満足していないことは彼にも告げていた。《TUTU》の曲にそれほど夢中になっていたわけでもなかった。クールなコンセプトだし、マーカスは素晴らしい作曲家だ。しかし、自分がレコードで演奏していないことや、ライブ音楽がどんどん制御された方向に向かっていくことが気になっていた。それと、他のほとんどのメンバーの本当の実力を知ることができなかった。マイルスがメンバーをそれぞれのパートにしっかりと括り付けていたからね。その結果、ソロを演奏しているときに、リズムセクションが自分を追っているように感じられなかった。まるで、あらかじめ設定されたトラックをバックに演奏している気分だった。彼らだって、それ以上の演奏ができたはずだが、きっとそれがマイルスのやりたかったことだったんだろうね」。

一九八六年末のコンサートの後、バーグ、マクナイト、スティーヴ・ソーントンの三名がバンドを去った。アル・フォスター、デイヴィッド・サンボーン、ポール・シェイファーとも共演したことがあり、一九八〇年代中期に『レイト・ショー・ウィズ・デイヴィッド・レターマン』で裸足のギタリストとして有名になった、ハイラム・ブロックが新しいギタリストとして参加するが、わずか四回のコンサートしかもたなかった。

ソーントンの後釜には、やはり以前のバンド・メンバーだったミノ・シネルがついた。「最初はあまり音楽的に魅力を感じていなかった。体系化されていて、キーボードばかりだったからね」とシネルは語る。「最初に彼のバンドに参加したときは全員が名プレイヤーだったが、八七年のバンドはそうではなかった。バンドに十人近くもメンバーを抱えるとなると、コンセプトが違ってくる。より控えめな演奏をしなければならなくなり、自分の腕を見せたくても見せ場は限られる。これまで以上にグルーヴに集中しなければならないし、演奏を減らす必要もある。しかし、それを受け入れられるようになると、素晴らしいことが起きはじめた。ときにパワフルでとても深みのある音楽になるんだ」。

シネルとブロックの二人は、一九八七年一月二十四日にバンドに加わった。そして、二月にはさらなる変更が生じる。ファンクとブルースに影響を受けたシカゴ出身のジャズ・ギタリスト、ボビー・ブルームがブロックに代わって加入。そして、ケニー・ギャレットが加わってトーマスと一緒にサックスを演奏していたが、その後、三月末にトーマスはバンドを去る。こうした絶え間ないミュージシャンの出入りは、バンド・メンバーにとって重い負担にもなり得た。しかし、マイルスはここでもバンドリーダーの資質を存分に発揮し、新たに参加したミュージシャンに本領を発揮できるように十分な時間を与えていた。「彼はすぐにメンバーをクビにするようなことはなかった」とダリル・ジョーンズは回想する。「僕自身は、『マイルス、お願いだからこいつを追い出してくれ！』と思ったことが何度もある。けれども彼は辛抱強く、新しいメンバーが本来の実力を発揮できる機会を与えてやっていた。それがうまくいっていようがいまいが、あまり干渉することはなかった。彼らが自分の居所を見つけられるまで待ってやり、安心して任せられると感じられるようになって、はじめて彼は演奏に口を出すようになる。僕の場合、演奏しているベースラインのことで、とても口うるさく言われたよ。彼は間《スペース》を大切にしていたから、力強く、あまりせわしくなり過ぎないベースラインを求めていた。彼はよく、ショーが終わってから僕のところに来て、『昨晩のような演奏をもう一度やってくれ』とか、『あそこでお前が反応する必要はない、その半分程度の演奏でいい』というようなことを言った。彼と一緒に演奏して学んだ最も重量なことは、自分が思っているほど多くを演奏する必要はないということだ。マイルスと仕事をすることは、博士課程で学ぶようなものだね」。

マイルスはミュージシャンに多くの自由を与えていたが、ドラマーに関しては例外だったようだ。バンドリーダーとしての彼にとって、リズムがいかに重要であったかを示すエピソードをジョーンズが語ってくれた。「ある晩、ステージ上で、彼が僕のすぐ横に立っていて、二人とも下を向いて演奏していた。すると突然、タイミングが変わったんだ。ほんのわずかな変化で、ほとんど気づかない程度のものだった。タイミングが変わった瞬間に僕は頭を上げた。すると彼は僕を見てこう言った。『おまえ、あれを感じたのか？』。僕が『うん』と答えると、彼は、『あれほど微妙な変化を感じ取ったやつは他にいない』と言った。彼は驚いたように僕の方を見ていて、彼の目はまるで、『これを感じ取れるのは俺だけだとずっと思っていたよ』と言っているようだった。彼の聴覚は単にハーモニーやメロディに合わせて調整されているだけではなく、リズムにもしっかりと合わせられていることに気づかされた。彼はミュージシャンの話をするとき、いつもリズムについて言及していた。コンサートで曲がはじまった直後にバンドを止めたことが何度かある。テンポが合っていなかったからだ。彼にとっては、失敗のないパーフェクトなショーを行うことよりも、音楽そのものの方が重要だからね。ドラマーに対しては、それがアルであろうと、ヴィンスやリッキー（・ウェルマン）であろうと、厳しかった。マイルスは常にドラマーの前に立ち、セットを通じてずっと指示を与えていた。他のミュージシャンに対しては、そんなことはなかったな」。

「マイルスが厳しくしてくれたおかげで僕は強くなれたし、僕自身もそれを楽しんでいたよ」とヴィンス・ウィルバーン・ジュニアはコメントしている。「彼はミュージシャンから、持っている力をすべて引き出そうとしているだけなんだ。彼が僕よりもリッキーに対して厳しかったという話は聞いたことがある。マイルスからは常に、『入り込む《ロックインする》』ように言われていて、僕にジェームス・ブラウンやバディ・マイルスを聴くよう勧めてくれた」。これらの音楽が引き合いに出されたことは、ウィルバーンからなるリズムセクションが素直なバック・ビートに合わせて調整されていた理由を物語っている。ただし、マイルスはウィルバーンのドラム演奏のスキルを問題視していた節がある。彼は一九八七年三月に、甥であるウィルバーンをクビにしており、次のようにコメントしている。「ヴィンスのドラムスにも、まだ十分満足していなかった。ビートがいつも遅れ気味だったからだ。俺にとってドラマーで何が我慢できないかというと、遅れることだった」(8)。しかし、これに関するマイク・スターンの意見は違っていた。「ヴィンスは生まれ持った才能のあるドラマーで、強固なグルーヴを生み出していた」とスターンは説明する。「マイルスがあれほど指示を出さずに、もっと自由に演奏させてやった方が良かったんじゃないかと思うことが何度かあったよ」。

おそらく、単に変化を好むマイルスの性格の問題だったのではないだろうか。一九八七年初めに、彼はリッキー・ウェルマンらがワシントンDCで生み出したゴーゴー・ミュージックに興味を持ちはじめる。ドラマーのウェルマンがマイルスのバンドに最初に参加したのは、三月二十五日のミネアポリスでのコンサートであり、その二日後にはシカゴでコンサートを行っている。マイルスがなぜ、ウィルバーンの地元でのコンサートの直前に彼を解雇したのかは明確になっていない。シカゴに住む家族や友人の前で演奏することを望んでいたウィルバーンにとっては、苦い経験となった。「とてもつらかったよ」とウィルバーンはコメントしている。「でも、僕はこう思った。『叔父のことは悪く思わないことにしよう。彼のバンドなんだから、彼の決定に従おう』と。それに、とても素晴らしい時間を一緒に過ごせたんだからね。一生に一度の経験をさせてもらったんだ」。

ミネアポリスでのコンサートで演奏したライブ・バンドは、マイルス、ギャレット、トーマス、ブルーム、アーヴィング、ホルツマン、ジョーンズ、ウェルマン、シネルで構成されていた。ウェルマンの加入によって、ライブ・バンドの雰囲気は、ロックのバック・ビートから、陽気で敏捷でありながら、とてもパワフルなスウィングへと一気に様変わりした。ただし、ギタリストの問題がまだ解決されていなかった。ブルームはクリーンなジャズのサウンドを好んでおり、ディストーションの使用を拒んだ。「俺に必要だったのは、……俺が求めている演奏ができるギターだけだった」とマイルスは言及している(9)。しかし、彼はまず二カ月間の休みを取り、その期間のほとんどを彼が人生で愛した二つのものに費やした。ジョー・ゲルバードと絵画である。

＊

「彼の人生の最後の四年間は、絵を描いているか、音楽を作っているかのどちらかだった」と一九八七年から一九九一年までマイルスのマネージャーを務めたピート・シューカットは回想する。「マリブとニューヨークで時間を過ごし、ツアーに出ていないときには、ずっと絵ばかり描いていた。彼のアパートに行くと、一〇フィート〔約三メートル〕四方のキャンバスがあり、他にも絵があちこちに置いてあった。ツアーに出ているときには、ゴードン（・メルツァー）が鉛筆やスケッチブックを欠かさないように気づかっていた。彼は絵やイラストを描き、そして音楽を演奏した。彼がやっていたのはそれだけだ」。

絵やイラストを描きたいという、もともとの衝動は彼自身のものだ。しかし、その後は、創作活動において恋愛のパートナーに強い影響を受けるという、これまでのマイルスの人生のパターンが繰り返されている。一九八〇年代にシシリー・タイソンが彼にスケッチブックを与え、その数年後にはジョー・ゲルバードと日常的に共同制作を行うようになっていた。「彼は郵便で絵を送ってきました。それに私が自分のパートを描き加えて、それについて話し合うんです」とゲルバードは語っている。「二人でたくさんの絵を描きました。展示会も開くようになり、この『活動』が他を圧倒するようになってきたのです。この関係によって、私の結婚生活との折り合いがつかなくなり、離婚しました。結局、マイルスと一から新しい生活をはじめることになり、彼の家をデコレーションし、彼の服を買い、毎日一緒に過ごしました」。

マイルスの芸術に対するアプローチは、音楽やミュージシャンに対するものと非常に似通っていたことをゲルバードは明らかにしている。「二人が出会ったとき、私は自分に自信が持てずにいて、否定的な自己イメージしか持っていませんでした。それでも彼は私のことを素晴らしいと思ってくれたのです。……『マイルス・デイヴィスが私のことを褒めてくれたのよ！』。そうやって、彼は私を創造してくれたのです。ちょうど彼のミュージシャンを作り上げたように。その意味では、彼にエゴはありません。決して、『俺は最高だ。お前らは後ろで俺を支えていろ！』なんていうことはありません。むしろ、『さあ、一緒にやろう』という感じなのです。こうしたエゴの欠如が、多くの偉大なミュージシャンやアート作品を作り上げたのでしょう。他の人と一緒に絵を描ける人は多くいません。エゴが邪魔をしてしまいますからね」。

「マイルスは常に、芸術的に退屈していました」とゲルバードは続ける。「彼はものすごいスピードで創作活動を行っていました。お粗末なものだろうが妥当なものだろうがお構いなしに、創作しているだけで彼は幸せそうでした。ただし、画家としての彼は、私の想像とは全く違っていました。彼は、イラストではとても手際良く、気まぐれな描き方をするのですが、手に絵筆を持ったとたん、荒々しくなります。まるで子供のように、絵の具を重ねたり、混ぜたりしながら、どんどん重厚なものにしていくのが好きなんです。彼の高い服も絵の具まみれになってしまいます。でも、彼は服を買うのが好きなので、気にしていない様子でした。そうやって、一軒の店で五万ドルも使ってしまうんです！　躊躇することもなく。私のために革のジャケットを二十着も買って帰ってきたこともありました。彼は脅迫観念に取り付かれた購買者です。布地や服が大好きなのです。彼の女性的な面がそこに現れているのだと思います。彼は繊細で、痩せていて、穏やかに話し、愛する人には優しく触れてくれます。でも、それ以外は全く女性的な面が見られません」。

マイルスの「脅迫的な」購買癖は、彼の耽溺癖を示すまた別の兆候であり、ゲルバードを混乱させる形で表出した。「彼はタバコもお酒も止めました」と彼女はコメントしている。「けれども、鎮痛剤は服用していました。それもたくさんの量を。睡眠薬も飲んでいました。それと、彼を眠りにつかせないモノとかも。彼は朝の四時に寝ていました。寝るとしたらですが。夜、暗い部屋の中に彼が一人で座っているのをよく見ました。テレビは付けたままで、ただ座っているだけです。彼と暮らしていて、同じベッドで寝たことはありませんでした。彼はソファの上で眠っていました。日中の疲れから、意識を失うように。ですから、『夜になったわよ、さあ寝ましょう』というような普通の生活では決してありませんでした。たぶん、薬物を常用していた時期の後遺症だと思うのですが、私には全く理解できないことをやっていました。例えば、チリビーンズを調理していて、鍋を落としてしまい、床がチリビーンズまみれになったとしても、何もしようとしないのです。ツアーから戻ってきて、まだそのまま残っていたりします。まるでそんなものは存在していないかのように、気にも留めません。物理的な現実を締め出す能力とかが備わっているのかもしれません」。

「マイルスはひどく暴力的になることがあります。彼を眠りにつかせないモノに、寝不足が組み合わさると、気が狂ったようになります。言葉では言い表せないほど、残酷になることがありました。彼には道徳観念というものがなかったのではないかと思います。どんなことでもやってしまうのです。誰かを傷つけたいと思ったら、何もそれを止められません。私はスポーツをしていて、体も頑丈です。ですから、彼のことを怖いとは思いませんでした。けれども、まるで地獄、悪夢のようでした。一緒にいた五、六年の間、ほとんど二人で部屋にこもっていました。パーティーに行くこともなければ、誰かがプレゼントを持って訪ねてくることもない。ただ二人で絵を描いていました。二人はまるで、相手の尻尾を追いかけながら、お互いの周りを回っている、檻の中のトラのようでした。家の中の雰囲気はとても重く、気が張りつめていて、音楽もありませんでした。彼は家では一切、演奏しませんでした。一度もです。二人は会話を交わす必要がなく、本能的に、『そうか、わかったよ』という感じで意思疎通していました。たとえそれが、音楽、絵画、服、あるいは生き方に関するものであっても同じでした。アーティストとしての絆は、自然の力のように、とても強いものでした。ある時点で彼が死ぬだろうとわかったとき、彼には大きな借りがあると感じました。彼に一人で死んでほしくありませんでした。彼は死ぬことを恐れていて、心の準備もできていませんでした。彼は死ぬことに対して、逆上していました。私自身、残りの人生を一人で生きていけるように、彼には良い死に方をしてもらいたいと思っていました」。

ここで矛盾する事態が生じている。マイルスが差し迫った自らの死を認識する一方で、二十四歳年下の芸術家の女性との関係が見違えるほどに彼を若返らせたのだ。これにはゲルバードも驚きを隠せなかった。

「彼の皮膚に何が起きたのか、全く訳がわかりませんでした。まるで赤ん坊の肌のように変わっていったんです」と彼女は述べている。「彼が何かをしたという訳ではありません。美容整形とかコラーゲンとか、そういった類のことは一切していません。けれども最後は、自分自身のイメージを保ち続けるのに、疲れている様子でした。私は彼をデューイと呼んでいて、家にいるときの彼がいかにひどい状態か、ということを話題にして、よくからかっていました。そして彼は、マイルス・デイヴィスでい続けることに、たいへんな努力をしていました。髪の毛や服装などです。私と暮らしていたとき、一緒に展示会やモントルーに行ったり、映画に出演したりするのを見てきましたが、これまでよりも高いレベルへと階段を上っていきました。彼は自分自身を作り変えたのです」。

マイルスの最後の数年間において、彼にとって音楽よりも絵画の方が重要になっていたという指摘があるが、ゲルバードはこれに強く反論している。「彼はアートを愛していました。でも、音楽に勝るものは何ひとつありませんでした」と彼女は断言する。「彼の頭の中には常に音楽がありました。サウンドや音楽に対する意識が薄れたことはありません。音楽に関する潜在意識のようなものは常に存在していました。でも、彼があまりトランペットの練習をしていなかったことは事実です。ツアーの直前に少しやる程度でした。彼は頭の中で音楽のアイディアを練っていて、それを紙に書き出したりしていましたが、あまり実現には移せていませんでした。彼のために音楽の部屋を用意し、そこでジェイソン（・マイルズ）と一緒に作業していました。ただ、一人で作業することはありませんでした」。

《TUTU》と《シエスタ》の制作を通じて、テクノロジーにすっかり魅了されたマイルスは、AKAIの四トラック・テープレコーダー、シンセサイザー数台、そしてドラムマシンを部屋に持ち込み、ジェイソン・マイルズに使い方を教わっていた。ジェイソン・マイルズは回想する。「彼の家に行ったんだ。すると、僕を見るなり、『おい、ちょっと見てくれ。一体全体、何が起きているんだ？』と言われた。それで、『これを変えたいんなら、そこを押して、ああしてこうするんだよ』と教えてあげるんだけど、ほとんど理解できていない様子だった。彼が亡くなる数カ月前まで一緒に仕事をしていた。ドラム・グルーヴなんかを作ったりしてね。一緒に曲も作ったよ。ライブ・バンドでも演奏していた、〈ヘヴィ・メタル〉と〈ファンク・スイート〉といった曲だ。ある日、ドラム・パターンをプログラムしてあげて、三日後に戻ってきたら、彼はまだそれと格闘していた。テレビもあちこちで付いていて、まさにカオスの状態だった。再発した股関節の問題の手術のために三週間ほどニューヨーク病院に入院していたときには、病室に機材一式を持ち込んでいた。それで、僕も三週間、彼の病室に通って、一緒に録音したんだ」。

*

一九八七年五月、ケニー・ギャレット、アダム・ホルツマン、ロバート・アーヴィング、ダリル・ジョーンズ、リッキー・ウェルマン、ミノ・シネル、そしてリードベースのフォーリーからなるライブ・バンドとともに、マイルスはツアーに戻った。フォーリーの演奏スタイルについて、マーカス・ミラーは、フォーリーが彼に送り、マイルスが電話越しに聴いたというテープには、「ピート・コージーのような勢いに任せた激しい演奏」が入っていたと語っている。しかし、ライブ・バンドでは、このシンシナティ出身のプレイヤーの演奏は大きく制限されていた。昔ながらのメロディックでブルージーなソロを演奏し、「オーケストラ」の一部として特徴のない伴奏を弾いていた。マイルスとの演奏では独創性が見られなかったが、フォーリーの繊細でリズミカルなタッチと卓越したブルースのフレージングは、ウェルマンのゴーゴー・リズムと見事にマッチしていた。

八七年のバンドのレパートリーは、八五〜八六年のバンドのものと似通っていた。コンサートは通常、〈ライト・オフ〉と〈スピーク〉(〈ワン・フォーンコール/ストリート・シーンズ〉とも呼ばれている)、〈スター・ピープル〉、〈パーフェクト・ウェイ〉の順番ではじまる。そして、特徴的なポップ曲、〈タイム・アフター・タイム〉や〈ヒューマン・ネイチャー〉とそれらを引き立たせる《TUTU》からの数曲の組み合わせ、さらに〈リンクル〉、〈バーン〉、フォーリーの〈ザ・セネト〉と〈ミー・アンド・ユー〉、ニール・ラーセンの〈カーニバル・タイム〉、TOTOの〈ドント・ストップ・ミー・ナウ〉、プリンスの〈ムーヴィー・スター〉などが続く。過去六年間にわたってセットの最後を飾っていた〈ジャン・ピエール〉はレパートリーから外れている。

マイルスのライブ・バンドにおける椅子取りゲームは依然として続いており、一九八七年九月にミノ・シネルがスティングとの仕事のためにバンドを去ると、ルディ・バードが後任に就き、十月十九日からのヨーロッパ・ツアーでデビューを飾った。一九八五年九月にスティングのグループに参加するためにグループを脱退したことのあるダリル・ジョーンズは、今回、一九八八年二月二十日のコンサートの後にマイルスからクビを言い渡された。これについてマイルスは、ジョーンズが「オーバーな演奏をやりはじめていて、あまりにもショー的で、バンドにそぐわなかった」と主張している。[10]アーヴィングは次のように付け加えている。「マイルスはベースの役割が希薄になってきていると感じていた。例えば、当時ヒットしていたプリンスの〈KISS〉にはベースがほとんど使われていなかった。けれども、ダリルに演奏をもっと減らせとは、さすがに言いづらかったんじゃないかな」。

同じ月にマイルスはセットリストを組み直し、オープニング曲として〈イン・ア・サイレント・ウェイ〉を取り入れ、新曲の〈イントルーダー〉をその後に続けた。〈ライト・オフ〉と〈スピーク〉はその後、すぐにライブ・レパートリーから外された。次の四月九日のコンサートでは、ハワイ生まれのベーシスト、ベニー・リエットベルドがジョーンズの後釜に座った。リエットベルドは、シーラ・Eとともにプリンスのサポートとして演奏したことがあり、プリンスのロード・マネージャーがマイルスに推薦していた。同じ日に、ルディ・バードが、マリリン・メーザーにその椅子を譲る。メーザーはそれまで、ウェイン・ショーターのバンドで演奏していた。彼女はスターン、シネル、ジョーンズに続いて、バンドに戻った四人目の元メンバーとなった。「今回はパーカッショニストが私一人だけだったので、気が楽でした」とメーザーは語っている。「けれども、その分、もっとグルーヴ寄りの演奏をしなければなりませんでした」。

マイルス、ギャレット、フォーリー、ホルツマン、アーヴィング、リエットベルド、ウェルマン、メーザーからなるバンドによる二曲が、ゴードン・メルツァーとアダム・ホルツマンによって編集され、一九九六年にリリースされた《ライヴ・アラウンド・ザ・ワールド》に収録されている。このアルバムは数百時間におよぶ二トラック・レコーディングから作られており、これらの音源はライブ・エンジニアのパトリック・マレーが毎晩、所有していたポータブルDATレコーダーをミキシング・ボードにつなげて録音したものだった。マレーの任務は一九九〇年末にドン・クレクに引き継がれるが、クレクは質の低いコンパクト・カセットに録音していた。彼の在任期間中の曲が〈ハンニバル〉しか収録されていないのは、こうした理由からである。

「実際に曲を選んだのはゴードンだ」とホルツマンは説明する。「彼は一年かけてじっくりテープを聴き、一曲につき二回分程度の録音に絞り込んでいた。そこから僕が参加して、さらに詰めていき、自分としては〈リンクル〉、〈イントルーダー〉、〈フル・ネルソン〉といった、まだ選ばれていなかった野心的な曲も取り上げた。コンサートの様子が最もうまく伝わるように、二人で苦労してまとめ上げた」。

《ライヴ・アラウンド・ザ・ワールド》で上記のバンドの演奏が取り上げられたのは、一九八八年八月七日に東京で録音された短めのバージョンの〈フル・ネルソン〉と、一週間後の八月十四日のカリフォルニアでのコンサートからの〈スター・ピープル〉の改変《オルタード》バージョンで、〈ニュー・ブルース〉と呼ばれているものだ。〈ニュー・ブルース／スター・ピープル〉は、キーボードの鋭いアクセント、マイルスのソロ（ミュートではじまり、オープン・トランペットへと移行）、フォーリーのしなやかなブルースのソロ、そして隙のないバンドからのレスポンスによって、生き生きとしたものとなっている。短縮された〈フル・ネルソン〉については、まさに焼けつくようなグルーヴは別として、ライブ演奏でこの曲の良さを十分に発揮できているとは言い難い。

一九八八年九月、ロバート・アーヴィングがグループを去る。

アーヴィングは次のように語っている。「九月にマイルスの具合が悪くなったんだ。彼は入院して、医者からは引退するように勧告されていた。誰もが彼は終わったと思った。それで、僕自身も別のプロジェクトをはじめることにした。月末になって、マイルスから再びツアーに出るという連絡があったとき、決断を迫られた。五年間やってきて、音楽も体系化され、限定されたものになってきていた。だから、ツアーには参加しないことにしたんだ」。

マイルスが医師の忠告を無視したことについて、逆境に直面して称賛に値する勇気を示したと解釈すべきなのか、それとも単なる向こう見ずな振る舞いだったのだろうか。ジョー・ゲルバードはその両方だと見なしている。「彼は死をひどく恐れていましたが、それでもなお死を受け入れようとしていました」とゲルバードは語る。「健康に十分に気をつけながら生きていくか、それとも死ぬまで懸命に生きるかのどちらかしかありません。最後の数年間、彼は後者を選びました。『俺はやりたいことをやり、創造的で格好良く生き続ける。死ぬときには死ぬさ』。そう決めたのです。例えば、彼はひどい糖尿病を患っていましたが、そんなことは気に留めていませんでした。夜中にゴードンを呼び出し、アイスクリームやクッキーを持って来させるんです。一箱をぺろりと平らげてしまい、その後、糖分によるショック状態に陥ってしまうのです。彼がツアーに戻ったことは、無責任な行動と思われてしまうかもしれません。でも、彼ほど症状が悪化してしまっている人間が、他に何をしたらいいんでしょうか？　プールで泳いでいればいいんでしょうか。それとも公園でジョギングすべきなのでしょうか。健康に気づかうのは予防措置です。症状がどうしようもないほど悪化しているのに、そんなこと気にしますか？　たとえクッキーや薬に手を出さなかったとしても、長くて一年から二年、それ以上寿命を延ばすことなど、できなかったと思います」。

マイルスに自らの決断を思い起こさせるかのように、一九八八年三月にギル・エヴァンスがこの世を去り、彼は大きな衝撃を受けた。「ギルが亡くなった晩は、彼と一緒になってから最も悲しい時間でした。彼はひどく落ち込んでしまいました」とゲルバードは述べている。一九八八年十一月十三日には、十字軍の時代に創設された宗教団、聖ヨハネ騎士団からナイトの称号を与えられるという前向きなできごともあった。しかし、一九九一年七月十八日にフランス政府が授ける最高栄誉のレジオンドヌール勲章シュヴァリエを受章したときには、ひどく居心地の悪い経験をしている。「彼に電話してきた人は誰もいませんでした」とジョー・ゲルバードは語っている。「花が送られてくるわけでもなく、全く何もありません。あの晩、彼は自分が一人であることに気づかされて、ひどい思いをしていました。彼と一緒に仕事をしていた人たちも結局は彼を使ってお金を稼いでいただけで、ただ彼のそばについていたいと思うような人は私を除いて、誰一人いないことがわかってしまったのです」。

一九八八年から一九九一年までの時期は、マイルスの創作意欲と彼が直面した個人的な問題との間の緊張感に満ち溢れていた。彼の体の状態によって、トランペットの調子も日ごとに違っていた。「トランペットは、身体的な影響を最も顕著に受ける楽器なのではないか」とホルツマンは指摘している。「マイルスには精神力と体力があり、八〇年代末期には間違いなく、六〇年代と同程度の演奏技術を取り戻していた。しかし、同時に、彼の健康状態は良かったり、悪かったりを繰り返していた。そして、僕がバンドに参加していた最後の時期（一九八九年末）には、彼の活力レベルは完全に低下していた」。「彼の人生の最後の一年半は、健康問題によって損なわれてしまっていた」とウェルマンも同意見を述べている。そして、リエットベルドは次のように語っている。「彼はショーが終わるとすぐにその場を去ることが多かった。たとえ一日だけであっても、家に帰ることがあった。彼はただ演奏を続けたくて、そのための体力を温存していたのだろう」。

　彼の健康状態や演奏技術が変動し続け、音楽のアレンジが厳格に統制されるようになってからもなお、マイルスには超越する力が残っており、バンドに刺激を与えることができていた。インタビューを受けたバンド・メンバー全員が、たとえ彼の演奏が並以下であったときでさえ、音楽そしてバンドにおける彼の存在感が消え失せたことはない、という意見で一致している。「マイルスはギグの直前に変更を提案してくることがあった」とホルツマンは語っている。「彼が望むことを実現するのは難しいこともあった。それでも、もしやってみて、たとえ失敗したとしても、少なくとも彼が言っていたことを試し、型通りの演奏ではない方向に向かったことに彼は満足してくれるんだ。彼は皆に、気楽に演奏するようになってほしくなかったんだ。バンドがひとつの大きな仲の良い家族のようになったことが何度かあった。すると、必ず誰かがクビになるんだ。皆が音楽に集中して、何か新鮮なことをしてくれることを彼は望んでいた。演奏については妥協がなく、僕なんかは、いつも先走り過ぎで、すぐに多くを演奏したがると彼に言われていた。そうではなく、時間をかけて自分のペースを見つけ、ソロを論理的、音楽的に発展させていくようにと。今、当時の演奏を聴き直してみると、彼は一〇〇パーセント正しかったことがわかる」。

「バンドに参加した当初はつらかった。なにしろ、驚異的なプレイヤーだったダリル・ジョーンズの後を継がなければならなかったのだから」とリエットベルドは打ち明ける。「もちろん、他のメンバーは失望していたし、僕自身、ベースを学び直す必要があった。けれども、マイルスからは否定的なことは一切言われなかった。うまくいっていないときにはそれをわからせてくれたが、それも常に前向きな方法でだった。例えば、『この曲はこんな感じにやってみろ』とかね。常に注意を払い、正しいタイミングでものごとを進める必要があった。彼は信じ難い存在感を示していた。誰もを引き込む神秘的な面が彼にはあった。彼の存在によって、皆、気を抜くことができず、音楽が活発さを保っていた。ミュージシャンはすでに知っているものを演奏するとき、当初の刺激を持ち続けられない。彼はそれが気に入らなかった。だから彼は、毎晩のように何かを変えていた。

決して大きな変化ではなくても、初めて演奏するときのように、音楽の新鮮さが保たれていた。すべてのものは常に今で、過去も未来もなく、その時点に起きていることに完全に没頭すべき、という禅の考え方に似ていた。彼はあまり話をしなかった。どのみち、口で言わなければならないことなどたいしてないし、言っても聞かない人が多いことをわかっていたからね。だから話をする必要などなかったんだ。けれども時々、短い謎めいたコメントは与えていた。それは殻のついた木の実のように、自分で割って開けて、その真意を見つけ出さなければならないものだった」。

確立したスタイルを持つ経験豊富なプレイヤー、リッキー・ウェルマンは次のように回想している。「マイルスは僕の演奏に、これまでになかったものをもたらしてくれた。単にいろいろな合図をくれたり、童謡を口ずさんだりする形でね。最初は、彼は気が狂っているんじゃないかと思ったよ。『ハンプティ・ダンプティが壁から落ちた。ハンプティ・ダンプティがドシンと落ちた』などという童謡の一節から一体、何を学べというのか。それを音楽にどう適用しろというんだ、とね。けれども、そのことに全神経を集中させると、突然、『そうか、そういう意味か！』と理解できることがある。例えば、〈ＴＵＴＵ〉のあるとてもゆっくりとしたセクションで、彼はハンプティ・ダンプティのパートを演奏するように言ってきた。それで、四分の四拍子のリズムに重ねたり、それと一緒にリズムを演奏したりすると、雰囲気が変わるとともに、ミュージシャンの即興演奏《インプロヴィゼーション》の仕方が変わった。マイルスは常に、バンドに即興演奏《インプロヴィゼーション》するように指示していた。そうすることで、刺激を保ち、驚きの要素を持ち続けていたんだ。そして、もし、何を演奏したら良いかわからなかったら、何も演奏するな。そうでなければ邪魔になるだけだ、とも言われた。ミュージシャンとのやりとりを通じて、こうした考えを伝えるのが好きだったんだろうね。彼はとても楽しそうだったし、目が輝いていた。彼がステージ上でバンドを指揮しているところを見れば、それがよくわかるよ」。

*

一九八八年九月末にロバート・アーヴィングがバンドを去ったことで、アダム・ホルツマンが音楽ディレクターの役割に就き、またジョーイ・デフランセスコが第二キーボード奏者となった。この新しい八人構成で演奏した三曲が《ライヴ・アラウンド・ザ・ワールド》に収録されている。〈ヒューマン・ネイチャー〉の演奏は一九八八年十一月一日にオーストリアで録音され、〈イン・ア・サイレント・ウェイ〉と〈イントルーダー〉はニューヨークでの十二月十七日の二回目のコンサートでオープニングの二曲として使われたものだ。〈イン・ア・サイレント・ウェイ〉と〈イントルーダー〉は、どちらも消え去ることのない浮遊感がある曲であり、コンサートのオープニングを飾るには有効である。一九六九年のスタジオ録音を思い起こさせる〈イン・ア・サイレント・ウェイ〉は、これまでマイルスによってライブで演奏されたことはなく、まるで別の音楽世界からの曲であるかのように、空想的なサウンドを醸し出している。〈ヒューマン・ネイチャー〉では、マイルスが感動的で繊細なソロを吹いている間、バンドは軽快に、そして楽しげに演奏している。しかし、この曲はギャレットの披露の場となっており、彼の激しい長いソロ（終わりの部分は〈マイルストーンズ〉から取られた上昇コード進行に基づいている）が音楽をとてつもないクライマックスへと導く。

新年のコンサートの後、マイルスは気管支肺炎を患い、数週間おとなしくしていたものの、一九八九年三月末にはツアーに戻っていた。彼の力の衰えを示すひとつの兆しとして、その年に彼が行ったコンサートの数が、前の年の約半分の三十一回であったことがあげられる。そして、当然のように、バンドは再び変化を遂げる。デンマークに戻ったマリリン・メーザーの後任にムニャンゴ・ジャクソンが就き、ケイ赤城とジョン・ビーズリーがジョーイ・デフランセスコと「ツアー疲れ」を訴えていたアダム・ホルツマンの後を引き継ぐ。

《アマンドラ》が一九八九年春にリリースされ、それに続くヨーロッパ・ツアーはこのアルバムからの曲を取り上げる最初の機会となった。このツアーからの一曲が《ライヴ・アラウンド・ザ・ワールド》に収録されている。四月十二日に録音された悲しげでメランコリックな〈ミスター・パストリアス〉では、マイルスのオープン・トランペットが披露されている。もどかしいことに、録音は短縮されてしまっており、またマイルスの演奏も音がかすれているところが数カ所ある。しかし、それ以外は、強烈な雰囲気が会場に充満している。

六月にはビーズリーが再びホルツマンにその座を譲る。次のヨーロッパ・ツアーにはケニー・ギャレットが参加できなかったため、テナー・サックス奏者リック・マージッツァが三週間その代理を務めた。アダム・ホルツマンによると、マージッツァはバンドにうまく馴染めず、マイルスが普段よりも多くの演奏を強いられていたという。

《アマンドラ》からの曲が含まれている一九八九年の海賊版《ブートレグ》は、アレンジを多用したライブの方向性が頂点に達し、キッチュの領域に入り込んでしまう危険性があったことを示している。《アマンドラ》ではシンセサイザー・サウンドの軽さが賞賛すべき特質を与えていたが、ライブ演奏ではキーボードが目立ちすぎるレベルにミックスされていて、甘ったるいサウンドになってしまっている。さらに、バンドの演奏にも巧妙さがみられるようになってきていた。幸いにも、ホルツマンとメルツァーが《ライヴ・アラウンド・ザ・ワールド》に含めた一九八九年録音の二曲では、キーボードがうまく制御されている。マイルスの代表的な曲となっていた〈タイム・アフター・タイム〉は、ギャレットがフルートで参加した六月五日のシカゴでの演奏を録音したもので、感動的な表現となっている。これに対して、〈アマンドラ〉は優しく、ドラマチックに演奏されている。

一九八九年の新たな別の展開は、名ピアニストのケイ赤城にソロ演奏の時間が相当に与えられたことである。これについては、ワーナー・ブラザーズがリリースした一九八九年十一月三日のライブ録音、《マイルス・イン・パリ》のビデオでしか確認できない。活動の場を他に移したホルツマンは参加しておらず、エレクトリック・パーカッションはムニャンゴ・ジャクソンからジョン・ビンガムに代わっている（二人のメンバー変更は十月と九月にそれぞれ行われている）。このビデオの音楽は部分的に素晴らしいものとなっている。〈TUTU〉と〈ニュー・ブルース〉では、フォーリーの見事なソロが聴きどころとなっており、マイルスも長いソロを演奏している。同時に、海賊版《ブートレグ》に見られた巧妙さが、ここにも浸透してきている。大がかりなライトショーや彼のバンド・メンバーの名前が書かれたボードを掲げる一般向けの行為なども、マイルスのコンサートが生ぬるい、万人受けするエンターテイメントと化してしまった印象を与えていた。

残念ながら、ビデオ制作者は音楽についてもこれと全く同じように扱っている。コンサートの最もエキサイティングな部分が短縮されているだけでなく、音楽の上にマイルスのインタビューが重ねられてしまっているのだ。これは、「あらゆるフレーズに意味がある。だから俺はフレーズをひとつたりとも無駄にはしない」という音楽の神聖さについて語っているマイルスのコメントに対する裏切り行為である。この発言からすると、編集者のカットは茶番めいたもので、絶え間なく移り変わる映像を伴わない音楽や四分を超える長さの曲は退屈というMTV時代の嘆かわしい有害な考えを真に受けて作られたものであるように感じられる。

二カ月間休んだ後の一九九〇年二月、マイルスは再びツアーに戻った。四月十九日には若いシカゴ出身のベーシスト、リチャード・パターソンがデビューする。彼は、ランディ・ホール、ヴィンス・ウィルバーン・ジュニア、ボビー・アーヴィングを中心とするバンドで、フェルトン・クルーズの前任のベーシストだった。六月初旬にはさらなる変更があり、マイルスの二十歳になる息子のエリンがジョン・ビンガムに代わって参加した。エリンはこれまでにも、バンドのサポート・スタッフとして、マイルスと一緒にツアーに出ることがあった。彼はドラマーとして、多少の経験はあったものの、実力的にマイルスのライブ・バンドに参加するにはほど遠いと感じていた。

「とても苦労したよ」とエリンは回想する。「それまではただのエリンでいれば良かったのが、突然、期待に応えなければならない立場に置かれたのだからね。音楽を聴いていたり、クルーの一員でいたときの方がずっと楽しめた。ドラムを演奏しろと言われたら、ある程度はどうすればいいかわかる。でも、オクトパッド［デジタルパーカッション］なんて演奏したことがなかった。どのボタンが何をするものかわからなかったし、サンプリングとかもよく理解していなかったんだ。なにより問題だったのは、創造的な演奏を考え出すことだ。自分ではひどい演奏だったと思うんだけど、父は『そんなことはない』と言う。父はいろいろと助けてくれて、厳しいことは言わなかった。たぶん、バンドで演奏させることで、僕を成長させたいと思っていたのだろう」。
おそらく、他の二人の息子、グレゴリーとマイルス四世に対して、父親失格だったと感じていたマイルスは、過去の至らなかったところをエリンで埋め合わせしたかったのではないか。マイルスはエリンをバンドに加えただけでなく、〈リンクル〉と〈イントルーダー〉の作曲のクレジットを彼の息子に与えている。しかも、前者は〈スター・オン・シシリー〉の焼き直し《リメイク》であるにもかかわらずにである。「父の家でいくつかの曲に取り組んだ」とエリンは語る。「父が小型の四トラック・レコーダーを持っていて、父がいくつかのパートを演奏し、それに合わせて僕がドラム・ビートを書いた。〈リンクル〉と〈イントルーダー〉の二曲を手掛けて、どちらもすべて僕の功績にしてくれたんだ」。言うまでもなく、すべてのクレジットをエリンに与えることで、マイルスは出版権の半分をワーナー・ブラザーズに与えることを回避することができた。

パターソンとエリンが参加したバンドによる二曲、〈リンクル〉と〈TUTU〉が《ライヴ・アラウンド・ザ・ワールド》に収録されている。どちらも一九九〇年七月二十日にモントルーで録音されたものだ。ダリル・ジョーンズと同じように、パターソンもまた生まれ持った才能があり、彼のドライブ感のある感化力を〈リンクル〉で聴くことができる。この曲は半音階的《クロマチック》ファンクの方向性のバリエーションのひとつで、バンドは濃密でタイトな演奏を披露している。スタッカートの主題《テーマ》と徹底的にファンキーなベースリフを中心に構築されたこの曲では、パターソンだけでなく、冒頭部分で長いソロを演奏する赤城もその腕前を披露している。そして、マイルスの洗練された半音階的《クロマチック》フレーズがクロスリズムの上を踊るように舞う。マイルスは〈TUTU〉で、曲調が自然とアルトへと変化するまでの少しの間、ギャレットとデュエットを奏でている。〈TUTU〉はワーナー・ブラザーズ時代のマイルスのテーマ曲となっていた。ここではフォーリーによる素晴らしいサポートラインの演奏と刺激的なソロが聴きどころとなっており、マイルスはユーモアのあるトランペット・フレーズで観客の笑いを誘っている。

ヨーロッパ・ツアーの後、一九九〇年十一月から一九九一年三月までの間、バンドはライブ演奏を行っていない。マイルスの最後のコンサート演奏では、赤城に代わる新しいキーボード奏者としてデロン・ジョンソンが入り、バンドとしてはパーカッショニストを欠いていた。この時のバンドの構成は、マイルス、ギャレット、フォーリー、ジョンソン、パターソン、ウェルマンであった。マイルスの最後の六カ月におけるセクステットへの縮小は、創造的集中が徐々に終わりに近づいていることを示すものと解釈されてきたが、海賊版《ブートレグ》からはそう聴こえない。実際のところ、この最後のバンドは、おそらくここ数年間で最高のバンドではないだろうか。ジョンソンは、「オーケストラ」奏者としての出番は少なく、むしろマイルスが一九七〇年前後に雇っていたエレクトリック・ピアノ奏者のフリーなソロ演奏や伴奏のスタイルに近い演奏を行っている。一方、ウェルマンとパターソンは圧倒的かつファンキーなリズム隊を編成している。この小規模なバンド構成によって、これまでよりもインタープレイの機会や自由度が増し、一九八八年から一九九〇年のバンドを台なしにすることもあった低俗の境界線ギリギリの巧妙さから逃れられている。残念ながら、《ライヴ・アラウンド・ザ・ワールド》の最後の曲として収録された、一九九一年八月二十五日にハリウッド・ボウルで録音された〈ハンニバル〉が、このラインナップを証明する唯一の公式リリースとなっている。ここではバンドのタイトな演奏、軽快さ、そして余分なものを排除する手法が十分に示されている。[11]

*

ハリウッド・ボウルでのコンサートが、マイルスの生涯最後のコンサートとなった。「ハリウッド・ボウルでのコンサートから間もなくして、マイルスは喀血するようになり、病院に救急搬送された」とウェルマンは回想する。マイルスが入院したというニュースを聞いて、心底心配した者はほとんどいなかった。これまでにも、肺炎、入院、そして思いがけない回復というパターンが幾度となく繰り返されてきたからだ。唯一、「洞察力のある」マイルス本人だけは、発作が起きる前から、人生の終わりが近いことに気づいていたようだ。

「私たちは一九九一年九月の労働者の日《レイバーデイ》〔九月の第一月曜日〕の週末に病院に行きました」とジョー・ゲルバードは語る。「とても長い週末となり、周りには誰もいませんでした。病院では、ずっと彼と二人きりでした。彼はマイルス・デイヴィスですから、病院側も彼の好きなようにさせてくれました。それでも彼はずっと怒っていました。病院での最初の一週間、彼は点滴静脈注射を腕から引き抜いて、歩き回っていました。発作を起こす前日には、部屋で裸になって立ち上がっていて、その時も激怒していました。ただ、そこから出て行きたかったのと、死にたくなかったのです。それが最後の日になることをわかっていたようでした」。

イアン・カーは、呼吸を助けるために喉にチューブを入れるように医師が強く求めたことに対して、マイルスが激怒したことが発作につながったと書いているが、[12]ゲルバードはこれには異議を唱えている。「発作の後、彼は昏睡状態に陥り、集中治療室へと移されました。そして、そこから戻ってくることはありませんでした。その後の数週間、私たちは彼のために音楽をかけてあげました。彼も時々、私たちの手を握り返すことがありました。でも、手が少し動くだけで、それ以上のことは何も起きませんでした。彼の弟（ヴァーノン）、姉（ドロシー）、娘（シェリル）、そしてヴィンスがよく来てくれました」。

息子の中で、マイルスを見舞いに来たのはエリンだけだった。「父との関係は決して悪くなかった」とエリンは語る。「でも、僕がバンドを抜けてからは、不仲になり、あまり話をしなくなっていた。父が亡くなる一月前に病院へ会いに行き、そこでまた話ができるようになったのは不幸中の幸いだった」。

最終的にマイルスは二度目の発作を起こし、九月二十八日に息を引き取った。死因としては、呼吸器不全、糖尿病、心不全、肺炎、脳卒中、そしてエイズ関連の病気など、情報源によって様々な病名があげられている。例えば、オランダ・ポップ百科事典には、マイルスは「エイズ関連の合併症」によって死亡したと記載されている。[13] ピーター・シューカットは、「マイルスの病歴について詳しく述べることは差し控えるが、彼の死因は糖尿病の合併症だ」とコメントしている。

マイルスにまつわるエイズに関する言及は、米国内で論争の種となった。欧米におけるエイズに対する人々の意識としては、当時はまだ汚名とみなされがちで、犠牲者が非難や辱めを受けることも多かった。また、マイルスが憤慨して、激しく否定したことも、おそらく論争の一因となっている。彼は自伝に次のように書いている。「あれを見たときには、とても言いようがないくらいに頭にきた。もちろん真実じゃないが」[14]。マイルスは一九八九年のインタビューで、この噂についてシシリー・タイソンを非難している。「あれは絶対、前の女房が仕組んでいるぜ」と彼は語っている。「……俺は今エイズじゃないぜ。だが裁判沙汰にしようとは思わない」[15]。当然、「今」という言葉が含まれていることと、裁判に否定的な点が注目に値する。

ジョー・ゲルバードはこの件について触れることを拒み、次のように述べている。「マイルスの死は彼自身のものです。何が原因で彼が死んだのか、話すつもりはありません。人によっては、死ぬことも含め、自らの運命を悟っている人もいます。直感というものは皆が考えているよりも強いもので、説明のできない奥深いところに入り込んできます。ですから、私の気持ちとしては、彼が死ぬ時がきてしまった……ただそれだけです」。これとは対照的に、マイルスは入院するまで、死がさし迫っていることに気づいてはいなかったとドロシー・ウェバーは考えている。ウェバーは、マイルスが「積極的に将来の計画を立てていた」と断言しており、二枚組のCDを計画していたことや一九九二年のツアー日程を承諾していたという事実をあげている。

クインシー・トゥループは著書、『マイルス・アンド・ミー』において、エイズ問題に一石を投じている。「謎のウィルス」と題された節で、トゥループはマイルスがAZTを服用していたことについて触れている。[16] AZTは末期のエイズの発症を遅らせたり、抑制したりする目的で開発された薬である。そして、一九九一年にトゥループがモントルーとパリでの回顧コンサートとの関連で、マイルスがよく口にしていた「後ろを振り返ったら、死んでしまう」という言葉を冗談で持ち出したときには、正に痛いところを突かれたような反応を見せた。「マイルスは、口角泡を飛ばし、顔を紅潮させて激怒していた」とトゥループは書いている。「私は彼がそれほど怒る姿をみたことがなかった。彼は怒り狂っていた」[17]。

マイルスがエイズだったという主張に関連して、もうひとつタブーとなっているのが、彼の性的指向についてである。ホモセクシャルな面を指摘する噂は絶えず存在しており、彼がゲイ・アイコンとして扱われることも珍しくなかった。イアン・カーは、マイルスはバイセクシャルだったと主張しているが[18]、不思議なことにそれを裏付ける詳細は示されていない。クインシー・トゥループは、マイルスがホモセクシャルな関係を持っていたという噂の存在について言及している[19]。しかし、本書でインタビューした人たちと同じように、トゥループもホモセクシャルな関係を目撃したことは一度もなかった。「彼は人生で一度も男性とセックスをしたことはありません。彼の興味は常に女性に向いていました」とジョー・ゲルバードはコメントしている。実際、マイルスにはゲイの友人が数多くいた。しかし、結局のところ、マイルスがいかに無思慮であったかを考えると、彼が強いホモセクシャルの面を隠し通せるとは思えない。そして、彼がエイズだったという主張に対する答えを見つけなければならないとしたら、可能性としては、薬物を使用していた時期の汚染された注射針や七〇年代と八〇年代に受けた輸血が原因として考えられる。また、ジム・ローズの説明によると、八〇年代に「彼は世界中のあちこちでハリ治療を受けていた。その時に使われていたハリが本当に清潔なものだったのか、誰にもわからない」。

私たちがマイルスの本当の死因について知ることは難しそうである。しかし、それはたいして重要なことではない。マイルスは数年前から、残された時間が限られていることに気づいており、それが彼の選択を方向付けていたというゲルバードの証言こそが重要である。ドロシー・ウェバーは異議を唱えているが、第二章で述べた一九九一年七月のモントルーとパリでの回顧コンサートにマイルスが柄にもなく参加したのは、彼が死を予期していて、その気になったためと考えられる。ゲルバードは、この「洞察力」が、マイルスにとって重荷となっていたことも指摘している。特に、彼が欲していた名声をようやく手に入れ、ジョー・ゲルバードと彼の人生において、最も充実して安定した関係を築くことができていた、まさにその時期に彼は死の訪れを察知していたのである。

「私たちがようやく結ばれようとしていたその時に、彼はこの世を去りました」とジョー・ゲルバードは語っている。「私の離婚が成立しかかっていて、最後の夏のヨーロッパ・ツアーは、二人にとっての新婚旅行のようなものでした。私は自由の身となり、晴れて彼と一緒になれるはずでした。彼はずっと幸せそうでした。でも、幸せを感じれば感じるほど、苦しみも増していたようでした。もうすぐ死ぬであろうことがわかっていたからです。二人にとっての最後の年は、彼の死によって最悪な年となってしまいました。まるでシェークスピアの悲劇のように」。

告別式は一九九一年十月五日にニューヨークで行われた。クインシー・トゥループ、ハービー・ハンコック、ビル・コスビー、ジェシー・ジャクソンらが弔辞を述べ、プリンスからの弔電が読み上げられた。マイルスは彼のトランペットと他の私物とともに、ニューヨークのブロンクスにあるウッドローン墓地で眠りについた。彼がこれまでの活動歴において有効に用いてきた沈黙が、それ以降、彼が奏でる唯一の音《ノート》となった。

コーダ――最終章

俺は変わっていかなきゃいけないんだ。これは祟りのようなもんだな。
――マイルス・デイヴィス、一九六九年

今では祟りではないとわかった、これは神の恵みだ！
――マイルス・デイヴィス、一九八六年[1]

マイルスは最後の最も過激な変化を神の恵みと捉えることはできなかったが、自身の無常性の問題については真剣に考えていた。マイルスは一九八七年に「その時がきても、本当に死ぬとは思っていない。魂はずっと残る」と語っている。[2] その二年後、彼は次のように語っている。「人が死ぬとは思わないのさ。……何がどうなるかはわからない。だがみんな、戻ってきて周りのどこかにいるはずだ。……思考が消えてしまうとは思っていない。……思考はずっとそこに残っているんだ。……(ちょうど)音楽が空中のどこかをさまよっているようにな。そして、いつの日か誰かがそれに気付くのさ[3]」。クインシー・トゥループも『マイルス・アンド・ミー』の中で、マイルスが、すでにこの世を去った彼の身近な仲間たち、ギル・エヴァンスや他のミュージシャンなどと、まるで彼らが生きているかのように話をしていたと記している。

人は死なないという考えは、禅の中心的な概念でもあるが、そこまで文字通りには受け取られていない。人の魂が物理的な死を超えて存在し続けるというよりも、あらゆるものが関わり合っているという認識の中に永遠の生命が宿る、というのが禅の考え方である。私たちの行動はあらゆるもの、あらゆる人に影響を及ぼし、その影響が永久に波及し続ける。私たちが残す延々と続く足跡の中に、永遠の生命があるのだ。マイルスが死亡したのは一九九一年であったため、彼は二十世紀のアーティストに区分されることになる。しかし、彼が音楽やその方法論において残した足跡、そして彼の気づきと教えは、二十一世紀においてもなお生き続けている。ちょうどマイルスがその卓越した沈黙の使い方によって彼の音楽に力と深みを与えていたように、彼が死後に残した沈黙の中で、彼の遺産がより力強く、そして意味深く鳴り響いている。彼が残したアコースティックおよびエレクトリックの遺産により、ビートルズやイーゴリ・ストラヴィンスキーらと肩を並べる、二十世紀の偉大なミュージシャンの一人として、マイルスの名声は生前にも増して高まっている。

マイルスは長きにわたり、ジャズ史上最も偉大なアーティストの一人として認識されてきたが、彼のエレクトリック・ミュージックが再評価されはじめたのは最近になってからのことだ。マイルスのエレクトリック作品の中でも《イン・ア・サイレント・ウェイ》と《ビッチェズ・ブリュー》は、リリース直後から、重要かつ影響力の大きい画期的な作品と認識されていた。二十世紀の終わりには、《オン・ザ・コーナー》が、その実験性と循環リズムにより、ダンス・ミュージック界で話題となり、理解と認識を得ている。また、ビル・ラズウェルの《パンサラッサ》は一九六九年から一九七五年までのエレクトリック・ミュージックに対する新たな関心を集め、トランペッターのマーク・アイシャムは《マイルス・リメンバード――サイレント・ウェイ・プロジェクト》(一九九九年)でこの音楽をさらに発展させ、ギタリストのヘンリー・カイザーとトランペッターのワダダ・レオ・スミスも《ヨ・マイルス!》(一九九八年)と《ヨ・マイルス!――アップリヴァー/ダウンリヴァー》(二〇〇一年)でそれに倣った。

ライターのジョナサン・ロムニーは *Return to the Music That Time Forgot* と題する記事で、一九六九年から一九七五年までのマイルスの音楽について、「マイルスのフュージョンは、スタイルやジャンルではなく、姿勢であり、時間、空間、そして密度の観点から音楽を考える方法だった」と述べている。(4) マーク・アイシャムもロムニーの意見を支持しており、次のように語っている。「音楽としては非常にオープンなものであり、それぞれのプレイヤーが常に、真剣に音を聴き、バンドが一体となって常に一〇〇パーセントの演奏をすることが求められた。一秒たりとも気を抜くことは許されない。もし、形式的な演奏しかできていなければ、音楽はとたんにつまらないものになってしまうだろう。しかし、バンドとしての演奏ができていれば、世界中で最もエキサイティングな音楽となる」。

「この音楽はライブ演奏でこそ活きるものだ」とヘンリー・カイザーも同様の意見を述べている。「マイルスがやっていたのと同じアプローチで音楽を演奏し、体験できたことは、本当に興味深かった。まるで新しい発見をするための扉のようなものだ。演奏するたびに、以前とは違った感情、新しい色彩、未知の音楽領域、そしてプレイヤー間での異なる関係性を発見する瞬間があった」。

「一九七三年から一九七五年までのマイルスの音楽は、これまでに作られた音楽の中で最も重要な部類に入るものだと、ずっと思っていた」とレオ・スミスと付け加えている。「ほぼすべての同業者とは違った方向に、マイルスは進んでいた。彼の作品は、どの時代のどんな音楽とも比べようのない、独自の概念構造に基づくものだった。おそらく、その最も卓越した部分が、フレージングの概念を完全に変えてしまったところだろう。もはや、長く、弧を描くようなフレーズは使われなくなった。ハーモニーの進行を言語として用いるのではなく、核となる短い複数の音《ノート》を即興演奏《インプロヴィゼーション》の基礎として使うという概念が、彼の音楽にはあった。音楽自体は非常に長いものであっても、実際には五本の指しか使われていないという、他とは全く違った概念設計だ。これはアフリカの音楽に根ざした新しい言語だ。今日、こうした音楽が見直されているのは、面白いことが何も起きていないからだ。人々は退屈してしまっていて、創造性の刺激から遠ざかっている。だから、すでに人がやったことを見直すようになってきたんだ。そして、この音楽が重要で、説得力のあるものだからだ」。

　イギリスのダンス・バンド、アンダーワールドのカール・ハイドは、全く異なる音楽領域の観点からコメントしている。「ダブやダンス・ミュージックと同じように、ピュアなサウンド、旋律、音質が、音楽の重要な要素となっている。そして、魅惑的なまでに素晴らしい、間《スペース》の取り方の感覚。僕自身、ここからギターの演奏の仕方や間《スペース》の考え方について大きな影響を受けた」。

　マイルスの六〇年代と七〇年代のエレクトリック音楽の実験的な試みに関する再発見と再評価が進む一方で、彼の一九八一年から一九九一年までの音楽に対する同様の関心は見られない。これについては、一九八一年から一九九一年までの音楽は新たな音楽パラダイムに踏み込んでいないため、遅まきの再評価の誘因にならないというのが最もわかりやすい説明だ。ケン・ウィルバーの言葉を借りると、単なる「変換《トランスレーション》」であり、「超越」ではないということだ。唯一の例外が、半音階的《クロマチック》ファンクのアプローチであり、これには超越の要素がある。しかし、これも彼の八〇年代のレパートリーにおける、数多くの構成要素のひとつに過ぎない。

　今日、マイルスの一九八一年から一九九一年までの音楽が超越的なものではなかったことについて、意見の相違はほとんど見られないが、何故かという疑問が残る。ひとつの理由としては、彼が音楽シーンから姿を消していた悪夢のような五年間を経て、以前の高みに達するのに必要なトランペットの技術、肉体的スタミナ、そして創作意欲が戻らなかったことが考えられる。この主張を裏付ける証言もある。彼の最後の誕生日である一九九一年五月二十六日に、マイルス自身が「停滞期」にあると話していたとエムトゥーメは語っている。エムトゥーメはパーカッショニストとして、マイルスのバンドの中で最も物議を醸した画期的なバンド、七〇年代中期のファンク集団で中心的な役割を果たしてきた。これと比べると、後のすべてのマイルスのバンドは、どうしても精彩を欠いているように見えてしまう。一九七〇年代中期の音楽の極度なまでの密度と激しさは、演奏者の心と体に多大な負担を強いていた。したがって、カムバック後に、彼がもはやこのような極端な領域へと進出する意欲を持てなかったとしても理解できる。

しかし、一九七六年以前と同レベルの身体能力、創造力、トランペットの演奏技術を有していたかどうかにかかわらず、彼が一九八一年から一九九一年までの期間に真の超越をなしえなかった根本的な理由が存在する。この説明には、以前の章で述べてきた、彼の作業手順の核心について触れる必要がある。彼の音楽活動を通じて、マイルスの最大の長所のひとつは、時代精神の鼓動を正確につかみ取り、その時代の音楽を超越して包含する能力であった。ビバップ、ハード・バップ、モーダル・バップ、オーケストラ・ジャズ、アヴァン・バップ、アンビエント・ジャズ、あるいはジャズ・ロックなど、彼が最前線に立ってきた方向性は自ら考案したわけではない。しかし、ジョン・オーブリー的な才能を発揮して、他の者には無作為に並んだ単なる岩の集まりにしか見えなかったところに、ストーンサークルを見つけたのである。一九七六年以前の西洋音楽、特にアメリカの音楽カルチャーは、音楽的革新の荒波にもまれていた。さまざまなジャンルや新しい方向性が、驚くべき頻度で生まれていた。言い換えると、マイルスにとって、見つけ出し、探求し、超越する対象となるストーンサークルが数多く存在していたことになる。しかし、こうした革新の湧き出る泉も七〇年代の終わりには枯渇しはじめる。その結果、沈黙期の後にマイルスが音楽の世界に戻ってきたときには、彼が超越して包含できる新しいストーンサークルがほとんど存在していなかった。[5]

このような制限された状況において、マイルスはできる限りのことをやったとも考えられる。八〇年代に起きた三つの新しい音楽の発展を取り入れたのは、彼が絶えず変化を追い求めていたことの表れだろう。ひとつ目はMIDI技術の到来、二つ目がロックとジャズへのワールド・ミュージックの融合、そして三つ目がラップとダンス・ミュージックの開拓である。第十三章で簡単に触れたように、マイルスがMIDI技術とワールド・ミュージックを説得力のある方法で融合できたという事実は偉業と言っていい。四十代や五十代になったロックスターが、過去の自身のパロディーのように目に映ったり、聴こえはじめることがよくある。最先端にいると見せかけようと、いきなり最新の音楽の流行に飛びついたときなどが特にそうである。逆に、アーティストが同じことを繰り返しているだけでは、人々の関心が薄れていってしまう。最後の十年間に、マイルスはわずかな超越しか成し遂げることができなかったが、その最大の業績のひとつは、六十代にしてなお、最新かつ新鮮なサウンドを生み出し、素晴らしい音楽を演奏し、芸術的威厳を保ち続け、窮地に陥ったときにみせる気品を示していたことである。こうして、マイルスは六〇年代カウンターカルチャーのモットーを身をもって実践した――老いる前に、彼は六十五歳でこの世を去った。

一九八〇年代半ばに、マイルスはインタビューで、「あなたの人生で、新しいキャリアがはじまったと感じたことは何回ありますか?」と質問されたことがあった。マイルスは憤慨した様子で、声を荒げてこう言った。「俺はひとつのキャリアにしか就いていない。音楽だ。俺は七歳のときに心に決めたんだ。

ミュージシャンになるとな。それがすべてだ」。質問者が「それでは、ずっと一本の道を通ってきたということですか？」としつこく聞くと、「そういうことだ」とマイルスは答えている。[6]

　彼の一九七六年以前の音楽と同様に、マイルスの一九八一年から一九九一年までの音楽のルーツもまたセントルイスの幼少時代に遡ることができる。マイルスの八〇年代のライブ・バンドは彼の活動歴を「要約」したものだとアダム・ホルツマンは論じている。「僕らは二回のツアーを行ったが、ほとんどジャズに近いもので、〈ミスター・パストリアス〉にはスウィング感のあるドラムとウォーキング・ベースラインが入っていた」とホルツマンは語る。「そうかと思うと、〈カーニバル・タイム〉の狂ったようなパーカッションやら、〈ヘヴィ・メタル〉や〈ザ・セネト〉といったぶっ飛んだ曲など、ありとあらゆるものが詰め込まれていた。さらには、〈タイム・アフター・タイム〉のようなメロディックな曲、そしてギル・エヴァンスから影響を受けたマーカス・ミラーのオーケストラ曲。八〇年代の終わりに僕らが演奏していたセットは、ある意味、彼の全活動歴が垣間見られるものだったように思う。マイルスが実際にどう考えていたかはわからないが、これを締めくくりにしようと思っていたのかもしれないな」。

　つまり、マイルスの最後の時期は、彼が音楽活動を通じて追い求めてきた、様々な方向性の変換《トランスレーション》に費やされていたという指摘だ。マイルスが一九四九年と一九五〇年に《クールの誕生》で自らの音楽の進路を示した最初の試みと、彼の最後の数年間におけるオーケストラ的なサウンドの方向性への回帰の対称性は、確かに注目に値する。さらに、「ずっと一本の道を通ってきた」という説明は、マイルスの音楽だけでなく、彼の姿勢や音楽の手法においても当てはまるものだ。

　「人生の最後を迎えるまで、マイルスは自分自身を繰り返さないこと、そして評論家や一般大衆あるいはレコード会社によって型にはめられないことが必要だと信じていた」とレジー・ルーカスはコメントしている。「マイルスはアーティストに関して非常に純粋な考えを持っていて、ミュージシャンもまたアーティストとして、その分野のミューズ〔詩歌、音楽、舞踊、芸術、学問などをつかさどる女神〕に仕えるべきという考えを信じていた。おそらく、彼はそれを真の創造的精神として正しく認識していて、ジャズ・ミュージシャンとしての伝説的な地位によって課せられる制約に嫌悪感を抱いていたんじゃないかな。彼は死ぬまで同じスタンダート曲を繰り返し演奏することを望まなかった」。

　「マイルスの性格と彼の音楽は、人生とは何か、どのように生きるべきか、そして音楽とは何か、どのように制作すべきか、という基本的な概念について考えさせ、再評価を強いるものだった。人によっては難しいことだ。安全な場所に留まることを望む人が多いからね。こういった人たちは変化を恐れる。彼らにとって、人生の目標はできるだけ多く、人に認められるものを作り出すことであり、そのためには平凡で月並みなものがどんなに含まれていようが関係ない。マイルスはそういうことを忌み嫌っていた。彼の目標は、いつでも可能な限り、独自性のある革新的な表現を創造することだった。彼は芸術的な自己満足と平凡さを最も軽蔑していた」。

＊

マイルスが耐えてきた容赦ない批判による攻撃と肉体的な苦痛、そして一人の人間として直面してきた明らかな問題の数々を理解した上で考えると、「独自性のある革新的な表現」のために彼が続けてきた献身的努力は、実に勇気ある行動であった。ここで、学者ジョーゼフ・キャンベルが有名な著書、『千の顔を持つ英雄』で概説している神話の枠組みを用いて、マイルスの音楽的遺産と人生について解釈してみたい。キャンベルは、英雄の旅路こそが、あらゆる人類の文化において見られる、時代を超えた物語であると説明している。英雄は、安全な日々の生活を捨て、自分自身よりも大きい、または自分以外の大儀に人生を捧げる。通常の人間が体験する範囲を超えて、試練、誘惑、苦難に打ち勝ち、世界に対する考え方や見方が変わることによって、意識の変容を実現する。そして、最後に、英雄は故郷へと戻り、彼の発見と新たな意識の恩恵を仲間たちと共有する。

マイルスは、この神話の英雄が持つ千の顔のひとつであった。彼が人生を捧げた大儀が音楽であり、彼が旅してきた未開の地、彼が経験してきた試練と苦難については、本書で詳細に述べてきた。そして、英雄の物語に忠実に、マイルスは獲得した意識を彼の音楽、手法、優れた聴く意識を通じて共有すべく、全力を尽くした。彼はまた、例えば、人種的平等に対する現代意識といった、別の次元での開拓や指導も行ってきた。私たちは今になってようやく、彼の意識が、新たに生まれた実存主義的世界観を示すものであることを認識しはじめた。マイルスはこの二十一世紀のパラダイムの先駆者の一人だった。

マイルスの作業手順、つまり彼がミュージシャンたちを教えた手法は、新しいスピリチュアル型のリーダーシップであったとも解釈できる。彼は、奴隷のような信奉者を期待したり、バンド・メンバーに自分が望むことを強要したりするような、古いタイプのリーダーではなかった。あるいは、自らの地位を高めるようなリーダーシップを取ることもなかった。バンド・メンバーに彼の高潔な大儀を受け入れさせようと、一席ぶつようなことは決してなかった。その代わりに、本当に意味のある、今ここでの音楽を創造するという神聖な目的に彼とともに仕えることをメンバーに期待した。外から圧力をかけるのではなく、マイルスは自らのリーダーシップで、ミュージシャンたちに内在する未知なる力を結集させた。彼のサイドマンの多くは、彼ら自身では、マイルスと一緒だったころと同じピークに達することができずにいるが、彼らの成長と自己発見は本物だった。彼らの演奏は例外なく、マイルスと一緒に演奏した後の方が、それ以前よりも良くなっている。マイルスは、彼らが未開の地を発掘し、異なるレベルの意識を開拓するのを助けた。

一九八一年から一九九一年にかけてマイルスと一緒に演奏し

たミュージシャンの証言は、彼の存在とリーダーシップが、一九七六年以前の彼のミュージシャンに与えてきたものと同程度に刺激的であったことを示している。ただし、晩年におけるマイルスの役割には変化が見られた。第二期クインテットとそのすぐ後のバンドでは、彼は同輩中のリーダーであった。七三〜七五年のバンド、そして八一〜八三年のバンドでも、彼は若いミュージシャンから父親のような存在として見られていたが、集団的な音楽制作における強い相互関係が依然として存在していた。しかし、マーカス・ミラー、マイク・スターン、ジョン・スコフィールド、ボブ・バーグといった腕利きのプレイヤーがバンドを去るにつれて、こうした相互関係は徐々に失われていった。マイルスはますます音楽の指導者的役割を担うようになり、彼の短い一言による指示も、自分よりも一世代どころか二世代も若いミュージシャンに向けた詳細で具体的な指示へと変わっていった。

デイヴ・リーブマンは、八〇年代にマイルスが数多くのインタビューに応じていたことについて、彼が音楽の指導者的役割を果たしていたことを示す公的な証だと解釈している。「八〇年代に彼は、それまで以上に、音楽の師範《グランドマスター》のように振る舞うようになった」とデイヴ・リーブマンはコメントしている。「以前から、いつまでも若くいたいと努力を続け、どうにか若さを保ってきたが、彼も遂に五十代、そして六十代になってしまった。彼があれほど多くのインタビューを受け、自伝を書き、人と話をするようになったという事実……彼はずっと社交的になり、まるで彼が持っていた優れた知識や知恵を分け与えているようだった」[7]。

この「優れた知識や知恵」は今日においてもなお、ミュージシャンのインスピレーションとなっている。「マイルスがライブで状況を一変させたり、自分自身を作り変えたりするやり方は、僕にとってとても重要なことだった」とカール・ハイドは語る。「僕がいつも思い浮かべるのが、『集中しろ、ただし完全に自由《フリー》でいろ』という彼の言葉だ。マイルスのギグでは、いかに自分の先入観を捨てられるかが重要だった。例えば、『これは今夜はじめてやるんだ。レコードのことは忘れろ。これまでに聴いたことも忘れろ。重要と思えること、音楽の考え方、それもすべて忘れろ』という感じでね。この考え方は、僕ら自身のショーでも中心的なものとなった。マイルスがそれを教えてくれたんだ」。

マイルスは高められた意識を音楽や手法に変換《トランスレーション》することには非常に長けていた一方で、私生活のエピソードから明らかなように、傷ついた英雄でもあった。苦痛に悩まされた孤独な男であり、旅の道のりで英雄となり得るかが試されるいくつかの誘惑（権力、欲望、快楽主義）にも屈し、そのために彼の生い立ちに起因する個人的な問題を実際に超越することができなかった。彼の邪悪な面《ダーク》、薬物乱用、言葉による暴力、身体的暴力、そして死に瀕してなお持ち続けた激しい怒りがそれを証明している。ここでひとつの疑問が沸いてくる。彼の邪悪な面《ダーク》は、その作品の評価に関係するだろうか？　彼が示した実存主義パラダイムの側面からマイルスを見ると、その答えはイエスである。ケン・ウィルバーは、現在薄れてきている合理主義パラダイムにおいて、芸術、科学、宗教、道徳が分離されたこと、そしてそれによって科学のための科学、あるいは芸術のための芸術といった態度が形成され、自己陶酔的あるいは虚無的な結果が生じたと概説している。

しかし、新たに生まれてきた実存主義パラダイムの最初の兆候が、科学者は自らの発見や発明の道徳的および社会的な意味について責任を負う必要があるという要求の中に見られる。そしてまた、同じことがアーティストにも求められるようになってきている。数十年前までは、アーティストの私生活は彼らの芸術とは何ら関係のないものとみなされていた。ところが、最近では、アーティスト（およびその他の著名人）のプライベートな面での欠点を暴露することが当たり前になっている。これは、部分的には嘆かわしい扇情主義への傾向から生じたものであるとしても、こうした変化は、個人的なものと社会的なものが相互に関係しており、芸術、科学、道徳、宗教を無関係なものとして分離することが自滅的で破壊的な行為であるという考え方を示す良い例となっている。しかし、取り組むべき難題は、合理主義パラダイム前の時代のように、これらの異なる人間の経験領域を再び同一視するのではなく、個々の性質と独立性を維持しながら、これらを融合することである。

この観点からすると、自伝が出版されて以降生じている、マイルスの個人的な行動に対する攻撃は、一歩前進とも言える。彼が私生活でしてきたことは問題である。しかし、ある女性に対する暴力によって、彼の音楽的遺産を否定することは、合理主義パラダイム前のパラダイムへの退行を意味する。二十一世紀の実存主義的世界観から、マイルスの存在のすべての側面を網羅した上で、彼の偉大な業績を否定したり、深みに落ち込んでいた事実を抹消したりすることのない、総合的な見方が必要とされている。

これに関しては、シンガーのジョニ・ミッチェルが、マイルスの人生すべてについて、バランスの取れた評価を行っている。「私の二人の守護聖人、マイルスとピカソはどちらも怪物《モンスター》です」とミッチェルは語る。「それでも私はこの二人を死ぬほど愛しています。彼らはあくなき創造の精神を持ち続け、長距離走者のように、芸術に一生をささげた人たちでした。どちらも死ぬまで自分自身を作り変えようとしていました。そうする必要があったからです。それには燃料が必要でした。それであの二人は、自分の周りの人たちを食いつくしてしまったために、他の人たちからは怪物《モンスター》に見えたのでしょう。ピカソは炎を燃やし続けるために、もめごとばかり起こしていました。それも、その神性ゆえに、すべて許されるべきです。芸術への献身から怪物《モンスター》となり、きわめて自己中心的に見えてしまったのです。でも、ある意味、奇妙な話です。無私無欲と自己中心的、まるで陰と陽のように、そうならざるを得なかったのですから[8]」。

本書の証言やそれに付随するマイルスのエレクトリック・ミュージックとその影響の分析からも、同じような結論が導き出せる。その破滅的な面にもかかわらず、マイルス・デイヴィスは、彼を知る圧倒的多数の人々、さらには世界中の人々と音楽文化に生気を与える圧倒的な影響を及ぼした。そして最後に、暗黒の王子《プリンス・オブ・ダークネス》の人生のバランスは、光の方向へと大きく傾いた。多くの人々が、セックスとドラッグとロックとジャズにまみれた生活と、並外れた音楽的およびスピリチュアルな意識とが不思議にも隣り合っているという事実に驚き、なぜ彼が個人レベルでそこまでひどく落ち込むことがあった一方で、彼の芸術においてあれだけの高みに到達することができたのか、という謎について考えることだろう。そして、最後には、「マイルス・デューイ・デイヴィス三世とは何者だったのか？」という、簡単だが答えられない問いを投げかけることになるのだろう。しかし、結局のところ、私たちにできることは、詩人ライナー・マリア・リルケの次の言葉に尽きる。「今はあなたは問いを生きてください。そうすればおそらくあなたは次第に、それと気づくことなく、ある遥かな日に、答えの中へ生きて行かれることになりましょう[9]」。

　彼が私たち自身の潜在的可能性を見せてくれた鏡をかざし、自分が知っている以上のことをやるという彼が与えてくれた助言を心に留め、これらの問いを私たちは生きる。彼の言葉、音楽、そして消えることのない存在感の行間に耳を傾けながら。

註

イントロダクション

（1） Quincy Troupe, "Overview Essay-Bitches Brew," in *The Complete Bitches Brew Sessions* (Columbia/Legacy, 1998), 41.〔クインシー・トゥループ「オーバーヴュー」小川隆夫訳、《ザ・コンプリート・ビッチェズ・ブリュー・セッションズ》〕

（2） Joel Lewis, "Running the Voodoo Down," *The Wire* (December 1994): 21.

（3） こうした考えは、例えば、ケン・バーンズとジェフリー・C・ワードの著書 *Jazz: A History of America's Music* から透けて見える。これに関する簡単な説明については、第三章を参照。

（4） 筆者は音楽美学の分野における、音楽と言語の間の類似点に関する議論について承知している。本書では「言語」という言葉を純粋にひとつの例えとして用いているのであって、こうした議論について何ら示唆するものではない。

（5） Miles Davis and Quincy Troupe, *Miles: The Autobiography* (London: Picador, 1990), 313.〔マイルス・デイヴィス／クインシー・トゥループ『マイルス・デイヴィス自伝』中山康樹訳、シンコーミュージック・エンタテイメント、二〇一五年〕

（6） Jack Chambers, *Milestones II: The Music and Times of Miles Davis Since 1960* (New York: Da Capo Press, 1998), 237.

（7） Ibid., "Introduction, Freaky Deaky 1980-91," vii.

（8） Bill Kirchner, ed., *A Miles Davis Reader* (London: Smithsonian Institution Press, 1997), 3.

（9） Gene Santoro, "Miles Davis, Part 1: The Enabler," *Down Beat* (October 1988): 24.〔ジーン・サントーロ「マイルス・デイヴィス——実現者 パート1」、フランク・アルカイヤー編『マイルス・デイヴィス・リーダー』上西園誠訳、シンコーミュージック・エンタテイメント、二〇〇九年〕

(10)　さらなる情報については、Marshall B. Rosenberg, *Nonviolent Communication: A Language of Compassion*（Del Mar, California: PuddleDancer Press, 1999）を参照。

第一章

(1)　一九八六年、ベン・シドランへの言及。Sidran, "Talking Jazz," in *The Miles Davis Companion: Four Decades of Commentary* ed. Gary Carner（London: Omnibus Press, 1996）, 196.〔ベン・シドラン「マイルス・デイヴィス」、ポール・メイハー&マイケル・ドーア編『マイルス・オン・マイルス――マイルス・デイヴィスインタビュー選集』中山康樹監修、中山啓子訳、宝島社、二〇一一年〕

(2)　Todd Coolman, "The Quintet," *Miles Davis Quintet 1965-1968*（Columbia/Legacy: 1998）, 58.〔トッド・クールマン「ザ・クインテット」安江幸子訳、《ザ・コンプリート・マイルス・デイヴィス・クインテット 1965~1968》〕ゲイリー・ピーコックは、一九六〇年代中期の第二期グレート・クインテットで、ベーシストのロン・カーターがライブ演奏に参加できないときに、定期的に代役を務めたミュージシャンの一人。

(3)　デイヴ・ホランドへの言及。筆者によるインタビューから引用。本書の注釈なしの引用句はすべて、筆者によるインタビューからの引用である。

(4)　デイヴ・ホランドへの言及。Ian Carr, *Miles Davis: The Definitive Biography*（London: HarperCollins Publishers, 1998）, 247.

(5)　サックス奏者ウェイン・ショーターへの言及。ショーターに対するインタビューからの引用。London edition of *Time Out* in May of 1999.

(6)　Nat Hentoff, "Miles's Jazz Life," in Carner, *Miles Davis Companion*, 71.

(7)　一九六八年、レナード・フェザーへの言及。Feather, "The Blindfold Tests," in Kirchner, *Miles Davis Reader*, 134.

(8)　James Rotondi, "In a Not So Silent Way: The Guitar Legacy of Miles Davis," *Guitar Player*（March 1992）: 91.

(9)　Ibid., 88.

(10)　Amiri Baraka, "Miles Davis: 'One of the Great Motherfuckers,'" in Kirchner, *Miles Davis Reader*, 68.

(11)　*Days with Miles*, directed by Per Møller-Hansen, Danish Television, 1986, video.

(12)　Keith Jarrett, Gary Peacock, and Jack DeJohnette, from the liner notes of the CD *Bye Bye Blackbird*（ECM, 1993）.〔キース・ジャレット、ゲイリー・ピーコック、ジャック・ディジョネット（ライナーノーツ）、キース・ジャレット・トリオ《バイ・バイ・ブラックバード》〕マイルスの死から二週間後に録音されたトリビュート盤CD。

(13)　*Miles & Quincy: Live at Montreux*, directed by Gavin Taylor, Rudi Dolezal, and Hannes Rossacher, Warner Music Vision, 1991, video.

(14)　Chris Albertson, "The Unmasking of Miles Davis," in Carner, *Miles Davis Companion*, 195.〔クリス・アルバートソン「マイルス・デイヴィスの仮面を剥ぐ」、『マイルス・オン・マイルス』〕

(15)　Davis and Troupe, *Miles*, 302.〔『マイルス・デイヴィス自伝』〕

(16)　Chambers, *Milestones II*, 192.

(17)　Ibid., 192.

(18)　*Miles Ahead: The Music of Miles Davis*, written and directed by Mark Obenhaus, Public Broadcasting Service, 1986, video.

(19)　Davis and Troupe, *Miles*, v and viii.〔『マイルス・デイヴィス自伝』〕

(20)　John Ephland, “Miles to Go,” *Down Beat*（October 1988): 19.〔ジョン・エフランド「マイルス・トゥ・ゴー」、『マイルス・デイヴィス・リーダー』〕

(21)　Bob Doerschuk, “Miles Davis: The Picasso of Invisible Art,” *Keyboard*（October 1987): 71.〔ロバート・L・ダワーシャック「マイルス・デイヴィス――不可視の芸術におけるピカソ」、『マイルス・オン・マイルス』〕

(22)　*Miles & Quincy: Live at Montreux*.

(23)　Jarrett, Peacock, and DeJohnette, *Bye Bye Blackbird*.〔《バイ・バイ・ブラックバード》〕

(24)　*In Echoes of a Genius: Miles Davis in Europe*, documentary made by Ulli Pfau, and produced by Brilliant Media in Hamburg, Germany, 1999.

(25)　《オーラ》のオリジナル・ライナーノーツでのパレ・ミッケルボルグによる指摘。二〇〇〇年再発盤CDライナーノーツに転載。

(26)　Rotondi, “Not So Silent Way,” 91.

(27)　Joachim-Ernst Berendt, *The World Is Sound, Nada Bhrama: Music and the Landscape of Consciousness*（Rochester, Vermont: Destiny Books, 1991), 139.

(28)　Ibid., 140.

(29)　Ibid., 148-149.

(30)　Davis and Troupe, *Miles*, 401.〔『マイルス・デイヴィス自伝』〕

(31)　Eric Nisenson, *'Round about Midnight: A Portrait of Miles Davis*（New York: Da Capo Press, 1996), xix.

(32)　Quincy Troupe, *Miles and Me*（Berkeley, California: University of California Press, 2000), 71.〔クインシー・トゥループ『マイルス・アンド・ミー』中山康樹監修、中山啓子訳、河出書房新社、二〇〇一年〕

(33)　Robert Fripp, *The Act of Music*（Charlestown, West Virginia: Guitar Craft Services, 1989), 10. フリップは音楽、ギター指導、音楽パフォーマンスに関する一連の教育的な研究論文や記事を自費出版しており、マイルスが直観的に説いてきた多くのことについて、そこで体系的な説明を試みている。意義深いことに、フリップはスピリチュアルな思想から影響を受けており、彼の文章からは禅のニュアンスが強く感じられる。彼はまた、アレクサンダー・テクニークを取り入れた教え方を導入している。動き方、座り方、立ち方に意識を向けさせるアレクサンダー・テクニークは、「西洋の禅」とも呼ばれている。

(34)　Leonard Feather, “Miles Smiles,” in Carner, *Miles Davis Companion*, 121.〔レナード・フェザー「マイルス」、『マイルス・オン・マイルス』〕このような方向転換が、真の意味でパラダイムシフトと呼べるかどうかについての評価は、ジャズの表現形式に精通した評論家に委ねたい。

(35)　Quincy Troupe, Steve Rowland, Jay Allison, and Danny Glover. *The Miles Davis Radio Project*（Washington, D.C.: National Public Radio, 1990), episode 3.

(36)　Ibid., episode 1.

(37) 例えば、一九四七年十二月二十一日の〈バード・ゲッツ・ザ・ワーム〉のテイクD833—1でのチャーリー・パーカーとの共演。筆者は、エンリコ・メルランを通じて、この名演奏を知った。

(38) Peter Watrous, "Miles Davis: Rebel without a Pause," *Musician* (May 1989): 51.〔ピーター・ワトラス「不断の反逆者——マイルス・デイヴィス」、『マイルス・オン・マイルス』〕

(39) Michael Zwerin, "Miles Davis," *International Herald Tribune* (April 18, 1983).

第二章

(1) Hollie I. West, "Black Tune," *Washington Post* (March 13, 1969); quoted by Carr, *Miles Davis*, 209.

(2) この出典を見つけることはできなかったが、ミュージシャンの間ではよく知られたマイルスの言葉である。

(3) Larry Fisher, *Miles Davis and Dave Liebman: Jazz Connections* (Lewiston, New York: The Edwin Mellen Press, 1996), 176.

(4) タイトル *Miles and Friends*' ディレクター Renaud le van Kim。米国では Bravo Cable Channel で放送。全コンサートを収録した海賊版《ブートレグ》CD《*Black Devil*》が存在する。

(5) Davis and Troupe, *Miles*, 7.〔『マイルス・デイヴィス自伝』〕

(6) Ibid., 101.

(7) Troupe, *Miles and Me*, 59.〔『マイルス・アンド・ミー』〕

(8) Gary Tomlinson, "Miles Davis: Musical Dialogician," in Kirchner, *Miles Davis Reader*, 240.

(9) マイルスは自伝の中で、彼が恋した女性として、フランス人歌手のジュリエット・グレコの名前をあげている。包括的な研究書『マイルス・デイヴィスの生涯』の著者である作家ジョン・スウェッドによると、マイルスはグレコとの関係とその期間について誇張していた可能性が高い。

(10) Davis and Troupe, *Miles*, 126.〔『マイルス・デイヴィス自伝』〕

(11) 彼の自伝を含む過去の多くの文献では、アイリーン・カーソンについてアイリーン・バースと記されているが、バースは彼女の継父の姓であることをジョン・スウェッドは明らかにしている。

(12) Baraka, "Great Motherfuckers," in Kirchner, *Miles Davis Reader*, 64.

(13) Davis and Troupe, *Miles*, 79.〔『マイルス・デイヴィス自伝』〕

(14) Davis and Troupe, *Miles*, 258.〔『マイルス・デイヴィス自伝』〕

(15) Les Tompkins, "The Classic Interview: Miles Davis," *Crescendo International* (circa late 1969/early 1970): 28.〔レス・トンプキンス「レス・トンプキンスとの一問一答」、『マイルス・オン・マイルス』〕

第三章

(1) Cheryl McCall, "Miles Davis," *Musician* (March 1982): 45.

(2) Davis and Troupe, *Miles*, 252.〔『マイルス・デイヴィス自伝』〕

(3) Ibid., 262.

(4) Kirchner, *Miles Davis Reader*, 164.

(5) Nat Hentoff, "Afternoon with Miles Davis," in Carner, *Miles Davis Companion*, 91.〔ナット・ヘントフ「マイルス・デイヴィスとの午後」、『マイルス・オン・マイルス』〕

（6） Doerschuk, “Picasso of Invisible Art,” 70.〔「マイルス・デイヴィス——不可視の芸術におけるピカソ」、『マイルス・オン・マイルス』〕

（7） Davis and Troupe, *Miles*, 384.〔『マイルス・デイヴィス自伝』〕

（8） Ibid., 263.

（9） Bill Milkowski, liner notes to Joe Henderson’s *So Near, So Far (Musings for Miles)*（Verve Records, 1993).〔ビル・ミルコウスキー、ジョー・ヘンダーソン（ライナーノーツ）、黒須千秋訳、《ソー・ニア・ソー・ファー（ミュージング・フォー・マイルス）》〕

（10） Ibid., np.

（11） この作品〈プティ・マシャン（リトル・スタッフ）〉は、ギル・エヴァンスのレコードで〈イレブン〉というタイトルでリリースされている。これら九曲には、〈テオズ・バック〉は含まない（この曲もマイルスにクレジットされているが、実際にはハンコックの〈ザ・コレクター〉である）。

（12） Doerschuk, “Picasso of Invisible Art,” 69.〔「マイルス・デイヴィス——不可視の芸術におけるピカソ」、『マイルス・オン・マイルス』〕一方で、ザヴィヌルがエレクトリック・ピアノに関心を持ちはじめたのは、彼がダイナ・ワシントンのバンド・メンバーとしてレイ・チャールズと一緒にツアーに出ていたときであり、チャールズはウーリッツァーのエレクトリック・ピアノを使うことがよくあった。

（13） 第二章を参照。

（14） Davis and Troupe, *Miles*, 280.〔『マイルス・デイヴィス自伝』〕

（15） Geoffrey B. Ward and Ken Burns, *Jazz: A History of America’s Music*（London: Pimlico, 2001), 448.

（16） Ibid., 449.

（17） Feather, “Blindfold Tests,” in Kirchner, *Miles Davis Reader*, 136.

（18） Stanley Crouch, “Play the Right Thing,” in Carner, *Miles Davis Companion*, 23.

（19） Stanley Crouch, “The Presence Is Always the Point,” in Ward and Burns, *Jazz*, 420.

（20） 一九六八年。Arthur Taylor, “I Don’t Have to Hold the Audience’s Hand,” in Carner, *Miles Davis Companion*, 106.〔アーサー・テイラー「俺には観客の手を握る必要がないのさ」、『マイルス・オン・マイルス』〕参照。これは、『マイルス・デイヴィス自伝』でもほぼ同じ言葉で繰り返されている。

（21） Ibid., 106. これらの文章も、単語を数カ所変えただけの内容で、『マイルス・デイヴィス自伝』のこの前の注釈で触れた箇所の直後に繰り返されている。

（22） Davis and Troupe, *Miles*, 267.〔『マイルス・デイヴィス自伝』〕

（23） Eric Olsen, Paul Verna, and Carlo Wolff, eds., *The Encyclopedia of Record Producers*（New York: Billboard Books, 1999), 844.

（24） Chambers, *Milestones II*, 150.

（25） 《マイルス・アヘッド》（ジョージ・アヴァキンによるプロデュース）、《ポーギー＆ベス》（カル・ランプリーによるプロデュース）、《スケッチ・オブ・スペイン》（テオ・マセロとアーヴィング・タウンゼントによるプロデュース）の制作に広範な編集が加えられていたことについて、再発プロデューサーのフィル・シャープは *Miles Davis and Gil Evans: The Complete Columbia Studio Recordings*（Columbia/Legacy, 1996）〔《ザ・コンプリート・マイルス・デイヴィス＆ギル・エヴァンス》〕に付属のブックレットで詳しく述べている。

(26) 特に説明がない限り、本文中の曲の時間は、CDトラックの時間ではなく、メルランが音楽自体の時間を記録したセッション目録に基づくものである。ほとんどのCDトラックの末尾には数秒間の空白が付加されているため、メルランが記録している時間は、CDの時間よりも若干短くなっている。

(27) Davis and Troupe, *Miles*, 279.〔『マイルス・デイヴィス自伝』〕

(28) Quoted by Chambers, *Milestones II*, 119-120. チェンバースは、マイルスがベックの肌の色が白かったことについても非難していたと付け加えている。これは、マイルスが人種差別主義者だったという主張の裏付けとされている。これについては、第十一章で論じる。

(29) *Guitar Player*, 1996. その他の詳細については不明。

(30) 一月二十五日のセッションにベックとベンソンのどちらが参加していたかは不明。実際に聴いた内容から、メルランと筆者はベックが参加していたと考えている。セッション目録を参照。

(31) Bob Belden, "Annotations," *Miles Davis Quintet, 1965-1968*, 95.〔ボブ・ベルデン「注釈」安江幸子訳、《ザ・コンプリート・マイルス・デイヴィス・クインテット 1965~1968》〕

(32) Don Demicheal, "Miles Davis," *Rolling Stone* (December 13, 1969): 24.

第四章

(1) 現時点でリリースされている他のボックスセットには、《ザ・コンプリート・マイルス・デイヴィス&ジョン・コルトレーン 1955~1961》と《ザ・コンプリート・マイルス・デイヴィス&ギル・エヴァンス》がある。これらは、それぞれ〔ザ・コンプリート・マイルス・デイヴィス・シリーズ〕「1」および「2」という番号が振られており、第二期グレート・クインテットのボックスセットは「4」、ビッチェズ・ブリューのボックスセットは「6」となっているため、コロムビアはこれらの番号の間を埋める意図があると思われる。今後のボックスセットのリリース計画を示すものだ。〔本シリーズの残りのボックスセットの番号は、《セブン・ステップス——ザ・コンプリート・マイルス・デイヴィス 1963~1964》が「3」、《ザ・コンプリート・イン・ア・サイレント・ウェイ・セッションズ》が「5」、《ザ・コンプリート・ジャック・ジョンソン・セッションズ》が「7」、《ザ・コンプリート・オン・ザ・コーナー・セッションズ》が「8」となっている。また、本シリーズとは別にさらに数種類のボックスセットがコロムビアからリリースされている。〕

(2) Davis and Troupe, *Miles*, 281.〔『マイルス・デイヴィス自伝』〕

(3) Quoted by Howard Mandel, "Sketches of Miles," *Down Beat* (December 1991): 17.〔ハワード・マンデル「スケッチ・オブ・マイルス」、『マイルス・デイヴィス・リーダー』〕

(4) Carlos Santana, "Remembering Miles and Bitches Brew," *The Complete Bitches Brew Sessions* (Columbia/Legacy, 1998), 7.〔カルロス・サンタナ「マイルス回想」小山さち子訳、《ザ・コンプリート・ビッチェズ・ブリュー・セッションズ》〕

(5) Davis and Troupe, *Miles*, 295.〔『マイルス・デイヴィス自伝』〕

(6) Stuart Nicholson, *Jazz-Rock: A History* (Edinburgh, Scotland: Canongate Books, 1998). ジャズ・ロックの起源については、この包括的な研究書で詳しく説明されている。この本では、マイルス

や他のジャズ・ロックの指導者についてより大きな文脈で扱うと同時に、ジェレミー・スタイグ、コンポスト、マイク・マイニエリ、ジョン・ダンドリア・アンド・ザ・ヤング・ジャイアンツなど、今では忘れ去られた多くのジャズ・ロックの先駆者についても取り上げている。

（7） Ibid., 79.

（8） ロン・カーターとデイヴ・ホランドの間に、ミロスラフ・ビトウスがベーシストとして代役を務めたという話が広く知られているが、これは誤りである。ビトウスがエンリコ・メルランに語ったところによると、彼がマイルスと一緒にプレイしたのは、一九六七年八月にカーターの代役を務めたときと、一九七〇年九月にホランドからマイケル・ヘンダーソンに代わる間の空白期間を埋めたときだけだった。

（9） 正しい曲のタイトルはボブ・ベルデンによって明らかにされたものであり、二〇〇一年九月にリリースされる《イン・ア・サイレント・ウェイ》ボックスセットでもこのタイトルが用いられている。この曲は長らく、《ウォーター・ベイビーズ》のレコードジャケットで、W・プロセスにクレジットされ、〈デュアル・ミスター・ティルマン・アンソニー〉という誤ったタイトルがつけられていた。これは誤解からきたミスと思われる。この曲はトニー・ウィリアムスが書いたもので、彼のフルネームはアンソニー・ティルマン・ウィリアムスだった。曲の長いタイトルも彼がつけたものだろう。どこかの時点で、誰かが、タイトルがあまりにも長すぎると思い、最後の二つの単語が作曲者を示していると推測したものと思われる。

（10） 様々なリリースでカーターの名前があがっているのは誤りである。

（11） Brian Eno, cover notes for *Music for Airports* (EG Records, 1978).

（12） Brian Eno, cover notes for *On Land* (EG Records, 1982).

（13） ジョー・ザヴィヌルのこの曲は、すでにキャノンボール・アダレイのバンドで演奏されており、一九七一年にはウェザー・リポートがレコーディングしている。このように、初期のジャズ・ロックの発展において、重要な曲となっている。

（14） *Downbeat* (July 18, 1974): 35; quoted by Nicholson, *Jazz-Rock*, 137.

（15） Davis and Troupe, *Miles*, 286.［『マイルス・デイヴィス自伝』］

（16） チック・コリアは、マイルスの指導力に対する否定的なコメント（一九七五年二月八日のニュー・ミュージカル・エクスプレス誌に彼の発言として掲載され、イアン・カーの著書 *Miles Davis* で引用されている）は、「でっちあげ」だと説明している。

（17） 〈ディス〉は、一九六九年四月から一九七〇年四月までの間に、マイルス・デイヴィス・クインテットで何度かライブ演奏されている。一九七〇年四月九日にサンフランシスコのフィルモア・ウェストでこの曲が演奏されているが、前日、同じ会場で《ブラック・ビューティ》の録音が行われており、わずかの差で後世に残る機会を逸した。

（18） Demicheal, "Miles Davis," 23.

（19） Andy Widders-Ellis, "John McLaughlin," *Guitar Player* (January, 1992): 80.

（20） 一九六八年六月十三日、レナード・フェザーへの言及。Feather, "The Blindfold Tests," in Kirchner, *Miles Davis Reader*, 134.

(21)　Don Heckman, *Stereo Review* (November 1974); quoted by Nicholson, *Jazz-Rock*, 98.

(22)　Peter Keepnews, "The Lost Quintet," in Kirchner, *Miles Davis Reader*, 186.

(23)　Robert M. Pirsig, *Lila: An Inquiry into Morals* (London: Corgi Books, 1992), 50.

(24)　H. G. La Torre, "A Session with Miles Davis," *Modern Recording* (February/March 1976): 37-38. 一九六九年二月十八日にレコーディングされた二時間分の素材に加えて、この日と同じメンバーが参加した一九六九年二月二十日の別のセッションでレコーディングされた〈ザ・ゲットー・ウォーク〉とジョー・ザヴィヌルの〈アーリー・マイナー〉の二曲も考慮に入れる必要がある。これらの二曲は採用されなかったが、コロムビアの《イン・ア・サイレント・ウェイ》ボックスセットに収録されている。

(25)　Eric Olsen et al, *Encyclopedia of Record Producers*, 486. 編集ポイントの詳細については、本書巻末のエンリコ・メルランのセッション目録に記載。

(26)　このアルバムには多くのオーバーダブが用いられているとクインシー・トゥループは主張しているが（《ザ・コンプリート・ビッチェズ・ブリュー・セッションズ》のブックレットを参照）、確認されているものはない。また、テオ・マセロは、マイルスのアルバムにはスタジオでのプロダクション技術が多く使われているが、概してオーバーダブはそれには含まれないと断言しており、「不毛な結果しか得られないだろう」と述べている（La Torre, "Session with Miles Davis," 37）。《イン・ア・サイレント・ウェイ》の完成版の制作には、テープ編集のみが使われている。

(27)　Bill Milkowski, *Rockers, Jazzbos & Visionaries* (New York: Billboard Books, 1998), 177.

(28)　Stephen Davis, "My Ego Only Needs a Good Rhythm Section," in Carner, *Miles Davis Companion*, 155.〔スティーヴン・デイヴィス「俺のエゴは上等のリズム・セクションを求めるだけだ」、『マイルス・オン・マイルス』〕

(29)　Dan Morgenstern, "Miles in Motion," in Carner, *Miles Davis Companion*, 114.

第五章

(1)　Carlos Santana, "Remembering Miles," 7-8.〔「マイルス回想」、《ザ・コンプリート・ビッチェズ・ブリュー・セッションズ》〕

(2)　Tomlinson, "Musical Dialogician," in Kirchner, *Miles Davis Reader*, 247.

(3)　Greg Hall, "Teo ... The Man Behind the Scene," *Down Beat* (July 1974): 14.

(4)　Quincy Troupe, "Overview Essay," 92.〔「オーバーヴュー」、《ザ・コンプリート・ビッチェズ・ブリュー・セッションズ》〕

(5)　Dan Ouellette, "Bitches Brew: The Making of the Most Revolutionary Jazz Album in History," *Down Beat* (December 1999): 32.

(6)　*The Miles Davis Radio Project*, episode 5.

(7)　Phil Sutcliffe, "Radiohead: An Interview with Thom Yorke," in *Q* magazine, October 1997, republished in *Rock's Back Pages* on http://www.rocksbackpages.com/library/files/sutcliffe/00887sutclif_radiohead.html.

（8）　Jon Hassell, "Forbidden Fruit," *The Wire*（December 1994）: 28.
（9）　Hall, "Man Behind the Scene," 14.
（10）　Davis and Troupe, *Miles*, 302.〔『マイルス・デイヴィス自伝』〕
（11）　Ibid., 289.
（12）　Ouellette, "Bitches Brew," 34. マイルスは自伝で、クラシック音楽の経歴を持ち、当時ジャズとロックを探求していたイギリス人作曲家でチェリストのポール・バックマスターに会い、影響を受けたとも主張している。しかし、バックマスターは、ロンドンのハマースミス・オデオンでのコンサートよりも後の一九六九年十一月一日までマイルスに会った記憶はないとしている。《ビッチェズ・ブリュー》のセッションはその二カ月半前に行われていることを考えると、当時ほとんど知られていなかったバックマスターがマイルスに影響を与えたとは考えにくい。この件については、マイルスの記憶に誤りがあったものと思われる。こうした矛盾が示すように、彼の自伝の内容が全て真実で、間違いがないと認められているわけではない。第十一章も参照。
（13）　Davis and Troupe, *Miles*, 289-290.〔『マイルス・デイヴィス自伝』〕
（14）　レニー・ホワイトはこのバージョンで演奏していると主張しているが、クレジットされているのはジャック・ディジョネットのみであり、実際に聴いてみてもドラマーは一人だけだったと思われる。
（15）　Bob Belden, "Session-by-Session Analysis," *The Complete Bitches Brew Sessions*（Columbia/Legacy, 1998）: 125.〔ボブ・ベルデン「各レコーディング・セッション分析」小川隆夫訳、《ザ・コンプリート・ビッチェズ・ブリュー・セッションズ》〕
（16）　不思議なことに、《ザ・コンプリート・ビッチェズ・ブリュー・セッションズ》のボブ・ベルデンの注釈では、編集箇所が十九あると記されているが〔日本語訳ではこの部分は省略されている〕、その詳細な編集チャートでは十六カ所しか示されていない。エンリコ・メルランのセッション目録では十八の編集箇所が特定されている。なお、本章における曲の時間表示はすべて、《ザ・コンプリート・ビッチェズ・ブリュー・セッションズ》のものである。
（17）　Lewis, "Voodoo Down," 24.
（18）　Hall, "Man Behind the Scene," 14-15.
（19）　テオ・マセロは、歳を重ねるにつれて恨みがましくなっており（エリック・オルセンらの *The Encyclopedia of Record Producers* では、カルロ・ウォルフに「根に持つタイプ」と書かれている）、相当な報酬を支払わなければインタビューに応じてもらえなかったのは、こうした理由からかもしれない。彼は筆者を親切にランチに誘ってくれ、電話でも簡単な質問に答えてくれたが、十分な予算を確保できなかったため、多くの貴重な情報やエピソードを掲載することはできなかった。
（20）　Hall, "Miles: Today's Most Influential Contemporary Musician," *Down Beat*（July 1974）: 14.〔グレッグ・ホール「マイルス――当代屈指の影響力を誇るミュージシャン」、『マイルス・デイヴィス・リーダー』〕
（21）　Lewis, "Voodoo Down," 24.
（22）　Olsen et al, *Encyclopedia of Record Producers*, 486.
（23）　Davis and Troupe, *Miles*, 290.〔『マイルス・デイヴィス自伝』〕
（24）　Davis, "Good Rhythm Section," in Carner, *Miles Davis*

Companion, 155.〔「俺のエゴは上等のリズム・セクションを求めるだけだ」、『マイルス・オン・マイルス』〕

(25) Olsen et al, *Encyclopedia of Record Producers*, 487.

(26) Hall, “Man Behind the Scene,” 13.

(27) 追加レコーディングを行う前の当初の《ビッチェズ・ブリュー》のセッションでも演奏しているというビリー・コブハムの主張については論争になっており、特にレニー・ホワイトはこれを強く否定している。これについて尋ねたところ、コブハム自身もどのセッションで演奏したかはっきり覚えておらず、大げさに騒ぎ立てられていると彼は感じている。マイルスは彼に《ビッチェズ・ブリュー》のコピーを贈呈していたようだ。このアルバムは、コブハムが参加した一九六九年十一月と一九七〇年一月のセッションから数カ月後にリリースされており、編集によって音楽が劇的に変わっていたこともあり、彼は長年にわたってオリジナル・アルバムで演奏していたものと単純に信じ込んでいた。ジョー・ザヴィヌルも《ビッチェズ・ブリュー》を聴いたときに気づかなかったように、こうした混乱も理解できる。多くのミュージシャンが、自分が実際にどのセッションで演奏したのか、さらにはその演奏がいつどのようにリリースされたのか、あるいはリリースされていないのか、把握できていない。また、コブハムは一九七〇年二月六日のセッションでトライアングルを演奏したとしてクレジットされているが、彼はそれについても覚えていない。よくあることだが、歴史の詳細が時の彼方にぼやけてしまっている。

(28) メルランは、この「符号化フレーズ」のコンセプトについて、一九九六年五月十日および十一日に開催された、ミズーリ州セントルイスのワシントン大学でのカンファレンス「マイルス・デイヴィスとアメリカ文化II Miles Davis and American Culture II」において、「コードMD——最初の『エレクトリック期』における符号化フレーズ Code MD: Coded Phrases in the First 'Electric Period'」と題した講演で詳しく説明している。音楽の例や〈スパニッシュ・キー〉の詳しい解説を含む筆記録は、ピーター・ロージンのウェブサイト *Miles Ahead*（http://www.plosin.com/milesahead/CodeMD.html）で閲覧可能。

(29) Ouellette, “Bitches Brew,” 37.

(30) Ralph J. Gleason, “Original LP Liner Notes to Bitches Brew,” *The Complete Bitches Brew Sessions* (Columbia/Legacy, 1998): 35.〔ラルフ・J・グリースン「オリジナル版ライナーノーツ」小山さち子訳、《ザ・コンプリート・ビッチェズ・ブリュー・セッションズ》〕

(31) Davis and Troupe, *Miles*, 301.〔『マイルス・デイヴィス自伝』〕

(32) Belden, “Session-by-Session Analysis,” 135.〔「各レコーディング・セッション分析」、《ザ・コンプリート・ビッチェズ・ブリュー・セッションズ》〕

(33) Ibid., 135.

(34) Davis and Troupe, *Miles*, 296-297.〔『マイルス・デイヴィス自伝』〕

(35) Fisher, *Davis and Liebman*, 78.

(36) Hall, “Man Behind the Scene,” 15.

(37) Lee Underwood, “Airto and His Incredible Gong Show,” *Down Beat* (April 1978): 16; quoted by Chambers, *Milestones II*, 192.

(38) James Isaacs, liner notes for CD reissue of Circle in the Round

(Columbia, 1979): 9.

第六章

（1） Demicheal, "Miles Davis," 25.

（2） トランペット奏者フレディ・ハバードのレナード・フェザーへの言及。Feather, *The Pleasures of Jazz: Leading Performers on Their Lives, Their Music, Their Contemporaries* (New York: Horizon Press, 1976): 45; quoted by Chambers, *Milestones II*, 214.

（3） Crouch, "Right Thing," in Carner, *Miles Davis Companion*, 34.

（4） Amiri Baraka, "Where's the Music Going and Why?" *The Music: Reflections on Jazz and Blues* (New York: Morrow, 1987), 177-180; quoted by Gary Tomlinson in "Musical Dialogician," in Kirchner, *Miles Davis Reader*, 237. バラカの意見はジャズ・ロック全般に向けられたもので、《ビッチェズ・ブリュー》はその最たるものとみなされている。

（5） Feather, "Miles Smiles," in Carner, *Miles Davis Companion*, 131.〔「マイルス」、『マイルス・オン・マイルス』〕

（6） Tomlinson, "Musical Dialogician," in Kirchner, *Miles Davis Reader*, 234-249.

（7） John Litweiler, *The Freedom Principle: Jazz After 1958* (New York: DaCapo, 1982), 111-223; quoted by Tomlinson, "Musical Dialogician," in Kirchner, *Miles Davis Reader*, 235.

（8） Crouch, "Right Thing," in Carner, *Miles Davis Companion*, 34.

（9） Ibid., 22.

（10） Carner, *Miles Davis Companion*, 21.

（11） Chambers, *Milestones II*, 175.

（12） Davis and Troupe, *Miles*, 310.〔『マイルス・デイヴィス自伝』〕

（13） Tomkins, "Classic Interview," 26.〔「レス・トンプキンスとの一問一答」、『マイルス・オン・マイルス』〕

（14） Demicheal, "Miles Davis," 23.

（15） Clive Davis, *Clive: Inside The Record Business* (New York: William Morrow, 1975), 260; quoted by Carr, *Miles Davis*, 226.

（16） Gary Giddins, "Miles's Wiles," in Kirchner, *Miles Davis Reader*, 218.

（17） Ibid., 221.

（18） Chambers, *Milestones I*, 187.

（19） Leonard Feather, CD liner notes to *Star People* (CBS, 1983): 5.〔レナード・フェザー（ライナーノーツ）、堀池美香子、《スター・ピープル》〕

（20） Ibid., 3.

（21） Davis and Troupe, *Miles*, 306.〔『マイルス・デイヴィス自伝』〕

（22） Ibid., 278-279.

（23） Demicheal, "Miles Davis," 25.

（24） *Washington Post* (March 13, 1969); quoted by Carr, *Miles Davis*, 251.

（25） *The Miles Davis Radio Project*, episode 1.

（26） Ibid., episode 3.

（27） Ibid., episode 5.

（28） Ibid., episode 3.

（29） Mark Rowland, "Miles Davis Is a Living Legend, and You're Not," *Musician* (March 1987): 87.

（30） Fisher, *Davis and Liebman*, 123-124.

（31） Davis and Troupe, *Miles*, 60-61.〔『マイルス・デイヴィス自伝』〕

(32)　Ibid., 309.

(33)　Tomlinson, “Musical Dialogician,” in Kirchner, *Miles Davis Reader*, 245.〔グレッグ・テイトに関する記述〕Greg Tate, “Electric Miles,” *Down Beat* (July 1983): 16-18.

(34)　Tomkins, “Classic Interview,” 28.〔「レス・トンプキンスとの一問一答」、『マイルス・オン・マイルス』〕

(35)　Davis and Troupe, *Miles*, 91.〔『マイルス・デイヴィス自伝』〕

(36)　Feather, “Miles Smiles,” in Carner, *Miles Davis Companion*, 138.〔「マイルス」、『マイルス・オン・マイルス』〕

(37)　実存主義パラダイムは「ポストモダン」、合理主義的世界観は「モダン」と呼ばれることもある。これらの用語は、二十世紀にロマン主義を超越するものとして出現した独特の芸術的な美学である「モダン」な芸術様式ではなく、意識パラダイムを指していることに注意。

(38)　Feather, “Blindfold Tests,” in Kirchner, *Miles Davis Reader*, 134.

(39)　Fisher, *Davis and Liebman*, 129.

(40)　Pat Harris, “Nothing but Bop? ‘Stupid,’ Says Miles,” in Kirchner, *Miles Davis Reader*, 16.

(41)　Carr, *Miles Davis*, 216.

(42)　Davis and Troupe, *Miles*, 51.〔『マイルス・デイヴィス自伝』〕

(43)　Tomlinson, “Musical Dialogician,” in Kirchner, *Miles Davis Reader*, 241-242.

(44)　ウェブサイト *Milestones*。http://miles.rtvf.nwu.edu/-miles/sivadselim/nisenson96.html.

(45)　Chambers, *Milestones II*, 19.

(46)　Ken Wilber, *One Taste: The Journals of Ken Wilber* (Boston: Shambhala, 1999), 265.〔ケン・ウィルバー『ワン・テイスト——ケン・ウィルバーの日記』青木聡訳、コスモスライブラリー、二〇〇二年〕アイディアが断片的に日記形式で記されている『ワン・テイスト』の方が、『万物の歴史』（ケン・ウィルバー著、大野純一訳、春秋社、一九九六年）よりも読みやすいが、後者ほど系統的でも包括的でもない。

(47)　ジョン・ケージが、コインを投げて占う、中国の占法である「易経」を試していたことは有名である。しかし、無作為《ランダム》すなわち偶然性の音楽を作曲するにあたり、ケージは、易経的にコインを投げれば無作為《ランダム》な結果が生まれるという誤った想定をしていた。易経を実践する者にとって、コイン投げは広い宇宙的秩序に順応する手段であり、より深みと意味のある結果が得られるものであって、その逆ではない。そこには、任意性や無作為《ランダム》性は存在しない。

(48)　筆者の限られた、ジャズからも外れた視点を認めた上で述べさせてもらうと、八〇年代初期に筆者がアムステルダムで見た、アーチー・シェップ、ミッシャ・メンゲルベルク、ハン・ベニンクなどのミュージシャンによるフリー・ジャズのコンサートの多くは、演劇的な観点から楽しめるものだった。しかし、筆者が購入した彼らのレコードには本来の意味を見出せず、ほとんどが一度聴いたきりで、その後再び聴くことはなかった。

(49)　Davis and Troupe, *Miles*, 195.〔『マイルス・デイヴィス自伝』〕ジェフリー・C・ワードは、マイルスがジャズは「死んだ」と発言していたとも主張している (*Jazz: A History of America's Music*, 448)。ただし、ワードは出典を明らかにしていない。ジョン・スウェッドと筆者はどちらも調査の過程で、この引用された言葉を確認できなかった。皮肉にも、マイルスは、ジャズが死んだと宣言するどころか、博物館に陳列されるようなアプローチに異議を唱えることで、ジャズが死ぬのを防ごうとしていた。

（50） Watrous, "Miles Davis," 51.〔「不断の反逆者——マイルス・デイヴィス」、『マイルス・オン・マイルス』〕

（51） *Washington Post* (March 13, 1969); quoted by Carr, *Miles Davis*, 251.

（52） Tomlinson, "Musical Dialogician," in Kirchner, *Miles Davis Reader*, 238.

（53） Wilber, *Brief History of Everything*, 41.〔『万物の歴史』〕

第七章

（1） Don Demicheal への言及。Demicheal, "Miles Davis," 25.

（2） 同じく一九七〇年代前半に録音された二枚のライブ・アルバム、《ブラック・ビューティ》と《アット・フィルモア》でも、チック・コリアはこれと似たサウンドを創り出している。例えば、前者のアルバムの〈ディレクションズ〉の十分二十四秒、後者のアルバムの〈サタデイ・マイルス〉の三分〇秒の部分を聴いてみてほしい。

（3） Rotondi, "Not So Silent Way," 89-90.

（4） McCall, "Miles Davis," 42.

（5） Davis and Troupe, *Miles*, 60.〔『マイルス・デイヴィス自伝』〕

（6） La Torre, "Session with Miles Davis," 37.

（7） Davis and Troupe, *Miles*, 305.〔『マイルス・デイヴィス自伝』〕

（8） Ibid., 305.

（9） Demicheal, "Miles Davis," 25.

（10） Milkowski, *Rockers, Jazzbos & Visionaries*, 177.

（11） Nicholson, *Jazz-Rock*, 117.

（12） 筆者は何年か前のインタビュー記事で、これについて読んだ記憶がある。マイルスのミュージシャンの数名も、マイルスが同様のことを言っていたか、言っていても不思議はないことを認めているが、引用元は特定できなかった。

（13） Julie Coryell and Laura Friedman, *Jazz-Rock Fusion: the People, the Music* (New York: Dell Publishing Co., 1978), 172-173; quoted by Chambers, *Milestones II*, 207.

（14） Chambers, *Milestones II*, 208.

（15） Leonard Feather, "Blindfold Test: Ron Carter," *Down Beat* (December 1975): 18; quoted by Chambers, *Milestones II*, 208-209.

（16） Leonard Feather and Ira Gitler, *Encyclopedia of Jazz in the Seventies* (New York: Horizon Press, 1976), 33; quoted by Chambers, *Milestones II*, 209.

（17） パスコアールに関する情報については、次のページにあるブルース・ギルマンの記事が詳しい。www.brazzil.com/musdec96.html.

（18） 《ライヴ・イヴル》のCDには二人のキーボード奏者の名前がクレジットされているが、一人の奏者の音しか聴こえない。

第八章

（1） Keepnews, "The Lost Quintet," in Kirchner, *Miles Davis Reader*, 185.

（2） マイルスは十一月以降、しばらく休養を挟んで、一九七一年のライブ・バンドを一九七二年三月に再編成している。一九七二年三月に何が起きたのかはほとんど知られておらず、〈ディレクションズ〉が演奏されたかどうかも不明である。

（3）　Keepnews, "Lost Quintet," 189.

（4）　Kirchner, *Miles Davis Reader*, 184.

（5）　Feather, "Miles Smiles," in Carner, *Miles Davis Companion*, 135.〔「マイルス」、『マイルス・オン・マイルス』〕

（6）　第五章の註（28）を参照。

（7）　それゆえに、どこからが新しい曲の開始なのかがはっきりしない。ソニー／レガシーからリリースされたCDでは、プロデューサーのボブ・ベルデンが音楽的な視点から、最も論理的と考えたところを曲の開始点としている。ときには「符号化フレーズ」が開始するところであったり、マイルスのバックでバンドの演奏が揃ったところであったり、その中間地点だったりする。エンリコ・メルランは、これらの音楽的な考慮について認めつつも、一貫性が最も重要であると考え、セッション目録ではマイルスが「符号化フレーズ」を開始する時点を曲の開始点としている。

（8）　Carner, *Miles Davis Companion*, 82.

（9）　この点について、メルランは全く異なる意見を持っている。セッション目録の一九七〇年六月二十日の項目を参照。

（10）　Gary Bartz, "The Hardest Working Band in the Jazz Business," liner notes to *Live-Evil*（Columbia, 1971）, 8.〔ゲイリー・バーツ「ジャズ業界一最もよく働くバンド」丸山京子訳、《ライヴ・イヴル》〕

（11）　Merlin, "Code MD: Coded Phrases in the First 'Electric Period.'" 第五章の註（28）を参照。

（12）　Bartz, "Hardest Working Band," 5.

（13）　David Rubien, "Keith Jarrett," in *Salon Magazine*（December 2000）, at http://www.salon.com/people/conv/2000/12/04/jarrett/index.html.

（14）　本書の印刷時において、セラー・ドアのプロデューサーであるボブ・ベルデンとアダム・ホルツマンは、この曲のタイトルを〈イナモラータ〉とする予定であるという。メルランと筆者は〈ファンキー・トンク〉というタイトルが適当と考えている――セッション目録の一九七〇年十二月十九日のメルランのコメントを参照。ベルデンとホルツマンはまだ最終的な決断をしていないため、ここでは〈イナモラータ／ファンキー・トンク〉と表記している。〔《ザ・セラー・ドア・セッションズ 1970》では〈イナモラータ〉となっている〕

（15）　Dan Morgenstern, "Miles in Motion," in Carner, *Miles Davis Companion*, 116.

（16）　Rubien, "Keith Jarrett."

（17）　Davis and Troupe, *Miles*, 307.〔『マイルス・デイヴィス自伝』〕

（18）　Albertson, "The Unmasking of Miles Davis," in Carner, *Miles Davis Companion*, 197.〔「マイルス・デイヴィスの仮面を剥ぐ」、『マイルス・オン・マイルス』〕

（19）　Davis and Troupe, *Miles*, 307.〔『マイルス・デイヴィス自伝』〕

（20）　Ibid., 311.

（21）　Bob Belden, "Introduction," on page 6 of the Columbia/Legacy 2000 reissue of *On the Corner*.〔ボブ・ベルデン（ライナーノーツ）、丸山京子訳、《オン・ザ・コーナー》二〇〇〇年コロムビア／レガシー再発盤〕

（22）　*The Miles Davis Radio Project*, episode 5.

(23)　昔のバンド仲間のコメントに対して、ジャレットがどのように反応するか、とても興味深いところだが、健康上の理由から、本書のインタビューには応じてもらえなかった。
(24)　Davis and Troupe, *Miles*, 311.〔『マイルス・デイヴィス自伝』〕
(25)　Ibid., 315.
(26)　Davis and Troupe, *Miles*, 304.〔『マイルス・デイヴィス自伝』〕
(27)　Chambers, *Milestones II*, 228.

第九章

(1)　Belden, *On the Corner*, 6.〔《オン・ザ・コーナー》〕
(2)　この〈レッド・チャイナ・ブルース〉の起源に関する言及は、《ゲット・アップ・ウィズ・イット》二〇〇〇年再発盤（Columbia/Legacy 2000）ライナーノーツに収録されているサックス奏者デイヴ・リーブマンによる「音楽の概観」でも裏付けられている。
(3)　Davis and Troupe, *Miles*, 312.〔『マイルス・デイヴィス自伝』〕
(4)　Belden, *On the Corner*, 8.〔《オン・ザ・コーナー》〕
(5)　《オン・ザ・コーナー》の最初のCDリリース時のライナーノーツにおいて、ビル・ミルコウスキーが引用。
(6)　Ralph J. Gleason, "Miles & Carlos: Music of Philosophy and the Street," *Rolling Stone* 123（1972）: 62.
(7)　生じた混乱の詳細については、エンリコ・メルランのセッション目録の筆者の注釈を参照。
(8)　Davis, "Good Rhythm Section," in Carner, *Miles Davis Companion*, 160.〔「俺のエゴは上等のリズム・セクションを求めるだけだ」、『マイルス・マイルス』〕
(9)　Ibid., 154.
(10)　Mat Snow. レビューの内容は http://www.qonline.co.uk から入手可能。
(11)　パンサラッサは、分裂前の超大陸パンゲアを取り囲んでいたとされる原始海洋の名前である。言うまでもなく、パンゲアは一九七五年のマイルスのライブ・レコードのタイトルになっている。
(12)　《パンサラッサ》、ジャケット表紙。
(13)　《パンサラッサ》の制作に関するラズウェルのコメントは、サウンド・オン・サウンド誌の記事に掲載されており、次のサイトから入手可能。http://www.tingen.co.uk/words.htm および http://www.sospubs.co.uk/sos/may98/articles/billaswell.html
(14)　John Fordham, "Miles Ahead," *The Guardian*（February 13, 1998）.
(15)　Richard Williams, "Fixing It in the Mix," *The Guardian*（January 23, 1998）.
(16)　Liebman, "Music in General," 8.〔「音楽の概観」、《ゲット・アップ・ウィズ・イット》〕
(17)　ラズウェルは当初、この曲がどの時期に録音されたものか知らなかった。そこで、「これがもし（ギタリストの）ピート・コージーだったとしたら（ホワット・イフ）？」と考えた。
(18)　ヤン・ローマンによると、六月二日にセッションを行った記録はない。ジョン・マクラフリンが参加していることから、六月一日である可能性が最も高い。
(19)　Jan Lohmann, *The Sound of Miles Davis: The Discography: A Listing of Records and Tapes, 1945-1991*（Copenhagen, Denmark:

JazzMedia, 1992), 140. これについては、ローマンとの文書のやり取りの中でも確認されている。

（20）　Nicholson, *Jazz-Rock*, 125.

（21）　《パンサラッサ ReMix》（原題 *Panthalassa: The Remixes*、コロムビア、一九九九年）と題されたフォローアップ作品が存在する。このアルバムは過度にリミックスされている。DJカム、DJクラッシュ、キング・ブリット&フィリップ・チャールズ、ドク・スコット、ジェイミー・マイヤーソンといったダンスおよびテクノを代表する面々が、ビル・ラズウェルが《パンサラッサ》で使用した音源をリミックスしているが、音楽に新たな洞察を与えることはできていない。ラズウェル自身による十六分の〈オン・ザ・コーナー〉が、《パンサラッサ》で示したアイディアを発展させることに最も成功していると言える。

（22）　Chambers, *Milestones II*, 247.

（23）　Davis and Troupe, *Miles*, 318.〔『マイルス・デイヴィス自伝』〕

（24）　Ibid., 319.

第十章

（1）　Fisher, *Davis and Liebman*, 89-90.

（2）　Davis, "Good Rhythm Section," in Carner, *Miles Davis Companion*, 152.〔「俺のエゴは上等のリズム・セクションを求めるだけだ」、『マイルス・オン・マイルス』〕

（3）　Ibid., 153.

（4）　Davis and Troupe, *Miles*, 319.〔『マイルス・デイヴィス自伝』〕

（5）　*Encore*, 1974. これ以上の情報はない。この引用句はコージーとエムトゥーメによって語られたものである。

（6）　インド音楽とロックの影響の融合に手こずったのはマイルスだけではない。六〇年代から七〇年代を通じて、繊細な響きのインド楽器とロックのむき出しのパワーの組み合わせはマッチしていないように聴こえることが往々としてあった。西洋音楽とインド音楽を組み合わせることに成功した数少ないバンドのひとつが、《オン・ザ・コーナー》でも演奏しているタブラ奏者、コリン・ウォルコットが所属していたオレゴンである。しかし、オレゴンはアコースティック・バンドだった。十分に満足のいくインド音楽と電気楽器の混成物《ハイブリッド》の誕生は、イギリスのバングラ音楽と、バリー・サグー、エイジアン・ダブ・ファウンデイション、U・スリニバス、ジャイ・ウタールといったアーティストが登場する八〇〜九〇年代まで待たなければならない。

（7）　Eugene Chadbourne, "Heard and Seen, [Miles Davis in Calgary]" *Coda* (June 1973); quoted by Chambers, *Milestones II*, 254.

（8）　Sy Johnson, "An Afternoon at Miles's," in Kirchner, *Miles Davis Reader*, 207.

（9）　NHK TV broadcast, June 20, 1973.

（10）　Sy Johnson, "An Afternoon at Miles's," in Kirchner, *Miles Davis Reader*, 204.

（11）　Davis and Troupe, *Miles*, 319-20.〔『マイルス・デイヴィス自伝』〕

（12）　NHK TV broadcast, June 20, 1973.

（13）　Albertson, "The Unmasking of Miles Davis," in Carner, *Miles Davis Companion*, 192.〔「マイルス・デイヴィスの仮面を剥ぐ」、『マイルス・オン・マイルス』〕

（14）　彼らが示す曲の名前は、違っていることもある。例えば、メルランが〈モエジャ〉と呼ぶ曲は、デイヴ・リーブマンの説明に基づき、〈ターンアラウンド〉または〈ターンアラウンドフレーズ〉としても知られている。ただし、これらはマイルスあるいはバンドが用いていたタイトルではない。本書では、タイトルの付けられていない曲について、それが最初に登場する公式なメドレーから名前を取るエンリコ・メルランの命名法に従っている。メドレーが複数のバンプから構成されている場合、タイトルの付けられていないバンプにはメドレーの名前を付ける。例えば、〈ジンバブウェ〉は四つのバンプから構成されている。このうちの三つは、すでに〈モエジャ〉、〈オーンネー〉、〈チューン・イン・5〉と特定されている。したがって、残りのバンプを〈ジンバブウェ〉と呼ぶ。公式にリリースされているメドレーの総称タイトルはマイルスが付けたものであると仮定すると、メルランの命名法を用いることで、個々のバンプのタイトルがマイルスが付けたタイトルになるという利点がある。

(15) Chambers, *Milestones II*, 276.

(16) Dave Liebman, "The Miles Experience," liner notes for *Dark Magus* (Columbia/Legacy, 1997): 13.〔デイヴィッド・リーブマン「The Miles EXPERIENCE」安江幸子訳、《ダーク・メイガス》〕

(17) 「フレリーモ」とは、一九六二年に結成された左翼解放戦線を指している。この解放戦線は、ポルトガルからのモザンビークの独立を求めて戦い、独立したモザンビーク共和国で政権政党となった。

(18) 後者の曲は、同名の二枚組CDとは関係ない。エムトゥーメによると、〈アガルタ・プレリュード〉も一時期〈ビッグ・ファン〉と呼ばれていた。また、曲に付けられたタイトルは時間とともに変わっていった一方で、タイトルが付けられなかった曲もあったという。

(19) Hall, "Most Influential Contemporary Musician," 19.〔「マイルス——当代屈指の影響力を誇るミュージシャン」、『マイルス・デイヴィス・リーダー』〕

(20) 二十五年後に、ギタリストのヘンリー・カイザーとトランペッターのワダダ・レオ・スミスが、マイルスの七〇年代の音楽へのオマージュ作品、《ヨ・マイルス！》を録音している。この作品は優れた音楽から構成されており、これらの音楽への入門編として価値のあるものだが、プロダクションと演奏の一部は、マイルスのバージョンの〈カリプソ・フレリーモ〉と同じ問題を抱えている。すなわち、クリーンに整いすぎていて、過度に手が加えられている。

(21) Liebman, "The Miles Experience," 11.〔「The Miles EXPERIENCE」、《ダーク・メイガス》〕

(22) これ以外に〈ファンク〉が演奏されたコンサートとしては、一九七四年五月のリオデジャネイロが知られている。

(23) Hall, "Most Influential Contemporary Musician," 18.〔「マイルス——当代屈指の影響力を誇るミュージシャン」、『マイルス・デイヴィス・リーダー』〕

(24) Sy Johnson, "An Afternoon at Miles's," in Kirchner, *Miles Davis Reader*, 205.

(25) Hall, "Most Influential Contemporary Musician," 17.〔「マイルス——当代屈指の影響力を誇るミュージシャン」、『マイルス・デイヴィス・リーダー』〕

(26) Stephen Davis, "Ich habe keine Ahnung wie man das Ding wirklich spielt," *Stereo* 17 (1975): 32.

（27） Fisher, *Davis and Liebman*, 160-161.
（28） Carr, *Miles Davis*, 323.
（29） Davis and Troupe, *Miles*, 320.〔『マイルス・デイヴィス自伝』〕
（30） McCall, "Miles Davis," 40.
（31） Davis and Troupe, *Miles*, 128.〔『マイルス・デイヴィス自伝』〕
（32） Ron Johnson, "Around the World [Miles Davis in Minneapolis]," *Coda*（March 1973）: 37; quoted by Chambers, *Milestones II*, 251.
（33） Carr, *Miles Davis*, 319 and 324.
（34） John Orysik, "The Scene: Montreal [Miles Davis in Minneapolis]," *Sound*（April 1973）: 32; quoted by Chambers, *Milestones II*, 251.
（35） Sy Johnson, "An Afternoon at Miles's," in Kirchner, *Miles Davis Reader*, 203.
（36） Eno, *On Land*.
（37） Dominique Gaumont, "Comme j'ai rencontre Miles," *Jazz Hot*（September 1981）; quoted by Chambers, *Milestones II*, 270.
（38） Antoni Roszczuk, "Ein Producent muss den Kuenstler zu neuem anregen," *Jazz Forum* 50（1977）: 39-40.
（39） Gaumont, "Rencontré Miles," quoted by Chambers, *Milestones II*, 270.
（40） 伝えられているところでは、不幸にもガーモントはドラッグの過剰摂取により、七〇年代末期から八〇年代初期にかけて死亡している。
（41） 読者の便宜上、《アガルタ》と《パンゲア》の時間表示については、エンリコ・メルランのセッション目録で分析された曲の開始時間ではなく、CD上の表示を採用している。ただし、《アガルタ》のアメリカ盤では二枚目のCDの音楽が二つに分割されている（〈イーフェ〉の途中にIDコードが入っている）のに対して、より音質の優れている日本のマスターサウンド盤ではひとつの長いメドレーとして収録されている。ここでの二重表示は、最初がアメリカ盤の二つに分割された曲、二番目がマスターサウンド盤のメドレーの時間をそれぞれ示している。
（42） Flibbert J. Goosty, "Sam Morrison," *The Buffalo Weekly*（January 6, 1996）. http://www.allaboutjazz.com/fringes/a0300_01.htm にて閲覧可能。
（43） Davis and Troupe, *Miles*, 321.〔『マイルス・デイヴィス自伝』〕

第十一章

（1） McCall, "Miles Davis," 40.
（2） Lohmann, *Sound of Miles Davis*, 165. 最初のセッションの日付およびベーシストとドラマーの名前は不明である。二回目のセッションは三月二日に行われ、マイルス（オルガン）、ラリー・コリエル（ギター）、菊地雅章とジョージ・パヴリス（キーボード）、T・M・スティーブンス（エレクトリック・ベース）、アル・フォスター（ドラムス）、ボビー・スコット（ホーン・チャート）が参加した。
（3） Davis and Troupe, *Miles*, 325.〔『マイルス・デイヴィス自伝』〕
（4） McCall, "Miles Davis," 40.
（5） Ibid., 40.
（6） See page xxi of Chambers's introduction, "Freaky Deaky, 1981-1991," in *Milestones II*.
（7） Troupe, *Miles and Me*, 93.〔『マイルス・アンド・ミー』〕

(8) Davis and Troupe, *Miles*, 356.〔『マイルス・デイヴィス自伝』〕

(9) Feather, "Miles Smiles," in Carner, *Miles Davis Companion*, 143.〔「マイルス」、『マイルス・オン・マイルス』〕

(10) Davis, "Good Rhythm Section," in Carner, *Miles Davis Companion*, 162.〔「俺のエゴは上等のリズム・セクションを求めるだけだ」、『マイルス・オン・マイルス』〕

(11) Fisher, *Davis and Liebman*, 164.

(12) Greg Tate, "Silence, Exile, Cunning," in Carner, *Miles Davis Companion*, 236.

(13) See pages viii and x of Chambers's introduction in *Milestones II*.

(14) Francis Davis, "Miles Antagonists," in Carner, *Miles Davis Companion*, 208-209.

(15) Troupe, *Miles and Me*, 6.〔『マイルス・アンド・ミー』〕

(16) Feather, "Miles Smiles," in Carner, *Miles Davis Companion*, 121.〔「マイルス」、『マイルス・オン・マイルス』〕

(17) Davis and Troupe, *Miles*, 84-85.〔『マイルス・デイヴィス自伝』〕

(18) Ibid., 110.

(19) Ibid., 66.

(20) Mo Nazam, "Norrhern Soul," *The Guitar Magazine* (November 1994): 30.

(21) Quoted by Ian Carr. See Carr, *Miles Davis*, 327.

(22) Fisher, *Davis and Liebman*, 166.

(23) McCall, "Miles Davis," 40.

(24) Ibid., 40.

(25) Sy Johnson, "An Afternoon at Miles's," in Kirchner, *Miles Davis Reader*, 210.

(26) Davis and Troupe, *Miles*, 347.〔『マイルス・デイヴィス自伝』〕

(27) Michael James, *Jazz Monthly* (February 1958); quoted by Max Harrison in "Collector's Items," in Kirchner, *Miles Davis Reader*, 51.

(28) マイルス・デイヴィスの熱心なイギリス人ファン、マーティン・ブースの娘ジーニーの言葉、一九九〇年。

(29) Davis and Troupe, *Miles*, 257.〔『マイルス・デイヴィス自伝』〕

(30) Nisenson, *'Round about Midnight*, xvi.

(31) 第八章を参照。

(32) Nisenson, *'Round about Midnight*, xxvi.

(33) Nazam, "Northern Soul," 30.

(34) Davis and Troupe, *Miles*, 371.〔『マイルス・デイヴィス自伝』〕

(35) Troupe, *Miles and Me*, 80.〔『マイルス・アンド・ミー』〕

(36) Alex Haley, "Miles Davis: A Candid Conversation with the Jazz World's Premier Iconoclast," *Playboy* (September 1962): 58.〔アレックス・ヘイリー「マイルス・デイヴィス（一九六二年九月）」、マレー・フィッシャー編『アレックス・ヘイリー　プレイボーイ・インタビューズ』住友進訳、中央アート出版社、一九九八年〕

(37) Nisenson, *'Round about Midnight*, xii.

(38) Haley, "Candid Conversation," 62.〔「マイルス・デイヴィス（一九六二年九月）」、『アレックス・ヘイリー　プレイボーイ・インタビューズ』〕

(39) Ibid., 58.

(40) Feather, "Miles Smiles," in Carner, *Miles Davis Companion*, 122-123.〔「マイルス」、『マイルス・オン・マイルス』〕

(41) McCall, "Miles Davis," 45.

(42) Tomkins, "Classic Interview," 26.〔「レス・トンプキンスと

の一問一答」、『マイルス・オン・マイルス』〕
（43） Demicheal, "Miles Davis," 23.
（44） Feather, "Miles Smiles," in Carner, *Miles Davis Companion*, 142.〔「マイルス」、『マイルス・オン・マイルス』〕
（45） Robert Farris Thompson, *Flash of the Spirit* (Random House, 1984). Quoted by Michael Ventura, "Hear That Long Snake Moan," *Whole Earth Review* (Spring 1987): 30. ヴェンチュラの魅力的なエッセイは、ロックとジャズの起源をブードゥー教文化にまで辿っている。
（46） Susan Mullin Vogel, *Aesthetics of African Art: The Carlo Monzino Collection* (New York: Center for African Art, 1986), 21. Quoted by George P. Landow in "Tutu in Yoruba Aesthetics," available at http://landow.stg.brown.edu/post/africalcutu.html.
（47） Ventura, "Hear That Long Snake Moan," 30.
（48） Richard Williams, *The Man in the Green Shirt* (London: Bloomsbury, 1993), back cover.〔リチャード・ウィリアムズ『マイルストーンズ』鈴木美幸訳、ブルース・インターアクションズ、一九九四年〕
（49） Pirsig, *Lila*, 54, 58, 5, 62.
（50） Ibid., 62.

第十二章

（1） Takao Ogawa, "The Doctor Talks about Miles," *1969 Miles: Festiva de Juan Pins*, (Sony, 1993), 7.〔小川隆夫「THE DOCTOR TALKS ABOUT MILES!」、《1969マイルス》〕
（2） Davis and Troupe, *Miles*, 330.〔『マイルス・デイヴィス自伝』〕
（3） McCall, "Miles Davis," 43.
（4） Bob Blumenthal, "Miles Gloriosus," in Kirchner, *Miles Davis Reader*, 215.
（5） McCall, "Miles Davis," 38.
（6） Troupe, *Miles and Me*, 45.〔『マイルス・アンド・ミー』〕
（7） Robert Palmer, "Jazz Scene: Miles Davis Comeback," *The New York Times* (July 7, 1981): 17.
（8） Zwerin, "Miles Davis," *International Herald Tribune* (April 18, 1983).
（9） Feather, *Star People*, 5.〔《スター・ピープル》〕
（10） Richard Williams, "On Top of all That Beat," *The Times* (April 28, 1983).
（11） Feather, *Star People*, 4.〔《スター・ピープル》〕
（12） Davis and Troupe, *Miles*, 344.〔『マイルス・デイヴィス自伝』〕
（13） Feather, *Star People*, 5.〔《スター・ピープル》〕

第十三章

（1） Davis and Troupe, *Miles*, 345.〔『マイルス・デイヴィス自伝』〕
（2） Ibid., 355.
（3） Ibid., 345.
（4） Eric Snider, "Miles," *Jazziz* (January/February 1985): 9-10.
（5） Ibid., 9-10.
（6） Doerschuk, "Picasso of Invisible Art," 69.〔「マイルス・デイヴィス――不可視の芸術におけるピカソ」、『マイルス・オン・マイルス』〕
（7） Snider, "Miles," 9.

（8）Ephland, "Miles to Go," 19.〔「マイルス・トゥ・ゴー」、『マイルス・デイヴィス・リーダー』〕
（9）Jazz critic Martin Williams, quoted by Chambers, *Milestones I*, 285.
（10）Snider, "Miles," 9.
（11）筆者への言及。
（12）時間はすべて二〇〇〇年再発盤の《オーラ》による。
（13）Khephra Burns, liner notes, *Aura*（Columbia/Legacy: 2000）: 6.
（14）Davis and Troupe, *Miles*, 379.〔『マイルス・デイヴィス自伝』〕
（15）Ephland, "Miles to Go," 54.〔「マイルス・トゥ・ゴー」、『マイルス・デイヴィス・リーダー』〕
（16）Francis Davis, "Miles Antagonists," in Carner, *Miles Davis Companion*, 206.

第十四章

（1）Watrous, "Miles Davis," 50.〔「不断の反逆者——マイルス・デイヴィス」、『マイルス・オン・マイルス』〕
（2）Rowland, "Living Legend," 92.
（3）Davis and Troupe, *Miles*, 352.〔『マイルス・デイヴィス自伝』〕マイルスとトゥループは「すべての」出版権が譲渡されたと書いているが、これは誤りである。五〇パーセントという数字は、マイルスのビジネス弁護士ピーター・シューカットから得た情報である。
（4）Nick Kent, "Prince of Darkness," *The Face*（October 1986）: 23.
（5）Ibid., 20.
（6）Davis and Troupe, *Miles*, 361.〔『マイルス・デイヴィス自伝』〕
（7）*The Miles Davis Radio Project*, episode 5.
（8）三月末にかけて二日間に分けたセッションが行われ、これにはマイルス、マーカス・ミラー、チャカ・カーン、プリンス、レニー・ホワイトが参加したという情報もあるが、詳細については不明であり、また何もリリースされていない。そのようなセッションは行われていない、というアダム・ホルツマンの説明がもっともらしい。
（9）ミラーはここで、イントロダクションで触れた音楽の言語の違いに関する議論について言及している。
（10）マイルスの死から数日後にBBCの番組で放映。
（11）Mike Zwerin, "Top Records of the Decade," *International Herald Tribune*（November 14, 1989）.
（12）Snider, "Miles," 10.
（13）Davis and Troupe, *Miles*, 372.〔『マイルス・デイヴィス自伝』〕
（14）Troupe, *Miles and Me*, 57-58.〔『マイルス・アンド・ミー』〕
（15）Jean-Paul Bourelly のウェブサイト（http://www.bourelly.com）のインタビュー記事。

第十五章

（1）Davis and Troupe, *Miles*, 285.〔『マイルス・デイヴィス自伝』〕
（2）Doerschuk, "Picasso of Invisible Art," 69.〔「マイルス・デイヴィス——不可視の芸術におけるピカソ」、『マイルス・オン・マイルス』〕
（3）Ibid., 71.
（4）Ibid., 72.
（5）Rotondi, "Not So Silent Way," 91.
（6）Kent, "Prince of Darkness," 128.

（7） マイルスのファンの間での人気の高さを示すように、二〇〇〇年秋の時点において、一九八六年のモントルーの海賊版《ブートレグ》CDはebay.comで七〇〇ドルの高値をつけている。
（8） Davis and Troupe, *Miles*, 367.〔『マイルス・デイヴィス自伝』〕
（9） Ibid., 367.
（10） Ibid., 380.
（11） ワーナー・ブラザーズは、第二章で触れた七月十一日のパリでのコンサートの音源をCD六枚組のボックスセットの一部としてリリースすることを考えている。多くの著名なゲストに加えて、このコンサートではマイルスの最後のライブ・バンドが披露されている。ここでは、プリンスの〈ペネトレーション〉の素晴らしい演奏を聴くことができる。
（12） Carr, *Miles Davis*, 545.
（13） Frans Steensma, ed., *Oor's Eerste Nederlandse Pop Encyclopedie*, eleventh edition（Amsterdan: Telegraaf Tijdschriften Groep, 1998）, 87.
（14） Davis and Troupe, *Miles*, 378.〔『マイルス・デイヴィス自伝』〕
（15） Watrous, "Miles Davis," 98.〔「不断の反逆者――マイルス・デイヴィス」、『マイルス・オン・マイルス』〕
（16） Troupe, *Miles and Me*, 77.〔『マイルス・アンド・ミー』〕
（17） Ibid., 107.
（18） Carr, *Miles Davis*, 481.
（19） Troupe, *Miles and Me*, 77.〔『マイルス・アンド・ミー』〕

コーダ――最終章

（1） Kent, "Prince of Darkness," 128.
（2） Rowland, "Living Legend," 86.
（3） Watrous, "Miles Davis," 97.〔「不断の反逆者――マイルス・デイヴィス」、『マイルス・オン・マイルス』〕
（4） Jonathan Romney, "Return to the Music That Time Forgot," *The Guardian*（February 20, 1998）.
（5） これは、ロック、ジャズ、ソウル、ファンク・ミュージックなどの領域を問わず、八〇年代に誰もが直面していた問題である。せいぜい、ヴァン・モリソン、ルー・リード、ビル・フリゼール、ハービー・ハンコック、ジョージ・クリントン、マーヴィン・ゲイ、ライ・クーダー、トム・ウェイツといったアーティストが、それぞれの革新的なスタイルを確立することで対応できた程度である。しかし、彼らがこの時期に、新しいジャンルと呼べる、あるいは音楽制作の基礎となる青写真として他の者が使えるような、それ以前のものを超える音楽の方向性を作り出せたかというと、一般的にはそうは考えられていない。マイルスと同じように、これらのアーティストも変換《トランスレーション》することはできたが、超越することはできていなかった。
（6） エンリコ・メルランが所有する、出典不明の八〇年代のビデオ映像より。
（7） Fisher, *Davis and Liebman*, 170-171.
（8） *The Miles Davis Radio Project*, episode 3.
（9） Rainer Maria Rilke, *Rilke on Love and Other Difficulties: Translations and Considerations of Rainer Maria Rilke*（New York: W. W. Norton, 1994）, np.〔引用部分の出典は、リルケ『若き詩人への手紙・若き女性への手紙』高安国世訳、新潮文庫、一九五三年、改版二〇〇七年〕

参考文献

書籍

Berendt, Joachim-Ernst. *The World Is Sound, Nada Brahma: Music and the Landscape of Consciousness*. Foreword by Fritjof Capra. Rochester, Vermont: Destiny Books, 1991.

Buckley, Jonathan, and Mark Ellingham, eds. *Rock: The Rough Guide*. London: The Rough Guides, 1996.

Carner, Gary, ed. *The Miles Davis Companion: Four Decades of Commentary*. London: Omnibus Press, 1996.

Carr, Ian. *Miles Davis: The Definitive Biography*. London: HarperCollins Publishers, 1998.

Chambers, Jack. *Milestones: The Music and Times of Miles Davis*. New York: Da Capo Press, 1998.

Cugny, Laurent. *Electrique Miles Davis, 1968-1975*. Marseille, France: Andre Dimanche, 1993.

Davis, Miles, and Scott Gutterman. *The Art of Miles Davis*. New York: Prentice Hall, 1991.

Davis, Miles, and Quincy Troupe. *Miles: The Autobiography*. London: Picador, 1990.〔マイルス・デイヴィス／クインシー・トゥループ『マイルス・デイヴィス自伝』中山康樹訳、シンコーミュージック・エンタテイメント、二〇一五年〕

Fisher, Larry. *Miles Davis and David Liebman: Jazz Connections*. Introduction by Phil Woods. Lewiston, New York: The Edwin Mellen Press, 1996.

Fripp, Robert, *The Art of Craft*. Charlestown, West Virginia: Guitar Craft Services, 1988.

Fripp, Robert, *The Act of Music*. Charlestown, West Virginia: Guitar Craft Services, 1989.

Fripp, Robert, *An Introduction to Guitar Craft*. Charlestown, West

Virginia: Guitar Craft Services, 1990.

Hardy, Phil, and Dave Laing. *The Faber Guide to Twentieth-Century Popular Music*. London: Faber and Faber, 1990.

Kirchner, Bill, ed. *A Miles Davis Reader*. Washington, D.C.: Smithsonian Institution Press, 1997.

Kuyper, Ruud. *Miles Davis Dichterbij*. Utrecht, Netherlands: Uitgeverij Luitingh, 1988.

Lohmann, Jan. *The Sound of Miles Davis: The Discography: A Listing of Records and Tapes, 1945-1991*. Copenhagen, Denmark: JazzMedia, 1992.

Milkowski, Bill. *Rockers, Jazzbos & Visionaries*. New York: Billboard Books, 1998.

Nicholson, Stuart. *Jazz-Rock: A History*. Introduction by Bill Laswell. Discography by Jon Newey. Edinburgh, Scotland: Canongate Books, 1998.

Nisenson, Eric. *'Round about Midnight: A Portrait of Miles Davis*. Updated edition. New York: Da Capo Press, 1996.

Olsen, Eric, Paul Verna, and Carlo Wolff, eds. *The Encyclopedia of Record Producers*. New York: Billboard Books, 1999.

Pirsig, Robert M. *Lila: An Inquiry into Morals*. London: Corgi Books, 1992.

Rilke, Rainer Maria. *Rilke on Love and Other Difficulties: Translations and Considerations of Rainer Maria Rilke*. New York: W. W. Norton, 1994.〔引用部分の出典は、リルケ『若き詩人への手紙・若き女性への手紙』高安国世訳、新潮文庫、一九五三年、改版二〇〇七年〕

Rosenberg, Marshall B. *Nonviolent Communication: A Language of Compassion*. Del Mar, California: PuddleDancer Press, 1999.

Steensma, Frans, ed. *Oor's Eerste Nederlandse Pop Encyclopedie*, eleventh edition. Amsterdam: Telegraaf Tijdschriften Groep, 1998.

Toop, David. *Ocean of Sound: Aether Talk, Ambient Sound and Imaginary Worlds*. London: Serpent's Tail, 1995.〔デイヴィッド・トゥープ『音の海——エーテルトーク、アンビエント・サウンド、イマジナリー・ワールド』佐々木直子訳、水声社、二〇〇八年〕

Troupe, Quincy. *Miles and Me*. Berkeley, California: University of California Press, 2000.〔クインシー・トゥループ『マイルス・アンド・ミー』中山康樹監修、中山啓子訳、河出書房新社、二〇〇一年〕

Ward, Geoffrey C., and Ken Burns. *Jazz: A History of America's Music*. London: Pimlico, 2001.

Williams, Richard. *The Man in the Green Shirt*. London: Bloomsbury, 1993.〔リチャード・ウィリアムズ『マイルストーンズ』鈴木美幸訳、ブルース・インターアクションズ、一九九四年〕

Wilber, Ken. *A Brief History of Everything*. Boston: Shambhala, 1996.〔ケン・ウィルバー『万物の歴史』大野純一訳、春秋社、一九九六年〕

Wilber, Ken. *One Taste: The Journals of Ken Wilber*. Boston: Shambhala, 1999.〔ケン・ウィルバー『ワン・テイスト——ケン・ウィルバーの日記』青木聡訳、コスモスライブラリー、二〇〇二年〕

記事

Atkins, Ronald. "A Trumpet Fallen Silent." *The Guardian* (September 30,

1991).

Becker, Rob. "Bebop is de moeilijkste muziek." *De Muziekgids*（circa 1995).

Berendt, Joachim-Ernst. "Miles Davis und seine soehne." Part 1. *Frankforter Hefte*（December 1971).

Berendt, Joachim-Ernst. "Miles Davis und seine soehne." Part 2. *Frankforter Hefte*（January 1972).

Bos, Andy. "Een ijle trompetklank vervlogen in de eeuwigheid." *Music Maker*（November 1991).

Cook, Richard. "Miles Runs the Voodoo Down." *New Musical Express*（July 13, 1985).

Davis, Stephen. "Ich habe keine Ahnung wie man das Ding wirklich spielt." *Stereo* 17（1975).

Demicheal, Don. "'And in This Corner, the Sidewalk Kid. ...'" *Down Beat*（November 1969).〔ドン・デマイケル「さて青コーナーに控えているのは、サイドウォーク・キッド……」、フランク・アルカイヤー編『マイルス・デイヴィス・リーダー』上西園誠訳、シンコーミュージック・エンタテインメント、二〇〇九年〕

Demicheal, Don. "Miles Davis." *Rolling Stone*（December 13, 1969).

Dery, Mark, and Bob Doerschuk. "Miles Davis, His Keyboardists, Present." *Keyboard*（October 1987).

Doerschuk, Bob. "Hancock, from Miles Davis to Interactive Media." *Keyboard*（June 1995).

Doerschuk, Bob. "Miles Davis: The Picasso of Invisible Art," *Keyboard*（October 1987).〔ロバート・L・ダワーシャック「マイルス・デイヴィス――不可視の芸術におけるピカソ」、ポール・メイハー&マイケル・ドーア編『マイルス・オン・マイルス――マイルス・デイヴィス インタビュー選集』中山康樹監修、中山啓子訳、宝島社、二〇一一年〕

Ephland, John. "Miles to Go." *Down Beat*（October 1988).〔ジョン・エフランド「マイルス・トゥ・ゴー」、『マイルス・デイヴィス・リーダー』〕

Fordham, John. "Miles Ahead." *The Guardian*（February 13, 1998).

Gleason, Ralph J., "Miles and Carlos: Music of Philosophy and Street." *Rolling Stone* 123（1972).

Goosry, Flibberr J. "Sam Morrison." *The Buffalo Weekly*（January 6, 1996).

Haley, Alex. "Miles Davis: A Candid Conversation with the Jazz World's Premier Iconoclast." *Playboy*（September 1962).〔アレックス・ヘイリー、マレー・フィッシャー「マイルス・デイヴィス（一九六二年九月）」、『アレックス・ヘイリー　プレイボーイ・インタビューズ』住友進訳、中央アート出版社、一九九八年〕

Hall, Greg. "Miles: Today's Most Influential Contemporary Musician." *Down Beat*（July 1974).〔グレッグ・ホール「マイルス――当代屈指の影響力を誇るミュージシャン」、『マイルス・デイヴィス・リーダー』〕

Hall, Greg. "Teo .. The Man Behind the Scene." *Down Beat*（July 1974).

Hassell, Jon. "Forbidden Fruit." *The Wire*（December 1994).

Keepnews, Orrin. "Miles Davis, His Keyboardists, Past." *Keyboard*（October 1987).

Kent, Nick. "Prince of Darkness." *The Face*（October 1986).

Lake, Steve. "A Not-So-Silent Way." *The Wire*（January 1991).

La Torre, H. G. "A Session with Miles Davis." *Modern Recording* (February/March 1976).
Lewis, Joel. "Running the Voodoo Down." *The Wire* (December 1994).
Lubin, David. Review of Jack Johnson. *Rolling Stone* (July 8, 1971).
Mandel, Howard. "Sketches of Miles." *Down Beat* (December 1991).〔ハワード・マンデル「スケッチ・オブ・マイルス」、『マイルス・デイヴィス・リーダー』〕
McCall, Cheryl. "Miles Davis." *Musician* (March 1982).
Nazam, Mo. "Northern Soul." *The Guitar Magazine* (November 1994).
Nugteren, Hugo van. "Miles Davis doet navolgers verbleken." *NRC Handelsblad* (June 6, 1976).
Ouellette, Dan. "Bitches Brew: The Making of the Most Revolutionary Jazz Album in History." *Down Beat* (December 1999).
Palmer, Robert. "Jazz Scene: Miles Davis Comeback." *The New York Times* (July 7, 1981).
Resnicoff, Matt. "McLaughlin: Fulfilling the Promise." *Guitar Player* (April 1996).
Romney, Jonathan. "Return to the Music That Time Forgot." *The Guardian* (February 20, 1998).
Rotondi, James. "In a Not So Silent Way: The Guitar Legacy of Miles Davis." *Guitar Player* (March 1992).
Rotondi, James. "Mastering the Musical Moment." *Guitar Player* (July 1992).
Roszczuk, Antoni. "Ein Producent muss den Kuenstler zu neuem anregen." *Jazz Forum* 50 (1977).
Rowland, Mark. "Miles Davis Is a Living Legend and You're Not." *Musician* (March 1987).
Rubien, David. "Keith Jarrett." *Salon Magazine* (December 2000).
Rule, Greg. "Chick Corea: A Trip Through Time." *Keyboard* (November 1995).
Santoro, Gene. "Miles Davis, Part 1: The Enabler." *Down Beat* (October 1988).〔ジーン・サントーロ「マイルス・デイヴィス――実現者パート1」、『マイルス・デイヴィス・リーダー』〕
Snider, Eric. "Miles." *Jazziz* (January/February 1985).
Stratton, Bert. "Miles Ahead in Rock Country." *Down Beat* (October 1970).
Tate, Greg. "The Electric Miles." *Down Beat* (August 1983).
Tingen, Paul. "Master of Arts." *Guitarist* (October 1986).
Tingen, Paul. "Miles into the Future: Bill Laswell, Re-shaping the Music of Miles Davis." *Sound on Sound* (May 1998).
Tomkins, Les. "The Classic Interview: Miles Davis." Crescendo International (circa late 1969/early 1970).
Ventura, Michael. "Hear That Long Snake Moan." *Whole Earth* 54 (Spring 1987).
Watrous, Peter. "Miles Davis: Rebel without a Pause." *Musician* (May 1989).〔ピーター・ワトラス「不断の反逆者――マイルス・デイヴィス」、『マイルス・オン・マイルス』〕
Williams, Richard. "Fixing It in the Mix." *The Guardian* (January 23, 1988).
Williams, Richard. "On Top of All the Beat." *The Times* (April 4, 1983).
Zwerin, Mike. "Rio, Women and Colourful Squares by Miles Davis the Painter." *International Herald Tribune* (July 11, 1988).

Zwerin, Mike. "Top Records of the Decade." *International Herald Tribune* (November 14, 1989).
Zwerin, Mike. "Miles Davis." *International Herald Tribune* (April 18, 1983).

ライナーノーツ

Bartz, Gary. "The Hardest Working Band in the Jazz Business." *Live-Evil* (Columbia/Legacy: 1997).〔ゲイリー・バーツ「ジャズ業界一最もよく働くバンド」丸山京子訳、《ライヴ・イヴル》〕
Belden, Bob. "Annotations." *Miles Davis Quintet, 1965-1968* (Columbia/Legacy: 1998).〔ボブ・ベルデン「注釈」安江幸子訳、《ザ・コンプリート・マイルス・デイヴィス・クインテット 1965~1968》〕
Belden, Bob. *On the Corner* (Columbia/Legacy: 2000).〔ボブ・ベルデン、丸山京子訳、《オン・ザ・コーナー》〕
Belden, Bob. "Session-by-Session Analysis." *The Complete Bitches Brew Sessions* (Columbia/Legacy: 1998).〔ボブ・ベルデン「各レコーディング・セッション分析」小川隆夫訳、《ザ・コンプリート・ビッチェズ・ブリュー・セッションズ》〕
Burns, Khephra. *Aura* (Columbia/Legacy: 2000).
Corea, Chick. *Black Beauty* (Columbia/Legacy: 1997).〔チック・コリア、安江幸子訳、《ブラック・ビューティ》〕
Coolman, Todd. "The Quintet." *Miles Davis Quintet, 1965-1968* (Columbia/Legacy: 1998).〔トッド・クールマン「ザ・クインテット」安江幸子訳、《ザ・コンプリート・マイルス・デイヴィス・クインテット 1965~1968》〕
Deffaa, Chip. *A Tribute to Jack Johnson* (Columbia/Legacy: nd).
Eno, Brian. *On Land* (EG Records: 1982).
Feather, Leonard. *Star People* (CBS: 1983).〔レナード・フェザー、堀池美香子訳、《スター・ピープル》〕
Gleason, Ralph J. "Original LP Liner Notes to Bitches Brew," in *The Complete Bitches Brew Sessions* (Columbia/Legacy: 1998).〔ラルフ・J・グリースン「オリジナル版ライナーノーツ」小山さち子訳、《ザ・コンプリート・ビッチェズ・ブリュー・セッションズ》〕
Isaacs, James. *Circle in the Round* (Columbia: 1979).
Jarrett, Keith, Gary Peacock, and Jack DeJohnette. *Bye Bye Blackbird* (ECM: 1993).〔キース・ジャレット、ゲイリー・ピーコック、ジャック・ディジョネット、キース・ジャレット・トリオ《バイ・バイ・ブラックバード》〕
Jeske, Lee. *Agharta* (Columbia: nd).〔リー・ジェスケ、安江幸子訳、《アガルタ》〕
Liebman, Dave. "The Music in General." *Get up with It* (Columbia/Legacy: 2000).〔デヴィッド・リーブマン「音楽の概観」丸山京子訳、《ゲット・アップ・ウィズ・イット》〕
Liebman, Dave. "The Atmosphere at a Miles Davis Recording Session" and "The Music" *Get up with It* (Columbia/Legacy: 2000).〔デヴィッド・リーブマン「マイルスのレコーディング・セッションでの雰囲気」および「音楽について」丸山京子訳、《ゲット・アップ・ウィズ・イット》〕
Liebman, Dave. "The Miles Experience." Dark Magus (Columbia/Legacy: 1997).〔デイヴィッド・リーブマン「The Miles EXPERIENCE」安江幸子訳、《ダーク・メイガス》〕
Maupin, Bennie. "Bennie Maupin on Big Fun." *Big Fun* (Columbia/

Legacy: 2000).〔ベニー・モーピン「ベニー・モーピン、『ビッグ・ファン』を語る」丸山京子訳、《ビッグ・ファン》〕

Merlin, Enrico. *Yo Miles!* (Shanachie: 1998).

Milkowski, Bill. *On the Corner* (Columbia: nd).

Milkowski, Bill. *So Near, So Far* (*Musings for Miles*) (Verve Records: 1993).〔ジョー・ヘンダーソン、ビル・ミルコウスキー、黒須千秋訳、《ソー・ニア・ソー・ファー (ミュージング・フォー・マイルス)》〕

Ogawa, Takao. "The Doctor Talks about Miles," *1969 Miles: Festiva de Juan Pins* (Sony: 1993).〔小川隆夫「THE DOCTOR TALKS ABOUT MILES!」、《１９６９マイルス》〕

Previte, Bobby. *Miles Davis in Concert* (Columbia/Legacy: 1997).

Santana, Carlos. "Remembering Miles and Bitches Brew." *The Complete Bitches Brew Sessions* (Columbia/Legacy, 1998).〔カルロス・サンタナ「マイルス回想」小山さち子訳、《ザ・コンプリート・ビッチェズ・ブリュー・セッションズ》〕

Stern, Chip. *Filles de Kilimanjaro* (Columbia: 1990).

Troupe, Quincy. "Overview Essay-Bitches Brew." *The Complete Bitches Brew Sessions* (Columbia/Legacy, 1998).〔クインシー・トゥループ「オーバーヴュー」小川隆夫訳、《ザ・コンプリート・ビッチェズ・ブリュー・セッションズ》〕

Whitehead, Kevin. *Pangaea* (Columbia/Legacy: nd).〔ケヴィン・ホワイトヘッド、安江幸子訳、《パンゲア》〕

ラジオ番組

Troupe, Quincy, Steve Rowland, Jay Allison, and Danny Glover, *The Miles Davis Radio Project*. Washington, D.C.: National Public Radio, 1990. Seven-episode radio series.

ビデオ

Days with Miles, directed by Per Møller-Hansen, Danish Television, 1986. Video.

Echoes of a Genius: Miles Davis in Europe, directed by Ulli Pfau, Hamburg, Germany: Brilliant Media, 1999. Video.

Miles Ahead: The Music of Miles Davis, written and directed by Mark Obenhaus, Public Broadcasting Service, 1986. Video.

Miles and Friends, directed by Renaud Ie van Kim. Video.

Miles & Quincy: Live at Montreux, directed by Gavin Taylor, Rudi Dolezal, and Hannes Rossacher, Warner Music Vision, 1991. Video.

訳者あとがき

本書は、Paul Tingen, *MILES BEYOND – The Electric Explorations of Miles Davis, 1967-1991*（Billboard Books, 2001）の全訳である。

本文中、アルバムタイトルは《 》で、曲名は〈 〉で示した。また〔 〕に入れた割注は訳注を示す。文献からの引用に際して、日本語版が確認できたものについてはその訳文を参考にしたが、本書内での記述の統一性を保つため、あるいは前後の文章とのつながりや読みやすさなどを考慮して、既訳にとらわれず、訳者が新たに訳した。

二十世紀を代表する偉大なジャズ・ミュージシャンとして認知されているマイルス・デイヴィスは、クール・ジャズ、ハード・バップ、モード・ジャズ、オーケストラ・ジャズ、アヴァン・バップといったスタイルを先導し、それぞれにおいて代表作を残してきた。そして、一九六七年以降、エレクトリック楽器を音楽に取り入れるようになってからもアンビエント・ジャズやジャズ・ロックといったジャンルを新たに切り開き、名作と評されるアルバムを次々と発表していった。その音楽はヒップホップ、テクノ、トランス、ダンス・ミュージックなどにも影響を与えたと言われており、彼の死後も再評価され続けているとともに、マイルス自身も音楽ジャンルを超えてリスペクトされる存在となっている。ただし、彼のエレクトリック期の音楽については当初から評価が分かれており、また詳細が明らかになっていないことから誤解されているところも多い。本書は特にこの時期のマイルスの音楽に焦点を当て、様々な側面から深く掘り下げたものである。

日本語版が出ているマイルス・デイヴィスの伝記としては、

本書でも随所で引用されている『マイルス・デイヴィス自伝』という圧倒的な存在がある。イアン・カー著『マイルス・デイビス物語』（一九八一年発行）やエリック・ニセンソン著『マイルス・デイビス』（一九八二年発行）も初期バージョン（いずれもマイルスの最後の十年間については対象外）が邦訳されているが、どちらも既に絶版となっている。また、著者が「イントロダクション」で指摘しているように、それらの内容もエレクトリックに移行する前のジャズ期に偏重している。エレクトリック期以降の四半世紀、一九六七年から一九九一年までのマイルスの音楽について深く掘り下げ、一冊の書籍として包括的にまとめたもので、日本語で読むことができるものが現在ないことから、本書は貴重な存在と言える。

本書の価値は何と言っても、ミュージシャン、仕事仲間、友人・知人など五十人を超える人々へのインタビューを通じて得られた証言の数々にある。マイルスの音楽に対する向き合い方、音楽制作の手法、マイルスの人間性、そして彼らがマイルスから何を学び、どのような影響を受けてきたか。彼らの証言は、『マイルス・デイヴィス自伝』などでマイルス自身が生々しく語っている内容を補完し、別の視点からの見方を提示してくれている。また、本書で著者は、ケン・ウィルバーの「超越と包含」の概念を用いてマイルスの音楽の進展についての解釈を試み、ストーンサークルを発見したジョン・オーブリーや禅師とバンドリーダーとしてのマイルスを対比付け、マイルスを生来のブルース・ミュージシャンと位置づけることによって彼のロックの領域への進出を必然と捉えるなど、独自の視点で議論を展開しており、この点も非常に興味深い。

本書を訳すにあたって、マイルスや他のミュージシャンが頻繁に用いている「space（スペース）」という単語の訳し方について考えさせられた。音楽の文脈で用いられる場合、この単語は一般的には「間《ま》」と訳されている。この「スペース」という言葉について、マイルス自身はインタビューで次のように説明している。

「バンドがサウンドを出しているとき、そのサウンド全体は音の塊となってある広がりを構成する。この音の広がりの中で、何時、何処にソロを配置するかが問題なんだ。間とか音が休止している状態とは別だよ。もっと具体的に言うと、流れているリズム／サウンドに対して、私がオルガンを弾くとする。他に誰も演奏していなければ、オルガンのサウンドがそれ自体のスペースを形成することとなる。誰かが何かを感じたら、別の楽器で音を配置するんだ。その配置の仕方いかんによって、スペースが生きてくるわけだ。つまりは、どこでプレイし、どこでプレイをしないかを的確に判断することが、とても音楽を構成する上では重要だということだ」（インタビュアー児山紀芳「マイルス・デイビスと語る」一九七五年一月三十一日、二月一日収録、《アガルタ》）

つまり、拍と拍の間の「時間意識の間《ま》」という意味に加えて、「空間意識の間《ま》」という意味も含めて、この単語が用いられているところが多い。そこを強調する意味で、本書では「間《スペース》」という表記を用いている。

訳者がマイルスのエレクトリック・ミュージックを聴くようになったのは彼の死後であり、商用インターネットの創成期(一九九五年頃)に購読していた海外のオルタナティヴ・ロック系のニュースグループやメーリングリストで、それまでジャズ・ミュージシャンとしてしか認識していなかったマイルス・デイヴィスのエレクトリック期の作品が高く評価されていたことがきっかけだった。サイケデリックなドローン(・アンビエント)・ミュージックを好んで聴いていた当時、シンプルさの中に奥深さがあり、不思議な浮遊感と今にも壊れそうな繊細さを伴う《イン・ア・サイレント・ウェイ》のタイトル曲に心を奪われ、そこから《ビッチェズ・ブリュー》、《オン・ザ・コーナー》、《アガルタ》といったマイルスのエレクトリック期の音楽に次第にのめり込んでいった。

一般的にレコード/CD店ではジャンル毎に陳列棚が分かれており、大型店ではフロアを分けて置かれてある。ジャズはクラシックやサントラと同じフロアに置かれ、ロックやR&Bとは別であることが多く、ロック・ファンは意識的にジャズの棚・フロアに足を運ばなければ、マイルスの作品を目にすることがない。書籍についても、音楽コーナーの中でクラシック、ジャズ、ロックなどに細分化されて陳列されていることが多い。しかし、今やネット販売が主流となり、こうしたジャンルの垣根は取り払われてきているのではないだろうか。「関連商品」や「おすすめ商品」を通じて、さまざまなジャンルの作品に触れる機会も増えてきている。

本書は、マイルスのコアなファンにとっても十分に読みごたえがあり、満足できる内容となっているが、願わくは、ジャズ・ファン、ロック・ファンを問わず、マイルスのエレクトリック期の音楽に馴染みがない、全ての音楽ファンにも広く手に取ってもらいたい。そして、言葉では語り尽くせない、マイルスが残してくれた音楽の遺産に興味を持ってもらえるきっかけとなってくれれば幸いである。

最後に、翻訳作業の度重なる遅滞にも忍耐強く対応し、編集を手がけてくださった水声社の廣瀬覚氏、本書を訳す機会を与えてくださった元水声社の下平尾直氏に感謝の意を表します。

二〇一八年初夏

麦谷尊雄

資料

マイルス・デイヴィスのライブ・バンド構成メンバー（1963～1991年）

この構成メンバー一覧は，エレクトリック期に関係するミュージシャンが最初にマイルスのライブ・バンドに参加した時点からのものである。一覧には，特に歴史的・音楽的に重要と考えられる時期のゲスト・パフォーマーについても掲載している。「only」（のみ）または「Ⓖ」が付記されている場合を除き，各項目はミュージシャンのマイルスがバンドに在職した期間の開始日を示している。また，見やすさを考慮して，各ページの先頭および3カ月以上の一時的な休止期間を経て活動が再開された時期については，バンドの全ラインアップを掲載している。

［凡例］
Ⓖ ゲスト・パフォーマー
□ この楽器を担当するミュージシャンが存在しない
◇ バンド自体が活動していない

Date	Drums	Percussions	Bass	Guitar	Keyboards	Horn
May 1963	Tony Williams	□	Ron Carter	□	Herbie Hancock	George Coleman
July 1964		□				Sam Rivers
September 1964		□		□		Wayne Shorter
January to November 1965	◇	◇	◇	◇	◇	◇
1966 to 1968	Tony Williams	□	Ron Carter or replacement	□	Herbie Hancock	Wayne Shorter
January to March 1967		□		□		Wayne Shorter and Joe Henderson
April 1967		□		□		Wayne Shorter only
early August 1968		□	Dave Holland	□		
late August 1968		□		□	Chick Corea	
early 1969	Jack DeJohnette	□		□		
December 1 to 6, 1969 only		□		Sonny Greenwich Ⓖ		
December 12, 1969		Airto Moreira		□		
February 1970				occasionally John McLaughlin Ⓖ		
April 10, 1970				□		Steve Grossman

Date	Drums	Percussions	Bass	Guitar	Keyboards	Horn
May 1970				□	Chick Corea and Keith Jarrett	
August 18, 1970				□		Gary Bartz
early September 1970			Miroslav Vitous	□	Keith Jarrett only	
September 13, 1970		Airto Moreira and Jumma Santos (Jim Riley)	Michael Henderson	□		
November 1970		Airto Moreira only				
December 19, 1970	Jack DeJohnette	Airto Moreira	Michael Henderson	John McLaughlin Ⓖ	Keith Jarrett	Gary Bartz
early 1971				occasionally John McLaughlin Ⓖ		
October 18, 1971	Leon "Ndugu" Chancier	Mtume and Don Alias		□		
November 27, 1971, to March 1972	◇	◇	◇	◇	◇	◇
March 1972	Ramon "Tiki" Fulwood	Mtume only	Michael Henderson	□	Keith Jarrett	Gary Bartz
March to September 1972	◇	◇	◇	◇	◇	◇
September 1972	Al Foster	Mtume and Badal Roy	Michael Henderson	Reggie Lucas and Khalil Balakrishna(*)	Cedric Lawson	Carlos Garnett
January 12, 1973						Dave Liebman
March 1973					Lonnie Liston Smith	
April 1973				Reggie Lucas, Pete Cosey, and Khalil Balakrishna		
June 1973		Mtume only		Reggie Lucas and Pete Cosey only	□	
March 30, 1974				Reggie Lucas, Pete Cosey, and Dominique Gaumont	□	Dave Liebman and Azar Lawrence Ⓖ
July 1974					□	Sonny Fortune
January 1975				Reggie Lucas and Pete Cosey only	□	
April 1975					□	Sam Morrison
September 6, 1975, to June 25, 1981	◇	◇	◇	◇	◇	◇
June 26, 1981	Al Foster	Mino Cinelu	Marcus Miller	Mike Stern	□	Bill Evans
November 7,1982				Mike Stern and John Scofield	□	

Date	Drums	Percussions	Bass	Guitar	Keyboards	Horn
February 3, 1983			Tom Barney		□	
June 7, 1983			Darryl Jones			□
June 29, 1983				John Scofield only		
August 15, 1983					Robert Irving III	
November 7, 1983, to May 31,1984	◇	◇	◇	◇	◇	◇
June 1, 1984	Al Foster	Steve Thornton	Darryl Jones	John Scofield	Robert Irving III	Bob Berg
March 1985	Vince Wilburn Jr.					
July 22, 1985	Vince Wilburn Jr.	Steve Thornton and Mino Cinelu Ⓖ	Darryl Jones	John Scofield and John McLaughlin Ⓖ	Robert Irving III	Bob Berg
August 17, 1985		Steve Thornton and Marilyn Mazur		Mike Stern		
September 19, 1985			Angus Thomas			
October 24, 1985					Robert Irving III and Adam Holzman	
March 1986			Felton Crews			
April 4, 1986				Robben Ford		
May/June 1986		Steve Thornton only				
September 8, 1986				Garth Webber		
October 21, 1986			Darryl Jones			
December 28 to 31, 1986 only				Dwayne "Blackbyrd" McKnight		Bob Berg and Gary Thomas
January 24, 1987		Mino Cinelu		Hiram Bullock		Gary Thomas
February 26, 1987				Bobby Broom		Kenny Garrett and Gary Thomas
March 25, 1987	Ricky Wellman					
March 27, 1987				Alan Burroughs Ⓖ		
May 15, 1987				Joe "Foley" McCreary(**)		Kenny Garrett only
October 19, 1987		Rudy Bird				
April 9, 1988		Marilyn Mazur	Benny Rietveld			
October 7, 8, and 9,1988		Marilyn Mazur and Steve Thornton Ⓖ			Joey DeFrancesco and Adam Holzman	Kenny Garrett and Gary Thomas Ⓖ
December 19, 1988	◇	◇	◇	◇	◇	◇
March 25, 1989	Ricky Wellman	Munyungo Jackson	Benny Rietveld	Joe "Foley" McCreary	Kei Akagi and John Beasley	Kenny Garrett

Date	Drums	Percussions	Bass	Guitar	Keyboards	Horn
June 3, 1989					Kei Akagi and Adam Holzman	
July 5,1989						Rick Margitza
August 24, 1989						Kenny Garrett
September 10, 1989		Munyungo Jackson or John Bigham				
October 29, 1989		John Bigham			Kei Akagi	
April 19, 1990			Richard Patterson			
poss. June 8, 1990		Erin Davis				
November 17, 1990	◇	◇	◇	◇	◇	◇
March 13, 1991	Ricky Wellman	□	Richard Patterson	Joe "Foley" McCreary	Deron Johnson	Kenny Garrett

* Khalil Balakrishna については，エレクトリック・シタール用に単独の欄を設ける代わりに，エレクトリック・ギターの項目に掲載している。
** Foley は（リード・）ベースを演奏しているが，音楽的にはギター・プレイヤーとして機能しているため，ギターの欄に掲載している。

ディスコグラフィー（1967 〜 1991 年）

作成：エンリコ・メルラン

日付の古い順にアルバムのタイトルを掲載。注記がある場合を除いて，アルバムはマイルス・デイヴィス名義のものである。音楽的および歴史的重要性，完全性，音質，パッケージの観点から最も高く評価されている版を掲載している。また，可能な範囲で，米国市場で入手可能な版を優先している。

1 *Miles Davis Quintet, 1965-1968* (6 CD) Columbia C6K 67398
2 *Circle in the Round* (2 CD) Columbia C2K 46862
3 *Directions* (2 CD) CBS/Sony CSCS 5135/6
4 *Miles Davis & Gil Evans: The Complete Columbia Columbia Studio Recordings* (6 CD) Columbia C6K 67397
5 *Filles de Kilimanjaro* Columbia CK 46116
6 *Water Babies* Sony SRCS 5710
7 *In a Silent Way* Columbia CK 40580
8 *1969 Miles - Festiva de Juan Pins* Sony SRCS 6843
9 Chick Corea: *Music Forever & Beyond: The Selected Works of Chick Corea 1964-1996* (5 CD) GRP GRD-5-9819
10 *The Complete* Bitches Brew *Sessions* (4 CD) Columbia C4K 65570
11 *Bitches Brew* (2 LP/2 CD - first edition) CBS 66236
12 *Big Fun* (2 CD) Columbia C2K 63973
13 *A Tribute to Jack Johnson* Columbia CK 47036
14 *Isle of Wight* CBS 450472 1
15 *Black Beauty: Miles Davis at Fillmore West* (2 CD) Columbia C2K 65138
16 *Get up with It* (2 CD) Columbia C2K 63970
17 *Live-Evil* (2 CD) Columbia C2K 65135
18 *At Fillmore: Live at the Fillmore East* (2 CD) Columbia C2K 65139
19 Various Artists: *Message to Love: The Isle of Wight Festival 1970* Castle Communications EDF CD 327 (2 CD)
20 Various Artists: *Message to Love: The Isle of Wight Festival 1970* (Video) Castle Communications 054140-3
21 *On the Corner* Columbia CK 63980
22 *Panthalassa: The Music of Miles Davis 1969-1974* Columbia ACK 67909-S2
23 *Miles Davis in Concert: Live at Philharmonic Hall* (2 CD) Columbia C2K 65140
24 *Dark Magus: Live at Carnegie Hall* (2 CD) CBS/Sony 50DP 719/20 Columbia C2K 65137
25 *Agharta* (2 CD) Sony Master Sound SRCS 9128/9
26 *Pangaea* (2 CD) Sony Master Sound SRCS 9130/1
27 *The Man with the Horn* Columbia CK 36790

28	*We Want Miles*	CBS 469402 2
29	*Miles! Miles! Miles! - Live in Japan '81* (2 CD)	Sony SRCS 6513-14
30	*Star People*	CBS CDCBS 25395
31	*Decoy*	Columbia CK 38991
32	*You're under Arrest*	Columbia CK 40023
33	*Aura*	Columbia CK 63962
34	*Miles Davis in Montreal 1985*	Pioneer LDC/SMO 35-3369
35	Artists United Against Apartheid: *Sun City*	EMI/Manhattan 2404672
36	Toto: *Fahrenheit*	CBS 463087 2
37	*Tutu*	Warner Bros. 925 490-2
38	Miles Davis & Marcus Miller: *Siesta*	Warner Bros. 925 655-2
39	Scritti Politti: *Provision*	Virgin CDV 2515
40	Various Artists: *Scrooged (O. S. T.)*	A&M 393921-2
41	Cameo: *Machismo*	Phonogram 836 002-2
42	Chaka Khan: *C. K.*	Warner Bros. 92 57072
43	*Live around the World*	Warner Bros. 9 46032-2
44	*Amandla*	Warner Bros. 925 873-2
45	Marcus Miller: *The Sun Don't Lie*	Dreyfus FDM 36560-2
46	Kenny Garrett: *Prisoner of Love*	Atlantic Jazz 7 82046-2
47	Quincy Jones: *Back on the Block*	Warner Bros./Qwest 926 020-2
48	*Miles in Paris* (Laser Disc)	Warner Bros. WWL5-7002
49	Miles Davis & Michel Legrand: *Dingo, Selections from the Motion Picture Soundtrack*	Warner Bros. 9 26438-2
50	John Lee Hooker, Miles Davis, Taj Mahal ... *The Hot Spot (O. S. T.)*	Antilles 261 140
51	Paolo Rustichelli: *Mystic Jazz*	Polygram/Changes 513 415-2
52	Paolo Rustichelli: *Mystic Man*	Guts & Grace 161-531 065-2
53	Shirley Horn: *You Won't Forget Me*	Verve 847 482-2
54	*Doo-bop*	Warner Bros. 9 26938-2

セッション目録（1967～1991年）

作成：エンリコ・メルラン

本セッション目録には，1967年12月4日から1991年8月25日までの期間に正式にリリースされたマイルス・デイヴィスのスタジオ・セッションとライブ・パフォーマンスに関する情報を掲載している。

セッション目録の基本的なフォーマットは以下の通りである。

①日付（Date），場所（Location），レコーディング（Recording）／ライブ（Live）／ビデオ（Video）／ポストプロダクション（Post-production）／リハーサル（Rehearsal）

②ミュージシャンと彼らが演奏している楽器の一覧

③リリースされた曲の様々な側面について説明する，次の5つの項目（列）

Track Title	**Attributes**	**Time**	**Album**	**Details**
曲のタイトル	曲の属性（編集の詳細，すなわちマスター・テイクかオルタナティブ・テイクか，等）	曲の長さ	曲が収録されたアルバム	メンバーや楽器の差異

④注釈，編集チャート，音楽の分析

【例】

NOVEMBER 11, 1968	NEW YORK CITY – COLUMBIA STUDIOS	RECORDING

Miles Davis (tp); Wayne Shorter (ts); Herbie Hancock (el. p) on left channel; Chick Corea (el. p) on center; Dave Holland (b); Tony Williams (d, cowbell)

Track Title	**Attributes**	**Time**	**Album**	**Details**
Dual Mr. Anthony Tillmon Williams Process	poss. Editing	13:20	(6)	TW d; add MD voice
Two Faced	edited mst	18:00	(6)	add MD voice

上の例は，1968年11月11日にニューヨーク市のコロムビア・スタジオで行われたスタジオ・セッションに関する説明である。このセッションでは，〈Dual Mr. Anthony Tillmon Williams Process〉と〈Two Faced〉の2曲のレコーディングが行われ，Miles，Shorter，Hancock，Corea，Holland，Williamsが参加し，それぞれが記載されている楽器を演奏している。(9 (472) ページの凡例で全ての略語について説明している。)

5つの項目については，右端の「Details（詳細）」列を除き，説明は不要だろう。容易に理解でき，十分な情報が示されていると同時に簡潔なセッション目録を提供するため，次のルールを適用することにした——②では，セッションを通じてミュージシャンが演奏している全ての楽器を掲載している。曲によっての違いについては，「Details」列に記載している。「Details」列に何も記載がなければ，ミュージシャンは②に示された全ての楽器を演奏している。しかし，ミュージシャンのイニシャルが「Details」列に記載されている場合，こ

こに記載されている楽器が②に示されたデータに優先する。すなわち，ミュージシャンは「Details」列に記載された楽器のみを演奏していることを意味する。このルールの唯一の例外は，項目の先頭に「add（追加）」が付記されている場合であり，これは②に示されたデータへの追加を意味する。したがって，「add MD voice」は，Miles Davis が演奏している楽器に加えて，彼の voice（音声）が聴こえることを意味する。最後に，「out（不在）」は，特定の曲にミュージシャンが参加していないことを意味する。

上の例では，②に「Miles Davis (tp) and Tony Williams (d, cowbell)」と記載されており，このセッションでは Miles がトランペット，Williams がドラムとカウベルを演奏していることを意味している。〈Dual Mr. Anthony Tillmon Williams Process〉では，Miles の音声が聴こえ，Williams はドラムのみを演奏している。〈Two Faced〉でも Miles のトランペットに加えて彼の音声が聴こえ，Williams はドラムとカウベルの両方を演奏している。

以下にいくつかの注意点を示す。

●音楽的理解をさらに深めるとともに，公式にリリースされたアルバムの誤りを正すため，セッション目録には音楽そのものに関する詳細情報を示している（CD ブックレットに記載された情報を参照したものではない）。例えば，曲の時間（Time）は音楽そのものの長さであり，CD トラックの長さではない。CD トラックの最後には数秒の無音部が付加されていて，長くなっていることが多い。

●同じ曲の別バージョンについては，たとえ異なる演奏が新しいタイトルでリリースされていたとしても，同じタイトルを維持している。この場合，オリジナルのタイトルの後ろにリリース時のタイトルを括弧内に示している。2 つのタイトル間で基本的に同じ音楽素材が使われている場合，リリース時のタイトルの前に「=」記号を付記している（例えば，「Wili (= For Dave)」)。オリジナル・バージョンと新しいバージョンとで大きく異なる場合，リリース時のタイトルの前に「~」記号を付記している（例えば，「Star People (~ New Blues)」)。括弧内に記載されたタイトルでこれらの記号が付記されていないものは，通常の曲の別タイトルを示している（例えば，「Petits Machins (Little Stuff)」)。

● 1970 年から 1975 年にマイルスがライブ・メドレーで演奏したバンプと曲の多くにはタイトルが付けられていない。他に有効な選択肢がない場合，タイトルの付けられていない曲やバンプには，それが最初に公式にリリースされたメドレーに基づくタイトルを記している。本書第 10 章の註（14）も参照。

●後続のセッションにおいて，メンバーと楽器が直前のセッションと同じ場合には，②の記載は省略している。

● 2 つの曲または音楽セクションでクロスフェードが用いられている場合，フェードインの開始点とフェードアウトの終了点の両方を示している。

●マイルスが次の音楽セクションをバンドに示す際によく用いる符号化フレーズについては，対応する曲の開始点として扱っている（バンドがマイルスに同調する箇所を開始点とするよりも好ましいと考えられるため。本書第 8 章の註（7）も参照)。

●④に 2 つの編集チャートが横並びで記載されている場合，リリース時期に関わらず，左側のチャートが常に最も完全に近いバージョンを示している。これは，左右のチャートの比較を容易にするための配慮である。

本セッション目録の情報は，マイルス・デイヴィスの日々の音楽活動の歴史を記した筆者の記録に基づくものである。これは，リリースの有無に関わらず，1945年から1991年までの2,000を超えるライブおよびスタジオ録音について分析したものであり，8,246の異なるトラックについて記録している。本セッション目録の情報は，この年代記全体の約5パーセントに相当する。

［凡例］

afl	アルト・フルート	perc	各種パーカッション
ann	アナウンサー	ss	ソプラノ・サックス
arr	編曲	synth	シンセサイザー
as	アルト・サックス	tb	トロンボーン
b	アコースティック・ベース	tp	トランペット
bars	バリトン・サックス	ts	テナー・サックス
bcl	バスクラリネット	tu	チューバ
bgo	ボンゴ	v	バイオリン
btb	バストロンボーン	voc	ヴォーカル
cga	コンガ	w	各種木管楽器
cl	クラリネット	wah tp	ワウワウ効果付きトランペット
co-arr	共同編集		
comp	作曲		
cond	指揮	add.	追加
d	ドラム	alt	オルタナティブ，別
dm	ドラムマシンのプログラミング	cont.	継続
dir	ディレクター	ec	曲の終わりでカット
el. b	エレクトリック・ベース	exc	抜粋
el. d	エレクトリック・ドラム	ic	冒頭カット（曲の始まりでカット）
el. p	エレクトリック・ピアノ	incl.	〜を含む
el. perc	エレクトリック・パーカッション	iss.	リリース
el. v	エレクトリック・バイオリン	mc	曲の途中でカット
engh	イングリッシュ・ホルン	mst	マスター
fl	フルート	occ.	ときおり
flh	フリューゲルホルン	poss.	たぶん
frh	フレンチ・ホルン	prob.	おそらく
g	エレクトリック・ギター	rpm	毎分回転数
	(特に指定がない限り)	tk	テイク
k	各種キーボード	w.	〜を使った，〜を伴う
m.c.	司会	✂	編集ポイント
narr	ナレーション	▶	音楽セクションの変更
org	オルガン		(例えば，テーマからソロ)
p	アコースティック・ピアノ	▷	音楽セクション内での変更

DECEMBER 4, 1967	NEW YORK CITY – COLUMBIA 30TH STREET STUDIO	RECORDING

Miles Davis (tp, tubular bells); Wayne Shorter (ts); Joe Beck (g); Herbie Hancock (celeste); Ron Carter (b); Tony Williams (d)

Track Title	Attributes	Time	Album	Details
Circle in the Round	Teo Macero edited mst	33:30	(1)	
Circle in the Round	Stan Tonkel edited mst	26:10	(2)	add MD voice

同じレコーディングから編集された2種類の異なるマスターが存在する。(1) でリリースされたすべての音楽素材は，Mark Wilder によってリミックスされた。

1968 年に Teo Macero が多くの異なるテイクを組み合わせて 33 分 30 秒のマスターを制作し，(1) で初めてリリースされた。編集チャート：

✂ 00:00 INTRO by rhythm section ▶ THEME by Shorter (00:26)
✂ poss. 00:52 THEME by Shorter & Miles (00:52) ▶ Williams first solo (01:19) ▶ THEME by Shorter & Miles (01:45) ▶ Williams first solo cont. (02:13)
✂ 03:14 End of Williams first solo ▶ THEME by Shorter (03:36)
✂ 04:02 THEME by Shorter & Miles ▶ Williams second solo (04:28) ▷ drums out & groove by bass, celeste & guitar (04:47) ▶ THEME by Shorter & Miles without drums (05:02) ▶ Williams third solo (05:27) ▶ THEME by Shorter & Miles (06:18)
✂ 07:01 Hancock solo
✂ 08:42 Miles first solo
✂ 09:07 Miles first solo cont. ▶ Shorter first solo (09:58)
✂ 10:44 Miles second solo
✂ 11:34 Miles second solo cont.
✂ 12:07 Miles second solo cont.
✂ 12:12 Miles second solo cont.
✂ 12:59 Shorter second solo
✂ 13:51 Miles third solo
✂ 15:59 Miles third solo cont.
✂ 16:31 Miles third solo cont.
✂ 18:09 Miles third solo cont.
✂ 19:45 Shorter third solo
✂ 21:22 Miles fourth solo
✂ 22:08 Miles fourth solo cont.
✂ 23:49 Carter solo
✂ 25:26 Williams fourth solo
✂ 27:03 Miles fifth solo
✂ 28:48 Miles sixth solo
✂ 29:54 Shorter fourth solo
✂ 30:50 Miles seventh solo
✂ 31:35 Interplay by Miles & Shorter
✂ 32:05 Interplay by Miles & Shorter

1979 年に (2) でリリースされたバージョンは，Stan Tonkel が Teo Macero のマスターをもとに制作されたものである。Tonkel はオリジナルの 2 トラック・マスターから 7 分 20 秒をカットしている。編集チャート：

✂ 00:00 INTRO by rhythm section ▶ THEME by Shorter (00:26)
✂ 00:52 First part of THEME by Shorter & Miles
✂ 01:09 End of THEME by Shorter & Miles ▶ Williams first solo (01:19)
✂ 02:22 End of Williams first solo ▶ THEME by Shorter (02:23)
✂ 02:49 THEME by Shorter & Miles ▶ Williams second solo ▷ drums out & groove by bass, celeste & guitar (03:34) ▶ THEME by Shorter & Miles (03:49) ▷ drums out ▶ Williams third solo (04:14) ▶ THEME by Shorter & Miles (05:05)
✂ 05:48 Hancock solo
✂ 07:29 First phrase of Miles first solo
✂ 07:30 Miles first solo cont.
✂ 08:21 Shorter secnd solo
✂ 09:12 Miles third solo
✂ 10:01 Miles third solo cont（これ以降，Miles の音声の追加を除き，Stan Tonkel のバージョンは Macero のバージョンの 17:19 以降と同じ。以下参照）
✂ 10:51 Miles third solo cont.
✂ 12:27 Shorter third solo
✂ 14:04 Miles fourth solo
✂ 14:50 Miles fourth solo cont.
✂ 16:31 Carter solo
✂ 18:08 Williams fourth solo
✂ 19:44 Miles fifth solo
✂ 21:29 Miles sixth solo
✂ 22:35 Shorter fourth solo
✂ 23:31 Miles seventh solo
✂ 24:16 Interplay by Miles & Shorter
✂ 24:45 Interplay by Miles & Shorter
✂ 25:16 Interplay by Miles & Shorter
✂ 25:42 Interplay by Miles & Shorter

✂ 32:35　Interplay by Miles & Shorter
✂ 33:02　Interplay by Miles & Shorter
Macero のマスターでは，チューブラー・ベル（おそらく Miles が演奏）の音色を 07:33 と 08:31 の間に数回，そして 26:57 でも再び聴くことができる（後者は Tonkel のマスターの 19:38 でも聴くことができる）。

✂ 26:11　Miles voice

DECEMBER 28, 1967　NEW YORK CITY – COLUMBIA 30TH STREET STUDIO　RECORDING

Miles Davis (tp, chimes, tubular bells); Wayne Shorter (ts); Herbie Hancock (Wurlitzer el. p, clavinet); Joe Beck (g); Ron Carter (b); Tony Williams (d) on right; unknown (overdubbed snare drum) on left

Track Title	Attributes	Time	Album	Details
Water on the Pond	edited mst, fade out	07:01	(1)	

02:14 に編集ポイントが 1 カ所あり。Miles はブリッジ内でチューブラー・ベルを演奏。ソロ・セクションの間，Hancock はエレクトリック・ピアノのみを演奏。テーマの提示の間，彼は 2 台のキーボードで伴奏している。

● Clavinet: 00:09/00:26-00:51/01:01-01:20/01:25-06:37/06:53
● El. piano: 00:32/00:51-01:08/01:19

JANUARY 12, 1968　NEW YORK CITY – COLUMBIA STUDIO B　RECORDING

Miles Davis (tp); Wayne Shorter (ts); Bucky Pizzarelli (g); Herbie Hancock (el. harpsichord); Ron Carter (b); Tony Williams (d)

Track Title	Attributes	Time	Album	Details
Fun	original mst	04:05	(1)	
Fun	edited mst	04:05	(3)	

(1) では，右側の Macero による編集は加えられていない。それ以外のカットは聴くことができない。

(3) では，テーマの提示直後の 12 秒間のリズムセクションのみによる演奏の抜粋がコピーされ，Shorter のソロの 8 小節と置き換えられている。

● 00:00　THEME ▶ Shorter solo (00:29)
✂ 02:44　excerpt taken from 00:16 to 00:28
✂ 02:56　Shorter solo cont.　▶ rhythm section only (03:21) ▶ drum fill (03:27) ▶ rhythm section only led by Herbie Hancock

JANUARY 16, 1968　NEW YORK CITY – COLUMBIA STUDIO B　RECORDING

Miles Davis (tp); Wayne Shorter (ts); Herbie Hancock (p); George Benson (g); Ron Carter (b); Tony Williams (d)

Track Title	Attributes	Time	Album	Details
Teo's Bag (= The Collector)	alt. take; poss. editing	05:56	(1)	GB out
Teo's Bag (= The Collector)	complete mst	05:50	(1)	GB out
Teo's Bag (= The Collector)	edited mst	05:54	(2)	GB out
Paraphernalia		12:36	(1)	add MD voice

〈Teo's Bag〉の未編集のマスター・テイクと未リリースであったオルタナティブ・テイクは，どちらも（1）でリリースされている。オリジナル・マスターの編集バージョンは，（2）でリリースされている。編集が加えられたのはテーマが最後に提示される 05:37 の部分のみであり，それよりも 4 秒長く，優れた演奏と置き換えられている。

JANUARY 25, 1968	NEW YORK CITY – COLUMBIA 30TH STREET STUDIO	RECORDING

Miles Davis (tp); Wayne Shorter (ts); Herbie Hancock (p); Joe Beck (g); Ron Carter (b); Tony Williams (d)

Track Title	Attributes	Time	Album	Details
I Have a Dream	rehearsal sequence	06:43	(1)	add MD voice
Speak like a Child	rehearsal tk	02:25	(1)	JB & GB out; add MD & TM voices

（1）のブックレットには，ギタリストはJoe BeckまたはGeorge Bensonと記載されているが，実際に聴いたところではBeckが有力である。

FEBRUARY 15, 1968	NEW YORK CITY – COLUMBIA STUDIO B	RECORDING

Miles Davis (tp); Wayne Shorter (ts); Herbie Hancock (p); George Benson (g); Ron Carter (b); Tony Williams (d)

Track Title	Attributes	Time	Album	Details
Sanctuary		08:46	(1)	add MD voice
Side Car I	mst #1	04:56	(1)	GB out
Side Car II	mst #2	03:31	(1)	

FEBRUARY 16, 1968	NEW YORK CITY – COLUMBIA STUDIO B	RECORDING

Miles Davis (tp); Julius Watkins, Ray Alonge (frh); Howard Johnson (tu); Wayne Shorter (ts); Hubert Laws (fl); prob. Danny Bank (fl, alto fl); Romeo Penque (engh); prob. Karl Porter (bassoon); Gloria Agostini or Betty Glauman (harp); Herbie Hancock (Wurlitzer el. p); Herb Bushier (Hawaiian g); Joe Beck (g); Lawrence Lucie (mandolin); Ron Carter (b); Tony Williams (d); Warren Smith (marimba, timpani); Gil Evans (arr, cond); Teo Macero (co-dir)

Track Title	Attributes	Time	Album	Details
Falling Water	tk 4	03:42	(4)	
Falling Water	tk 6	04:22	(4)	
Falling Water	tk 8	04:14	(4)	
Falling Water	tk 9	04:18	(4)	

MAY 15, 1968	NEW YORK CITY – COLUMBIA STUDIO B	RECORDING

Miles Davis (tp); Wayne Shorter (ts); Herbie Hancock (p); Ron Carter (b); Tony Williams (d)

Track Title	Attributes	Time	Album	Details
Country Son	tk 1, mst, ic	13:48	(1)	unknown (voice)
Country Son	tk 3, alt	14:37	(1)	

マスター・テイクのはじまりの部分は失われた。

MAY 16, 1968	NEW YORK CITY – COLUMBIA STUDIO B	RECORDING

Track Title	Attributes	Time	Album	Details
Black Comedy	tk 2, alt, fade out	06:23	(1)	
Black Comedy	tk 12, mst	07:23	(1)	

MAY 17, 1968 — NEW YORK CITY – COLUMBIA STUDIO B — RECORDING

Miles Davis (tp); Wayne Shorter (ts); Herbie Hancock (el. p); Ron Carter (el. b); Tony Williams (d)

Track Title	Attributes	Time	Album	Details
Stuff	edited mst	16:57	(1)	add MD voice

開始部分の長いテーマは，編集によって作られた。下記の内容よりも多くの編集が加えられている可能性がある。

✂ 00:00　INTRO by rhythm section ▷ 00:18 Miles whispers something ▶ THEME by Miles & Shorter (00:30)

✂ poss. 00:54　THEME by Miles & Shorter (cont.)

✂ 01:50　THEME by Miles & Shorter (cont.) ▶ Miles (05:54); Shorter (09:06); Hancock (12:13); Williams (14:00) ▶ THEME by Miles & Shorter (14:35) ▶ Coda by rhythm section (15:53)

JUNE 19, 1968 — NEW YORK CITY – COLUMBIA 30TH STREET STUDIO — RECORDING

Track Title	Attributes	Time	Album	Details
Petits Machins (Little Stuff)		08:04	(1)	add prob. Gil Evans (arr)

マイルスは〈Petits Machins (Little Stuff)〉の作曲者としてクレジットされているが，テーマは Gil Evans のオーケストラで演奏された〈Eleven〉のものとそっくりである。曲は Miles と Gil が共同で書いたか，Gil Evans が１人で書いた可能性が高い。

JUNE 20, 1968 — NEW YORK CITY – COLUMBIA 30TH STREET STUDIO — RECORDING

Track Title	Attributes	Time	Album	Details
Tout de Suite	tk 5, alt	14:35	(1)	
Tout de Suite	tk 9, mst	14:03	(1)	

JUNE 21, 1968 — NEW YORK CITY – COLUMBIA STUDIO B — RECORDING

Track Title	Attributes	Time	Album	Details
Filles de Kilimanjaro (Girls of Kilimanjaro)		11:59	(1)	

SEPTEMBER 24, 1968 — NEW YORK CITY – COLUMBIA 30TH STREET STUDIO — RECORDING

Miles Davis (tp); Wayne Shorter (ts); Chick Corea (RMI el. p); Dave Holland (b); Tony Williams (d)

Track Title	Attributes	Time	Album	Details
Mademoiselle Mabry (Miss Mabry)	edited mst	16:29	(5)	
Frelon Brun (Brown Hornet)	ec	05:35	(5)	

NOVEMBER 11, 1968	NEW YORK CITY – COLUMBIA STUDIO B	RECORDING

Miles Davis (tp); Wayne Shorter (ts); Chick Corea (Wurlitzer el. p) on left channel; Herbie Hancock (Fender Rhodes el. p) on center; Dave Holland (b); Tony Williams (d, cowbell)

Track Title	Attributes	Time	Album	Details
Dual Mr. Anthony Tillmon Williams Process	edited mst	13:20	(6)	TW d; add MD voice
Two Faced	edited mst	18:00	(6)	add MD voice

〈Two Faced〉の編集チャート：

● THEME #1 by Miles & Shorter (00:00) ▶ THEME #1 rhythm section arrangement only (00:22) ▶ THEM #2 paraphrase by Miles (00:42) ▶ Miles first solo (01:18) ▶ rhythm section only (01:44)

✂ 01:56 THEME #1 rhythm section arrangement only (two times) ▶ Interplay by Corea & Hancock (02:37) ▶ THEME #1 rhythm section arrangement only (04:56) ▶ THEME #1 by Shorter (05:16) ▶ THEME #2 by Shorter (05:37-two times) ▶ Shorter first solo (06:17) ▶ THEME #1 by Shorter (07:40-two times)

✂ 08:22 THEME #2 by Miles & Shorter (canon-three times) ▶ Interplay by Corea & Hancock (09:22) ▶ Miles second solo (12:02); Shorter second solo (14:30)

✂ prob. 15:39 THEME #1 rhythm section arrangement only (two times) ▶ Interplay by Corea & Hancock (16:19) ▶ THEME #2 by Miles & Shorter (17:18-canon-two times)

NOVEMBER 12, 1968	NEW YORK CITY – COLUMBIA STUDIO B	RECORDING

Miles Davis (tp); Wayne Shorter (ts); Chick Corea (Wurlitzer el. p) on left channel; Herbie Hancock (Fender Rhodes el. p) on right; Dave Holland (b); Tony Williams (d)

Track Title	Attributes	Time	Album	Details
Splash	edited mst	08:30	(2)	

NOVEMBER 27, 1968	NEW YORK CITY – COLUMBIA STUDIO B	RECORDING

Miles Davis (tp); Wayne Shorter (ss, ts); Chick Corea (Wurlitzer el. p); Herbie Hancock (Fender Rhodes el. p); Joe Zawinul (Fender Rhodes el. p, org); Dave Holland (b); Jack DeJohnette (d); Teo Macero (tamb on "Ascent, part 1")

Track Title	Attributes	Time	Album	Details
Directions I	tk 1	06:46	(3)	JZ el. p; add MD voice
Directions II	tk 2	04:49	(3)	WS ss, ts; JZ el. p
Ascent	edited mst	14:38	(3)	JZ org

註：〈Ascent〉には3種類のテイクがあり，これらはまとめて以下の通り編集されている。

✂ 00:00 Keyboard prelude

✂ 04:35 Shorterfirst solo ▶ Keyboard interlude (07:09) ▶ Shorter first solo (09:18)

✂ 09:39 First part of Miles solo

✂ 12:03 Second part of Miles solo

FEBRUARY 18, 1969	NEW YORK CITY – COLUMBIA STUDIO B	RECORDING

Miles Davis (tp); Wayne Shorter (ss); Chick Corea (Wurlitzer el. p) on left channel; Herbie Hancock (Fender Rhodes el. p) on center; Joe Zawinul (org) on right; John McLaughlin (g); Dave Holland (b); Tony Williams (d)

Track Title	Attributes	Time	Album	Details
Shhh/Peaceful	edited mst	17:58	(7)	

✂ 00:00　INTRO by McLaughlin & Zawinul
✂ 00:06　McLaughlin first solo
✂ 01:33　Miles solo ▶ Interplay by rhythm section (05:16)
✂ 05:55　McLaughlin second solo (no drums)
✂ 06:14　McLaughlin second solo cont.; Shorter solo (09:12)
✂ 10:42　Interplay by Corea, Hancock, Zawinul & McLaughlin
✂ 11:55　Duplication of first, second, and third sections (00:00/05:54) followed by fade-out (00:09)
Miles は，〈Country Son〉や〈Petits Machins〉などでよく用いていたフレーズではじまるソロを展開。

Track Title	Attributes	Time	Album	Details
In a Silent Way	edited mst	04:15	(7)	
It's about That Time	edited mst	11:28	(7)	add MD voice

2 つの楽曲は，まとめて以下の通り編集されている。
✂ 00:01　In a Silent Way
✂ 04:15　It's about That Time
✂ 15:43　In a Silent Way
〈In a Silent Way〉の最終バージョンは，開始部分の提示の繰り返しである。
〈It's about That Time〉は，Joe Zawinul が自ら書いたと主張している〈#1〉，〈#2〉，〈#3〉と呼ばれる以下の 3 つの基本的な構成要素に基づいている。セクション〈#1〉と〈#2〉は同じ F ミクソリディアンのベース・バンプを共有しているが，〈#2〉は〈Directions I〉の Miles のソロの最初のフレーズを思い起こさせる 3 小節の下降するコード進行が特徴となっている。ファンキーでシンコペーションが強調された〈#2〉と比べて，セクション〈#1〉はよりリラックスしたムードとなっている。セクション〈#3〉には非常にメロディックな F ミクソリディアン・スケールの長いベース・バンプがあり，これは複数の楽器によって演奏されている。1 つのセクションが別のセクションへとフェードインするところもある（例えば，Miles のソロの間）。
〈It's about That Time〉の編集チャート：
✂ 04:15　Miles solo on "#1." この抜粋はリリースされたマスターの 13:58/14:45 の部分から取られたものである。
✂ 05:02　Electric piano plays chord progression of "#2" (unidentified voice at 5:13)
✂ 05:36　Different excerpt of "#2" McLaughlin solo (05:47) first on "#2" then on "#3" (08:24)
✂ 09:14　Electric piano playing chord progression of "#2" Shorter solo on "#2" (09:36) and "#3" (10:33)
● 11:56　Miles solo on following sections:
● 11:56　"#2" changes gradually back to "#1"
● 12:46　"#3" changes slowly into in "#1" (the process begins at 13:50 and is completed at 13:58)
● 14:45　Miles solo on "#3," ending at 15:18, rhythm section continues to groove on "#3" until the end at 15:42

JULY 25, 1969	JUAN-LES-PINS FESTIVAL, ANTIBES (FRANCE) – PINEDE GOULD "FESTIVAL DU JAZZ"	LIVE

Miles Davis (tp); Wayne Shorter (ss, ts); Chick Corea (el. p); Dave Holland (b); Jack DeJohnette (d)

Track Title	Attributes	Time	Album	Details
Directions		06:00	(8)	WS ts
Miles Runs the Voodoo Down		09:16	(8)	WS ss
Miles (= Milestones)		13:45	(8)	WS ts
Footprints		11:36	(8)	
'Round Midnight		08:23	(8)	WS ts
I Fall in Love too Easily		00:36	(8)	WS out
It's about That Time		09:31	(8)	WS ss
Sanctuary		04:15	(8)	WS ss
The Theme		00:13	(8)	WS ss

JULY 26, 1969	JUAN-LES-PINS, ANTIBES (FRANCE) – PINEDE GOULD "FESTIVAL DU JAZZ"	LIVE

Track Title	Attributes	Time	Album	Details
Spanish Key	exc	00:11	(9)	WS ss
I Fall in Love too Easily		02:54	(9)	WS, DH, JDJ out

註：〈Spanish Key〉のオリジナル・マスターは 10 分 32 秒である。

AUGUST 19, 1969	NEW YORK CITY – COLUMBIA STUDIO B	RECORDING

Miles Davis (tp); Wayne Shorter (ss); Bennie Maupin (bcl); Joe Zawinul (el. p) on left; Chick Corea (el. p) on right; John McLaughlin (g); Harvey Brooks (el. b) on left; Dave Holland (b) on center; Lenny White (d) on left; Jack DeJohnette (d) on right; Don Alias (cga, poss. bgo); Jim "Jumma Santos" Riley (pandeiro, shaker, perc)

Track Title	Attributes	Time	Album	Details
Bitches Brew	edited mst	26:56	(10)	add MD voice

《The Complete Bitches Brew Sessions》（10）の Bob Belden によるライナーノーツによると，〈Bitches Brew〉は当初，5 つのパートからなる組曲として着想されたものだった。最終的に，（10）には 3 つのセクションだけが残った。リリースされた〈Bitches Brew〉のマスターは，これらのセクションの 2 つから構成されている——第 1 セクションはイントロ，インタールード，コーダとして使われ，第 2 セクションはソロのバンプとして使われた。第 3 セクションは〈John McLaughlin〉となった。（10）でリリースされたすべての音楽素材は，1998 年に Mark Wilder によってリミックスされた。

INTRO

● 00:00　Bass vamp #1

● 00:41　THEME by Miles w. echo ▷ THEME by Miles & Shorter

SOLOS SECTION #1

✂ (a) 02:5　Bass vamp #2 by Brooks & Alias

● (b) 02:56　Bass vamp #2 by Brooks, Maupin & Alias

✂ (b) 03:01　Duplication of (b)

✂ (b) 03:07　Duplication of (b)

✂ (b) 03:12　Duplication of (b)

✂ (ab) 03:17　Duplication of (a) & (b) in straight sequence

✂ (b) 03:27　Duplication of (b)

● 03:32　The rest of the rhythm section comes in and the tape rolls without any cuts until 10:36

● Solos: Miles (03:54/06:20); McLaughlin (06:32/07:26) ▷ Groove ▷ McLaughlin (07:50/08:55); Miles (08:55 ...)

✂ 10:36　Duplication of last brief passage (from 10:31 through 10:36) and new fragment (five notes by Miles tp) until 10:42

✂ 10:42　Duplication of last brief passage (from 10:36 through 10:42) and new fragment until 10:52

✂ 10:52　Duplication of last brief passage (from 10:42) and continuation of Miles solo until 11:28; Shorter (11:39/12:36); brief Holland solo (12:36 ...)

✂ 12:42　Groove ▶ Corea (12:49 ...)

✂ 13:28　Corea cont.

INTERLUDE

✂ 14:36　Bass vamp #1 ▶ THEME by Miles w. echo (15:55)

SOLOS SECTION #2

✂ 17:20　Bass vamp #2 ▶ Solos: Holland (17:29/19:18); Miles (19:23/20:11) ▷ Groove ▷ Miles (20:58/21:48)

✂ 22:01　Groove ▶ Zawinul (22:31)

CODA

✂ 24:04　Duplication of the introduction (00:00 to 02:50)

最初のソロ・セクションにおいて，Dave Holland はメインのソロ奏者のバックで即興演奏を行っている。18:02 以降，この「隠れた」即興演奏者の役割は Bennie Maupin へと移る。05:51 に Miles はブラッド・スウェット・アンド・ティアーズの〈Spinning Wheel〉のテーマを引用し，解体している。実際のところ，03:54 と 06:20 の Miles のソロ全体を〈Spinning Wheel〉のテーマのパロディーとも解釈できる。

Bennie Maupin (bcl); Joe Zawinul (el. p) on left; Chick Corea (el. p) on right; John McLaughlin (g); Harvey Brooks (el. b), Dave Holland (b); Lenny White (d) on left; Jack DeJohnette (d) on right; Don Alias (cowbell pandeiro, perc); Jim "Jumma Santos" Riley (shaker, perc); Miles Davis (dir, comp)

Track Title	Attributes	Time	Album	Details
John McLaughlin	edited mst	04:22	(10)	

Miles Davis (tp); Wayne Shorter (ss); Chick Corea (el. p); Dave Holland (b); Jack DeJohnette (d); Don Alias (bgo, cga); Jim "Jumma Santos" Riley (shaker)

Track Title	Attributes	Time	Album	Details
Sanctuary	two take edited together	10:55	(10)	

05:13 に編集ポイントあり。

AUGUST 20, 1969　　NEW YORK CITY – COLUMBIA STUDIO B　　RECORDING

Miles Davis (tp); Wayne Shorter (ss); Bennie Maupin (bcl); Joe Zawinul (el. p) on left; Chick Corea (el. p) on right; John McLaughlin (g); Harvey Brooks (el. b) on center; Dave Holland (el. b) on left; Don Alias (d, perc, poss. cga) on left; Jack DeJohnette (d) on center; Jim "Jumma Santos" Riley (shaker, perc) on left

Track Title	Attributes	Time	Album	Details
Miles Runs the Voodoo Down	edited mst	14:03	(10)	

AUGUST 21, 1969	NEW YORK CITY – COLUMBIA STUDIO B	RECORDING

Miles Davis (tp); Wayne Shorter (ss); Bennie Maupin (bcl); Joe Zawinul (el. p) on left; Larry Young (el. p) on center; Chick Corea (el. p) on right; John McLaughlin (g); Harvey Brooks (el. b); Dave Holland (b); Lenny White (d) on left; Jack DeJohnette (d) on right; Don Alias (cga, pandeiro, perc); Jim "Jumma Santos" Riley (shaker, perc)

Track Title	Attributes	Time	Album	Details
Spanish Key	tk 4, mst	17:32	(10)	add MD voice
Pharaoh's Dance	first edited mst	20:03	(11)	DA cg pe
Pharaoh's Dance	second edited mst	20:03	(10)	DA cg pe; add MD voice

(11) のオリジナルのレコード版の〈Pharaoh's Dance〉には4秒間のキーボードによるパッセージが存在しているが，オリジナルのレコード版と全く同じ内容の最初のCD再発版CDCBS66236を除き，これまでに筆者が聴いたことのある他の全てのCD再発版では削除されている（理由は不明）。この4秒間は左側のチャートの08:29から08:33の部分にあたる。右側のチャートの〈Pharaoh's Dance〉の別バージョンでは，失われた4秒間を埋め合わせるために，終了部分のフェードアウトが長くとられている。アナログ・テープの速度の違いにより，SECTION 3とSECTION 4について，左右のチャートで若干の時間差が生じている。

オリジナルのレコード版の編集チャート：

SECTION 1 (Theme sequence)

✂ (a) 00:00　Intro & THEME #1 (00:03) two times

✂ (b) 00:15　Vamp #2 & THEME #2 (00:20)

✂ (c) 00:46　THEME #2

✂ (b) 00:56　Duplication of Vamp #2 & THEME #2 (b) starting from 00:15

✂ (c) 01:29　Duplication of THEME #2 (c) starting from 00:46

✂ (a') 01:39　Duplication of an exc of (a) from 00:03 through 00:15 (THEME #1)

(THEME #1)

✂ (b) 01:50　Duplication of THEME #2 (c) starting from 00:46

✂ (c) 02:22　Duplication of THEME #2 (c) starting from 00:46

SECTION 2 (Solos first sequence)

✂ 02:32　Miles solo briefly

✂ 02:54　THEME #1 ▶ Miles solo (03:31); Maupin (05:41) ▶ THEME #1 by Corea & Maupin (07:33)

✂ 07:55　Vamp #1 & Interplay by Zawinul, Young, Corea & McLaughlin

SECTION 3 (Interlude & micro-editing sequence)

✂ poss. 08:29　Brief keyboards passage

✂ 08:33　INTERLUDE: delay effects added to trumpet (08:40)

✂ 08:46　Duplication of exc between 08:44 & 08:46

✂ 08:48　Duplication of exc between 08:33 & 08:41

✂ 08:57 to 9:05　A fragment of around one second (taken from 08:43 to 08:44 of the issued mst) is looped five times

SECTION 4 (Solos second sequence)

新たにリミックスされた（10）のマスターの編集チャート：

SECTION 1 (Theme sequence)

✂ (a) 00:00　Intra & THEME #1 (00:03) two times

✂ (b) 00:15　Vamp #2 & THEME #2 (00:20)

✂ (c) 00:46　THEME #2

✂ (b) 00:56　Duplication of Vamp #2 & THEME #2 (b) starting from 00:15

✂ (c) 01:29　Duplication of THEME #2 (c) starting from 00:46

✂ (a') 01:39　Duplication of an exc of (a) from 00:03 through 00:15 (THEME #1)

✂ (b) 01:50　Duplication of Vamp #2 & THEME #2 (b) starting from 00:15

✂ (c) 02:22　Duplication of THEME #2 (c) starting from 00:46

SECTION 2 (Solos first sequence)

✂ 02:32　Miles solo

✂ 02:54　THEME #1 ▶ Miles solo (03:31); Maupin (05:41) ▶ THEME #1 by Corea & Maupin (07:33)

✂ 07:55　Vamp #1 & Interplay by Zawinul, Young, Corea & McLaughlin

SECTION 3 (Interlude & micro-editing sequence)

✂ 08:29　INTERLUDE: delay effects added to trumpet (08:40); at 08:39 the accurate new remastering reveals a voice, prob. Miles, saying "Hey Joe!" not audible in previous editions

✂ 08:42　Duplication of exc between 08:40 & 08:42

✂ 08:44　Duplication of exc between 08:29 & 08:37

✂ 08:53　to 09:00 A fragment of around one second (taken from 08:39 to 08:40, and with a voice calling "Hey Joe!" audible in the new mix) is looped five times

✂ 09:06 Miles solo cont. ▷ Interplay by Miles & Maupin (10:41) ▷ Interplay by Maupin & electric pianos (11:06) ▶ Shorter (11:51); McLaughlin (12:58) ▶ electric piano paraphrases the THEMES #1 & #2 (14:09)
✂ 15:24 INTRO of CLOSING THEME by Zawinul, Young, Corea ▷ at 16:07 Bennie Maupin join in ▶ CLOSING THEME (eight times) by Miles (16:43)

SECTION 4 (Solos second sequence)
✂ 09:00 Miles solo cont. ▷ Interplay by Miles & Maupin (10:37) ▷ Interplay by Maupin & electric pianos (11:01) ▶ Shorter (11:47); McLaughlin (12:53) ▶ electric piano paraphrases the THEMES #1 & #2 (14:04)
✂ 15:19 INTRO of CLOSING THEME by Zawinul, Young, Corea ▷ at 16:01 Bennie Maupin join in ▶ CLOSING THEME (eight times) by Miles (16:38)

NOVEMBER 19, 1969 NEW YORK CITY – COLUMBIA STUDIO E RECORDING

Miles Davis (tp); Steve Grossman (ss); Bennie Maupin (bcl); Herbie Hancock (el. p) on left; Chick Corea (el. p) on right; John McLaughlin (g) on left; Khalil Balakrishna (sitar, tampura) on right; Ron Carter (b) on left; Harvey Brooks (el. b) on center; Billy Cobham (d, triangle); Airto Moreira (wood blocks, cuica, sheep bells, berimbau, cuica, guiro, agogo bells, perc, voc) on left; Bihari Sharma (tabla, tampura) on right

Track Title	Attributes	Time	Album	Details
Great Expectations	edited mst; two exc on 45 rpm	13:43	(10)	KB si, prob. tam; BC d; AM wo cu sh pe

註：テーマは，tp と bcl によって 18 回演奏されている。
● 00:00 Three times (muted tp); three times (open tp)
✂ 04:38 Four times (muted tp); seven times (open tp); one time (muted tp)
〈Great Expectations〉と〈Orange Lady〉は，最初に《Big Fun》（12）で〈Great Expectations〉という 1 つの曲としてリリースされた。（10）では，2 つの異なる曲として収録され，それぞれ別のタイトルが付けられている。（12）の 1974 年リリース版に収録された 4 曲（〈Great Expectations〉，〈Ife〉，〈Go ahead John〉，〈Lonely Fire〉）は，《Big Fun》の 2000 年版でも同じ形態で再リリースされている。実際に聴いた限りでは，（12）は 1997 年の日本のマスターサウンド盤と区別がつかない。

Track Title	Attributes	Time	Album	Details
Orange Lady (Mulher Laranja)	edited mst 1; exc on 45 rpm	13:45	(12)	AM be cu gu pe; add MD voice
Orange Lady (Mulher Laranja)	edited mst 2	13:45	(10)	AM be cu gu pe; add MD voice

（12）のマスターの方が速度が速いが，（10）には存在しない 6 秒間の編集による繰り返し部分が（12）のバージョンに含まれているため，2 つのバージョンの長さは同じになっている。
（12）では，〈Orange Lady (Mulher Laranja)〉は〈Great Expectations〉とともに編集され，1 つにつなぎ合わされた曲の 13:37 から開始する。

編集チャート：
✂ 13:37 Intro ▶ THEME A (14:04) ▶ THEME B (14:56/16:25/18:05/19:55) ▶ Groove (21:19)
✂ 25:00 Duplication of 24:54 to 25:00 ▶ THEME A (25:06)
✂ 26:00 Intro ▶ THEME A (26:08) ▷ fade out (27:22)
24:54 の Miles の音声は 25:00 で繰り返されている。
〈Orange Lady (Mulher Laranja)〉の抜粋を使用して 45 rpm 版が作られており，（14）では〈Great Expectations〉という誤ったタイトルが付けられている。

（10）のマスターの編集チャート：
● 00:00 Intro ▶ THEME A (00:27) ▶ THEME B (01:19/02:49/04:30/0620) ▶ Groove (07:45) ▶ THEME A (11:28)
✂ 12:22 Intro ▶ THEME A (12:31) ▷ fade-out (13:45)
Wilder のリミックス版では，11:23 と 13:43 で Miles の音声を聴くことができる。

Track Title	Attributes	Time	Album	Details
Yaphet		09:38	(10)	AM be cu pe; add MD voice
Corrado		13:11	(10)	AM ab pe voc; add MD & TM voices

NOVEMBER 28, 1969 NEW YORK CITY – COLUMBIA STUDIO E RECOROING

Miles Davis (tp); Steve Grossman (ss); Bennie Maupin (bcl); Herbie Hancock (el. p) on left; Larry Young (org, celeste) on center; Chick Corea (el. p) on right; John McLaughlin (g); Khalil Balakrishna (sitar) on left; Dave Holland (b) on right; Harvey Brooks (el. b) on left; Jack DeJohnette (d) on right; Billy Cobham (d, triangle, sheep bells, pandeiro) on right; Airto Moreira (cuica, perc) on left; Bihari Sharma (tabla, tampura) on left

Track Title	Attributes	Time	Album	Details
Trevere		05:55	(10)	BC tr sh; AM cu; add MD voice
The Big Green Serpent	mc at 1:58	03:35	(10)	BC sh pe ▷ left; BS tab
The Little Blue Frog	tk 3, alt	12:13	(10)	JDJ out; BC d tr; add MD voice
The Little Blue Frog	tk 4, mst; edited mst (2:36) on 45 rpm	09:09	(10)	BC d tr; add MD voice only on 45 rpm

JANUARY 27, 1970 NEW YORK CITY – COLUMBIA STUDIO B RECOROING

Miles Davis (tp); Wayne Shorter (ss); Bennie Maupin (bcl); Joe Zawinul (el. p) on left; Chick Corea (el. p, ring modulator) on right; Khalil Balakrishna (sitar, tampura) on right; Dave Holland (el. b); Billy Cobham (d, vibraslap, perc) on left; Jack DeJohnette (d, sheep bells, shaker, perc) on right; Airto Moreira (agogo bells, guiro, sheep bells, berimbau, cuica, pandeiro, perc)

Track Title	Attributes	Time	Album	Details
Lonely Fire		21:18	(10)	BC d pe; AM ab gu sh pe
Guinnevere	complete mst	21:07	(10)	CC elp; BC ▷ center; add MD voice
Guinnevere	edited mst	18:03	(2)	as above - MD voice out

（10）でリリースされた完全マスター：

● 00:00 INTRO ▶ THEME A (02:50/03:44/04:34) ▶ THEME B (05:26) ▶ Miles first solo (05:56) ▶ THEME A (06:40) ▶ Miles second solo (07:10) ▶ THEME A (08:35) ▶ Miles third solo (09:06) ▶ Holland changes bass vamp slightly ▶ THEME A(10:08) ▶ Miles fourth solo (10:36) ▶ THEME B (11:32) ▶ Miles fifth solo (12:01) ▷ Groove w. Zawinul & Corea Interplay (12:34) ▶ THEME A (13:00) ▷ Groove (during this section Moreira switches from pandeiro to cuica) ▶ THEME B (14:56) ▶ Miles sixth solo (15:20) ▶ THEME B on bass vamp of A section (15:49) ▶ Miles seventh solo (16:20) ▶ THEME A (17:08) ▶ Miles eighth solo (17:38) ▶ Miles quotes the theme of B section) ▶ Groove w. Balakrishna (sitar) solo (18:09) ▶ The tune

（2）でリリースされた編集マスター：

● 00:00 INTRO (taken from 00:00 to 00:18 of the complete mst)

✂ 00:18 INTRO (taken from 01:32 to 02:50 of the complete mst) ▶ THEME A (01:35/2:28) ▶ THEME A (03:16) ▶ THEME B (04:09) ▶ Miles first solo (04:40) ▶ THEME A (05:24) ▶ Miles second solo (05:53) ▶ THEME A (07:16) ▶ Miles third solo (07:47) ▶ Holland changes bass vamp slightly ▶ THEME A (08:45) ▶ Miles fourth solo (09:16) ▶ THEME B (10:11) ▶ Miles fifth solo (10:40) ▷ Groove w. Zawinul & Corea Interplay ▶ THEME A (11:40) ▷ Groove (during this section Moreira switches from pandeiro to cuica) ▶ THEME B (13:33) ▶ Miles sixth solo (13:57) ▶ THEME B on bass vamp of A section (14:25) ▶

ends with Airto's cuica (19:08) ▶ Groove Reprise (19:10) with Moreira (cuica), Cobham (vibraslap), DeJohnette (shaker ▷ d) ▶ THEME A (20:12) ▶ End (21:07) ▶ Miles's voice (21:12)

Miles seventh solo (14:57) ▶ THEME A (15:44) ▶ Miles eighth solo (16:13) ▶ Miles quotes the theme of B section) ▶ Groove (16:43) w. Balakrishna (sitar) solo (taken from 18:09 to 18:22 of complete mst)
✂ 16:56 Groove (taken from 19:45 of the complete mst) w. Moreira (cuica), Cobham (vibraslap), DeJohnette (shaker ▷ d) ▶ THEME A (17:11)
✂ 18:03 End

JANUARY 28, 1970 NEW YORK CITY – COLUMBIA STUDIO B RECOROING

Miles Davis (tp); Wayne Shorter (ss); Bennie Maupin (bcl); Joe Zawinul (el. p) on left; Chick Corea (el. p) on right; John McLaughlin (g); Dave Holland (el. b); Billy Cobham (d, perc) on left; Jack DeJohnette (d, perc) on right; Airto Moreira (cuica, perc) on left

Track Title	Attributes	Time	Album	Details
Feio		11:49	(10)	
Double Image		08:25	(10)	

FEBRUARY 6, 1970 NEW YORK CITY – COLUMBIA STUDIO B RECORDING

Miles Davis (tp); Wayne Shorter (ss); Chick Corea (el. p, ring modulator) on right; Joe Zawinul (el. p, org) on left; John McLaughlin (g); Khalil Balakrishna (sitar); Dave Holland (el. b); Jack DeJohnette (d); Billy Cobham (triangle, perc); Airto Moreira (cuica, cymbals, sheep bells, perc)

Track Title	Attributes	Time	Album	Details
Recollections (-In a Silent Way)	tk 4	18:54	(10)	add MD & TM voices

Miles Davis (tp); Wayne Shorter (ss); Chick Corea (el. p); Joe Zawinul (el. p, org); John McLaughlin (g); Khalil Balakrishna (sitar or el. sitar); Dave Holland (el. b); Jack DeJohnette (d); Billy Cobham (triangle); Airto Moreira (cuica, cymbals, sheep bells, perc)

Track Title	Attributes	Time	Album	Details
Take It or Leave It		02:13	(10)	

Miles Davis (poss. two overdubbed tps); poss. Wayne Shorter (ss); Chick Corea (el. p, ring modulator) on left; Joe Zawinul (el. p) on right; John McLaughlin (poss. two overdubbed gs); poss. Khalil Balakrishna (el. sitar); Dave Holland (el. b); Jack DeJohnette (d); Airto Moreira (cuica, tambourine, perc)

Track Title	Attributes	Time	Album	Details
Double Image	ec	05:53	(10)	

FEBRUARY 1970 NEW YORK CITY – COLUMBIA STUDIOS RECORDING

poss. Miles Davis (tp); unknown (brasses); unknown (b); unknown (d); Teo Macero (arr, poss. cond)

Track Title	Attributes	Time	Album	Details
The Man Nobody Saw	edited mst	01:43	(13)	

Teo Macero によると，〈The Man Nobody Saw〉は古い映画音楽から取られたものである。Macero が古い録音を使用したのか，この日に編曲して録音し直したのかは不明であるが，ヤン・ローマンは金管楽器アンサンブルが参加したレコーディング・セッションについて言及している。Miles がアンサンブルとともに演奏したのか,

後日オーバーダブを行ったのか，あるいは彼のトランペット・ソロが別のところから取られたのかは不明である。金管楽器アンサンブルのレコーディング，Miles のソロ，そして Brock Peters のナレーションは，〈Yesternow〉の第 4 パート（part 4）として組み込まれている（以下参照）。

FEBRUARY 18, 1970	NEW YORK CITY – COLUMBIA STUDIOS	RECOROING

Miles Davis (tp); Bennie Maupin (bcl); prob. Chick Corea (el. p, ring modulator) on right; John McLaughlin (g) on left; Sonny Sharrock (g) on right; Dave Holland (el. b); Jack DeJohnette (d)

Track Title	Attributes	Time	Album	Details
Willie Nelson	fade-in, mc, fade-out	10:00	(13)	

このマスターは，(13）の〈Yesternow〉の第 3 パート（part 3）として使用されている。編集チャート：

● 13:56 E-flat Bass Vamp #1 - Intro ▶ THEME played by tp & bel ▶ Miles solo.

✂ 18:49 Electric piano chord

✂ 18:53 Cm Bass Vamp #2 - Interplay between Sharrock & Corea (ring modulator) ▶ THEME played by tp & bcl ▶ Miles solo.

FEBRUARY 27, 1970	NEW YORK CITY – COLUMBIA STUDIOS	RECORDING

Miles Davis (tp); Steve Grossman (ss); John McLaughlin (g); Dave Holland (el. b); Jack DeJohnette (d)

Track Title	Attributes	Time	Album	Details
Willie Nelson	tk 2, remake, ic	10:19	(3)	

MARCH 3, 1970	NEW YORK CITY – COLUMBIA STUDIOS	RECORDING

Track Title	Attributes	Time	Album	Details
Go ahead John	edited mst	28:24	(12)	
Go ahead John	45-rpm mst	02:32	(14)	

この曲で Teo Macero は，CBS の研究開発部門が開発した 2 台の電子機器，すなわち，ステレオスペクトル内で楽器を即座に切り替えられる「電子スイッチャ」と，楽器を 30 秒遅れで再生できる「インスタント・プレイバック」をふんだんに使用している。SECTION #2 での Miles と Grossman のソロの重ね合わせは「インスタント・プレイバック」で作られた。SECTIONS #1 と #3 では，McLaughlin のソロの間にリズムギターが聴こえることから，彼がソロをオーバーダブで重ね，その後に Macero がところどころに「電子スイッチャ」を使用した可能性が高い。「電子スイッチャ」の効果は，DeJohnette のドラムにおいても，広範囲にわたって聴くことができる。

(12）でリリースされたマスター：

SECTION #1 (Vamp in F)

● 00:00/11:53 Solos: Grossman (00:16); Miles (01:43); McLaughlin (06:36); Grossman (10:39)

SECTION #2 (Slow blues)

✂ 11:47/24:25 Solos: Miles (11:47); Grossman (21:41)

SECTION #3 (Blues progression of #2 in tempo of #1)

✂ 24:20/28:24 Solos: Grossman (24:46); McLaughlin (26:56)

45 rpm 版および（14）でリリースされたマスター：

✂ 00:00 Excerpt from 00:01 to 00:13 of (12)

✂ 00:14 Excerpt from 01:44 to 02:38 of (12)

✂ 01:08 Excerpt from 03:25 to 03:43 of (12)

✂ 01:27 Excerpt from 05:09 to 06:14 of (12)

(14）では，このマスターに〈The Little Blue Frog〉という誤ったタイトルが付けられている。

MARCH 17, 1970	NEW YORK CITY – COLUMBIA STUDIOS	RECORDING

Miles Davis (tp); Wayne Shorter (ss); Bennie Maupin (bcl); John McLaughlin (g); Dave Holland (el. b); Billy Cobham (d)

Track Title	Attributes	Time	Album	Details
Duran	tk 2, mst	10:54	(3)	add MD voice

APRIL 7, 1970	NEW YORK CITY – COLUMBIA STUDIO B	RECORDING

Miles Davis (tp); Steve Grossman (ss); Herbie Hancock (org); John McLaughlin (g); Michael Henderson (el. b); Billy Cobham (d)

Track Title	Attributes	Time	Album	Details
Right Off, part 1	edited mst	10:52	(13)	SG & HH out
Right Off, part 3	edited mst (original mst 09:16)	06:32	(13)	
Right Off, part 4	edited mst	08:21	(13)	MD out
Yesternow, part 1	edited mst (original mst 15:29)	12:25	(13)	

〈Right Off〉と〈Yesternow〉のパートは，《A Tribute to Jack Johnson》(13) に収録された〈Right Off〉の Macero による最終版での配置に従って番号が付けられており，音楽の内容や録音された順番とは必ずしも一致しない。〈Right Off, part 4〉の冒頭の E フラットのリフは，スライ・ストーンの〈Sing a Simple Song〉から着想を得たものだが，おそらく McLaughlin と Henderson がこのリフに手こずっていたため（何度もしくじったり，音を外したりしている），Macero が異なる断片をつなぎ合わせて作ったものと思われる。Macero の編集の痕跡は，編集のタイミングを誤り，半ビート多くなってしまっている 19:32，そして McLaughlin が同じ間違いを繰り返す 19:22 と 20:04 のところで聴いてとれる。〈Right Off, part 4〉の E フラットのリフは，《Agharta》(25) でも聴くことができ，また 12 月 26 日と 27 日にも〈One Phone Call〉としてレコーディングされている。
〈Yesternow, part 4〉はジェームス・ブラウンの曲，〈Say It Loud, I'm Black and I'm Proud, part 1〉から取られたものである。

UNKNOWN DATES IN 1970	NEW YORK CITY – COLUMBIA STUDIOS	POST-PRODUCTION & RECORDING

以下の 3 つのセッションは，行われた日付が不明であることと，同じトランペット・ソロがすべてのセッションで使われているという理由から，まとめて記載している。Macero はこれらのセッションからの音楽素材を (13) の最終版でインタールードとして使用していることから，彼が《Jack Johnson》のパズルのすべてのピースを埋めるべく試みていた 4 月 7 日の主要なセッションの後にこの素材が編集された可能性が高い。

Miles Davis (tp); unknown, poss. Chick Corea (ring modulator)

Track Title	Attributes	Time	Album	Details
Right Off, part 2	edited mst	01:33	(13)	

おそらく Miles は Chick Corea のリング変調器に合わせて演奏を行い，その後，Miles のソロがコピーされて以下の 2 つの曲に挿入されたものと思われる。あるいは，Macero が〈The Man Nobody Saw〉のレコーディングから取った Miles のソロをリング変調器の上に挿入した可能性もある。

Miles Davis (tp); Brock Peters (narr-overdubbed speech); Teo Macero (arr)

Track Title	Attributes	Time	Album	Details
Yesternow, part 4	edited mst	01:43	(13)	

Macero は，2 月に録音されたと思われる〈The Man Nobody Saw〉をこのセクションの基礎的な構成要素として使用（時間は〈Yesternow〉のもの）。

✂ 23:52/25:34 Cross-fade and insertion of "The Man Nobody Saw"
● 23:56/25:27 Miles solo, played with ensemble, overdubbed or copied
● 25:18/25:30 Peters overdub

Miles Davis (tp) on a prerecorded tape

Track Title	Attributes	Time	Album	Details
Yesternow, part 2	edited mst	01:48	(13)	

Macero は，〈Shhh/Peaceful〉からの抜粋をこのインタールードで使用（時間は〈Yesternow〉のもの）。

✂ 12:23/13:26 Cross-fade and insertion of an excerpt of "Shhh/Peaceful " moving from the right channel to the left

✂ 12:3 1/13:27 Miles overdubbed or copied solo

✂ 12:54/14:12 Cross-fade and insertion of a different excerpt of "Shhh/Peaceful," this time moving from left to right

UNKNOWN DATE IN 1970 NEW YORK CITY – COLUMBIA STUDIO POST-PRODUCTION

アルバム《Jack Johnson》（13）の最終ミックスおよび編集版。

〈Right Off〉メドレー（26:50）：
✂ 00:00/10:52 part 1
✂ 10:42/12:15 part 2
✂ 11:57/18:29 part 3
✂ 18:29/26:50 part 4

〈Right Off〉には 3 つのベース・バンプが含まれる。
● #1（E フラット），18:44 に開始
● #2（E），00:00 と 20:29 に開始
● #3（B フラット），11:57 に開始するが，初期の形態が 02:33 にすでに出現
(〈Right Off〉のライブ演奏では，これらのバンプはこの順番で出現し，それに従って上記の番号が付けられている)

〈Yesternow〉メドレー（25:34）：
✂ 00:00/12:25 part 1
✂ 12:23/14:12 part 2
✂ 13:56/23:56 part 3 ("Willie Nelson," recorded on February 18, 1970)
✂ 23:52/25:34 part 4

APRIL 10, 1970 SAN FRANCISCO, CALIFORNIA – FILLMORE WEST LIVE

Miles Davis (tp); Steve Grossman (ss); Chick Corea (el. p, ring modulator); Dave Holland (el. b); Jack DeJohnette (d); Airto Moreira (cuica, cowbell, guiro, agogo bells, tambourine, vibraslap, perc)

Track Title	Attributes	Time	Album	Details
Directions		10:46	(15)	AM cu pe
Miles Runs the Voodoo Down		07:17	(15)	AM cu co pe
Willie Nelson		11:27	(15)	CC el. p; AM cu pe
I Fall in Love too Easily		01:34	(15)	SG out; CC el. p; AM cu pe
Sanctuary		04:01	(15)	AM, cu pe
It's about That Time		09:59	(15)	CC el. p; AM, cu pe
Bitches Brew		12:53	(15)	AM cu, gu ab ta pe
Masqualero		09:07	(15)	CC el. p; AM cu pe
Spanish Key		11:08	(15)	CC el. p; AM ta pe
The Theme		00:37	(15)	SG out; AM vi ta pe

MAY 19, 1970 　NEW YORK CITY – COLUMBIA STUDIOS 　RECORDING

Miles Davis (tp); Keith Jarrett (el. p); Herbie Hancock (clavinet); John McLaughlin (g); Gene Perla (el. b); Billy Cobham (d); Airto Moreira (cuica)

Track Title	Attributes	Time	Album	Details
Hanky Tonk	edited mst	05:54	(16)	

MAY 21, 1970 　NEW YORK CITY – COLUMBIA STUDIOS 　RECORDING

Miles Davis (tp); Bennie Maupin (bcl); Keith Jarrett (el. p); John McLaughlin (g); Jack DeJohnette (d); Airto Moreira (berimbau, perc, cuica)

Track Title	Attributes	Time	Album	Details
Konda	tk 3, edited mst	14:04	(3)	

Miles のソロは電子的に重ねられ，2 オクターブ下げられている。

JUNE 3, 1970 　NEW YORK CITY – COLUMBIA STUDIO B 　RECORDING

Miles Davis (wah tp); Chick Corea, Herbie Hancock, or Keith Jarrett (org); Dave Holland (el. b); Airto Moreira (perc); Hermeto Pascoal (d, voc overdub)

Track Title	Attributes	Time	Album	Details
Nem Um Talvez	tk 1, mst	04:03	(17)	
Selim	tk 2, mst	02:12	(17)	AM out

JUNE 4, 1970 　NEW YORK CITY – COLUMBIA STUDIO B 　RECORDING

Miles Davis (tp); Keith Jarrett or Chick Corea (org); Dave Holland (el. b); Hermeto Pascoal (whistling, voc overdub)

Track Title	Attributes	Time	Album	Details
Little Church		03:14	(17)	

JUNE 17 TO 20, 1970 　NEW YORK CITY – FILLMORE EAST 　LIVE

これらの 4 回のコンサートは，編集された形態で《At Fillmore: Live at the Fillmore East》（18）でリリースされている。Macero は各コンサートの内容を短縮し，それぞれ〈Wednesday Miles〉，〈Thursday Miles〉，〈Friday Miles〉，〈Saturday Miles〉と呼ばれるメドレーへと編集した。個々の曲のタイトルが初めて特定された 1997 年の Columbia/Legacy 盤まで，すべての CD 再発盤で同じ手法が用いられている。この際，いくつかの誤りが生じており，以下で修正している。曲のタイトルと詳細に続いて，3 つの主要な CD リリース版（Sony のマスターサウンド盤，Columbia のオリジナル CD リリース，Columbia/Legacy 盤）の編集チャートを記している。Sony 盤と Columbia 盤の間での時間の差異は，オリジナルのアナログ・テープの速度の違いによるものである。

JUNE 17, 1970 　NEW YORK CITY – FILLMORE EAST 　LIVE

Miles Davis (tp); Steve Grossman (ss, ts); Chick Corea (el. p, ring modulator) on right; Keith Jarrett (org) on left; Dave Holland (el. b, b); Jack DeJohnette (d); Airto Moreira (cuica, guiro, sheep bells, wood blocks, tambourine, triangle, perc, fl, kazoo, whistle, voc); poss. Bill Graham (m.c.)

〈The Mask〉では 2 台目のドラムセットが聴こえるが，おそらく Corea（中央チャンネル）が演奏していると思

われる。Dave Holland は，〈The Mask〉ではアコースティック・ベースを弾き，メドレーのその他の箇所ではエレクトリック・ベースを弾いている。

〈Wednesday Miles〉：

Track Title	Attributes	Time	Album	Details
Directions	exc 1 & 2 (ed. at 02:04)	02:29	(18)	SG out; AM cu gu pe
Bitches Brew	insert	00:29	(18)	SG out; AM gu pe
Directions	exc 3	00:13	(18)	SG ts; AM gu pe
The Mask	edited mst	01:45	(18)	SG ss; AM gu pe
It's about That Time	ic	08:10	(18)	SG ss; AM gu sh pe fl voc
Bitches Brew	edited mst	10:33	(18)	SG ts; AM cu sh wo pe fl voc
The Theme		00:20	(18)	SG out; CC elp; AM pe wh

Description	Sony SRCS9121/2	Columbia 476909-2	Columbia/Legacy C2K 65139
● Directions exc 1	00:01	00:01	Track 1 - 00:01
✂ Directions exc 2	02:04	02:04	Track 1 - 02:03
✂ Bitches Brew insert	02:30	02:30	Track 2 - 00:00
✂ Directions exc 3	03:00	03:00	Track 2 - 00:29
● The Mask	03:14	03:13	Track 2 - 00:42
✂ It's about That Time	04:59	04:59	Track 4 - 00:00
● Bitches Brew	13:09	13:09	Track 4 - 08:07
✂ Bitches Brew exc 2	16:44	16:42	Track 5 - 03:29
✂ Bitches Brew exc 3	19:33	19:31	Track 5 - 06:17
● The Theme	23:44	23:40	Track 5 - 10:25

JUNE 18, 1970 NEW YORK CITY – FILLMORE EAST LIVE

〈Directions〉と〈The Mask〉では２台目のドラムセットが聴こえるが，おそらく Corea（中央チャンネル）が演奏していると思われる。Dave Holland は〈The Mask〉と〈Bitches Brew〉でのみアコースティック・ベースを弾き，メドレーのその他の箇所ではエレクトリック・ベースを弾いている。DeJohnette は〈It's about That Time〉で追加のタンバリンを演奏している。

〈Thursday Miles〉：

Track Title	Attributes	Time	Album	Details
Directions	edited mst	05:37	(18)	SG ts; AM cu pe wh
The Mask		09:51	(18)	SG out; AM cu pe
It's about That Time	mc & editing	09:40	(18)	SG ss; AM gu ab pe fl wh
Bitches Brew	2 exc on record	00:25	(18)	SG out; CC el. p; AM tr pe
The Theme		01:05	(18)	SG ss; AM pe wh

Description	Sony SRCS9121/2	Columbia 476909-2	Columbia/Legacy C2K 65139
● Directions	00:01	00:00	Track 6 - 00:01
✂ Directions exc 2	01:33	01:33	Track 6 - 01:33
✂ Directions exc 3	01:47	01:47	Track 6 - 01:47
● The Mask	05:37	05:37	Track 7 - 00:00
● It's about That Time	15:28	15:28	Track 7 - 09:49
✂ It's about That Time exc 2	21:28	21:28	Track 8 - 05:58
● Bitches Brew	25:08	25:08	Track 8 - 09:37
✂ Bitches Brew exc 2	25:28	25:28	Track 8 - 09:57
● The Theme	25:33	25:33	Track 8 - 10:03

JUNE 19, 1970 NEW YORK CITY – FILLMORE EAST LIVE

このレコーディングでは，Dave Holland はエレクトリック・ベースのみを弾き，Steve Grossman はソプラノ・サックスのみを演奏している。

〈Friday Miles〉：

Track Title	Attributes	Time	Album	Details
Band setting	excerpt	00:13	(18)	SG out
Unidentified Tune (poss. Directions)	excerpt	00:06	(18)	
It's about That Time		08:41	(18)	AM sh gu cu ta tr pe wh
I Fall in Love too Easily		02:02	(18)	SG out; CC el. p; AM pe
Sanctuary		03:43	(18)	CC el. p; AM pe
Bitches Brew	edited mst, loops	12:28	(18)	SG out; AM sh cu pe wh
The Theme		00:26	(18)	SG out; pe wh

Description	Sony SRCS9121/2	Columbia 476909-2	Columbia/Legacy C2K 65139
● Band Setting	00:00	00:00	Track 1 - 00:00
✂ Unidentified Tune	00:13	00:13	Track 1 - 00:13
● It's about That Time	00:19	00:19	Track 1 - 00:19
● I Fall in Love too Easily	09:00	09:01	Track 1 - 08:59
● Sanctuary	11:02	11:03	Track 3 - 00:00
● Bitches Brew	14:45	14:47	Track 4 - 00:00
✂ Bitches Brew loop 1	15:57	15:59	Track 4 - 01:11
✂ Bitches Brew loop 2	16:35	16:37	Track 4 - 01:49
✂ Bitches Brew exc 2	19:47	19:49	Track 4 - 05:00
● The Theme	27:13	27:16	Track 4 - 12:26

Macero による〈Bitches Brew〉の編集チャート（時間表示は Columbia/Legacy 盤のもの）：

● 00:00 Coded phrase by Miles, after which he plays the theme

✂ 01:11 Duplication of 00:53/01:11

✂ 01:49 Duplication of 00:10/01:49 (without the previous duplication), following which the tape continues without edits

✂ 05:00 Cut to free section

私見だが，このメドレーに含まれるバージョンの〈Bitches Brew〉は，イベントの忠実な記録としてのライブ・レコーディングというコンセプトを排し，編集を通じて現実を再現するという実によく考えられたものであり，Macero の「ポスト・コンポジション」アプローチを雄弁に実証している。

JUNE 20, 1970	NEW YORK CITY – FILLMORE EAST	LIVE

〈It's about That Time〉でも2台目のドラムセットらしきものが聴こえるが，これもやはりChick Corea（中央チャンネル）が演奏している可能性が高い。Steve Grossman（ss）の演奏は〈Willie Nelson〉でしか聴くことができない。Dave Hollandは，〈It's about That Time〉の最初の20秒のみアコースティック・ベースを弾き，メドレーのその他の箇所ではエレクトリック・ベースを弾いている。

〈Saturday Miles〉：

Track Title	Attributes	Time	Album	Details
It's about That Time	edited mst	03:44	(18)	AM cu ab sh ka voc
I Fall In Love too Easily	ec	00:54	(18)	CC el. p; AM cu pe wh
Sanctuary	ic	02:49	(18)	CC el. p; AM ab sh pe wh
Bitches Brew	edited mst	06:58	(18)	CC el. p; AM cu sh pe wh
Willie Nelson	edited mst	07:15	(18)	CC el. p; AM pe
The Theme		00:24	(18)	CC el. p; AM pe wh

Description	Sony SRCS9121/2	Columbia 476909-2	Columbia/Legacy C2K 65139
● It's about That Time	00:00	00:00	Track 5 - 00:00
● It's about That Time exc 2	00:20	00:20	Track 5 - 00:20
● I Fall in Love too Easily	03:44	03:44	Track 6 - 00:00
✂ Sanctuary	04:38	04:38	Track 7 - 00:00
● Bitches Brew	07:27	07:27	Track 8 - 00:00
✂ Bitches Brew exc 1	10:27	10:27	Track 8 - 02:59
● Willie Nelson	14:25	14:25	Track 9 - 00:00
✂ Willie Nelson exc 2	14:34	14:34	Track 9 - 00:09
● The Theme	21:40	21:40	Track 9 - 07:11

AUGUST 29, 1970	ISLE OF WIGHT (GREAT BRITAIN) – "ROCK FESTIVAL"	LIVE

Miles Davis (tp); Gary Bartz (ss, as); Chick Corea (el. p) on left channel; Keith Jarrett (org) on right channel; Dave Holland (el. b); Jack DeJohnette (d); Airto Moreira (cuica: perc, whistle, voc); unknown (m.c.)

Gary Bartz（ss）の演奏は〈Directions〉でしか聴くことができない。
ライブ・レコーディングから3つの異なるメドレーが作られている。

TITLE	"Call It Anythin'" (14)	"Call It Anything" (19)	Excerpt of video (20)	Details
Directions	06:31	06:08		AM cu pe voc
Bitches Brew	00:05	03:45		AM pe voc
It's about That Time	04:37		01:41	AM pe voc
Sanctuary			00:14	AM pe voc
Spanish Key	05:31	03:12	00:27	AM pe
The Theme	00:41	01:23		AM pe wh

〈Call It Anythin'〉（17:25）
✂ 00:01 "Directions" - first pt of MD solo)
✂ 01:39 "Directions" - secnd pt of MD solo
✂ 02:11 "Directions" - last note of the "THEME" GB solo; KJ & CC

〈Call It Anything〉（14:34）
✂ 00:00 "Directions" - fade-in "MD solo" THEME (x2) "GB solo"
✂ 04:10 (prob. cut) "Directions" (end section)
● 06:08 "Bitches Brew" - coded phrase "THEME" MD solo

ビデオからの抜粋（02:22）
✂ 00:00 "It's about That Time" - exc taken starting from 09:34 of "Call It Anythin'," but in this version the piece continues where the other master was cut
● 01:41 Miles plays the coded

Interplay
● 06:31 "Bitches Brew" - coded phrase
✂ 06:36 "It's about That Time" - MD solo
✂ 11:13 "Spanish Key" - exc of MD solo
✂ 12:01 "Spanish Key" - conclusion of KJ & CC Interplay; closing solo by MD "The Theme"
✂ 17:02 "The Theme"-CODA
✂ 09:22 (prob. cut) "Bitches Brew"-THEME to end
✂ 09:59 "Spanish Key" - closing solo by MD
●13:11 "The Theme" - (complete)
phrase for "Sanctuary" (not present in the two other masters)
✂ 01:55 "Spanish Key" - exc 16:09/16:36 of "Call It Anythin'"

DECEMBER 19, 1970 WASHINGTON, D.C. – THE CELLAR DOOR LIVE

Miles Davis (tp & wah tp); Gary Bartz (ss, as); Keith Jarrett (el. p, org); John McLaughlin (g); Michael Henderson (el. b); Jack DeJohnette (d); Airto Moreira (cuica, guiro, cabaca, cowbell, agogo bells, sheep bells, vibraslap, perc, bamboo fl, whistle, voc); unknown (m.c.)

《Live-Evil》の音楽要素（ライブ・セットでの演奏順）：

第2セット：

Track Title	Attributes	Time	Album	Details
Directions	final exc	03:25	(17)	GB out
Honky Tonk	edited mst	11:49	(17)	GB out
What I Say		20:53	(17)	GB ss
Sanctuary Theme	exc	00:17	(17)	GB as

第3セット：

Track Title	Attributes	Time	Album	Details
Directions		16:52	(17)	GB ss
Inamorata/Funky Tonk		23:11	(17)	GB as
Sanctuary	exc	00:12	(17)	GB as
It's about That Time	two edited excerpts	09:22	(17)	GB as
Sanctuary Theme	fade out	00:29	(17)	GB out

Teo Macero はこれらのセクションを4つのメドレーへと編集した。編集チャート：

〈Sivad〉メドレー（15:15）：
✂ 00:01 "Directions" - final excerpt from second set
✂ 03:26 "Honky Tonk" -excerpt from the studio recording of May 19, 1970
✂ 04:15 "Honky Tonk" - excerpt from second set (fade out at end)

〈What I Say〉メドレー（21:10）：
● 00:01 "What I Say"
● 20:53 "Sanctuary Theme"-fragment

〈Funky Tonk〉メドレー（23:27）：
● 00:01 "Directions" - excerpt from third set
● 16:52 "Inamorata/Funky Tonk" - coded phrase by Miles, and Jarrett solo

〈Inamorata and Narration by Conrad Roberts〉メドレー（26:31）：
● 00:01 "Inamorata/Funky Tonk" - continuation from "Funky Tonk" medley
✂ 16:36 "Sanctuary" - end of THEME
● 16:47 "It's about That Time" - coded phrase by Miles
✂ poss. 16:58 "It's about That Time" - excerpt from the solo section & narration overdub
● 26:10 "Sanctuary Theme"

〈Inamorata/Funky Tonk〉をどう呼ぶかについては議論が分かれている。リリースが予定されているセラー・ドアの作品では〈Inamorata〉と記されているが，再発の共同プロデューサーである Adam Holzman によると，曲の大部分（16 分 36 秒）が（17）の〈Inamorata〉メドレーに含まれているというのがその理由である。しかし，この曲の音楽要素は最初に〈Funky Tonk〉メドレー中に出現する。また，〈It's about That Time〉の演奏中に現れる Conrad Roberts のナレーションとも全く関係がない。〈Inamorata/Funky Tonk〉は〈Inamorata〉のナレーションとは無関係であることから，〈Funky Tonk〉と呼ぶ方が理にかなっている。

MARCH 9, 1972	NEW YORK CITY – COLUMBIA STUDIOS	RECORDING

Miles Davis (wah tp) w. an unknown brass band incl. Joe Newman (tp); Wally Chambers (harmonica); unknown (org); Cornell Dupree & unknown (g); Michael Henderson (el. b); Al Foster, Bernard "Pretty" Purdie (d); Mtume (perc); Wade Marcus (brass arrangement); Billy Jackson (rhythm arrangement)

Track Title	Attributes	Time	Album	Details
Red China Blues	fade-out	04:05	(16)	MD tp overdub

日付はベーシック・トラックのレコーディング時のものである可能性が高い。1972 年 4 月末にニューヨークに到着した Paul Buckmaster は，完成したバッキング・トラックに Miles がオーバーダブを重ねたセッションに立ち会ったと述べている。

JUNE 1 & 6/JULY 7, 1972	ON THE CORNER SESSIONS	RECORDING

このアルバムに関する具体的な情報は，長きにわたって混乱の原因となっている。1972 年秋に《On the Corner》が最初にリリースされる際，Miles はレコードジャケットに参加メンバーやレコーディングに関する詳細を記さないように命じた。ミュージシャンからの抗議を受け，次の版のレコードにはクレジットの一覧が掲載されたが，誤りや抜けがいくつも生じている。以降の異なるレコードおよび CD 再発盤に掲載されている情報も矛盾している。《On the Corner》の 2000 年の Columbia/Legacy 再発盤においても，こうした混乱は解消されておらず，しかもさらに新たな矛盾が生じている。すべての曲でドラマーの 1 人として Al Foster の名前があがっているが，6 月のすべてのセッションに彼が参加したとは考えにくい。また，Mtume と Don Alias が参加メンバーの一覧から外れている。ただし，後者については，CD ブックレットの Bob Belden のエッセイの中で触れられている。Khalil Balakrishna は〈Black Satin〉でエレクトリック・シタールを弾いているとされているが，Collin Walcott の他にシタール奏者の存在を示す痕跡が見当たらない。実際に聴こえる内容とセッションのトラック・シートからは，エレクトリック・シタールではなく，アコースティック・シタールであると思われる。そして，〈Black Satin〉には Bennie Maupin の名前がクレジットされているが，彼は〈One and One〉でしか演奏していない。さらに混乱を招くことに，関係者の記憶が，入手可能な証拠類や別の関係者の記憶と矛盾していることが少なくない。これらのセッションの具体的な詳細情報に関する最も有力な推測を以下に示す。証拠類に矛盾がある場合，（1）リリースされた音楽素材で実際に聴こえる内容，（2）6 月 1 日，6 月 2 日，7 月 7 日のセッションのオリジナルのトラック・シート，（3）すべての関係者の中で最も記憶が鮮明かつ完全と思われる Buckmaster の証言に依拠している。ここでの最も重要な仮定は，〈Black Satin〉がレコーディングされたとされている 7 月 7 日のセッションが，実際には 6 月 6 日にレコーディングされた〈Black Satin〉のマスターに対するオーバーダビング・セッションであるということだ。7 月 7 日のトラック・シートには，既にレコーディングされたステレオ・マスターに対するオーバーダビング・セッションであることが明確に示されている。オーバーダブで重ねられたパートには，ホイッスル，手拍子，ベル，パーカッションが含まれる。また，〈Black Satin〉，〈One and One〉，〈Helen Butte〉，〈Mr. Freedom X〉はすべて同じ音楽素材から作られており，非常に似通った楽器類が使われ，ほとんどそっくりのサウンドと雰囲気を持っている。これらはすべて，1 つの長いセッションの間に録音されたものと想定するのが理にかなっている。こうした理由から，これらの音楽素材は〈Black Satin, part 1 ～ 4〉として掲載している。（ポール・ティンゲン）

JUNE 1, 1972	NEW YORK CITY – COLUMBIA STUDIOS	RECORDING

Miles Davis (wah tp); Dave Liebman (ss); Chick Corea (synth) on left; Harold "Ivory" Williams (el. p, ring modulator) on center; Herbie Hancock (org) on right; John McLaughlin (g); Collin Walcott (sitar); Paul Buckmaster (wah el. cello); Michael Henderson (el. b); Jack DeJohnette (d); Billy Hart (d, perc); Don Alias (cga, shaker) on right; Badal Roy (tabla) on left; unknown (cowbell, cabaça) on right

Track Title	Attributes	Time	Album	Details
On the Corner	edited mst	19:53	(21)	

On the Corner は，〈On the Corner〉，〈New York Girl〉，〈Thinkin' One Thing and Doin' Another〉，〈Vote for Miles〉へと恣意的に分割されたようである。

✂ 00:32 at this point the stereo image is reversed.The stereo placements given above apply to after this point.

✂ 11:12 edit point given in Belden's essay in the 2000 reissue of (21).Nothing musically significant changes at this point.

カウベルが抜けるところでウォーター・ドラムをほのめかす箇所があることから，不明とされているパーカッショニストは Mtume である可能性がある。ただし，彼はこの最初のセッションには参加していないと主張している。実際に聴いたところでは，Collin Walcott はアコースティック・シタールを演奏している。左チャンネルの奥の方からときどき特定できない楽器が聴こえるが，Buckmaster のワウワウ・エレクトリック・チェロの可能性がある。Buckmaster によると，Corea は ARP アクシー・シンセサイザーを弾いている。

POSS. JUNE 2, 1972	NEW YORK CITY – COLUMBIA STUDIOS	RECORDING

このセッションに関する情報は，《Panthalassa》（22）制作時に Bob Belden から Bill Laswell に送られたファックスの内容に基づいている。Paul Buckmaster は 6 月 1 日に続くレコーディングの日付を覚えていないため，この日付は間違っている可能性がある。ただし，6 月 1 日のセッションのトラック・シートには，6 月 2 日にオーバーダビング・セッションがあると記されている。McLaughlin は〈What If〉にも参加していることから，おそらく 6 月 1 日にベーシック・トラックが録音され，6 月 2 日に Creamer，Garnett，Henderson がそれぞれのパートをオーバーダブで重ねたものと考えられる。（ポール・ティンゲン）

Miles Davis (wah tp); Carlos Garnett (ts); Chick Corea (synth) on left; Harold Williams (el. p, ring modulator) on center; Herbie Hancock (org) on right; John McLaughlin, David Creamer (g); Collin Walcott (sitar); Michael Henderson (el b); Jack DeJohnette (d); Billy Hart (d, cowbell, perc); Don Alias (cga) on left; Badal Roy (tabla)

Track Title	Attributes	Time	Album	Details
What If	Bill Laswell edited mst	07:18	(22)	

タイトルは Bill Laswell によって付けられた。

JUNE 6, 1972	NEW YORK CITY – COLUMBIA STUDIOS	RECORDING

Miles Davis (wah tp); Carlos Garnett (ss, ts); Bennie Maupin (bcl); Herbie Hancock, Harold Williams (el. p, org, synth); Lonnie Liston Smith (org); David Creamer (g); Collin Walcott (sitar); Michael Henderson (el. b); poss. Paul Buckmaster (el. cello); Jack DeJohnette, Billy Hart (d); Don Alias (cowbells, sheep bells, perc); Mtume (waterdrum, sheep bells) on left; Badal Roy (tabla) on right

Track Title	Attributes	Time	Album	Details
Black Satin, part 1	edited mst	05:14	(21)	BM out; CG ss

編集チャート：

✂ 00:00　Percussion introduction

✂ 00:34　Vamp & theme

✂ 03:41　Possible edit point

✂ 04:31　Duplication of the opening percussion introduction via a crossfade

〈Black Satin〉の編集バージョンが，45 rpm 版では〈Molester〉としてリリースされている。

Track Title	Attributes	Time	Album	Details
Black Satin, part 2	fade-out	06:08	(21)	CG ss; JM wd
Black Satin, parts 3 and 4	fade-out	23:18	(21)	BM out; CG ts; JM wd

〈Black Satin〉の part 2 ～ 4 はそれぞれ，〈One and One〉，〈Helen Butte〉，〈Mr. Freedom X〉としてリリースされた。2000 年の再発盤には，〈Black Satin, part 1〉のシタール奏者が Balakrishna，〈Black Satin, part 2 ～ 4〉のシタール奏者が Collin Walcott とある。これらはすべて 6 月 6 日に録音された同じ曲と考えられることから，シタール奏者は 1 人と想定するのが理にかなっており，Collin Walcott である可能性が高い。

JUNE 12, 1972 — NEW YORK CITY – COLUMBIA STUDIOS — RECORDING

Miles Davis (tp & wah tp); Carlos Garnett (ss); Bennie Maupin (bcl); Harold Williams (el. p, prob. synth) poss. on left; Lonnie Liston Smith (org) poss. on right; Michael Henderson (el. b); Al Foster, Billy Hart (d, poss. perc); Mtume (cga, waterdrum, sheep bells, perc) on right; Badal Roy (tabla) on left

Track Title	Attributes	Time	Album	Details
Ife	edited mst	21:33	(12)	add MD voice

08:06 に編集ポイントあり

JULY 7, 1972 — NEW YORK CITY – COLUMBIA STUDIOS — RECORDING

〈Black Satin, part 1〉に対するオーバーダビング・セッション

Miles Davis (tp & wah tp, handclaps); Carlos Garnett (ss, handclaps); Mtume (waterdrum, perc, handclaps) on left; Badal Roy (tabla, handclaps) on right; Al Foster, Jack DeJohnette, Don Alias, and/or Billy Hart (whistles, perc)

SEPTEMBER 6, 1972 — NEW YORK CITY – COLUMBIA STUDIOS — RECORDING

Miles Davis (org); Cedric Lawson (synth); Reggie Lucas (g); Khalil Balakrishna (el. sitar); Michael Henderson (el. b); Al Foster (d); Mtume (cga, perc); Badal Roy (tabla)

Track Title	Attributes	Time	Album	Details
Rated X	Macero edited mst	06:50	(16)	RL left; KB right
Rated X	Laswell edited mst	05:58	(22)	RL right; KB left

厚みのあるオルガンのクラスターは，テープループを使って作られた。

SEPTEMBER 29, 1972	NEW YORK CITY – PHILHARMONIC HALL	LIVE

Miles Davis (wah tp); Carlos Garnett (ss); Cedric Lawson (el. p, org, synth); Reggie Lucas (g); Khalil Balakrishna (el. sitar); Michael Henderson (el. b); Al Foster (d, prob. sheep bells where noted); Mtume (cga, waterdrum, sheep bells, perc); Badal Roy (tabla)

Track Title	Attributes	Time	Album	Details
Foot Fooler		05:57	(23)	CG out; JM cg
Rated X		06:12	(23)	JM cg
Honky Tonk		09:21	(23)	JM wd
Right Off		10:13	(23)	JM cg
Black Satin		13:36	(23)	JM cg wd; AF prob. sh
Sanctuary Theme		00:28	(23)	CG out; JM cg
Ife		27:59	(23)	JM cg wd; AF prob. sh
Slickaphonics		09:52	(23)	JM cg
Sanctuary Theme		00:32	(23)	CG out; JM pe

SEPTEMBER 29, 1972	NEW YORK CITY – COLUMBIA STUDIOS	RECORDING

Track Title	Attributes	Time	Album	Details
Agharta Prelude (= Agharta Prelude Dub)	Laswell edited mst	04:09	(22)	JM cg; RL left; KB center

DECEMBER 8, 1972	NEW YORK CITY – COLUMBIA STUDIOS	RECORDING

Track Title	Attributes	Time	Album	Details
Billy Preston	fade-out	12:33	(16)	MD tp wtp; JM cg; RL right; KB left
Billy Preston	Bill Laswell edited mst	14:34	(22)	MD tp wtp; JM cg; RL right; KB left

JULY 26, 1973	NEW YORK CITY – COLUMBIA STUDIOS	RECORDING

Miles Davis (wah tp); Reggie Lucas (g) on left channel; Pete Cosey (g) on right channel; Michael Henderson (el. b); Al Foster (d); Mtume (cga)

Track Title	Attributes	Time	Album	Details
Big Fun	fade-out	02:31	(14)	
Holly-wuud	fade-out	02:52	(14)	

Dave Liebman と John Stubblefield の名前をあげている情報源もあるが，どちらの演奏も聴こえない。

SEPTEMBER 17, 1973	NEW YORK CITY – COLUMBIA STUDIOS	RECORDING

Miles Davis (wah tp, org); Dave Liebman (fl); John Stubblefield (ss); Reggie Lucas (g) on right channel; Pete Cosey (g, twelve-string g) on left channel; Michael Henderson (el. b); Al Foster (d); Mtume (cga, cymbals, sheep bells, tambourine, perc, whistle)

Track Title	Attributes	Time	Album	Details
Calypso Frelimo	edited mst	32:06	(16)	

編集チャート：

SECTION #1 (Vamp in C)

● 00:00 Miles (wah tp) solo

✂ 00:28 THEME by Miles (org)

✂ 00:37 Miles (wah tp) solo ▷ Interplay by Miles (wah tp) & Cosey ▶ Solos: Liebman (04:57/06:57); Miles (wah tp, 06:35); Stubblefield (07:33/09:39); Miles (wah tp, 09:42)

SECTION #2 (Same vamp in C, but half tempo)

✂ 10:11 C-sharp chord by Miles (org) ▷ Groove ▶ Solos: Miles (org, 10:40); Liebman (15:20); Miles (wah tp, 16:57)

SECTION #3 (Same as #1)

✂ 21:39 Intro by Miles (org)

✂ 22:52 Cosey solo (g) ▷ Groove ▶ Miles (wah tp, 25:59/31:05) ▷ Groove ▶ THEME by Miles (org, 31:35), fade-out

テーマは，00:08，09:19，14:24，22:13，23:39，24:45 に出現。

Miles は〈Calypso Frelimo〉全般にわたってオルガンを演奏。彼はこの楽器を使って音楽のキューを出していることから，ベーシック・トラックの録音時にはオルガンを演奏し，ワウワウ・トランペットのパートを後からオーバーダブで重ねた可能性が高い。

MARCH 30, 1974	NEW YORK CITY – CARNEGIE HALL	LIVE

Miles Davis (tp & wah tp; org only when noted); Dave Liebman (ss, ts); Reggie Lucas (g) on mid-right; Pete Cosey (g, mbira, cowbell, agogo bells, sheep bells, perc) on left; Michael Henderson (el. b); Al Foster (d); Mtume (cga, waterdrum, mbira, rhythm box, perc)

第 1 セット：

Track Title	Attributes	Time	Album	Details
Moja	edited mst	05:50	(24)	MD wtp; PC g; JM cg
Nne	edited mst	06:38	(24)	MD wtp; PC g; JM cg
Tune in 5		12:35	(24)	MD wtp; DL ts; JM cg wd mb rb pe
Ife	coded phrase only	00:02	(24)	MD org alone
Funk		14:21	(24)	DL ss; PC g co sh pe; JM cg rb
Wili (= For Dave)		10:39	(24)	DL ts; PC 9 ab sh pe; JM cg wd

第２セット。Dominique Gaumont（g：ステレオのチャンネル間を移動，固定時は右チャンネル）と Azar Lawrence（ts）がバンドに加わる。

Track Title	Attributes	Time	Album	Details
Tatu	fade-in	18:50	(24)	DL ss; PC 9 co pe; JM cg
Calypso Frelimo	fade-out	06:28	(24)	DL ss; PC g co mb pe; JM cg wd voc
Ife	ic	16:07	(24)	DL ss; PC g mb sh pe; JM cga wd rb; DG in center
Nne		06:13	(24)	DL ss; PC g sh pe; JM cg pe; DG in center
Tune in 5		2:53	(24)	MD & DL out; PC g mb ab sh pe; JM cg pe voc; DG in center

日本盤には第１セットの録音に２秒間の〈Ife〉が存在するが，Columbia/Legacy 盤では削除された。

バンドが用いていたタイトルは〈Ife〉と〈Calypso Frelimo〉のみだが，これらの曲はすでにスタジオで録音されていたためである。ライブ演奏しか録音されていない曲の多くには，Miles やバンドによるタイトルは付けられていない。73 年から 75 年にかけてバンドが演奏した，タイトルの付けられていない曲やバンプについては，冒頭部分で説明したルールに従って命名している。すなわち，曲が最初に公式にリリースされたメドレーの名前からタイトルを付けている。メドレーが複数のバンプから構成されている場合，タイトルのないバンプにはメドレーの名前が付けられる。例えば，(24) のメドレー〈Tatu〉中には〈Calypso Frelimo〉が出現し，メドレーの残りの部分は〈Tatu〉と命名される。このアプローチは，１つのメドレー中に複数のタイトルのないバンプが出現する場合に問題となるが，唯一これに該当するのが〈Moja〉である。Dave Liebman と筆者は，４分の５拍子のポリリズムを含む中間部を単純に〈Tune in 5〉と呼ぶことにした。ヘンリー・カイザー，ポール・ティンゲン，筆者の３人で話し合った結果，〈Moja〉には第２のテーマがあり，これは〈Nne〉中に出現する唯一のテーマであるため（〈Tune in 5〉を除く），〈Nne〉と呼ぶことにした。ただし，〈Moja〉と〈Nne〉は連続して出現することがよくあるため，これらを〈Moja-Nne〉と呼ぶこともある。〈Funk〉は Dave Liebman によって命名され，公式には (24) でのみリリースされているため，この名前をそのまま用いることにした。〈Wili〉メドレーの第２セクションについて，Miles は〈For Dave〉と呼ぶと Liebman に告げている。このため，この曲は両方の名前で知られている。

JUNE 19 OR 20, 1974 — NEW YORK CITY – COLUMBIA STUDIO E — RECORDING

Miles Davis (tp & wah tp, org); Dave Liebman (fl); Dominique Gaumont (g) stereo floating; Reggie Lucas (g) on right; Michael Henderson (el. b); Al Foster (d); Mtume (cga)

Track Title	Attributes	Time	Album	Details
He Loved Him Madly	edited mst	32:14	(16)	DG floating

Bill Laswell（再構築，リミックス，スタジオ効果，サンプル）追加

Track Title	Attributes	Time	Album	Details
He Loved Him Madly	Bill Laswell edited mst	13:35	(22)	DG left

オリジナル・マスター（16）：
SECTION #1
● 00:00　Intro by Miles (org)
● 00:19　Gaumont plays motif ▷ Gaumont solo
✂ 02:41　Duplication of 00:03/02:41
Gaumont is the only guitar player in section #1

Laswell のマスター（22）：
● 00:00　Studio effects
● 00:06　Whale sample
● 00:13　INTRO by Miles (org), with studio effects
● 01:16　Gaumont plays motif
● 01:25　Lucas enters

✂ 10:48 Organ insert
SECTION #2
Secnd Movement (10:54/32:14)
✂ 10:54 Reggie Lucas enters on right channel.
Solos: Gaumont (11:26); Dave Liebman (12:49) ▶ Guitar Interlude (14:46) ▶ Miles (wah tp-16:06) ▶ Guitar Interlude (20:01) ▶ Dave Liebman (20:10)
✂ 22:36 Duplication of 20:10/22:36
Solos: Liebman (22:36, repeat of previous solo) ▶ Guitar Interlude (25:02) ▶ Miles (wah tp & org, 26:21) ▷ Foster's hi-hat goes into double time (27:00); Gaumont (30:06)

● 01:32 Henderson enters ▷ Liebman solo (01:33/03:44)
● 01:58 Foster enters
● 03:45 Gaumont solo
● 05:03 Groove
● 05:31 Miles (wah tp)
● 09:14 Gaumont solo
● 11:18 Rhythm section out and organ coda

Laswell は，Macero のようにバンド・アレンジ全体を編集するのではなく，個々の器楽部を並べ替えている。例えば，Laswell のバージョンでは，Lucas のギターは Foster のドラムの前に現れるが，オリジナルでは Lucas と Foster が同時に演奏に参加している。こうした理由から，(22) の編集チャートを示すことは不可能となっている。

OCTOBER 7, 1974 NEW YORK CITY – COLUMBIA STUDIOS RECORDING

Miles Davis (wah tp, org); Sonny Fortune (fl); Dominique Gaumont, Reggie Lucas (g); Pete Cosey (g, cowbell, bottles, claves, agogo bells, perc); Michael Henderson (el. b); Al Foster (d); Mtume (cga)

Track Title	Attributes	Time	Album	Details
Mtume	edited mst	15:07	(16)	SF out; PC g co bo pe

この曲には 2 つの異なるセクションが含まれ，曲全般にわたってそれらが交互に出現する。第 1 セクションは，Gaumont が演奏する 00:23 のモチーフと Miles（wah tp）が開始する 06:47 のテーマが特徴となっている。第 2 セクションでは，Henderson が〈Right Off〉の B フラット・バンプ（#3）を弾き，それが「G」へと転調し，Gaumont と Lucas は〈It's about That Time〉の下降コード進行を演奏している。

Track Title	Attributes	Time	Album	Details
Maiysha	ec	14:49	(16)	PC g cl ab pe

〈Maiysha〉には 2 つのセクションが存在する。第 1 セクションでは，ラテンのリズムがシャンソンの〈Que Reste Til de Nous Amour〉を連想させるメロディと組み合わされている。第 2 セクションには R&B の雰囲気があり，〈Honky Tonk〉と同じ 2 つのコード（E7 および A7）に基づいている。Henderson は上昇する 4 ノートのクロマチック・バンプを演奏している。ライブ演奏では，Miles は第 2 セクションで〈Tramp〉（1967 年にオーティス・レディングとカーラ・トーマスが歌ったフルソンとマクラックリンの曲）のリフを何度も引用している。

FEBRUARY 1, 1975	OSAKA (JAPAN) – FESTIVAL HALL, AFTERNOON CONCERT	LIVE

Miles Davis (wah tp, org); Sonny Fortune (ss, as, fl); Reggie Lucas (g) on right channel; Pete Cosey (g, synth, autoharp, mbira, chimes, cowbell, bottles, agogo bells, claves, triangle, perc) on left channel; Michael Henderson (el. b); Al Foster (d); Mtume (cga, waterdrum, rhythm box, sheep bells)

Track Title	Attributes	Time	Album	Details
Tatu		22:01	(25)	SF as; PC g co bo pe; JM cga rb
Agharta Prelude		10:02	(25)	SF ss; PC g au co bo pe JM cga wd rb
Maiysha		13:06	(25)	SF ss fl; PC g ab cl; JM cg sh
Right Off		16:42	(25)	SF as; PC g co ab pe; JM cg
So What		00:41	(25)	SF out; MD org; PC g; JM cg
Ife		17:35	(25)	SF fl; PC g sy pe
Wili (= For Dave)		25:48	(25)	SF fl; PC g sy ab mb ch tr pe; JM + voc

〈Maiysha〉と〈Wili〉は，完全版が（25）でリリースされている。他のすべてのリリースでは，12:19 と 16:51 でそれぞれフェードアウトされている。

FEBRUARY 1, 1975	OSAKA (JAPAN) – FESTIVAL HALL, EVENING CONCERT	LIVE

Track Title	Attributes	Time	Album	Details
Moja		11:05	(26)	SF ss as; PC g; JM cg
Willie Nelson on Tune in 5		04:53	(26)	SF out; MD wtp; PC g co bo sh pe; JM cg
Nne		05:53	(26)	MD wtp; SF ss; PC g co pe; JM cg
Zimbabwe		19:45	(26)	SF ss; PC g au co bo sh pe
Ife		18:57	(26)	SF fl; PC g mb cl ab pe; JM cg wd
Wili (= For Dave)		30:42	(26)	SF out; PC g sy ab bo pe; JM cg rb

〈Ife〉と〈Wili〉は，完全版が（26）でリリースされている。他のすべてのリリースでは，〈Ife〉が 00:18 でフェードイン，〈Wili〉が 28:10 でフェードアウトされている。〈Nne〉で Miles は〈My Man's Gone Now〉を引用している（20:57）。

MAY/JUNE 1980	NEW YORK CITY – COLUMBIA STUDIOS	RECORDING

Miles Davis (tp); Bill Evans (ss); Robert Irving III (p, synth); Randy Hall (g, celeste, Mini Moog synth, lead & background voc); Felton Crews (el. b); Vince Wilburn Jr. (d)

Track Title	Attributes	Time	Album	Details
The Man with the Horn		06:32	(27)	

PROB. JANUARY 1981	NEW YORK CITY – COLUMBIA STUDIOS	RECORDING

Miles Davis (tp); Bill Evans (ss); Barry Finnerty (g); Marcus Miller (el. b); Al Foster (d); Sammy Figueroa (perc)

Track Title	Attributes	Time	Album	Details
Back Seat Betty	edited mst	11:14	(27)	
Aïda	fade-out	08:10	(27)	
Ursula	edited mst	10:50	(27)	add MD voice

C. MARCH 1981	NEW YORK CITY – COLUMBIA STUDIOS	RECORDING

Miles Davis (tp); Bill Evans (ss); Mike Stern (g); Marcus Miller (el. b); Al Foster (d); Sammy Figueroa (perc)

Track Title	Attributes	Time	Album	Details
Fat Time	edited mst	09:53	(27)	add MD voice

45 rpm 版でも 4 分 45 秒に短縮されてリリースされている。

MAY 6, 1981	NEW YORK CITY – COLUMBIA STUDIOS	RECORDING

Miles Davis (tp); Bill Evans (ss); Robert Irving III (el. p, synth); Randy Hall (synth); Barry Finnerty (g); Felton Crews (el. b); Vince Wilburn Jr. (d); Sammy Figueroa (perc)

Track Title	Attributes	Time	Album	Details
Shout	edited mst	05:52	(27)	

〈Shout〉の 2 つの長いマスターが 12 インチ版（Columbia AS 1274）でリリースされている。

JUNE 27, 1981	BOSTON, MASSACHUSETTS – KIX, FIRST CONCERT	LIVE

Miles Davis (tp, el. p); Bill Evans (ss, ts, el. p); Mike Stern (g); Marcus Miller (el. b); Al Foster (d); Mino Cinelu (perc)

Track Title	Attributes	Time	Album	Details
My Man's Gone Now	fade-out	20:05	(28)	BE ss
Aïda (= Fast Track)		15:03	(28)	MD tp; BE ss
Kix	ic	18:35	(28)	BE ts el. p

Macero は〈My Man's Gone Now〉のベース・バンプから取った 10 秒間を〈Aïda〉の冒頭部分にイントロとして挿入している。その理由についてははっきりしていない。

JULY 5, 1981	NEW YORK CITY – AVERY FISHER HALL, SECOND CONCERT	LIVE

Track Title	Attributes	Time	Album	Details
Back Seat Betty	edited mst	08:12	(28)	BE out; MD tp

この曲の完全マスターは 21 分 0 秒である。(30) でリリースされているバージョンは 03:02 と 05:02 の部分で編集され，08:12 でフェードアウトされている。長いバージョンのマスターが 12 インチ版（Columbia AS 1367）でリリースされている。

OCTOBER 3, 1981	TOKYO (JAPAN) – SHINJUKU NISHI-GUCHI HIROBA			LIVE
Track Title	**Attributes**	**Time**	**Album**	**Details**
Jean-Pierre	mc	03:48	(28)	MD tp; BE ss

03:13 に編集ポイントあり。

OCTOBER 4, 1981	TOKYO (JAPAN) – SHINJUKU NISHI-GUCHI HIROBA			LIVE
Track Title	**Attributes**	**Time**	**Album**	**Details**
Back Seat Betty		19:45	(29)	MD tp; BE ss
Ursula		02:00	(29)	BE out; MD tp
My Man's Gone Now		15:44	(29)	BE ts
Aïda		12:07	(29)	BE ts
Fat Time		12:51	(29)	BE ss
Jean-Pierre	complete mst	11:01	(29)	BE ss

10 分 39 秒の長さに編集された〈Jean-Pierre〉のマスターが（28）でリリースされている。〈Back Seat Betty〉のオープニングのソロで，Miles は〈Bess You Is My Woman Now〉のテーマを引用している（02:32）。〈Ursula〉の 00:57 で，Miles は〈It's about That Time〉のスタジオ・バージョンのソロの最初のフレーズを引用している。

AUGUST 11, 1982	NEW YORK CITY – COLUMBIA STUDIOS			RECORDING
Track Title	**Attributes**	**Time**	**Album**	**Details**
Star on Cicely	edited mst	04:30	(30)	MD tp; el. p prob. MD; BE ss; poss. Gil Evans (arr)

ライブ演奏を聴いたところでは，〈Star on Cicely〉は 3 つの異なるテーマに基づいており，ライブ演奏においてこれらはほぼ常に同じ順番で現れている。（THEME #1 は後に〈Hopscotch〉のインスピレーションを与え，THEME #2 は〈Wrinkle〉のテーマとなった。）（30）のバージョンを Macero は編集によって全面的に作り直し，THEME #1 と THEME # 2 のほとんどの部分を取り除いている。

● 00:01　Opening statement by guitar and soprano sax in unison (end of THEME #2)

✂ 00:05　Miles solo

✂ 01:04　THEME #3, played by guitar, overdubbed bass, and soprano sax in unison (a muted trumpet is briefly overdubbed)

● 01:49　Stern quotes part of THEME #2 ▶ Interplay Miles and Stern

✂ 02:40　Duplication of the opening statement

● 02:44　Miles solo

● 03:44　Duplication of THEME #3 appearing at 01:04, fade-out

AUGUST 28, 1982	LONG ISLAND, NEW YORK – JONES BEACH THEATRE			LIVE
Track Title	**Attributes**	**Time**	**Album**	**Details**
Come Get It	ec	11:21	(30)	BE out; add MD synth

オリジナル・マスターの長さは 13 分 18 秒。

〈Come Get It〉には〈Back Seat Betty〉と同じイントロが使用されている。Miles はソロで〈Tramp〉のリフを演奏している（05:10/05:29）。

PROB. SEPTEMBER 1, 1982	NEW YORK CITY – COLUMBIA STUDIOS	RECORDING

Miles Davis (tp, synth, el. p); Bill Evans (ss, ts); Mike Stern (g); Marcus Miller (el. b); Al Foster (d); Mino Cinelu (perc)

Track Title	Attributes	Time	Album	Details
Star People	edited mst	18:47	(30)	BE ts; add MD voice
U 'n' I	ec	05:55	(30)	MD tp; BE ss

JANUARY 5, 1983	NEW YORK CITY – RECORD PLANT STUDIOS	RECORDING

Miles Davis (tp); Bill Evans (ss); John Scofield (g); Marcus Miller (el. b); Al Foster (d); Mino Cinelu (perc)

Track Title	Attributes	Time	Album	Details
It Gets Better	edited mst	09:48	(30)	

POSS. JANUARY 5, 1983	NEW YORK CITY – RECORD PLANT STUDIOS	RECORDING

Miles Davis (Oberheim synth); Mike Stern (g)

Track Title	Attributes	Time	Album	Details
Intro	exc 1	00:33	(30)	add MD voice
Interlude	exc 2	00:41	(30)	

抜粋 1 と抜粋 2 は編集によって，〈Star People〉の 00:01/00:34 と 12:39/13:20 にそれぞれ組み込まれている。

POSS. FEBRUARY 3, 1983	POSS. HOUSTON, TEXAS – UNIVERSITY OF HOUSTON, CULLEN AUDITORIUM, SECOND CONCERT	LIVE

Miles Davis (tp, synth); Bill Evans (ss); John Scofield, Mike Stern (g); Tom Barney (el. b); Al Foster (d); Mino CInelu (perc)

Track Title	Attributes	Time	Album	Details
Speak	edited mst	08:33	(30)	

〈Speak〉は 2 つのパートから作られている。パート 1 は 00:12，02:40，05:36 に出現する F のテーマとベースライン，パート 2 は 03:07 に出現する D フラットのテーマとベースラインによってそれぞれ構成されている。日付と場所はヤン・ローマンと（30）のマスターサウンド盤によって示されているものだが，これまでに確認されているヒューストンでのコンサートの海賊版には上記の音楽は収録されていない。

JUNE 31, 1983 & JULY 1, 1983	NEW YORK CITY – A&R STUDIOS	RECORDING

Miles Davis (synth); John Scofield (g); Darryl "The Munch" Jones (el. b); Al Foster (d); Mino Cinelu (perc)

Track Title	Attributes	Time	Album	Details
Freaky Deaky	ic	04:30	(31)	add MD voice

JULY 7, 1983	MONTREAL, QUEBEC (CANADA) – THEATRE ST. DENIS, "FESTIVAL INTERNATIONAL DE JAZZ DE MONTREAL"	LIVE

Miles Davis (tp, synth); Bill Evans (ss, ts, fl); John Scofield (g); Darryl Jones (el. b); Al Foster (d); Mino Cinelu (perc)

Track Title	Attributes	Time	Album	Details
Speak (~ That's What Happened)	edited mst	03:29	(31)	BE ss ts

オリジナル・マスターの長さは 12 分 18 秒。(31) では, 〈Speak〉の第 2 セクションを含むパートのみが選択され, 〈That's What Happened〉としてリリースされている。

Track Title	Attributes	Time	Album	Details
What It Is	edited mst	04:31	(31)	BE ss fl; MD tp overdubs

オリジナル・マスターの長さは 7 分 3 秒。スタジオでオーバーダブが加えられている。

PROB. SEPTEMBER 10 OR 11, 1983	NEW YORK CITY – RECORD PLANT STUDIOS	RECORDING

Miles Davis (tp, synth); Robert Irving III (synth, synth-bass, dm, co-arr); Mino Cinelu (perc)

Track Title	Attributes	Time	Album	Details
Robot 415		01:08	(31)	

SEPTEMBER 10 & 11, 1983	NEW YORK CITY – RECORD PLANT STUDIOS	RECORDING

Miles Davis (tp); Branford Marsalis (ss); Robert Irving III (synth, dm, arr); John Scofield (g); Darryl Jones (el. b); Al Foster (d); Mino Cinelu (perc)

Track Title	Attributes	Time	Album	Details
Decoy		08:33	(31)	
Code M.D.		05:56	(31)	MD tp overdubs; add MD voice
That's Right	fade-out	11:11	(31)	add MD synth; dm out

JANUARY, FEBRUARY, OR APRIL, 1984	NEW YORK CITY – RECORD PLANT STUDIOS	RECORDING

Miles Davis (tp, arr); Robert Irving III (synth, co-arr); John Scofield (g); Darryl Jones (el. b); Al Foster (d); Steve Thornton (perc)

Track Title	Attributes	Time	Album	Details
Time after Time	edited mst	04:29	(32)	

〈Time after Time〉の長いバージョンが 12 インチ版でリリースされている (CBS TA 4871)。

DECEMBER 26 & 27, 1984	NEW YORK CITY – RECORD PLANT STUDIOS	RECORDING

Miles Davis (tp, arr); Robert Irving III (synth); John Scofield (g); Darryl Jones (el. b); Vince Wilburn Jr. (d); Steve Thornton (perc)

Track Title	Attributes	Time	Album	Details
Human Nature	ec	04:29	(32)	RI co-arr
MD 1		00:10	(32)	Train sounds only
Something's on Your Mind		06:41	(32)	MD tp overdubs
MD 2		00:32	(32)	Synth & perc effects only

〈MD 1〉は〈Something's on Your Mind〉へとクロスフェードしているため，3曲の合計時間は，CDジャケットのスリーブに記載されているこれら3曲を組み合わせた曲の時間（07:17）を超えている。

Miles Davis (tp, police & MD voices, arr); Bob Berg (ss); Robert Irving III (synth); John Scofield (g); Darryl Jones (el. b); Al Foster (d); Steve Thornton (perc)

〈Speak〉のみ：Steve Thornton (Spanish voice); Sting ("French policeman's voice"); Marek Olko (Polish voice); James "J.R." Prindiville (handcuffs)

Track Title	Attributes	Time	Album	Details
Right Off (= One Phone Call)		00:54	(32)	
Speak (= Street Scenes)	mc	03:41	(32)	MD tp overdubs

これら2曲は，1つにまとめられて〈One Phone Call/Street Scenes〉としてリリースされた。〈One Phone Call〉は〈Right Off〉のVamp #1，〈Street Scenes〉は〈Speak〉のDフラットのテーマとベースラインにそれぞれ基づいている。

Track Title	Attributes	Time	Album	Details
You're Under Arrest		06:12	(32)	JS co-arr
Medley: Jean-Pierre/You're under Arrest/ Then There Were None		03:22	(32)	RI co-arr; add MD voice

FIRST TWO WEEKS IN 1985	NEW YORK CITY – RECORD PLANT STUDIOS	RECORDING

Miles Davis (tp, arr); Robert Irving III (synth, co-arr); John McLaughlin (g); Darryl Jones (el. b); Vince Wilburn Jr. (d); Steve Thornton (perc)

Track Title	Attributes	Time	Album	Details
Ms. Morrisine	ec	04:55	(32)	JML g overdubs
Katia		08:23	(32)	add MD synth

〈Ms. Morrisine〉では，McLaughlinによる第2のギター・パートがオーバーダブで重ねられている。

FROM JANUARY 31 TO FEBRUARY 4, 1985	COPENHAGEN (DENMARK) – EASY SOUND STUDIO	RECORDING

Miles Davis (tp); Benny Rosenfeld, Palle Bolvig, Jens Winther, Perry Knudsen, Idrees Sulieman (tp, flh); Vincent Nilsson, Jens Engel, Ture Larsen (tb); Ole Kurt Jensen (btb); Alex Windfeld (btb, tu); Jan Zum Vohrde, Jesper Thilo, Per Carsten, Uffe Karskov, Bent Jaedig, Flemming Madsen (saxes, w); Niels Eje (oboe, engh); Lillian Toernqvist (harp); Thomas Clausen, Ole Koch-Hansen, Kenneth Knudsen (k); John McLaughlin, Bjarne Roupé (g); Bo Stief (el. b); Niels-Henning Ørsted Pedersen (b); Lennart Gruvstedt (d); Vince Wilburn, Jr. (el. d); Marilyn Mazur, Ethan Weisgaard (perc); Eva Thaysen (voc); Palle Mikkelborg (comp, arr, cond, additional tp & flh)

Track Title	Attributes	Time	Album	Details
Intro		04:47	(33)	
White		06:04	(33)	JML out
Yellow		06:47	(33)	MD & JML out
Orange		08:37	(33)	
Red		06:04	(33)	JML out
Green		08:10	(33)	JML out
Blue		06:35	(33)	JML out
Red		04:16	(33)	JML out
Indigo		06:04	(33)	MD & JML out
Violet		09:02	(33)	

2000年版の《Aura》（30）に収録されている〈Indigo〉の冒頭に5秒間のブラス・セクションが追加されている。この新しいバージョンでは，最初のバージョンの〈Red〉と〈Green〉の音域調整の誤りも修正されている。

JUNE 28, 1985	MONTREAL, QUEBEC (CANADA) – THEATRE ST. DENIS	LIVE

Miles Davis (tp, synth); Bob Berg (ss); Robert Irving III (k); John Scofield (g); Darryl Jones (el. b); Vince Wilburn Jr. (d); Steve Thornton (perc)

Track Title	Attributes	Time	Album	Details
Right Off		01:56	(34)	BB out
Speak		11:18	(34)	
Star People	excerpt	00:02	(34)	BB out
Human Nature		05:30	(34)	add BB poss. k
Something's on Your Mind		12:31	(34)	
Time after Time		08:01	(34)	add BB k
Code M.D.	ec	07:08	(34)	
Hopscotch	excerpt	01:34	(34)	BB ts
Medley: Jean-Pierre/ You're under Arrest/ Then There Were None		08:21	(34)	BB ts

UNKNOWN DATE IN SUMMER 1985	NEW YORK CITY – UNKNOWN STUDIO	RECORDING

Miles Davis (tp); Richard Scher (synth); Doug Wimbish (el. b); Sonny Okosuns (talking drum, voc); Ray Barretto (cga); Little Steven, Ben Newberry, Keith Le Blanc (dm); D.J. Cheese (scratcher); Gil Scott-Heron, Peter Garrett, Malopoets, Peter Wolf, Granmaster Melle Mel, Duke Bootee (voc); Annie Brody Dutka (background voc)

Track Title	Attributes	Time	Album	Details
Let Me See Your I.D.	edited mst	07:19	(35)	

3種類の異なるミックスダウンが12インチ版でリリースされている（EMI/Manhattan V56015）。

Miles Davis (tp); Herbie Hancock (p & poss. synth); Richard Scher (synth); Stanley Jordan (g); Ron Carter (b); Tony Williams (d); Sonny Okosuns (talking drum)

Track Title	Attributes	Time	Album	Details
The Struggle Continues		07:03	(35)	add MD voice

Miles Davis (tp) overdubs; Malopoets (voc); Nelson Mandela, Desmond Tutu (voices); rest unknown

Track Title	Attributes	Time	Album	Details
Revolutionary Situation		06:16	(35)	add MD voice

OCTOBER 17, 1985, UNKNOWN DATES FROM NOVEMBER 1985 TO JANUARY 1986 LOS ANGELES, CALIFORNIA – RAY PARKER STUDIO RECOROING

Miles Davis (tp); Mike Stern (g - in October only); Zane Giles (g, dm, sampler); Randy Hall (g, voc); Adam Holzman (k); Vince Wilburn Jr. (d, perc); Steve Reid (perc).Occasionally: Glen Burris (saxophone), Ned Larsen, Wayne Linsey (k)

計12回におよぶこれらのセッションは，ここでレコーディングされた曲の1つにちなんで，「Rubber Band セッション」と呼ばれている。これらのセッションから Miles の2つのソロが（54）に使われ，〈High Speed Chase〉と〈Fantasy〉が作られた。

UNKNOWN DATE IN 1986 POSS.TUSTIN, CALIFORNIA – TOTO'S HOME STUDIO RECORDING

Miles Davis (tp); David Sanborn (as); Steve Porcaro (k, electronics); David Paich (k); Steve Lukather (g); Michael Porcaro (el. b); Jeff Porcaro (d, perc); Joe Porcaro (perc)

Track Title	Attributes	Time	Album	Details
Don't Stop Me Now		03:06	(36)	

FEBRUARY & MARCH 1986 TUTU SESSIONS RECOROING

以下は，《Tutu》（37）の4曲がレコーディングされたとされている4日分の情報について記載している。George Duke と Marcus Miller が作曲，プログラミング，ベーシック・トラックの録音に相当の時間をかけていたことを考えると，1986年2月のこれらの日付は最終的なオーバーダビング・セッションのみを示している可能性が高い。

FEBRUARY 6, 1986 LOS ANGELES, CALIFORNIA – CAPITOL RECORDING STUDIOS RECORDING

Miles Davis (tp); George Duke (sampled ts, k, el. b; dm); Marcus Miller (el. b); Paulinho DaCosta (perc)

Track Title	Attributes	Time	Album	Details
Backyard Ritual		04:48	(37)	

FEBRUARY 10, 1986 — LOS ANGELES, CALIFORNIA – CAPITOL RECORDING STUDIOS — RECORDING

Miles Davis (tp); Marcus Miller (ss, synth, fretted & fretless el. b, g, dm); Adam Holzman (synth solo); Paulinho DaCosta, Steve Reid (perc)

Track Title	Attributes	Time	Album	Details
Splatch	ec	04:43	(37)	

FEBRUARY 11, 1986 — LOS ANGELES, CALIFORNIA – CAPITOL RECORDING STUDIOS — RECORDING

Miles Davis (tp); Marcus Miller (ss, synth, el. b, dm); Paulinho DaCosta (perc)

Track Title	Attributes	Time	Album	Details
Tutu	fade-out	05:15	(37)	

〈Tutu〉には2つのトランペット・パートが存在する。

FEBRUARY 13, 1986 — LOS ANGELES, CALIFORNIA – CAPITOL RECOROING STUDIOS — RECORDING

Miles Davis (tp); Marcus Miller (ss, synth, fretless & fretted el. b, g, dm); Paulinho DaCosta (perc)

Track Title	Attributes	Time	Album	Details
Portia		06:18	(37)	

FROM MARCH 12 TO 25, 1986 — NEW YORK CITY – CLINTON RECORDING STUDIOS — RECORDING

Miles Davis (tp); Marcus Miller (ss, bcl, el. b, synth, g, dm); Bernard Wright (synth); Omar Hakim (d, perc)

Track Title	Attributes	Time	Album	Details
Tomaas	ec	05:35	(37)	

Miles Davis (tp); Marcus Miller (ss, bcl, synth, g, el. b, dm)

Track Title	Attributes	Time	Album	Details
Perfect Way		04:34	(37)	add MM voice

Miles Davis (tp); Marcus Miller (ss, bcl, synth, g, el. b, dm); Michael Urbaniak (el. v)

Track Title	Attributes	Time	Album	Details
Don't Lose Your Mind	ec	05:49	(37)	

Miles Davis (tp); Marcus Miller (ss, synth, g, el. b, dm)

Track Title	Attributes	Time	Album	Details
Full Nelson	ec	05:06	(37)	add MD voice

JANUARY 7 & 8, 1987 — NEW YORK CITY – SIGMA SOUND STUDIOS — RECORDING

Miles Davis (tp); Marcus Miller (ss, bcl, synth); John Scofield (classical g); Omar Hakim (d)

Track Title	Attributes	Time	Album	Details
Siesta		05:08	(38)	
Theme for Augustine		04:26	(38)	JS & OH out

JANUARY 1987	LOS ANGELES, CALIFORNIA – AMIGO STUDIOS, NORTH HOLYWOOD	RECORDING

Miles Davis (tp); Marcus Miller (synth)

Track Title	Attributes	Time	Album	Details
Lost in Madrid, part I		01:47	(38)	
Kiss		00:31	(38)	
Lost in Madrid, part IV		00:21	(38)	add MM bcl
Lost in Madrid, part V		04:31	(38)	add MM bcl elb pe

Miles Davis (tp); Marcus Miller (synth, fretless el. b, perc); Earl Klugh (classical g)

Track Title	Attributes	Time	Album	Details
Claire		02:25	(38)	

Miles Davis (tp); Marcus Miller (ss, bcl, sampled harp sound, synth); James Walker (fl)

Track Title	Attributes	Time	Album	Details
Los Feliz		04:34	(38)	

JUNE 1987	NEW YORK CITY – UNKNOWN STUDIO	RECORDING

(44) でリリースされた〈Catembe〉,〈Big Time〉,〈Hannibal〉のベーシック・トラックは，Miles Davis, Kenny Garrett, Joe "Foley" McCreary, Marcus Miller, Ricky Wellman が演奏している（情報源は Jason Miles)。これらのセッションから，最終的にどの音楽素材が（44）に収録されたかは不明である。

PROB. DECEMBER 1987	NEW YORK CITY – ATLANTIC STUDIOS; WHITE PLAINS, NEW YORK CITY – MINOT SOUND STUDIOS; LONDON (GREAT BRITAIN) – BRITANNIA ROW STUDIOS	RECORDING

Miles Davis (tp); David Gamson (k, arr); Dan Huff (g); Fred Maher (dm); Green Gartside (lead voc); Eric Troyer, Rory Dodd (background voc); John Mahoney, Ray Niznik (Synclavier)

Track Title	Attributes	Time	Album	Details
Oh Patti (Don't Feel Sorry for Loverboy)		04:20	(39)	MD overdub

Miles が自身のパートをどこに追加したかは不明である。

PROB. DECEMBER 1987	PROB. NEW YORK CITY – UNKNOWN STUDIOS	RECORDING

Miles Davis (tp); David Sanborn (as); Paul Shaffer (k); Larry Carlton (g); Marcus Miller (co-arr, prob. dm)

Track Title	Attributes	Time	Album	Details
We Three Kings of Orient Are		04:41	(40)	

EARLY 1988 — PROB. NEW YORK CITY – UNKNOWN STUDIOS — RECORDING

Miles Davis (tp); Kenny Garrett (as); Merv De Peyer (k, dm); Larry Blackmon (voc; poss. perc & b); Tomi Jenkins (voc); Nathan Leftenant (voc)

Track Title	Attributes	Time	Album	Details
In the Night		04:43	(41)	MD

JUNE 29, 1988 — NEW YORK CITY – THE HIT FACTORY — RECORDING

Miles Davis (tp); Atlanta Bliss (tp); Eric Leeds (ts); Prince (synth, g, sampled bass, dm); Chaka Khan (voc)

Track Title	Attributes	Time	Album	Details
Sticky Wicked		06:51	(42)	add MD voice

Miles Davis (tp); Margaret Ross (harp); Dave Grusin (p, arr); Rob Mounsey (synth); John Tropea (g); Marcus Miller (fretless el. b); Steve Ferrone (d); Chaka Khan (voc); David Nadien (concertmaster); String orchestra arranged by Dave Grusin & conducted by Ettore Stratta

Track Title	Attributes	Time	Album	Details
I'll Be Around	ec	05:23	(42)	

AUGUST 7, 1988 — OSAKA (JAPAN) – EXPO PARK, "LIVE UNDER THE SKY" FESTIVAL — LIVE

Miles Davis (tp, synth); Kenny Garrett (as); Adam Holzman, Robert Irving III (k); Joe "Foley" McCreary (lead el. b); Benny Rietveld (b); Ricky Wellman (d); Marilyn Mazur (perc)

Track Title	Attributes	Time	Album	Details
Full Nelson	edited mst	02:45	(43)	MD tp

オリジナル・マスターの長さは3分31秒。

AUGUST 14, 1988 — LOS ANGELES, CALIFORNIA – GREEK THEATRE — LIVE

Track Title	Attributes	Time	Album	Details
Star People (~ New Blues)		05:26	(43)	add MD voice

Milesは1982年4月28日から〈Star People〉をコンサートで演奏するようになり，この曲は彼のライブ・レコーディングの定番となった。筆者の調査によると，1982年8月28日からMilesの最後のコンサートとなる1991年8月25日までの間に演奏された〈Star People〉のバージョンの数は339に上る！　この曲の演奏は年を追って徐々に発展していったが，基本的なコード体系と雰囲気は変わっていない。(48) では〈New Blues〉とタイトルを変えて収録され，同じことが (43) でも行われている。

SEPTEMBER 1988 THROUGH JANUARY 1989 — NEW YORK CITY – CLINTON RECORDING STUDIOS — RECORDING

Miles Davis (tp); Kenny Garrett (as); Marcus Miller (ss, bcl, k, g, el. b, dm); Don Alias, Mino Cinelu (perc)

Track Title	Attributes	Time	Album	Details
Catémbe	ec	05:35	(44)	

Miles Davis (tp); Marcus Miller (ss, bcl, k, el. b); Kenny Garrett (as); Jean-Paul Bourelly (g) on right; Joe "Foley" McCreary (lead el. b) on left & solo; Ricky Wellman (d); Don Alias (perc)

Track Title	Attributes	Time	Album	Details
Big Time	ec	05:40	(44)	

Miles Davis (tp); Kenny Garrett (as); Marcus Miller (bcl, k, blues g, el. b); Joe "Foley" McCreary (lead el. b); Omar Hakim (d); Paulinho DaCosta (perc)

Track Title	Attributes	Time	Album	Details
Hannibal	ec	05:49	(44)	

Miles Davis (tp); Kenny Garrett (as); Rick Margitza (ts); Marcus Miller (k, el. b, dm); Jean-Paul Bourelly (g); Paulinho DaCosta (perc)

Track Title	Attributes	Time	Album	Details
Jo-Jo	fade-out	04:51	(44)	

Miles Davis (tp); Kenny Garrett (as); Joe Sample (p); Marcus Miller (k, fretless el. b, prob. g); Omar Hakim (d); Don Alias, Bashiri Johnson (perc)

Track Title	Attributes	Time	Album	Details
Amandla	ec	5:20	(44)	

UNKNOWN DATE BETWEEN SEPTEMBER 1988 AND JANUARY 1989	LOS ANGELES, CALIFORNIA – LE GONKS WEST STUDIO	RECORDING

Miles Davis (tp); Kenny Garrett (ss); Marcus Miller (bcl, k, el. b); George Duke (k, synclavier, dm); Joey DeFrancesco (k); Michael Landau (g)

Track Title	Attributes	Time	Album	Details
Cobra	ec	05:15	(44)	

NOVEMBER 1, 1988	GRAZ (AUSTRIA) – LIEBENAUER EISHALLE	LIVE

Miles Davis (tp, synth); Kenny Garrett (as, fl); Joey DeFrancesco, Adam Holzman (k); Joe "Foley" McCreary (lead el. b); Benny Rietveld (el. b); Ricky Wellman (d); Marilyn Mazur (perc)

Track Title	Attributes	Time	Album	Details
Human Nature	edited mst	12:29	(43)	add MD voice

オリジナル・マスターの長さは 14 分 23 秒。

DECEMBER 17, 1988	NEW YORK CITY – INDIGO BLUES, FIRST CONCERT	LIVE

Track Title	Attributes	Time	Album	Details
In a Silent Way		01:54	(43)	KG out
Intruder		04:51	(43)	MD tp; KG as

PROB. JANUARY 1989	NEW YORK CITY – RIGHT TRACK STUDIO	RECORDING

Miles Davis (tp); Kenny Garrett (as); Marcus Miller (bcl, k, g, el. b); John Bigham (k, g, dm); Billy "Spaceman" Patterson (wah-wah g); Joe "Foley" McCreary (lead el. b); Ricky Wellman (d)

Track Title	Attributes	Time	Album	Details
Jilli	fade-out	05:05	(44)	

Miles Davis (tp); Marcus Miller (bcl, k, el. b); Al Foster (d)

Track Title	Attributes	Time	Album	Details
Mr. Pastorius	mc	05:41	(44)	

PROB. EARLY 1989	NEW YORK CITY – UNKNOWN STUDIOS	RECORDING

Miles (tp); Sal Marquez (add. tp); Marcus Miller (k, rhythm g, el. b, dm); Vernon Reid (g); Will Calhorn (d)

Track Title	Attributes	Time	Album	Details
Rampage	edited mst	05:46	(45)	add MD voice

Miles のトランペット・ラインのサウンドのいくつかはサンプリングされたものである。

PROB. EARLY 1989	NEW YORK CITY – UNKNOWN STUDIO	RECORDING

Miles Davis (tp); Kenny Garrett (ss, k, synth b); Joe "Foley" McCreary (lead el. b); Darryl Jones (el. b); Ricky Wellman (d); Mino Cinelu (perc & solo); Rudy Bird (perc)

Track Title	Attributes	Time	Album	Details
Big 'Ol Head		04:52	(46)	add MD voice

Miles Davis (tp); Kenny Garrett (as, k, d, perc, whistle); Rudy Bird, Mino Cinelu (perc); Mikel Dean, Mia Dean, Chananja Bryan, Akira Frierson, Myisha Hollaway, Eric Myers, Erin Myers, Mysheerah Durant, Bonnie Bozeman, Katrina Anderson, Duane Thomas, Noel John, Cie Romeo, Ideka Romeo, Akalier Soogrim (voc)

Track Title	Attributes	Time	Album	Details
Free Mandela		06:05	(46)	

PROB. EARLY 1989	VARIOUS RECORDING STUDIOS	RECORDING

Miles Davis, Dizzy Gillespie (tp); James Moody (ts); Joe Zawinul (synth); George Benson (g); Bill Summers (perc, rhythm arr); Ella Fitzgerald, Sarah Vaughan (voc); Big Daddy Kane, Kool Moe Dee (rappers); Quincy Jones (rhythm arr)

Track Title	Attributes	Time	Album	Details
Jazz Corner of the World		02:53	(47)	

Miles Davis, Dizzy Gillespie (tp); James Moody (ts); George Benson (g); Ella Fitzgerald, Sarah Vaughan (voc) w. Jerry Hey, Gary Grant (tp); Bill Reichebach (tb); Larry Williams (ts, k); Nathan East (el. b); Quincy Jones, Rod Temperton (handclaps, rhythm arr); Ian Underwood (handclaps); Ian Prince (rhythm co-arr); Quincy Jones, Jerry Hey (horn arr)

Track Title	Attributes	Time	Album	Details
Birdland		05:34	(47)	

APRIL 12, 1989	MONTPELLIER (FRANCE) – LE ZENITH	LIVE

Miles Davis (tp); Kenny Garrett (ss); Kei Akagi, John Beasley (synth); Joe" Foley" McCreary (lead el. b); Benny Rietveld (fretless el. b); Ricky Wellman (d); Munyungo Jackson (perc)

Track Title	Attributes	Time	Album	Details
Mr. Pastorius	edited mst	03:32	(43)	

オリジナル・マスターの長さは8分43秒。

JUNE 5, 1989	CHICAGO, ILLINOIS – CHICAGO THEATRE, "JVC JAZZ FESTIVAL"	LIVE

Miles Davis (tp); Kenny Garrett (fl); Kei Akagi, Adam Holzman (synth); Joe "Foley" McCreary (lead el. b); Benny Rietveld (el. b); Ricky Wellman (d); Munyungo Jackson (perc)

Track Title	Attributes	Time	Album	Details
Time after Time		09:37	(43)	

JULY 26, 1989	ROMA (ITALY) – PALAZZO DELLA CIVITA	LIVE

Track Title	Attributes	Time	Album	Details
Amandla		05:52	(43)	add MD voice

NOVEMBER 3, 1989	PARIS (FRANCE) – LE ZENITH, "TENTH PARIS JAZZ FESTIVAL"	LIVE VIDEO

Miles Davis (tp); Kenny Garrett (as, fl, only when specified); Kei Akagi (synth); Joe "Foley" McCreary (lead el. b); Benny Rietveld (el. b); Ricky Wellman (d); John Bigham (el. perc)

Track Title	Attributes	Time	Album	Details
Star People (~ New Blues)	ic	13:15	(48)	
Hannibal		07:05	(48)	
Human Nature		16:06	(48)	add KG fl
Mr. Pastorius	edited mst	02:07	(48)	KG, JFMC & JB out
Tutu		12:33	(48)	KG fl
Jilli		05:19	(48)	
Star on Cicely (~ Wrinkle)	edited mst	03:54	(48)	
Don't Stop Me Now	ec	04:10	(48)	KG fl
Amandla		06:32	(48)	

ビデオにはMilesに対するインタビューが収録されている。〈Wrinkle〉のテーマは，〈Star on Cicely〉のTHEME #2にベース・パンプを組み合わせたものである。

MARCH 1990	LOS ANGELES, CALIFORNIA – CRYSTAL STUDIOS	RECORDING

Miles Davis (tp); Chuck Findley (tp); poss. Kei Akagi or Alan Oldfield (synth); Michel Legrand (p, arr); Benny Rietveld (el. b); Ricky Wellman, Harvey Mason, or Alphonse Mouzon (d); John Bigham (el. perc)

Track Title	Attributes	Time	Album	Details
The Arrival		02:07	(49)	CF out
The Departure		01:58	(49)	add MD voice
The Dream		03:50	(49)	CF out
The Jam Session		06:09	(49)	

Miles Davis (sampling k); prob. Chuck Findley (tp); Colin Fries (voice)

Track Title	Attributes	Time	Album	Details
The Music Room		02:41	(49)	add MD voice

Miles Davis (tp); Chuck Findley, Nolan Smith, Ray Brown, George Graham, Oscar Brashear (tp); Jimmy Cleveland, Dick Nash, George Bohanan, Thurman Green, Lew McGreary (tb); Vince de Rosa, David Duke, Marnie Johnson, Richard Todd (frh); Kenny Garrett (as); Buddy Collette, Jackie Kelso, Marty Krystall, Bill Green, Charles Owens, John Stephens (w); Kei Akagi, Alan Oldfield (synth); Michel Legrand (p, k, arr); Mark Rivett (g); Joe "Foley" McCreary (lead el. b); Benny Rietveld (el. b); Ricky Wellman, Harvey Mason or Alphonse Mouzon (d); John Bigham (el. perc)

Track Title	Attributes	Time	Album	Details
Concert on the Runway		04:13	(49)	add unknown (choir); add MD voice
Trumpet Cleaning		03:57	(49)	
Paris Walking II		03:16	(49)	
Going Home		02:09	(49)	MD tp overdubs

〈Wrinkle〉,〈The Dream〉,〈Going Home〉は,〈The Arrival〉の異なるアレンジである。

MAY 7 TO 10, 1990	LOS ANGELES, CALIFORNIA – OCEANWAY STUDIOS, HOLLYWOOD	RECORDING

Miles Davis (tp); John Lee Hooker (el. g) on left & (voc); Taj Mahal (dobro) on center; Roy Rogers (slide g) on right; Tim Drummond (el. b); Earl Palmer (d)

Track Title	Attributes	Time	Album	Details
Coming to Town	ec	03:08	(50)	

Miles Davis (tp); Taj Mahal (dobro) on left & (voc); Roy Rogers (slide g) on right; Tim Drummond (el. b)

Track Title	Attributes	Time	Album	Details
Empty Bank		02:21	(50)	
Sawmill		03:05	(50)	add RR tremolo el. g

Miles Davis (tp); John Lee Hooker (el. g) on left & (voc); Taj Mahal (dobro) on center; Roy Rogers (slide g) on right & (tremolo el. g); Tim Drummond (el. b)

Track Title	Attributes	Time	Album	Details
Harry and Dolly		02:51	(50)	

Miles Davis (tp); John Lee Hooker (el. g) on left; Taj Mahal (dobro & voc); Roy Rogers (g) on right; Tim Drummond (el. b); Earl Palmer (d)

Track Title	Attributes	Time	Album	Details
Bank Robbery		04:34	(50)	

Mil Davis (tp); Bradford Ellis (k)

Track Title	Attributes	Time	Album	Details
Gloria's Story		03:25	(50)	

Miles Davis (tp); Bradford Ellis (k); John Lee Hooker (el. g) on left & (voc); Roy Rogers (slide g) on right; Tim Drummond (el. b)

Track Title	Attributes	Time	Album	Details
Murder		04:11	(50)	

Miles Davis (tp); John Lee Hooker (el. g) on left; Taj Mahal (dobro) on center; Roy Rogers (slide g) on right; Tim Drummond (el. b); Earl Palmer (d)

Track Title	Attributes	Time	Album	Details
End Credits		05:21	(50)	

映画音楽では，〈Empty Bank〉，〈Sawmill〉，〈Harry and Dolly〉の長いバージョンと追加の 4 曲が聴こえる。

JULY 1990	ROMA (ITALY) – RUSTICHELLI STUDIO	RECORDING

Miles Davis (tp); Paolo Rustichelli (synth, Waveframe Audioframe, dm)

Track Title	Attributes	Time	Album	Details
Capri	mst 1	03:56	(51)	
Capri (reprise)	mst 2	03:38	(51)	

UNKNOWN DATES BETWEEN 1990 & 1991	ROMA (ITALY) – RUSTICHELLI STUDIO / LOS ANGELES – NIGHTINGALE STUDIO	RECORDING

Track Title	Attributes	Time	Album	Details
Wild Tribes	2 mst (04:22 & 04:32)	04:32	(52)	add PR voc

Miles Davis (tp); Paolo Rustichelli (synth, dm); Mario Leonardi (ten, voc)

Track Title	Attributes	Time	Album	Details
Kyrie		04:11	(52)	add MD voice

Miles Davis (tp); Paolo Rustichelli (synth, dm); Carlos Santana (g); unknown (female voc)

Track Title	Attributes	Time	Album	Details
Get On		04:06	(52)	
Rastafario		04:49	(52)	

Miles Davis (tp); Paolo Rustichelli (synth, dm, voc); Brenda Lee Eager (voc)

Track Title	Attributes	Time	Album	Details
Love Divine		04:52	(52)	

JULY 20, 1990	MONTREUX (SWITZERLAND) – CASINO, "TWENTY-FOURTH MONTREUX JAZZ FESTIVAL"	LIVE

Miles Davis (tp, synth); Kenny Garrett (as, fl); Kei Akagi (synth); Joe "Foley" McCreary (lead el. b); Richard Patterson (el. b); Ricky Wellman (d); Erin Davis (el. perc)

Track Title	Attributes	Time	Album	Details
Star on Cicely (~ Wrinkle)	edited mst	07:12	(43)	KG as; add MD voice
Tutu	edited mst	08:48	(43)	KG fl

〈Star on Cicely〉と〈Tutu〉のオリジナル・マスターの長さは，それぞれ 8 分 4 秒と 13 分 30 秒。

AUGUST 13, 1990	NEW YORK CITY – CLINTON RECORDING STUDIOS	RECORDING

Miles Davis (tp); Shirley Horn (p, voc); Charles Ables (b); Steve Williams (d)

Track Title	Attributes	Time	Album	Details
You Won't Forget Me		07:12	(53)	add MD voice

JANUARY/FEBRUARY JULY/AUGUST 1991	NEW YORK CITY – UNIQUE RECORDING STUDIO	RECORDING

Miles Davis (tp); Deron Johnson (k) on most tracks; rest unknown

Track Title	Attributes	Time	Album	Details
Mystery	edited mst	03:55	(54)	tp overdubs
Mystery (Reprise)	edited mst	01:25	(54)	tp overdubs
Chocolate Chip	edited mst	04:38	(54)	tp overdubs
Sonya	edited mst	05:30	(54)	tp overdubs
Duke Booty	edited mst	04:54	(54)	tp overdubs, add MD voice
High Speed Chase	edited mst	04:40	(54)	
Fantasy	edited mst	04:35	(54)	

〈High Speed Chase〉と〈Fantasy〉の Miles のソロは，1985 年 10 月から 1986 年 1 月の期間に行われた「Rubber Band セッション」で録音された。

Miles Davis (tp); Deron Johnson (k); R.I.F. "Rappin' Is Fundamental": J. R., A. B. Money, Easy Mo Bee (rappers)

Track Title	Attributes	Time	Album	Details
The Doo-bop Song	seven edited masters	04:59	(54)	

Miles Davis (tp); prob. Deron Johnson (k); Easy Mo Bee (rap voc); Peter Daou, Cavin Fisher (k, perc & remix on "mst #2"); unknown female (bgr voc)

Track Title	Attributes	Time	Album	Details
Blow	eight edited masters	05:05	(54)	add MD voice

1 月と 2 月の日付はヤン・ローマンによって示されたものである。ジョー・ゲルバードと Deron Johnson によると，Miles と Johnson はヨーロッパ・ツアーから戻った後に，彼ら自身のパートの大部分をレコーディングしている。これが正しいとすると，これらのセッションが行われたのは，7 月 24 日と Miles の最後の 2 回のコンサートがロサンゼルスで行われた 8 月 24 日～ 25 日の間ということになる。

AUGUST 25, 1991 — LOS ANGELES, CALIFORNIA – HOLLYWOOD BOWL — LIVE

Miles Davis (tp); Kenny Garrett (as, bars); Deron Johnson (k); Joe "Foley" McCreary (lead el. b); Richard Patterson (el. b); Ricky Wellman (d)

Track Title	Attributes	Time	Album	Details
Hannibal	edited mst	07:20	(43)	

オリジナル・マスターの長さは 17 分 28 秒。

編集者註：
紙面に限りがあるため，以下のレコーディングの日付について，詳細情報を含めることができなかった。

- ルイ・アームストロング：《What a Wonderful World》（CD)。1970 年 5 月 29 日に Miles（voice）と一緒にレコーディングされた 1 曲。
- ベティ・デイヴィス：《Nasty Gal》（CD)。Miles がディレクターを務め，1975 年にレコーディングされた 1 曲。
- V.A.：《DOC Anthology Vol. 1》（ビデオ)。1989 年 4 月 6 日にイタリアの RAI TV で放送向けにレコーディングされた，Miles のバンドによる 3 曲。
- V.A.：《Tribute to Nesuhi Ertegun》（ビデオ）および V.A.：《Montreux Jazz Festival, 25éme Anniversaire》（CD)。1989 年 7 月 21 日にレコーディングされた，Miles のバンドによる 1 曲（両方に同じ曲が提供された)。
- マイルス・デイヴィス & クインシー・ジョーンズ：《Live at Montreux》（ビデオ）およびマイルス・デイヴィス & クインシー・ジョーンズ：《Live at Montreux》（CD)。1991 年 7 月 8 日に録音されたショーの完全版。ビデオにはバンドのリハーサルの様子の抜粋が追加で収録されている。

これらのセッションの詳細，さらに今後のエレクトリック期のマイルス・デイヴィス作品のリリースについては，www.miles-beyond.com を参照。

著者／訳者について——

ポール・ティンゲン（Paul Tingen）　スコットランドおよび米国カリフォルニア州を活動拠点とするギタリスト兼作家。一九八六年以降、音楽を中心とした記事を執筆。米国、英国、オーストラリア、フランス、オランダなどの雑誌、新聞記事、ウェブサイトに掲載されている。一九九七年にソロＣＤ《May the Road Rise to Meet You》をリリース。また、自身のウェブサイト（www.tingen.org）と本書『Miles Beyond』サイト（www.miles-beyond.com）を運営。

＊

麦谷尊雄（ばくやたかお）　一九六三年、東京都に生まれる。ワシントン大学卒業。フリーランス翻訳者。主な訳書に、ローワン・ロビンソン他『マリファナ・ブック——環境・経済・医薬まで、地球で最もすばらしい植物＝大麻の完全ガイド』（共訳、オークラ出版、一九九八年）、ベバリー・ポッター他『ブレイン・ブースター——頭をよくする薬、ビタミン、栄養素、ハーブ』（オークラ出版、一九九九年）などがある。

装幀——宗利淳一

エレクトリック・マイルス

二〇一八年九月二〇日第一版第一刷印刷　二〇一八年九月二五日第一版第一刷発行

著者――ポール・ティンゲン

訳者――麦谷尊雄

発行者――鈴木宏

発行所――株式会社水声社

東京都文京区小石川二―七―五　郵便番号一一二―〇〇〇二

電話〇三―三八一八―六〇四〇　ＦＡＸ〇三―三八一八―二四三七

［**編集部**］横浜市港北区新吉田東一―七七―一七　郵便番号二二三―〇〇五八

電話〇四五―七一七―五三五六　ＦＡＸ〇四五―七一七―五三五七

郵便振替〇〇一八〇―四―六五四一〇〇

URL : http://www.suiseisha.net

印刷・製本――モリモト印刷

ISBN978-4-8010-0354-5